★ 国家出版基金资助项目
★ 湖北省学术著作出版专项资金资助项目

高等教育与社会发展论丛
董泽芳◇主编

良法与善治：
中国大学治理现代化探究

陈彬 著

华中师范大学出版社

新出图证（鄂）字10号
图书在版编目（CIP）数据

良法与善治：中国大学治理现代化探究/陈彬著．—武汉：华中师范大学出版社，2018.12
（高等教育与社会发展论丛/董泽芳主编）
ISBN 978-7-5622-8476-5

Ⅰ．①良… Ⅱ．①陈… Ⅲ．①高等学校—学校管理—研究—中国 Ⅳ．①G647

中国版本图书馆 CIP 数据核字（2018）第 292611 号

良法与善治：中国大学治理现代化探究
ⓒ 陈　彬　著

责任编辑：向　力	责任校对：刘　峥
封面设计：罗明波	
编辑室：学术出版中心	电话：027-67863220/7792
出版发行：华中师范大学出版社	社址：湖北省武汉市洪山区珞喻路 152 号
电话：027-67863426（发行部）	027-67861321（邮购）
传真：027-67863291	邮编：430079
网址：http://press.ccnu.edu.cn	电子信箱：press@mail.ccnu.edu.cn
印刷：湖北恒泰印务有限公司	督印：王兴平
开本：710mm×1000mm　1/16	字数：500 千字
版次：2018 年 12 月第 1 版	印次：2018 年 12 月第 1 次印刷
印张：32.5	定价：114.00 元

欢迎上网查询、购书

敬告读者：欢迎举报盗版，请打举报电话 027-67861321

总　序

　　高等教育是社会大系统中的一个极其重要的子系统,它与经济、政治、文化等子系统之间有着相互依存的关系。高等教育作为培养高层次专门人才的社会活动,与人的发展更有着极为密切的联系。同时,高等教育自身又是一个多层次、多类型、多主体的系统,不仅大学之间,大学内部各组织之间,领导、教师与学生之间关系错综复杂,而且与社会的方方面面都有着千丝万缕的联系。随着时代的发展,多层次的高等教育与多元化的社会之间形成了越来越密切的互动关系。现代社会,高等教育的存在和发展越来越离不开政府和社会在人力、物力、财力,以及政策、环境等方面的支持与促进;社会的发展也越来越离不开高等教育及其研究的引领与推动。美国经济学家弗里德曼用经济学"核心一边缘"理论研究二战后的经济社会现象与教育特别是与高等教育的关系时,发现在知识成为经济社会赖以存在和发展的基本资源与生产要素后,高等教育逐渐从游离于社会之外的"象牙塔"进入社会的边缘区,并渐次成为推动经济社会发展的中心要素,从而提出了著名的高等教育"从边缘走向中心"的发展趋势理论。从二战后高等教育对许多国家发展的实际影响来看,高等教育已成为促进国家科技振兴、经济发展、政治民主、文化繁荣的必要条件;从高等教育对社会个体的影响来看,高等教育不仅是提高个人素质、开发个人潜能的重要基础,更是促进社会流动、实现人生价值的主要途径。的确,高等教育对社会及个人的影响力从来没有像今天这样巨大,社会变革对高等教育的影响也从来没有像今天这样深刻。

　　然而,随着现代科技的发展和工业化进程的加速,科学文化及其内含的经济价值和工具价值得以彰显，高等教育发展中理性主义与功利主义的冲突日趋激烈。同时，高等教育大众化的进程加快及其与政府、市场、大学三者关系日益复杂，加之财政困难，高等教育商业化、官僚化、技术至上和教育质量下降等问题凸显，高等教育发展的现状和社会的期望之间的鸿沟逐渐加深，高等教育与社会发展之间的冲突也不断加剧。著名的高等教育学家约翰·S.布鲁贝克在其《高等教育哲学》一书中，专门从冲突论的视角，论述了高等教育发展中认知论与政治论、自治与控制、学术自由与社会责任、精英教育与大众教育、普通教育与专才教育五方面的冲突，还就传统的高等教育与现代的高等教育、学术研究与社会现实道德、大学与教会等方面的冲突展开了论述。联合国教科文组织前总干事费德里克·马约尔在1995年发布的联合国教科文组织关于"高等教育的变革与发展的政策性文件"中更明确指出，"全世界几乎所有国家的高等教育都处于危机之中"。

在我国，随着社会现代化进程的加快，人们已愈来愈清楚地认识到，高等教育与社会的良性互动和协调发展不仅是政治稳定、科技振兴、经济发展、文化繁荣、人民幸福的必要前提，而且是保障高等教育健康发展、高效运行的基本条件。然而，现实的高等教育与社会互动机制仍不够健全，高等教育与社会发展不协调的现象也普遍存在。尤其是在社会大转型的今天，新旧体制、新旧观念与新旧因素的对立与摩擦，以及由此产生的社会失序、混乱与震荡，不仅使高等教育与社会的互动日趋复杂，也使高等教育与社会的协调发展严重受阻。有关高等教育与社会发展的关系的研究也面临着一系列值得研究的新问题。

从宏观的层次讲：一是社会结构转型与高等教育制度的调适问题。社会转型主要包括政治结构、经济结构、文化结构等在内的社会结构的整体性变迁过程。社会转型必然引起与原有社会结构相配套的规则与程序不同程度的失效，而新社会结构要素的生长亟待制度创新来促进和保障。高等教育制度如何调适与创新，如何形成与各种新的社会结构要素协调发展的关系，如何实现高等教育自身健康发展与着眼于学科发展、促进社会全面协调发展的双重目标等问题，必须通过高等教育社会学的研究才能作出科学的回答。二是高等教育与社会关系的变化及高等教育的社会功能重构。社会结构的全面转型必然对高等教育产生巨大的影响，并使高等教育与社会的关系出现一系列新变化。如市场经济的发展打破了高等教育自我封闭的格局，加强了高等教育对市场的关注；民主政治的推进提升了高等教育的自主地位，弱化了高等教育对政府的依赖；对外开放格局的形成拓展了教育者的视野，加强了高等教育同世界的联系，等等。在这种情况下，如何重新认识高等教育的社会价值，如何重构高等教育的各种社会功能，如教育对市场经济的适应、支持与矫正功能，对政治的维护、监督与批评功能，对国外文化的选择、吸收与融合功能，等等，也是高等教育社会学研究的重要任务。三是高等教育与社会冲突的加剧及高等教育的整合机制。社会全方位的变革使高等教育赖以生存的基础发生了变化，高等教育本身也进入了一个剧变时期，旧的运行机制正在被打破，新的运行机制尚未被建立，高等教育与社会的冲突大量存在。如社会经济发展对高等教育的人才需求结构与高等教育的人才培养、输出结构的冲突，高等教育发展对投入的需求与社会经济承受力的冲突，高等教育对理性精神的追求与社会现实的功利取向的冲突，高等教育的价值观念取向与社会文化观念更新的冲突，等等。诚然，高等教育社会冲突的出现并不必然产生消极的后果。如果通过高等教育社会学的研究能够形成比较健全的教育与社会的整合机制，高等教育与社会之间的冲突就会向积极的方面转化。

从中观的层次讲，主要是社会转型带来的各种社会分化引发了一系列新的高等教育社会问题。如区域分化与高等教育发展的失衡问题，阶层分化与弱势群体子女的高等教育问题。急剧的社会转型使原有社会阶层结构产生了前所未有的大分化，进而导致利益的大分化，这必然会在不同利益主体间产生广泛的矛盾和冲突。由此引发了地区之间高等教育差距扩大、高等教育资源配置不合理、高等教育机会不均等等新的高等教育社会问题。

从微观的层次看，主要有社会行为无序与大学行为失范问题，高等教育时空拓展与高校师生关系变化问题，大学校内、校外环境变化与大学教师角色冲突问题，商业的价值原则渗透与大学生的功利行为问题，等等。这些现实的问题，都是令人感到困惑的新的教育问题、社会问题，迫切需要高等教育社会学的探讨与解决。

在这种情况下，高等教育社会学理应顺应时代的要求，调整研究的视角，真正树立起高等教育与社会一体化协调发展的观念，加强对高等教育与社会互动机制的研究，努力探寻高等教育与社会协调发展的规律，促进我国高等教育的健康发展和社会的全面进步。本丛书的出版目的正在于促进这一研究。

本丛书在编写上突出了下列特点：一是研究立场的本土性与研究内容的时代性。从中国近代高等教育的发展过程看，过去高等教育学的研究在一定程度上存在着过于依赖西方教育理论和教育观念的问题，相关研究缺乏本土意识。本丛书强调立足中国国情来解决中国高等教育实践中的问题。在研究内容上，牢牢把握当下中国社会大转型这一时代背景，直面因新旧体制、新旧观念及新旧因素的对立与冲突所产生的社会失序、混乱及震荡给高等教育发展带来的冲击与挑战，紧紧围绕"高等教育与社会和谐发展"这一核心主题，提出了摆脱困境、战胜危机所要解决的一系列重要问题，并通过实实在在的研究，给出了明确回答。本丛书提出的这些问题，都是"高等教育与社会和谐发展的中国问题"，或者说是"中国的高等教育与社会和谐发展问题"。而丛书作者通过研究作出的回答，可视为有助于解决问题的一些"中国答案"。

二是研究视域的广阔性与研究视角的多层性。高等教育与社会发展都是多层次、多类型、多主体的系统，探讨二者的关系应该有广阔的视域和多层的视角。在研究的视域上，本丛书既着力审视整个社会的结构与文化、体制与机制同整个高等教育之间的关系，也努力探明区域分化、地方传统文化同地方高等教育之间的关系，并用力探究具体高校中的职业性别政治、权力关系及角色冲突等问题。在研究的视角上，本丛书立足于高等教育学，比较倚重于社会学，但并不局限于社会学，而是根据研究的具体问题及主要目的，将研究的视角延展至经济学、文化学、人类学、教育学等学科。开阔的学术视野与多样的研究视角，使得丛书内容格外丰富多彩。

三是研究方法的多元性与研究手段的实证性。本丛书遵循了理论研究与实证研究相结合、立足国情与合理借鉴相结合、问题分析与对策探讨相结合等原则，注重多种方法的综合运用。尤为强调运用实证分析的手段，将研究结论建立在翔实的资料基础之上，力图更多地用客观事实说话，用实际材料说话。如制度政策的文本分析、形式多样的问卷调查、扎根实地的田野研究、已有统计数据的二次分析等，在本丛书中都有合理运用，从而为发现高等教育与社会协调发展中存在的问题、揭示成因、寻觅对策提供了必要依据。通过开展实证研究，本丛书改变和克服了老套社会科学研究"从概念到概念"、"从理论到理论"、"从问题到问题"的不良倾向，增强了理论研究的"问题导向"与策略研究的"有的放矢"。

  本丛书得以出版，既要感谢华中师范大学出版社新老领导的精心策划与大力支持，也要感谢编辑部主任和各位编辑的认真审读与细致编校，更要感谢顾明远先生与吴康宁先生的充分肯定与郑重推荐。

  本丛书的作者主要是高等教育与社会发展研究方向的博士和博士后，丛书多是在他们的博士学位论文的基础上修改而成，虽然研究宗旨与写作要求一致，但每本书的主题思想与写作风格各异。作为丛书主编，我希望本丛书的出版能够为促进我国高等教育与社会协调发展起到一定的作用，也希望高等教育与社会发展的议题能受到学界更多的关注。由于作者的水平以及对高等教育与社会协调发展规律的认识有限，本丛书必有诸多不足之处，诚望诸位学者、读者不吝赐教。

董泽芳
2017年6月6日

前　　言

　　站在新旧时代转换的时点上省思中国大学"从哪里来，现在如何，往哪里去"这样异常宏大的问题，对于我来说，无疑是巨大的挑战，甚至可以说是一场"灾难"。

　　我不停地开启思想的引擎，逐帧逐幅地扫描着稀缺得可怜的知识记忆，总想尽可能地重构一幅唯美的大学图景。实际上，这根本办不到。首先遇到的知识之锁，就是关于大学是什么的知识图谱。大学是什么和大学应该是什么，常常是混杂在一起但却又差异巨大的两个问题。它代表着两个完全不同的向度，一个趋向现实，一个趋向理想。结果是，现实几乎从来不按照理想的指向前行，也总是有人从未放弃过对大学的理想。

　　从纽曼的"大学乃是一切知识和科学、事实和原理、探索和发现、实验和思索的高级保护力量"到雅斯贝尔斯的"大学是研究和传播科学的殿堂，是教育新人成长的世界，是个体之间富有生命的交往，是学术勃发的世界"；从哈佛大学的校训"与柏拉图为伍，与亚里士多德为伍，更要与真理为友"到清华大学的校训"天行健，君子以自强不息；地势坤，君子以厚德载物"……每一位先哲的理想，都在描绘一幅大学的瑰丽画卷；每一所大学的校训，均在鼓舞莘莘学子砥砺前行。

　　在过去短短几十年间，中国的大学历经了一场由外部环境到内部灵魂的深刻变化。虽然我们很难用语言加以精准描述，但是，我想无论是远离大学生活的普通老百姓，还是朝夕都处于大学怀抱中的大学原住民，都可以不同方式从不同角度去体悟这种变化：大学变得越来越大，越来越美；大学同样也变得越来越杂乱无序：校园中人群熙熙攘攘，邮件快递员和外卖送餐员的电动车川流不息，形形色色的汽车从您身边疾驰而过，有时会把您吓出一身冷汗……大学的变化绝不仅仅是这些表层生活的改变，更重要的是大学的教授们的生存境遇与工作重点的改变。大学教授们已经不可能一辈子将自己禁锢在那三尺讲台上了。他们时而像生意人一样讨价还价，时而像政府官员一样开会走访，时而又像山野莽夫一样大打出手。总之，不管怎么看，他们都变得越来越不像老百姓心目中的大学教授。那么，把自己的孩子放在这群人手里，老百姓还能放心吗？

哈佛学院前院长哈瑞·刘易斯在《失去灵魂的卓越——哈佛是如何忘记教育宗旨的》一书的英文版序言《大学忘却了什么？》中尖锐指出："大学已经忘却了更重要的教育学生的任务。作为知识的创造者和存储地，这些大学是成功的，但是他们忘记了本科教育的基本任务是帮助十几岁的人成长为二十几岁的人，让他们了解自我、探索自己生活的远大目标，毕业时成为一个更加成熟的人。现在学术追求替代了大学的教育任务，殊不知这两者不应该厚此薄彼。"虽然他谈论的是哈佛，但总体上看也符合当下中国大学的基本情形。

对于大多数大学的领导者来说，不管他们是津津乐道，还是差强人意，他们都必须把"圆梦'双一流'"作为自己日常工作的重点，这样必然使学者、学术和学科显得更重要。他们似乎不得不暂时将学生搁置一旁，力图抓住"主要矛盾"和矛盾的"主要方面"，就是如何追赶上世界一流大学和一流学科的步伐。在政府主导、资源依然不够充裕的环境中，谁掌控了资源，谁就可能赢得未来。有鉴于此，他们就像被缚的普罗米修斯一样，不得不审时度势、主动造势、积极蓄势，以免在"华山论剑"之时惜败于对手。这是当代大学领导者的命运。

然而，大学治理是不是唯此一途？这才是人们特别是大学领导者应该深入思考的课题。在我看来，中国大学相比于哈佛可能忘却的东西更多。比如，以生为本，本在何处？如果说美国的哈佛仅仅是忽略了学生、忽略了本科教育，我们的一些行为则是无情地将学生遗弃了。又比如，尊师为先，教师是不是大学校园中的真正主人？那么，中国大学向何处去，这的确是一个值得探讨的话题。

前　言

将大学发展置于现代化和治理的双重语境下,这是本书的一个基本出发点。什么是现代化?什么是治理?这些都是一些似是而非的概念。在西方的语境下,以工业化为鹄的的现代化过程业已完成,现代性本身也已经走向其负面。因为在西方的许多学者看来,作为现代化的结果的现代性已经是一种负能量,成为诸多现代化负面后果的承载物。因此,后现代、后现代性、后工业化等一系列反映西方当代特征的理论主张与价值立场成了新宠。相比之下,中国的工业化如火如荼。中国的现代化还远未完成,中国人的现代化则刚刚启蒙。因此,就本质而言,现代化并不是一个只有唯一起点、唯一模式的工业化发展过程,而是以人的现代化为轴心的对传统文明和现代文明进行扬弃而走向未来新的文明的一个永无止境的社会变迁过程。

治理是近年来我国社会使用频率最高的词汇之一。它比现代化更加充满歧义,也更令人困惑。唯一能够掌握的就是多元主体参与合作以解决传统政府"单边政治"无法解决或解决不好的一系列公共产品与服务的问题。将治理引入中国人的思维框架中,具有非常重要的现实意义。一方面,它可以促进市民社会的快速形成;另一方面,它也促使具有长期集权传统的政府转变思维方式与工作方式,能够以一种更为民主平等的方式介入并引领社会生活。

党的十八届三中全会把完善和发展中国特色的社会主义制度,推进国家治理体系和治理能力现代化确定为全面深化改革的总目标。站在这样的角度去回顾历史、分析当下、预见未来,是一个大学人同时也是大学的守望者义不容辞的责任。

相比于以往的其他著作,本书有四个鲜明特点:一是时点不同,十九大后高等教育不仅面临着人民群众的新期待、新需求,而且面临着高等教育强国、建设"双一流"、凸显中国特色等一系列的价值追求与道路抉择。为了解决人民日益增长的美好生活需要与不平衡、不充分的发展之间的矛盾,必须要有新思路、新策略。二是语境变迁,以往的著作中大多坚持了西方中心论,用西方的话语讲述着西方故事,本书将坚持寻找大学治理体系与治理能力现代化的中国道路与中国模式。三是视角转换,以良法与善治为逻辑起点,以权益保障为主线重建大学治理体系，强化中国特色的社会主义法治大学建设，实现价值理性与工具理性的高度融合。四是范畴拓展，本书以善治理论为分析框架，全景式地展开大学治理的内外治理体系现代化的探讨，以期让读者理解大学内部治理与外部治理的复杂互制关系。

本书共分为七章。其中，第一章为我国高等教育发展的宏观背景分析，目的是为大学治理现代化勾勒出一个高等教育的现实轮廓；第二章重点阐述了核心概念，提出了大学治理现代化的四种意蕴和五大目标；第三章回顾了现代化研究的演变历程，在分析大学治理研究的六种研究范式和三种理论的基础上，提出了以善治理论作为本书的基本理论分析框架；第四章重点探讨了新时代中国大学内部治理体系现代化问题，主要就如何坚持和完善党委领导下的校长负责制进行了系统讨论，提出了建设中国特色社会主义法治大学是实现大学内部治理体系现代化的根本目标，是党委领导下校长负责制完善、学术权力保障与学校活力激发的基础制度安排；第五章阐述了大学内部的核心学术组织——学院治理现代化问题，指出学院治理体系的现代化才是整个大学治理现代化的重中之重；第六章围绕学生受教育权的充分实现而对学生参与大学内部管理的意义、机制和方式进行了充分讨论，肯定了学生社团治理在整个大学内部治理中的重要地位；第七章为大学外部治理的现代化，全面阐释了政府与大学、市场与大学、社会与大学的新型关系，并讨论了以省为主的高等教育宏观管理体制的改革创新问题。

这里需要特别指出的是，虽然作者以为涉猎到了与大学治理现代化密切相关的重要议题，但由于作者才疏学浅，故挂一漏万或纰缪之处难免，敬请读者不吝赐教。

陈　彬
2018 年 8 月 6 日

目　　录

第一章　高等教育大国的崛起与挑战 …………………………… 1

第一节　大国崛起：弹指一挥间 ……………………………… 1
一、18 年：9.8％到 42.7％ ……………………………………… 1
二、合并、共建与后勤社会化 …………………………………… 4
三、"211"、"985"和"双一流" ………………………………… 9
四、新高考、新目标 …………………………………………… 12
五、从边缘走向中心 …………………………………………… 15

第二节　后发先至：大发展的"烦恼" ……………………… 19
一、规模失控引发质量滑坡 …………………………………… 19
二、布局欠佳导致多极分化 …………………………………… 22
三、管教失当造成道德失范 …………………………………… 24
四、结构不优导致过度与不足 ………………………………… 28
五、品质不良诱致就业困难 …………………………………… 30

第三节　公平优质：高教强国的宏图 ………………………… 33
一、寒门出贵子不再艰难 ……………………………………… 33
二、让大学站在同一起跑线上 ………………………………… 40
三、让学生真正有获得感 ……………………………………… 43
四、行走在高教强国路上 ……………………………………… 46

第四节　任重道远：大国转型的艰辛 ………………………… 50
一、"钱学森之问"何时有解 …………………………………… 51
二、屠呦呦之后谁将获奖 ……………………………………… 56

  三、"双一流"之路还有多远 ……………………………… 60
  四、学为本之治媲难蜀道 ……………………………… 63

第二章 中国大学治理现代化的内涵与目标 ……………………… 69
第一节 管理与治理：一字之差？ ……………………………… 69
  一、管理与治理 ………………………………………… 69
  二、自治与他治 ………………………………………… 77
  三、善政与善治 ………………………………………… 82
  四、德治与法治 ………………………………………… 86
  五、统治与共治 ………………………………………… 92
第二节 现代化抑或现代性 …………………………………… 96
  一、何为现代化 ………………………………………… 97
  二、何谓现代性 ………………………………………… 100
  三、现代性与现代化的关系 …………………………… 107
第三节 中国大学治理现代化的内涵 ……………………… 108
  一、作为一种价值重构 ………………………………… 109
  二、作为一种制度创新 ………………………………… 112
  三、作为一种机制转换 ………………………………… 114
  四、作为一种技术进步 ………………………………… 117
第四节 中国大学治理现代化的目标 ……………………… 120
  一、大力弘扬人的现代性 ……………………………… 120
  二、全面达成大学使命 ………………………………… 125
  三、充分实现师生权益 ………………………………… 126
  四、优化设计治理体系 ………………………………… 128
  五、提高大学治理效能 ………………………………… 133

第三章 中国大学治理现代化的分析框架 ……………………… 137
第一节 治理现代化研究的缘起与流变 ……………………… 137
  一、现代化研究的缘起 ………………………………… 137
  二、现代化研究的嬗变 ………………………………… 143
  三、治理现代化研究的由来 …………………………… 151

四、治理现代化研究的旨趣 …………………………………… 154
　第二节　大学治理现代化的研究范式 ………………………………… 161
　　一、理性主义范式 ……………………………………………… 162
　　二、结构主义范式 ……………………………………………… 167
　　三、文化主义范式 ……………………………………………… 171
　　四、问责主义范式 ……………………………………………… 175
　　五、多中心主义范式 …………………………………………… 179
　　六、新制度主义范式 …………………………………………… 184
　第三节　寻找一个合适的分析框架 …………………………………… 189
　　一、利益相关者理论 …………………………………………… 189
　　二、委托—代理理论 …………………………………………… 194
　　三、善治理论 …………………………………………………… 201

第四章　中国大学内部治理体系的现代化 ………………………………… 208
　第一节　建设法治大学 ………………………………………………… 208
　　一、法治大学的含义特点 ……………………………………… 209
　　二、章程与法治大学建设 ……………………………………… 216
　　三、建章立制与依章治校 ……………………………………… 223
　　四、先定承诺与章程敬畏 ……………………………………… 227
　第二节　坚持党委领导 ………………………………………………… 231
　　一、新时代高校党委的治理使命 ……………………………… 231
　　二、提升大学党委的整体领导力 ……………………………… 234
　　三、明晰不同权力主体的责权阈 ……………………………… 238
　　四、再造大学议事流程及其规则 ……………………………… 240
　　五、切实促进党委书记的专业化 ……………………………… 244
　第三节　保证校长治校 ………………………………………………… 246
　　一、保持学术治理核心地位 …………………………………… 247
　　二、贯彻落实党委重大决策 …………………………………… 250
　　三、依法保障校长工作职权 …………………………………… 254
　　四、充分凝练校长教育智慧 …………………………………… 255

第四节　推动教授治学 ……………………………… 260
　　一、教授治学或教授治校 …………………………… 262
　　二、明确学术委员会的使命 ………………………… 268
　　三、保障教授治学职权落实 ………………………… 271
　　四、改进教授治学机制方式 ………………………… 274

第五章　中国大学学院治理现代化 ……………………… 279
　第一节　学院制的滥觞与发展 ……………………… 279
　　一、学院制的嚆矢 …………………………………… 280
　　二、学院制的演进 …………………………………… 281
　　三、学院制的特征 …………………………………… 287
　　四、学院的使命 ……………………………………… 291
　　五、学院制的评价 …………………………………… 293
　第二节　学院制的中国化进程 ……………………… 297
　　一、中国大学学院制的缘起 ………………………… 297
　　二、院系调整 ………………………………………… 299
　　三、中国大学学院制的复兴 ………………………… 301
　　四、从学院制到学部制 ……………………………… 304
　第三节　中国学院制面临的治理难题 ……………… 312
　　一、手戴镣铐难治"任性" ………………………… 312
　　二、功利膜拜难逃"庸俗" ………………………… 320
　　三、文人相轻难得"合作" ………………………… 323
　第四节　学院制的未来发展 ………………………… 326
　　一、学院是大学治理的轴心 ………………………… 326
　　二、院长是荣辱之源头 ……………………………… 331
　　三、参与是激活的机制 ……………………………… 334
　　四、文化是青春的法门 ……………………………… 335

第六章　中国学生参与大学治理现代化 ………………… 342
　第一节　大学生参与大学治理的可行性 …………… 343
　　一、身心发展水平 …………………………………… 343

二、强烈参与动机 ………………………………………… 349
　　三、自我管理实践 ………………………………………… 352
　　四、社团规范约束 ………………………………………… 359
第二节　学生参与治理的现实困境 ……………………………… 365
　　一、学生自治组织的失语 ………………………………… 366
　　二、学生规训组织面临的挑战 …………………………… 369
　　三、学生社团组织的疏离 ………………………………… 373
　　四、学生参与治理的限度 ………………………………… 376
第三节　学生参与大学治理的路径转向 ………………………… 379
　　一、参与决策 ……………………………………………… 379
　　二、参与听证 ……………………………………………… 384
　　三、参与监督 ……………………………………………… 388
　　四、参与维权 ……………………………………………… 390
第四节　学生参与大学治理的几种模式 ………………………… 395
　　一、专门委员会模式 ……………………………………… 395
　　二、"校园建设参事"模式 ………………………………… 398
　　三、"校长学生助理团"模式 ……………………………… 400
　　四、校园议事厅制度 ……………………………………… 403
　　五、未来展望 ……………………………………………… 405

第七章　中国大学外部治理体系的现代化 …………………………… 407
第一节　打破市场神话 …………………………………………… 409
　　一、重新认识市场 ………………………………………… 410
　　二、界定市场边界 ………………………………………… 418
　　三、培育市场主体 ………………………………………… 421
　　四、维护市场秩序 ………………………………………… 430
　　五、防控市场失灵 ………………………………………… 435
第二节　完善中央与地方合作治理 ……………………………… 445
　　一、科学分配治理权限 …………………………………… 447
　　二、完善两级管理体制 …………………………………… 455

三、改进省级政府统筹 …………………………………… 463
　　四、发挥部门办学优势 …………………………………… 472
 第三节　社会组织参与共同治理 ……………………………… 478
　　一、省思"缓冲器" ………………………………………… 479
　　二、打造新"智库" ………………………………………… 484
　　三、开辟"新渠道" ………………………………………… 489
　　四、规范"新权力" ………………………………………… 493
后　　记 ………………………………………………………… 499

第一章　高等教育大国的崛起与挑战

教育是立国之本、强国之基。教育兴则国兴，教育强则国强。高等教育作为教育的"金字塔尖"，其发展水平不仅直接关系一个国家的创新能力，而且深刻影响国民的思想厚度、文化素养与精神品质。自新中国以降，党和国家高度重视高等教育事业的发展。在近70年间，经历了新中国成立初期的凤凰涅槃、"文革"十年的全面倒退、改革开放后的改革重振和21世纪初期的飞跃发展四个阶段。虽然发展过程中有过沟沟坎坎，并不一帆风顺，但是总体而言，仍旧砥砺前行，取得了令世人瞩目的骄人成就，迄今已成为世界高等教育第一大国。在通往高等教育现代化的道路上，人们依然不能冀望一路平坦，只能乘势而上、顺势而为，攻坚克难、过关斩将。唯此，才能躲暗礁、避险滩，追波逐浪，最终屹立于寰球之上。

第一节　大国崛起：弹指一挥间

2004年，我国高等教育总规模达到2 000多万人，高等教育毛入学率达到19%。教育部对外正式宣布，我国高等教育总规模超过美国，成为世界高等教育第一大国。经过合并、共建和后勤社会化改革，通过实施"211"、"985"和"双一流"建设，我国高等教育在短短20余年间，就迅速实现了华丽转身，从社会生活的边缘走到了社会生活的中心。

一、18年：9.8%到42.7%

高等教育毛入学率是指高等教育在学人数与适龄人口之比。在这里，适龄人口是指一个国家或地区18~22岁年龄段的人口数。毛入学率是衡量一个国家高等教育发展水平的基础指标，是一个国家提供高等教育能力的综合反映。根据马丁·特罗的理论，高等教育的毛入学率低于15%属于精英教育阶段，毛入学率在15%到50%之间为大众化阶段，毛入学率高于50%为普及化阶段。

1. 高校扩招

1998年，中国的高等教育毛入学率只有9.8%。以1998年为起点，我国高等教育进入快速增长时期。1999年开始大学扩招，高等教育毛入学率快速上升（见图1-1）。仅仅过了4年，即在2002年，我国高等教育毛入学率就达到15%，从而实现了高等教育从精英教育进入大众教育的实质性转变。到2015年，我国高等教育毛入学率更是达到40%，提前5年实现了《国家中长期教育改革和发展规划纲要（2010—2020年）》中确定的2020年达到40%的目标。教育部于2017年7月10日发布的《2016年全国教育事业发展统计公报》显示，是年我国高等教育毛入学率达到42.7%。全国高等学校总数达到2 914所，高等教育在学总规模达到3 699万人，居世界第一，占全球规模的1/5。这是了不起的发展，是高等教育由小变大的最有力见证。不到20年时间，我国高等教育就实现了成为世界高等教育第一大国的巨变。

1949年新中国成立后，我国曾经在较长一段时间内实行高度集中的社会主义计划经济体制。这种以强制指令性计划为基本特征的经济体制，极大地制约了高等教育的投入规模和招生规模，也直接影响了高等教育事业的健康发展。因此，我国高等教育在进入21世纪之前一直是精英教育，受过高等教育的人在总人口中的比例很小。到1998年，我国普通本、专科在校生数仅340.87万人，还不及2016年全国高校普通本、专科招生748.61万人的一半。1999年，教育部出台《面向21世纪教育振兴行动计划》，拉开了高校扩招的大幕。促成这一大幕拉开的主要原因，则是西方经济学上的所谓乘数效应（Multiplier Effect）。这是一种宏观的经济效应，也是一种宏观经济调控手段，是指经济活动中某一变量的增减所引起的经济总量变化的连锁反应程度。在区域经济发展中，它用来指通过产业关联和区域关联对周围地区产生示范、组织、带动作用。通过产业循环和因果积累，这种投资对产业的循环拉动作用会不断强化放大、不断扩大影响，就像数学运算中的乘数一样，可以产生倍增的效果。时任亚洲开发银行经济学家的汤敏率先利用凯恩斯乘数预测，如果招生规模增加一倍，而且招收的学生全部自费，每生每年学费1万元，其他如生活费等每年支出4 000~5 000元，则可以增加高等教育投资规模240亿元。这240亿元的投资可以直接带动1 000亿左右的投资或最终消费①。在房地产需求不足、亚洲金融危机的交叉影响下，扩招就成为当时政府调控宏观经济运行的一个较佳选择。所以，尽管当时学术界颇多争议，但是仍然不能阻碍扩招的步伐。1999年，高等学校本、专科招生人数净增51.32万人，总数达159.68万人，增长速度达到了史无前例的47.4%。

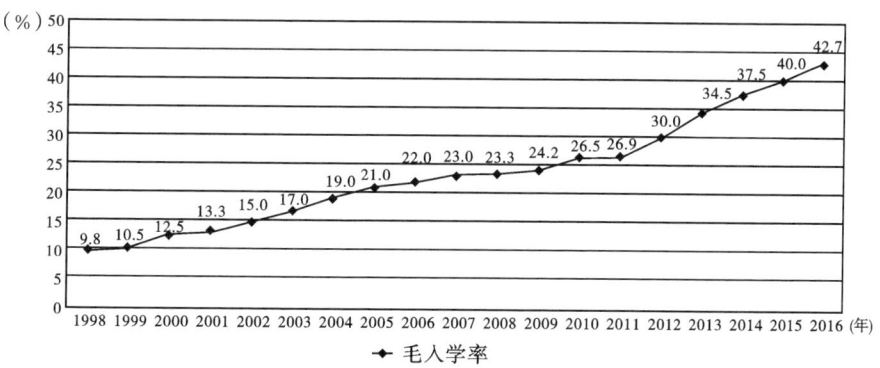

图1-1 1998—2016年中国普通高校毛入学率

2. 毛入学率提升的两大原因

普通高等教育招生人数的持续增加，是我国高等教育毛入学率目标提前实现的主要原因。这从图1-2中可以明显看出。从1999年开始，我国高等教育的招生规模持续扩大。无论是博士生、硕士生还是本、专科学生的招生人数都逐年增加（2002年有一个下降）。从2008年到2016年，各年增比分别为7.38%、5.24%、3.48%、2.98%、1.08%、1.60%、3.08%、2.28%、1.98%，虽然与扩招初期的增幅相比，此期间的增幅已经大为降低，但仍在较小幅度内提升。高等教育毛入学率提

---

① 陈彬. 用乘数模型估计高教规模扩大的经济影响时应注意的问题[J]. 教育与经济，2000（1）：21-24.

高的另一个原因是适龄人数的减少，导致高考录取率增长迅速。2010年到2016年高考录取率分别为68.70%、72.30%、75%、76.70%、74.50%、78.33%、82.15%。由于适龄人口的减少，在分子（高等教育招生人数）有增无减而分母（高等教育适龄人口）有减无增的情况下，高等教育毛入学率的增加就不难理解。

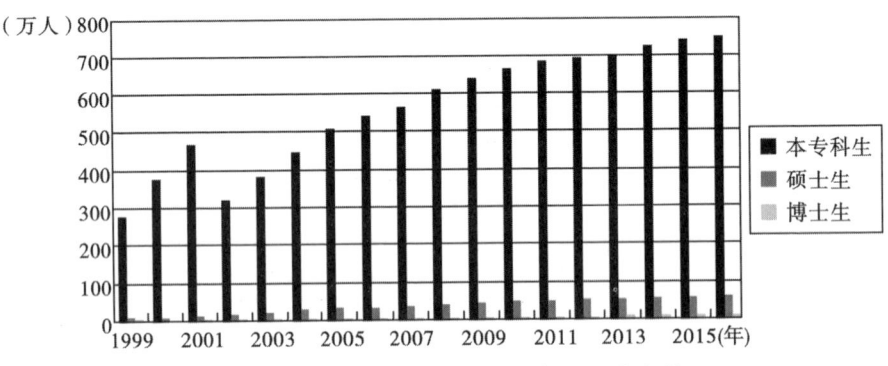

图1-2　1999—2016年高等教育年度招生人数

高等教育招生规模的持续扩大和高等教育毛入学率的提高，本质是提高了就业人口的文化程度，改善了其知识结构。从长远的时间看，有利于劳动生产率的提高，与此同时也可能增加劳动力成本。但是无论如何，高等教育毛入学率的快速提升，说明我国高等教育结构在快速变化。这种高等教育系统的结构性变化，也预示着高等教育的入学动机、高等学校的办学重点等将发生深刻的改变。

二、合并、共建与后勤社会化

1985年5月27日，《中共中央关于教育体制改革的决定》发布。在这一决定中明确指出：改革高等学校的招生计划和毕业生分配制度，扩大高等学校办学自主权。……关键就是改变政府对高等学校"统"得过死的管理体制。为了调动各级政府办学的积极性，实行中央、省（自治区、直辖市）、中心城市三级办学的体制。根据这一决定的精神，高校开始进行各方面体制改革与创新的尝试。1993年2月，中共中央、国务院又颁布实施了《中国教育改革和发展纲要》。文件进一步提出了20世纪90年代我国高等教育改革的使命与目标，要走内涵式发展道路。重点是深化办学和管理体制的改革。高等教育要逐步形成以中央、省（自治区、直辖市）两级政府办学为主、社会各界参与办学的新格局。进行高等教育体制改革，主要是解决政府与高等学校、中央与地方、国家教委与国家各业务部门之间的关系，逐步建立政府宏观管理、学校面向社会自主办学的体制。可以看出，中共中央在持续推进高等教育体制的变革与重建。尤其是1998年3月10日九届人大一次会议通过了国务院机构改革方案后，更是把计划经济下条块分割的高等教育体制推到了不得不改的境地。高校合并、共建与后勤社会化，就是在这种背景下展开的。

1. 高校的合并与共建

在我国的高等教育发展史上，新中国成立后经过了两次重大的调整与改革。第一次是在1952年，改革重点主要是同类学校与专业的合并、重组和调整。改革的结果是，除保留少数多学科性大学外，主要向专业化的单科学院方向发展。从1993年开始，基于《中国教育改革和发展纲要》的文件精神，我国对高等教育所进行的重大体制改革和结构调整，完全可以看成是新中国高等教育发展史上的第二次高校院系大调整。按照"共建、调整、合作、合并"的八字方针对高校体制进行改革，改革的结果是将大多数高等学校的管理权下放到各省级政府，目的是实现教育资源的合理配置，增强我国高等教育的市场竞争力和国际竞争力。

"共建"是1992年广东在研究该省高等教育改革时提出的一个概念，后来逐步成为高教管理体制改革中一种非常重要的模式。所谓共建，就是学校在投资渠道基本不变的情况下，实行国家部委与省（自治区、直辖市）人民政府双重领导，共同建设、共同管理。共建的重要意义在于改变社会主义计划经济体制下积淀而成的单一隶属关系，从根本上打破条块分割，从而实现中央与地方、行业管理与属地管理在一定程度上的有机结合。通过共建，极大地调动了地方政府投资高等教育的积极性，增强了地方政府的统筹力度和高校面向社会自主办学的能力，促进了部属院校管理重心的下移，也进一步密切了国家部委所属高等学校与办学地点所在的省、市之间的关系，促使高校积极为地方经济建设和社会发展服务。通过共建，高校获得了更多的来自地方政府的投资，学校的办学条件大为改善，师资、土地、设施与财力等各个方面的资源配置得以优化。

中央与地方人民政府共同建设高等学校主要有四种基本方式：其一是将1998年我国政府机构改革中撤并的9个部委所辖高校中的81所，实行中央与地方共建，以地方管理为主的体制；其二是教育部把受国务院委托管理的34所高校与地方实行共建；其三是为了支持西部大开发，国家支持部分省、市办好一所地方高校；其四是省以下的市、县与中央、省属高校实行共建。根据"双一流"建设的国家战略，2018年3月，教育部宣布，要通过部省合建这一新的机制和模式，在尚无教育部直属高校的省份，按"一省一校"原则，重点支持河北大学、山西大学、内蒙古大学、南昌大学、郑州大学、广西大学、海南大学、贵州大学、云南大学、西藏大学、青海大学、宁夏大学、新疆大学、石河子大学14所高校建设。这可以算作新时代共建的新业态。

"合并"是高教管理体制改革的最高形式，主要是指两所或两所以上独立设置的高校合并重组成为一所高校。而参与合并重组的高校不管是否更改校名，其原有的事业法人资格一并取消。"合"是指组织形式上的变化，而"并"则代表着内部资源的整合。因此，从深层次上看，合并只是手段，高校合并重组的最终目的是进行资源的合理优化配置。

1998年，以国务院机构调整为背景，以原浙江大学、杭州大学、浙江农业大学、浙江医科大学合并组建新的浙江大学为标志，我国兴起了一场大规模的中央部属高校的合并潮。北京大学、清华大学、吉林大学、山东大学、武汉大学、上海交通大学、华中科技大学、四川大学等原已耳熟能详的高等学校，都被卷入了这场声势浩大的高校合并潮中。它们中有的是强强联合，有的是以强并弱，还有的则是弱校重组。到1999年，国家部委所属的571所高校已合并成259所。其实，高校合并并非缘起于1998年，而是1990年。据教育部官网公布的数据，从1990年到2006年，全国不同层类高校中通过合并走上新的发展征程的高校有431所，涉及合并前高校的有1 082所[①]。不论是政府还是高校，似乎都

---

① 中华人民共和国教育部. 1990年以来高校合并情况（截止到2006年5月15日）[EB/OL]. [2006-05-15]. http://old. moe. gov. cn/publicfiles/business/htmlfiles/moe/s221/201005/xxgk_88440. html.

青睐搞合并，借此迅速扩大办学资源，提高竞争实力。最近仍然有许多地方政府酝酿新一轮高校合并，以便在"双一流"建设中有所作为。

然而，理性反思高校合并潮，不能不说是喜忧参半。有的高校通过合并增强了实力，有的高校则止步不前，有的甚至还有所减弱。新的浙江大学、武汉大学、山东大学、四川大学、上海交通大学等属于学界、业界认为合并较为成功的典范，但是也有少数不太成功的合并。高校合并的初衷是优化资源配置，提升品牌价值，提高办学质量，增强办学实力。尤其是对20世纪50年代逐步形成的分工过细过窄、体制封闭僵化、低水平重复建设、小而全的高校办学模式，打破多年的利益集团与行业壁垒十分有好处，有利于"消肿清淤"、"提神正气"。但部分高校合并并非出于学校本意，而是迫于压力。在合并过程中，又缺乏战略眼光，导致贪大求全、贪多厌精，自然使原有一些传统特色弱化甚至完全丢失，导致出现了去个性化、均质化、平面化和功利化现象。

根据管理学家巴纳德的观点，一个协作系统的建立，取决于三个基本因素：合作的意愿、共同的目标与良好的沟通[①]。依据这一理论，高校合并比较成功的案例有如下特点：第一，合并的学校历史上有交集或同根同源，虽然在20世纪50年代的院系调整中出现了分离，但是在各自的心目中依然将彼此归为一脉；第二，合并高校在实际合并前经过长时间充分酝酿，准备合并的各校领导及师生思想上已达成共识；第三，中央和有关部委、所在地政府高度重视、鼎力支持，中央和省里的"嫁妆"丰厚，为过渡期提供了充足的资源，减弱了合并初期的阵痛；第四，有非常得力的领导班子，他们能够迅速成为领导核心，抢占战略制高点，得到师生特别是战略性人力资源的认可，从而根本性地消解了重组过程中的体制性阻力，为新学校的文化重建铺平了道路。

少数学校合并不成功，主要是因为：一是合并意愿不足，很多是政府一厢情愿下搞的"拉郎配"；二是合并过程仓促，缺乏有效的沟通；三是学校领导班子缺乏审时度势、高屋建瓴的战略眼光，领导班子内部

---

① 切斯特·巴纳德. 经理人员的职能[M]. 王永贵, 译. 北京：机械工业出版社, 2015：63-69.

不团结,在一定程度上形成内耗。尤其是伴随着规模扩大后行政支出的大幅增加,交易成本大幅提升,导致资金运转难免捉襟见肘、资源配置效率降低;在以强并弱的高校中,由于原有的强校的资源要分给以往属于其他高校的校区,导致以往优势学科、优势专业的优势逐步稀释,进而降低其学科影响力和专业竞争力;学者、学术、学生的素质以及新生录取分数比原来有较大幅度下降,降低了学校的学术产出品质、毕业生的市场声誉以及学校在各类大学排行榜中的排位;特别是一些航空母舰级的巨型大学的诞生,极易出现内部管理机构臃肿,行政人事关系复杂,干部教师内部磨合艰难,是非多多、麻烦不断。

2. 高校后勤社会化

后勤是我国高等学校管理的重要组成部分,对高校日常运行和发展起着重要的保障作用。一般情况下,高校中的学生公寓、食堂餐饮、绿化保洁、校园修缮、商业网点以及水、电、暖等能源供应事务都划归后勤部门管理。高校的合并与共建,使得资源共享和集约化经营成为可能,也给深化高校后勤管理体制改革、加快后勤服务社会化带来了机遇。

高校后勤的社会化,是指使高校的后勤活动成为整个社会服务的一部分,即将学校的后勤系统通过分流的办法纳入社会市场体系,建立由政府主导、社会为主、高校选择、适应办学需要的市场化服务体系,让高等学校后勤服务逐步与教学、科研工作分离,发展成为独立核算、自负盈亏的专门为学校及师生工作、学习和生活服务的经济实体。

自新中国成立以后,由于受社会主义计划经济体制的影响,我国高校后勤事务绝大多数由高校自身来承担,形成了普遍由学校办社会而非社会办学校的格局。它既耗费了高校大量的人力、财力和物力资源,又形成了庞大臃肿、效率低下的"大锅饭"管理体制。这种后勤管理和服务体制机制,在高等教育大发展、体制大变革、机制大创新的背景下,迅速成为阻碍高等教育快速发展的重要因素。为了破除后勤管理体制机制的弊端,1985年发布的《中共中央关于教育体制改革的决定》明确指出:"高等学校后勤服务工作的改革,对于保证教育改革的顺利进行,极为重要。改革的方向是实行社会化。"1998年教育部出台的《面向21世纪教育振兴行动计划》中也明确指出:加速学校后勤工作社会化改革,精简分流富余人员。1999年,国务院召开第一次全国高校后勤社会化改革工作会议。2000年,国务院转发了教育部等六部委联合制定的《关于进一步加快高等学校后勤社会化改革的意见》,明确了高校后勤社会化改革的指导思想、原则、目标、步骤、政策及组织领导等,为进一步推进高校后勤社会化改革指明了方向。此后的十几年间,全国高校后勤管理体制改革和后勤社会化进入了纵深推进的新阶段。各地高校在后勤社会化的道路上,竞相进行了大胆探索与务实实践,形成了不同程度的社会化与不同模式的社会化。

高校后勤社会化的本质是市场化,其目的是通过后勤管理体制改革来改变过去学校对后勤管理与服务大包大揽的状况,为高等学校发展卸下包袱,使学校能够轻装上阵,把主要精力放到学校的教学、科研等上面。通过高校后勤社会化改革,不仅理顺了高校后勤管理体制和运行机制,使之更加适应高等教育发展规律和社会主义市场经济发展方向,而且通过运用市场化机制和竞争性手段来增强服务的动力与活力,提高了高校后勤的运行效率和服务质量。与此同时,它也较彻底地突破了学校办社会的困局,实现了高等学校"聚精会神抓学科、脚踏实地育英才"。当然,高校后勤社会化也会带来市场经济的负面作用,即竞争与效率逻辑下的逐利竞赛。在一定程度上,它提高了大学的受教育成本,增加了受教育者的家庭经济负担,间接影响了高等教育公平的实现。

三、"211"、"985"和"双一流"

我国高等教育基础比较薄弱,属于后发追赶型,在新中国成立初期即确立重点建设政策。从全国重点高校到"211"工程、"985"工程,再到"双一流"建设,是我国高等教育由小到大、由弱到强的发展战略需要。

1. "211"与"985"

我国"211"工程和"985"工程始于20世纪90年代初,推出这两个工程的用意是,集中优质资源,重点支持少数高校、学科建设,以改善这些学校、学科的办学条件,尽快接近世界一流水平。

"211"工程是新中国成立以来国家正式立项在高等教育领域进行的规模最大的重点建设工程。早在1991年,全国人大七届四次会议批准

《国民经济十年规划和第八个五年计划纲要》时就明确提出:"有重点地办好一批大学。加强一批重点学科点的建设,使其在科学技术水平上达到或接近发达国家同类学科的水平。"1993年2月颁布的《中国教育改革和发展纲要》更是明确提出:"为了迎接新技术革命的挑战,要集中中央和地方等各方面的力量办好100所左右的重点大学和一批重点学科、专业,争取在下世纪初,有一批高等学校和学科专业,在教育质量、科学研究和管理方面,达到世界较高水平。"这是"211"工程最权威的政策依据。随后,国家教委向国务院正式上报了《关于重点建设好一批重点大学和重点学科的报告》。报告提出:"建议由国家教委设置重点大学和重点学科建设项目,该项目简称为'211'计划。"从相关政策和报告中,可以清晰看到:"211"工程政策主要关注三方面内容:一是学校整体办学条件建设;二是重点学科建设;三是高等教育公共服务体系建设。"211"工程二期和三期则将重点学科建设放到了首要位置。

实施"985"工程,是党中央、国务院在世纪之交做出的重大决策。"985"政策源于1998年5月时任中共中央总书记的江泽民同志在北京大学百年校庆上发布的类似"科教兴国动员令"的讲话。该讲话明确提出,"为了实现现代化,我国要有若干所具有世界先进水平的一流大学。这样的大学,应该是培养和造就高素质的创造性人才的摇篮,应该是认识未知世界、探求客观真理、为人类解决面临的重大课题提供科学依据的前沿,应该是知识创新、推动科学技术成果向现实生产力转化的重要力量,应该是民族优秀文化与世界先进文明成果交流借鉴的桥梁"。讲话发表后,北京大学领导联合清华大学领导致信江泽民和李岚清(时任主管教育的国务院副总理),表达了两校首先建设成为世界一流大学的强烈意愿①。年底出台的《面向21世纪教育振兴行动计划》中提出的"重点支持部分高等学校创建具有世界先进水平的一流大学和一流学科",与江泽民在北大100周年校庆上的讲话精神是一脉相承的。次年,国务院批转教育部《面向21世纪教育振兴行动计划》,"985"工程正式

---

① 闵维方,文东茅,等. 学术的力量——教育研究与政策制定[M]. 北京:北京大学出版社,2010:109.

启动建设。

显而易见,"211"工程和"985"工程既相互区别,又保持联系。"211"政策聚焦学校整体办学条件建设和重点学科建设,而"985"政策的指向更加侧重于世界一流大学和世界一流学科建设。"211"工程为"985"工程建设奠定了一定的基础。进入"985"工程一期和二期的高校(39所),逐渐成为国家战略扶持下追赶世界一流大学的有力竞争者,而获得"985"工程优势学科创新平台的高校(37所)的使命,是在若干学科领域打造世界一流学科群。国家的"985"工程建设,还有力地调动了地方政府共同参与世界一流大学和世界一流学科建设的积极性、主动性和创造性。

2. "双一流"建设

"双一流"建设是中国高等教育领域继"211"工程、"985"工程之后的又一国家高等教育振兴战略。双一流,即世界一流大学和世界一流学科。2017年9月21日,教育部、财政部、国家发改委印发《关于公布世界一流大学和一流学科建设高校及建设学科名单的通知》,公布42所世界一流大学和95所一流学科建设高校及建设学科名单。

"双一流"建设具体分为三步:第一步是到2020年,若干所大学和一批学科进入世界一流行列,若干学科进入世界一流学科前列;第二步是到2030年,更多的大学和学科进入世界一流行列,若干所大学进入世界一流大学前列,一批学科进入世界一流学科前列,高等教育整体实力显著提升;第三步是到21世纪中叶(2050年),一流大学和一流学科的数量和实力进入世界前列,基本建成高等教育强国。

"双一流"政策延续了"211"、"985"政策中的世界一流大学("985"更加侧重)和世界一流学科("211"更加侧重)的政策追求,希望通过分层和分类的建设思路,鼓励高校实现差别化发展,但同时也进行了较为系统的改革。首先,整合"211"工程、"985"工程以及"优势学科创新平台"和"特色重点学科项目"等重点建设。中央财政将中央高校开展世界一流大学和一流学科建设纳入中央高校预算拨款制度中统筹考虑,并通过相关专项资金给予引导支持。进一步增强了高校财务自主权和统筹安排经费的能力,充分激发高校争创一流、办出特色的动力和活力。第二，建立激励约束机制，鼓励公平竞争，强化目标管理，突出建设实效。资金分配更多考虑办学质量特别是学科水平、办学特色等因素，重点向办学水平高、特色鲜明的高等学校倾斜，在公平竞争中体现扶优扶强扶特。第三，对世界一流大学和一流学科建设加强总体规划，鼓励和支持不同类型的高水平大学和学科差别化发展。每五年一个周期，2016年开始新一轮建设，与"十三五"规划实现了同步，有效地避免了五年规划和重点建设规划"两张皮"。

3. "211"、"985"之弊与"双一流"之变

"985"工程、"211"工程实施以来，对改善我国重点高等学校办学条件，提升其学术影响力和核心竞争力，均起到了很重要的推动作用。截至目前，我国已有清华、北大等若干所学校跻身世界一流大学排行榜的前100位。但是，随着我国经济社会的不断发展，以及建设世界一流大学（学科）的深入推进，"985"工程、"211"工程的负面作用也越来越明显，遭到社会各界的广泛诟病。正如国务院颁布的《统筹推进世界一流大学和一流学科建设总体方案》所明确指出的那样，"重点建设也存在身份固化、竞争缺失、重复交叉等问题，迫切需要加强资源整合，创新实施方式"，这是对这两项工程弊端的精准概括。启动"双一流"建设，无疑是想消除"985"工程、"211"工程的这些弊端，也即消除国家高等教育发展战略中重点建设身份固化、竞争缺失和重复交叉的问题。由此可见，"双一流"建设，本质上是我国建设世界一流大学的升级版。与"985"工程、"211"工程对比，"双一流"战略将淡化高校的身份，强化竞争机制，重视投入效益。从"211"工程、"985"工程建设转向"双一流"大学建设，是我国高等教育发展战略的重大调整。当然，从"双一流"建设高校名单的确定过程引发争议的实践看，"双一流"建设能否克服身份固化等问题，让我们拭目以待。

四、新高考、新目标

始于隋朝、兴于唐朝的科举制度，是我国人才选拔制度对世界的重要贡献。相比于西方，我国的教育考试更是先进2 000余年。《学记》中就有"比年入学，中年考校。一年视离经辨志，三年视敬业乐群，五年视博习亲师，七年视论学取友，谓之小成。九年视知类通达，强立而不

反，谓之大成"① 之说。这既是培养目标，同时也是考核标准。及至近代，我国各级各类学校都广泛实施了考试。

改革开放以来，高考改革是我国最为持久、最为频繁且最为人们所关注的教育改革。在高考改革纳入《国家中长期教育改革和发展规划纲要（2010—2020年）》的重点任务之后，我国高考改革便进入了一个政策密集期。2014年国务院出台了《关于深化考试招生制度改革的实施意见》（下称《实施意见》），自此，新一轮高等学校入学考试与招生录取制度改革全面启动。

《实施意见》是新高考改革的纲领性文件或"顶层设计"。《实施意见》将包括招生计划、考试形式与内容、录取机制等在内的"六个方面、十大要点"整体纳入新高考改革的基本内容，使新高考改革不再是"局部补丁式"改革，而是"整体综合性"改革。可以说，它是自1977年高考恢复以来，我国最为系统、最为深入的高考改革，是教育考试制度史上一个新的里程碑。《实施意见》确定上海市、浙江省为全国高考综合改革试点，为其他省（自治区、直辖市）高考改革提供依据。两地很快出台了新高考综合改革《上海市深化高等学校考试招生综合改革实施方案》与《浙江省深化高校考试招生制度综合改革试点方案》，从2014年秋季新入学的高中一年级学生开始实施。两地的"方案"都集中体现了新高考改革所蕴含的价值内涵与政策要点。

1. 以分类考试与综合评价为核心

从形式来看，新高考改革的最大变化体现在考试形式与科目设置方面。传统的高考，是以统一高考各科卷面成绩的总和作为高考总成绩，而新高考改革方案是将高考总成绩分为"统一高考成绩"与"高中学业水平成绩"两部分，"统一高考成绩"是由语、数、外三门核心课程卷面成绩相加得出，其中英语科目实行一年两次的社会化考试，数学试卷实行文理同卷；"高中学业水平考试"由省级教育部门组织实施，该考试分为"高中学业水平合格考试"与"高中学业水平等级考试"两部分，前者包括高中阶段开设的政（治）、（历）史、地（理）、（物）理、

---

① 摘自《礼记·学记》。

化（学）、生（物）与信息技术7门课程，实行的是"标准参照测试"，即"以合格为标准"，成绩合格既可以作为高中毕业资格的依据，也可获得40分作为"高中学业水平考试的基础分"计入高考总分。而"高中学业水平等级考试"是在高考报名时，根据报考专业的要求或个人专长从上述7个科目中选择3个参加等级考试获取等级分，该等级分加上合格考试中的基础分后纳入高考总分之中。

该方案出台之前，江苏省的"2008年高考新方案"已经对"高中学业水平考试"进行了有益的探索；2017年，浙江、上海两地高考首次实施了以《实施意见》为蓝本的"新方案"（通称为"3+3模式"）。两地方案大同小异，只是"高中学业等级考试"的选考科目与总分赋值不一样，如上海是6选3，单科总分为40分，学业水平合格考试的基础分是40分，学业水平等级考试的满分为30分，并分为11个分数档次计分，相邻两档的分差为3分。浙江省的"高中学业等级考试"科目是7选3，比上海增加了"信息技术"，且单科满分为100分，学业水平合格考试与学业水平等级考试的分值分别是40分与60分，且后者分为21个档次计分，相邻两档的分差同样为3分。因此，上海、浙江两地的高考总分分别为660分与750分。

2. 以核心素养考查为追求

分析恢复高考40年来的高考制度改革的历史轨迹，可以发现：我国高考在科目设置上，经历过"文理分科"到"文理不分科"的交错变革；在命题方式上，经历过"分省命题—国家统一命题—分省命题—国家统一命题与分省命题共存"的"统独之争"；在科目数量上，经历了"由多到少，由单到合"的演变历程。这些变化，在某种程度上彰显了我国高考改革的历史特点与发展规律。

新高考方案试图终结传统高考的文理分科与"3+综合"的考试方式。它将"高中学业水平考试"成绩纳入高考总分之中，使高考模式从"配餐制"转向"选餐制"，从"国家做主"转向"考生自主"。这样做，不但实质性地增加了考生的选择权，学生可通过自主选择多类型的科目组合来展示自己的个性化才能；而且明显增强了高考的层次性，实现了对学生知识与能力的合格性、基础性以及发展性进行诊断与评价，使学生在达到高中毕业学业基准的基础上，可以依据自己的兴趣、潜能与特长来开展"选择性学习"。特别是"综合素质评价"制度的建立，可以将学生的社会责任感、思想品德、创新精神和实践能力等非知识性要素通过学生综合素质档案的方式，纳入高考成绩总篮子之中，使高考评价的反哺性、教育性和社会性价值得到切实彰显。显而易见，"新高考方案"使我国高考从单一评价向多元评价转变，测度目标实现了由"知识测度"向"素质评价"的转变，从而标志着"后新课改"时代的"新高考框架"正式确立。

从考试内容与形式改革的政策举措看，"新高考"改革的目标指向也非常清晰，"是为了改变不合理的招生模式和录取标准，更加全面考评学生；也是为了让学生有更多的自由选择权利和自主选择机会"[①]。具体来说，就是要改变"知识本位"的招生评价传统并消解"一考定终生"的高考积弊，将高考导向以人的主体性和差异性为轴心的发展轨道上。高考不再完全是对学生既有知识的测度，而是对学生的"个性与社会性、过程与结果、动手与动脑、智力与德育、审美与健康等的全面可持续发展能力等素质进行考查"[②]，人的潜能在尊重中被发现，人的个性在包容中被弘扬。因此，对人的重新发现、对人性与个性的重新关注，可以说是新高考最突出也最具时代价值的改革成就与理论贡献。

五、从边缘走向中心

20世纪60年代，美国发展经济学家皮·弗里德曼在分析区域间不平衡经济关系时，正式在《区域发展政策》一书中提出了核心—边缘理论。此后，这一理论被演化为边缘—中心理论，并被广泛应用在解析高等教育与社会发展的相互关系问题上。潘懋元先生在《高等教育将走进社会中心》一文中指出：在农业经济时代，农业和手工业生产不需要高深知识，高等教育的地位游离于经济社会之外的"学府黉宫"或象牙塔

---

① 乐毅. 简论我国现行高考制度的改革路径与模式选择 [J]. 江苏高教，2014（2）：38-41.

② 符太胜，谢章莲. 适应与超越：高考改革中综合素质评价的两难困境与政策建议 [J]. 现代教育管理，2011（2）：71-74.

中；在工业经济时代，高等教育将逐步走进经济社会，为工业生产提供服务①。可见，高等教育的变革和发展，总是与一定的经济、政治制度、社会进步和科技发展需要相一致的。

1. 高等教育走向社会中心的条件

高等教育从社会生活的边缘走向中心，需要具备两个条件：

一是社会发展需要以知识与技术为动力，此为高等教育走向中心的外部条件。20世纪中叶以来，以信息技术及空间技术的发展与应用为标志的第三次科技革命成为一场方兴未艾的世界性运动。随着科技革命进程的不断加速，知识特别是科技知识在人类发展的历史中所扮演的作用日愈重要，而无论是人类社会还是自身的发展，都越来越依靠科技进步的力量。高等教育作为现代科学技术的主要源泉，大学作为唯一整合知识过程的社会机构，在世界经济和社会发展、人类社会实践与社会生活中的作用越来越突出，成为经济发展和社会进步的动力引擎。

二是高等教育自身主动适应社会发展要求所做的努力，此为高等教育走向中心的内部因素。纵观世界高等教育发展史，大学曾经是英国纽曼笔下的"普遍知识"播种机。德国人洪堡在柏林大学实现了教学与科研的结合，形成了在世界高等教育发展过程中影响广泛而久远的洪堡模式。然而，洪堡眼中的科研与当下科研的意涵或价值追求相去甚远。他所指的科研是"纯科研"，即作为增强学生探究兴趣、提高大学教育质量的重要机制的科研，是与人才培养关系紧密的科研。可见，一直到洪堡，大学与社会或者高等教育与社会发展，仍然是各行其是，没有明显交集，是游离于社会的象牙塔。一直到威斯康辛时代的到来，在促进美国农业机械化、现代化和美国社会走向工业化的过程中，大学才开始走向社会生产与生活。此后，战争成为催生大学与社会结合的催化剂。无论是英国还是美国，无论生产和改良武器，以便有效抵御来犯之敌或发战争财，都让他们深刻认识到，群英荟萃的大学是经济发展、社会进步和国家安全不可或缺的力量。

---

① 潘懋元. 高等教育将走进社会中心 [J]. 上海高教研究，1998（8）.

2. 中国高等教育走向社会中心的标志

在现代工业社会或是当下知识社会,从社会边缘走向社会中心,已成为高等教育发展的必然趋势。它与工业经济、知识社会的发展相伴而生、同向而行。在我国,高等教育从边缘走向社会中心的明显标志是:

第一,高等教育对经济增长的贡献率逐步提高。随着知识经济时代的到来,科学技术在现代生产中的广泛应用,结束了那种靠增加劳动力数量和加强劳动强度来提高生产率的时代。而现代劳动生产率的提高和国家或地区的经济增长,主要靠劳动力质量提高或教育水平提高来实现。我国高等教育造就了一批拔尖创新人才,使我国科技创新的供给质量不断提高。据教育部和科技部联合发布的首个《中国普通高校创新能力监测报告 2016》显示,截至 2015 年,中国高校 R&D 人员全时当量为 35.5 万人年,比 2006 年增长 46.7%,居世界第一。高校 R&D 经费内部支出不断增加,2015 年达 998.6 亿元,是 2006 年的 3.6 倍。依托高校建设的国家重点实验室 131 个,占全国的 60% 以上;依托高校建设的国家工程技术研究中心 100 个、国家工程研究中心 30 个、国家工程实验室 57 个;依托高校建设了国家级协同创新中心 38 个。建有高校学科创新引智基地 395 个,教育部重点实验室 618 个,教育部工程中心 410 个,教育部国际合作联合实验室 48 个。高校牵头承担国家重大科技基础设施建设项目 12 项。高校牵头承担 80% 以上的国家自然科学基金项目和一大批"973"、"863"等国家重大科技任务。在暗物质、干细胞、量子通信、超级计算机等研究领域取得了一批具有重大国际学术影响力的标志性研究成果。高校 SCI 论文达到 22 万篇,占全国 80% 以上。比十年前增加了 13.8 万篇,年均增长 16.1%。2016 年在国家自然科学奖一等奖空缺的情况下,全国高校获得二等奖 28 项,占授奖项目总数 42 项的 66.7%;获得国家技术发明奖通用项目二等奖 38 项,占通用项目授奖总数 47 项的 80.9%。2015 年,高校获得的横向科研经费总数超过 350 亿元,科技成果直接交易额超过 20 亿元[①]。另据科技部部长万钢在

---

① 教育部,科技部. 中国普通高校创新能力监测报告 2016 [M]. 北京:科技文献出版社,2017.

国新办 2018 年 2 月 26 日举行的新闻发布会上透露，我国科技进步对经济增长的贡献率已经从 2012 年的 52.2%，提高到 2017 年的 57.5%；国家创新能力从 2012 年的第 20 位上升至 2017 年的第 17 位；国家 R&D 总投入预计达到 1.76 万亿元人民币，比 2012 年增长 70.9%；研发人员全时当量人数居世界第一位①。

第二，大学教学内容具有学科前沿性和职业导向性。经济社会对多种层次知识有着广泛的需求，这就决定了知识传授与应用过程的多样性，也因此决定了高等教育专业结构的多样性。高等教育专业结构的多样性，反映在专业教育的内容上，则体现出越来越切合社会、政治、经济发展的需要，具有前沿性和职业性。主要表现是，一方面，教育内容与社会、经济、政治、文化发展的前沿理论和实践越来越息息相关；另一方面，教学内容日趋以经济与社会发展对人才规格的需求为依据。在此背景下，我国绝大部分大学新生在选专业时会以就业形势好的专业为首选。而高校为了尽可能多地争取到优秀生源，通常会应社会发展之需，开设职业性强、就业率高的专业作为赢得生源的保障。

第三，新就业人口中接受过高等教育的比重持续提高。高等教育走向社会中心，意味着接受高等教育的人群在总人口中占比越来越大，高等教育不再是少数人才能享用的奢侈品，而是成为个体社会化的必要条件。随着知识经济的发展，社会将需要更多以知识生产、分配和使用为专业的高素质劳动者。这就要求我国政府进一步加大经济供给侧改革的力度，激发新动能，优化新产能，培育新业态，创造新常态。"十二五"时期，我国主要劳动年龄人口受过高等教育的比例达到 15.83%。显然，占比还比较低，与发达的高等教育强国相比，仍有较大的发展空间。但是，只要把教育真正摆在民族复兴伟大工程的优先位置，就一定会弯道超车、蛙跳前行，让高等教育发挥更大的社会功能。

总之，高等教育从社会边缘走向中心是一个不可逆转的发展趋势。所以，加快高等教育发展，扩大高等教育机会，促进高等教育公平，提

---

① 张燕玲. 我国科技进步贡献率达 57.5%，国家创新能力位列世界第 17 [EB/OL]. [2018-02-26]. http://news.china.com.cn/2018-02/26/content_50608974.htm.

高高等教育质量，是当代世界和当代中国适应时代发展的必然选择。对此，我们必须高度重视，通过实施有效的国家战略和行动策略，优化治理体系，提高自主创新能力，努力实现从高等教育大国向高等教育强国的转变。

第二节　后发先至：大发展的"烦恼"

经过改革开放以来的40年发展，我国已经一跃成为世界高等教育大国。这对于拥有近14亿人口的中国来讲，实属不易。但如果仔细思考就会发现，其实真正艰难的不是规模的率性扩展，而是质量或竞争力的提升。尤其是在我国高等教育跨越式发展的背后，已经是泥沙俱下、良莠不齐，一系列问题也逐渐凸显出来。

一、规模失控引发质量滑坡

教育质量的下降，是高等教育大发展之后面临的首要问题。20世纪90年代初，原国家教委教育发展研究中心就提出了高等教育稳步发展的战略主张。但是到1996年时，一些专家学者便以适度超前替代了稳步发展，主张扩大高等教育规模。对此，当时教育部的回应是扩招时机不成熟。主要理由是：拨款不足；就业存在风险；计划经济色彩较浓。然而，正如俗话所说：计划不如变化快。面对国企改革导致的职工下岗和金融危机引发的私企发展陷入困境，同时城市化进程导致的社会矛盾加剧等一系列发展难题，扩招也许成为多害相权取其轻的理性选择。1998年，我国高校只有1 022所。次年高校开始大规模扩招时，客观地说，多数学校是仓促应对、准备不足。扩招的结果必然是校舍严重不足，校园人满为患。为了应对扩招，在挖掘潜能之外，办新校是不二之选。从1998年到2016年，高校已达2 879所，增加了1 857所，是扩招前的2.8倍。1998年高校的平均规模为3 335人，而到2016年，校均规模已经扩大为10 342人。毋庸置疑，我国高等教育规模扩展的速度是十分惊人的。其顺应了人民群众的高等教育就学期待而广受好评，同时，因办学质量下滑引发的一系列新问题，也倍受社会各界尤其是有识之士的普遍关注。

1. 生均教育资源减少

盲目扩招导致教学资源紧张，而教学资源紧张就必然造成学生权益受损，影响办学质量。

为了求大求强，不少大学拼命地扩招。一夜之间，国内出现了许多巨型大学，本科生动辄两三万、四五万，研究生动辄上万；同时，几乎所有的大学都在圈地扩建。但是，高校教学条件建设的速度，却没有赶上规模扩大的速度。部分高校"硬件"不足，仪器设备、实验室、食堂、运动场、图书馆、图书资料、教室、宿舍等资源的学生人均占有量出现严重不足。以生均校舍为例，1998年为32.5平方米，到2016年下降为25.05平方米。

校舍的严重不足，甚至导致高校学生出现占座牟利的奇怪现象。普通自习教室每座3元、图书馆每座5元，每天至少能帮5个人占座，月收入千元左右——这就是目前沈阳市皇姑区某高校的大二学生张明（化名）的生意经。

> 又一轮考研大战开始了，沈阳各高校的自习室和图书馆的座位也成了"抢手货"，众多学子为了能占到座位各出奇招，自习教室变得一座难求，活跃在高校里的"卖座一族"也越来越多，花钱买座成了不少大学生的选择。

——《时代商报》2006-11-08

2. 师资力量不足

教师是高等学校教育教学的实施主体，是教学活动得以进行的根本保证，是教育质量的关键因素。随着学校规模的不断扩大，师资危机日益明显。以大学专职教师的人数为例，扩招前的1998年是40.7万，到2016年达到了1 578万。虽然专任教师增长了37.77倍，但是，师生比例却不升反降。

师生比是衡量教学资源状况的核心指标之一，师生比的提高和保证教学质量之间是有关联的。在国际惯用的高等学校教学质量评估体系中，一般认为师生比1∶14对效益和质量最为适宜。教育部公布的《2016年全国教育事业发展统计公报》显示，高校生师比下降至1∶17.07。这种师资不足的局面，导致教师工作量过大。而教师教学工作量过大，会导致教师疲于应付，很少有时间和精力进行教学研究和知识更新；部分课程因授课教师不足，而不得不实行大班开课，教师给予学生面对面个别指导的机会减少。这将严重制约教学水平的提高，造成人才培养质量的下降。与此同时，高等学校出于提高学术声誉和获取更多资源的需要，把办学的重点放在了科学研究和社会服务上，教师为了专业发展，有意或无意地减少对人才培养的投入，将主要的精力放在科学研究上，这就无异于在学生培养上雪上加霜，学生质量的下降也就不难理解了。

前清华大学校长梅贻琦先生曾借孟子见齐宣王时说过的一句话"所谓故国者，非谓有乔木之谓也，有世臣之谓也"[①]而说道："所谓大学者，非谓有大楼之谓，有大师之谓也。"[②]中国当下的巨型大学，缺的不是大楼，而是大师。而那些规模较小的高校，也未必如美国的CIT、卡耐基-梅隆大学和法国的巴黎高师一样，它们可能既缺大楼，更缺大师。

3. 生源质量下降

一定意义上说，扩招就是降低高等院校的入学门槛，以便让更多的人获得接受高等教育的机会。由于扩招提高入学率降低了高考录取分数线，一大批低分学生进入大学，使总体生源质量下降。分数虽然不能代表一切，但总体而言，学生的综合素质和分数水平具有统计学意义上的相关性。长期教育实践经验表明，低分学生，少数考试中发挥异常的学生除外，一般在学习态度、学习习惯等方面都存在这样或那样的问题，他们重写了大学的目标，左右着大学的决策。

教育部在2001年发表的4号文件《关于加强高等学校本科教学工作提高教学质量的若干意见》中就早已明确声明：高等学校要处理好新形势下规模与质量、发展与投入、教学与科研、改革与建设的关系，牢固树立人才培养的质量是高等学校生命线的观念，学校党政一把手作为教学质量的第一责任人要亲自抓教学质量，定期召开教学工作会议，及时研究解决本科教学工作中的新情况、新问题。还规定教授必须为本科生

[①] 摘自《孟子·梁惠王章句下》。
[②] 梅贻琦. 清华大学就职演说 [J]. 台湾清华大学校刊，1931 (341).

上课。然而，迄今为止，在许多高校中，并没有切实做到上述要求。许多大学教师不愿意给学生上课，一些学校可以用科研成果冲抵教学工作量的不足，科研硬、教学软的情况并无根本改变。因此，如何做到规模、质量、结构和效益的协调发展，仍然是摆在中国大学办学者面前的重大现实问题。从本质上讲，量的增长是"有质"的量的增长，质的提高也是"有量"的质的提高。高等教育大众化是一个长期的过程，不能过于冒进和极端。数量的增长不应也绝不能以牺牲质量为代价。各学校在进行规模扩张时，必须审慎评估自身的师资水平和办学条件，使学生不仅"进得来"，还要"学得好"，要使教育的质量相互促进，协调发展。因此，在今后较长的时期内，高等教育的工作重心要由扩大规模转向提高质量，从外延式扩张到内涵式发展。

二、布局欠佳导致多极分化

潘懋元等认为，高等教育的分布结构是指高等教育机构在地区分布上的构成状态，高校在各地的数量分布状况，不同形式和不同等级高校的分布，不同科类专业的分布构成高等教育整体的布局[①]。由于历史与现实等多种复杂原因交织，全国各区域间高校布局极不均衡，导致东、中、西部高等教育绝对差距和区域内高等学校校际差距日益扩大，我国高等教育多极分化更加明显。

1. 我国高等教育的总体布局

新中国成立以后，受整个行政体制的影响，我国高等学校是面向大区设置的，存在着大区内省域分布不均的状况。表1-1统计了按行政区域划分的31个省（自治区、直辖市，不含香港、澳门、台湾）的普通高校数量。

表1-1 我国分省区高校数量一览表

省份	普通高校数量	省份	普通高校数量	省份	普通高校数量
江苏	166	江西	98	吉林	60
广东	147	陕西	93	天津	55

---

① 潘懋元，王伟廉. 高等教育学［M］. 福州：福建教育出版社，2007：72.

续表

省份	普通高校数量	省份	普通高校数量	省份	普通高校数量
山东	144	北京	91	内蒙古	53
河南	129	福建	88	甘肃	49
湖北	128	黑龙江	82	新疆	46
湖南	123	山西	80	海南	18
河北	120	广西	73	宁夏	18
安徽	119	云南	72	青海	12
辽宁	116	重庆	65	西藏	6
四川	109	上海	64		
浙江	107	贵州	64		

从上表可以看出，拥有普通高校超过100所的省份有11个，江苏省高校数量最多，达到166所。各省市之间高校分布极端不均衡，江苏省高校数量是西藏的27.7倍。

此外，绝大多数的高校集中在省会城市。2016年，我国共有城市657个，普通高校2 595所。其中，北京市集中了约3.5%的高校，四个直辖市共集中了约10.6%的高校，加上广州、武汉、西安、长沙、成都、郑州、合肥、南京、南昌九个省会城市，共集中了全国约32.0%的高校。

除了高校总量的差异，各地区高校的办学条件和学术水平也呈现出很大的差异性。以"985"工程高校为例，我国共有"985"工程高校39所，除国防科技大学为军事类院校外，其余38所普通类高校分布在18个省市区。北京市拥有"985"工程高校数量最多，为8所；其次是上海市，为4所，这两个地区占据了此类高校总数的近三分之一。其余的分别为天津2所、辽宁2所、吉林1所、黑龙江1所、江苏2所、浙江1所、安徽1所、福建1所、山东2所、湖北2所、湖南2所、广东2所、重庆1所、四川2所、陕西3所、甘肃1所。另外，我国"211"工程高校共有112所，分布趋势与"985"工程高校基本一致。

2. 我国高等教育资源空间极化

从上文数据可以看出，我国各省份的高等教育资源的空间分布从绝对量上存在严重的非均衡性，高等教育资源空间极化特征非常突出。优质高等教育资源的格局更是凸显异常严重的非均衡性和空间极化特征。

首先，优质资源集中于东、中部少数省份，西部地区相对贫乏。从经济区划上看，我国优质高等教育资源多集中于东部省份（江苏、山东、广东、北京、上海等）和中部部分省份（如湖北、湖南及河南等），西部省份较为贫乏，仅四川、陕西两省的教育资源相对较多。由东至西、从沿海到内陆，我国高等教育资源在绝对量上呈依次递减的趋势。

其次，绝大多数省份的高教资源集中在省会城市。我国的高等教育资源在各省域内的分布也极不均衡，绝大多数集中于省会城市。尤其是优质高等教育资源如重点大学、重点实验室、名师资源，也向省会聚集，地级市的高等院校数量少、质量低，只有厦门、苏州等少数城市例外。

最后，按大区办学，形成了明显的区域高教中心。从各省高校数量可以看出，我国的高等院校具有明显的分区办学特点，每个区有自己的一到两个教育中心：北京（华北地区），江苏和上海（华东地区），广东（华南地区），陕西（西北），湖北（华中地区），辽宁（东北地区），四川（西南地区）。不同区域的集中程度也存在差别，其中华北地区的集中度最高，华东地区的江苏、上海、山东等省份和华中地区的湖北、湖南的高等教育资源均有较大规模，区域核心省份的首位度降低或呈现区域多中心态势。

高等教育资源的布局不佳导致的多极分化问题，不仅影响到高等教育公平的实现，更制约着区域内经济和社会的发展，甚至出现"贫困陷阱"式的恶性循环。

三、管教失当造成道德失范

古人云：才者，德之资也；德者，才之帅也[1]。德器深厚，所就必大；德器浅薄，虽成亦小[2]。大学生是未来社会的生力军，是国家可持续发展的关键因素。因此，大学生的道德修养，不仅关系到其自身的

---

① 司马光. 资治通鉴：第一卷 [M]. 北京：中华书局，2013.
② 张履祥. 杨园先生全集 [M]. 北京：中华书局，2002.

健康成长，而且对整个社会的道德建设至关重要。可以说，大学生的道德价值取向，是我国社会道德的风向标。它直接反映出社会问题，体现中华民族整体素质。总体上讲，当代大学生是积极向上、成熟健康、有理想、有担当的，他们有更开阔的眼界和更丰富的知识，综合素质更高。

但随着大学扩招，大学生的结构愈益异质化，其素质整体下降，思想道德下滑，部分学生心理失常、沉迷网络、外宿同居、吸烟酗酒、考试作弊、迟到旷课的现象屡见不鲜。这不仅挫伤了老师和部分优秀学生的积极性，而且逐步降低了社会对高校毕业生的信任。

1. 大学生道德失范的表现

道德失范，是相对道德规范而言，是指与社会主义道德规范或伦理价值取向相违背的一些行为，社会学上称为越轨行为。常见的有以下几种情况：

价值取向偏颇。部分大学生的价值取向存在偏差，表现为实用主义、拜金主义、个人主义、利己主义、享乐主义盛行。在这些"主义"的驱使下，部分大学生们表现出自私自利和自我享受的思想行为，对同学漠不关心，缺乏团结友爱、互帮互助之精神。以自我为中心，将一己私利作为一切行动的出发点，有利可图则奋勇向前，无利可期则漠然视之。有的大学生将社会主义核心价值观烂熟于心，倒背如流，但言行之间则天壤之别。一些大学生物欲膨胀，为了满足攀比心理或追求享乐，不惜损毁个人名声，有的甚至卷入传销或校园贷。

社会责任淡漠。近代思想家、社会改革家梁启超在其著名的《少年中国说》一文中指出：少年强则国强，少年智则国智。当代大学生一方面主体意识明显增强，思想观念极大解放，价值取向更加多元，但另一方面社会责任感弱化、担当意识不足。中华民族正处于伟大复兴的历史征程中，需要同万众之心，举社会之力。青年大学生犹如上午八九点钟的太阳，寄托了全民族的希望。他们如果不能找准自己的历史定位，不能明确自己的历史责任，我们怎能降大任于斯人也？

社会公德缺失。社会公德是一定社会用来调节整个社会道德秩序的公共生活准则，是社会成员必须遵守的基本道德规范。然而，当今部分大学生在社会公德方面存在诸多问题，令人唏嘘。譬如，部分大学生公共卫生意识匮乏，寝室环境脏乱不堪；公共场所大声喧哗，影响他人正常生活；肆意损害公共财物，在课桌、墙壁上乱写乱刻乱画，不爱惜校园的花草树木、公共设施；在课堂上随意接打电话，随地吐痰、乱扔垃圾；随意损毁、折叠、涂画公共图书，恶意占用图书馆公共座位；在网上传播垃圾信息，言行随意放纵，暴力倾向严重。更有甚者，出入不良公共场所，做出有违社会道德和法律之举。

学习动力不足。许多大学生进入大学之后，缺乏明确的学习目的与具体的学习目标，出现了自然放松（指高考学习高度紧张后的自动减负倾向）和自我放纵（指大学生将进大学作为目标实现后有意识放纵自己、追求学习之外的目标）交织的局面。他们认为，平时学不学无所谓，只要考试不挂科就行；成绩好不好也无所谓，只要拿到毕业证即可。尤其是当赵薇的导演处女作《致我们终将逝去的青春》（简称《致青春》）和周拓如的《原来你还在这里》（简称《致青春2》）上映以后，越来越多的大学生把大学的全部意义或全部的青葱岁月只等同于青涩的爱情故事。所以，他们把大量的时间和精力浪费在睡觉、交友、谈恋爱、玩游戏、追剧、聊天等方面，学习上马马虎虎、得过且过、敷衍了事，平时学习不努力，全指望教师考前圈题或考试作弊。虽然国家通过立法来加大对考试作弊的惩处力度，但是截至目前仍然屡禁不止。更可怕者，不少大学生认为：学习完全是个人的事情。考试作弊只是违反了纪律甚至法律，并不存在所谓的道德不道德的问题，不能什么都拿道德说事。那些把作弊作为考试惯用手段的学生，常常具有同样的观念：抓住了算我倒霉，没抓住是我幸运。

2. 学校管教存在的问题

虽然有人对"没有学不好的学生，只有教不好的教师"的严谨性提出质疑，但是，无论是经验还是科学都不难证明：学生的整体道德状况与学校的整体管教水平密切相关。健全的管理体系应包括严格的管理制度、精良的管理队伍、先进的管理理念、高效的管理方式和严密的管理组织。

管理制度缺损低效。从目前实际情况来看，还有许多高校缺少系统科学的管理制度，管理标准不够明晰，导致学校管理工作无章可循；有的高校虽然制度健全，但制度形同虚设，并未真正付诸实施或实施不力。另外，部分高校学生管理部门未能切实履行管理职责，学生完全处于一种粗放散养的状态，达不到预期的管理效果。

管理队伍不稳。管理队伍的数量与素质，决定了高校学生管理工作的效率和效果。但扩招导致的学生数量激增，造成管理人员数量不足，辅导员新手云集。不仅如此，许多管理人员还身兼数职，不能全身心投入学生管理和服务之中。学生来自四面八方，问题多种多样，而管理人员缺少足够管理经验和变通能力，不能合理有效地管理，降低高校学生管理效率与工作满意度。再者，许多高校把学生辅导员作为选拔后备管理干部的主要通道，而辅导员的工作阵线太长、工作压力偏大，导致辅导员人心浮动、求功心切和人心思走，高校学生工作队伍稳定性差，出现"年年作嫁衣，裁缝无衣嫁"的窘境。

管理理念保守滞后。高校学生管理的核心使命是为学生服务，即帮助学生更好适应高校生活，更快学会自我规划、自主管理，促进学生自我发展，推动学生全面成才。但时下部分高校学生管理部门缺乏强烈的服务意识，以维护稳定、确保平安为重点，过分强调对学生的管理约束，忽视其主体性的弘扬。这样的管理只能让学生感受到限制过度，滋生其逆反心理，却不能让学生真正得到自我教育、自我体验，也不利于学生的个性化成长。

管理方式单一陈旧。很多高校的学生管理模式死板、缺乏创新。高校学生管理部门只是一个单纯的传声筒或者代言人。一种非专业化的全场盯人范式，难以适度介入学生的生命历程，难以真正从学生的实际出发，基于学生思想变化和心理需求有的放矢地解决学生面临的问题。

管理组织重叠分割。与西方的大学相比，我国高校建立了一个相对独立的学生工作体系，由高校党委直接领导。由此便自然形成了人才培养的双元双轨模式，即"教书不育人，育人不教书"的二元化工作模式和运行机制。虽然理论上二者分工合作，但事实上分而治之，有的学校甚至两大战线相互矛盾。政工干部的生涯发展和管理是独立通道，导致政工干部整体专业化程度低，无法得到学生认可，也就无法达到管理工作应有的高度、温度、广度和深度。

四、结构不优导致过度与不足

教育过度与教育不足，是教育经济学的两个概念。教育过度（over-education）也叫过度教育，在宏观上是指教育供给超过了教育需求，在微观上是指个体的教育存量超过了岗位需求；教育不足与教育过度恰好相反，在宏观上是指教育供给低于教育需求，在微观上是指个体的教育存量低于岗位需求。我国高校扩招已近20年，已实现从精英教育到大众教育的转变，接近50%的普及高等教育的临界点。与此相伴的是文凭病的蔓延和"毕业即失业"时代的到来。

1. 大学毕业生教育过度与教育不足并存

一方面，很多大学生甚至研究生毕业后找不到工作，即"大学产能过剩"。根据麦可思发布的《2017年中国大学生就业报告》（就业蓝皮书）显示，2016届本科生毕业半年后的就业率为91.8%，其中，"受雇全职工作"比例为74.0%；"无工作，继续寻找工作"比例为3.0%；准备升学的比例为2.3%。虽然失业率与往年持平，但是大学毕业生在增加，所以失业的人数是越来越多。

另一方面，处于需求侧的制造业、服务业，招不到合适的技术技能型人才，出现大面积招工难、用工荒，形成人才有效供给不足。在各地的劳动密集型企业、加工制造企业里，普工短缺已成行业常态，技能型人才也持续紧缺，这一现象过去集中在长三角、珠三角等沿海地区，现已向中西部蔓延，成为全国现象。根据58同城网向中新网财经频道提供的一份报告显示，2016年北京求职者缺口达到52%，上海求职者缺口为44%，广州求职者缺口为28%，成都求职者缺口为7%。

总体上讲，市场对人才的需求是比较旺盛的，特别是符合产业结构发展趋势的专业技术人才仍供不应求。但由于供给侧改革的深度发展带来的经济结构调整、动能转换和区域经济结构、劳动力市场准入要求等市场需求因素发生的变化，与大学生为适应变化所需知识结构、专业素质、工作经验、就业观念、信息占有以及高校分布和专业人数分布之间的不匹配，引发了职位空缺和失业并存现象。进一步深度考察，出现大学生就业难的现象，并不是由于大学毕业生太多了，而是结构性过剩，即劳动力供求结构不一致，导致大学生结构性失业。张军利的研究证明了这一点①。

2. 高等教育结构不合理是根本原因

导致结构性失业现象产生的因素很多且关系复杂。如专业设置和社会需求不相适应，学生综合素质和用人单位岗位需求不相适应，大学生就业观念保守、僵化和滞后，区域产业结构不合理引发劳动力需求结构异化；用人部门用人观念落后引发过度用人或用人不足等。高等教育的层次结构和类型结构不合理是罪魁祸首。

发达国家高等教育大众化的经验证明，结构优化的高等教育有两个标准：一是必须能够满足人们多样化的高等教育需求；二是必须与经济社会发展需要相适应。我国当前这种高等教育"产品"供给过剩与短缺共存的矛盾现象，充分表明我国高等教育结构存在问题。

从层次结构看，世界上从来没有也永远不会有一个一成不变的高等教育层次结构。高等教育层次结构合理与否，取决于与一个国家或地区的经济与社会发展对人才素质的要求是否大体适应。根据我国现阶段仍然处于工业化中期的现实，高等教育的层次结构应该为梯形且梯形顶部较小，即专科生、本科生与研究生的数量相比较，专科生高于本科生，且研究生大幅度少于本科生。根据教育部公报，2016年我国在读研究生198.1万人，在读本科生3 709.2万人，在读专科生2 695.8万人。笔者计算的研究生、本科生、专科生之比为1∶18.7∶13.6，本科生规模大于专科生规模，这显然与国情不符。近年高校毕业生就业情况是，研究生就业率高于本科生，而本科生就业率则高于专科生。很遗憾，劳动力市场中人才需求学历层次上移，并不是产业提档升级的结果，而是用人观念偏颇使然。"人才高消费"的现象在各行业领域普遍存在。不少企业招聘对学历要求越来越高，连高中生都可完成的岗位工作，却明确要求本科生、研究生来干，于是造成专科生虚假过

---

① 张军利. 过度教育理论视角下的大学生就业问题研究[D]. 西安：西北大学，2011.

剩，造成社会人力资源浪费。"人才高消费"的症结在于，使用高层次毕业生的边际成本低和中国文化中的攀比心理。劳动力市场信号的反馈调节，引导更多的低学历毕业生选择继续提升学历，进而加剧了高等教育层次结构的失调。

从类型结构看，我国学术型高校多于职业技术型高校。长期以来，学科本位和学术导向，致使我国高校的人才培养类型、层次等与社会需要相矛盾，不同科类人才比例失调。当下中国仍然是劳动密集型经济，正在向资本密集型经济转变，远远未进入知识密集型经济时代。人多资源少是中国难以在短期内改变的基本国情。在由传统农业社会向现代工业社会转轨过程中，在实现从中国制造向中国创造飞跃的道路上，不能只有动口不动手的管理者或设计师，更需要有将创意变成产品的一线技师与大国工匠。当前这种重学轻术、重理轻工的人才价值观，极易造成两种结果：一方面，学术型人才和工程管理类人才供大于求；另一方面，技能实操型人才严重短缺。类型单一的通用人才结构难以满足社会对人才需求的多样化，结构性人才过剩在所难免。

可见，必须审时度势、立足长远，重视优化高等教育结构，进一步发挥劳动力市场的信号灯作用，立足于高等教育供给的改善，加强学校办学行为对市场信号的反应速率，进而调整专业设置、人才培养模式、课程体系及教学重点。

五、品质不良诱致就业困难

高校毕业生就业难已成为一个日趋严峻的社会问题。大学毕业生数量激增，彻底改变了以往"皇帝有女不愁嫁"的传统思维。大学毕业生就业形势的好坏，不仅直接影响高等教育系统自身的发展，还会影响社会稳定和人民幸福。

1. 大学毕业生就业难的趋势明显

总的来说，我国当前高校毕业生人数庞大，就业高峰持续时间长，形势严峻。从1999年大学扩招以来，毕业生的人数连年增加。1999年全国毕业生才84.76万，到2016已达765万。从图1-3可以看出，全国高校毕业生人数逐年剧增，大学生总体就业形势一年比一年严峻。

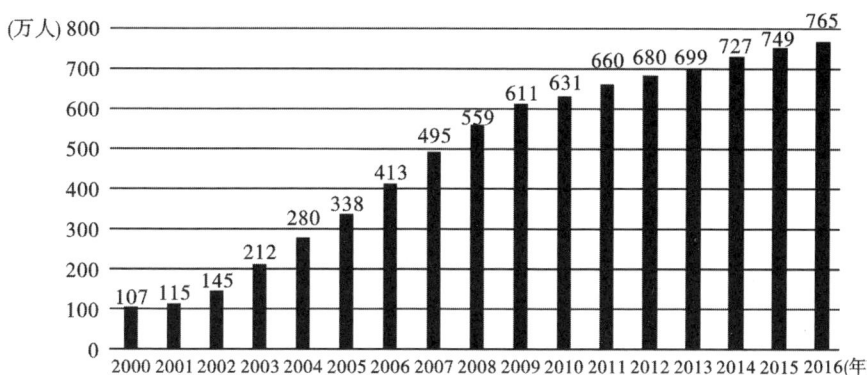

图 1-3　2000—2016 年历年高校毕业人数

高校毕业生人数剧增的另一结果是失业人数的增加。如图 1-4 所示，近五年全国大学生毕业半年后就业率基本持平，维持在 90% 左右。因毕业生人数逐年递增，故失业绝对数增加。可以预见，在未来相当长的一段时期内大学生就业压力不会减小。

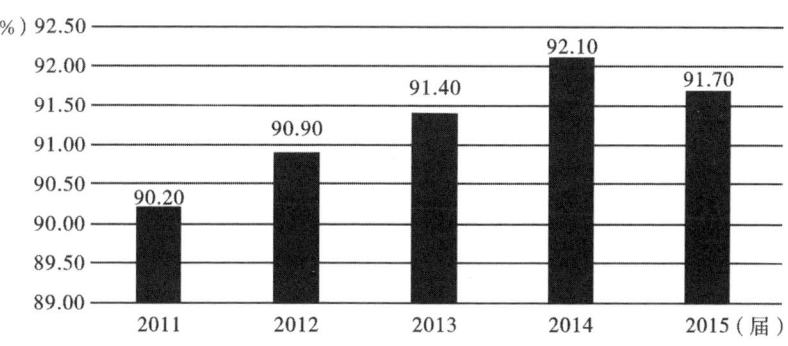

图 1-4　2011—2015 届大学生毕业半年后就业率

2. 大学毕业生素质差是制约其顺利就业的关键因素

大学毕业生理应是就业的优势群体，他们有思想、有知识、接受新生事物快，而且年轻、身体素质好。为什么会遭遇就业难呢？除了高等教育结构不优的因素外，更重要也更本质的原因在于大学生素质下降、可就业性差而引发的"高不成低不就"现象。

一些大学毕业生至少存在如下三方面欠缺：

首先，专业知识不够扎实。大众化时代的许多大学生求学动机泛化，求学意愿退化，专业意识淡化，实际投入减化，意志努力弱化。多数学生对专业一知半解，不能顺利适应工作岗位对专业知识方面的需求，还需要企业培训加以完善和提高。市场竞争中企业的逐利本性，使其不愿承担再培训的高昂费用。因此，他们的招聘偏好是来之能用、用之能胜的熟练人才，于是，极易造成"中间差"的尴尬。

其次，专业能力相对低下。很多毕业生的能力停留在书本或思想上，解决实际问题的能力较弱。企业的生存法则是不进则退。因此，它对员工的要求永远是能力本位和绩效导向。在一定程度上，员工的能力构成了企业的能力，企业的能力决定了企业的生命。大学就像温室，而学生是温室中开出的美丽花朵。当他们没有了温室的气候环境和营养供给，就会出现各种各样的生长不良。大学毕业意味着学生告别校园、走入社会，意味着开始自己寻找机会。这将直接取决于大学生自身的能力。专业能力的缺陷，直接让他们在面试中败下阵来；即便能够蒙混过关，岗位工作的定额化与时效性也令其巧缘难留，这就增加了其失业与再就业的风险。因此，专业能力的不足成为大学生社会适应不良的主要因由。

最后，敬业精神和合作意识不强。用人单位不仅需要员工具有良好的知识结构和专业能力，还需要他们具有敬业精神、职业诚信、吃苦耐劳、团队合作、善于沟通等方面的综合素质。而许多大学生缺乏吃苦耐劳、爱岗敬业的精神，不讲诚信，不易沟通和难以合作，尤其容易形成以自我为中心，把个人利益看得很重，朝秦暮楚、见异思迁，经常是来得快、走得也快，不利于企业长远发展。

大学毕业生品质不良是高等学校办学思想偏颇、人才培养投入不足等多种因素相互作用结出的恶果。最大的问题是专业设置、课程体系、教学内容和人才培养模式滞后于社会发展和市场需要。不少高校在发展过程中，过分注重学校经济利益和短期成效，盲目追求热门专业和扩大招生规模，忽视劳动力市场的信号导向作用，导致大学毕业生就业市场供需失衡。同时，有些高校"武大郎开店"，师资队伍素质差，教学内容和手段陈旧，课程体系和人才培养模式老化。重理论轻实践，重专业轻基础，重知识轻能力，重分解轻综合。学生的知识基础薄弱、专业视野狭窄、实践经验缺乏、动手能力不足，导致大学毕业生在开放竞争的就业市场缺乏比较优势与核心竞争力。许多大学生在市场竞争中如无头苍蝇，不明方向，不得要领，四处碰壁。

第三节 公平优质：高教强国的宏图

习近平总书记在党的十九大报告中明确指出："经过长期努力，中国特色社会主义进入了新时代，这是我国发展的新的历史方位……意味着近代以来久经磨难的中华民族迎来了从站起来、富起来到强起来的伟大飞跃，迎来了实现中华民族伟大复兴的光明前景……我国社会主要矛盾已经转化为人民日益增长的美好生活需要和不平衡不充分的发展之间的矛盾。"处在这个以梦为马的新时代，中国高等教育一定要有前所未有的自信与担当，根据社会基本矛盾的历史性变化，不忘初心、立德树人，长远谋划、脚踏实地，绘就建设社会主义高等教育强国的新蓝图，开启全面深化高等教育改革的新征程。

我们要将一个什么样的高等教育带入中国特色社会主义的新时代，这是一个十分宏大而复杂的话题，难以三言两语说清楚。无论如何复杂，公平和优质都是其应有之义。在这里，公平不再仅仅是起点的公平或入学机会的均等，更是教育过程和教育结果的公平，是一种发展或提高了的公平；质量也不再是一般的质量，而是一种卓越或优异的质量。只有这样，才能在建成富强民主文明和谐美丽的现代化强国的同时，实现建成世界高等教育强国的梦想。

公平优质的社会主义现代化高等教育强国，应该充分保障寒门出贵子不再艰难，让所有的大学学子站在同一起跑线上，让学生真正有获得感；让祖国能够跻身世界高等教育一流国家行列。

一、寒门出贵子不再艰难

"寒门难出贵子、寒门难出才子"，不仅是近年来我国市井坊间热议的话题，也是媒体和学术界关注的一个热点。它描述的不仅是一种城乡二元体制下，由于社会优质教育资源的非均衡分布、高考内容的城市中心立场以及录取计划的繁复的权力操控，我国寒门子弟进入名校求学的道路越走越窄、越走越难，而且意指这些历经千辛万苦的学生在求学及谋职的过程中,因为社会资本差异而造成的教育投资回报率较具有较好社会资本的城市学生的回报率低的现象。前者是教育起点或入学机会公平,后者是教育过程和教育结果公平。

"寒门难出贵子"引发网民和媒体热议,起源于天涯论坛上的一条帖子。该帖是一位有 15 年教龄、网名叫 linyang222 的特区中学教师于 2011 年 7 月 25 日发的,题目叫《做了 15 年教师的我想告诉大家,现在这个时代,寒门再难出贵子》。帖子中,他指出:近两年学校里的中高考状元,基本家里条件都很好。……反观我们小时候读书,成绩好坏和家庭条件基本成反比。班上同学读书好的,家里都很穷。他感慨,现在的尖子生,除了家庭教养外,父母都舍得花钱,送各种培训班,甚至请私人家教,成绩都是钱堆出来的。

此帖一出,立刻引起网民共鸣,点击率在不到两年时间内就达到 604 663 次[①]。2011 年 8 月 5 日,《羊城晚报》以《这个时代"寒门再难出贵子"》为题进行了报道,经凤凰网转载后,引发了媒体对此现象的集中讨论。"寒门难出贵子"只是一种表象,其实质是隐藏在这种现象背后的教育公平问题。

其实,在发帖前就已经有学者关注这种教育不公现象。刘云杉等于 2009 年就发文深刻地剖析了北京大学新生中农家子弟在身份、地域和资本等方面所经历的身份之争、地域之别及在专业选择与资本转换中的实践智慧。他们质疑精英选拔中用形式公正的贤能主义遮蔽了招生中繁复的权力因素,进而认为精英养成中的文化资本缺失、文化连带断裂更为堪忧[②]。刘阳阳等使用 1992 年至 2009 年中国城镇住户调查的数据,对"寒门难出贵子"这一现象进行了实证分析,结果表明:富裕家庭的子女能够获取更高的回报,进一步拉开与出身"寒门"的群体之间的收入差距。他们指出,所谓"寒门难出贵子"并非绝对意义下的情况,教育确实起到了带动收入增长的作用。然而相对来讲,收入较低的家庭其子

---

① 王婧. 社会性话题的媒体报道实证研究——以寒门难出贵子为例[J]. 新闻世界,2013(9):231-233.

② 刘云杉,王志明,杨晓芳. 精英的选拔:身份、地域和资本的视角——跨入北京大学的农家子弟(1978—2005)[J]. 清华大学教育研究,2009(5):42-59.

女通过教育改善收入的难度更大,这会造成收入差距的拉大①。令学术界担忧的是,这种不公平是否造成负向的阶层固化,造成新的代际差别,同时为消除差别设置了新的障碍,不利于社会公平的目标实现。

那么,究竟应该怎样促进教育公平,以使得"寒门出贵子"不再艰难呢?归根究底,仍然是要殚精竭虑、千方百计地使高等教育的入学机会、教育过程与教育结果能够实现高位优质的公平,并不失时机地促进三种公平的转化递进、螺旋提升。

1. 不再艰难的基础:入学机会更加公平

"寒门难出贵子"的原因首先是社会境遇不好的孩子难以获得同等的高等教育入学机会。随着我国高等教育的继续发展,若不考虑政策调控的人为因素,高等教育在可以预见的不久的将来会实现从大众化向普及化(毛入学率超过50%)的发展。从入学机会讲,即便在当前,跨入大学门槛已经不是难事。只要不挑学校和专业,目前我国已经实现了"爱上就上"。但是,现在寒门子弟所期待的,并不是豪门子弟所不屑、普通人家孩子也挑剔的高职高专或平常高校,而是名校名科等数量稀缺、可带来稳定预期收益的优质资源。这才是问题的症结和挥之不去的痛。

在优质基础教育资源分布不均、家庭教育投资能力不一和制度正义没有充分实现的宏观背景下,增加寒门子弟进入名校的机会,不是只靠学生自身努力就能够实现的。

根据罗尔斯在《正义论》②中提出的第二正义原则,即确保平等分配的原则,其中包括两个部分:一是公平的机会平等原则,适用于分配权力与机会;二是差别原则,适用于分配收入与财富。公平的机会平等原则要求所有的职务和地位向所有人开放,即实现机会人人平等;差别原则要求社会收入与财富的分配应该有利于最不利者。进一步分析,机会平等如何实现?差别原则如何实施?

机会平等可以有两种不同的解读:一是形式上的机会平等,二是实

---

① 刘阳阳,王瑞. 寒门难出贵子?——基于"家庭财富—教育投资—贫富差距"的实证研究 [J]. 南方经济,2017(2):40-61.

② 约翰·罗尔斯. 正义论 [M]. 何怀宏,何包钢,廖申白,译. 北京:中国社会科学出版社,1988:6.

质上的机会平等。前者使用在西方语境中,形式的机会平等是一种基于自由市场制度的平等,它消灭了封建等级制度的阶级固化与差别,视人为一个完全自由的个体,他们每个人在一个开放的劳动力市场中以能力为基础、以公平竞争为手段来获取就业机会与晋升机会。在这种形式意义上的机会平等中,个人的职业生涯前景包括权力与机会、收入与财富总是不同程度地受到家庭背景、天赋才能以及个人运气等的影响。而从道德的视角看,这些自然或社会的影响具有偶然性与随意性。那些家庭背景欠佳、天赋才能不足或时运不济的个体在追求权力、机会和财富的过程中,总是处于极其不利的地位。可见,一种形式上的机会平等,很可能导致不平等的现实结果。因此,依据第二原则的前半部分,教育机会公平就是要消除家庭背景、天赋才能以及运气等偶然因素对个体的影响,通过正义的社会政策和教育制度安排,通过增加教育机会和再分配等多种策略,为所有人都提供一个平等的出发点。

可见,实现高等教育入学机会的实质公平,意味着为所有家庭的不同天赋、不同时运的孩子提供一个平等的出发点,即不让任何一个孩子输在起跑线上。

然而,要做到这一点并非易事。因为这不仅要求考试不存在明显的城市中心主义价值立场与选拔录取中的形形色色、种类繁多的特权与交易,更重要的是要均衡基础教育资源分配,切实消除基础教育在城乡之间、区域之间、学校之间和班级之间业已形成的沟壑,使所有的孩子接受到数量与质量大体相当的教育。同时,还需要通过特有的制度安排与社会政策,对一些特殊的孩子给予额外的补偿,使其能够在额外的资源与机会通道下,实现"特殊"发展,消解代际效应,封堵负向代际传递。

在当前,继续加大农村基础教育投入,实施城乡教育一体化的资源配置,完善乡村教师支持计划,改进农村学校的治理体系,提升农村学校的办学水平和教育质量,实施名校招生计划中的农村与欠发达地区专项计划并适时扩大,扫除一切阻碍寒门子弟脱颖而出的文化、体制和机制因素等,都是为实现入学机会从低位不公平向高位优质公平转变的重要政策举措与制度安排。与此同时,在城市教育改革和发展中,如何通过薄弱学校改造、名校集团化和学区化办学模式完善、就近入学政策的改进、教育质量全面提升计划、实施特殊儿童"特殊教育与融合教育并举"、扩大对城市贫困家庭的社会扶助与学费减免、农民工子女教育扶助政策等,切实解决城市教育中的各种不公问题,为城市寒门子弟提供平等的教育机会与升学机会。

2. 不再艰难的核心:教育过程更加公平

高等教育公平的核心是大学教育活动中的公平,即受教育者平等取得高等教育入学机会后进入大学校园接受高等教育过程(从入学到毕业)中,受教育权的平等对待与充分实现,是大学阶段资源配置、教育活动与考试评价等行为中的公平,是在机会均等基础上更高水平、更优质量的公平。董泽芳、王卫东指出:高等教育"质"的公平要求我们在关注入学机会公平的同时,更要关注高等教育过程的公平性,即处于高等教育过程中的学生所接受教育的公平性。包括高校学生的人格和权利是否得到了尊重,学生在高校中是否接受到了合适的教育,学生拥有的高等教育资源是否公平,学生所得到的各种评价是否公正等[①]。王卫东还将高等教育过程公平划分为知识学习过程公平、科学研究过程公平、社会实践过程公平、评优评奖过程公平、弱困扶助过程公平、人际交往过程公平等维度对13所高校在校本科生的高等教育过程公平进行了问卷调查,发现学校层次、父母受教育程度、父母职业、家庭所在地、家庭收入与高等教育过程公平存在相关[②]。学者们认为,这主要是由代际资本传递,以及不同区域、不同类型、不同层次高等院校在高考录取、人均教育经费、教育公共事业经费、教师学历资历、教育教学设施配备、人才培养质量、学生学业成就等方面的差距造成的。这些差距严重影响了高等教育过程的公平性,也不利于整体提升高等教育质量[③]。也有学者认为,高等教育过程公平的影响因素及表象主要包括:教学条件的差

[①] 董泽芳,王卫东. 高等教育过程公平的社会学分析[J]. 高等教育研究,2015(8):99.

[②] 王卫东. 高等教育过程公平的社会学分析[D]. 武汉:华中师范大学,2012.

[③] 陈文忠,卢瑶. 我国高等教育公平研究的现状、热点和前沿——基于CNKI 2005—2014年文献的可视化分析[J]. 国家教育行政学院学报,2016(9):32-38.

异性,使不同专业的学生拥有的教育条件不均等;师资水平的差异性,使学习同一门课程的学生所拥有的教师资源不均等;教师个体偏好的差异性,使学生在课程学习过程中受到的教师期待、态度和关注程度不均等①。不难推断,没有教育过程的公平,就不能实现教育机会向教育结果公平的转变。保证高等教育过程或活动公平,是实现毕业生走向社会,获得平等就业与升迁机会、教育投资回报与收入的逻辑前提。

解决高等教育过程公平是一项复杂而长期的历史使命。换言之,它贯穿于大学治理现代化的全过程。目前可以而且应该努力的方向包括如下几个方面:首先,要平等配置学校内部的各种物力、财力、时间、空间和信息资源,构建一个高位均衡的大学教育物质分配体系及高效的资源流动机制,实现集约化、共享化与智能化,消除现行资源分配模式下身份固化、管理僵化、资源分化、流动静化、绩效弱化的弊端;其次,要优化教师资源配置,提高教师队伍整体素质,促进大学教师的专业发展,提升教师专业化水平,从而使面向所有受教育者的教育教学活动过程公平化、开放化与优质化,竭力缩短教师之间在师德水平、学术资本存量、增量与质量上存在的巨大差距,消灭各自教育质量短板;再次,转变大学治理理念,坚持公平价值导向,将公平逻辑、政治逻辑、效率逻辑和成本逻辑有机统一,杜绝教育活动中的一切特权思想,通过体制创新和流程再造,克服长期积淀而成的各种有碍公平实现的体制机制因素和路径依赖;最后,强化学生公平意识,树立人人平等的价值理念,处理好己欲与人需、己所不欲与人所不欲、立己与立人的关系,做到"君子爱财、取之有道","己所不欲、勿施于人","己欲立而立人、己欲达而达人"。

3. 不再艰难的关键:教育结果更加公平

教育结果的公平是教育公平的最高实现形式,是所有公平正义者追求的最终目标。教育结果公平有广义与狭义之分。从广义讲,它包括教育活动结果的公平和受教育整体结果的公平;从狭义讲,主要是

---

① 黄小文. 高等教育过程中存在的公平问题及其对策 [J]. 湘潭师范学院学报(社会科学版),2006(6):143-145.

指受教育结果的公平,即教育结果在社会机会或社会价值分配中的公平。

前面论及,"寒门难出贵子"的困局之一,是不仅他们求学之路更加艰辛,而且千磨万难得来的教育机会并没有获得同等回报。因为他们在家庭社会资本与投资能力差异明显的条件下,获得同样的就业机会缺乏足够多的人力资本投入或者社会关系支持。

"凤凰男"与"孔雀女"之间的恋情婚姻,是佐证教育结果公平难以实现的极佳例证。"凤凰男"自然是用以比喻那些经过十余年寒窗苦读终于金榜题名并在城市就业打拼、有的已经卓有成就的农家子弟,他们是所谓鸡窝里飞出的"金凤凰"。"孔雀女"则是在大城市里出生长大,时常会撒娇发嗲的富家女。受"女要富养"思想的影响,一些富裕家庭都视女儿为掌上明珠,时时处处呵护有加。她们不需要任何付出就能享受美好的生活。"孔雀女"与"凤凰男"之间的爱情或婚姻,常常没有一个好的结局。因为社会学家米德所提出的符号互动理论早已揭示,个人社会行为是其所属群体中规范行为内化的结果。角色是在社会互动过程中,一方面得到社会期待而另一方面遵从社会规范而获得的。

由此不难理解:"孔雀女"与"凤凰男"来自不同的社会群体,扮演不同的社会角色,自然也受到不同的期待与规范。这种儿童早期社会化过程中形成的自我并不能伴随着年龄与生活环境的变化而彻底消除。尤其是他们背后的两个社会关系网络,仍然需要或多或少地互动,这又铸成了二者之间的自我与社会认知难以完全融合,进而冲突不断。这种充满矛盾的生活,自然与幸福渐行渐远,最终走向破裂。同理还可以解释"凤凰女"与"孔雀男"之间的恋情与婚姻问题。

这里提及"孔雀女"与"凤凰男"或"凤凰女"与"孔雀男"的生活矛盾,目的是证明在高等教育结果公平实现的过程中,存在太多的类似阻滞因素。例如,无论是在求职就业还是社会价值(权力与机会、收入与福利)分配的实践中,广泛存在着"第一学历"、"男性优先"、"985免试"等显失公正的现象,让许多毕业生感到无助、无奈乃至愤怒,以至于在大学女生中广泛流传着"学得好不如嫁得好"的说法,从而彰显出就业中的性别歧视对在校大学生的生活和学习规划产生的深刻影响。

实现教育结果的公平,必须构筑一个正派社会。以被伤害者不可抹杀的人性为根据,用不羞辱来为社会画出道德的底线,正派社会是一种比起正义社会相对低调的社会理想。根据玛格丽特的理论,正派社会的第一原则不是做什么,而是不做什么;不让社会制度羞辱社会中的任何一个人,这是正派社会的第一原则①。正派社会与文明社会的差别在于,文明社会是人不羞辱人,而正派社会则是制度不羞辱人。因此,人类社会大致会经历四个由低到高的发展阶段,即野蛮社会、文明社会、正派社会和正义社会。

构筑一个真正的正派社会,首先应做到不羞辱社会中的每一个人,特别是制度不羞辱每一个人。这就意味着社会的机会与职位能够完全向所有人开放,具有正义的规则与程序,没有腐败与暗箱操作,通过完善的制度安排以实现所有损害公正的人回避,以保持在现有条件下的最大公正;与此同时,还需要在社会价值分配过程中,消除自身贡献之外的其他一切因素对分配规则与秩序的破坏。尤其是防止家庭社会关系、财富等对职业机会、权力获取、收入及福利的搅扰,让教育投资能够获得对等的收益回报。为了确保那些因为自然禀赋差异而处于不利境遇的人能够得到合理的社会福利,可以根据差别与补偿原则来保证他们在收入与福利分配中获得公正的补偿,从而使他们的利益不受践踏、使他们的尊严不受羞辱。可以确信,在一个正派社会中,大学毕业生不再受到各种歧视与羞辱,不再受到社会标签的负面影响,他们本身充满公正意识,不再期待特权或其他歪门邪道,这样才能实现我们梦寐以求的教育结果公正。

二、让大学站在同一起跑线上

高等教育公平不仅要从受教育者的角度来体现,还要从高等教育机构——高等学校的角度来体现。从一定意义上讲,高等教育机构公平还是更为根本的高等教育公平,因为它是受教育者——学生层面的高等教育公平的有效保障。

---

① 徐贲. 正派社会与不羞辱 [J]. 读书, 2005 (1): 150-156.

1. 高等学校不公平竞争的演进及其后果

新中国的高等教育体制是与国家的政治和行政体制相一致的。在计划经济时代，我国高等教育实行国家统一计划、政府以行政命令实施的高度集中管理。它延续到1985年教育体制改革以前。客观地说，在我国当时制度环境与经济发展水平的双重约束下，它发挥了积极作用，为新中国高等教育体系的建立、高级专门人才的培养做出了不朽贡献。然而，随着改革开放的深入推进，这种与计划经济相适应的高等教育体制也暴露出了严重的弊端，表现在：首先，单一由国家办学与投入的体制，不仅加大了政府的财政压力，还严重压抑了社会力量办学的积极性，极大限制了高等教育的发展速度和发展空间；其次，政府高度集中管理的体制，使政府对高等学校包得过多、统得过死，高等学校没有起码的办学自主权，影响了高等学校的自主发展和个性发展；再次，部门为主的办学及管理体制，导致严重的条块分割、学科专业狭窄单一、小规模和重复办学、经济与社会效益低下，影响了高校的学科建设和人才培养质量；最后，高等教育免费与毕业生包分配、包当干部的体制以及平均主义、"大锅饭"的人事制度，压抑了高等学校师生工作和学习的积极性、主动性和创造性，制约了高等教育社会功能的全面发挥。

尤为严重的是，高等教育发展政策中的"保障重点、兼顾一般"的价值理性与战略抉择，使得重点大学、重点学科与普通大学、普通学科之间的沟壑越来越大，以至于二者长期"分槽喂养"、双轨进化，使少数重点高校、重点学科长期富营养化，而大多数普通高校、普通学科则长期处于"贫血"和"营养不良"的状态。

教育体制改革启动后，党和政府一直致力改变对高等学校统得过死的状况，教育部于2015年5月出台了《关于深入推进教育管办评分离　促进政府职能转变的若干意见》，2017年4月又发布了《教育部等5部门关于高等教育领域简政放权放管结合优化服务改革的若干意见》，对重建政校关系，破除束缚高等教育改革发展的体制机制障碍，进一步向地方和高校放权，给高校松绑减负、简除烦苛，调动地方和高校的积极性具有深远的里程碑意义。然而，无论是"211"工程、"985"工程还是"双一流"建设，都沿袭了一贯的只"锦上添花，不雪中送炭"的重点突破战略，不仅使原已天壤之别的重点与非重点高校的资源与制度环境差距进一步扩大，而且使"双一流"阵营内部不同高校之间的差距也越来越泾渭分明。

2. 促进高等学校公平竞争的逻辑与策略

如果说，在百废待兴、财力有限的新中国成立初期实施重点大学与重点学科建设确有必要，那么，经过大半个世纪发展、已经成为世界第二大经济体和第一大高等教育国家的中国，依然故我似乎有点不合情理了。

首先，差距过大的生均教育事业费投入造成了全国不同地区间的学生人均的资源占有量非常悬殊，导致不同地区教师学术成长的资源保障力度差距较大，进而造成学生教育质量的严重差距。根据2017年教育部、国家统计局、财政部联合公布的《2016年全国教育经费执行情况统计公告》的数据，2015年，全国高等学校生均公共财政预算教育事业费是18 143.57元，最高的北京市为61 343.96元，上海市为30 081.89元，最低的山西省是11 795.65元，北京市是上海市的2.04倍，是山西省的5.2倍，是全国平均值的3.38倍；2016年，全国高等学校生均公共财政预算教育事业费为18 747.65元，是年北京市该项指标虽然有所下降，为55 687.68元，但是同年上海市为30 292.80元，最低的四川省为12 236.87元，北京市是上海市的1.84倍，是四川省的4.55倍，是全国平均值的2.97倍。

其次，高等学校经费收入预算和收入能力的巨大差异，影响了不同高等学校的发展能力，引发了资源配置不均、战略性人力资源流动方向与流动速度不合理，造成了高等学校学术生产力的参差不齐。据《新京报》2018年4月27日快讯：75所部属高校公布2018年预算，清华大学再次领跑。清华大学2018年预算达269亿元，比2017年的233亿元多36亿元；其他预算总数破百亿元的高校还有浙江大学、上海交通大学、中山大学、同济大学、北京大学、复旦大学，分别为154.65亿元、144.88亿元、134.92亿元、134.21亿元、125.54亿元、108.90亿元；年度收入超过了100亿元的有清华大学、浙江大学、上海交通大学、中山大学、同济大学和北京大学。北京大学和天津大学预算缩水，北京大学2017年度预算总数为193.45亿元,2018年度预算总数为125.54亿元,减少近68亿元。高等学校的收入能力发生明显变化,东西部差异明显。清华大学本年收入预算196.74亿元,其中,一般公共预算拨款占收入预算的25.84%,事业收入103.7亿元,占收入预算的52.71%;上海交通大学本年收入111.91亿元,其中,一般公共预算拨款占本年收入预算的29%,事业收入56.5亿元,占本年收入预算的50%;而兰州大学、山东大学、北京师范大学的财政拨款分别占预算收入的63.47%、44.85%、42.19%,兰州大学的教育事业收入占比只有28.04%,其收入能力仅为清华大学的53.2%和上海交通大学的56.7%。若考虑75所部属院校与占高等学校总数97%的地方普通本科高等学校和高职高专的地区差别、省际差别与校际差别,中国高等学校在资源配置上的不公平性就更加显著。在此种体制下,处于弱势的高等学校将面临因财力不足而难以留住创新拔尖人才、学科建设危机重重的困境。

因此,为了营造一种高等学校发展的公平竞争环境,有必要在继续实施国家重点发展战略的同时,适时改进高等学校的拨款体制和拨款策略。应实施全国统一的高等教育成本核算制度,并建立以成本为基础、以绩效为导向的拨款制度。根据高等学校的不同收入能力,在教育部与相关省份共建14所准部属高校的基础上,强化地方政府在高等教育投资中的主渠道作用,压实地方政府在高等教育发展中的主体责任;中央财政应该通过设置高等教育转移支付国家基金,用于改善高等教育欠发达地区的高校办学条件与教师收入,缩小发达地区、重点高校与欠发达地区、普通高校之间的财务差距,遏制马太效应的副作用,减少资源浪费与消除分配不公。

三、让学生真正有获得感

学生成长的需要是大学存在的唯一合法前提。大学的使命日益多元,但首先是人才培养,是教书育人、立德树人。科学研究、社会服务和文化创新都必须服从和服务于育人这个轴心。

1. "获得感"的不同解读

"获得感"一词,是2015年2月27日习近平总书记在中央全面深化改革领导小组第十次会议上首先使用的。他指出,要科学统筹各项改革任务，推出一批能叫得响、立得住、群众认可的硬招实招，把改革方案的含金量充分展示出来，让人民群众有更多获得感。此词由此迅速流行，多用以指人民群众共享改革成果的幸福感。

获得感，虽然在本质上是一种幸福感，但是，它又与幸福感有所区别。

首先，获得感不仅是社会个体或群体一种心理上产生的愉悦的情绪体验，而且具有客观上的测量标准，即包括物质条件与生活环境的改善。如果仅仅把获得感看成是幸福感，它不仅会流于空泛，而且会陷入不可比，因为对于幸福的理解是非常个体化的，比如以苦为乐、平淡是福。

其次，获得感既包括物质条件、生活水平的提升，也包括精神层面的发展与进步。例如个人的成就感得到满足，时间自由与思想自由，人格得到尊重或至少不被羞辱，个人隐私得到保护，参与权与知情权、选举权与被选举权、收益权与财产权等得以行使和改善，更加公平、公开、自由和民主的社会制度环境，更加丰富的文化生活等。

最后，获得感还是一种可以纵横比较的幸福感。从纵向看，它可以与自己的过去进行对比；从横向看，它可以与类似的个体或群体进行比较。例如教师的获得感，可以用收入等各种获得感要素进行前后左右对比，让他们切实感受到这种改革前后的实实在在的变化，基于这种变化而油然产生一种满足感和幸福感，才是获得感。

综上所述，让学生真正有获得感就是指让学生在大学接受教育的过程中，能够切实体会到学校教师对他们的关怀尊重与教导帮助，体现在他们对大学方方面面的满足感与幸福感，尤其是内化到他们身上的专业知识、专业能力、道德素养与人格特质、身心健康水平等一系列核心素养的变化。

2. 学生真正有获得感的主要表现

自从获得感这一概念广泛流传以来，让大学生从学习中真正有获得感，首先成为高校政治思想课的追求。程京武在2017年11月22日的《光明日报》上撰文说，思政课以学生的获得感为归宿。上海的"课程思政"改革，用"共鸣感"打开青年耳朵，用"课程厚度"赢得话语

权,用"正评价"引导课程创新,受到教育部的肯定。其实,让学生具有真正的获得感绝不仅仅只是这些,至少包括:

第一,让学生明确今后的人生发展方向。大学是一个人走向社会的最重要的准备期,它在很大程度上决定了个体社会化的终生目标。因此,大学必须帮助学生在深刻认识和全面了解自己的基础上,寻找到自己适宜的专业方向与人生目标,通过生涯规划和生涯指导,使他们坚定专业信念,培养专业兴趣,修炼专业素养,为未来就业做好一切准备。

第二,让学生享有最广泛的参与权。大学是一个小社会,是培养公民的最佳场所。让所有学生既要认识到自己享有的全部法定权利,也要了解自己应该承担的全部法定义务。参与是最好的公民培养路径。在参与中学会自我组织、自我管理、自我服务、自我协商、自我成长,也在参与中学习契约精神、责任意识、承诺价值与人文情怀。没有学生时期的广泛参与体验,就不可能成为一个高素质的成熟公民。

第三,让学生获得更多的真才实学。大学的主要职能是按照社会分工的需要,将大学生培养成为各行各业所需要的人才,为国家的强大和民族的兴旺做贡献。真才实学是学生毕业后完成岗位工作的根本保障。没有真才实学,就难以适应社会发展对专业工作的需要,就难以成为堪当民族复兴大任的时代新人。让学生有真才实学,就必须站在学生立场去规划学校的培养目标、专业设置、课程体系和培养模式,通过课程的厚度、教学的精度、实践的力度、思想的深度和修养的高度,促使学生学做合一、知行合一、德艺合一、身心合一,成为社会主义现代化的建设者和共产主义事业的接班人,成为新时代中国特色社会主义思想的践行者和民族复兴伟大事业的生力军。

第四,让学生的人格尊严不受侵犯。自古以来,不少有识之士从不同角度肯定了尊严的重要性。美国第28任总统威尔逊曾经说过,国家的尊严比安全重要,比命运更有价值。《正派社会》的作者玛格丽特也说过:只有自尊的人才会感觉到人的尊严,因为我是人(人类的一员),所以我理应被当人看待。社会不羞辱我,首先应该尊重我的权利,"侵犯人权是最典型的羞辱"。因此,不是说我们一定能够给予或者保障每个学生享有多高的尊严,而是说不要伤害他们的自尊、践踏他们的尊严。不羞辱,平等地对待每个孩子,而不是将他们分为三六九等,不论他们的家庭背景、学业成绩、性别怎样,都能够一视同仁。所以,尊严不是能够给予他人的特定的好,而是彼此平等坦诚相待的基石。

第五,让学生的生命价值得以弘扬。生命是可贵的,因为每个人的生命只有一次;生命是短暂的,因此,生命值得每个人珍惜。但是,生命的价值并不是用时间长短来计算的,所以,著名诗人裴多菲曾经说过,生命的多少用时间计算,生命的价值用贡献计算。每个大学生都有自己的理想和抱负,都追求他们的生命历程丰富多彩,生命的光彩绚丽夺目。这就需要大学能够提供一切有利于学生生命价值实现的机会,让他们在实践中探索、历练与成长,各美其美、美人之美、美美与共、天下大同。

四、行走在高教强国路上

从高等教育大国走向高等教育强国,是民族复兴伟大中国梦想的重要组成部分,也是未来几十年甚至更长的历史时期内中国高等教育的奋斗目标。这既是我国社会持续向前发展的必然选择,也是自近代以来无数有识之士孜孜以求的强国主张。

1. 向创建世界一流大学迈进

一个富强民主和谐文明美丽的社会主义现代化强国屹立在世界的东方,一定要是一个强大的高等教育现代化国家。而实现这一目标的不二策略是推动国内高校向着创建世界一流大学迈进。从"211"工程开始到"985"工程一期、二期建设的圆满收官,再到"双一流"建设的正式启动,我们有一个再明晰不过的目标:追赶并最终超越以美国大学为代表的世界一流大学的办学水平。

什么是世界一流大学?学术界并没有共识。西方语境中早先并无世界一流大学之说,有的是研究型大学、顶尖大学。上海交通大学世界大学学术排行榜中,将前20名称为顶尖大学,而将第21名到第100名称为世界一流大学。由此可以看出,世界一流大学并不是一个固定不变的概念,因为排名永远是相对的。许多学者以自己的理解,提出了世界一流大学的意涵与标准。丁学良认为,世界一流大学首先必须是研究型大学,以研究作为自己最突出的特点。研究型大学有严格的评价标准,包括教师的素质、学生的素质、课程的广度和深度、研究基金的数量、师生比例、办学的硬件设施、财源、毕业生的声望和成就、学校的学术声望等。普遍主义是世界一流大学必备的精神气质，其师资和学生来源、研究和教学内容必须是国际性的①。许智宏认为，世界一流大学主要有三个特点：一是有从事一流研究工作的国际知名教授；二是有一大批影响人类文明和社会经济发展的成果；三是培养一大批对人类文明产生很大影响的学生②。王峰认为，世界一流大学从来就没有一个准确的、可以测量的标准，但世界一流大学一般是指在学术上拥有崇高声誉，作为一个国家或地区科技和文化创新的领导者，培养出享誉世界的各行各业领袖，对经济社会发展做出历史性贡献的大学③。眭依凡认为，世界一流大学必须具有"学术实力雄厚，做出世界贡献，享有国际声誉"三大特征④，等等。但是，总体上看，越来越多的学者接受了在四大世界大学排行榜上排在前列的大学的定义标准。

经过23年的奋斗，我国已经有167所大学（其中内地136所，香港6所，澳门1所，台湾24所）进入《美国新闻和世界报道》（U.S. News & World Report）所列的世界74个国家和地区的1 250所大学排行，其中清华大学和北京大学进入前100名，分列第64位和第65位，而中国科技大学、复旦大学、上海交通大学、浙江大学、南京大学进入了前200名。按照最新QS（Quacquarelli Symonds）2018年世界大学排名，清华大学（第17名）、北京大学（第30名）、上海交通大学（第59名）、浙江大学（第68名）、中国科技大学（第98名）5所中国内地大学进入前100名。另据英国泰晤士高等教育（Times Higher Education，简称THE）2018年世界大学排行看，中国内地的北京大学（第27名）、清华大学（第30名）进入前100名，浙江大学（第177名）和上海交通大学（第188名）进入前200名。在中国自己公布的软科世界大学学术

---

① 丁学良. 什么是世界一流大学[J]. 高等教育研究, 2001 (3): 4-9.
② 许智宏. 中国目前没有世界一流大学[J]. 印刷世界, 2010 (4): 56.
③ 许路阳. 明年启动新一轮世界一流大学建设[N]. 新京报, 2015-11-06 (A18).
④ 眭依凡. 世界一流大学建设的六要素[J]. 探索与争鸣, 2016 (7): 4.

排行榜（ARWU）2017年排行中，清华大学排名第48位，而北京大学排名第71位。

虽然这些排名由于指标构成和价值取向的不同，导致排名的科学性仍然有待商榷。但是，从我国内地大学进入世界大学排行榜日益增多的趋势，可以认为，我国大学与世界一流大学之间的距离已经大为缩短。随着国家牵引战略如"双一流"建设的实施，即便按照国际大学排行的游戏规则，中国大学排在前列的日子也不会很远。

2. 铸就中国一流大学的灵魂

正如许多学者[①]所质疑的，世界一流大学到底是靠排行榜排出来的还是靠自己建出来的，是构成的还是生成的，建设世界一流大学究竟靠什么？可以这样认为，世界一流大学不是靠排出来的，而是基于自己的土壤长期生成的。能够排出来的是世界一流大学的形态，不能排出来的是神态和生态。

世界一流大学应该有三种状态，宛如水有固态、液态和气态一样。所不同的是，世界一流大学的三态乃形态、神态和生态。因此，建设世界一流大学或向世界一流大学迈进，必须注意形于外、神于内、生于境，实现三态合一。

首先，成就中国一流大学的形态。未来的中国一流大学首先必须是世界一流大学。因此，世界一流大学并不是中国大学追求的最高目标，更不是最后归宿。因为，根据评价指数化的筛选原则，能够进入评价指标的只能是参加排行的大学共同具有的指标，根本无法将个性化、个别化的指标包含进去。所以，无论是U.S. News & World Report世界大学排行榜所包括的研究声誉（25％）、文献计量（65％）、学校层面（10％）3大项目，或是上海交通大学ARWU所包含的获奖校友（10％）、获奖教师（10％）、高被引科学家（25％）、论文数（25％）、

---

① 李闻莺. 北大原校长谈"双一流"建设大学：不应被排名牵着鼻子走[EB/OL]. [2017-05-21]. https://www.thepaper.cn/newsDetail_forward_1690217；王义遒. 建设世界一流大学究竟靠什么[J]. 高等教育研究, 2011(1): 1-6；林杰. 世界一流大学：构成的还是生成的？——基于系统科学的分析[J]. 复旦教育论坛, 2016(2): 30-36.

高质量论文比例（20%）5个项目，还是QS所包括的学术声誉（40%）、雇主评价（10%）、师生比（20%）、师均引用率（20%）、国际学生比（5%）和国际教师比（5%）[①] 6大评估项目，抑或泰晤士高等教育（THE）包括的教育教学环境（30%）、科学研究能力（30%）、引文影响力（30%）、产业收入（7.5%）和国际化（7.5%）5个项目，这些能够评价的项目都是看得见的客观指标，尤其是理工科或者科学家的研究成果。无论是美国的大学还是中国的大学，这只是其中的一部分。当然，中国要成为世界高等教育强国，应该有勇气对照这些可视化的客观指标寻找自己的短板，并积蓄力量，补足短板，首先成为可以比较、大家认可的世界一流大学。这是成就中国一流大学的外形所必须做的工作。

其次，铸就中国一流大学的神态。美国哈佛学院前院长哈瑞·刘易斯在《失去灵魂的卓越——哈佛是如何忘记教育宗旨的》一书的导言中引用了托马斯·埃略奥特1909年获得哈佛文学学士学位时在其《空心人》中写的四句话——"有形而无式，有影而无色，有臂而无力，有势而无为"来描述哈佛学院多年渐积而成的名不符实的卓越。他认为，大学已经忘记了更重要的教育学生的任务。现在学术追求替代了大学的教育任务，殊不知这两者不应该厚此薄彼[②]。大学的神态并不是排行榜中的指标，而是对学生实施的恰切教育，是内化在毕业生心灵深处经久不散的一切精神品质。长期以来，许多大学校长与研究者都在反复强调这一点。如"让每一个学生拥有才智以及具备成为良好公民和英明领导者的必备品质"，"大学的光荣在于培养完全有教养的人"，"大学应该培养的人不是有缺陷的专家，而是有全面的智慧、广泛的同情心和自主判断的人"等等。美国著名的高等教育家、哈佛大学前校长德雷克·博克大声疾呼，要重塑大学教育的基本目标及其实现之道。为此，还明确地列出了一组本科教育目标：准确而优雅的书面和口头表达能力；运用逻辑

---

① 郭丛斌. 中国内地大学与世界一流大学的比较分析——从大学排名的视角[J]. 教育研究，2015（2）：147-157.
② 哈瑞·刘易斯. 失去灵魂的卓越——哈佛是如何忘记教育宗旨的[M]. 侯定凯，等译. 上海：华东师范大学出版社，2015：1，Ⅷ.

和数理推理进行批判性思维的能力；提高学生的道德意识；培养大学生的公民意识，适应多元文化和全球化的素养；培养学生广泛的学术兴趣；提升就业能力等①。中国大学当然不能完全步美国大学之后尘。中国大学的培养目标是全面协调发展的、堪当民族复兴大任的新时代优秀公民。只有深深地植根于中国这块无比肥沃的民族文化土壤，才能真正铸就中国一流大学的神态，也即中国一流大学的灵魂——既是国际主义或普遍主义的，又是民族特色或中国特色的。它有一身不畏世界强大竞争对手的过硬本领，更有一颗热爱中国、捍卫中国的赤诚之心。

最后，造就中国一流大学的生态。生态是一流大学生成的环境。生物学家许智宏院士有一个形象的比喻，教师是园丁，大学是花园，学生是种子。他认为，我们大学的环境不够好，特别是土壤。使用了太多的化肥农药，培养的都是拔长的苗。造就中国一流大学的生态，就是要像培育一个生态系统一样，改良土壤，用有机质丰富的农家肥与生物防治来替代化肥农药，还要提供充足的阳光、空气和水。生态在这里包括内生态和外生态两个层面。内生态主要是大学内部围绕培养学问与德性双修、动脑与动手双优、个性与共性兼备、自治与他治并举的一代新人，创设培育自由呼吸的空气、以生为本的理念、民主法治的体制、尊重生命的立场和绝不羞辱的文化等，一言以蔽之，为学生健康成长提供一切必备的资源与环境。

第四节 任重道远：大国转型的艰辛

建设世界高等教育强国的目标已经清晰，号角已经吹响，但是，罗马并不是一天建成的。在通往世界高等教育强国的道路上，还充满各种不确定性，面临各种显性或隐性的挑战。马克思曾经说过，"在科学的道路上没有平坦的大道，只有不畏劳苦沿着陡峭山路攀登的人，才有希望达到光辉的顶点"。这句话，用于说明中国实现世界高等教育强国梦的艰辛与崎岖，也是贴切的。

---

① 德雷克·博克. 回归大学之道——对美国大学本科教育的反思与展望 [M]. 侯定凯，译. 上海：华东师范大学出版社，2012：41-53.

一、"钱学森之问"何时有解

英国科学史学者李约瑟在编写多达15卷的《中国科学技术史》时曾经发出这样的疑问:"从公元前1世纪到公元15世纪的漫长岁月中,中国人在应用自然知识满足人的需要方面,曾经胜过欧洲人,那么为什么近代科学和工业革命没有在中国发生呢?"这就是著名的李约瑟难题或者"李约瑟之问"。我国著名科学家钱学森先生提出了与李约瑟难题高度类似的问题,被称为"钱学森之问"。这两个问题都曾经被学者认为是伪命题,其实,它们之所以流传如此广泛,自然有其内在的深刻意蕴。命题本身的真假或将命题加以证实与证伪,似乎变得不那么重要了。

1. "钱学森之问"的由来与争议

2005年7月29日,我国著名科学家钱学森对前来医院看望他的时任国务院总理温家宝说:"现在中国没有完全发展起来,一个重要原因是没有一所大学能够按照培养科学技术发明创造人才的模式去办学,没有自己独特的创新的东西,老是'冒'不出杰出人才。这是很大的问题。"这是"钱学森之问"——"中国大学为什么总是培养不出杰出人才"的正式面世。经过媒体炒作、学者追问与社会热捧,"钱学森之问"引发了一场轰轰烈烈的思想反思与学界论战,从价值之争、原因之争,再到路径之争,迅速将大师的个人之问转变成为时代之问、社会之问和教育之问。

为什么我们的学校难以培养出杰出人才?回答当然是形形色色,仁者见仁、智者见智,没有一个人也不可能一篇文章、一本书穷尽所有的答案。林炎志在其文章中"曾经多次想建议我们的教育界同仁不再将'钱学森之问'作为谈问题的逻辑起点,因为我一直怀疑'钱学森之问'的真伪"。所谓的"钱学森之问"对中国教育的简单否定,既不符合历史唯物主义的观点和教育规律的客观性,更与事实相背离[①]。徐月红等认为,"钱学森之问"的实质是"钱学森之陈",是钱学森对中国大学创新性科学技术杰出人才培养、选拔和使用过程中存在的问题及其解决路

---

① 林炎志. 教育界不宜将"钱学森之问"作为谈问题的逻辑起点 [J]. 吉林教育学刊, 2014 (1);林炎志. 对"钱学森之问"的进一步追问 [J]. 中国教育学刊, 2014 (6).

径的陈述①。就原因而言，项贤明认为："并不在于所谓'课业负担'这样一类虚假的教育问题。录音机式的学习方式、单一的课程和评价体系、痴迷于解题而忽略了原理本身、教室内单一的权力中心、标准答案的霸权、传统的记诵文化、过大而越界的教师权威、缺乏宽容性的文化、传统教育理论对教育现象的错误认识，等等，才是抑制我国学生创造力发展的主要原因。"②龚放指出，可以从思维发展的视角来求解"钱学森之问"，即通过"借助思维科学研究的成果，注重人的思维的全面而辩证的发展，以加快人才培养和造就杰出人才"③。杨杏芳认为，解读"钱学森之问"有表层和深层两种不同的解读方式，正确的方式是"回到钱学森"，以其一种"历史理性的科学哲学"来审视，则"钱学森之问"的精神实质是中国高等教育哲学之贫困，既有"历史理性的哲学"的贫困，也有"历史理性的科学哲学"的贫困。由此，建构"动力学的高等教育学"是终结"钱学森之问"的真正建设性向度④。

其实，"钱学森之问"已经远远超出了钱学森个人之问、个人之陈、个人之虑的价值范畴。它折射出无论是国家领导还是黎民百姓，无论是大师还是素人，无论是教育学者还是其他学科专家，无论是大众传媒还是其他组织等对中国大学教育乃至整个教育现状的忧思和对教育改革的关注与期待。如何求解"钱学森之问"，定然不是几个学者专家各抒己见、各以为是，而是需要同万众之心、举全民之力才得以实现的。

2."钱学森之问"难解的主要原因

"钱学森之问"的确问到了中国教育的伤心处，切中了中国高等教育的要害处。如果说，我国教育最大的软肋在哪里，可以认为，就是培养不出具有卓越创造力的各级各类人才。而导致这一后果的原因很多，也

---

① 徐月红，岳贤平."钱学森之问"的内涵、实质与效应——兼与林炎志教授商榷 [J].中国教育学刊，2014（12）：1-5.

② 项贤明.试解"钱学森之问"：国际比较视角 [J].中国教育学刊，2012（6）：1-5.

③ 龚放.从思维发展视角求解"钱学森之问"[J].教育研究，2009（12）：5-8.

④ 杨杏芳."钱学森之问"与中国高等教育哲学的贫困 [J].教育研究与实验，2014（2）：57-61.

很复杂，难以语尽。以下诸点，则显然存在。

其一，文化传统的桎梏。上下五千年的灿烂文化不仅是中华民族生生不息的智慧源泉，也是限制乃至阻碍我们冲破教育传统、实施教育革新的思想桎梏。儒家思想是统治中华民族精神生活的主导思想，中华民族的历史绵延几千年，基本上都是以儒为尊。《学记》作为我国第一部教育管理专著，对培养目标及学业评价的标准是："一年视离经辨志，三年视敬业乐群，五年视博习亲师，七年视论学取友，谓之小成。九年知类通达，强立而不反，谓之大成。夫然后足以化民易俗，近者说服而远者怀之，此大学之道也。"而作为《礼记》中的一篇，《大学》也开宗明义地陈述了儒家所倡导的教育纲领和培养目标："大学之道，在明明德，在亲民，在止于至善。"何为止于至善？答案是"为人君止于仁，为人臣止于敬，为人子止于孝，为人父止于慈，与国人交止于信"。为了达到这个目标，需要"格物、致知、诚意、正心、修身、齐家、治国、平天下"八个具体修养进程，而且需要"自天子以至于庶人，一是皆以修身为本"。即便到了清末的黄宗羲的《学校》，也是将学校的使命定位于养士与咨政并举，服务于统治为要，因为"天子之所是未必是，天子之所非未必非，天子也不敢自为非是，而公其非是于学校。是故养士为学校之一事，而学校不仅为养士而设也"。可见，学而优则仕，仕而优则学，不仅成为数千年中国传统知识分子的不二选择，时至今日，依然是绝大多数家庭的首选教育价值和学生为之奋斗的目标，而修身养性、内修外治、内圣外王向来都是中国知识分子修炼的通达主途。虽然知识分子也会两手准备，"达则兼济天下，穷则独善其身"，学而优则教、学而优则研、学而优则商则被摒弃了。梁启超云："内圣外王之道一语，包举中国学术之全体，其旨在于内足以资修养而外足以经世。"现代儒学大师熊十力也认同此见，"君子尊其身，而内外交修。格物诚正，内修之目也；齐、治、平，外修之目也。家国天下，皆吾一身，皆修身之事"①。无论是王国维关于治学的三重境界，还是冯友兰关于人生的四层境界，都说明了一个道理：君子立德，小人图利。芝兰生于幽

---

① 萧萐父．熊十力全集：第三卷［M］．武汉：湖北教育出版社，2001：672．

谷,不以无人而不芳;君子修道立德,不以穷困而变节。

其二,基础教育的舛讹。基础教育在人的一生中都具有极其重要的作用。它不仅奠定了人生发展所需要的知识、技能与价值观基础,而且直接影响到个体对未来人生道路、职业发展方向的选择。客观地说,我国基础教育在系统知识与间接经验的传授方面取得了值得称赞的成果,但与此同时也存在诸多不利于学生创造力形成和发展的因素。首先,从中小学生的榜样激励和偶像崇拜方面看,偶像和榜样对中小学生而言,是一种神秘的巨大影响力,它不仅对学生的自我确认、心理补偿产生影响,而且也是其精神寄托的主要载体,成为其模仿和努力的对象。已有的研究成果[1]足以说明,我国中小学生的崇拜偶像中,已经从过去的英雄人物向文体明星转变。科学家曾经是"60后"和"70后"崇拜的偶像,但接受调查的中小学生中仅有2.3%的人仍然以科学家作为崇拜的偶像,而高达68.2%的被调查者则以娱乐和体育明星为偶像。这种科学家在青少年偶像崇拜中地位的式微,说明科学家的榜样力量已经基本弱化。其次,基础教育课程与教学过程中的批判性、求异性思维训练的严重不足,并缺乏创造力成长所需要的心理环境、制度环境和文化环境,导致绝大多数学生缺少探索兴趣、丰富想象、专注毅力与失败勇气。急功近利的教学目标、大同小异的教学组织模式以及缺乏主动自由想象的教学氛围,学生被动地成为接受知识信息的工具,从根本上消解了学生的学习兴趣和创造激情,从而为大学阶段的创造力提升预埋了绊脚石。这种以灌输为外部特征的教学,要害在于:"将人看作可随意涂抹的白纸,极力塑造、强化人的依附性人格,压抑其独立主动的创造性人格。……而无视生命体的创造力的生成发展,于是训斥、体罚常常与灌输相伴。"[2]最后,标准化的考试与以分数论英雄的价值取向,使得学

---

[1] 赵霞. 我国中小学生偶像崇拜调查报告[J]. 中国青年研究,2013(3):74-79;李强,韩丁. 中学生偶像崇拜现象调查[J]. 青年研究,2004(3):97-103;岳晓东,严飞. 青少年偶像崇拜系列综述之一:偶像崇拜的年龄差异[J]. 青年研究,2007(3):8-14.

[2] 刘华杰,崔岐恩. 我们的教育有利于创造力的培养吗?——对创造力阻滞因素的审视[J]. 教育发展研究,2010(6):8-11.

校、教师和学生过分关注考试成绩，而忽略了个性化和主体创造性发展所需要的多元化过程评价对于创造力人格养成的重要影响。在分数崇拜的时代，任何与考试无关的活动与思想都会被有意或无意地排斥甚至彻底扼杀，教师只希望学生能够亦步亦趋地高效完成考试检测的标准答案，而创造性地提出与解决问题在大规模考试背景下难以得到应有关注。调查报告显示，1977年到2008年的1 000多位高考状元中，没发现一位是做学问、经商、从政等方面的顶尖人才，他们的职业成就远低于社会期望①。这充分说明，考得好未必真正学得好、创造力强。正如毛泽东所讲的，"历代状元少有真正好学问的"。要培养学生的创造力，必须从基础教育入手，越早越好。

其三，家庭教育的差距。家庭教育对于孩子的成长，其重要性是不言而喻的。人的社会化始于家庭。父母的家庭教育观念与教育方式，对孩子的一生都有着不可替代的影响。关颖进行的一项父母教育方式和儿童社会性发展研究表明，父母采取民主型的教育方式，儿童高分组（即社会化程度相对较高）的比例要明显高于专制型和放任型的家庭教育方式②。在我国走向现代化进程中，城乡差别的消除依赖于农业劳动力转移，农民离乡背井进入城市务工，带来了我国现阶段一种非常特殊的社会现象——留守儿童（父母进城后仍然留在农村生活的儿童）与流动儿童（父母进城后随父母进城生活的儿童）。也许是受生计所迫与教育能力有限等多种复杂因素交织影响，客观上导致这部分孩子在家庭教育方面的缺失与缺位；而另一方面，在城市家庭中，中国中产阶级的迅速崛起导致城市阶层差距不断增大，不同阶层家庭的教育价值观与教育方式趋于多元化。总体上讲，无论是中产阶级还是城市平民，在家庭教育上都存在错位与错误。绝大多数家庭教育都或多或少带有揠苗助长、以分取人的倾向，较少能够做到因材施教、言传身教，鼓励其奇思妙想、标新立异。这就加速了与学校教育那种重智轻德、知行脱节、循规蹈矩的

---

① 韩廷斌. 状元未必能顶尖 [J]. 中国高等教育，2010 (24)：64.
② 关颖，刘春芬. 父母教育方式与儿童社会性发展 [J]. 心理发展与教育，1994 (4)：47-51.

价值取向之间的共振,从而使学生在学校之外也失去了鼓励创造的家庭环境。求解"钱学森之问",有学者认为要回眸反思钱学森道路,即钱学森先生自身成长的历程。钱学森之所以能够取得国人景仰的学术造诣与社会声誉,与其家庭教育有着不可分割的联系。他父亲钱均夫博学多才,母亲章兰惠贤淑聪慧,他们在钱学森的成长过程中起到了至关重要的价值导向作用,钱学森自己总是说,父亲是他第一位老师,而母亲的言行与慈爱之心对他产生了深远和连绵不断的影响。

其四,大学教育的懈怠。大学教育阶段是人的创造力发展的加速期与外显期。大学教育的理念、模式,决定了创造性人才培养的数量与质量。我国现代意义的大学起步晚、时间短,其间还内忧外患、颠沛流离。尤其是新中国成立后,我们学习借鉴苏联的高等教育模式,过早地实施专业教育,导致学生的知识结构文理泾渭分明、难以逾越,从而使学生失去了深厚完整的知识基础与文化底蕴。在高等教育大众化进程中,虽然为了培养一批创造力强的拔尖人才,中国科技大学、北京大学等一批著名大学先后实施了少年班、元培计划等本科通识教育、大类招生培养、宽基础与宽口径、书院制等改革试点,但总体上还看不出对卓越创造人才培养的可圈可点的实质贡献。知识创造所需要的批判性思维训练没有引起足够重视。正是由于大学的懈怠,本科生、研究生的培养质量呈现下滑趋势。龚放提出,要从思维发展的角度求解"钱学森之问",就"要纠正学科分割与疏离的弊端,做到整体思维,专博结合;坚持学术民主,激活集体思维"①,其实,大学值得改革的地方,远非仅此。

以上诸点,足以说明:尽管学界给出了解决钱学森之问的种种答案,但是,"钱学森之问"真正有解,尚需时日。只有真正按照钱老所说的依据杰出人才成长规律去办学,才能做到才如泉涌、知如笋出。

二、屠呦呦之后谁将获奖

2015年12月10日,我国医药科学家屠呦呦先生走上了诺贝尔生理学或医学奖的领奖台,成为第一位中国内地土生土长并获此殊荣的科学

---

① 龚放. 从思维发展视角求解"钱学森之问"[J]. 教育研究,2009(12):5-8.

家。这不仅圆了中国人多年来一直期待的诺贝尔奖梦,实现了诺贝尔奖零的突破,而且也有力地回答了"李约瑟之问",并驳斥了学术界许多人对中国人难以实现诺贝尔奖零的突破的种种论调。

不过,据统计分析:截至2000年的100多年来,美国共有206人次获得了诺贝尔自然科学奖,占获奖总人数的44%,位于第二和第三的分别是英国(14%)和德国(13%),仅这3个国家的获奖人数就占了获奖总人数的71%。诺贝尔奖得主中仅有6位是华裔科学家,而且全都是在中国本土以外开展工作获奖的,他们是李政道、杨振宁、丁肇中、李远哲、朱棣文和崔琦,仅占获奖总人数的0.86%,这与人口占世界1/5、具有灿烂古代文明的泱泱大国极不相称[①]。

1. 屠呦呦先生获奖的启示

屠呦呦之后谁将获奖?显然这是一个充满不确定性或者无法预测的问题。因此,提出这个问题本身,目的并非寻找一个确切的答案,而是反思在未来中国科技强国和从高等教育大国向高等教育强国转变的道路上,大学内部与周围环境中,还存在哪些阻碍创新型科研领军人才成长的因素。尤其是针对我国业已问鼎诺贝尔文学奖的莫言和诺贝尔医学奖的屠呦呦,不是"二无"文学家(无完整基础教育、无完整高等教育)就是"三无"科学家(无博士学位、无留学背景、无院士头衔),我们究竟应该思考些什么?

施一公在屠呦呦获奖座谈会上有三点发言,其中之一是关于科技成果评价制度的看法。他认为,中国是个大国,应该实事求是地允许多种科技评价标准存在,不能一刀切,不能从一个单一模式走到另外一个单一模式。针对国家重大需求的应用科研课题需要集体攻关,在这样的领域,不能要求以SCI文章或影响因子、引用率作为评价标准。就算在基础研究领域,也不该一味用SCI、影响因子、引用率等刻板指标去评价,这事实上是在束缚我们科研人员的创造力。具有创造力的人,通常为内在动机所驱使,内在驱力促使他们去发现、质询及自我挑战,而这些行

---

① 王渝生. 从诺贝尔奖看美国基础教育和创新体系[J]. 瞭望,1998(32):42.

为的产生完全是基于对工作本身的爱好。

提及屠呦呦获奖的启示,使我联想到莫言早前获得诺贝尔文学奖的情形。与屠呦呦不同的是,他在国内也得到过多项大奖。在他获奖以后,文学家、文化部原部长王蒙在澳门大学的一次演讲中提及文学、文学人和文学奖之间的关系。他说:文学是偏理想主义的,相当浪漫,可以虚构,可以夸张;文学家、文学人、作者,向往着脱俗的生活,却同时都是世俗的人,不可能完全脱俗;一个好的文学奖,可以让你名利双收。得奖有三种情况:一是写得不好得奖了,你沾了奖的光;二是写得好,奖沾了你的光;三是写得很好,又得奖了,则是如鱼得水,作家锦上添花。但王蒙还是认为,"诺贝尔文学奖好,不如文学好"。

启示之一:科学研究需要耐得住寂寞。屠呦呦获奖之时已是耄耋老人,她可能也根本没有预期能够获奖,因为她的成果早几十年就在那里,可是,一没获奖,二没"加官晋爵"。显然,她用青蒿提取青蒿素,不是奔获奖而去。这就印证了那句:有心栽花花不发,无心插柳柳成荫。耐得住寂寞,才能做得出成果。

启示之二:科学研究者要自信、自省和自新。学术自信和文化自信是前提。长期以来,作为一个后发赶超型环境中成长起来的学者,常常以西方为标杆,按西方范式去做许多重复印证性的事。其实,中国科学家的杰出贡献(两弹一星、胰岛素合成),常常是在强烈的自信支配下,克服巨大困难而实现的。自省是自信的保障,是自新的前提。自省就是善于发现自己的优势与不足,尤其是思想与方法层面的。自新是依靠自信支持,以自省为基础走自己的路的过程。"大学之道,在明明德,在亲民,在止于至善。"其中的要义在于能够不断改进、追求完美。

启示之三:创立有利于创新人才脱颖而出的体制机制。"问渠那得清如许?为有源头活水来。"长期以来,我们在一定范围内形成了拔苗助长、马太效应、裙带关系、利益输送等一系列阻碍人才成长的体制与机制因素,特别是形成了一套单一僵化、极不合理的科研评价体系,成为阻碍我国社会发展与人才培养的藩篱。若无壮士断腕的勇气,不从源头上治理,不抓顶层设计,就不能形成一种放水养鱼的治理范式,而是杀鸡取卵、竭泽而渔。

启示之四：科学研究的价值并非总与投入规模成正比。现在的科研有些是靠钱堆砌起来的，因此，国家与企业都在千方百计增加研究与开发投入。从屠呦呦的获奖看，研究的价值并非用投入的经费规模来计算，而是用研究成果带来的人类福祉来丈量。屠呦呦的成功在于她能够运用中医中立足根本、辨证施治的思想精髓，采取中西结合的技术路线进行提炼，最后实现了预期目标。因此，研究成果的价值并不是完全用"发表"与"引用"来彰显的，也不是用投入的多少去度量的。

启示之五：诺贝尔奖好不如成果好。中国人当然希望未来能够赶上甚至超过美国，成为诺贝尔奖的第一大得主。诺贝尔奖当然是体现一个国家大学水平的重要指标，但是，确实没有必要把它看得太重。如果把诺贝尔奖看得比知识成果本身还重要，就似乎本末倒置了。中国的强大依靠的是成果本身，而不是诺贝尔奖。

2. 培养获奖者路在何方

诺贝尔奖之所以成为世界广泛认可、具有极高声誉的奖项，一定有其独到的地方与严谨的评奖过程。尽管也存在着这样或那样的问题，甚至还曝出过丑闻，但是，相比而言还是非常规范并值得信任的。因此，培养获奖者得从长计议，急躁不得。

首先，要致力于提高科研项目的原创性。研究本身的质量即能否提供在某个学科领域或社会生产领域中具有重大贡献和影响力的原创性成果，是获得诺贝尔奖的逻辑前提。尽管也会有人情、关系等社会关系网络的一定影响，但总的来说靠的是研究成果本身的含金量。虽然这些年来我国一些优秀学者尤其是师从诺贝尔奖得主的学生学成归来后在如何选择具有重大知识贡献与社会价值课题作为研究重点，以及如何按照国际学术规范来发表成果方面都已有了巨大进步，也缩短了知识传播的周期，等等，但是，也应该看到，我国科研项目的总体质量仍然偏低，重复性、追踪性研究比比皆是。只有消除这些隔阻或影响参评诺贝尔奖的各种消极因素，才能为那些拔尖领军人才多提供一些支持。

其次，要致力于构建更为科学、透明、公正的科研评价体系。屠呦呦获奖，在某种意义上讲有一些客观环境或偶然因素。她的成果诞生很早，为什么时隔40余年能够获此殊荣，一个重要的原因是她和她的团队给非洲及其他地方的疟疾患者治疗,挽救了很多人的生命。她的社会贡献大于其学术贡献。在今天的时代背景下,我们很难守株待兔,等待幸运的再次降临。因此,必须以技术创新为抓手、制度创新为保障、文化创新为核心来重建学术评价体系。应该建立更加多元化、规范化和个性化的评价系统,减少评价对科研人员的负激励,让他们能够轻装上阵、一心一意,最终能够十年磨一剑,收获拥有高含金量的原创性科研成果。

再次,加大对基础研究的投入力度。当今社会,科学发现、技术发明、工艺创新之间的分野已然不在,但是,基础研究对于整个科学革命和技术革命的支撑作用依旧显著。没有坚持不懈的基础研究,就难以使技术创造、工艺革新提档升级,就像5G一样,华为斗不过高通,就不能成为5G标准的专利人。

最后,改进和完善知识产权保护。知识产权,在本质上与物权一样,具有获得收益的品性。知识产权能否得到有效的保护,直接影响到科研人员积极性的发挥。一个不重视知识产权保护的民族,注定是没有发展前途的。在人类步入知识经济时代之后,就更是如此。

三、"双一流"之路还有多远

"双一流"建设是高等教育的国之重器,不仅影响到我国两个一百年宏伟蓝图的如期实现,更是直接决定了高等教育强国梦何时梦圆。因此,要以咬定青山不放松的毅力和斗志,前赴后继、薪火相传,直至"双一流"目标的全面实现。

我国距"双一流"建设的目标还有多远?按照前文中许智宏的说法,我们还没有世界一流大学。那么,从无到有、从少到多再到整体超越,究竟还有多远呢?

1. 基于四大权威世界大学排名的可视距离

在第三节中已经说明,用世界比较权威的4大大学排行榜,特别是QS的大学排行结果,清华大学在2018年的最新排名已经位列第17,成为第一所进入顶尖大学行列的内地大学。然而,美国新闻与世界报道的排行榜上,清华大学则排在了第64名,上海交大的ARWU排名第48,英国泰晤士高等教育THE排名是第30。到底信哪个?

在四个不同的榜单中,美国大学数量独占半壁江山,紧随其后的英国有9所,荷兰有8所,澳大利亚有7所。我国大学在前200名的还有中国科技大学、复旦大学等5所,进入前500名的还有中山大学、华中科技大学等13所。距离前100名最近的是中国科技大学,排在第148名。要进入前100名,还不太容易。我国要成为世界高等教育强国,至少要达到世界总数第2的位置,这至少需要有多于9所高校入榜前100名,至少有2到3所(英国2所)进入前10名。按照乐观估计,美国有48所高校位于前100名,那么,中国应该有不少于24所高校进入同一榜单(即美国世界百强的50%)。

从2所到24所,这个距离不算太近,这个难度也不会太小。当然,也可以像国内学者邱均平他们那样,我们自己定义世界一流大学。他们的论文中,前300名都属于世界一流大学,中国目前已有18所高校可算作世界一流大学[①]。对此,唯他自己认可。因此,可以认为,如果不举全国之力,同亿众之心,很难在不久的将来实现世界一流大学梦或高等教育强国梦。

2. 基于世界一流大学理想比较的巨大差距

一流大学是一流的师资、学生、设施、成果、声誉和管理融为一体的结果,其中国际化和管理水平是中国大学建设成为世界一流大学最短的两块板。

大学的国际化程度是衡量世界一流大学的重要维度之一。从传统看,大学是博爱主义和普遍主义的。这意味着大学向具有需求和学习能力的人彻底开放。这构成了大学的全球化理由和基础。常桐善、杜瑞军从本科生的全球化知识和经验的视角分析了中美本科生在全球化经验、知识和技能方面存在明显差距,中国学生明显落后于美国。他们进一步证明,学生参与国际化活动的程度与他们掌握国际化知识、技能的程度具有显著的正相关[②]。为此,他们建议,借鉴20世纪90年代哈佛商学院

---

① 邱均平,欧玉芳. 面向世界一流大学建设的"985工程"高校科研竞争力评价分析——基于"十二五"期间RCCSE世界一流大学和科研竞争力评价报告[J]. 中国高教研究,2016(4):57-63.

② 常桐善,杜瑞军. 中国大学离世界一流大学还有多远?——以本科生全球化经验为例[J]. 高等教育研究,2013(3):94-103.

的 3I 模式来进行国际化课程的改革，以增进我国学生的国际化知识和技能，丰富其经验。所谓 3I，即 Insertion（插入），Infusion（融入）和 Interlocking（交融或连锁）。换言之，插入模式就是独立开设相关国际化课程，融入模式就是将相关内容融入已有的课程中，而交融模式是插入与融入的结合。

大学制度既是世界一流大学建设的基本内容，同时又是实现世界一流大学建设目标的根本保障。在很大程度上，中国内地的大学与世界一流大学之间的巨大差距，主要不是学术生产力和学术声誉，也不是经费投入与办学条件，而是制度。好的制度可以让社会中的每所大学和大学中的每个机构、每个人想做事也能做成事，而不好的制度则是让人不能干事、干不成事。闫凤桥、闵维方指出，大学制度建设仍然相对滞后，比如行政体系不必要地干预大学的办学、大学缺少充分的办学自主权、科研立项受到较多约束和限制性、学术评价不严格、缺乏学术共识、学术氛围功利、学风浮躁[①]。虽然在教育部等部门的积极推动下，高等学校的制度建设如大学章程及内部制度体系开始加速建设并逐步完善，但是，很多制度是形式象征意义大于实际规范意义。

3. 基于堪当复兴大任新人养成的明显落差

中国特色的世界一流大学，有两个与其他世界一流大学不同的根本特点。一是要能培养堪当民族复兴大任的大国良师；二是要能够培养堪当民族复兴大任的时代新人。近年来，各种媒介都流行一句非常具有正能量的话：厉害了，我的国！然而，当人们冷静下来后，就会发现：我国在许多方面与世界一流存在很大差距，其中就包括大学。

大学最重要的是什么？当然是人，包括学生和教师。因此，作为具有中国社会主义特色的世界一流大学，必须不忘初心，切实担负起培养能够担当中华民族复兴大任的时代新人的光荣使命，立足中国大地办大学。

何为堪当民族复兴大任？孟子说：故天将降大任于是人也，必先苦

---

① 闫凤桥，闵维方. 从国家精英大学到世界一流大学［J］. 北京大学教育评论，2017（1）：34-48.

其心志，劳其筋骨，饿其体肤，空乏其身，行拂乱其所为，所以动心忍性，曾益其所不能。……然后知生于忧患而死于安乐也。

作为大国良师，必须恪守社会主义的核心价值，立德树人、教书育人、热爱学生、服务学生、报效国家。然而，有些教师并没有意识到自己肩负的重大社会职责，不能处理好个人利益与社会利益的关系，将个人利益凌驾于其他利益之上，导致基本的教学工作马马虎虎，置学生成长和权益于不顾，把学生当作自己的廉价劳动力，甚至做出损坏师德、玷污师魂之事，等等。对此，市井诟病颇多，这与大国良师与学生益友相差很远，与适教、善教和乐教的时代要求差之千里。

许多学生进入大学后，放松对自己的要求，学习动力不足，道德修养不良，纪律松懈，存在利己主义、自由主义和拜金主义倾向，尤其是缺少社会责任，对人冷漠，公民意识缺乏。这些都与建设中国特色的世界一流大学的目标背道而驰。

所以，如何让具备高度社会责任感和精湛专业素养的大国良师去培育造就品德高尚、身心健康、具有真才实学与责任担当的时代新人，确保改革不偏离航线、不失去重心、不触碰红线和不发生畸形，是大学奔向"双一流"的不二法门。

四、学为本之治媲难蜀道

学为本之治是相对于官为本之治而言，是指在大学治理过程中，坚持人本主义的价值取向与目标追求，将师生的权益置于整个治理目标的核心，以师生为主体、以学习为主线、以学术为目标推进学校改革，重构新型的政校关系，切实做到学生为本、学习为本、学者为本、学术为本和学校为本，促进学校事业的持续高效发展。

1. 为什么是学为本之治

从官为本、管为本之治向民为本、学为本之治转变是历史发展的必然，也是学校的性质和特点使然。何谓学校？怎样才算一所好学校？不同的人从不同的视角看，可能有不同的答案。

1964年，美国学者布卢姆发表了《人性的稳定与变化》。他认为，非学校因素对学生学习的数量和范围具有更大的影响。假设17岁青少年的智能发展为100%，则4岁儿童的智能发展可达到50%，5～7岁可再发展30％，8～17岁为20％①。1966年发表的科尔曼报告也证明，学校教育本身与学生的学习成绩之间没有明显的联系。学生的阅读、数学及其他学科技能与学校设施和教师的学历之间只有较低的相关性，而与他们的社会经济地位、种族和民族背景等则存在很高的相关性。于是，美国学者开始了一场学校是否有效的争辩与探寻之旅。20世纪70年代以来的有效学校运动，就是这次旅程的伴随物和成果。

由此，引出一个问题：大学是干什么的？20世纪80年代开始，高等教育学术界开始了高等学校社会职能的争辩，三职能说还是六职能说，各执一端。潘懋元认为，高等学校有三大职能，即培养人才、发展科学和直接为社会服务②。朱国仁改为培养人才、发展知识和服务社会③。徐辉则另辟蹊径，提出了六职能说：保存知识，传授知识、培养人才，传播知识，增进知识，应用知识，社会批判与监督④。大多数学者对前三项职能已有共识，但对第四职能则各说其是。有陈昌贵⑤的国际交流说、朱国仁⑥的创造新职业说、方展画⑦的技术创新说、眭依凡⑧的改造社会说以及闫飞龙⑨的社会阶层的再生产说。这些讨论对于深化对高等学校的认识、找准高等学校的社会定位无疑具有重要价值。但是，高等学校非教育职能的泛化，也让高等学校的领导者手忙脚乱，不知所措，常常出现"耕了别人的地，

---

① 程晋宽. 美国有效学校的理论和实践 [J]. 外国教育资料, 1994 (3): 58-63.

② 潘懋元. 高等学校的社会职能 [J]. 高等工程教育研究, 1986 (3): 11-17.

③ 朱国仁. 论现代高等学校三种职能的意义 [J]. 高等教育研究, 1998 (1): 34-38.

④ 徐辉. 试析现代高等学校的六项基本职能 [J]. 高等教育研究, 1993 (4): 16-18.

⑤ 陈昌贵. 国际合作：高等学校的第四职能——兼论中国高等教育的国际化 [J]. 高等教育研究, 1998 (5): 11-15.

⑥ 朱国仁. 高等学校职能论 [M]. 哈尔滨：黑龙江教育出版社, 1999: 330-333.

⑦ 方展画. 高等教育"第四职能"：技术创新 [J]. 教育研究, 2000 (11): 19-24.

⑧ 眭依凡. 改造社会：未来大学的新职能 [J]. 教育发展研究, 1995 (3): 1-5.

⑨ 闫飞龙. 高等学校的"第四职能"——社会阶层的再生产 [J]. 江苏高教, 2007 (5): 15-17.

荒了自己的田"的错位现象。

可以认为，大学是新人成长的地方。新人的成长，是靠积极而有效的学习来实现的。如果没有以学生为主体的积极有效的学习活动，就很难培养堪当时代重任的新人。就此而言，大学是帮助大学生包括研究生有效学习的地方。这就是大学的本体价值，也是大学的首要职能。

大学生的学习不仅包括知识的学习、技能的掌握，还包括道德的学习、品性的修养，也包括社会生活经验的累积以及行为的积极改变。通过学习，完成其基本社会化的过程，促进其由准社会成员向完全社会成员的角色转换与功能适应；同时也通过学习，完成其基本个性化的过程，让他们在青春韶华时期能够更多地欣赏自己、成就自我、修炼个性。而要实现这一点，就必须以学生为主体、为中心、为根本。这是一个基本的逻辑前提。学习的本质是劳动、探索和成长，是使个体的潜能和自我充分发展。因此，学习的目的是生存、发展和贡献。为了达到这一目的，良好的学习应该是自觉学习、自主学习、探索学习和交流学习。

帮助大学生有效学习是大学教师的头等使命。为了达到这一点，教师必须有高尚的情操、广博的知识、精湛的教育艺术和善良的心灵。学术是他们纯粹唯一的追求，是为成为学生的良师益友而不是为个人的功名利禄去努力探索的。"学术自由"这一概念来自洪堡在柏林大学改革中所持的教学自由和学习自由的理念。洪堡与费希特将教学自由、学习自由、研究自由、研究与教学统一作为大学的核心原则，并对世界大学的发展与传统的形成产生了深远的影响。毛金德等认为，现代大学作为一个学术—教育共同体，学术性和教育性是其根本属性。大学的教学活动是学术研究和教育活动的交集，大学的学术属性和教育属性是大学教学自由及其限度的逻辑起点①。因此，大学教师无论在过去、现在和未来，都需要有较大的学术自由空间和教学自主权。同时，正如刘铁芳指

---

① 毛金德，陈建美，马凤岐. 教学自由：昨天的认识和今天的发展 [J]. 现代大学教育，2013 (5): 29-35.

出,"作为高级阶段教育的大学,其根本目标正是培养完全的人格,而共同的探究、自由求知无疑是培养整全人格的最佳途径"①。

可见,学为本之治是确保学生的学习自由与全面发展、教师的学术自由与教学自由以及大学的办学自主与管理自主的根本保障。"学术自由与大学的逻辑是相一致的,是为了创造知识,为社会创造价值,而不是为自由而自由,学校也不能追求自由最大化,而应该追求创造知识、为社会贡献最大化。"②

2. 为什么学为本之治会如此艰难

实现学为本之治有如蜀道之难,本身有着深刻而复杂的历史和现实原因。

首先,中国有几千年的官本位文化传统。尽管孟子有云:"君为轻,民为贵,社稷次之",尚书中亦云:"民为邦本,本固邦宁",但是,长期的政治历史进化中,却有意无意地固化了官本位思想。"学在官府、以吏为师"的教育特点、"学而优则仕"的培养目标和"十年寒窗无人问,一举成名天下知"与"一人得道鸡犬升天"的激励机制,固化了知识分子与官员、官场的不解之缘。王国维有言:"吾中国下等社会之嗜好,集中于一利字,上中社会之嗜好,亦集中于此,而以官为利之表,故又集中于官之一字。"③ 王亚南先生系统深刻地研究了中国的官僚政治,探讨了官本位传统的原因与强化机制。他指出:"中国人传统地把做官看得重要。……更基本的理由,却是长期的官僚政治,给予了做官的人,准备做官的人,乃至从官场退出的人,以种种社会经济的实利,或种种虽无明文确定,但却十分实在的特权。"④ 可见,要想根治几千年官僚政治文化传统带来的消极影响,实属不易。

其次,高等学校行政化、官僚化发展趋势。新中国成立以后,包分配、包当干部的毕业生分配体制强化了师生中读书做官的价值立场。而

---

① 刘铁芳. 保守与开放之间的大学精神 [M]. 北京:北京师范大学出版社,2010:115.
② 张维迎. 学术自由、官本位及学术规范 [J]. 读书,2004(1):89-96.
③ 王国维. 静庵文集 [M]. 沈阳:辽宁教育出版社,1997:187.
④ 王亚南. 中国官僚政治研究 [M]. 北京:商务印书馆,2011:29.

以政府为办学主体的办学模式，又进一步强化了政府与高校之间渐行渐近的关系。目前，我国高等院校产生的官本位倾向，表现在：高校行政化不断强化，行政权力主导学校教学与科研活动，高校与政府官员结成利益共同体，教师为官意识浓厚等等。它严重阻碍了高校的思想自由和学术创新，对大学"求真、求知、求实"的学术文化及教育质量产生了严重负面效应。袁祖望、付佳指出，官僚制运用于大学存在天然局限性，表现为行政等级与学术本位的冲突，明确目标与模糊目标的冲突，工具理性与价值理性的冲突。在特定背景条件下，这种局限性未能克服，致使官僚制异化为官本位。官本位的形成有中国传统文化因素，有上下对应的行政体制根源，但其根本原因却是利益驱动。官本位背离大学的本来宗旨，侵蚀大学的学术精神，危害大学的学术发展。中国大学欲跻身于世界一流大学行列，须首先破除官本位，重铸学术精神①。

刘洋、徐孝旭认为，我国高等学校管理中，广泛存在的"中梗阻"现象，最直接原因是官本位思想和干部的"双肩挑"现象②。由于行政权力高高在上，学术权力被压抑，在高校实际的教学管理中，在各种资源配置中，如经费投入、研究课题、专业设置、招生计划、职称评定等，中层职能部门有很大的控制权，由此导致的经济腐败、学术腐败等各种腐败现象层出不穷③。

张维迎则指出，一个组织越是水平低的人多，就越是着迷于内部权力斗争。水平高的人忙着去创造价值，水平低的人忙着去分配。高校的官本位只能把大家的精力引向分配，而不是创造价值④。

可以肯定，消解官本位的思想传统，削弱大学官僚化的制度土壤，是一场没有硝烟的激烈战争。固然艰难，但只要谙熟其害，就可找到重

---

① 袁祖望，付佳. 从官僚制到官本位：大学组织异化剖析［J］. 现代大学教育，2010（5）：48-51.

② 刘洋，徐孝旭. 高校管理中的"中梗阻"现象及其破解［J］. 江苏高教，2013（5）：53-54.

③ 陈邓海. 树立高校学术委员会权威：我国高校去行政化改革路径［J］. 中国劳动关系学院学报，2012（4）：89-91.

④ 张维迎. 学术自由、官本位及学术规范［J］. 读书，2004（1）：89-96.

点、找准痛点，就会用刮骨疗伤后的健康去战胜过程中的痛苦体验，实现真正的重生。

总而言之，建立高等教育强国已成为举国上下的共同愿景。经过改革开放以来的持续发展，我们已经实现了向世界第一高等教育大国的飞跃。我们正朝着强起来的方向迈进，其间难免面临各种挑战。这是推进大学治理现代化的缘起，也是大学治理现代化的战场。

第二章　中国大学治理现代化的内涵与目标

完善和发展中国特色社会主义制度，推进国家治理体系和治理能力现代化，已经成为我国全面深化改革的总目标。大学作为全面深化改革和现代化建设的一部分，必须切实围绕这一总目标，克服思想障碍与行为阻力，建构具有中国特色、科学有效的现代大学治理体系，着力提高教育治理能力，以教育治理现代化的"奋进之笔"谱写教育现代化的恢宏篇章。大学治理现代化是一个内涵极其丰富、外延十分广泛的概念。探讨大学治理现代化的最佳逻辑起点，就是对中国大学治理现代化的内涵与目标进行必要界说，为后续的讨论提供方向与边界。

第一节　管理与治理：一字之差？

管理和治理都是使用历史悠久、迄今仍存争议、内涵十分丰富、外延非常宽泛的概念。不仅如此，还有与治理相关的一组词汇，如统治、共治、自治、他治、善政、善治、德治、法治等。这使原本就莫衷一是的认识更趋模糊。因此，厘清这些概念的意涵和彼此之间的内在逻辑关系，对全面、深刻、准确地掌握治理的时代内蕴，非常必要。

一、管理与治理

管理与治理作为仅有一字之差的两个概念，孰先孰后、孰大孰小，难有定论。但从 20 世纪末以来，人们开始使用治理替代了长期使用的管理，这一字之改，究竟意味着什么呢？

1. 何谓管理

学术界关于管理的定义数以千计。人们熟知的就有：管理就是计划、组织、协调、指挥和控制①；管理就是决策②；将管理定义为一个协调工作活动的过程，以便能够有效率和有效果地同别人一起或通过别人实现组织的目标③。"管理是一种实践，其本质不在于知，而在于行；其验证不在于逻辑，而在于成果；其唯一权威是成就。"④管理是一种活动，即它发挥某些职能，以便有效地获取、分配和利用人的努力和物质资源来实现某个目标⑤。

管理一词，在我国古代可以分而析之。管，在《康熙字典》的解释中，有诸义与当下的管理词义相同或相近，如"总理其事曰管"，《史记·李斯传》中的"赵高以刀笔吏入秦宫，管事二十余年"可以为证；又如"管，枢要也"，《荀子·儒效篇》中的"圣人也者，道之管也"可以为证；再如"管钥也"，《周礼·地官》中的"司门掌授管键以启闭国门"和《礼·月令》中的"修键闭，慎管钥"可以为证。"理"，在我国古代是一个多义字，本义为"治玉"，即"顺玉之文而剖析之"。换言之，是指将璞（未经雕刻处理的原石）加工为玉的过程。古往今来，逐步演化并引申为办理、处理、整理、治理、管理、梳理、料理、总理、襄理、协理、分理、经理等相似而又指向不同的多重意义。但是可以肯定：管理二字，内涵有重合，外延有交集。通俗地讲，管就是理，理也是管，都指在主持或办理重要事务时创建或维护事物秩序。

我国学者在汲取西方学者对管理定义的本质内涵的基础上，进一步完善了管理的概念，使其更加符合中国的语境。譬如，管理是指组织为了达到个人无法实现的目标，通过各项职能活动合理分配、协调相关资

---

① 亨利·法约尔. 工业管理与一般管理 [M]. 张扬，译. 北京：北京理工大学出版社，2014：6-7.

② 赫伯特·A. 西蒙. 管理行为 [M]. 詹正茂，译. 北京：机械工业出版社，2007：17-18.

③ 斯蒂芬·P. 罗宾斯，等. 管理学 [M]. 7版. 孙建敏，等译. 北京：中国人民大学出版社，2004：7.

④ 彼得·德鲁克. 管理——任务、责任与实践：上 [M]. 孙耀君，译. 北京：中国社会科学出版社，1987：7.

⑤ 丹尼尔·A. 雷恩. 管理思想史 [M]. 孙建敏，译. 北京：中国人民大学出版社，2009：4.

源的过程①。管理是指在一定组织环境中的各级管理者,在执行计划、组织、领导和控制等各项职能的过程中,通过优化配置和协调使用组织内的各种资源(人力、物力、财力和信息等),使别人同自己一起有效地达到组织目标的过程②。管理是指一定组织中的管理者通过有效地利用人力、物力、财力、信息等各种资源,通过决策、计划、组织、领导、激励和控制等职能,协调他人的活动,共同实现既定目标的活动过程③。凡此种种,不一而足。

通过仔细甄别上述概念,很容易得出这样的结论:第一,管理是一种目标导向行为。没有目标,无所谓管理。第二,管理是包括计划、组织、协调等在内的多种职能组成的专门实践活动。伴随着人类社会的发展,管理的职能会不断变化。第三,管理是动员和配置各种可利用资源的过程。第四,管理的基本逻辑是效率逻辑,即用较少的投入或者成本获取较多的产出或者收益。

综上所述,可以认为:管理是指管理者在某种价值观的支配下,通过战略规划、组织建构、沟通协调、领导指挥、全面控制等一系列专门职能活动动员和配置一切可资利用的资源,以最大限度地实现单靠管理者个人或者团队无法达成的组织或系统目标的专门社会实践活动。

2. 何为治理

我国使用治理一词的历史,源远流长。《荀子·君道》云:"至道大形:隆礼至法则国有常,尚贤使能则民知方,纂论公察则民不疑,赏克罚偷则民不怠,兼听齐明则天下归之;然后明分职,序事业,材技官能,莫不治理,则公道达而私门塞矣,公义明而私事息矣。如是,则德厚者进而佞说者止,贪利者退而廉节者起。"④ 这其中就有治理一词。李龙等采用语义分析和语用分析的方法,对中西方对治理一词理解的演变历程进行考据后,认为治理并非舶来品,中国古代历经五帝治理、诸子

---

① 周三多. 管理学 [M]. 北京:高等教育出版社,2005:6.
② 汪大海. 管理学 [M]. 北京:北京师范大学出版社,2010:4.
③ 唐敬仙,蔡杰,刘利. 管理学原理与实践 [M]. 北京:中国轻工业出版社,2016:3-4.
④ 王先谦. 荀子集解 [M]. 北京:中华书局,2016:282.

治国理政、汉朝"修齐治平"、唐朝"制法成治"、宋朝"资治"之鉴、元代"治乱警监"、明朝重修吏治和清朝治权之辩。新中国成立后，我国先是经历了"全能主义国家治理模式"和社会管理创新的"内生性演进"，而后，党的十八届三中全会提出全面深化改革总目标，这标志着治理现代化方略的正式形成①。

由此可见，中国在几千年的历史长河中积累了大量国家治理的智慧和经验，但由于东西方文化、历史特别是制度的差异，古今中外在对治理的内涵和外延、目标与路径的认识上存在许多不同。尤其是20世纪70年代西方面临日益严重的政府管理危机以后，不仅以新公共行政和新公共管理理论为指导思想的治道变革实践在西方世界此起彼伏，而且以"多中心治理"和"新公共服务"理论为指导思想的治道变革也日愈深入人心。"多中心治理"即意味着政府为了有效地进行公共事务管理和提供公共服务，实现持续发展的绩效目标，由社会中多元的独立行为主体要素（个人、商业组织、公民组织、政党组织、利益团体、政府组织），基于一定的集体行动规则，通过相互博弈、相互调适、共同参与合作等互动关系，形成多样化的公共事务管理制度或组织模式②。"新公共服务"则意味着政府的职能是服务而非掌舵，政府服务于公民而不是顾客，追求公共利益，重视公民权胜过重视企业家精神，重视人而不只是重视生产率，思考具有战略性，行动要有民主性等等③。正是在风起云涌的西方政府变革中，治理这个概念被赋予了许多新的内涵。

世界银行在1989年研讨非洲发展时，第一次提及"治理危机"，1992年则发表了《治理与发展》的年度报告，使人们认识到治理的重要性。在此之后，"治理"一词被广泛使用，世界上瞬间形成了一股巨大的治理思想之潮流。与传统意义上的"统治"（government）相比，无论

---

① 李龙，任颖. 治理一词的沿革考略——以语义分析和语用分析为方法 [J]. 法制与社会发展, 2014 (4): 5-27.
② 迈克尔·麦金尼斯. 多中心体制与地方公共经济 [M]. 上海: 上海三联书店, 2003: 69.
③ 珍妮特·V. 登哈特，罗伯特·B. 登哈特. 新公共服务——服务，而不是掌舵 [M]. 丁煌, 译. 北京: 中国人民大学出版社, 2010: 31.

是政治与行政二分、政治与行政一体，或是立法、司法和行政三权分立、相互制衡，现代政治学和行政学等相关学界，均将"治理"拓展为一个内容更为丰富、包容性更加明显的概念，尤其是强调多元主体、民主参与、对话协商和动态管理，而不是单一主体、单向影响、单一中心、单一权威的管理模式。治理理论的主要创始人之一詹姆斯·N. 罗西瑙将治理定义为一系列活动领域里的管理机制，它们虽未得到正式授权，却能有效发挥作用。他指出："所谓治理就是这样一种规则体系，它依赖于主体间重要性的长度不亚于对正式颁布的宪法和宪章的依赖。更明确地说，治理是只有被多数人接受（或者至少被它所影响的那些最有权势的人接受）才会生效的规则体系；然而，政府的政策即使受到普遍的反对，仍然能够付诸实施。……因此，没有政府的治理是可能的，即我们可以设想这样一种规章机制：尽管它们未被赋予正式的权力，但在其活动领域内也能够有效地发挥功能。"[①] 罗茨认为，治理意味着"统治的含义有了变化，意味着一种新的统治过程，意味着有序统治的条件已经不同于以前，或是以新的方法来统治社会"[②]。他分别列举了六种有关治理的不同定义，分别是：①作为最小国家的管理活动的治理，它指的是国家削减公共开支，以最小的成本取得最大的效益；②作为公司管理的治理，它指的是指导、控制和监督企业运行的组织体制；③作为新公共管理的治理，它指的是将市场的激励机制和私人部门的管理手段列入政府的公共服务；④作为善治的治理，它指的是强调效率、法治、责任的公共服务体系；⑤作为社会控制体系的治理，它指的是政府与民间、公共部门与私人部门之间的合作互动；⑥作为自治组织网络的治理，它指的是建立在信任与互利基础上的社会协调网络。另一位西方治理理论学者格里·斯托克则指出了治理的另外五个论点：①治理主体来自政府，但又不限于政府的一套社会公共机构和行为者；②治理明确指出在为社会和经济问题寻求解答的过程中存在界限和责任方面的模糊之

---

① 詹姆斯·N. 罗西瑙. 没有政府的治理——世界政治中的秩序与变革 [M]. 张胜军，刘小林，等译. 南昌：江西人民出版社，2001：5.

② RHODES R. The new governance: governing without government [J]. Political studies, 1996(44): 652-667.

点；③治理明确肯定涉及集体行为的各个社会公共机构之间存在的权力依赖；④治理指行为者网络的自主自治；⑤治理认定，办好事情的能力并不在于政府的权力，不在于政府下命令或运用其权威。政府可以动用新的工具和技术来控制和指引，而政府的能力和责任均在于此①。联合国全球治理委员会对治理的定义被认为是获得普遍认同的一个权威定义，该定义指出：治理是各种公共或私人的个人和机构管理其共同事务的方法的总和，是使相互冲突或不同的利益得以调和并采取联合行动的持续过程。这既包括有权迫使人们服从的正式制度和规则，也包括各种人们同意或以为符合其利益的非正式的制度安排。它有四个特征：①治理不是整套规则，也不是一种活动，而是一个过程；②治理过程的基础不是控制，而是协调；③治理既涉及公共部门，也包括私人部门；④治理不是一种正式的制度，而是持续的互动②。世界银行在以"治理与法律"为主题的《世界发展报告2017》中对治理给出的定义：治理乃是国家和非国家行动者在一定的正式和非正式权力规则下共同制定和实施政策的过程。本报告中对权力的定义：群体或者个体能够激发利益集团或个体采取行动或带来具体结果的能力。在某些情况下，行动者可以建立一个政府当作一套正式的国家制度（包括机构和规章）以保障政策的实施；在某些情况下，国家行动者也将扮演一个重要或者次要的角色以了却非国家行动者如市民社会组织或者商业机构的心愿。此外，治理存在于不同的层级，从国际组织到国家机构再到地方政府、社区以及行业组织。这些层级常常相互重叠，形成了一个非常复杂的行动者和利益网络③。我国著名的治理研究专家俞可平指出，治理是一种公共管理活动和公共管理过程，它包括必要的公共权威、管理规则、治理机制和治理方式。治理的目的是在各种不同的制度关系中运用权力去引导、控

---

① 格里·斯托克.作为理论的治理［J］.国外社会科学，1999（1）：19-30.

② 英瓦尔·卡尔松，什里达特·兰法尔.天涯若比邻——全球治理委员会的报告［M］.赵仲强，李正凌，译.北京：中国对外翻译出版公司，1995：2.

③ World Bank. World development report 2017 [EB/OL]. [2018-10-29]. http://www.worldbank.org/en/publication/wdr2017.

制和规范公民的各种活动,以最大限度地增进公共利益①。

综上可见,治理是一个歧见颇多的概念。本书中将治理定义为各利益相关主体甚至局外人或局外组织围绕一定主题,采取深度对话和共同协商等一切有效的手段解决问题的动态过程,目的是增进公共利益。可以认为,时下的治理概念是管理概念的新样态,是管理实践与管理理论与时俱进的结果。

3. 管理与治理的联系与区别

管理与治理是两个犬牙交错、难以分辨的概念。二者的密切联系表现在,虽然凭仅有的文献难以推断管理与治理从词源上讲究竟孰先孰后,但是,可以肯定的是,最近几十年的概念演绎过程能够清晰表明,治理是由管理演变而来的。无论是微观的公司治理还是宏观的国家治理、政府治理、社会治理以至全球治理,管理的踪影都难以磨灭。具体来讲,管理与治理都是目标导向行为,二者都离不开资源的动员与配置,都以解决问题为核心使命,人都处于核心地位,是第一要素和最后决定因素,等等。所有这些,都说明管理与治理的核心职能与本质属性具有内在的一致性。就全员管理、全程管理、全面管理以及人人都是管理者,人人均可分享管理权力、分担管理义务和参与管理活动的管理理念讲,管理与治理并无本质不同。

即使治理是管理的新发展、新样态,但管理与治理总是存在着这样或那样的不同。治理和管理的主要区别在于:

第一,目的不同。治理的基本目的是要实现责任与权力的科学合理安排与彼此制衡,管理的目标是实现组织或系统的事业目标,即社会组织或者国家财富与利益的最大化、成本与投入的最小化。从最终目的讲,治理基本目的的实现最终也是为组织目标和国家战略实现服务的,从而达到有关利益相关者利益的满足或者公民社会公共利益的满足。任何一种治理模式的确立或形成,都是为社会组织和国家管理创造一个适宜的制度环境和良好秩序,并最终完成对组织和国家财富的创造,使各利益相关者乃至整个公民社会成员的利益达到最大化。

---

① 俞可平. 论国家治理现代化 [M]. 北京:社会科学文献出版社,2014:21.

第二,主客体不同。治理的主体是所有的利益相关者甚至毫无利害关系的局外人,主要是指投资者、消费者、政府相关部门、人大代表、政协委员、媒体记者、社区干部、社会组织和公民个人等,他们中有的投入了专项资产,有的完全是为了监督公共利益的分配,因而他们都有强烈的意愿参加各种不同层次、不同类型的治理活动,来维护利益相关者的利益及公共利益。国家管理或者一个社会组织的管理主体是管理者,主要是指法人和员工,他们为应对市场和环境的变化对组织的运营问题而进行日常的常规性决策与实施。相比而言,治理主体要比管理主体更加多元化。治理的客体根据治理本身的层次与内容复杂程度被区分为多个层次,以解决复杂委托代理条件下的激励问题,例如初始委托人及其他利益相关者对治理结构中顶层组成人员的治理。次级委托人对下级代理人的治理是指组织或者国家最高权力机关对经理层或者政府机关的治理,从中央到地方一直分权直至于基层的治理主体的责权分配。当然这个治理体系的构成,也并非一种彻底的自上而下构建过程,完全可以自下而上或者从其他层次自发产生。组织或者国家管理的客体则包括组织层面的人力资源、财产财务、生产经营、市场销售或者国家的安全、经济、财政、教育、卫生、文化、社保等具体国家事务的管理。

第三,制度环境影响程度不同。从法律约束力方面讲,组织或者社区、国家治理不仅要遵从宪法以及行政组织法、公司法、教育法等最高和较高层次的法律规范,而且要遵守政府或相关自律组织制定的治理规章或准则,因此,相对而言,规范程度较高,约束力较强。组织或者政府管理在遵守基本的法律法规外,如何管理一般被认为是组织或者社会系统内部的事情,体现较大的灵活性与自由度。

第四,实施的基础机制不同。治理总是通过市场竞争机制、投票选举机制以及组织系统内外部的各种显性或隐性契约来实现治理目标,而组织管理则主要是通过行政权威关系及内部管理体制来实现。

第五,稳定性不同。一般而言,治理结构在一段时间内会保持相对稳定,这是保证任何一个社会组织或者社区、地区和国家健康稳步发展的需要,而社会组织的管理往往会随着市场或者环境的不断变化来选择相应的管理方法与决策模式,尤其是对于社会组织内部具体的作业管理而言则更是如此。例如在我国广大的社区，可以把大量日常的、一般性的管理事务、治安事务和维持生活秩序的事务交还给居民，鼓励他们自愿结合成各种社区组织，承揽这些事务。政府部门则可以花更多精力来帮助其建立自己的组织，协调、引导和规范这些组织的活动，同时以政府购买公共服务的一种方式，为这些组织提供补贴和资助，促进这些组织的健康发展，来为居民自治提供坚强后盾。可见，相对于社区管理，社区治理的最大不同在于，强调政府、社区自治组织、居民之间的互动与调和，从而实现社会合力的最大化，使公民参与社会生活，社区生活的主体性、主动性、积极性和创造性得以充分激发与调动，这将极大有利于协调和化解各种社会矛盾，平衡不同利益主体的利益关系，维护社会稳定，促进社会持续健康发展。

正如习近平总书记所指出："治理和管理一字之差，体现的是系统治理、依法治理、源头治理、综合施策。"由此可见，从"管理"到"治理"的嬗变，虽仅一字之差，内涵却千差万别。这句话不仅预示着以习近平同志为核心的党中央在治国理政的理念、范式和策略，包括权力配置、制度安排和行为方式等的一种系统性、深刻性和实质性转变，同时也预示着我国生产力与生产关系、经济基础与上层建筑之间内在关系的新变化和新要求。从全能管理到科学治理的历史性跨越，充分证明我国党和政府将在完善和发展中国特色社会主义制度，推进国家治理体系和治理能力现代化建设方面，采取具有革命性的变革举措，把中国带入改革开放的新阶段，步入伟大复兴的新征程。

二、自治与他治

自治与他治是一对对立统一的范畴，也是治理的两种不同样态或模式。自治与他治之间体现出一种十分明显的此消彼长、你退我进的特点。因此，在治理实践中，自治模式和他治模式的选择会受到众多因素的制约。

1. 自治的本义与流变

自治的本义是指自己管理自己的事情。我国古代学者就常用自治来陈述社会自行管理、君子自我修养和无为而治之境界。《史记·陈涉世家》曰："诸将徇地，至，令之不是者，系而罪之，以苛察为忠，其所不善者，弗下吏，辄自治之。"①《尹文子·大道（上）》云："道不足以治则用法，法不足以治则用术，术不足以治则用权，权不足以治则用势。势用则返权，权用则返术，术用则返法，法用则反道，道用则无为而自治。"②《淮南子·诠言训》载："君子修行而使善无名，布施而使仁无章，故士行善而不知善之所由来，民澹利而不知利之所由出。故无为而自治。"③可见，无为而自治成为古代学者极为推崇的一种治理模式。

及至当代，自治被赋予了更多的含义，也形成了不同的学科视野。如法学中的意思自治和私法自治，政治学与行政学中的村民自治、居民自治、社区自治、民族区域自治和社会自治，教育科学中的学生自治和大学自治等。所谓意思自治是指民事主体依法享有在法定范围内及广泛范围内的行为自由，并可以根据自己的意志产生、变更、消灭民事法律关系。私法自治原则确认主体可依据其自由意思设立其相互间的法律关系，实现其预期的法律效果，给主体提供了一种受法律保护的自由④。其相对于公权力而言，是免受非法干预的自由⑤；相对于主体自身而言，旨在实现其在法定范围内的"自治最大化"⑥。由此，私法自治原则成为私法领域遵循的最高原则。凡是公法未加明确禁止的范围，均由私法主体进行意思自治。村民自治和居民自治是我国政治学、社会学和行政学研究持续关注的热点之一。近年来一些地方在村民自治重心下沉的探索和实践中，形成了自然村自治模式、村落自治模式、党群共治模式、"一组两会"模式、"五会屯治"模式五种模式，使村民自治获得了新的发展⑦。民族区域自治是一种具有中国特色的社会主义国家治理制度。根据《中华人民共和国宪法》和《中华人民共和国民族区域自治法》之

---

① 司马迁．史记［M］．北京：中华书局，2007：189．
② 班固．汉书［M］．北京：中华书局，2005：18．
③ 杨有礼．淮南子［M］．开封：河南大学出版社，2008：487．
④ 王利明．负面清单管理模式与私法自治［J］．中国法学，2014（5）：26-40．
⑤ 王利明．民法［M］．5版．北京：中国人民大学出版社，2010：29．
⑥ 易军．"法不禁止皆自由"的私法精义［J］．中国社会科学，2014（4）：130．
⑦ 汤玉泉，徐勇．回归自治：村民自治的新发展、新问题［J］．社会科学研究，2015（6）：62-68．

规定，"各少数民族聚居的地方实行区域自治，设立自治机关，行使自治权"。"民族区域自治是中国共产党运用马克思列宁主义解决中国民族问题的基本政策，是国家的一项基本政治制度。其体现了国家充分尊重和保障各少数民族管理本民族内部事务权利的精神，体现了国家坚持实行各民族平等、团结和共同繁荣的原则。"民族区域自治机关依法享有民族立法权、变通执行权、财经自主权、语言文化文字自由权、依据授权组建自治武装权和民族干部优先任用权等。社会自治包含两个层面的含义：一是个人意义上的自治；二是社群意义上的自治。前者是指公民个人所享有的作为公民的自由与权利；后者是指作为社会共同体成员所享有的自治权利。前者的权利是通过公民个人来实现的，后者则是通过社群的集合体共同行使的。与个人自治权利相比较而言，社群意义上的自治权利与国家权力的关系更为紧密，它的功能是在国家权力与个人自治权利之间起到中介和保护作用，以防止国家权力对公民社会的不当侵入与扩张，形成国家—社会—个人的良性互动关系①。

现代大学是发轫于西方中世纪的特殊社会机构，具有明显的行会色彩。从其诞生之初，即把学术自由、学校自治与学术中立作为基本的办学原则。在意大利，大学甚至利用集体迁徙权来与城邦统治者进行博弈以求得自治权。所以，自治既是大学治理的基本特征，也是大学治理的悠久传统。强调学术自由和大学自治，这是由大学的组织性质所决定的。"大学是特殊的学术组织，主要从事创造性知识活动，包括知识传播、知识创造、知识物化，这是其不同于其他社会机构的显著特性。"②因此，对于大学而言，学术自由是其生命所在。"正因为大学学术自由的特性，社会给大学留下了宽松的自治空间。"③

总括而言，自治是一种在法律制度框架下，一个社会区域或组织、

---

① 周庆智. 社会自治：一个政治哲学的讨论［J］. 政治学研究，2013（4）：75-86.
② 刘献君. 自治·共治·善治——大学治理的特征、方式与目标［J］. 探索与争鸣，2015（7）：45.
③ 刘献君. 自治·共治·善治——大学治理的特征、方式与目标［J］. 探索与争鸣，2015（7）：45.

团体依据法律或制度的授权自行处理或决定自己的内部事务。它是自主与自律的统一体，其目的是确保在自治区域或领域内物质与精神自由地充分实现。

2. 他治的由来与本质

他治是与自治相对的一种治理架构或者模式。所谓他治，是指在公民和其他私人主体不能自治也难以互治的场合，由国家机关或其他公共主体出面，依法解决社会交往的秩序问题。这里提及的互治，是指人们在法律前提下，主体依据法律并通过权利与义务约定形成的相互交往、相互制约、相互管理的活动。法治社会的互治，通过社会契约和私人契约来实现，这种自治与互治都无法实现的治理，则可称之为公共治理。其主体既包括政府等政治国家意义上的，也包括社会组织等市民社会意义上的。政府等政治国家意义上的组织作为他治的主体，对其管辖内的全体公民都是一种必要的法律预设，没有这种法律预设，一旦在社会交往中出现私人或者私人之间无法处理的事项，将无法求得更好的救济机制。

他治缘起于自治与互治的局限性，即人类个体与生俱来的平等自由、生命健康、安全无法由自己个人或者彼此订立或者履行私人契约来实现。因此，自然状态（state of nature）下的人们开始通过订立社会契约的方式，将自己在自然状态下所拥有的权力交给新结成的主权者，由此开始了政治社会的历程。社会契约论者霍布斯、洛克和卢梭虽然立场与观点都存在差别，但是，自然状态都成为他们阐述社会契约的共同逻辑起点。霍布斯认为，"在别人也愿意这样做的条件下，当一个人为了和平与自卫的目的认为必要时，会自愿放弃这种对一切事物的权利；而在对他人的自由权方面满足于相当于自己让他人对自己所具有的自由权利"①。他将其称为第二自然律。他同时指出，"让出权利可以单纯地放弃，也可以是转让给另一个人。……权利的相互转让就是所谓的契约"②。洛克则认为，"在自然状态中，人人都拥有执行自然法的权力"，

---

① 霍布斯. 利维坦 [M]. 黎思复，黎廷弼，译. 北京：商务印书馆，1985：103.

② 霍布斯. 利维坦 [M]. 黎思复，黎廷弼，译. 北京：商务印书馆，1985：104.

都是自己案件的裁判者。他反复强调，人们在订立社会契约时交出的正是这种权力："……人人放弃其自然法的执行权而把它交给公众……只有在那里才有一个政治的或公民的社会。"① 卢梭也指出，"每个结合者及其自身的一切权利全部都转让给整个的集体。……转让是毫无保留的。……假如个人保留了某些权利的话，既然个人和公众之间不能够再有任何共同的上级来裁决，而每个人在某些事情上又是自己的裁判者，那么他很快就会要求事事都如此，于是自然状态便会继续下去"②。可见，他治是人类摆脱自然状态、走向政治社会和国家治理的必由之路。无论是私人之间交换权益所进行的契约还是私人、族群与公家（政府）之间的契约，都是自治困境无法自身克服的救济机制。就此而言，他治的本质在于，其不仅是对自治的发展，也是对自治进行规范的根本保障。以民国时期的大学治理为例，"北洋时期产生的民国公立大学董事会制度，或可认为是效仿美国大学董事会制度背景下的有一定治理权但'自治'程度较低、在特殊境遇下甚至具有明显的'他治'性质的一种现代大学治理制度，为民国的大学治理打开了一扇多元化社会参与的自治之窗"③。

3. 自治与他治的关系

自治和他治是治理的两种不同模式。自治的权利来源于自然状态下为保障个体生命的自然权利，也是现代国家和公民社会对自由和平等价值追求所必需的法理权利。显而易见，越是社会治理高度文明的国家，越应该在公民权中包括有较多的自治权。"风可进，雨可进，国王不可进"，说明现代法治的基础应该基于对公民自由和自治权的有效保障与充分实现。公法与私法之间的边界，应该以民权和私权为基石。因为人类历史已充分证明，即便在对外博弈中显得弱小无比的国家，在面对相

---

① 洛克. 政府论：下 [M]. 叶启芳，瞿菊农，译. 北京：商务印书馆，1964：7-8.

② 卢梭. 社会契约论：第一卷 [M]. 何兆武，译. 北京：商务印书馆，1980：22-24.

③ 任小燕. 自治抑或他治——民国时期公立大学董事会制度性质的历史考察 [J]. 南京师范大学学报（社会科学版），2015（5）：87-94.

对于私人或内部组织的时候，也会表现出难以撼动之强。可见，私权利更需要得到保护，而公权力则更需要加以限制。否则，公权力就会被少数别有用心的人或集团以保障人民的名义肆意滥用，成为阻碍人民追求平等、自由、民主、自治的绊脚石。

他治是自治难以实现时而产生的救济机制。他治不仅可以协调自治与互治都不能达成所产生的矛盾冲突，而且可以汇聚力量，通过一切手段从外部争取资源或抵制侵害。从某种意义上讲，他治是自治的庇护所。在现代复杂多元的社会系统中，没有好的他治，自治的实现是难以想象的。

就大学治理而言，处理好自治与他治的关系，就是解决好政府、市场、公民社会与大学的关系，也是平衡好市场诱导、政府主导、社会指导和学校自由、自主、自律、自强的关系。这是大学内部与外部共商、共建、共治、共享的动态过程，也是协力矫治市场失灵、政府失灵、志愿失灵和自控失灵，实现大学健康持续发展与进步的过程。

三、善政与善治

善政与善治是治理话语体系中的两个核心概念。其实，这两个概念很难明晰地区分，善政与善治在有的时候意味着同一件事情。

1. 什么是善政

善政（good government），简单来说，就是清明的政府、良好的政令。"自从有了国家及其政府以后，善政便成为人们所期望的理想政治管理模式，这一点古今中外概莫能外。"[1] 不论是我国古代早已有之的"善政"、"仁政"，还是现代西方经济学家和政治学家提出的区别于传统 government 的 governance，概括来说，善政的含义大体相同。"一般都包括以下几个要素：严明的法度、清廉的官员、高效的行政效率和良好的行政服务。"就社会主义中国政府而言，善政应当具有八个要素：民主、责任、服务、质量、效益、专业、透明和廉洁[2]。

我国也有学者将善政称为良政。良政就是良好政府对自事务的良好

---

[1] 俞可平. 论国家治理现代化 [M]. 北京：社会科学文献出版社，2014：61.
[2] 俞可平. 论国家治理现代化 [M]. 北京：社会科学文献出版社，2014：61.

管理和他事务的良好治理。良政既是一种价值理念，又是一种好的制度安排，既是一种行为方式，又是一种应对能力，更是一种自我更新机制。其基本典则规范就是有限政府和开明政府①。

在西方尤其是欧盟，善政（good administration）其实是相对于恶政（maladministration），也即不好的行政管理而言。根据2001年通过的《欧洲联盟基本权利宪章》，享受善政的权利（right to good administration）是公民的一项基本权利。根据该宪章第41条规定，人人均享有其事务受到欧洲联盟机构及部门公正、公平与适时处理之权利。这一权利具体包括：人人均有在受到任何不利之个别措施前接受通知之权利；人人均有在尊重机密及职业和商业秘密的法律利益前提下获取自己个人档案之权利；行政机关有就其决定提供理由之义务②。20世纪50年代以后，西方的政府在行政活动中逐渐累积了诸多不好的行政行为，引发了公民的不满，要求改革政府的呼声日趋高涨。1967年，英国颁布的《议会监督专员法》最先使用了"恶政（不良行政）"这一概念，并列举出了15种不良行政行为，其中包括态度或行为粗暴；不愿视申诉人为有权利之人；拒绝回答合理的提问等等。欧盟监察专员在1997年度报告中对"恶政"所作的简单界定是"公共机构没有按照对其有约束的法律规则或原则办事"。根据2011年欧洲议会通过的《欧洲善政行为规则》，恶政具体包括"不公正、不礼貌、信息缺失或不充分、滥用权力和无故拖延"等，并要求欧盟各机构"不仅忠实履行自己的法律义务，而且要全心全意提供服务，确保公众受到合理的对待，全面享受其权利"③。由此可见，善政是指好的政府管理，表现为政府及其工作人员严格履行法定义务，向公民提供优质高效的公共服务，及时回应公民的利益关切，杜绝"门难

---

① 张国庆，曹堂哲. 构建新国家与良政政府 [J]. 北京行政学院学报，2005（3）：8.
② 欧洲联盟. 欧洲联盟基本权利宪章 [EB/OL]. [2011-01-11]. https://wenku.baidu.com/view/033bfd3043323968011c92cb.html.
③ 李红勃. 人权、善政、民主：欧洲法律与社会发展中的议会监督专员 [J]. 比较法研究，2014（1）：141-159.

进、脸难看和事难办"等现象，确保公民享有的各种权利得到充分实现。说到底，就是消除新旧衙门作风，提升服务的效率与质量。

2. 什么是善治

依据俞可平的定义，善治即良好的治理，就是使公共利益最大化的社会管理过程。善治的本质特征，就是在于它是政府与公民对公共生活的合作管理，是政治国家与公民社会的一种新型关系，是两者的最佳状态①。

俞可平认为，善治有十个要素，主要指合法性、法治、透明性、责任性、回应、参与、稳定、廉洁和公正等。在中国治理评估框架中则包括公民参与、人权与公民权、党内民主、法治、合法性、社会公正、社会稳定、政务公开、行政效益、政府责任、公共服务、廉政十二个维度。

靳永翥则认为，善治就是以提高社会治理总体性绩效为目标，通过官员与民众之有序互动和互赖协商，借公共部门与私人部门之合作管理和伙伴关系，达致公共利益最大化之社会管理过程。善治之要素表现为三：分权型民主的法律制度安排和有序的参与机制流程；充满回应性的弹性化政府结构；成熟的公民社会和积极的公民资格观②。

池忠军认为，善治作为西方备受青睐的社会治理理念，区别于传统的唯一政府治理模式的根本之处是启动了公民社会这一行动者，其志向是追求公共利益的最大化。西方的善治理路并非必然地指向公共利益最大化。因为西方市民社会的本质及其行动指向的两面性会引发多种善治悖论③。

联合国前秘书长科菲·安南认为，善治就是尊重人权和法治，加强

---

① 俞可平，王颖. 公民社会的兴起与政府善治 [J]. 中国改革，2001 (6)：38.

② 靳永翥. 从良政走向"善治"——一种社会理论的检视 [J]. 西南民族大学学报（社会科学版），2010 (2)：234-239.

③ 池忠军. 善治的悖论和和谐社会善治的可能性 [J]. 马克思主义研究，2006 (9)：19-24.

民主，提高透明度和公共行政的能力。因此，美国学者托马斯·G. 怀斯主张用人性化治理来替代善治。人性化治理涉及的那些结构和过程，有利于在一个竞争性的、非歧视性的然而却公平合理的经济体系（良好的经济治理）中创建一个参与性的、回应性的和负责的政治形态（良好的政治治理）。……人们必须被假定为具有自组织能力（良好的公民治理）。把这些原则综合起来就是"主人翁意识"（ownership）、"有尊严"（decency）和"问责制"（accountability），人性化治理的这些要素彼此之间是不可分割的①。

周安平对俞可平的"善治"概念及滥用提出了严肃批评。周安平认为，"善治"这一脍炙人口的学术名词在国家治理意义上可能只是学术的负资产，并不产生知识增量的作用，这也许是俞先生所始料未及的②。

综上可见，善治是政府主动还权于民并致力于政府与社会合作治理，实现社会公共利益最大化的社会管理过程。它是以良法治理为基础，以公民及非政府组织参与为手段，以对话协商、自主契约和双向监督为机制，以效率提高和效益增进为表征，以人权与公民权、政治民主、平等自由、安定和谐等充分实现为归宿的社会改进状态，是良好经济治理、良好政治治理和良好公民治理实现"三位一体"，政府、市场与市民社会合作共治的价值追求。

3. 善政与善治的关系

善政与善治是一体双面、相互表征、互相印证的关系。

善政是善治的手段和前提。虽然政治分权、政府分权和市民社会发展、社会组织自治互治及合作共治已经成为世界共同发展趋势，但是，直到今天，在一切权力主体中，政府仍呈绝对性、压倒性优势覆盖所有领域，任何其他权力主体均不足以与政府相提并论。"代表国家的合法政府仍然是正式规则的主要制定者。一言以蔽之，善政是通向善治的关

---

① 托马斯·G. 怀斯. 治理、善治与全球治理 [J]. 国外理论动态，2014 (8)：7-18.

② 周安平. 善治是一个概念——与俞可平先生商榷 [J]. 浙江社会科学，2015 (9)：38-44.

键，欲达到善治，首先必须实现善政。"①

善治是善政的动机与目的。新制度经济学的观点认为，国家的存在是经济增长的关键，又是造成经济衰退的根源②。这是诺斯的国家悖论假设的通俗表达。国家或其代表人——政府本身也是一个理性经济人，它有着实现自身效用函数最大化的自利性动机。然而，其本身并不直接创造财富，而能够实现其利益最大化的最好办法就是促进社会的经济增长，国内生产总值增加，进而税收增加，国家的自利需要得到满足。为实现这一目的，它必须激发市场活力，维护市场秩序，培育市场主体，增进社会公平和公民自由，因而也实现了社会效用的最大化。这个看似矛盾的悖论其实也可以并行不悖，就像微观社会领域的许多个体自利性行为动机同时也可实现利他行为。基于委托—代理问题而实行的一切激励机制或是对机会主义道德风险和逆向选择的防范，都是从这样的兼顾利己与利他的逻辑起点出发的。

四、德治与法治

1. 德治的意涵与渊源

张中秋认为，德治与法治相对应，也是一种社会控制模式，简单说是依（以）德治国或者说道德的统治（rule of morality），即人们借助或主要借助道德的作用对社会进行调节和控制而求理想的实现③。根据王淑芹的定义，德治有三种含义：一是作为法背后价值源头的德治，指道德精神和价值原则对法的支撑和性质的规定；二是作为在法治框架下充分发挥道德独特作用的德治，指发挥好道德所具有的其他调节方式不可替代的功能与作用；三是作为道德实现良好状态的德治，指社会成员具有遵法守德的品行以及全社会具有良好的道德风气④。

---

① 俞可平，王颖. 公民社会的兴起与政府善治 [J]. 中国改革，2001（6）：38.
② 何平，蒋玉珉. 新制度学派的国家悖论学说及其现实意义 [J]. 经济学动态，2003（8）：60-63.
③ 张中秋. 法治及其与德治的关系论 [J]. 南京大学学报（哲学·人文科学·社会科学），2002（3）：237-244.
④ 王淑芹，刘畅. 德治与法治：何种关系 [J]. 伦理学研究，2014（5）：64-68.

我国自古就不乏"以德服人"、"以德配天"的政治主张，孔子是厚德轻法、贵施仁政的代表，子曰："道之以政，齐之以刑，民免而无耻；道之以德，齐之以礼，有耻且格。"① 强调法治的商鞅亦不敢小觑道德的效用。《商君书》中记载："圣君知物之要，故其治民有至要，故执赏罚以辅仁者，心之渎也，圣君之治人也，必得其心，故能用力。"② "辅仁"才是刑法惩戒的目的，刑罚仅仅是为了实现"仁"的手段。历史上的圣明统治者非常注意吸取强秦因严刑峻法而亡国的教训，采取德主刑辅、礼法合一的治国方略。以"重刑治国"著称的明太祖朱元璋晚年时也告诫后代，"重典治乱世"，太平时应以德治为主，刑罚要轻。他认为："仁义者，养民之膏粱也。刑法者，惩恶之药石也。舍仁义而专用刑罚，是以药石养人，岂得谓善治乎？"③ 虽然在德主刑辅时代，统治者或许还包含以道德限制刑法的价值立场因而对道德与刑法做有限区分，而到明刑弼教之时，则已然是：第一，道德已不再对刑罚有制约作用，而成为无限制使用刑罚的理由和目的；第二，刑罚全然成为推行道德的工具，不具独立的价值和形式理性；第三，道德与法已不存界限，无论在内容抑或形式方面。"同一规范，在利用社会制裁时为礼，附有法律制裁时便成为法律。"④ 可见，德治在中国古代的宗法社会中是居于主导地位的，很多情况下，则是德法不分、礼法合一的。"宗法伦理道德被直接赋予法的性质，具有法的效力，从而形成法律伦理化和伦理法律化的双向强化运动。"⑤

现代语境下的德治，首先必须以某种方式形成或确立统一化的道德模式，再以某种力量强制推行。这样做，在现代法治或以法治为进路的国家，无疑是困难的。因为法是全面推行道德的结果，是法和道德同时面临悖论，同时招致侵损和破坏，并互以对方的牺牲为代价。德法一统首先会牺牲法律的形式合理性和相对独立性，这种牺牲是以立法和司法

---

① 李炳南. 论语·为政 [M] // 论语讲要. 武汉：长江文艺出版社，2011：20.
② 石磊，董昕. 商君书 [M]. 哈尔滨：黑龙江人民出版社，2003：91.
③ 高其迈. 明史·刑法志注释 [M]. 北京：法律出版社，1987：114.
④ 瞿同祖. 中国法律与中国社会 [M]. 北京：中华书局，1981：221.
⑤ 耘耕. 儒家伦理法批判 [J]. 中国法学，1990 (5)：110.

过程中混淆二者的界限实现的。其次牺牲的是道德。如果法牺牲的是形式，而道德牺牲的则是实质——对道德全面推行的结果导致道德的反动，产生一系列悖论：倡导德政却布施苛法；强调道德却扼杀道德自由；主张善德却酿造普遍伪善等等。这是当代社会推行德治的最大难题。

德治本质上是人治，是通过提高统治者的道德修养价值引领和行为示范来感召黎民百姓主动效仿，以促进社会走向良善的社会管理过程。

2. 法治的本义与进化

法治（rule of law，又译 supremacy of law 或 rule according to law）的本义是法律管理、法律规制、法律统治或者依法治理。布莱克法律词典的解释是，法治是由最高权威认可颁布的并且通常以准则或逻辑命题形式表现出来的、具有普遍适用性的法律原则。通常认为，法治可从广义和狭义两方面理解：从广义上讲，法治是指所有的人或法人、其他社会组织等都应该服从法律并接受法律的统治；从狭义上讲，法治是指政府应该服从法律并接受法律统治。孙莉以为，法治作为制度的道德，其含义有三：一指法治含蕴着尊重人权和自由的实质指向；二指法形式上的合理性本身就是正当和道德的；三指法治是经由形式合理性而实现实质合理性的正当化过程。过程本身的正当化是法治之德的核心所在①。可见，法治的正当性不只在于其尊重人权和自由的精神内蕴，更在于过程本身的正当性，在于通过过程本身的正当来实现结果的正当。

现代意义上的"法治"，是源自西方的一个概念，与我国古代以韩非子为代表的法家的垂法而治或缘法而治是不同的，也并非简单的依法而治。法家强调的是刑治而非法治，主张严刑重典。

远在古希腊的时候，被恩格斯誉为"古代黑格尔"的哲学家亚里士多德就提出了法治的概念。在他看来，法治有两层含义：已成立的法律获得普遍的服从，而大家所服从的法律又应该本身是制定得良好的法律②。简言之，法治就是普遍守法原则与良法原则的结合，前者是形式

---

① 孙莉. 德治与法治正当性分析——兼及中国和东亚法文化之检省 [J]. 中国社会科学，2002（6）：95-104.
② 亚里士多德. 政治学 [M]. 吴寿鹏，译. 北京：商务印书馆，1965：199.

法治，后者是实质法治。

后来，法学家戴雪全面地阐释了法治的含义，这就是学界所熟悉的法治三原则："除非明确违反国家一般法院以惯常方式所确立的法律，任何人不受惩罚，其人身或财产不受侵害"；"任何人不得凌驾于法律之上，且所有人，不论地位条件如何，都要服从国家一般法律，服从一般法院的审判管辖权"；"个人的权利以一般法院提起的特定案件决定之"。

现代西方发展法治的途径分为两条。其一是形式主义法治，以拉兹和富勒为代表；其二是实质主义法治，以世界法学家大会和德沃金为典型。富勒提出了法治的八项原则，包括法律的一般性、公开性、不溯及既往、清晰性、不矛盾性、不要求不能为之事、连续性、官方行动与公布的规则之间的一致性[①]。

1959年世界法学家大会通过的《德里宣言》将法治归纳为三大原则：一是立法机关的职能在于创设和维护每个人保持"人格尊严"的种种条件；二是不仅要对制止行政权滥用的行为提供法律保障，而且要使政府有效地维护法律秩序，以保证人们具有充分的社会和经济生活条件；三是司法独立和律师职业自由。1961年，这三大原则在尼日利亚拉各斯举行的法学家大会上得到重申，并被学术界称为"拉各斯法则"。

美国学者德沃金对形式法治提出了不同看法：他主张道德权利，强调个人可以"良心拒绝"和"非暴力反抗"国家非正义的法律；他反对孤立的形式平等，主张给予处于不利地位的群体和个人以更多保护；他要求捍卫体现着"公平、正义"要求的法律原则等都凸显了实质法治精神。因此，恶法非法的理念成为西方法治的一个根本理念。

党的十八届四中全会提出，"法律是治国之重器，良法是善治之前提"。何谓良法？俞可平教授认为"良法"应有五个特性：①合法性；②完备性；③合理性或科学性；④权威性；⑤可行性[②]。笔者以为，良法善治即是善良的法治，以良法为基础的法治。良法的本质特质是正

---

① 富勒. 法律的道德性[M]. 郑戈, 译. 北京：商务印书馆, 2005：55.
② 俞可平. 法治与善治[J]. 西南政法大学学报, 2016(1)：7.

义,不仅指程序正义,更指实体正义,即法律内容符合公共利益,能够保护自然权利如平等自由等的充分实现,拒绝特权与羞辱。

综上所述,法治至少包括以下三种意涵:首先,法治不只是一种制度化模式或社会组织模式,而且也是一种理性精神和文化意识;其次,法治作为特定社会人类的一种基本追求和向往,构成了工业化、民主化和现代化的秩序基础;最后,法治最重要的含义,就是法律在最高和终极意义上,具有规范和裁决人们行为的力量。法律既是现代市民(社会公民)行为的最终导向,也是民族民主国家司法活动的唯一准绳。

3. 德治与法治的关系

道德同法律一样都是用来约束和规范人们行为的手段。作为调整社会关系、规范社会行为的两种手段,二者是相互影响、相互制约的关系。道德通过内在的自律进行个体行为约束,法律通过外在的他律实施个体行为管制。黑格尔认为,"道德是主观意志的法,是自由意志在内心的实现,或者说是人们内心的法"。

德治与法治的区别可以从道德与法律各自的性质、特点及作用方面进行比较。①生成方式的非建构性与建构性。道德是人类在社会生产生活中自然生成并逐步进化的,从本质上讲,它具有自发性或非建构性,即它不是由任何主体自觉制定,不需要经过一定程序选择,无需社会专门机构权威保证,纵使国家权力推动,国家也不会像创制法律一样创造道德。而法律是由立法机构按照法定程序制定或认可的并由国家强制性权威力量加以保证的,因而从本质上具有主动性、自觉性和建构性。虽然法律内容是由人类智慧预先设计好并不断随着社会的需要发展而完善的,但就其法律形式而言,它有目的性的建构过程,也是不断发展的,是人类智慧预计好的,就形式而言它是建构的。由此可见,道德是自发和内修的,而法律是外发与他治的,道德可以教化内化但无法强制,而法律则不可完全主动遵从但可以完全外在强行适用。②行为标准上的模糊性与清晰界定性。道德虽有公德与私德之分,也有大德和小德之别,但是,并无特定具体的表现形式,即使存有社会普遍认同的核心价值观,也很难以用法律的形式化表述。它们通常体现于各种典故、文学以及行为后果中,对行为要求相对笼统,标准模糊,只有一种价值立场,难以直接用作对社会行为的强制规范和社会生活秩序的构建。人们对道德的理解和评价差异大,缺乏稳定预期,进而导致道德滥用与无效。法律通常有具体特定的形式,有明确肯定的行为方式和法律后果,因而其操作性强,裁量标准明确,且被任意解释和滥用余地小。虽然法律也存在一定非确定性,但它可以通过制度性、程序性的协商与对话机制予以解决,如立法和行政中的听证辩论、司法中的质证抗辩等。③存在形式的多元性和单一性。道德因其本质自由而具有多元性,即一个社会具有多种道德体系和道德标准。因而"道德评价是一种个体化的、非法定性的、主观的、观念性的评价"①。而法律在特定国家的制度结构上大多是一元的。追求一致或达成共识是法律制定的本质要求,即必须通过统一程序表达诉求,达成利益平衡和价值共识,从而使法律从一开始就具有形式上的正当性。在程序正义的基础上,有可能实现实质正义。还可经由程序,如修法、释义、监督及审查等,使非实质合理性逐渐导向实质合理性。法律存在形态的单一性,使其具有普适性和统一性。④评价和调整方式上的内向性和外向性。道德强调的是追究德行产生的德性或内在动机,而法律则首先关注行为及其后果,不离开行为去追问动机。虽然心有真善、伪善和恶之分,行也有美、丑、善、恶之别,但道德通常是扬真善,而法律则重在惩真恶。⑤运行机制的非程序性与程序性。道德的轴心是责任和义务,但从不追求权利与义务对等,往往是二者不等,它的体认和实践均无需程序,而是由个体自省、自认、自裁、自律而实现自治;法律则以程序为重点,程序是法治本质。价值矛盾依靠程序调适,利益冲突用程序化解,行为规范依程序解决。且法律在通常情况下都讲求权利与义务对等,没有无权利的义务,也没有无义务的权利,在民商法领域更是如此。⑥解决机制的不可诉性和可诉性。不道德的行为不可以通过诉讼来遏制,只能用社会舆论谴责来声援,具有不可

---

① 刘作翔. 法律与道德:中国法治进程中的难解之题[J]. 法制与社会发展,1998(1):2.

诉性；而法律纠纷则通过复议、仲裁和诉讼来解决，具有明显的可诉性。⑦承担后果的非强制性与强制性。实施不道德的行为后，不需要承担由国家权力机关实施的强制性后果，而非法行为则必须承担强制性的法律后果。尽管我国当前的现实中存在"德罚"问题，如教师的败德行为处罚，但这是混同了德法分属分治的性质，是礼法合一、德法混同的当代反映，应该加以矫正。可以将教师的职务行为通过立法方式界定，而不是由主管部门随意规定。同理的还有学生的败德行为与违法行为的区分。

五、统治与共治

统治、分治、共治与善治是治理发展曾经经历的四个阶段。善治已经在第三对概念——善政与善治的分析中进行了分析，这里重点讨论"统治"与"共治"的概念及其彼此关系。

1. "统治"的概念

"统治"一词很少有学者界定内涵。唐亚林认为，"统治"内涵包括两方面："统"与"治"。"统"即"某一阶级或集团通过掌握国家机器，来获得和维护其集团利益"；"治"即"掌握国家权利的阶级和集团通过各级政府来对国家事务和社会事务进行管理"①。"统治"这两方面的内涵有机地揭示了国家的基本职能，即政治统治职能和社会管理职能。两者相辅相成，社会职能的执行取决于政治统治，而政治统治的维持又必须以执行某种社会职能为基础②。

统治其实就是统治者统一治理。不论是君权神授、世袭还是强取豪夺，统治时代统治者权力都高度集中，是高度集权的管理模式。"普天之下，莫非王土。率土之滨，莫非王臣"是对统治权威高高在上的生动写照。所以，如唐宗基所言，在历史上，国家与社会的关系经历了古代

---

① 唐亚林，郭林. 从阶级统治到阶层共治——新中国国家治理模式的历史考察[J]. 学术界，2006（4）：62.
② 唐亚林，郭林. 从阶级统治到阶层共治——新中国国家治理模式的历史考察[J]. 学术界，2006（4）：62.

社会以权力为主导的统治关系、近代社会以效率为主导的管理关系,并将向现代社会以伦理为主导的治理关系转换①。在统治语境下,"政府的职能,或者说最主要的、最根本的职能就是统治,实现统治阶级的意志和利益。因此,整个社会事务的管理也主要表现为国家管理而不是政府管理"。"行政活动过程的统治、压迫功能是特别的残酷与不加掩饰。"②皮埃尔·戈丹认为,"统治的思想与等级化的权力、垂直和自上而下的指挥关系,以整齐划一方式推行意志等概念联系在一起,与对国家整体性的思考紧密相关"③。

随着时代的发展,统治的方式或制度架构出现了许多变化,出现了不同的国体和政体。从政体看,主要包括君主专制政体和共和政体两大类。君主政体是指国家的最高权力实际上或名义上由君主一人掌握;共和政体是指国家的最高权力实际上或名义上都不属于一人所有,而由选举产生并由一定任期的国家机关掌握的政体。君主政体又细分为君主政体、二元君主立宪政体、君主立宪政体、议会立宪君主政体等;共和政体则细分为总统制、议会制、委员会制等。在社会主义国家,又出现了苏维埃制、大国民议会制、代表团制、人民代表大会制等具体形式。

2."共治"的含义

"共治"是一个在治理视阈滥用最严重的一个概念。共治的基本含义是共同治理,强调的是治理主体多元性。与共治相近的概念有参与治理、合作治理、协同治理、多元治理等,还有全球共治到社区共治的全层级"共治"概念及话语体系。全球共治,即全球多边主义合作的基础上的共同治理。基本变量是多边主义和以国家为重点的行为者实践,其基本变量关系是两者相互作用。多边主义可以表现为理念与政策,也可以表现为国际结构与制度,后者能反作用于前者。以国家为中心已让位

---

① 唐宗基. 从统治到服务:政府与非政府组织关系的逻辑转换[J]. 西北农林科技大学学报(社会科学版),2010(2):115-120.

② 张康之,李传军. 公共行政学[M]. 北京:北京大学出版社,2007:16.

③ 让·皮埃尔·戈丹. 何谓治理[M]. 钟震宇,译. 北京:社会科学文献出版社,2010:14.

于以国家合作共治为重心,其目的是动员全球范围内的力量,共同参与全球事务的管理,解决全球社会管理能力严重不足的根本问题,实现权威从国家独占到与社会共享的转移①。江必新、王红霞探讨了法治社会的共治属性。他们指出,法治社会是共治社会而非孤立自治社会。一方面,国家公权力运行的有效性取决于国家与社会的关联程度:"没有嵌入社会的'强'国家事实上是脆弱的,不能经受社会变迁的考验。"另一方面,正是通过国家与社会的共治,法治的潜在因素才能被激活,规则权威的衰弱重新得以强化,有关法治的态度碎片得以重组为一种共识。因而,国家与社会实现共治,首先意味着共治是对国家干预的一种认可,其次也意味着公权力释放更多的空间,社会组织透过自治规范进行治理,而公权力仅处于补充性地位,时刻处于备位状态②。朱伦提出了民族共治的概念。他认为所谓民族共治,也就是以民族政治民主和共和思想为指导,以促进民族关系平等、自由与和谐为宗旨,以合理保证各民族的自身权益和共同利益为出发点和归宿的民族政治理念和行为③。共治也是高校治理的主要方式,是实现教育治理的必由之路。"共治不一定能实现善治,但离开共治,善治必将无从谈起,共治有助于善治的实现和教育治理目标的达成。"④

美国是最早明确提出并实施大学共治的国家。早在 1966 年,美国大学教授联合会、美国教育理事会和大学董事协会就联合颁布了《学校和大学治理的联合声明》,将共同治理定义为:"基于教师和行政部门双方特长的权利和决策的责任分工,以代表教师和行政人员共同工作的承诺,并用两条原则来规定'共同治理',即大学组织重大事情的决策既

---

① 喻正樑,陈玉刚. 全球共治理论初探 [J]. 世界经济与政治,2005 (2):8-15.

② 江必新,王红霞. 法治社会建设论纲 [J]. 中国社会科学,2014 (1):140-157.

③ 朱伦. 自治与共治:民族政治理论新思考 [J]. 民族研究,2003 (2):1-18.

④ 褚宏启. 教育治理:以共治求善治 [J]. 教育研究,2014 (10):4.

需要首创能力，也需要全体人员的参与；大学各组成群体在决策中的地位有所不同，谁对具体事务负有首要责任，谁就最有发言权。"① 上述规定强调了两个"优先"："首创优先，即共同治理需要全体人员参与，但要有分工合作，行政人员、学术人员、学生各自发挥自己的优势；首责优先，即大学各个群体在角层中都负有责任，但谁对某项事务负首要责任，则其具有优先发言权，对事务更大的决定权。"

3. 统治与共治的关系

统治与共治都是管理尤其是国家管理的具体表现形式，反映不同历史时期人们对国家或社会管理的价值诉求。从一定意义上讲，统治是自治、互治等不能解决问题时出现的最初国家管理方式，在古代社会起到了积极的组织作用，提高了社会资源的效率，维护了社会稳定与秩序。没有统治，就没有分治和共治。因为如果统治是完美无瑕的，就没有革新的理由，就没有分治的必要和共治的出现。就此而言，统治是共治的"父亲"。即便在共治取代统治的当下，统治权仍然是宪法需要重点保障的权力。分治和共治除了民主的外衣之外，还存在效率较低、方向难控等内障，因此，共治只是一种分权化的新统治或者统治的一种新发展。不能过度美化共治，共治不能解决当今社会面临的种种治理危机，特别是需要紧急动员与处置的公共事务如公共危机事件等。

统治与共治的主要区别是：

（1）权力享有主体的差异。统治与共治最主要也最本质的区别是，统治的主体一定是政治机构或政府机构，它是权威的唯一来源；共治作为治理的一种具体形态，虽然也需要权威，但这个权威并不必然是政治或政府机构。共治的主体可以是公共机构，也可以是私人机构，还可以是两者的合作。就此而言，共治是比统治更加宽泛的概念。

（2）权力运动方向的差异。政府统治中权力运行方向是自上而下的。它运用政府的政治权威，通过发号施令、制定和实施政策，对社会的公共事务实行单向管理；共治却是一个上、下、前、后、左、右互动的管

---

① 吕克·博尔坦斯基，夏娃·希亚佩罗. 资本主义的新精神[M]. 高铦，译. 南京：译林出版社，2010：89.

理过程，主要通过对话、合作、协商机制，建立良好的伙伴关系，形成共同愿景与行动策略等方式实施对公共事务的管理。共治的实质是建立在市场原则、公共利益和认同之上的合作，它所拥有的管理机制主要不倚赖于政府权威而是合作系统的权威，其权力运行向度是多元交互的，而非单一自上而下的。

（3）价值观念立场的差异。统治与共治更本质的差异是价值观或者价值立场。政治学曾以研究政体和人类发展关系为中心，并主要推动人类发展的核心要素对政体进行分级。但是，正如美国一位宪法学家指出的那样，人类的历史往往是"一旦选择了政体，政治的逻辑便认为，重点必须大幅度地转向需要什么来维护政府形式，而不再仅仅是什么因素推动人类发展"[1]。统治哲学的价值萎缩既偏离人性与人文关怀的弊端，自然遭到具有强烈人文关怀和公共利益（类利益）的共治理论罢黜。简言之，政体确定后如何促进类利益的发展，仍然是政治发展的考量重点。故此，治理理论所秉持的价值立场便成为政治学与公共管理学的重心。

第二节 现代化抑或现代性

现代化是人类社会不断发展进化的过程。在这个过程中，人们不断对其探索，并以探索的结果来指导和影响社会现代化的方向与进程。虽然如此，但一直以来，国内外对现代化的内蕴与外延并无定论。自20世纪末叶以来，"现代性"即是西方学术界所研究的核心和热点问题之一。对我国而言，对"现代性"的探讨同样重要。当前，我国正处于现代化的快速运动进程中。对现代化的本质、动力、机制、进程及目的的探讨与研究，不仅决定于对"现代性"意涵的理解与把握，而且深刻影响到中国现代化这一伟大而复杂的实践的方向与战略选择。尤其是西方的后现代主义出现之后，其对现代性的反思与批判，也要进一步引起我们对

---

[1] 詹姆斯·W. 西瑟. 自由民主与政治学 [M]. 竺乾威，译. 上海：上海人民出版社，1998：113.

现代性的关注与反思，促使我们不断深入思考现代化与现代性的关系问题。具体而言，就是要系统思考在现代化发展过程中需要何种现代性，会产生什么样的现代性，究竟是谁的现代化和现代性。在探讨大学治理现代化之前，这些问题显然是不容回避的。因为相比于大学现代化与现代性的意涵、机理与路径而言，现代化与现代性的本质与归宿是更为重要的问题。

一、何为现代化

要准确地界定与定位现代化，首先有必要对现代化的核心含义、基本内容和主要特征进行清晰解读。

1. 现代化的核心含义

对于"现代化"这个当今社会使用频率极高的用语，我们并不陌生。但是，我们对现代化的理解却没有达到一致。在学界，专家学者们也对现代化解读莫衷一是。因此，探讨大学治理现代化的逻辑起点，是对现代化的核心含义的清晰界定与准确理解。

单纯从词义或词源而言，"现代化"（modernization）作为一个动态名词，是由现代（modern）转化而来，含义为"to make modern"，即有"使成为现代的"之意。英文中的modern，音译"摩登"，通常被译做"现代"。从词典的释义看，modern通常有两层含义：一是作为一种时间概念，通常指以1500年为始，直至现今的历史时期；二是作为一种状态反映，意为现代的、较近的、时兴的。Modernize是一个动词，通常被译为使现代化（具有现代特点，成为现代的）。由此，作为名词的modernization就有了两层核心含义：一是指实现现代化的过程；二是指已经实现的现代化状态。何传启在《现代化概念的三维定义》中指出：综合"现代化"的英文动词和名词的不同用法，"现代化"既可以表示一个"成为具有现代特点的发展过程，也可以表示在这个过程中新发生变化，或者最新变化（最先进水平）"[1]。

而从人类社会历史发展时期的角度来看，"现代"的历史发展是一个只有下限而没有上限的漫长甚至永恒的过程。那么，怎么划分"现代"

---

[1] 何传启. 现代化概念的三维定义[J]. 管理评论, 2003(3): 9.

发展的历史时期呢？对于这个问题，中外历史学家持有不同的观点。西方学者通常把人类发展历史划分为三段，即古代（600年以前）、中世纪（600年—1500年）、现代（1500年以后的发展时期）。但由于中国国情的不同，对历史时段的划分也是不同的：一是中国没有中世纪这个概念，二是"近代"是中国已经过去的历史时期。徐裕龄依据历史学家胡绳的观点，提出了与习惯性历史分期不同（鸦片战争到五四运动为近代史，五四运动以后为现代史）的观点：1840年至1949年为中国近代史阶段，是中国由封建专制社会向民主自由社会过渡的历史；1949年以来为中国现代史，是民主制社会史即社会主义社会的形成、发展史①。从历史进化过程的角度看，每个国家的现代化过程与进路是极不相同的，但是，就整个世界的现代化的起点则是有共识的。

一般认为，"现代化"的词义是指自1500年以来的新变化、新特点，作为时间尺度泛指中世纪结束以来一直延续到今天的一个发展过程，作为价值尺度是指区别于中世纪的新时代精神与特征②。

2. 关于现代化含义的诸种界说

对于现代化含义的界定，国内外专家学者们的说法有同有异。

首先从国外学界对现代化含义的理解看。有的观点认为，现代化的实质是工业化，如德国经济史学家吕贝尔特说："只是在机器时代破晓以后，随着纺织的机械化，随着蒸汽机作为一项新的能源，随着单件生产过渡到系列生产，过渡到大规模生产，人类社会才开始了巨大的变化。"③ 以罗斯托为代表的发展经济学派认为，现代化的核心是经济增长问题。更多的学者则是从多角度、多层面来考虑现代化问题。

亨廷顿将现代化分为心理层、智能层、经济与政治生活各层。从心理层面看，传统的人期望社会和秩序具有延续性，而现代化的人则看重

---

① 徐裕龄. 论中国近现代史的分期问题 [J]. 湖南师范大学学报，1998（3）：79-81.

② 罗荣渠. 现代化新论——世界与中国现代化进程 [M]. 北京：商务印书馆，2004：5-6.

③ 鲁道夫·吕贝尔特. 工业化史 [M]. 戴鸣钟，译. 上海：上海译文出版社，1983：1.

社会变化的有利性；从经济层面上看，现代化意味着技术在生产中的重大作用，自给性经济让位于商品经济，工业与第三产业的比重高于农业；从政治层面上看，现代化首先意味着政治权威的理性化，人们参与政治的广泛性与平等性，传统社会中的子民、臣民转为有种种政治权利的公民。亨廷顿认为："实践中的现代化总是意味着传统政治体制的变革，还常常意味着它的解体。"①

也有学者把现代化看作主要是人的精神变化。英国学者韦伯斯特从以下三个方面的比较来确定现代化：其一，传统社会以长久的不变的价值观为主，现代化的人不做传统的奴隶，敢于抛弃阻碍社会进步的东西；其二，传统社会的门第制度对每个人的社会地位都有决定性影响，而在现代化社会，人的社会地位主要取决于个人的进取能力；其三，在传统社会人们相信命运，而在现代化社会人们看重科学的、实证的价值，器重创新精神②。

还有学者把现代化当作一个历史过程。布莱克说："现代化可定义为，反映着人控制环境的知识亘古未有的增长，并伴随科学革命的发生，从历史上发展而来的各种体制适应迅速变化的各种功能的过程。这种适应过程发源于西欧一些国家并开始产生影响，在19、20世纪，这些变革延伸到所有其他国家，并导致一场影响各种人际关系的世界性转变。"③亨廷顿引用丹尼尔·勒纳的话说："城市化、工业化、世俗化、民主化、普及教育和新闻参与等，作为现代化的主要层面，它们的出现绝非任意而互不相关的。"④

再从国内学者对现代化的阐释看。罗荣渠曾对有关的现代化含义的相关表述进行整理，并将其归纳为以下四类界说，也对现代化的内涵做出了自己的理解：

---

① 亨廷顿. 变化社会中的政治秩序［M］. 王冠华，等译. 北京：生活·读书·新知三联书店，1989：30-31.
② 韦伯斯特. 发展社会学［M］. 陈一筠，译. 北京：华夏出版社，1987：21-29.
③ 布莱克. 现代化的动力［M］. 段小光，译. 成都：四川人民出版社，1988：11.
④ 亨廷顿. 变化社会中的社会秩序［M］. 王冠华，等译. 北京：生活·读书·新知三联书店，1989：112.

第一，现代化指在近代资本主义兴起后的特定国际关系格局下，经济上落后国家通过大搞技术革命，在经济和技术上赶上世界先进水平的历史过程。中国共产党及其政府领导人在阐述中国的社会主义现代化方针与政策时所一贯明确表述的，正是这一思想。第二，把现代化视为工业化，是经济落后国家实现工业化的进程。在其看来，这种观点与第一种的实质内容并无区别，稍有特殊之点在于它的政治立论。第三，现代化是对自科学革命以来人类急剧变动的过程的统称。按照这种观点，人类社会在现阶段发生的史无前例的变化，不仅限于工业领域或经济领域，同时也发生在知识增长、政治发展、社会动员、心理适应等各个方面。他进一步指出，这种现代化观点与上一种观点的不同之处，在于它不是着眼于工业化的纯粹经济属性，而是注意到社会制度即结构与工业化和经济发展的关系；认为科学革命具有改变人类环境的巨大力量，造成特殊的社会变迁方式，而社会各单元对于这一新环境和变化的适应和调整的过程就是现代化。第四，现代化主要是一种心理态度、价值观和生活方式的改变过程。换句话说，现代化可以看作代表我们这个历史时代的一种"文明的形式"，这主要是从社会学、文化人类学、心理学的角度来考察现代化的。

二、何谓现代性

学术界通常认为，"现代性"这一概念起源于欧洲启蒙运动，其本义与"理性"不可分离，指现代与传统的断裂。进入20世纪后期，后现代思潮在学术界十分风行。为了区分这一思潮与近两三百年来的主流思潮，同时这一思潮为了表达自己与主流思潮的距离，于是出现"现代性"这一术语来表征现代社会及其精神。这也使现代性在使用中含混不清，与现代化、现代主义搅在一起。

1. 现代性的界说

"'现代性'没有一个固定的、客观的所指。"[1] 哈贝马斯认为，"现代性意识是一种对古典、传统的对立，是时代精神的现时性"[2]。正如

---

① 奥斯本. 时间的政治 [M]. 王志宏, 译. 北京：商务印书馆，2004：16；31.
② 汪明安，陈永安，张云鹏. 现代性基本读本 [M]. 开封：河南大学出版社，2005：29.

T. 罗克莫尔所指出的,哈贝马斯在将所谓现代性事业理解为发端于启蒙运动的一种有关理性形式之充分实现的未竟事业时,显然将现代时期理性的历程与现代性混为一谈了。这种混同也许是哲学家才会犯的错误。然而,理性并非现代性;现代关于理性的争议仅仅是现代性的一个方面①。但哈贝马斯的独特之处就在于,他希望通过理性的进一步启蒙和交往理性的构建来拯救现代性②。

卡林内斯库指出,"现代性是一个历史或时间概念,指在独一无二的历史现时性中对于现时的理解,也就是说,要在把现时同过去以及各种残余物区别开来的特性中去理解、在现时对未来趋势的允诺中去理解"③。汪晖与卡林内斯库持类似观点。他认为,在这个内涵繁复的概念中,只有一点非常明确,即现代性概念首先是一种时间意识,或者说是一种直线向前、不可重复的历史时间意识,一种与循环的、轮回的或者神话式的时间认识框架完全相反的历史观④。

从现代化理论的视角,亨廷顿认为,现代性是现代化的完成。只有完成了现代化,才能获得现代性。他说,现代性意味着稳定,现代化则容易带来动乱。欧美现代国家实现现代化的过程,经历了革命、内战、政变等诸多动乱,但它们基本实现现代化后,社会开始变得稳定。在当今一些过渡型国家,现代化进程会破除许多旧规定,会遭遇传统势力拒斥,出现新的利益矛盾,甚至爆发激烈冲突。只有完成了现代化,稳定才会到来,现代性才能获得。所以亨廷顿说:"过渡型国家和现代国家的显著区别,令人信服地证明了现代性意味着稳定,而现代化意味着动乱这一点。"⑤

---

① T. 罗克莫尔. 现代性与理性:哈贝马斯与黑格尔[J]. 国外社会科学,1991(1):20-24.

② 吴正勇,徐汝庄. 哈贝马斯对现代性与理性关系的探讨[J]. 华东师范大学学报(哲学社会科学版),2006(9):23-28.

③ 汪明安,陈永安,张云鹏. 现代性基本读本[M]. 开封:河南大学出版社,2005:250.

④ 汪晖. 汪晖自选集[M]. 桂林:广西师范大学出版社,1997:2.

⑤ 亨廷顿. 变化社会中的政治秩序[M]. 王冠华,等译. 北京:生活·读书·新知三联书店,1989:41.

从艺术和美学的视角看，现代性的起源来自对现代生活的感受，而波德莱尔的《现代生活的画家》就是对现代生活的最生动写照。他的现代性定义源自艺术和美学。在他看来，"现代性就是过渡、短暂、偶然，就是艺术的一半，而另一半是永恒和不变"。在其眼中，最能体现"现代生活方式"的人就是"浪荡子"。他在人群中孤独而高傲，"制造了诗人被冷酷无情的社会所毁灭的传说。由于庸俗大众的迫害，他们在骄傲中陨灭，但因为独立不羁而受到敬仰"。与波德莱尔不同，西美尔论述了现代都市精神有其两面性，一方面纷繁复杂，另一方面冷漠孤立。如果说，波德莱尔笔下的艺术家从偶然和短暂中发现了美，那么，在西美尔眼里，普通的都市居民为了应对瞬间性和不可预见性，发明了世故、冷漠和金钱算计。

正如马克斯·韦伯所言，现代生活同传统生活相比，有两个转变：一是瞬间化、碎片化导致的乡村都市化；二是世俗化、理性化带来的"祛魅"。应该看到，浪荡作风作为一种准宗教，并不是普通民众的事，其中隐含的英雄主义色彩无意表征一种精英文化。只有在那些前卫的现代艺术家身上，才能体现出这种作风。可见，美学的现代性取代了传统的文化霸权，并作为建构性理念建构着现代社会的文化制度①。

再从经济学和社会学视角看。资本主义的兴起无疑是现代社会形成的关键因素，也是生产力发展、技术进步、制度创新及人性解放的一种根本力量。亚当·斯密论述了国民财富的性质和原因，认为劳动分工提高了劳动生产率，也预示着交换成为必须。有交换，就必然有商品流通，才需要市场、竞争、价值、价格和货币。财富的增长源于自利性行为动机，自利并非不道德。应该说，亚当·斯密勾勒出了自由竞争时期资本主义的经济图景，他的理性经济人假设和那只"看不见的手"自动维持了各经济要素间的平衡。韦伯考察了作为基督教教义之一的禁欲主义。在基督教的原教义中，原罪、禁欲和金钱万恶是核心价值。占有财富将导致懈怠，享受财富会造成游手好闲与屈从于肉体享乐的诱惑，最重要的是，它将使人放弃对正义人生的追求。资本主义的发展，迫切需

---

① 唐文明. 何谓现代性 [J]. 哲学研究, 2000 (8)：45-50.

要突破禁欲主义的禁锢。在马克斯·韦伯的眼中，新教伦理中的禁欲主义不再视金钱为万恶之源，而是倡导勤勉劳动、自我克制、发家致富的理性，正是这种新教伦理带来了致富有理、效率至上的现代资本主义理性。机器生产与物质产品最终成为一种超验力量，它和支撑它的制度一道，成为令人黯然神伤的"铁笼"。它是非人格化的，它从形式理性借来的抽象力量将人禁锢其中。因此，其最高阶段就表现为"专家没有灵魂，纵欲者没有心肝"，"国家生活的整个生存，它的政治、技术和经济的状况绝对地、完全地依赖于一个经过特殊训练的组织系统"①。卡尔·马克思认为，资本主义"现代性"就是商品核心、商品拜物教、劳动力的商品化。旧的劳动分工使个体片面发展，导致个体人性上的不完善，人与人的关系逐渐演化为一种伪装的交易关系，人陷入了拜物的泥潭。并且马克思认为，"物质生活的生产方式制约着整个社会生活、政治生活和精神生活的过程。……社会的物质生产力发展到一定阶段，便同它们一直在其中活动的现存生产关系或财产关系发生矛盾。于是这些关系便由生产力的发展形式变成生产力的桎梏"②。

安东尼·吉登斯多次解释"现代性"的概念。他认为，"现代性指社会生活或组织模式，大约17世纪出现在欧洲，并且在后来的岁月里，程度不同地在世界范围内产生着影响"③，把现代性看作"后传统的秩序"。它首先指的是在后封建的欧洲所建立而在20世纪日益成为具有世界历史性影响的行为制度与模式，或者说社会生活或组织模式。在这个意义上，现代性大致等同于"工业化的世界"。它其次是指资本主义，包括其竞争性的产品市场和劳动力商品化过程中的商品生产体系④。构成现

---

① 马克斯·韦伯. 新教伦理与资本主义精神 [M]. 陈晓，陈维纲，等译. 北京：生活·读书·新知三联书店，1992：7；143.

② 马克思. 马克思恩格斯选集（第二卷）[M]. 北京：人民出版社，1972：82-83.

③ 安东尼·吉登斯. 现代性的后果 [M]. 田禾，译. 南京：译林出版社，2000：1.

④ 安东尼·吉登斯. 现代性与自我认同 [M]. 赵旭东，方文，王铭铭，译. 北京：生活·读书·新知三联书店，1998：3；16.

代社会的基本要项是：①对世界的一系列态度等；②复杂的经济制度，特别是工业生产和市场经济；③一系列的政治制度，包括民族国家和民主。"现代性是现代社会或工业文明的缩略语。"① 他认为，应该从资本主义、工业主义、监督和军事力量四个维度对现代性加以明确区分②。现代性具有外向性与意向性的交互关联性、断裂性、全球性和双重性的特点。

再从政治学视角看。工业革命和商业发展奠定了现代社会的物质秩序，规模化生产的组织也改变了社会的政治结构。总之，可以说：工业主义造就了资本主义社会制度和现代民族国家。犹如盖尔纳所说，"工业主义打破了传统农业封闭的再生产，导致社会分工、基础教育改变，进而产生了民族共同体"③。安德森指出，语言文字、王权、印刷技术等形成了一个"想象的共同体"，产生了一种民族认同、国家认同。他说，民族"是一种想象的政治共同体——并且，它是被想象为本质上有限的，同时也享有主权的共同体"④。施特劳斯认为，现代性的危机就是政治哲学不再可能。三次政治现代性的发展，分别产生了霍布斯和马基雅维利的自由民主制、卢梭的共产主义和尼采的法西斯主义⑤。福柯更是从权力出发，认为：现代性是一种态度。这个态度是指对于现时性的一种关系方式：一些人所作的自愿选择，一种思考和感觉的方式，一种行动、行为的方式。他指出，君主权力向微观规训权力的转变，是政治现代性的标志。他说："对于监狱与工厂、学校、兵营和医院彼此相像，难道

---

① 安东尼·吉登斯，克里斯多弗·皮尔森. 现代性：吉登斯访谈录 [M]. 尹宏毅，译. 北京：新华出版社，2001：69.

② 洪晓楠. 吉登斯现代性的再反思 [J]. 厦门大学学报（哲学社会科学版），2005（1）：29-35.

③ 欧内斯特·盖尔纳. 民族与民族主义 [M]. 韩红，译. 北京：中央编译出版社，2002：29.

④ 本尼迪克特·安德森. 想象的共同体 [M]. 吴叡人，译. 上海：上海世纪出版集团，2003：5.

⑤ 黎世光. 政治哲学的现代危机和古代出路——施特劳斯思想研究 [M]. 北京：经济管理出版社，2011：93.

值得大惊小怪吗？"① 监狱和其他现代社会组织都运用一种自我谴责的机制。这是一种深刻的内在征服，而不是表面的驯服。现代社会已经成为一个"监狱群岛"，充满了隐秘的权力统辖关系。

2. 现代性的冲突

因为现代性含义纷繁复杂、起讫未定、各执一端，因而产生了诸多悖论和冲突。一方面，启蒙运动以来的现代性，带来了社会经济的发展和现代政治体制的进步；另一方面，这种启蒙理性或现代性逐渐演化成为工具理性，进而对文化、对个体生活产生囚禁和异化作用。齐格蒙·鲍曼②发现，现代理性被用于纳粹屠杀，质疑理性的合理边界。他认为，大屠杀不只是犹太人历经的一个悲惨事件，也并非德意志民族的一次反常行为，而是现代性本身的固有可能：科学的理性计算精神，技术的道德中立地位，社会管理的工程化趋势。阿多诺也指出，"启蒙在为社会服务的过程中，逐渐成为对大众的欺骗"；马尔库塞说，现代性发展之后，"大众既没有自我，也没有本我，他们的灵魂没有了内在的紧张和活力，他们的生活受到了彻底的管理，除了按照社会系统的设计而产生能够得到满足的欲望外别无他想。人只能在他们的商品中认识自己，在他们的汽车、音响、房屋、厨房设备中找到自己的灵魂"③。于尔根·哈贝马斯认为，晚期资本主义存在四大危机：经济危机、合理性危机/政治危机、动机危机、合法性危机④。

可见，至少存在两种现代性：一种是源于工业和科学革命以及资本主义在欧美胜利的社会领域的现代性；另一种是源于审美或艺术变化的美学现代性或文化现代性，如马克斯·韦伯倡导的"技术现代性"和"解放现代性"。而文学艺术即美学现代性，是对第一种现代性的质疑和反思。

---

① 福柯. 规训与惩罚 [M]. 刘北成, 杨远婴, 译. 北京：生活·读书·新知三联书店, 1999：37.

② 齐格蒙·鲍曼. 现代性与大屠杀 [M]. 杨渝东, 史建华, 译. 南京：译林出版社, 2011：88.

③ 霍克海默, 阿道尔诺. 启蒙辩证法 [M]. 梁敬东, 曹卫东, 译. 上海：上海人民出版社, 2003：40.

④ 宋林飞. 西方社会学理论 [M]. 南京：南京大学出版社, 1997：430-431.

晚期资本主义现实社会的各种危机和现代性本身指意的模糊与冲突性，诱发了现代性是否该终结的激烈争论。

华勒斯坦主张用"后现代性"来拒斥或抵抗现代性，"后现代性根本不是说现代之后的事，而是站在解放现代性的立场去拒绝技术现代性的一种范式，后现代主义者一直在寻求打破束缚的方法"。韦尔默认为，后现代性是一个充满歧义的概念。它蕴含着对启蒙和理性的极端性和片面性的批判，同时也包含着反启蒙、反理性、反民主的发动倾向①。后现代性从不同作者的态度区分，主要有否定性（解构性）的后现代性、建设性（建构性）的后现代性和虚假性（迪士尼式）的后现代性。解构性的后现代性就是要消解所有现代性中包含的二元或二分结构，因为并不存在绝对真理、普遍规律和永恒结构。因而，不能经由现代性而是通过瓦解现代性来实现人的解放或获得真正自由。建构性的后现代性则试图通过批判和反思现代性以重建超越现代性的价值观，即通过摆脱现代性范式，建立人与自然、人与社会、人与人的新型关系。虚假的后现代性，则要摧毁现代性的过程中种种理性和普遍性力量对人的控制与压抑，寻求思想和生活自由的最大化，最大限度地释放被现代性所压抑的创造性。很显然，这种虚无主义的后现代性，难以真正找到回归和前行之路。

与后现代性的支持者不同，哈贝马斯认为，"现代性"永远是一项未完成的工程，现代社会中的种种弊端是"现代性"未能正常发展的结果。他指出，现代化进程本应是社会政治经济现代性和文化现代性平衡发展，但市场经济体制和官僚政治体系借助金钱和权力严重侵蚀属于生活领域内的私人生活和公共空间，将本来非市场化、非商品化、非行政的文化纳入金钱和权力逻辑之下，导致生活世界的"殖民化"。为了克服这一危机，他提出了以平等的、相互理解和相互协调的语言交流为主的交往合理性，来平衡被市场和权力影响而充斥着功利主义的工具理性，以一种新型的对话交往来实现社会的合理化，完成"现代性"的工程。

---

① 汪行福. 现代性与后现代性辩证法的重建——论韦尔默对哈贝马斯现代性理论的内在批判 [J]. 现代哲学，2010（2）：22-31.

三、现代性与现代化的关系

现代性即源自欧洲启蒙力倡的现代化的意识形态,其基本思想涵盖唯物主义、理性主义、个人主义、功利主义和物质主义价值观,其社会改造或建设目标包括工业化、城市化、民主化、市场化、理性化、世俗化等①。当下中国正处于"现代化运动与中华文明复兴"、"社会主义与资本主义"、"民族国家与全球化趋势"这三大张力之中②,因此,在理解现代性与现代化的概念时,不能流连于西方中心话语体系之中,而应将其理解为源于中国传统、立足中国现实、观照未来发展的一种新的价值立场或思想方式。

1. 现代性与现代化是结果与过程的关系

现代性乃是现代化的结晶,是现代化过程与结果所形成的属性。"现代性"的内涵超过"现代化"。"现代性"在描述与诠释复杂易变的现代社会现象时,比"现代化"有更高的概括性。布莱克曾说,从上一代人开始,现代性逐渐被广泛地运用于表述那些在技术、政治、经济和社会发展诸方面处于最先进水平的国家所共有的特征。"现代化"则是指社会获得上述特征的过程③。把现代化看作动态的因,现代性看作静态的果。

2. 现代性与现代化是整体与部分的关系

刘小枫等人认为,"现代化"只是"现代性"问题的一个方面、一个层次,它更多地属于政治、经济制度层面的转型或变化,属于文明形态的更替,如工业社会取代农业社会,工业文明取代农耕文明。"现代性"可以包括"现代化",但"现代化"不能包括"现代性"。

尽管如此,"现代性"与"现代化"也存在部分外延重叠的现象。例如,罗荣渠指出:"现代化主要是一种心理态度、价值观和生活方式的

---

① 卢风. 整体主义环境哲学对现代性的挑战 [J]. 中国社会科学, 2012 (9): 43-62.

② 冯平, 汪行福, 等. 复杂现代性框架下的核心价值结构 [J]. 中国社会科学, 2013 (7): 22-39.

③ 布莱克. 现代化的动力:一个比较史的研究 [M]. 段小光, 译. 成都:四川人民出版社, 1988:9-10.

改变过程。"① 这里的"心理态度、价值观和生活方式的改变",既是现代化问题,也是现代性问题。可见,两者并没有不可逾越之鸿沟。

现代化有资本主义模式和社会主义两类模式。它们均可置于"现代性"这一范畴进行考察。不同模式的"现代化"面临共同的"现代性"问题。"资本主义"是西方现代化的最大成果,但是韦伯与布罗代尔的"资本主义"各有不同。韦伯思想中的资本主义,主要指以资本运营为核心的经济制度、生产方式和社会结构。

3. 现代性与现代化是思想与行为的关系

"现代性"具有一种内在的反思性,而这种反思性对于现代化尤为重要。现代性以特定视角审视或重估现代化的过程、结果及其负面影响,分析或批判西方现代化轨道上人类的生存境遇。舍勒指出,由西方文明造成的现代化进程迄今并没有给西方带来可靠增长的幸福。无论过去或是现在,中国、日本和印度没有欧洲文明都更为幸福②。不同的思想会产生不同的行为。在中国以新型工业化和人的现代化为主题的中国现代化历程中,应该充分吸取西方早期现代化的经验与教训,使现代化洪流不再产生突出的现代性问题或使现代性问题变得晦暗不明。因此,相较于社会现代化而言,现代性问题显得更为隐蔽与难以把控。正如张志扬所言:"现代化的路或许很快,现代性的路还远着哩。"③

第三节 中国大学治理现代化的内涵

中国大学治理现代化是指在国家战略牵引下,大学利益相关者围绕建设社会主义现代化大学的远大目标,以重构现代大学核心价值体系为先导,以完善中国特色社会主义大学治理体系为核心,以提升大学治理能力为关键,逐步实现中国大学从传统走向现代的转变并获得现代属性的过程。

---

① 罗荣渠. 现代化新论 [M]. 北京:北京大学出版社,1993:14-15.
② 刘小枫. 现代性社会理论绪论 [M]. 上海:上海三联书店,1998:18-19.
③ 张志扬. 问题与思路 [M] //学术思想评论:第二辑. 沈阳:辽宁大学出版社,1997:52.

一、作为一种价值重构

张应强在《高等教育现代化的反思与建构》一书中指出："大学教育的定性，就是要认识到高等教育是'属人'的教育而不是'唯物'的教育，是'人性'的教育而不是'人力'的教育，使高等教育回归到'教育'母体之中。……实现高等教育现代化观念的根本转变，就是要走出'工具理性'和实利主义的迷雾，把人作为现代化的主体与主题，把造就现代化的人——具有主体意识、批判精神和创新能力的实践主体，作为高等教育现代化的根本目标。"[①] 这些年过去了，大学仍然是唯物的教育而非属人的教育，是人力的教育而非人性的教育。大学教育仍然在"教育"的母体之外徘徊、游荡。之所以如此说，因为作为照亮大学这个"浪荡子"回家之路的大学治理体系依然如旧。虽然也曾尝试换了不同的服饰，但内心不改，自然难有起色。故此，在大学治理现代化的进程中，大学领导者必须要从传统管理思维中解放出来，顺应时代发展要求，坚持问题导向，重视对治理中存在的突出问题的解决。大学的价值总是蕴含于大学的行为、制度和文化中，大学理念是承载大学价值的主要载体，是对大学本质与时代品性的省思慎独。为此，必须重构大学治理理念，确立与现代化进程相适应的新的大学治理观念。

有关大学理念的讨论很多。从西方近现代大学的演进的历程看，纽曼将大学视为传授普遍知识之所到洪堡的教学与研究相结合，再到弗莱克斯纳的大学应该"保存知识和观念、阐释知识和观念、追求真理、训练学生"和范海斯的大学为地方发展服务等，不同时代孕育了不同的大学理念，这些理念推动着西方大学一路前行。从哈佛大学的"与柏拉图为友，与亚里士多德为友，与真理为友"到斯坦福的"让学术自由之风劲吹"，从蔡元培的"大学者，研究高深学问者也"到梅贻琦的"大学者，非谓有大楼之谓也，有大师之谓也"，从陈寅恪的"独立的思想，自由之精神"到竺可桢的"养成公忠坚毅、能担当大任、主持风会、转移国运的领导人才"，彰显了大学不同的价值追求。董泽芳提出的"以

---

① 张应强. 高等教育现代化的反思与建构[M]. 哈尔滨：黑龙江教育出版社，1999：7.

生为本、以爱为基、以学为尊、以法为序、以变应变和以和为贵"六大治校理念①,可谓独树一帜、独成一家。在汲取贤达睿智雅慧的基础上,观照中国大学治理现代化的时代背景,提出如下六点主张。

1. 立德树人

人的现代化是大学治理现代化的主体、主题与目的。离开了人的现代化,大学就成为一台没有了灵魂的机器,尽管不停运转,但永远也回不了家。师生中心的理念,是人本理念的具体体现,也是大学治理现代化的终极目的。大学不是生产人力的工具,而是培养新现代性(指克服了西方中心话语体系中现代性的弊端)的实践主体。他们不是大学"统治者"威权统治下的庸奴,而是生命历程中的主人。实现师生自由而全面的发展,是教育者和受教育者的共同价值追求。如果说西方尤其是欧洲话语体系下的现代性已近黄昏或者宣告终结,那么,中华大地上的现代化才刚刚起步,与之相适应的新现代性只是"小荷才露尖尖角"。在大学治理中,必须坚持以教师和学生为中心,把学生和教师当成学校合法性存在的逻辑前提,坚持教书育人与立德树人的有机统一。服务学生和教师的发展和进步,尤其是培养德才兼备、具有现代意识与关键能力的人才,应该成为大学治理现代化追求的首要目标。

2. 良法善治

良法善治是法治的悠久传统,也是法治的时代精神。张文显认为,法治经历了两个阶段,第一阶段是从人治到依法而治(rule by law),第二阶段是从依法而治到良法善治(governance of good law)。他进而指出,从工具主义的以法而治和依法而治再到良法善治的变迁,实际上意味着公共治理模式的实质革命,以法律的"人性化"、"人文化"、"人权化"而消解了"法律暴政",实现了形式正义与实质正义的统一②。大学从"无法而治"到"依法而治"再到"良法善治",这是大学治理现代化的必然趋势,也是客观要求。这要求大学利益相关者首先要有法治精神和

---

① 董泽芳. 理念与追求:大学发展的思考与探索[M]. 武汉:华中师范大学出版社,2017:160-218.

② 张文显. 和谐精神的导入与中国法治的转型——从以法而治到良法善治[J]. 吉林大学社会科学学报,2010(3):5-14.

法治思维，把立良法、促善治作为孜孜以求的奋斗目标，在国家法治框架下，重视发挥大学章程在治理中的根本制度作用，以章程总揽全局，不断改进和完善学校的制度体系，促进大学从行政管理到章程治理的转变。

3. 民主参与

参与是民主的方式，更是民主的集中体现。治理与管理的区别，首先在于权力主体的多元化。不仅指国家或者作为国家代表的政府下放权力，实现官民共治，而且也指在一个特定的组织（如大学）内领导者通过权力的分散，使更多的组织成员或利益相关者（如教师、学生、校友、家长、社区公民等）能够分享权利，通过对决策过程的参与和管理事务的分担，实现管理中心的下移。通过参与满足普通组织成员分享权力、分担责任的诉求，同时增进其认同感与效能感，激发他们的责任感、遵从意识与创造力，使大学师生员工和社会各界理解大学的办学理念和策略，化解改革发展过程中的利益矛盾与冲突，将源头治理、流程治理和系统治理整合起来，从而提高大学的办学绩效与社会信誉。

4. 公平正义

公平正义不仅是社会主义教育法治的基石和精神支柱，也是衡量大学法治实现程度的标尺与压舱石。正义是制度的第一美德。因此，大学的任何政策或活动，都必须以促进公平、维护正义为基本出发点，使学生和教师能够从具体鲜活的学校事务中切实感受到实实在在、时时处处的公平正义。

公平的高地是结果公平，而正义的佳境是实体正义。公平正义的理念落实到大学治理现代化的实践中，意味着要不断推进大学教育公平从起点公平到过程公平最终到结果公平的转变，意味着大学正义从具体的活动正义向制度正义、从形式正义向实体正义迈进。徐显明使用了一连串比喻来形容大学，"大学是自由者的乐园，大学是新民的摇篮，大学是社会的灯塔，大学是创新的活水，大学是真理的福地，大学是文化的酵母，大学是道德的高地，大学是良心的堡垒"，认为大学的本质是知识的共同体、学术的共同体、思想的共同体、文化的共同体和道德的共同体①。其中，大学是道德的高地和良心的堡垒说明大学在促进社会公平正义时所具有的特殊作用，班固《汉书》云："正其义不谋其利，明其道不计其功。"大学应该成为匡扶正义的核心社会力量。

5. 开放包容

全球化已经成为一个不可逆转的发展趋势。在全球化的背景下，中国大学不可避免地将走向国际化。国际化的过程，不仅是大学国际合作与交流的日益频繁，不仅是不同肤色、不同语言的留学生和外国教师进入中国校园，也不仅是中国的教师越来越多地走出国门，学习异国他乡的先进科学文化，而且是来自不同文化背景的人消除文化休克、增进文化融合。人类共同体意识首先要在大学这样的社会机构中生根发芽、开花结果。为了实现这一愿景，就必须持开放包容的态度，相互理解、互不歧视、和谐相处、共生共荣。这种普遍主义和国际主义的精神，既是中国古代大学的传统，也必然成为中国当代大学的志业。

除了上述五大核心治理理念，还需要树立质量第一、绩效导向、差异发展、合作共赢、学术自治、权力制衡等理念。

二、作为一种制度创新

大学治理现代化的过程不仅是理念的更新，而且是制度的创新，是社会主义中国现代大学治理体系的构建与完善。

1. 制度能力既是制度创新的起点，又是归宿

大学治理体系的构建，必须基于对治理本质特性的深刻认识：首先，治理不只是改良大学与政府的关系，而是要追求治理主体多元化，祛除单一权力主体导致的治理失灵；其次，治理并非所有主体都有平等的权利与机会参与，而是那些对资源配置、行为监督发挥作用的主体多渠道、多形式参与；再次，治理的基本方式不是自上而下的命令传导、威权统治，而是上下结合、左右逢源的自主契约、对话协商和深度合作；最后，治理不是针对治理客体或者对象而言，而是针对治理主体行为可能性空间的制度安排。

大学治理的现代化有赖于大学治理环境的改观与大学治理体系的完

---

① 徐显明. 大学理念论纲 [J]. 中国社会科学, 2010 (6): 36-43.

善。推进大学治理能力和治理体系现代化，是要顺应建设教育强国这一中华民族伟大复兴的基础工程需要，"以实现大学教育现代化为目标，以建构政府、社会、大学新型关系为核心，以推进管办评分离为基本策略，以转变政府职能为突破口，建立系统完备、科学规范、运行有效的制度体系，形成政府宏观管理、大学自主办学、社会广泛参与的格局，更好地调动中央和地方的积极性，激发大学活力"①。

制度能力是衡量大学治理体系和治理能力现代化水平的核心标志。美国学者福山认为，"制度能力不足的国家是软弱无能的国家，制度能力缺失的国家是治理失败的国家"。制度能力是治理主体在制度设计、供给、实施等方面的能力。面对我国社会转型、基本矛盾转变以及一系列国家战略实施所创造的新机遇和带来的新挑战，大学作为大学治理现代化的关键实践主体，必须有更高的制度改进力、执行力和协调力等，这样才能优化制度设计、改善制度供给、增强制度执行能力、提高制度绩效。

2. 强制性变迁与诱致性变迁并重是制度创新的原则

大学治理现代化的过程，本质上是一种制度变迁的过程。所谓制度变迁，是指新制度产生、替代或改变旧制度的动态过程，包括替代、转换和交易三个具体向度。作为替代过程，制度变迁是一种效率更高的制度替代效率较低的原制度；作为转换过程，制度变迁是一种更有效率的制度的创生过程；作为交换过程，制度变迁是制度的交易过程。新制度经济学认为，按照制度变迁的动力来源可以将制度变迁区分为两种基本类型或者方式：强制性变迁和诱致性变迁。根据林毅夫的解释，诱致性变迁是指一群（个）人在响应由制度不均衡引致的获利机会时所进行的自发性变迁；强制性变迁指的是由政府法令引起的变迁②。尽管这种区

---

① 袁贵仁. 深化教育领域综合改革，加快推进教育治理体系和治理能力现代化[EB/OL]. [2014-01-10]. http://old.moe.gov.cn/publicfiles/business/htmlfiles/moe/s5148/201401/162283.html.

② 林毅夫. 关于制度变迁的经济学理论：强制性变迁和诱致性变迁[C]//R. 科斯，A. 阿尔钦，D. 诺斯. 财产权利与制度变迁——产权学派与新制度经济学派译文集. 胡庄君，陈剑波，等译. 上海：上海人民出版社，1994：397.

分带来争议①,但学术界还是广泛地接受了这种分类。在中国大学治理走向现代化的过程中,政府与大学、社会依然处于不平等的状态,政府意愿在多数情况下会大大地超过社会与大学的意愿,极易爆发变迁价值定向与具体路径选择上的冲突。解铃还须系铃人,只有在政府启蒙而建构新的制度理性之后,大学的内生性变迁动力才会被激发或者释放。因此,大学治理现代化的历程,一定是在政府主动认知并积极推动下开启,大学制度的重构过程,诱致性动力因素不足,是大学治理现代化长期面临的现实际遇。"政府只有向大学赋权,才能激发大学自主办学的积极性;政府只有向社会赋权,才能激发社会参与制度创新的热情。"②由此可见,国家制度能力提升,是我国大学治理现代化过程中制度创新的逻辑前提。

基于以上分析,中国大学治理现代化过程中制度创新的重要使命,就是逐步消解外于大学的强制性推力因素,而积极培育内于大学的诱致性动力因素,让制度变迁的主体下移、重心下移,在最可能且最有效的结点上,形成扎根式或自由生长式的制度变迁模式,激发大学治理制度创新的动力和活力。

三、作为一种机制转换

治理能力现代化,从普遍意义上来说,"就是国家、政府和其他组织适应经济社会的不断发展,通过全面深化改革,消除现有管理体制、职能和行为中有悖于经济社会发展的因素,从而更好地适应新环境的过程"③。具体到大学治理来说,"就是大学在面临日益复杂和多元的经济社会环境时,如何通过制度创新的方式革除传统体制所遗留的思维模式和行为习惯,不断提升自身能力,逐渐建立一种新的对外界保持高度回

---

① 黄少安,刘海英. 制度变迁的强制性与诱致性——兼对新制度经济学和林毅夫先生所做区分评析 [J]. 经济学动态,1996 (4):58-61.

② 周光礼. 培育国家制度能力 推动大学治理体系现代化 [J]. 中国高校科技,2014 (7):7.

③ 包心鉴. 协商民主制度化与国家治理现代化 [J]. 中国政协理论研究,2014 (2):56.

应性的大学治理机制的过程"①。只有大学治理能力得到切实提升，更多的社会资源才能转化为推动中国大学教育现代化的正能量。

1. 机制与体制的相互关系

机制是一个许多学科共用的概念，有四种含义：一是指机器的构造和工作原理，如计算机的机制；二是指机体的构造、功能和相互关系，如动脉硬化的机制；三是指某些自然现象的物理、化学规律，如优选法中优化对象的机制；四是泛指一个工作系统的组织或部分之间相互作用的过程和方式，如价格机制、用人机制、工作机制、激励机制、动力机制和监督机制等②。总括来看，机制主要指事物之间或事物内部各要素之间的关系及相互作用的机理。

体制，是体与制的结合体。体用以指体系，制用以指规范。因此，体制包括了机构体系（事物的结构）和规范体系（各部分相互作用的规则）两大组成部分。在很多情况下，体制是制度的代名词，一般指国家机关、企事业单位及其他社会组织在机构设置、隶属关系和管理权限划分方面的体系、制度、方法、形式等的总称，如政治体制、经济体制、教育体制等。

机制与体制的关系是一个事物的功能与结构之间的关系。体制主要指称事物的结构，例如大学治理体系；机制主要指称事物结构的各要素相互作用的原理，如动力机制、监督机制、协调机制等。功能是保障，是体制产生变化的条件和原因，决定了功能的大小；体制是基础，是变化的依据与前提，决定了功能的方向。没有机制做功，体制就成为一潭死水；没有体制奠基，机制就会无的放矢。体制与机制是一静一动的关系。体制是静态结构，机制是动态结构。体制与机制是相互依存、彼此制约的关系。体制的建立要求机制的适应，机制的完善又促进体制的进化。

2. 大学治理现代化过程中的机制转换策略

当前，我国大学治理体系正从单一层级化的行政治理体系向复杂的

---

① 宣勇，钟伟军. 论我国大学治理能力现代化进程中的校长管理专业化 [J]. 高等教育研究，2014（8）：31.

② 孔伟艳. 制度、体制和机制辨析 [J]. 重庆社会科学，2010（2）：96-98.

网络化共同治理体系转型。大学内部和外部的各利益主体分别形成了大学核心决策网络、高等教育服务网络和产学研协同创新网络并为大学网络治理提供了契机。赵彦志、周守亮提出了大学多元嵌入网络治理机制的模型。该模型希望分别从微观、中观和宏观三个层面衡量各利益主体嵌入各大学网络组织治理结构的途径和程度，实现沟通顺畅、协调合作、互信互惠的大学治理目标（如图2-1）。

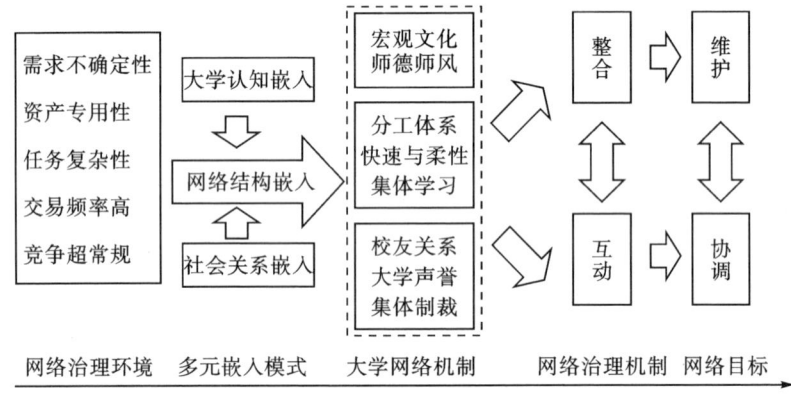

图 2-1　大学网络治理机制理论框架

资料来源：赵彦志，周守亮. 网络视阈下的大学组织特征与治理机制［J］. 教育研究，2013（12）.

中国大学治理现代化过程中必须进行一系列的机制转换来适应新时代大学治理所面临的复杂多变的内外环境挑战。表2-1列举了现代大学治理机制中一部分主要机制的变化。

表 2-1　传统大学与现代大学的治理机制比较

项目名称	传统大学治理机制	现代大学治理机制
动力机制	投资驱动、政策导向	创新驱动、志愿导向
学习机制	个体学习	组织学习
决策机制	行政决策	共同决策
执行机制	自上而下	自下而上
协调机制	领导协调	自主协商
评价机制	政府评价	社会评价
监督机制	行政监督	网络监督

续表

项目名称	传统大学治理机制	现代大学治理机制
反馈机制	事后反馈	全程反馈
奖惩机制	单一奖惩	组合奖惩
整合机制	单层整合	多层整合

从表2-1可以看出，要推进大学治理现代化进程，必须实现：第一，在动力机制上，要从投资驱动、政策导向向创新驱动和志愿导向转变；第二，在学习机制上，从个体学习向组织学习转变；第三，在决策机制上，从行政决策为主向共同决策为主转变；第四，在执行机制上，从自上而下执行向自下而上执行转变；第五，在协调机制上，从领导协调向自主协商转变；第六，在评价机制上，从政府评价向社会评价转变；第七，在监督机制上，从行政监督向网络监督转变；第八，在反馈机制上，从事后反馈向全程反馈转变；第九，在奖惩机制上，从单一物质或行政奖惩到物质、精神、荣誉、机会等组合奖惩转变；第十，在整合机制上，从单层、单中心整合向多层、多中心整合转变。

四、作为一种技术进步

中国大学治理现代化还是在第四次技术革命的背景下展开的新型现代化过程。与第一次（蒸汽技术）、第二次（电力技术）、第三次（计算机信息技术）技术革命不同，第四次技术革命是以人工智能、清洁能源、机器人技术、量子信息技术、虚拟现实和新型生物技术为主要特征的全新技术革命。它对大学的生活将产生深刻的影响。在一定程度上，它将塑造"e＋原住民"，他们拥有许多不同于当下网络原住民的本质特点，就如现在的网络原住民或新新人类不同于以往的早期工业社会的住民一样。

作为一种技术进步的大学治理现代化，就是要以培养"e＋原住民"成为"e＋好公民"为大学教育的根本宗旨，快速吸取第四次技术革命的最新成果，在推进学校的物质层面改造的同时，致力于培养既有个人最大自由、个性最大发展，又有公民良好素养和人类终极意识的新人。

1. 创造一种适合于"e＋原住民"的大学教育

叶澜在描述"信息化"浪潮对学校教育的影响时，分析了信息化的三种存在形式：作为基础形态的技术存在、作为结构形态的社会存在和作为生命性存在的个体存在。在作为生命性形态——个体存在方面，她认为生活在信息时代的个人的生命实践，与前信息时代中成长的个体有着很大的不同，呈现出信息时代的个体生命特征：一是个人时空意识的变化；二是个人生存方式的变化；三是个人语言与思维方式的变化[①]。在未来的高级信息化时代——智能化信息时代，它给个体生存带来的变化必然更加剧烈、更具有革命性。例如，虚拟现实（Virtual Reality，简称 VR）技术通过计算机仿真系统来创建一种虚拟现实环境，让个体能够增强真实体验感，进而实现人类与虚拟世界的交互；人工智能（Artificial Intelligent，简称 AI）的最新发展——教育机器人的出现，给教育带来了日益严峻的挑战。它不仅影响教师的教学方式、学生的学习方式和学校的管理方式，更影响学校的文化、师生的精神世界。2016 年谷歌研发的阿尔法狗在与围棋精英的对弈中获胜成为轰动世界的一件大事。阿尔法狗建立了模仿人类大脑神经的模式，通过深度学习把人工神经网络的层级大大增加，提升计算能力。可见，每一次技术革命都意味着：一方面，我们的教育能够享受到现代科技的发展所带来的便捷；另一方面，又对我们的教育参与者形成挑战甚至威胁。技术永远是一把双刃剑。在技术变革所推动的大学治理现代化的征途上，需要特别重视的是：如果你不想变成技术的奴仆，就要在它把你变成奴仆之前成为它的主人。

2. 从数字化校园到智慧校园

面对人工智能的飞速发展，为更好应对未来人工智能可能给社会发展带来的影响和变化，2016 年 10 月美国总统行政办公室（Executive Office of the President）和美国国家科学技术委员会（National Science and Technology Council Committee on Technology，简称 NSTC）联合发布了

---

① 叶澜. 新基础教育论——关于当代中国学校变革的探究与认识 [M]. 北京：教育科学出版社，2006：37-49.

名为《规划未来，迎接人工智能时代》的报告。该报告分析了人工智能的发展和应用现状、存在的问题，为美国政府及相关机构更好应对未来人工智能发展引发的挑战，提出了一揽子对策。我国也制定了《教育信息化十年发展规划（2010—2020年）》，提出了我国教育信息化的"两步走"发展战略：第一步是2015年前，重点是建设、应用；第二步是2016年后，重点是融合、创新。而随着党的十九大的召开，教育部宣布：我国教育信息化结束1.0时代，迎来2.0时代。其根本性变化是以教育信息化来促进教育现代化，全面提升教育品质，构建新时代教育的新生态。1.0时代关注量变，2.0时代关注质变。前者强调应用推动，融合发展；后者强调创新引领，生态变革。理性地讲，我国在人工智能研究方面，与以美国为代表的发达国家还相差很大距离，智慧教育和智慧管理尚待时日。

但是，我们可以预期：人工智能的发展，会彻底改变校园环境。未来，校园信息化建设将向更高层次的智慧校园迈进，各种各样智能感知设备和技术无处不在。校长、教师、学生以及所有的其他利益相关者，都在不经意间被镶嵌到有形的校园物理空间和无形的虚拟数据空间之中。大学生踏进校园就可以通过刷脸等技术完成签到，离开校园时自动告知辅导员或家人，进入智慧教室，灯光、空调和多媒体设备自动开启，课桌椅按照个人最喜欢的方式自动调适。如若哪个学生身体不适，会通过红外传感器自动报警求助，如果学生注意力不集中、开小差就会及时收到人工智能的温馨提醒，完成作业后人工智能会及时生成学力分析报告。如果你心情不悦人工智能就会逗你开心，如果你长时间沉迷游戏就会像失信的"老赖"一样，处处受限。也许你还可以看到校园里有很多机器人，他们担负着保洁、宿舍管理甚至食堂餐饮服务……所有这一切均表明，大学校园的物理环境、教室的教学环境、网络学习环境以及宿舍生活环境都可以与人工智能深度融合，全面实现从环境数据化到数据环境化、从教学数据化到数据教学化、从人格数据化到数据人格化转变。也许我们可以这样说：传统的大学校园因为有山有水有人而充满灵气，未来的大学校园则因为人工智能技术而温馨智慧。

综合以上，可以认为：大学治理现代化是一场工程浩大的教育管理变革，包括价值重构、制度创新、机制转换和技术进步四个彼此关联的维度。本质上，它将尽可能消解一切不利于大学教育现代化的思想、体制、机制和技术等障碍因素，实现大学治理的自我革新和自我完善，达到与国家治理体系与治理能力现代化协调发展。

第四节　中国大学治理现代化的目标

中国大学治理的现代化，是指大学治理理念、治理体系和治理方式从不能满足人民需要、国家战略转变为能够满足人民需要、国家战略的动态发展过程。大学治理体系和治理能力的现代化，是实现我国高等教育现代化的重要组成部分，是实现我国从高等教育大国向高等教育强国转变的根本保障，也是推进国家治理能力现代化的具体体现。中国大学治理现代化的目标，是人们对建设与未来高度发达的高等教育强国相适应的大学治理体系与治理能力的一种美好预期，是大学治理体系现代化的应然状态，也是对大学治理能力现代化的集中反映。

中国大学治理现代化的目标，具体表现在大力弘扬人的现代性、全面达成大学使命、充分实现师生权益、优化设计治理体系和提高大学治理效能五个方面。

一、大力弘扬人的现代性

大学的首要任务是培养人，即不断造就堪当民族复兴大业的时代新人。这些人是经过自身主动现代化并获得了现代性特质的人，是热爱生活、崇尚创造、勇于担当、包容开放，具有强烈主体意识和完善公民素养的人。

1. 人的现代性解读

人的现代性问题，可以追溯到欧洲的文艺复兴时期。在中世纪的欧洲，宗教神学占据绝对统治地位。德行教化和人格养成，无不被整合进神学的整体框架，从而凸显出过度关注精神陶冶的唯灵论色彩。作为基督教分支之一的天主教，要求人漠视尘世、摆脱物欲，完全从现实社会生活中退隐。它倡导一种以苦身修行为宗旨、以隐居独处为特征的"出世禁欲主义"。人的本质和价值，需要并且只能通过对上帝的关注来加以确证。因此，人之所以为人，其本质依据在于信仰上帝、服从上帝，实质上是对人的本质的异化和对人性的践踏。文艺复兴将理性传统与人类发展至近代的漫长历史演化进程中所积淀的丰富内涵相结合，由此诞生了以技术理性和人本精神为主旨的新文化。但是，真正关注人的现代性问题，是20世纪60年代以后的事情。在探讨经济发展机制与规律的过程中，人们逐渐认识到，经济增长并不等于经济发展，物质世界的现代化也不等于整个社会的现代化。一个民族、一个国家真正的现代化，必须把人的因素考虑进去，即现代化进程可以相对划分为两大层面：一是以经济增长、技术发展、制度完善为基本意涵的社会层面的现代化；二是以区域社会文化转型，社会成员素质提高，思想方式、行为方式、生存方式和生活方式转变为主要内容的人自身的现代化。

人才是社会可持续发展的主体。具体联系我国的历史和现实来说，西方用坚船利炮打开了中国尘封已久的大门，中国被迫迈入了现代化的历史进程之中。新中国经过改革开放40年特别是确立社会主义市场经济制度20多年的改革和发展实践，我国社会就整体而言，的确发生了翻天覆地、量质兼备的变化，取得了举世瞩目、国人认同的巨大成就。但从现代化的深层内涵而言，它早已不囿于经济和技术的加速发展，甚至也不再仅仅是政治民主与社会制度的进步，而是集中表现为文明和文化从传统到现代的深刻转型，突出表现为人的思维方式、行为方式、工作方式或生活模式的根本转型。没有人自身的现代化，就不能算作真正的、完整的和优质的现代化。

人的现代化具体说来就是由凭借习惯、传统、风俗、情感而自在自发的传统主体向具有主体性和创造性、具有人本精神和技术理性的自由自觉的现代主体的转变。

2. 人的现代性的特征

人的现代性不仅是现代人所具备的个性品质、知识水平，而且是一种积极的人生态度、正确的价值取向和健康的行为方式。这是一个极其宏大的命题，难用三言两语说清楚。但是，人的现代性至少包括类现代性与个体现代性两个层面，以下三点是最基本的：

一是综合全面的科技人文素养。前者体现为科学知识、科学精神、科学思维、解决问题等技术理性方面，是人向外探索自然世界所形成的理性态度、知识和能力，表现为敬畏自然、崇尚自然的天人合一的思想指向；后者表现在尊重生命、尊重人格、崇尚独立、崇尚自由、关注自我、关注德性养成等价值理性方面，是人向内探索自我世界，建构自我认识，确立生活价值、建设精神家园等方面的人文知识、人文精神和人文关怀。总体上讲，具有现代性的人，必须是科技与人文、技术理性与价值理性的复合体。"价值理性将道义和理想放在首位，为了道义和理想的实现可以奋不顾身、不计后果。价值理性较之功于算计的工具理性，更能体现人的崇高，对于社会进步而言也更富革命性。"

二是强烈成熟的主体意识。主体意识的形成即人的主体性发展。郭湛指出，人的主体性是人作为活动主体的质的规定性，是在与客体相互作用中得到发展的人的自觉能动和创造的特性。按照一种历史的和逻辑的顺序，人的主体性的发展进程也许可以分为三个时期、九个阶段：第一，初级期人的主体性，包括四个阶段，即自在的主体性、自然的主体性、自知的主体性和自我的主体性；第二，转折期人的主体性，是一个阶段，即自失的主体性阶段；第三，高级期人的主体性，也包括四个阶段，即自觉的主体性、自强的主体性、自为的主体性和自由的主体性[①]。在这里，人的主体性主要指主体意识、批判意识、参与精神。这是人的现代性的标志性品质。主体性的萌芽早孕育在古希腊哲学之中。不过，黑暗的中世纪让人的主体性消磨殆尽。进入17世纪后，从笛卡尔起，西方哲学开始了认识论转向的历程。从"人"出发，导出了两大基本进路：一是理性主义路线，经由马勒布朗士、斯宾诺莎、莱布尼兹和沃尔夫学派到康德而后发生转折，确立了人在人与世界关系中的主体地位；二是人本主义路线，经由霍布斯、洛克到卢梭，主要考察人类的情感意志生活。此两大进路，不但蕴含着人对人与自然的自觉，而且蕴含着人对个体与群体（社会、人类）关系的觉醒。可见，理性主义和人本主义的双重精神内涵，都对人的发展和社会进化具有尤为重要的意义。

袁贵仁认为，人的主体性是指人作为主体的能动性、作为活动主体

---

① 郭湛. 人的主体性的进程[J]. 中国社会科学, 1987 (2)：55-64.

的创造性和作为活动主体的自主性①。就此而言，人的主体性的确立，使理性原则、自我反思、自我批判和自我完善相结合的价值追求得以为人所接受和认可并力图实现，从而具有了现代人应具有的主体意识、批判意识和参与意识。这是就完成了现代化进程的西方世界而言。

而就我国来说，人的主体性从启蒙到凸显，还有一段极其漫长的历程。中华传统文化中根深蒂固的"天人合一"的价值取向，使中国人习惯于对整体进行直觉把握和经验体悟，进而缺乏对社会内在结构的精密解析能力，也缺乏对自己主体性和个别性的自我认知。特别是批判意识不在场与不在位，既存在于百姓日常生活之中，又嵌入各级各类教育之内。这是一种不容忽视的现象。如若我们的大学完全只是在一种预设好的环境中并以预定的目标为唯一指针来培养学生，不容许异声发出和歧见产生，只注重科学知识传授而忽略批判性思维品质养成，只看到外显行为变化而忘记内心生活的幽暗、柔软与复杂，就很难培养出那种被称为现代性或主体性的东西。所以，人本身所具有的对自身行为主观感知、批判质疑、重构再造能力，或者一种自疑、自批、自省、自新的精神，却被一部分教育者长久地忽略甚至祛除了。

三是坚实和谐的自控能力。毛泽东在《纪念白求恩》一文中指出："我们大家要学习他毫无自私自利之心的精神。从这点出发，就可以变为大有利于人民的人。一个人能力有大小，但只要有这点精神，就是一个高尚的人，一个纯粹的人，一个有道德的人，一个脱离了低级趣味的人，一个有益于人民的人。"② 无论在西方还是中国，社会走向现代化的过程都充满着各种矛盾，有的甚至出现严重危机。面对这些危机，无论是预防还是治理，都需要基于人类共同体发展的根本需要，将自己与他人、局部与整体、内心与外行、理性与情感、知性与德性等一系列存在潜在的价值冲突与立场放弃的范畴整合起来，防止出现西方早期现代化国家业已出现的经济危机、政治危机与文化危机，进而造成人们的信仰危机、交往危机与决策危机。正如高清海所指出的：人在追求独立的单

---

① 袁贵仁. 主体性与人的主体性 [J]. 河北学刊，1988（3）：23-29.
② 毛泽东. 毛泽东选集：第二卷 [M]. 北京：人民出版社，1991：128.

向度发展中造成了人与自然、人与他人之间的极端对立，从而使自己深陷于因自身发展状态不完善而带来的种种生存危机的困境之中。一方面是人与自然的张力失度，各种全球性的危机接踵而至；另一方面是人与他人的张力失度，在新的技术专制制度下，人同人相异化，人与人的疏离性、敌对性充斥于世。前者使人类反省到人对自然价值认识的缺失，后者使人类反省到人对人自身价值认识的缺失①。

3. 大学对弘扬人的现代性的作用

大学教育对大学生现代性的形成，具有积极和消极的双重影响。这些影响主要表现在以下几个方面：一是价值引领。现代化的大学教育首先蕴藏着新的核心价值体系。这种价值体系既源于传统大学教育而又区别于传统教育。它以科学精神和人文精神为基本内涵，以自省、对话和实践为主要路径，以主体性和自控性协调成长为目标，关注的是人的未来性、社会性和发展性。二是生涯规划。马克思在谈到人的发展时，曾经划分了三个阶段："人的依赖关系（起初完全是自然发生的），是最初的社会形态，在这种形态下，人的生产能力只是在狭隘的范围内和孤立的地点上发展着。以物的依赖性为基础的人的独立性，是第二大形态，在这种形态下，才形成普遍的社会物质交换，全面的关系，多方面的需求以及全面的能力体系。建立在个人全面发展和他们共同的社会生产能力成为他们的社会财富这一基础上的自由个性是第三阶段。第二个阶段为第三个阶段创造条件。"② 大学应该立足于当前、面向未来，帮助学生志存高远、脚踏实地，促使其个性发展、人格完善，从而形成完整而充满活力的生命存在。三是实践体悟。人的现代性作为一种价值观念，必须让学生把现代性内化为自己的信仰。人的主体性不会是免费午餐，它除了让学生了解、理解之外，最重要的是实践，是让学生自己体会与感悟。"纸上得来终觉浅，绝知此事要躬行。"大学不仅要增加使学生学习聆听与对话交流的机会，更要让学生在读万卷书的同时行万里路，坚持

---

① 高清海．"类哲学"与人的现代化［J］．中国社会科学，1999（1）：70-79．
② 马克思．政治经济学批判（1857—1858 手稿）［M］//马克思恩格斯选集．北京：人民出版社，1972：36．

在实践中理解，在实践中应用，在实践中完善，在实践中内化。

二、全面达成大学使命

大学使命是人们对大学这一特殊组织必须承担的社会责任的一种确定，是人们对大学应有价值的判断、追求和选择，具体体现为大学组织的宗旨、理想、目的和责任[①]。而大学职能与使命的达成，是大学治理能力现代化的出发点，也是重要目标。大学治理体系和治理能力的现代化指向，要服从和服务于现代大学多元而复杂的使命实现。尤其是处于当代社会中的大学，其社会使命不断拓展且彼此交织，一些非本质使命（如职业化的知识创造、社会化的专业服务、商业化的合作办学等）不断地侵扰与遮蔽大学的本质使命（培养主动融入当代社会的高素质公民），造成大学领导者在办学实践中或顾此失彼，或茫然无措，或见利忘义，或因循守旧。因此，大学治理的现代化，要始终围绕大学本质职能的实现，处理好各种非本质却无法拒斥的衍生性职能的内在逻辑关系，从而全面达成现代大学的复杂社会使命。

在科技革命和全球化浪潮激荡下，我国经济、政治、文化和教育等各方面迅速发展，大学承载着日愈增加的社会功能。大学早已不再是一个拥有特殊本质与优雅姿态的社会组织，而是变成了一个"筐"、一个"缸"、一条"变色龙"。无论是出于利益驱动，还是基于压力过载，大学或被动或主动地接受越来越多的期望、责任。结果是，大学越来越不像自己，也越来越不认识自己。但是，大学仍然要致力于核心任务、核心职能，剥离、调整、分化和转移那些附着在大学身上的非本质东西，成为真正的"专业化知识工作者组织"。为此，大学必须回归大学之道，刮骨清淤，正本清源，重新成为成熟的自己。

第一，大学首先应该固本，本固而基强、本固而校安。大学之本何在？大学之本，本科为本，根本不牢，地动山摇。为什么大学必须以本科为本？本科教育是大学教育区别于基础教育的基本特征，是大学不同于中小学的本质标志。不仅如此，本科还是大学生进入社会的第一出口，同时也是进入研究生教育的主要通道。就此而言，本科教育的质量

---

① 眭依凡.大学的使命及其守护[J].教育研究，2011（1）：68-72.

不仅决定了直接进入社会就业的毕业生的综合素质，而且直接影响大学的办学声誉，还在很大程度上决定着研究生教育的起点高度与发展的可能性空间。大学是高深知识传授、加工和应用的社会组织，但是大学在生产知识的过程中，不能主要基于功利目的，而应服务于教育培养人这一根本使命。

第二，大学应该重视研究生教育。研究生教育是大学人才培养的高级阶段，是培养专业化导向更加明显、专业化分工更加精细、专业化程度更加提高的高级专门人才的高地。近年来在我国高等教育界流行一句话：一流的本科，二流的硕士，三流的博士。这说明研究生教育从生源结构上不如本科，加上研究生阶段基本上是师徒制，其质量主要取决于导师的治学态度的严谨程度与学术修为的高低。

第三，大学应该服务于国家战略。民族国家的崛起与全球化趋势明显是当代社会发展的两大主题。我国形成了基于中国文化传统、政治制度和大学自身基础的特定大学制度与职能定位，这个特定大学制度的根本特点就是服从和服务于国家发展战略。它既是大学作为学术或知识机构的应有之义，也是服务社会职能以及其他衍生职能的集中体现。实践证明，以国家战略驱动大学发展进而实现大学进步是极其有效的。当然，有时也是政府失灵、大学失常的根源所在。正如霍克海默和阿道尔诺所言，"知识的真正目的、范围和职责，并不在于任何貌似合理的、令人愉悦的、充满敬畏的和让人羡慕的言论，或某些能够带来启发的论证，而是在于实践和劳动，在于对人类从未揭示过特殊事物的发现，以此更好地服务和造福于人类生活"[①]。

三、充分实现师生权益

依法保障师生权益是依法治国方略在大学教育工作中的具体表现，同时也是实现大学良法善治的本质要求。盖尔纳指出："对于大多数人来说，个人的可雇佣性、尊严、安全感和自尊取决于他们所接受的教育，他们在其中受教育的文化范围，也就是他们在道德和职业方面赖以

---

① 霍克海默，阿道尔诺. 启蒙辩证法 [M]. 渠敬东，曹卫东，译. 上海：上海人民出版社，2003：2-3.

生存的范围。人类所接受的教育是他们最宝贵的资源，教育实际上给了他们名分。现代人用不着效忠某位君主，忠实于土地或者信仰，他要忠实的是一种文化。"① 从保障师生权益的角度而非方便治理的角度来思考问题，是大学治理现代化不同以往的本质区别。

1. 保障师生权益的充分实现是大学治理现代化的出发点

保障师生权益的充分实现，是大学依法办学、依法治校的内在需要。2013年教育部发布的《全面推进依法治校实施纲要》（以下简称《纲要》）中，对师生在参与学校管理、行使监督权力、实现自我发展等方面的权益给予制度保障，强调将积极落实教师、学生的主体地位。《纲要》涵盖了各级各类学校推进依法治校的目标要求和主要任务，对学校按照法治精神与原则，转变管理理念、手段和方式提出了系统要求。

首先，依法尊重和保护学生权益。依照《中华人民共和国宪法》以及《中华人民共和国民法通则》、《中华人民共和国教育法》和《中华人民共和国高等教育法》等相关法律之规定，大学生享有宪法规定的公民权、民法规定的人身与财产权、教育法和高等教育法规定的受教育权等。例如，《中华人民共和国教育法》规定受教育者享有下列权利：①参加教育教学计划安排的各种活动，使用教育教学设施、设备、图书资料；②按照国家有关规定获得奖学金、贷学金、助学金；③在学业成绩和品行上获得公正评价，完成规定的学业后获得相应的学业证书、学位证书；④对学校给予的处分不服向有关部门提出申诉，对学校、教师侵犯其人身权、财产权等合法权益，提出申诉或者依法提起诉讼；⑤法律、法规规定的其他权利。《纲要》多处强调，大力保障学生参与学校事务的渠道畅通和切身权利，要求学校不得违背法律原则和国家有关规定，擅自设立有区别的招生条件或规则；消除以不当形式对学生进行分类、区别对待以及带有歧视的制度、言行；切实保障残疾人的平等受教育权利，不得以非法理由拒绝招收残疾学生等。

其次，依法尊重和保障教师权益。大学教师与学生一样，享有《中

---

① 欧内斯特·盖尔纳. 民族与民族主义 [M]. 韩红，译. 北京：中央编译出版社，2002：48.

华人民共和国宪法》以及《中华人民共和国民法通则》等法律规定的公民权、人身和财产权等相关权利，还享有《中华人民共和国教育法》、《中华人民共和国高等教育法》、《中华人民共和国教师法》所规定的受教育权及其他权利。例如《中华人民共和国教师法》规定教师享有下列权利：①进行教育教学活动，开展教育教学改革和实验；②从事科学研究、学术交流，参加专业的学术团体，在学术活动中充分发表意见；③指导学生的学习和发展，评定学生的品行和学业成绩；④按时获取工资报酬，享受国家规定的福利待遇以及寒暑假期的带薪休假；⑤对学校教育教学、管理工作和教育行政部门的工作提出意见和建议，通过教职工代表大会或者其他形式，参与学校的民主管理；⑥参加进修或者其他方式的培训。《纲要》也明确将着力保障学术自由，建立公平、公正的学术评价标准和程序；保障教师根据课程的有关要求，科学安排教学内容和方法，充分、正当地行使教学的专业自主权。同时，学校专业技术职务评聘办法、收入分配方案等与教职工切身利益相关的制度、事务，要经教职工代表大会审议通过。

2. 保障师生权益的充分实现是改进我国大学治理的现实需要

长期以来，我国大学治理的人治色彩非常浓厚。作为学校办学治校"宪章"的大学章程还处于刚刚制定状态。虽然有的学校已经按照大学章程调整了具体的规章制度，但总的来讲还处于徒有虚名、束之高阁的状态。章程尚未发挥其应有的作用。与此同时，学校办学治校过程中，损害大学师生权益的事件时有发生，有的后果还相当严重。学校领导的法治精神、法治思维与法治能力还显得薄弱，习惯于用传统的行政管理思维处理事务；师生的维权意识虽有进步，但总体情况不佳；学校还没有建立完善的法律救济机制；等等。这些都证明：在大学治理走向现代化的过程中，学校领导首先要提高法治意识与法治能力，从而使大学的法治水平得以提升，保障师生的公民权、人身与财产权、受教育权和教育权能够充分全面地实现。

四、优化设计治理体系

现行的大学治理体系，已难以面对日益复杂的治理事务和适应新时代教育改革发展的新要求，陷入了日益明显的治理失灵窘境。过度功利化的治理理念、完全碎片化的治理结构、行政主导化的治理机制、简单粗放化的治理手段，都折射出它们与国家治理体系和治理能力现代化的旨趣存在较高程度的背离。中国特色社会主义进入了新时代，这是我国发展新的历史方位。紧紧抓住新时代对高等教育改革发展的新要求，深入分析社会基本矛盾转变对大学治理的新要求，进行大学治理体系的现代化重构，是推进世界一流大学和一流学科建设，实现大学内涵式发展与现代性增值，办好人民满意大学的必由之路。

现代大学治理体系是现代大学制度的近义词，张应强提出了中国特色现代大学制度的基本框架：就大学与政府的关系层面而言，其基本框架是大学自治、依法办学、政府管理；就大学与社会的关系而言，其基本框架是社会参与、中介协调、开放竞争；就大学的内部治理结构而言，其基本框架是党委领导、校长治校、教授治学、学术自由[①]。我们认为，大学治理体系应该包括外部治理体系和内部治理体系两大体系和理念、结构、机制、技术四个层级。

1. 更新治理理念，回归人本与公共性

治理理念是治理行为的原始动力和持久推力。大学治理体系现代化，首先是大学治理理念的现代化，即立足中国现代化的愿景，建立起符合时代精神的现代化大学治理理念。

相当长时间以来，我国大学治理受到工具理性的影响，从理性经济人的人性假设出发，侧重于以规模数量、短期效应和经济利益为主的外延式发展，带有明显的功利性与利益驱动。这种治理理念解决了部分高校底子薄、基础差、规模小等地方高校发展的现实问题，也推动我国高等教育实现了从"站起来"到"富起来"的历史性转变。但是，新时代人们开始更加关注大学教育质量，更加关注高等教育的过程和结果的高位公平，更加重视大学对学生和教师自身发展的影响。同时，党和国家也更注重大学的内涵式发展，更加注重大学办学目标的全面性、精准性、差异性和优质性，"强起来"已经成为大学发展和治理的新的时代

---

① 张应强，蒋华林. 关于中国特色现代大学制度的理论认识[J]. 教育研究，2013（11）：37-41.

主题。

　　大学治理理念的现代化，首先必须树立以人为本、公益至上的理念。处理好社会本位、学校本位和师生本位的问题。要在"坚持以人民为中心"、"办好人民满意的教育"、"扎根中国大地办好中国特色社会主义大学"等基本原则的指导下，推动大学治理理念回归人本和公共性，在大学治理中更加重视人文关怀，更加关注大学对人的现代性发展方面的职能，更加关注大学立德树人这一根本任务的完成。其次要树立良法善治、公平正义的理念。良法善治即良善法治。大学应该以立良法为抓手、施良法为重点、促法治为目标、图善治为归宿。法治是整个大学治理现代化的底板。底板的高度决定了大学的高度，底板的厚度决定了大学承载的质量。大学是社会的良心，是民族的脊梁。因此，大学的公平正义是社会公平正义的高地，也是照亮社会走向公平正义的灯塔。大学对公平正义的坚守，直接影响市民社会对公平正义的价值抉择。大学一旦充满特权、羞辱或歧视，就会成为社会颓废的"教唆犯"。再次，要树立优质均衡、开放办学的理念。大学是民族的，也是国际的。归根到底，是国际的。因此，大学治理现代化的过程，也是促进大学办学走向国际化的过程。中国特色的世界一流大学，不是劣质封闭的代名词，而是优质卓越的代言人。因此，大学治理现代化的过程，也是我国大学实现空间布局优化、优质均衡发展的过程。大学的地区差距、科类差距、层次差距和校际差距将有效缩小，公民的高等教育选择权得以尊重并切实改善。最后，要树立学术自由、大学自治的理念。学术自由是大学创造力的源泉，也是大学自治的最佳辩护理据。大学是社会的思想库和文化馆。没有大学的自治，就难以保障学术自由，也就无法保障师生的自由学习、自由想象和自由创造，就没有学术的日益精进，归根到底，国家就没有国际话语权和竞争力。当然，我们必须明确：学术自由并不是漫无边际的。它只是高级知识创造的保护力量，而不是损害国家利益的庇护之所。教师的学术自由、学生的学习自由与公民的言论自由、契约自由等是有根本区别的。以教师的学术自由权去混淆或侵扰公民的自由权，恣意扩大教师的学术自由权，都是缺乏法理依据、法律依据和理论依据的。

2. 创新治理结构，形成内外协调、多元善治的网络治理格局

大学治理结构是指为实现大学资源的有效配置，大学的利益相关者对大学领导、管理、运营和绩效进行激励、规制、协调和监督的一整套制度安排，它反映了具有决策权的各权力主体之间围绕权力配置与规范运行而形成的彼此关系，它构成了大学内外权力关系运行的基础，是权利分配和利益诉求的重要标准，直接关系到大学的发展方向和活力，对大学的人才培养质量与学术声誉等诸多方面影响深远、制约深刻。

我国现行的大学治理结构是新公共管理理念、计划经济体制和中国政治传统的结合体。从外部看，政校关系依然不顺、政强校弱的格局并无实质改变；第三方评估起步晚、专业性差，道德风险与逆向选择司空见惯；社会参与冷热不均，有时媒体的舆论绑架也让大学夙夜忧惶；社会参与的渠道有限，机制不活，导致大学与社会的关系常常是一种基于市场的利益结盟与交易关系，缺少足够的公开透明。从内部看，大学内部按照功能和专业化分工建立的矩阵组织结构，虽然在一定时期内满足了大学内部治理对专业化之需求，但也诱发了学校内部条块分割、各自为政、机构重叠、项目重复、沟通不畅、效率不高等一系列问题。在全面深化改革的背景下，这种状况难以寻找到继续存在下去的足够理由。

实现大学治理结构的现代化，首先要加强顶层设计，铆合"结构碎片"，疏通体制瘀块，构建内外协调、多元善治的大学治理结构框架。一方面，要进一步转换政府治理职能，按照"管办评相对分离、放管服有机结合"的总原则，重新建构政府、市场、学校、社会四者之间的新型合作关系，按照系统治理、源头治理和共同治理相结合的理路，构建新型的大学外部治理结构，实现权力重心下移、监督权力外移、资源配置权力上移、参与权力互移，形成一个具有中国特色、根植中华文化的外部合作治理整体框架，促进大学面向社会依法独立自主办学。其次要优化内部治理结构，构建党委领导下的分工明确、责权对等、相互监督、彼此制衡、对话协商、多元共治的网络治理格局，真正构建党委领导、校长治校、教授治学、民主参与的现代大学制度。一方面，要进行制度重建，用制度明确党委领导下多元共治的新型契约关系。在相关制

度安排中，进一步明确大学党委的集中统一领导，确保党委在大学内部治理体系中总揽全局、协调各方的能力和作用，同时要压实党委的主体责任与监督责任，实现责权一致、奖惩分明。另一方面，全面理顺权力主体的相互关系，完善党委领导下的校长负责制。要因校制宜地对政治权力、行政权力、学术权力、民主权力的边界及运行规则进一步明确，增强操作性与约束力。学校党委要善于支持校长治校、教授治学和师生民主参与，避免管得太多、管得太死，避免将学术问题政治化、意识形态化；校长要善于适应新时代、新形势与新要求，坚持把政治原则与教育规律相结合，找准角色定位，明确治理责任，防止错位与缺位，避免"袖长""手短"。同时要以改革完善学院制为契机，进一步完善纵横交错的学校治理层级结构、部门分工，优化制度体系，理顺校院系权责利关系，将治理重心下移，保障院系充分"依法"行使办学自主权。

3. 优化治理机制，实现自主契约、创新驱动与严格问责的结合

在创新大学治理结构的同时，还要优化治理机制，使党委领导下的多元善治格局得以高效运转，治出实效、理出成效。为此，一是要构建责任机制，主要包括责任考核机制与责任追究机制。要通过责任机制的创新与完善，进一步明确领导班子和部门的主体责任和监督责任，加强考核与责任追究，提高责任意识。二是要构建协调机制，主要包括治理主体间的行动协同机制、利益协调机制、问题解决机制、冲突化解机制。三是要构建整合机制，主要包括治理功能的整合机制、治理层级的整合机制、治理部门的整合机制。具体而言，就是运用复杂科学和复杂思维，构建政治—行政—学术—民主参与权力的耦合机制、学校—学部（学院）—系所之间的耦合机制等。四是要构建信息反馈机制。

4. 升级治理技术，精准提升大学信息化治理能力

近年来，随着国家对大学教育信息化工作的高度重视以及信息技术的迅速发展，大学内部治理手段的信息化趋势日愈明显，这有利于实现治理效能的提升。但大学内部信息化建设普遍存在方向性迷失与策略性偏颇，集中体现在建设重点的问题针对性不强，存在盲目引进系统、忽视信息整合能力建设、"政务化"倾向等问题，既无法面对信息时代对大学教育的系统性与结构性挑战，也不能适应我国新时代对大学治理提

出的新要求。

信息化是大学治理方式现代化的集中反映。大学治理体系和治理能力现代化，绝不是计算机充斥校园、网络遍布校园，甚至也不是课程与教学从线下搬到线上，从传统课堂师生间耳传面授到现代慕课师生间隔空相望。信息化不仅意味着学生的学习方式、教师的教学方式、干部职员的管理方式发生重大转变，更意味着与信息时代或数字化生存不相适应的思想方式和行为方式的革命性变化。总而言之，信息化动摇的不单是形于外的技术与物质空间，还包括更本质的隐于心的思想和精神家园。因此，提升大学治理水平必须努力找准高校内部治理信息化建设的症结所在、痛点所在，对大学的信息化治理能力进行精准提升、精益改良。为此应做到以下几点：首先，要树立科学正确的大学信息化建设理念。要彻底破除"数量至上"、"技术至上"等贪大求全、追求时髦、流于形式的建设观念，更加注重大学信息化建设的质量，在系统引进和开发上，更加关注功能实用性、实效性和实惠性，更加注重系统间的兼容性、交互性与重构性。其次，要强化功能整合，打破信息壁垒，填平信息鸿沟，消除"信息孤岛"，提升信息效能。重点要注重顶层设计，基于长远规划，加强对横向功能模块和纵向层级模块之间的功能整合、资源整合、组织整合、制度整合及文化整合，实现行政、教务、财务、学务、总务等模块功能、校—院—系（所）的层级功能等的互联互通、互用互益、互促互改，打破大学内各部门与层级之间的"信息闭锁"，建成高度开放、高速流动、高效使用、高级进化、高位安全的智能校园。最后，建设"亲民型"信息化平台。彻底改变当前"政务型"平台独大的局面，加速建设民主、开放、互动和多向度、智能化信息平台，如民主决策平台、意见收集处理平台和互动交流平台等，以平台建设增强大学治理的主动性、高效性和创造性，提高大学治理体系的回应性、包容性和现代性。

五、提高大学治理效能

作为一个办学历史悠久的国家，中国已经有了数千年的学校发展历史。然而，颇为吊诡的是，现代大学并没有诞生于中国或其他任何一个古代文明体系之中。发端于中世纪的现代大学在中国发展的历史非常短暂，迄今不过百余年，中国的现代意义上的大学，始终无法媲美欧美同业，且远落后于彼。

1. 效率逻辑是大学治理的第一逻辑

组织行为与人的行为都受多种逻辑的支配。长期以来，人们在讨论大学的行为时，普遍对商业、工业甚至公共服务部门所关注的效率逻辑持否定态度。唯一比较例外的是美国的大学，在美国，虽然大学与商业组织依然区别较大，但是，这已经是最接近商业组织的。因为美国的大学与企业一样，也讲求效率逻辑。

所谓效率逻辑，是指在大学办学过程中，应该坚持成本最小化和效率最大化的原则，对大学的常规工作与非常规工作进行成本与收益比较（经济学上包括投入—产出分析、成本—效率分析、成本—收益分析、成本—效益分析、成本—可行性分析等具体技术），进而做出理性的价值判断并作为下一步选择行动策略的基本标准的价值取向与管理理路。

该不该在大学运营中坚持效率逻辑？这是一个难有共识的问题。下面对大学组织行为中的支配个体与群体行为的几种主要逻辑做初步比较。

首先要对比的是公平逻辑。所谓公平逻辑，是在坚守"人人生而平等自由"的价值理念下，大学的办学不应以成本、效率等经济指标为目标，而应该关注全校师生在机会获得、资源分配、绩效评价等方面得到公正、公开、平等的对待，进而提高大学治理的公平性。没有效率，就不会有高水平、高质量的公平，因此，公平逻辑虽然与效率逻辑表面对立，但实际是互相影响、彼此制约。公平逻辑应该建立在效率逻辑的基础上，效率逻辑应该奉公平逻辑为圭臬，反思效率背后的事物发展方向。就此而言，效率与公平并非天敌而是兄弟。效率是手段，公平是目的。

我国大学治理的实践中，还有三个非常重要的逻辑在起作用。一是政治逻辑或者权力逻辑。长期形成的集权化、官僚化的大学体制，容易使大学领导者形成一种唯领导是瞻的心态。大学工作常以领导的喜好为取舍依据，将成本效率抛于脑后。结果往往是领导天天换，学校天天忙。大学的很多怪象，均植根于此。二是利益逻辑。与政治逻辑或者权力逻辑不同，利益逻辑与效率逻辑是同胞姐妹。中国有句古话：无利不起早。在市场经济的大潮中，一种唯利是图的价值观与行为动机常常弥漫校园。个人主义、拜金主义倾向，使部分知识分子蜕化成见利忘义、忘恩负义的无耻之徒。三是合法性逻辑。中国有古语云："木秀于林，风必摧之；堆出于岸，流必湍之；行高于人，众必非之。前鉴不远，覆车继轨。""枪打出头鸟"是对这句古语最通俗的解读。中国的大学与中国人一样，都怕"出名"，因而常常选择隐于林、隐于朝、隐于世、隐于心。

上述五种逻辑既有悠久的历史渊源，也有复杂的现实土壤。但是，从大学治理现代化的视角看，应该坚持以效率逻辑为基础、以公平逻辑为鹄的，逐步消解政治逻辑、利益逻辑和合法性逻辑的不良影响，促进大学治理效能的持续改善。

2. 提高大学效能是大学治理现代化的重要目标

坚持效率逻辑为第一逻辑，那么，就需要在大学治理现代化的进程中，树立数量、质量、公平、效率兼顾的办学理念，将提高大学治理的效能作为重要的目标。效能是一个多义概念，有两种基本理解。一是从经济学角度，将效能定义为学校对学生学业成就的影响程度，通过增值评价的方法评价学生学业成就的变化；二是从组织学角度，将效能理解为政策或行为对学校组织发展的影响程度，通过复杂多元的方法如目标达成度、组织健康、人际和谐、教师满意度、学生满意度和社会满意度等对这种影响进行描述。学校效能是近半个世纪以来基础教育领域的研究热点，如20世纪70年代美国的有效学校运动等，围绕学校效能的理论研究与评价技术讨论已经汗牛充栋。然而，相比之下，大学教育领域的效能研究则凤毛麟角。虽然围绕高等教育质量保证体系建立和改进学术评价制度等领域，学者们开展了为数不少的具体方法探索和实证研究，但总体而言，共识甚少，大学效能至少目前仍处于隐学之境。因此，在推进大学治理现代化的过程中，应该就如下方面但不仅限于如下方面加强对大学效能研究，以指导大学改进绩效，提升效能。

一是要从教育经济学的角度加大对大学系统与单一大学内部的投入—产出分析。如果可能，不再如目前一样，只公开预算并只关注三公经费，而是通过全口径、全成本分析的方法，向国家、社会以及受教育者及其家庭提供权威规范、科学准确的财务分析报告，使所有需要理解学校办学成本和财务状况的个人或机构明确成本构成、成本变动原因、资金流向及其合理性等。

二是要从教育管理学的角度加大对大学效能的多维、多元深度分析，探明影响大学发展的各种因素，引导大学持续改进治理策略，促进大学治理现代化的稳步发展。包括目标管理中的目标达成度研究；领导者、教师和学生的自我效能感研究；大学各类主体及利益相关者对大学治理的满意度研究；大学组织氛围对大学工作的具体影响研究；大学改革中的人际冲突及其对改革进程和结果的影响研究。

三是要从教育社会学的角度关注大学效能改善中的公平问题。要以学生为核心，关注大学各类学生在机会、活动、资源及政策中的公平问题。例如，可以用增值分析方法对处境不良的贫困学生的学业、心理和行为变化进行测量评价，关注他们的身心健康和学业发展，关注学校所有政策在公平性指标上的改进情况，进而促进大学教育公平的切实实现。

第三章　中国大学治理现代化的分析框架

视角决定视野，方法决定方向。站在不同的视角，就会有不同的焦距和景深，看到的一定是不同的风景和不一样的困境；运用不同的方法，就会有不同的流程和要求，采集的一定是不同的素材和不一样的问题。推进中国大学治理现代化是一个常新的研究课题。站在历史与现实的交汇点上，应该如何选取一个能够托起整个大学治理现代化的阿基米德点，是摆在我们前行路上的首要使命。为此，我们必须回到现代化最初出发的地方，借助古今学者的智慧，去开辟一条可以正确前行的道路。

第一节　治理现代化研究的缘起与流变

如果把现代化研究也看作治理现代化研究的一种形态，那么，治理现代化研究的历史已经不短；但若以党的十八届三中全会公报正式使用国家治理体系和治理能力现代化而引发中国学界的泉涌式探究作为标志，治理现代化研究则是最近五年的事。从历史的脉络看，无论是西方世界还是东方国家，无论是资本主义的生物入侵式扩张，还是社会主义在探索中曲折发展，都一刻也未停止过对过去的回望、对现实的省思和对未来的憧憬。历史永远是一条不断流淌的河，不管多么蜿蜒曲折、湍急潺湲，总是毫不懈怠地流向远方。因此，将治理现代化置于人类历史或者至少是现代化追求的历史背景中，也许会更容易正确取舍、确保航向不偏。

一、现代化研究的缘起

迄今为止，学术界对于现代化的概念仍未达成共识，因而西方现代化研究起于何时也众说纷纭。罗荣渠作为我国 20 世纪 80 年代现代化研究之翘楚，系统地探索了现代化研究的渊源与变化过程①。

1. 世界现代化研究的缘起

现代化是全球性浪潮下的产物，反映了人类社会从传统的农业文明走向现代的工业文明的巨大变革。18 世纪 60 年代发源于英国的"第一次工业革命"开启了使用机器代替手工劳动的新时代，这种新的技术方式迅速在西欧和北美等国家传播，使其陆续进入工业化时期，社会转型与变革在悄悄生根发芽。社会的深刻变化引来了社会学研究者的注意。社会学的奠基人——法国的哲学家、社会学家奥古斯特·孔德（1798—1857），希望通过实证的方法来分析社会动荡的原因并重构社会秩序，而克劳德·昂列·圣西门（1760—1825）关于工业化的理论则成为 19 世纪工业化思潮中最为重要的一派。

工业化的兴起和迅速发展，在解放人类双手和创造繁荣物质世界的同时，也引起了社会改革理论家对其未来发展的担忧。悲观派认为，新兴工业主义将会导致生活方式与人际关系的转变，进而激化社会矛盾，因此并不能长久；乐观派则认为，西方工业资本主义将会引领人们走向科学、民主和理性主义的道路②。事实证明，由于在 19 世纪末期，西欧和北美的现代资产阶级工业化取得极大成功，使得西方世界成为整个非西方世界学习的榜样而进行"西方化"，因而乐观派看似更有眼光。然而，这种乐观的思潮在第一次世界大战面前受到了重创。法西斯集权主义的盛行，全面暴露了工业化的弊端。工业化虽然加速了生产，提高了劳动生产率，但同时也加速了阶级分化，加剧了社会矛盾，使整个世界陷入政治动乱、经济危机和文化茫然的局面。德国社会学家马克斯·韦伯（1864—1920）、文化哲学家施彭格勒（1880—1936）、历史学家汤因比（1889—1975）、美国著名作家威尔斯（1915—1985）等人，各自在其著作中表达出对现代世界未来前景的强烈担忧，证明当时的欧洲社会确实已经面临着严重而深刻的危机。此种危机不仅仅表现为整个欧洲社

---

① 罗荣渠. 现代化新论 [M]. 北京：商务印书馆，1993：25-51.
② 罗荣渠. 现代化新论 [M]. 北京：商务印书馆，1993：26.

会的频繁动乱与激烈战争,还表现为科学技术的弊端凸显以及宗教价值的日渐式微。这种消极负面的社会观念与价值取向,一直延续到了第二次世界大战,蔓延至整个欧洲大陆。

第二次世界大战的爆发为人类带来了沉痛的灾难与惨痛的记忆,却也带动了各国科学技术的快速发展。工业化这朵带刺玫瑰二度绽放,技术革命促成了人类社会生产和生活方式的迅速改变。它主要源自19世纪60年代进行的第二次工业革命,将日新月异的新技术、新工艺广泛应用到社会生产和生活的各个领域,使生产力得到极大解放,人们的生活得以彻底改变。尤其是随着14世纪新航路开通而逐步建立起来的世界殖民体系,为宗主国带来了廉价的生产资料、劳动者和广阔的商品倾销市场,加速了世界的分化,也进一步助长了像希特勒这样的法西斯狂徒称霸世界、掠夺市场的狼子野心。在20世纪初到世纪中叶的时间内,欧洲就经历了两次世界大战的洗礼,不可不谓是世界文明史上具有巨大讽刺意味的反面教材,这完全可以看作野蛮对文明的肆无忌惮的羞辱、践踏与迫害。遭遇第二次世界大战的浩劫之后,西欧各国经济停滞,整个欧洲世界衰败不堪、惨不忍睹,殖民体系几近瓦解。与此形成鲜明对比的是,美国不仅没有遭受两次世界大战的创伤,反而利用欧洲的绵绵战火、韬光养晦、休养生息,将独立战争和南北战争之后形成的制度优势、因躲避战火从世界各地蜂拥而至的人才优势紧密结合,一跃成为西方现代资本主义经济和政治发展的领头羊,并自诩为现代资本主义的样板,试图成为其他国家学习之楷模。美国社会学家塔尔科特·帕森斯(1902—1979)曾在其著作中指出,现代化的过程不仅是西方化,实质上更是美国化[1],这一论断确认了美国已经成为资本主义世界的中心,由此展开的现代化理论的研究视角都以美国化的发展模式为标准,以此来衡量其他国家的现代化程度,因而从某种程度上来说,现代化研究是随着美国走向现代化而发端的。

20世纪50年代,现代化研究已逐渐成为社会学科类别下的一门交

---

[1] 蔡文辉. "美国第一"——帕森斯的社会进化论[J]. 比较社会学,1982(24).

叉学科或者边缘学科，而学界对于现代化的研究，是随着整个世界格局和国家发展状况的变化而不断改变的。第二次世界大战以后，所有在战争中遭受到严重打击的国家，亟须尽快恢复社会秩序、重建社会体系，一些传统的殖民地国家迫切希望摆脱殖民统治、寻求民族解放和国家独立。尤其是当亚、非、拉地区陆续建立了新独立的民族国家以后，寻求何种发展道路和发展模式是其不容回避、必须面对的紧迫而重要的问题。苏联的发展，成为工业化、现代化的另一蹊径。苏联走的是与欧洲资本主义国家截然不同的发展道路，进而形成了资本主义现代化与社会主义现代化两大阵营。苏联的实践在东欧、中国、东南亚和拉美等地区都产生了较大的影响，一些新独立的国家选择了独立自主的社会主义现代化道路，也由此形成了苏美之间的冷战局面。受冷战思维的强烈影响，东西方国际关系紧张，在政治、经济、军事和文化等各个方面均处于彼此对峙、相互较量的冲突状态，也铸就了现代化研究的价值立场、研究范式、研究重点的转向。一方面，美国由于具有比欧洲更多的经济与人才优势，他们希望将主要的研究力量投入到本国经济增长的研究之中；另一方面，美国学界也积极探寻一系列影响发展中国家经济增长的因素，并将其整合到现代化研究的整体框架之下。

现代化的研究对象首先是集中于经济领域，因为促进经济增长是战后各国面临的共同问题。早在20世纪50年代初期，美国的经济史学家华尔特·惠特曼·罗斯托（1916— ）就已着手研究现代经济增长理论，以期实现西方发达资本主义国家再生产和长期发展。按照罗斯托的观点，一国经济"起飞"后，将进入经济持续增长阶段。他在1960年出版的《经济成长的阶段》一书中提出，一个国家的经济成长一共要经历5个阶段：①传统社会阶段；②起飞准备阶段；③起飞进入自我持续增长阶段；④成熟阶段；⑤高额群众消费阶段。1971年，在他的新作《政治和成长阶段》中又增加了一个新阶段，被称为超越大众消费阶段或追求生活质量阶段，从而构成了他的经济增长的"六阶段理论"。他的理论在发展经济学领域被称为罗斯托经济起飞模型，后来他还不停地完善其理论体系，为历史主义的经济发展理论提供论据，同时也有学者将其视为美国"越南战争"的幕后推手。美国现代财政学之父理查德·

阿贝尔·马斯格雷夫（1910—2007）则将经济发展的阶段分为早期、中期和成熟期三个阶段。依据罗斯托的观点，美国不仅是现代化的国际样板，而且美国就是靠它"影响事态发展的资源和能力所及，在世界许多地区帮助维护现代化进程中的国家主权完整和独立自主"①，因而罗斯托的观点被称为传播论，其观点代表了西方现代化流派中资产阶级右翼观点。

2. 中国现代化研究的缘起

世界上关于现代化的最早研究来源于美国，而我国的现代化实践则起源于19世纪60年代至90年代的洋务运动，这一时期现代化研究的研究对象主要集中于技术层面。洋务运动以学习西方技术为第一使命，倡导通过实施"师夷之长技以制夷"的战略来彻底改变中国经济上贫穷和政治上落后的面貌。时任湖广总督的张之洞倡导的"中学为体，西学为用"的主张具有前卫性和革命性，为启动近代中国的现代化进程开辟了道路。光绪年间，由康有为、梁启超等人所领导的维新变法运动，是在政治制度改良方面所做出的大胆尝试。这一时期现代化的视角已不再停留在改造"器物"，更在改变制度上。然而，令人沮丧的是，他们在认识上未能真正突破传统观念，没有真正意识到中国现代化的最大障碍及其逾越策略。1912年，孙中山领导的辛亥革命推翻清朝专制，建立了中华民国南京临时政府。这是中国政治现代化过程中的一个重要里程碑，它不仅结束了绵延2 000多年的封建专制制度，而且让自由民主之思想深入人心，因此即便有袁世凯称帝和张勋复辟的反动，但他们仍不能改变历史前进的轨迹，必然落下一个失败的结局。

这一时期，除了有对现代化的实践探索，还有思想层面的探索。梁启超在《少年中国说》中明确写道："故今日之责任，不在他人，而全在我少年。少年智则国智，少年富则国富；少年强则国强，少年独立则国独立；少年自由则国自由；少年进步则国进步；少年胜于欧洲，则国胜于欧洲；少年雄于地球，则国雄于地球。"② 在《新民说》中，他还借

---

① 罗荣渠. 现代化新论 [M]. 北京：北京大学出版社，1993：29-30.
② 梁启超. 少年中国说 [M]. 北京：中国画报出版社，2014：8-9.

古拓新，提出了新民的概念及特征。他指出："新之义有二：一曰，淬历其所本而新之；二曰，采补其所本无而新之。"这些新人的特点包括自由、自治、进步、自尊、合群、尚武、进取冒险以及权利思想、国家思想、义务思想等①。由此可见，梁启超的新民理论已经与现代化理论中的人的现代化主张有诸多相似之处。

在思想现代化方面有突出表现的，当属由陈独秀、李大钊等人所领导的五四新文化运动。它被看作中国现代思想与中国传统思想的深刻较量。他们认为，中国要真想走上现代化道路，则必须从根本上改变大众思想，彻底摒弃中国传统文化。五四新文化运动提出了四点核心主张：一是提倡民主，反对专制；二是提倡科学，反对愚昧；三是提倡新道德，反对旧道德；四是提倡新文学，反对旧文学。新文化运动的最大意义在于：促进了人们的思想解放，激励着中国人追求民主和自由，为那个时代的人们学会用世界性、现代性眼光看待中国面临的问题提供了正确思路。陈独秀明确提出了新青年作为"现代人"所应该具备的基本特质：自主的而非奴隶的；进步的而非保守的；进取的而非退隐的；世界的而非锁国的；实利的而非虚文的；科学的而非想象的②。这足以证明，在五四新文化运动时期，学界已经从早期洋务运动中对技术进步的青睐和在戊戌变法时期对制度改良的关注逐步转移到对文化的改造与新人的培养或者人的现代化方面。

我国现代化理论的研究，起源于五四新文化运动以后。"现代化"一词，在中国现代化首次论战——关于东方文化和西方文化的争论中就已出现，例如在1929年，胡适就在其文章中指出："新文化运动的根本意义是承认中国旧文化不适宜于现代的环境，而提倡充分接受世界的新文明。"③为此，胡适还特别在《文学改良刍议》一文中，提出了八点主张：一曰，须言之有物。二曰，不摹仿古人。三曰，须讲求文法。四

---

① 罗荣渠. 从"西化"到现代化——五四以来有关中国的文化趋向和发展道路论争文选 [C]. 北京：北京大学出版社，1990：4.
② 陈独秀. 敬告青年 [J]. 当代青年研究，1988（2）：32.
③ 胡适. 新文化运动与国民党 [J]. 新月，1929，2（6）：214-215.

曰，不做无病之呻吟。五曰，务去滥调套语。六曰，不用典。七曰，不讲对仗。八曰，不避俗字俗语①。这八点主张，可以看作胡适对中国文化改造的基本思想和立场。

"现代化"一词，作为一个新的社会科学词汇在报刊上使用，应该肇始于20世纪30年代。在此之前，多半以欧化（陈独秀主张）或新化（梁启超主张）称之。新中国成立前有四次和现代化相关的论战：关于东西文化问题的论战（1915—1927）；关于中国现代化问题的讨论（1933）；关于中国文化问题的新论战（1930—1949）；关于中国应以农立国还是以工立国的论战（1920—1949）②。新中国成立前有关现代化的理论观点，源自"中国是否应该西化"这一观点。通过对"中国本位"、"全盘西化"到现代化每一个观点的反复论证，我国思想界对中国发展道路的思想认识在逐步深化，进而把现代化的基本概念确定为工业化、科学化、合理化和社会化。这一概念与西方现代化理论研究者马克斯·韦伯的现代化概念基本一致，但遗憾的是，尽管我国关于现代化的实践在很早就开始进行，但对于现代化理论的探索则落后了许多。

二、现代化研究的嬗变

无论从西方还是我国，早就出现了将西方工业化和资本主义化作为现代化的代名词的思想，并在整个20世纪的前大半个世纪，出现了多种现代化道路与现代化模式的讨论。但到了20世纪后半期，现代化研究开始发生转向：从早期现代化国家的现代化逐步转变为发展中国家或新独立国家的现代化战略的讨论。而早期现代化国家则进入后现代理论居主导地位的发展阶段。

1. 现代化理论到后现代化理论

20世纪70年代，西方早期工业化国家整个经济开始衰退，石油价格猛涨，石油危机引发的经济危机导致通货膨胀与经济滞胀。特别是越

---

① 胡适. 文学改良刍议 [J]. 新青年, 1917, 2 (5): 166-174.
② 罗荣渠. 从"西化"到现代化：下 [M]. 合肥：黄山书社, 2008：739-767.

南战争与民权运动的兴起，改变了战后初期形成的美国形象。人们对美国的繁荣、霸权、威望与信心都日益动摇，批判资本主义、帝国主义、种族主义等新左派思潮兴起，对70年代的美国产生了极大影响。在此背景下，现代化学说受到批判而趋于冷落。从政治视角来看，现代化从一开始就受到批判，原因在于各国马克思主义者和进步理论家认为：该理论集中代表的是美帝国主义意识形态，背后隐含着"美国第一"和"美国至上"的思想，因而不容易被大多数国家所接受。特别是在苏联、中国等社会主义国家的学术界，现代化理论一直被视为西方资产阶级标新立异、对抗唯物史观的一种反动学术思潮而被极力抵制。"现代化"这一概念的提出，完全是建立在对传统与现代进行完全切割式划分的基础上，并且是以美国的政治制度、经济形态、社会结构、文化意识等作为标准，因而广泛受到人们的质疑。另外"现代化"这一概念还具有高度的概括性和抽象性，其内涵丰富，定义广泛，无法将纷繁复杂的各种社会现象，严格地划为传统和现代两种类型。在将社会作为一个统一整体来进行研究的实体社会现代化理论中，由于学者关注的重点是社会主体建构及重大关系，有意无意地忽略了对社会中的人与文化的关注，因而也受到诟病。这是因为：从本质上看，现代化并不是一个以社会为主体的自然变革过程，而是以人为主体的一种文化价值追求或文化价值创新的过程。如果把社会作为凌驾于人之上的一个实体，就会忽视人在现代化中的主体地位，从而把人的现代化降位为实现社会现代化的一种工具。这又使现代化理论遭遇到理论自身的困境。布莱克曾经指出，"在今天这个时代，政治、经济和社会等结构的任何微小变化都影响到全人类，人无法不面对并接受由比较而得来的结论"；"现代化实际上是由古代到无限的将来这一无穷延续中的一部分"[①]。

20世纪70年代以后，西方发达国家开始从工业化发展阶段进入后工业化或非工业化发展阶段，从城市化社会形态进入后城市化或非城市化社会形态。知识经济的崛起，信息社会的来临，远远超出了经典现代

---

① 俞晓秋. 传统与现代化——读布莱克《现代化的动力：一个比较历史的研究》[J]. 读书，1988 (5)：74-75.

化理论可以解释的范畴。经典现代化理论向人们描述的是一个高度工业化的世界，后现代化理论则探索高度工业化以后的社会发展，因为此时期的部分学者已注意到了两个事实：一是发达工业国家的工业经济（第二产业）比重开始持续下降，服务经济（第三产业或服务业）比重开始持续上升，从而经济发展由工业化转入非工业化（后工业化或超级工业化）轨道；二是工业社会不可能是人类社会发展的终点，因此，也无法将工业社会作为现代化最终的目标。发达国家已经完成了经典现代化或者早期现代化，开始迈入一个新的发展阶段，即所谓的"后现代"。以"后"冠名的各种思潮在西方国家广泛传播，后现代化理论即是对其中一些思潮的理论概括。

后现代化理论认为，传统社会向现代社会（农业社会向工业社会）的转变是现代化，现代社会向后现代社会（工业社会向后工业社会）的转变是后现代化。从现代化向后现代化的转变，包括政治、经济、文化和家庭、宗教观念等方面的深刻变化。现代化的重点目标是经济增长，主要通过工业化和新技术、新工艺的广泛应用来扩大有形产品；而后现代化的重点目标是使个人幸福最大化和个人自由最大化，追求生活品质提升并增强个体生活体验。而随着社会物质生产的机械化、自动化、批量化和标准化发展，人们对个性化产品与个性化生活的要求越来越成为奢望，个体的真正幸福和自由无从谈起。于是，追求人的个性化以及人的内在自我价值和个性张扬，就自然成为后现代化理论研究的主要内容：从关注人所处的外在环境改善，过渡到关注人本身的自我价值与自由，将人置于社会之前，充分发挥人的主体性和能动性，构成了后现代化理论最重要的研究旨趣。

现代化理论的另外一个发展则是对后现代化国家的现代化道路与模式的探讨。主要有依附理论和全球体系理论两大派别。

依附理论（Dependency Theory）的缘起，可一直追溯到20世纪初期的霍布森（1858—1940）的观点。他认为，发达国家通过向不发达地区输出资本、积累资本的制度，通过经济扩张和政治统治的结合，甚至通过使用军事资源来维护对不发达地区生产活动的控制，建立起了发达世界与不发达世界的不平等关系。而根据维基百科词典的解释：依附理论诞生于1949年发表的两篇论文：一篇是汉斯·辛格（1910—2006）所写，另一篇是劳尔·普雷维什（1901—1986）所写。普雷维什认为，世界经济是一个体系，这个体系由核心（西方发达资本主义国家）和边陲（非西方不发达国家）两个部分构成，核心和边陲之间的经济关系是不平等的，核心国家通过不公正的贸易条件削弱边陲国家，而这正是导致不发达国家贫穷落后的根本原因。弗兰克（1929—2005）和阿明（1931— ）发展了他的中心—边陲概念，正式提出了依附理论，而他们的理论又被称为激进主义的依附理论。弗兰克提出了"不发达的发展"（Development of Underdevelopment）理论。他认为，两种结构的存在使得处于外围的国家日益走向贫困：宗主—卫星的全球体系和卫星国的中心—农村的结构，而"外围"的发展与"外围"同"中心"的联系成反比，为此，他主张一种"脱钩论"。而埃及的阿明的观点更加系统，他认为，资本主义已经成为一个世界体系，矛盾并不存在于各个孤立考虑的国家中的资产阶级和无产阶级之间，而是存在于世界资产阶级和世界无产阶级之间。弗兰克和阿明都认为，处于外围的第三世界国家经济不发达的主要原因，要不就是自殖民地时期就延续下来的与宗主国之间的不平等经济关系所导致，要不就是由资本主义世界经济体系的整体结构造成的。因此，就经典的依附理论来看，他们都是外因决定论者，体现了一种消极悲观的色彩。

后来，费尔南多·卡多索（1931— ）和恩佐·法莱图的研究使经典依附理论进入一个新阶段，即将停滞模型建构（models of stagnation）转向依附性发展（dependent development）研究。结合卡多索对"发展"与"和依附相联系的发展"的观点，埃文斯创造了"依附性发展"这个概念，他认为依附性发展既包括资本的积累，也蕴涵着边缘地区一定程度的工业化。依附性发展是依附的一种特例，其特征是国际资本和国内资本的结合，国家也积极参与其中，三者联合是依附性发展的基本因素，依附性发展早在传统的依附时期和"出口型增长"时期就已经在一些国家发生了，它不是依附的反动而是依附和发展的结合。因而也并不是说所有的边缘国家都能达到依附性发展的阶段。

特奥多尼奥·多斯·桑托斯在《帝国主义与依附》中提出了新依附

理论，他认为，研究当代经济不发达问题的重点应在生产领域，而非流通领域。20世纪50—60年代，资本主义发展到跨国垄断资本主义阶段，发展中国家进入了依靠外资实现工业化的新时期，这一新时期存在商业—出口依附、金融—工业依附和技术—工业依附三种具体依附形态。他的理论系统完整地反映了20世纪60—80年代拉美国家的经济发展轨迹。他强调了附属国与统治国关系的不可变性，而且因附属国受国际和国内依附结构的影响，附属国会走向更不发达，而依附性结构还会影响生产率。

依附理论在20世纪70年代以后对教育研究产生了非常重要的影响。1974年马丁·卡诺伊的《作为文化帝国主义的教育》可被视为依附理论范式教育研究的开山之作。阿尔特巴赫是这个领域的集大成者，他在《作为中心和边缘的大学》和《奴役、依附和新殖民主义》等一系列著作和论文中，使用发达与欠发达、中心与边缘、文化帝国主义等作为分析框架，提出了西方世界的"文化殖民"和第三世界的"文化自我殖民"的理论概念。他把大学区分为有影响力和从属两大类，前者是知识的创造者，后者是知识的传播者；前者处于中心位置，后者处于边缘位置。高等教育的学术模式总是从中心向边缘传播，因而第三世界的大学只在区域具有影响力，而在国际学术网络中处于劣势，大学从边缘走向中心则会面临很多困难。国内也有部分学者利用依附理论来进行教育研究，如袁本涛的《论中国高等教育的依附发展》、《依附发展——20世纪中国高等教育发展的重要特征》[1]，李涛的《依附发展下的自我调适——关于建国以来我国教育发展模式的反思》[2]，彭志武的《中国高等教育的依附发展和特色构建》[3]，刘健的《高等教育的依附发展与学术殖民》[4]

---

[1] 袁本涛. 论中国高等教育的依附发展 [J]. 清华大学教育研究，2000 (1): 38-45；袁本涛. 依附发展——20世纪中国高等教育发展的重要特征 [J]. 教育发展研究，2000 (6): 46-48.

[2] 李涛. 依附发展下的自我调适——关于建国以来我国教育发展模式的反思 [J]. 现代大学教育，2005 (5): 29-33.

[3] 彭志武. 中国高等教育的依附发展和特色构建 [J]. 现代教育管理，2009 (3): 21-23.

[4] 刘健. 高等教育的依附发展与学术殖民 [J]. 高等教育研究，2008 (12): 8-11.

等,但受到了潘懋元先生及其"潘家军"的质疑和批判[①],而在我们看来,依附现象客观存在,表明了处于后发展型的国家面临着许多不平等的发展境遇,发展道路会更加充满坎坷,因而依附理论的立场确实存在问题。内因是变化的工具,外因只是变化的条件,独立的民族国家需要满怀自信,增强话语权,逐步减少对发达体的依赖。独立走自己的路,如此才是王道。

与依附理论相伴的还有世界体系理论。作为一种知识分子运动,世界体系思想是20世纪70年代才出现的,对60年代社会科学领域的发展理论和现代化理论进行批判,是其诞生的直接动力;产生的标志则是伊曼纽尔·沃勒斯坦(1930—)在1974年出版的《现代世界体系(第一卷)》一书。世界体系理论在其近30年演化历程中大体分为两个重要阶段,第一阶段是1974年至1989年,第二阶段是1990年至今。沃勒斯坦认为,世界体系理论与罗斯托的发展阶段理论的根本区别在于分析单位不同。他们用历史体系(historical system)作为分析单位,而世界体系理论认为,在人类社会发展的历史上存在着两类不同的历史体系:微型体系(mini-system)和世界体系(world system),世界体系又分为世界帝国(world empire)和世界经济体(world economy)两种。将来可能出现第三种世界体系,称为社会主义的世界政府(world government)。他认为,世界体系在本质上是资本主义的,世界体系不是一种资本主义生产方式,而是一种资本主义的世界形态(world formation)或全球形态(global formation)。他进而认为,在核心国家占主导地位的世界体系中,边缘地区的人民是没有太大作为的。仅从这一点上讲,世界体系理论与依附理论在某些方面并无二致,因此,沃勒斯坦的观点存在很大的局限性。哈根·库认为,第三世界国家的资本积累和社会变迁模式是由世界

---

① 潘懋元,陈兴德.依附、借鉴、创新?——中国高等教育学科建设之路[J].北京大学教育评论,2005(1):28-34;林莉.在借鉴与依附之间——对中国高等教育研究的反思[J].高等教育研究,2004(2):66-70;李均.新世纪中国高等教育研究的道路选择——兼论借鉴与依附的本质差别[J].江苏高教,2005(6):2-4;吴薇.依附理论及其对中国高等教育研究的影响[J].大学研究与评价,2008(5):5-10.

体系、社会阶级和国家三种因素共同塑造出来的①。森哈斯认为，造成一个国家发展走向的主要原因在于内部的改造与创新能力②。布伦纳认为，欠发达国家的问题不在于参与了世界市场，而在于推行出口生产所通过的阶级结构，落后国家参与国际劳动分工条件下的发展也可能是反依附的③。

2. 一次现代化到二次现代化

始于20世纪四五十年代的第三次科技革命将人们带入信息时代或者知识社会，这是人类文明史上继蒸汽技术革命和电气革命后又一重大飞跃。前两次工业革命成为指导人们进行工业现代化的源头（被称为第一次现代化），而第三次科技革命则孕育了第二次现代化的种子。第二次现代化是从工业时代向知识时代、工业经济向知识经济、工业社会向知识社会、工业文明向知识文明的转变过程。其理论可以被看成对经典现代化理论遇到挑战的回应。

经典现代化理论被认为是阐述工业革命以来人类文明的革命性变化的最有力的理论，其他任何的社会科学理论都无法取代它。然而，它并非一个单一理论，而是对不同领域的不同学者关于现代化研究的理论成果的统称。现代化研究的学者来自历史、政治、经济、社会、文化、心理等诸多领域。在不同的领域，现代化具有不同的特点。在政治领域，强调民主化、法治化和科层化（官僚化）；在经济领域，强调工业化、专业化和规模化；在社会领域，强调城市化、福利化、流动化、分化和大众传播；在个人领域，则强调开放性、参与性、独立性和平等性；在文化领域，则强调宗教世俗化、观念理性化、经济主义和普及中等教育。

---

① Koo H. World system, class and state in the Third World development: toward an integrative framework of political economy [J]. Sociological perspectives, 1984, 27 (1): 133-45.

② Senghass D. The european experience: a historical critique of development theory [M]. New Hampshire: Berg Publishers Ltd., 1985: 155.

③ Brenner R. The origins of capitalism development: a critique of Neo-Smithian Marxism [J]. New left review, 1982 (104): 25-92.

第二次现代化的概念是由中国学者何传启教授在1998年率先提出的①。何传启认为，在第二次现代化过程中，生活质量是第一位的，知识和信息生产扩大了人们的精神生活空间，不断满足人类对幸福追求和自我表现的需要；物质生活质量可能趋同，精神和文化生活将高度多样化，知识和信息的生产、传播和应用是知识社会的动力源泉。何传启对知识和科技的创新在第二次现代化的过程中的动力作用进行了深入、系统的分析。他认为，知识创新导致科学和技术的结构变化，科学和技术的结构变化导致经济和社会的结构变化，经济和社会的结构变化需要伴随大量的制度创新，制度创新又会促进知识创新，制度创新和知识创新导致政治和文化结构的变化，知识创新和制度创新的相互作用推动了现代化进程。何传启强调，工业革命和政治革命启动了第一次现代化，知识革命和信息革命启动了第二次现代化。第二次现代化的动力是知识创新、制度创新和专业人才。

第二次现代化理论将人类社会的发展分为四个阶段，即原始社会、农业社会、工业社会和知识社会；每一个阶段又分为四个时期，即起步期、发展期、成熟期和过渡期；从农业社会向工业社会的转移过程是第一次现代化（即经典的现代化）；从工业社会向知识社会的转移过程是第二次现代化②。在20世纪，世界上约有50多个国家和地区完成了第一次现代化进程，部分国家如美国等启动了第二次现代化进程；在21世纪，人类将全面完成第二次现代化进程。何传启提出，要完成第二次现代化进程，即面向知识经济时代的现代化进程，必须大力发展知识经济，走工业化和知识化协调发展之路。我国现代化建设势必将经历以工业化为主、工业化和知识化并重、知识化为主三个发展阶段。

两次现代化既有相似之处，又有本质差别。如若说，工业化、城市化和民主化是第一次现代化的重要特征，那么，知识化、网络化和国际化就是第二次现代化的主要特点。第一次现代化是人类对大自然的征

---

① 何传启. 知识经济与第二次现代化[J]. 科技导报，1998（6）：3-4.
② 何传启. 第二次现代化理论与中国现代化[J]. 世界科技研究与发展，1999（6）：72-76.

服，其结果是造成物质世界与精神世界、社会自由与个体自由的高度对立；第二次现代化则是对大自然的回归，是对人与自然、人与社会、人与人之间关系的重新调适，是对物质世界与精神世界、社会自由与个体自由的对立紧张的消解，是一种和谐共生、包容开放、平等自由的新社会的产生。

三、治理现代化研究的由来

"治理"一词既有统治、管理的含义，但又有所不同，管理强调的是单一主体对社会或公民行为的规范，是自上而下的。治理则主张可以有多元主体，不限于政府这一主体享有公共权力，其他社会团体、第三方部门、社会组织等也能够成为治理主体，共同参与对公共事务的治理。"治理现代化"一词可以有两种理解：一是现代化背景下的治理方式，对应着传统的管理方式，即从管理到治理；二是治理要实现现代化，强调治理方式由传统的治理方式转变为现代的治理方式，即从治理到善治。因此，对治理现代化的研究是伴随着政府管理模式所产生的问题以及治理理论的成熟和发展而展开的。

1. 传统管理模式带来的问题

"改革开放"这一基本国策的实施，为我国社会经济发展带来了极大的机遇与福祉：市场经济体制的建立，人民生活条件的极大改善，国家社会机制的不断完善，民主化进程的持续加快。经过改革开放四十年来的稳步发展，我国的经济和社会面貌焕然一新，西方经济学家在已有的经济学理论中难以找到恰切的解释。但不容回避的是，我国在经济快速发展的同时，也产生了诸多的社会问题，有的问题还相当突出。譬如，东西部地区发展不均衡、社会贫富差距拉大、环境污染、资源浪费等。当前，我国正处于全面深化改革和发展的关键时期，产业结构面临转型升级（以第一产业和第二产业为主向以第三产业发展为主快速转变），社会结构需要不断优化，然而，全球性的各种冲突不断加剧，各种问题、矛盾集中爆发，新的社会问题不断涌现，并且暴露出来的问题本身变得更为紧迫和复杂，从而加大了社会治理的难度，降低了治理的绩效。江必新认为，当代中国正处于一个开放多元的时代，社会急剧变迁，机遇与挑战共存，社会意识形态日趋多元，各种利益冲突加剧，社会不公平现象突出，生态环境恶化，不稳定因素增多，维稳的代价不堪重负，党和政府的公信力严重流失，现存的许多体制机制问题严重阻碍了社会的进步[1]。张凤阳也提出，社会改革的不断深化使中国产生了大量前所未见的公共问题，这些问题的解决都要通过国家治理体系与治理能力现代化的目标进行体制机制创新来实现，要使国家治理体系不断适应社会公共问题治理的新要求，提升处理社会变革与发展带来新问题的能力[2]。

2. 治理理论的发展

治理概念开始被用来描述政府的行政过程与方式，是指政府通过配置和运用公共权力对社会进行的统治、协调和控制。进入20世纪80年代以后，治理的内涵开始悄然发生变化。最初，治理被一些社会学家用来解释欧盟各国间的联系机制的作用方式及政策研究[3]。此后，在描述公私部门之间愈来愈多的互动或是在批评福利国家以及对某些政府间机构和许多新兴国家顽固不化的权威主义表达不信任时，治理概念逐渐被视为一种可选择的策略[4]。治理指的是一种统治方式的变革，尤其是新公共管理运动奉行的公共服务外包策略，用具体的契约取代了普适的社会契约。它们在对社会治理体系结构进行重组时，打乱了治理主体与客体之间的关系，使治理者与被治理者之间，即公私部门之间以及公私部门内部间的界限均趋于模糊[5]。其结果是，政府的统治方式不再单纯依靠政府的权威，参与治理的主体也不再限于公共机构，非公共机构以及其他治理主体也能够平等地享有决策权，通过对话、建立伙伴关系和配

---

[1] 孙岩，王瑶. "国家治理体系和治理能力现代化"研究综述 [J]. 党政论坛，2017（11）：61-62.

[2] 张凤阳. 科学认识国家治理现代化问题的几点方法论思考 [J]. 政治学研究，2014（2）：11-14.

[3] Mark B. Encyclopedia of governance [M]. Thousand Oaks: SAGE Publications, Inc., 2007: 367.

[4] 让-彼埃尔·戈丹. 现代的治理、昨天和今天: 借重法国政府政策得以明确的几点认识 [J]. 国际社会科学杂志（中文版），2009（1）：49-58.

[5] 张康之，乾友. 民主的没落与公共性的扩散——走向合作治理的社会治理变革逻辑 [J]. 社会科学研究，2011（2）：55-61.

置其他主体的资源实现单一中心的政府治理无法实现的公共目标。由此，治理就被解释为一种公私部门之间以协商、合作、伙伴关系、目标认同等互动方式对公共事务进行管理的方式。理想的治理模式则是建立自组织的人际网络、经谈判达成的组织间协调等活动组成的合作网络模式[1]，其核心就是将市民社会的各个部门理解为治理主体，从而在公私部门之间构建分享权力、合作治理的新型关系[2]。

相比较传统理念中政府是唯一的权力中心，治理理论则强调治理主体的多元化。除政府外，其他社会组织、志愿性组织、中介机构、第三部门等社会公共组织或私人组织都可以成为治理主体，组织之间也可以相互合作。这些非政府组织共同参与社会公共事务的管理和决策使权力更为分散，结构也更为扁平化。与传统的命令式、强制式的政府管理不同，治理理论强调各个治理主体的主动参与性，倡导自愿参与、平等合作的沟通模式来建立伙伴关系，对社会公共事务管理进行联合行动。各个治理主体之间，相互合作、相互制衡，构成一个统一共存的社会治理体系。在权力的分配方面，治理抛弃了传统政府管理中的垄断式、层级式的国家和社会管理模式对社会公共事务进行自上而下的单向管理，在政府与市场之间引入第三种力量，即公民社会的产生，重视发挥它在公共事务管理中的积极作用，使其与政府和市场一并构成社会权力的三大治理主体，共同实现社会公共利益的最大化。三者之间互相补充、互相促进、互相制衡，能够有效防止政府权力过大和市场失灵。实行"有限政府"，将政府职能由管理型转变为服务型，以便能够更好地为市场和社会服务。对治理的最高要求或标准，就是实现善治。善治是治理理论在新时代下追求的目标，其实质是要使政府、市场和社会三者之间形成良好的合作、良性的互动关系，进而构成政治国家和公民社会的新型关系，其目标是实现无限政府向有限政府，集权政府向分权政府，统治行

---

[1] 鲍勃·杰索普. 治理的兴起及其失败的风险：以经济发展为例的论述[J]. 国际社会科学杂志（中文版），1999（1）：31-48.

[2] 孔繁斌. 治理对话统治——一个政治发展范式的阐释[J]. 南京社会科学，2005（11）：62-67.

政向公共管理、服务行政的转变①。

3. 治理现代化的提出

2013年，党的十八届三中全会将"完善和发展中国特色社会主义制度，推进国家治理体系和治理能力现代化"确定为全面深化改革的总目标，首次将"治理"一词引入治国理政的话语体系之中。这是我国在总结历史和改革发展经验的基础上提出的国家治理体系和治理能力两方面的要求，是我国政府执政理念和治国方略的一大创新。治理体系和能力现代化的提出，有着理论、历史和现实三个方面的原因。从理论上讲，它是根据马克思主义的国家学说即国家的性质决定了国家的治理方式及治理方向而提出的。随着一个国家生产力水平的进步，上层建筑必须要进行相应的变革，因而国家治理理念和治理方式也要发生一个大的转变。国家治理现代化的提出，就是对于马克思主义国家学说的创新和发展②；从历史角度看，国家治理体系和能力现代化的提出，是在总结整个世界其他国家进行国家治理的经验教训上得出的必然选择③；从现实角度说，中国社会的利益分化和社会矛盾加剧，体现出了推进国家治理体系和治理能力的重要性和紧迫性：公共需求的多样化和政府组织的有限容量的矛盾，经济高速发展和改革全面性的矛盾，威胁国家安全因素的增多和责任主体相对单一的矛盾，国际软实力竞争的日趋激烈及中国制度优势尚未完全彰显之间的矛盾等，都要求推进国家治理体系和治理能力的现代化④。因此，国家治理体系和治理能力现代化的提出是正当其时、恰如其分。

四、治理现代化研究的旨趣

研究者的使命在于解释世界而非改变世界。对于治理现代化的研究，

---

① 宋东明，沈谦芳. 治理善治理论视野中的我国政府与市场、社会的关系[J]. 探索与争鸣，2003（11）：28-29.

② 刘俊杰. 推进国家治理体系和治理能力现代化的基本问题[J]. 哈尔滨市委党校学报，2014（1）：5.

③ 罗星. 国家治理现代化研究综述[J]. 党政干部学刊，2015（6）：36-37.

④ 郑言，李蒙. 推进国家治理体系和治理能力现代化[J]. 吉林大学社会科学学报，2014（3）：5-7.

目的在于厘清概念、查明本质、理顺关系、找准方向。基于此，明确治理现代化的内涵、本质、关系与方向，就成为开展研究的首要任务。治理现代化包含治理体系现代化与治理能力现代化两部分，因此，研究治理现代化就必须理顺二者的关系。可以说，治理体系现代化体现了转变治理方式的顶层设计和总体要求，包含法治、共治和善治三个主要方面；治理能力现代化是实现治理目标的路径选择和具体要求，包括建立多元且理性的治理主体，构建开放科学的治理结构，选择民主、法治的治理方式三个重点攻略。可见，治理体系为提高国家治理能力提供了理论指导与方向引领，是治理能力现代化的前提和基础，治理能力为实现治理体系目标提供了具体策略与方法保障，是治理体系现代化的目的与结果。两者相辅相成，互帮互助，共同构成了治理现代化的两大核心主题。

1. 治理体系现代化的内涵及追求

治理体系现代化是指一个治理体系从传统向现代的转变过程，也是治理体系不断自我革命，消解限制生产力发展、社会进步和人民幸福自由的各种阻碍，促进自身完善，不断提升效能的过程。在不同的语境下，治理体系的指称差异很大，比如国家治理体系、政府治理体系、经济治理体系、社会治理体系、文化治理体系、教育治理体系等，这些大的治理体系中，又包括小的治理体系，包含四大要素和五个向度，四大要素是价值、制度、机制和技术，这在第二章已经论述；五个向度则是法治、自治、互治、共治和善治。以下将对五个向度进行进一步的具体分析。

法治是现代社会的基本组成部分，是整个治理体系现代化的前提。没有法治，整个治理体系就会处于无序状态，犹如"霍布斯丛林"之景象。法治建设首先要从制定好的法律开始，并确保法律的执行和监督能够有效实施。建设法治社会，必须同时对政府的行政行为、社会组织的经营行为及个人的社会行为进行规范和监督，确保所有社会主体在法律允许的范围内的行动处于自由状态。法治社会的核心是法治型政府建设。法治型政府的初心和主旨是保障公民的自由与权利，防止政府权力的滥用，即不仅将政府自身行为纳入法制化的轨道，也要依法治理社会各个领域的事务。总之,建设法治型政府,就必须做到:一方面坚持法律至上,提升法治意识,增强法律敬畏,树立法治思维,借助法律的权威对社会活动中的各个主体的行为进行规范,以保证社会交往与生活的井然有序;另一方面要加强权力制约,规范权力行使,减少自裁空间,维护公平正义,防止权力寻租,促进权力制衡,将一切权力包括公权和私权都关进制度的笼子里。

自治是现代社会区别于传统社会的重要特征。自治优先的原则源于自然权利平等的共识,源于自然法的悠久传统。亚里士多德在《尼各马可伦理学》中指出,正义有两种:一种是自然正义,一种是约定正义。自然正义是指在任何地方都有相同的效力,比如火在希腊和波斯都以同样方式燃烧;而约定正义则纯粹基于规定,如赎金数量的多少等。在亚里士多德以后,古罗马学者开始了自然权利的世俗化、生活化的历程,更关注在具体法律情境中那些不证自明的规则,如完全不具备履行条件的契约无效,精神病人不用受罚等。在中世纪这种自然权利与其他事物一样,带有明显的宗教色彩,如托马斯·阿奎那将法分为永恒法、自然法、人定法和神法四个层次。自然法的思想在启蒙祛魅过程中成为比法律更高的"法理"或法哲学,由此成为形而上学的雏形。在17世纪时,一些学者如霍布斯和斯宾诺莎都反对将自然法作为高级法的观点,他们认为法律的目的仅仅在于满足人的功利性,而非契合自然法,人的利益与权利应该成为自然法的核心。尤其当人们看到异教徒被各种非人性对待时,法学家就追问,异教徒有没有一些被剥夺的基本权利或自然权利。于是,天赋人权的思想开始被人关注并深入人心,进而成为一个普遍的法治共识。第二次世界大战不仅造成了社会的极度动荡,也极大地摧毁了人的理性大厦,各种社会不公平现象的蔓延,使得自然法思想的复兴有了春风时雨,恶法非法的思想再次成为关注的焦点,富勒、德沃金和罗尔斯等新自然法思想的代表人物的思想越来越成为人们追随的目标。个人的权利和法律的正义性成为两大基本法治理念。在法治的背景下,保障法律自身的正义性与保障个人权利的重要性,成为法治现代化不可偏离的二元目标,因而也成为自治产生的理由:自治构成了现代法治的基石,没有法律对个人自然权利的尊重与保护,就没有真正意义上法律的正义性。

互治是在治理现代化过程中一个容易被忽略的领域，它居于自治与共治之间的广泛领域。在我们看来，一个社会要健康发展就需要对公共事务的范围和公共权力的边界予以清晰的界定，在具有集权传统的社会里，公共权力无处不在，有的甚至已经极大地侵扰了私人权利与私人生活空间，造成了公共权力的膨胀、过度使用与失灵。从社会生活秩序的维护来看，没有公共权力的保护，私人权利就难以得到有效的主张；但是，过度强大的公共权力又必然造成权力滥用、腐败流行和理性的离场。互治是消解公共权力、规范公共秩序的重要力量，是在超出个人（法人）自治范围而不涉及第三人（如公共空间或者公共事务范围）的前提下，按照契约自由、自主、自愿和自决的原则，在公共权力无法有效行使又未有法律明确禁止的范围内，由当事人双方进行的各种互利互惠的事情。这也是市场经济条件下，必须鼓励的一个广阔的开放性社会生活领域。

互治的产生源自互利互惠，发达于互信互爱。人作为有自私自利之心的社会动物，逐利是大多数人的本性，例如经济学从理性经济人的假设出发，法律以人性恶作为立法的基本出发点等都支持了这样的一种价值立场。因此，互治的前提是互惠互利，即利人利己。没有这个基本前提，互治就会成为无本之木、无源之水。然而，由于现实社会生活中总是充满不确定性，好的出发点并不必然导致好的结果，因而仅有互惠互利是不够的，其可能会发生以下不良情况：不损人不利己、损人不利己、利己不损人、害人害己等，而当事人双方可能出现的决策行为是：止损、利己、利人或者害人。虽然从经济人或人性恶的角度所有上述行为都能被理解，但是它却不利于社会良俗的形成，因而需要互信互爱的价值伦理来对人的趋利避害行为进行约束和引导。在现实生活中，所谓言而无信的"小人"就是在未来不确定条件下人出于自利动机下结出的恶果。而这也是现代化进程中价值体系现代化不可或缺的意蕴所在。

实现互治，必须一方面在制度层面上有意识地释放鼓励互治的善意，让契约自主自由成为社会生活的一种常态，解决大多数无法用公共权力或者公共规范去解决的交易问题；另一方面要在道德层面上积极地倡导个人信用，让守诚信者走遍天下，让失诚信者寸步难行。

共治的兴起在于互治的局限性。互治，一方面影响范围小，事务琐细，难有广泛共识；另一方面则因互治无法达成时易出现大鱼吃小鱼、强者通吃的局面，使弱者不能寻求帮助与得到救济。这会损害自然法中的自然权利神圣不可侵犯的理念在社会维系与统整之中的基础地位，也会造成社会秩序的紊乱和社会正义的丧失。就此而言，共治的本质乃是对自治与互治无法达成时的一种裁决、补偿和救济机制。共治在人类不同的历史发展阶段有不同的表现形式和具体特点。统治、分治、共治、善治，反映不同时代的不同要求，不同文化主体的价值抉择，但本性上都属于与自治相对应的他治范畴。20世纪70年代以后，在治理理论视阈下，共治被赋予了新的内涵。它强调政府在社会治理中的角色不再是公共产品及服务的唯一提供者，其权力要有边界，也要受到相应的限制，要从一个无所不能的"耶和华"变成一个力量有限的"守夜人"。在共治中添加了其他治理主体对社会事务的知情权、参与权和处置权，将形成政府与社会其他治理主体共同治理的多元合作机制，这是对政府角色转变提出的新要求。要建立公共型政府，以承担公共服务责任为根本出发点重新定位政府角色，转变政府传统的工作方式，以适应新的社会需求。政府作为传统的社会管理者与国家权力享有者，理论上代表着具有普遍性的公共利益，拥有更强的治理能力和更多的公共资源，具有更强的公共性[1]，因此，要建设公共型政府，一是在治理结构的重整过程中更好地发挥引导作用，促进治理共同体合作治理模式的形成；二是在共同治理的过程中，除了必要的职能履行，更加注重宏观方向的策略把握，通过"元战略"的确立而实现对治理过程的总体引导[2]。

善治作为实现公共利益最大化的管理过程，是治理的最高要求，也是治理的最佳境界。它为治理体系现代化提供了方向指导，为治理体系和治理能力的绩效评价提供了价值标准。从严格的逻辑而言，法治、自

---

[1] 刘洪彬. 国家治理体系现代化研究——以法治、善治与共治为视角 [D]. 武汉：武汉大学，2014：84.

[2] 张康之. 社会治理的历史叙事 [M]. 北京：北京大学出版社，2004：86.

治、互治、共治与善治并非彼此独立的范畴，善治包括法治、自治、互治和共治的卓越耦合。其中，法治为治理体系现代化提供了制度保障，是整个治理体系的底板和底色；自治为治理现代化提供了源头活水，是治理现代化的基石和基调，是彰显共产党人全心全意为人民服务的初心和宗旨的最大亮点，也是实现中国特色社会主义善治的能力基础；互治是市场经济发展的本质要求，是激发市场活力、"放水养鱼"，鼓励万众创新和大众创业的必要前提，是社会主义现代治理体系的主旋律与主题色，是契约自由、市场自由的制度品质的具体表现；共治是治理体系现代化的核心机制与集中表现，它由政府及社会相关主体共同提供社会公共产品及服务，并对社会公共事务进行合作管理，强调的是政府、市场及公民社会三者之间通过相互博弈、彼此适应，共同参与社会治理，从而实现社会公共利益的最大化。因此，共治指出了治理体系现代化的正确方向与发力对象。

可见，就政府治理来说，善治提出了要通过多元参与、对话协商、民主共治这种更好的治理方式来实现公共利益最大化的要求和标准，换言之，就是要建立一个崇尚法治、讲求民主、权力有限、规模精简、运转高效、清正廉洁的政府。其中崇尚法治是前提，讲求民主是起点，高度自治是基础，合作共治是主线，政府善政是关键。只有法治、自治、互治、共治与善治同行其是、共担其责、和出其力、互享其利，才能天下大同、社会太平、人民幸福、长治久安。

2. 治理能力现代化的内涵及追求

提升治理能力现代化水平即是对政府及其他治理主体转变自身角色定位，提高服务意识及能力等方面的要求。治理能力是治理体系的功能表现，是治理体系是否符合现代化要求的客观指标。治理体系现代化和治理能力现代化是治理现代化的一体两面。前者是结构，后者是功能。二者一表一里、一体一用、相互影响、相互制约。

治理能力的现代化，应从治理主体、治理结构和治理方式三个方面进行完善。

第一，打造多元、理性、守法、公正、成熟的治理主体。处于传统农业社会向新型工业社会转型期的中国，其实现治理现代化的一个核心逻辑就是：官退民进、官让民取。也就是通过政府主动放权和合理还权，培育市民社会，激发参与意愿，鼓励多元主体共同参与治理活动。治理与管理一字之别，首先须在治理上更强调由政府、第三方机构以及公民等多个主体在既定的范围内共同对社会公共事务进行治理，国家治理能力的提高，必须处理好国家与社会、政府与市场以及官方机构、社会组织与公民的关系，使其角色认知明晰、角色定位准确、角色权责对等、角色扮演良好，在各自行为的可能性空间内对社会公共事务进行共同管理。为此，必须进行一场深刻的革命：围绕各个主体参与治理的不同使命，重新确权、分权、放权、让权和授权，达到有职必有权、有权必有责、有责必担当、用权受监督、失责必追究。与此同时，各个治理主体要立足中国搞治理，要从中国的根本国情出发，注重传统文化对现实治理的深刻影响，也要考虑差异极大的客观现实，彼此要尊重事实、讲理崇信、互相体谅、和谐共荣。

第二，要构建开放、科学、弹性、自新的治理结构。一个科学合理的结构，一般有两个明显的标志：一是主体的权责划分明确、边界清晰，灰色空间或插花地带较少，从而在制度上减小扯皮、推诿事情发生的概率；二是简化办事程序，优化工作流程，提高工作效率，调动人们参与的积极性，从而在机制上确保了合作共治。要建立科学合理、弹性自新的治理结构，可以从治理主体重组、治理模式转型和权责关系明晰等方面着手。①治理主体重组。即由过去政府单一主体独立治理转变为政府、市场和公民社会多元主体共同治理。用相互竞争、公开择优的方式，促进治理主体的自我完善；用多样性的契约，科学划分权责，促使治理主体权责一致；用合作共担的方式，实现社会公共利益的最大化；用权威性的机制，解决治理主体间冲突，化解彼此矛盾。②治理模式转型。彻底改变过去由政府单纯依靠封闭、层级、直线式的上下命令模式，以多元参与、多向互动、多层协商、多样合作等开放、公开、透明的方式实施公共事务治理，体现出治理的中心外延、重心下移的特点。③权责关系明晰。多元治理主体和互动合作的模式，是建立在权责对等、权利一致的基础之上的。权责关系明晰是长期合作共治的坚实基础，是对治理主体履行职责、分配权益、追究责任等方面考核评价和做出处理的有效依据。因此，明确划分责任和权利，使每个治理主体对自身的角色使命与角色规范心知肚明，可以有效避免产生不必要的矛盾与纠纷，影响治理目标的实现和治理效能的提升。

第三，要形成民主、法治、透明和刚柔相济的治理方式。公共治理及其制度安排都必须有利于保障主权在民或人民当家作主，所有公共政策都要从根本上体现人民的意志和人民的主体地位。其实，民主也是一种治理方法或治理工具。法律是治国之重器，良法是善治之前提。积极推进存量民主是实现国家治理现代化的重要基础，在竞争性民主的基础上进一步推动和发展协商民主是实现国家治理现代化的战略选择[①]。俞可平也指出，民主是现代国家治理的本质特征。推动国家治理现代化，最重要的就是加强民主法治建设。化解治理危机的根本途径，就是以巨大的政治勇气，沿着民主法治的道路，坚定地进行改革，推进国家治理体系的现代化[②]。

第二节　大学治理现代化的研究范式

"范式"这一概念在学术界的流行，归功于托马斯·库恩（1926—1996）的《科学革命的结构》。虽然书中他并没有给出范式的统一的明确定义，但是，在此之后，学术界非常关注研究范式的问题。范式指的是一个学术共同体成员所共享的信仰、价值、技术等的集合，是常规科学赖以运作的理论基础和实践规范，是从事某一科学的研究者群体共同遵从的世界观和行为方式。从系统论的角度看，所谓"范式"是一个有层次结构的系统，包括观念范式、方法规则和基础假设三个层面。其中，观念范式是核心，方法规则和基础假设则居于"外围"[③]。在这里，所谓"研究范式"，也可称为理论分析框架，是指在中国大学治理现代

---

① 陈家刚. 推进治理现代化是当代中国民主政治发展的必然要求 [J]. 中国政协理论研究, 2014 (1): 25-26.

② 俞可平. 民主法治: 现代国家的治理之路 [J]. 团结, 2014 (1): 25-27.

③ 马涛. 西方经济学的范式结构及其演变 [J]. 中国社会科学, 2014 (10): 41-61.

化的研究实践中基于某种核心理论而形成的带有一定趋向性和导向性的研究路径、中心问题、认知范畴及分析框架，且形成一定的规模性影响。范式代表的是某一学科部分学者共同的世界观，它指导和决定问题、数据和理论的选择，直到出现新的范式并将其取代。回顾与总结以往几十年来大学治理现代化的研究实践，相继形成了理性主义范式、结构主义范式、文化主义范式、问责主义范式、多中心主义范式、新制度主义范式六种影响较大的研究范式。

一、理性主义范式

理性主义范式是在理性主义哲学观点（即承认人的理性可以作为知识来源）指导下科学工作者开展研究时所遵循的一套规则与方法。在理性主义者那里，理性就是世界的本原，或者是人性的全部；理性是评价一切的绝对标准，而理性本身是不需评价的；理性可以批判一切，而理性本身则是非批判的、自明的；理性可以建构一切，而理性本身则早已自我建构完毕，没有进一步发展和完善的问题①。理性主义研究范式是当前研究大学治理的主要范式。

1. 界定

"理性"是一种不同于"感性、情感或者意志"的能力，这种能力表现为思考、反思、从事逻辑判断与推理的能力，集中表现为一种"自我意识"的能力②。理性主义作为一个哲学流派出现，最早可追溯至柏拉图和亚里士多德，这一哲学流派的主要代表人物是16世纪末至18世纪初的笛卡儿、斯宾诺莎、莱布尼茨等。理性主义有广义与狭义之分，广义的理性主义同时包含唯理论和经验论，狭义的理性主义也称唯理论。这里所指的理性主义是一种广义概念。理性主义范式是从理性主义为理论框架（主要是近代形成的工具理性）出发，在哲学上遵循物质主义本体论和科学实证主义认识论，以国际体系无政府状态下理性地以国家利

---

① 欧阳康. 合理性与当代人文社会科学[J]. 中国社会科学，2001（12）：17-19.

② 彭荣础. 理性主义与大学发展——大学演讲的哲学和文化审读[M]. 厦门：厦门大学出版社，2016：14.

益、行为动力和主要行为手段为研究内容的一种研究角度①。因此，运用理性方法去认识社会，就意味着从人的内在本性要求出发，运用人类所特有的思维力去认识和评价各种社会现象、历史事件，去建构未来的理想社会。

2. 特征

理性主义沿承霍布斯、斯密和帕累托安排的路线，假定行为者精心使他们的利益最大化，研究行为者如何运用理智满足他们的利益②。理性主义范式具有如下特点：

第一，物质主义的本体论。他们认为，现实是一个单一、有形、可分成独立变量和阶段的物质存在。人可以通过对任一变量和阶段的独立观察、测量、分析来达到预测和控制现实的目的。

第二，主客二分的认识论。坚持理性主义的研究者认为，大学治理主体必须与治理客体或治理对象之间保持一定距离，以便采取一定的客观化方法或程序来确保大学治理研究中的效度与信度，即使这个客体或对象是人而非物时，也是如此。

第三，永恒主义的知识论。理性主义研究者认为，开展大学治理研究的根本目的就是探索和发现大学治理现象中具有永久价值、超越具体背景的相似知识点，以便构建一种能揭示大学治理普遍规律的概括化的简明知识体系，进而为我国的大学治理提供可以预测和控制实践行动的知识基础与理论预设。

第四，客观主义的因果论。坚持理性主义的研究者认为，大学治理行动通常是由环境中的某些因素引起的具有发生时序先后的因果关系，它是解释每个行动的最好方法，确定因果关系的最佳路径是实验法，因为它可以通过控制无关变量来证明自变量与因变量之间的因果关系。

第五，中立主义的价值论。坚持理性主义的研究者认为，为了保证对大学治理研究的效度与信度，研究者不应受到价值标准约束，必须注

---

① 左洁. 国际关系理论研究中的理性主义范式及其批判 [J]. 中南大学学报（社会科学版），2013（2）：125-129.

② 利希巴赫，朱克曼. 比较政治的研究传统和理论介绍 [M] //比较政治学：理性、文化和结构. 北京：中国人民大学出版社，2008：6-7.

意防止价值涉入而保持价值无涉。为此，应该运用一套客观中立的方法来保障研究结果完全是以经验事实为根据，搜集本身就能够说明问题的研究素材，以便实现对价值标准的超越。

第六，普遍主义的对策论。基于人的理性是知识的来源这一立场，大多数研究者认为，他们的研究是真实、客观与严谨的，研究结论是可信的，因而基于此提出的解决问题的对策是具有普遍意义的。

3. 运用

尽管我国的研究者在对理性的理解与把握上存在差异，但从总体上讲，以理性作为出发点，以理性去评判研究过程和结果是其共同的本性。换言之，这种研究是源自理性，归于理性。但是，我们的理性并非是经过西方启蒙的彻底理性或者绝对理性，因而与西方理性主义范式的要求还相差较远。缺乏严谨的程序来保证其研究过程的规范性和缺少实验或调查方面的科学训练，使得我们的理性主义处于比较初级、粗放和粗糙的阶段。可是，即便如此，这种理性主义范式仍然与西方的理性主义同出一脉、立场协同，这是因为中国的近现代意义上的大学均是西方中世纪以来大学的一种"镜像"。因而，西方大学的理性主义传统注入了中国现代大学的血脉（即便没有完全融合）。

（1）西方大学的理性主义传统

13 世纪至 19 世纪中叶，理性主义思潮在西方高等教育思想中占主导地位。理性主义强调，教育过程的教育对象是人，教育目的是追求知识和智能，因而教育必须培养人的理性，应将全面发展人的个性自由以及传播理性知识作为大学教育的最高原则。理性主义主张，在教育过程中要实现人的自我完善，因为教育是生活的准备，而不是职业的选择，因此应尽量保持教育与经济生活间的距离，抛弃教育中的实用性与职业性。同时，理性主义强调对"永恒真理"的追求，为了维护这一追求的纯洁性，则应将知识与经济生活和政治相分离[①]。理性主义思想在现代高等教育改革和发展时期发挥着巨大作用，二战后世界高等教育民主

---

① 王俊翔. 理性主义与功利主义的冲突与融合——西方高等教育思想发展探略[J]. 高教发展与评估，2006（1）：64-67.

化，20世纪60年代风行世界的学生民主运动，高等教育由精英化向大众化阶段发展过程中所产生的问题等使得人们对大学的培养目标、办学模式与质量、大学自治与学术自由、科学研究的机制等做出了深入思考，认识到大学应该保持自己独特的品性，按照自身发展规律安排大学的一切活动，保持自身的独立与尊严，传承文化、培养人才、发展科学、探求真理[1]。

（2）中国大学治理的工具理性特征

近30年，随着"项目治校"逐渐成为大学治理的主流形态，大学治理凸显出工具理性主义的价值取向。工具理性的概念缘起于马克斯·韦伯的定义。韦伯将人的思维理性划分为价值理性与工具理性或实质理性与形式理性。持工具理性观点者并不看重自身所选行为的价值，而看重所选行为能否达成目的。换言之，所选的手段是否最有效、成本最小且收益最大。长期以来，我国大学治理表现出显著的工具理性主义的价值取向。工具理性主义视阈下我国的大学建设呈现如下特征：治理目标呈外向性；资源配置倾向于"国家中心模式"；治理手段倾向于技术手段[2]。工具理性使得大学治理体系的价值、目标和手段走向实用化、技术化和功利化，容易造成大学的同质化和科研活动的逐利行为。

理性主义研究范式在大学治理研究中的主要表现为坚持理性是人的本质属性，是决定人的行为的根本动力。大学治理的问题、归因与行动的采取，都是理性选择的结果。例如闫凤桥的《大学组织与治理》[3]，以实证方法作为大学组织理论建构的出发点，分析了中国大学的管理结构及其改革、学术劳动力市场与研究型大学的教师聘用制度、民办高校的人事制度及其激励作用、非营利组织及其治理、市场化环境与大学组织应对、大学组织结构与效益等多个主题；杨成名的《大学与大学治

---

[1] 柯佑祥. 理性主义、功利主义对现代高等教育发展的影响[J]. 高等教育研究，2008（3）：13-18.

[2] 张洋磊. 我国高等教育治理的工具理性主义特征分析——以重点大学建设为例[J]. 高等教育研究，2017（2）：32-37.

[3] 闫凤桥. 大学组织与治理[M]. 北京：同心出版社，2006.

理——基于利益相关者价值优化的视角》①,从探索大学价值链环节中的利益相关者价值关系及利益诉求出发,设计大学的治理结构,并从利益相关者之间的动态博弈演化的视角,探讨了大学治理结构从现实状态到理想状态的演化路径,在此基础上提出了推动演化进程的对策建议。欧阳光华的《董事、校长和教授——美国大学治理结构研究》②,从多种学科视角出发,系统探究了美国大学治理结构的理论基础、历史演进和制度安排,从中提炼出美国大学治理结构的价值因素,然后以此为准则,对我国大学治理结构的历史及大学现行治理结构的缺陷进行分析来展望我国大学治理结构的未来走向。刘敏的《法国大学治理模式与自治改革研究》③,从历史的角度考察法国大学自治改革的历程,分析法国"双重集权"体制的形成过程,阐释了法国大学治理模式的特殊性及改革的必然性;从"大学"和"教学与研究单位"两级学术权力出发,评介了法国大学内部决策机制,特别是大学委员会及校长职能的演变;探讨了大学自治与学术自由的关系、法国大学预算财政政策以及大学评估体系及评估机构的发展。杨文明的《美国州政府对州立大学治理模式的实证研究》④,采取访谈、会议旁听、文献调查等方式,详细梳理了美国州立大学的管理模式和运行规则,探讨了美国州政府作为州立大学最大投资者与州立大学的多维关系,认为美国州政府对州立大学的治理模式和制度规范,不仅确立了美国高等教育的治理模式,也为世界各国高等教育发展提供了鲜活的样本和案例。凡此种种,不一而足。

本书作者利用中国期刊网的学术期刊出版总库所做的截至2018年7月的以"大学治理"为主题词的271篇C刊论文调查中,关于"大学

---

① 杨成名. 大学与大学治理——基于利益相关者价值优化的视角[M]. 北京:经济管理出版社,2017.

② 欧阳光华. 董事、校长和教授——美国大学治理结构研究[M]. 北京:高等教育出版社,2011.

③ 刘敏. 法国大学治理模式与自治改革研究[M]. 北京:北京师范大学出版社,2015.

④ 杨文明. 美国州政府对州立大学治理模式的实证研究[M]. 北京:商务印书馆,2015.

治理结构"的论文有188篇，占69.37%，关于美国大学治理的有34篇，占12.55%。这些论文大多数是站在理性主义的价值立场，或针砭现实，寻找对策；或采他山之石，为攻玉之用。可见，理性主义范式在大学治理研究中的应用是十分广泛的。

理性主义存在的最大问题，是将大学治理结构及其模式归因于行动者的理性选择，而将结构、文化以及大学微观政治本身的功能和作用最小化，它企图从个体推导出群体的行为，这种推理忽略了"休谟铡刀"和"阿罗不可能性定理"的约束。

二、结构主义范式

结构主义或结构功能主义作为一种方法论对大学治理研究产生了深刻影响，它是仅次于理性主义研究范式的研究方法。在心理学、语言学和教育学中，人们习惯于使用结构主义，而在社会学、管理学中则习惯于用结构功能主义来表达。

1. 概念界定

结构是指事物内部各个组成要素的排列，而结构主义则是关于结构的一种分析工具。结构主义是发端于20世纪初、成熟于20世纪50年代的一种人类学理论。到60年代，结构主义不仅风靡欧洲思想界，而且在日本、美国等地也刮起了一股飓风，涌现出拉德克里夫·布朗（1901—1955）、列维·施特劳斯（1908—2009）等一批代表人物。他们的思想观点虽不尽相同，各具特点，但都有力推动了思想的进步和文明的进程。其中，施特劳斯被称为"结构主义之父"，他把社会结构分为深层结构和表层结构，表层结构人们通过感觉就可知道，而深层结构是现象的内部联系，只有通过模式才可认识。他指出，结构的特点有三：第一，结构是一个有机整体，构成它的元素是相互联系和制约的，任何一个元素在单独使用时均无法发挥作用；第二，结构中若有元素产生某种特定变化，结构将不复存在；第三，结构的意义在于可以直接观察到一切事实。可见，结构主义本质上是一种方法论。它将社会看作一个由各种要素组成的有机体并加以抽象化，以结构为分析视角窥探社会功能及其意义，它强调对整体的把握，强调社会结构的共时性和整体性，是一种静态的研究方法。

结构主义研究范式来源于语言学，随后结构主义观点、方法逐渐被越来越多地应用于各门具体学科，产生了结构主义文艺理论、结构主义教学论、结构主义心理学、结构主义语言学、结构功能主义社会学、结构主义政治理论等理论方法。但社会学中的结构功能主义范式与其他学科的结构主义范式有所区别，不论是帕森斯、墨顿还是卢曼，都是从功能角度来分析和探讨社会结构的。虽然他们与结构主义学者一样，把社会系统作为一个整体，但是就关注重点而言，他们则反其道而行之。

20世纪70年代的法国，兴起了一股改造结构主义的思潮，其代表人物大多数是原来的结构主义者，如巴尔特、福柯、拉康、利奥塔德、索勒斯、德里达等。后结构主义者主要批判结构主义对形而上学的传统依附，反对传统结构主义把研究重点放在对客观性和理性问题的探讨上。他们企图恢复非理性倾向，追求从逻辑出发而得出非逻辑的结果。后结构主义与结构主义的根本区别在于后结构主义抛弃了结构主义的简化方法论。

2. 特点

结构主义范式在研究中通常都具有以下基本观点：

第一，结构中心主义的本质观。他们认为，任何事物或者社会现象都必然有其自身的结构，也正是因为事物、现象都具有结构而获得自己的本质。人们要认识事物的本质，就必须拨开一层层表象，将隐藏于表象之中的结构显露出来。

第二，机械唯物主义者的因果观。结构主义研究范式追求因果解释。他们认为，客观事物、社会现象的结构可以分为深层结构和表层结构两种。其中，表层结构是客观事物或社会现象的外部联系，是非本质的、不起决定作用的；深层结构是指客观事物或社会现象的内部联系，是根本性的、起决定作用的。习惯上，人们谈到的结构都是深层结构。

第三，整体主义的研究对象观。结构主义研究范式坚持整体主义传统，主张把社会现象、客观事物作为一个整体来把握，注重事物内部各要素及事物与事物之间、事物与环境之间的相互联系，认为客观事物或社会现象的结构具有整体性、转换性和自我调整、自我适应等基本特性。

第四，逻辑实证主义的方法观。强调以问题为导向，注重对现实需求的回应。在具体研究方法上，主要选择能够反映共时态的事物进行静态研究或者比较静态的研究方法，认为客观事物或社会现象的结构在其构成方面是多元的、静态的、共时的①。

第五，普遍主义的科学知识观。与理性主义的研究范式相同，结构主义研究范式也追求普适性的结论。无论是定量化的实证研究还是非定量化的规范研究，均有意或无意进行迁移或推广，并得出一般化的结论与政策建议。

3. 运用

直至20世纪90年代，结构主义研究范式主导了国内外大学治理研究近50年，特别是进入21世纪以来，大学治理的绝大多数研究都基于结构主义范式。这些研究有一些共同的特点，即都认为研究大学治理的关键点在于对大学治理的结构的研究，前提是处理好政府与大学的关系、大学与市场的关系、大学与社会的关系，核心是大学内部决策权、执行权和监督权之间的分配与彼此制衡，解决好政治、行政、学术与社团四类组织之间的矛盾与冲突，以及大学与院系之间在资源配置等方面的权责关系。基于结构主义研究范式的研究者认为，结构并不是永恒不变的，而是可以改造或修正的，因而不论大学采取何种治理方法或者模式，都需要设计科学合理的治理结构，以便提高决策、执行、监督、反馈、激励的有效性，从而最大限度地满足大学校内外各种利益相关者的不同民主需求和利益诉求，同时使大学在人才培养、科学研究、社会服务和国际合作等方面的表现更加卓越。

有学者认为，尽管实证主义越来越受到重视，但占据主流位置的研究范式依旧是结构主义。我国学者在研究大学治理方面正处于起步上升阶段，主要是对大学治理结构的功能分析和构建及介绍国外经验，研究的理论基础和研究范式依赖于治理理论基础上的结构主义研究范式，提

---

① 李长吉. 整合科学与人文：教学论的结构主义研究范式探析[J]. 齐齐哈尔大学学报（哲学社会科学版），1999（5）：1-4.

出可从多视角、多学科的研究范式着手来思考如何提高大学治理的有效性[①]。我们认为，结构主义与实证主义并不是对立的哲学范畴。从方法论角度说，结构主义相对于存在主义，实证主义相对于解释主义或者哲学思辨。结构主义研究范式也可以采取实证主义的研究方法，因此，二者并不矛盾。我国在大学治理研究中的确存在哲学思辨过多的问题，其原因主要是实证研究在实际应用中的困难以及学术共同体本身的知识局限。

肖静在《自媒体时代大学权力结构与大学治理》[②]一书中，运用多种方法对于大学权力结构和治理的诸多问题进行研究，对大学的利益相关者进行分类并归纳其利益需求，分析权力主体的行为并构建行政权力与学术权力的混合战略博弈模型和动态博弈模型，探讨大学权力结构的合理安排。同时，从自媒体传播的内容、方式、效果等对大学治理行为、过程、模式的影响进行分析，研究自媒体传播与大学治理的内在诉求如何达到融合的方法，归纳出自媒体给大学治理带来的影响和挑战，并提出完善大学治理的若干建议。张德祥、黄福涛在《大学治理：权力运行制约与监督》[③]中从"高等教育治理的基本问题"和"高等教育治理的国际比较"双重视角对大学治理、高校内部权力关系、权力运行制约与监督等问题进行研究，认为完善高校内部权力运行的制约与监督，不仅要在高校内部形成防腐、治腐的保障体系，还要构建真正体现学术逻辑与各方主体权益的治理体系。

本书作者通过中国期刊网的学术期刊出版总库以"现代大学制度"为主题词进行检索，截至 2018 年 7 月 10 日，CSSCI 期刊共发布论文 399 篇，加上前面述及的 188 篇"大学治理结构"的文章，以大学治理结构或大学制度为研究主题的论文，大大超过了大学治理方面的论文总

[①] 朱家德. 从结构主义到问责主义：大学治理研究范式转型[J]. 中国人民大学教育学刊，2012（2）：37-47.

[②] 肖静. 自媒体时代大学权力结构与大学治理[M]. 北京：电子工业出版社，2016.

[③] 张德祥，黄福涛. 大学治理：权力运行制约与监督[M]. 北京：科学出版社，2018.

数。可见，结构主义研究范式在整个大学治理的研究中是处于轴心位置的。

结构主义研究范式将中国大学治理结构或模式的决定因素完全归结为结构，尤其是制度结构和权力结构等，就很容易陷入"结构决定论"的泥淖，从而忽视各种行动者的主观能动性及偶然因素的影响。结构主义范式在研究中只见群体或组织，不见个人；只重视共性，不关注个性，因此，我们必须对结构主义范式研究中的不足保持应有的警惕。

三、文化主义范式

文化主义研究范式与结构主义研究范式不同，它们以具体社会生活情境中人们的生活方式、意义系统和价值观为研究对象，追求个案研究，追求理解。它们经常提供来自实地调查的、关于特定案例的鲜活、细腻而具体的文本。

1. 文化人假设

在现代管理学诞生后相当长的历史时期里，存在着以泰罗的科学管理理论为代表的科学主义范式和以梅奥等为代表的人本主义范式。为了消解两种研究范式和人性假设的对立，魏文斌认为，管理学范式除了"科学维"和"人本维"以外，还存在着第三种维度即"文化维"。如果说科学主义范式是经济人假设，人本主义范式是社会人假设，那么，文化主义范式则是文化人假设。文化人假设的提出是人们在工业文明时代对人性进行反思而形成的一种新的认识。一方面，它高举管理的人性化旗帜，让管理场域中的林林总总都闪烁着人性的光芒；另一方面，它又超越了行为科学单一对人的心理——社会层面的关注，直接抵近对人的行为影响更深远、更有力的文化价值层面。因此，它是对经济人假设、社会人假设的扬弃和超越，体现了管理学自身随着时代发展而不断进步的历史必然性。

2. 概念界定

从一定程度上讲，文化是人的本质属性。人不单单是作为一种物质的生命存在，更是一种精神的历史文化存在。文化主义研究范式认为，在大学治理过程中，研究主体和研究对象都是一种文化存在，因此大学治理现代化的研究中必须把对人的治理和对物的治理统一起来，把学校师生的物质生活与精神生活统一于治理体系中。为此，应该着力强调文化治理、理念治理和精神治理的力量，以便创设一种无形的但却无处不在、无时不有的文化力量，并使之成为大学成员的行为准则、价值观念和伦理规范，提升师生员工的归属感、成就感和责任感，激发他们的主动性、积极性和创造性，促使他们自觉自愿地为学校的持续发展贡献力量。文化主义研究范式更加注重社会文化与大学组织文化、大学组织内部的主流文化与非主流文化的融合，在自身文化的基础上建立相应的治理准则和治理办法，以价值观为核心凝聚和激发学校教师的归属感、积极性和创造性。文化主义范式并非是对科学主义范式和人本主义范式进行全盘否定和颠覆，而更像是一种整合或提炼。

3. 主要特征

文化主义研究范式有如下特点：

第一，以文化人假设为出发点。人是文化人的这一观点最早由德国哲学家恩斯特·卡西尔提出。他认为，人的"劳作"是人性的基础，符号是"人的本性之提示"，文化才是"人的本性之依据"。管理学、经济学中以往的人性假设，都是一种对人性的"实体性"描述，而"文化人"则是一种"过程性"描述。真正的人性并非一种固定不变的实体，而是人的无限创造性活动。这种真正的人性的发展，又是和人类管理实践活动相同步的。大学治理的直接对象，从根本意义上讲，其实就是大学组织中的人，大学领导者、教师和学生从本质上讲都是具有创造性的，一个好的大学治理过程，就是通过文化的创新来激发他们进行创造性活动的过程。

第二，以团队文化建设为观察重点。大学是一个"文化宫"，各种文化在这里交汇。因为大学是一个研究高深学问的知识组织，文化就成为维系它们的重要纽带。但是，大学的自然属性使处于这种文化情境中的人们只有分工鲜有合作，就形成了联系松散、价值多元的组织文化。而大学组织的运行，需要许多不同学科背景的人共同完成专业人才培养的任务，因此不论如何松散、无论怎样多元，总是需要共同完成组织使命。于是，对团队分析特别是团队成员如何分工合作和解决冲突、成员角色冲突与调适等方面，便成为文化主义研究范式关注的核心问题。大学领导者总是倾向于与"立场相似"的人在一起工作,但是大学这种特殊的文化组织的特性又要求避免组织趋同、团队趋同、行为趋同和文化趋同。文化主义范式的启蒙者威廉·大内认为,高度一致性的文化是日本企业成功的关键因素之一。但是,就大学而言,文化一致性可能会导致大学文化生命之源的枯竭。

第三,注重个案、个人理解及个案的可靠性,避免概括性或者普适性结论。文化主义研究范式在研究的技术路线上,以个案研究和实证研究为主。通常采取人种志的方法(ethnography)、常人方法论(ethnomethodology)和口述生活史(oral history)的方法进行。人种志源于文化人类学。弗兰克曾经说,"文化,即我们描述的对象,存在于当地人的思想当中"。从所见所闻到洞悉隐含的意义,是人种志研究方法的核心。在此过程中,由于无法通过实证研究的参数检验的方法来进行推断和扩展,因此,以实证研究为基础的个案研究必须用三角互证法来保证研究的可靠性。通常情况下,个案研究应竭力避免做一般性推论或普适性结论,因而,有的研究者高举吉尔茨和福柯的大旗,只求理解,不求解释,不追求因果关系。

第四,研究的对象不是大学治理而是大学文化,不是研究大学政治而是研究大学社会。文化主义研究方式关注的核心,不是治理活动,而是围绕治理或治理活动的文化现象,表现为大学成员的生活方式、意义系统和价值观。这些隐藏于行为背后的价值理性,仅靠实证研究的技术路线似乎是难以解决的。

第五,关注与同情处于弱势的个体或群体。文化主义研究范式的研究者通常会有明确的价值情怀和高度的价值涉入。他们好像是文化的斗士,是弱者的同情与保护力量。他们常常立于弱势或处境不良的文化主体背后奔走呼号,是有成人之美大爱的真正的"君子",是有识之士、有情之人。

综上所述,大学治理现代化研究的对象是在一定的文化环境中生成的人所组成的大学及其治理,因而研究者应该重视文化因素,把文化放在研究架构之中,充分考虑人的文化本性与学校的关系,文化主义范式维度力求在信息化、网络化时代的条件下对科学主义范式和人本主义范式做出进一步综合,从而不断丰富管理学研究范式的多样性①。

4. 具体运用

朱为鸿的《大学文化创新与组织发展——华中科技大学个案研究》②针对中国特色高水平大学建设存在的文化"不自觉"现象,采取行动研究和个案研究方法尝试构建大学组织发展的文化分析框架,将研究视野由大学发展的外部环境转向大学自身,解析大学发展的内在动力。作者以文化学视角审视个案大学的发展历程和组织变迁,通过解析个案,遵循由特殊到一般的规律,力求归纳出大学组织发展的文化逻辑,以对大学的文化自觉和自主发展提供镜鉴。李洪雄的《现代大学文化立校战略研究》③ 提出,文化立校战略要做到:紧扣"一个中心"——立德树人;建构"两个平台"——思想观念平台和教育载体平台;解决"三个问题"——认识论、本体论和实践论;突破"四个重点"——学生思想素质提升,民族精神强化,内涵品质升华,成长成才信心提高;实现"五个目标"——尊师重教、崇尚学术;以生为本、潜心育人;丰富多彩、引领成长;创新创业、彰显特色;崇尚奉献、追求卓越。实际上,我国学者运用文化主义研究范式研究大学治理问题还十分少见,有的学者关注个案研究,又希望得出普适性的结论,而这与文化主义研究范式的特点与要求有着天壤之别。

我们也应该看到,文化主义范式最终将中国大学治理结构和模式的决定因素归于大学文化,这又陷入了"文化决定论",因为其忽视了大学师生员工中个人作用的发挥、历史的偶然性影响以及经济、社会、政治结构和大学治理结构的重要影响。以单一的文化因素解释中国大学治理和师生行为在很多时候是不适用的,用过于微观的精神文化或者价值理性这些隐性因素,来对抗或者拒斥那些相比之下更加宏观、更加直接具体的制度因素,违背了人性的不足而需要刚性的制度约束或经济利益处罚来实现的实践理性。与此同时,文化主义研究范式还过于追求个案

---

① 魏文斌. 西方管理学范式的三种维度 [J]. 国外社会科学,2007 (1):2-7.

② 朱为鸿. 大学文化创新与组织发展——华中科技大学个案研究 [M]. 北京:科学出版社,2017.

③ 李洪雄. 现代大学文化立校战略研究 [M]. 北京:人民出版社,2017.

的可靠性、个人对个案的理解来避免得出一些通则化和普适性的结论，这使其陷入了一种文化相对主义和不可知论的泥坑。另外，文化主义的研究范式崇尚鲜活细腻和具体深刻的文本分析，经常会陷入深度个别访谈或实地参与观察的材料堆砌之中而不能自拔。进一步加以归纳，这些研究者易犯三个"不能自拔"：其一是无法从材料中自拔；其二是无法从个案中自拔；其三是无法从相对主义中自拔。因此，我们在利用文化主义研究范式时，也必须看到它的不足，理解它的弊端。

四、问责主义范式

问责主义范式是近年来我国学界刚刚使用的一个概念。随着我国国家治理体系的完善和对治理质量要求的提高，重视问责机制建设，加大问责力度，将成为我国治理改进的必然要求。在此背景下，问责主义逐渐演化成一种研究立场或研究范式。

1. 概念界定

"问责"一词在我国建设政治文明、构建责任政府的过程中出现的频率很高，但并未形成一个明确的概念界定。我们常常将它与"责任"联系起来，而"责任"却是一个十分复杂的概念。通常我们认为"问责"一词最初起源于管理学，即"被要求就自己的行动给出说明"。波尔森从发出者角度将问责分为两类：一类为自我控制，如教师对自己作为专业人员的责任，对他们的同事或专业、学生、家长及更大社会的责任；另一类则将教育中的问责看成是外部通过合约式责任、检查、考试，或其他管理机制而强加的事物。在教育议论中，"问责"常与目标管理、花销有效性监察、教育券计划、社区参与、教师评价、绩效工资等一系列趋势联系在一起。正因为如此，奥德海姆博总结说，"问责"如同一个复杂的、像变色龙一样的术语存在于教育议论之中，对其存在着不同的理解方式[①]。

虽然问责在概念理解上存在着差异，但在实际的教育管理层面却有其特定的意义。研究者认为，当前在教育中主导的问责概念是某机构或个人被要求按照预定的指标、目标等做出的负责表现，它的基本理念可

---

① 王丽佳. 问责教师［M］. 上海：华东师范大学出版社，2016：15-18.

解释为：确立明确目标，发展绩效指标；利用正式评价程序测量目标达成度；通过市场选择、绩效报酬、升职等形式，将得到结果的机构或人区分出来。有研究者认为，问责是组织的一种政治亚系统，服务于各种各样的且往往是相互冲突的政治目标。它被用作是一种提高组织有效性的手段，同时也是一种满足外在压力要求的工具，或者是小团体决策者的控制烟幕。而当问责被用于这些目的时，最容易受到教育者的攻击与反对：一方面是绩效指标的收集、目标制定以及干预；另一方面是惩罚性措施。而这些正是政府权力驻留的清晰表现。

问责主义研究范式认为，对大学的治理绩效进行评估问责，可以促使大学更好地提高治理的有效性，提高决策效率和资源配置效率，更好地满足社会经济的发展。政府和社会通过对大学教学、科研和服务等学校使命的完成情况进行问责，可以避免大学以学术自由、大学自主为幌子为所欲为，同时还可要求大学及时对社会经济发展的变化做出反应。

2. 理论基础

问责主义研究范式基于两个理论提出，一是问责理论，二是有效性理论。

第一，问责理论。问责理论起源于委托—代理理论（Principal-agent Theory）。我们可将问责理解为控制委托人与代理人关系的一种机制，在这个机制中，委托人通过建立一种获取监督绩效信息的制度，确保代理人履行签订契约时约定的义务。在大学治理中，以校长为统帅的行政系统和学术系统作为政府和社会有关人才培养、科学研究和社会服务的代理人，掌握着更全面的信息。政府和社会对大学的行为细节了解不够，并保持"理性的无知"[①]，建立一种问责机制是克服代理问题的必要选择。为减少出现代理人问题的可能性，防范各式各样的机会主义道德风险和逆向选择，政府要对大学的依法治校、经费使用、人才培养质量、科研水平等实施必要的目标达成度评估或绩效责任审计。这种来自政府的评估与绩效审计是一种行政问责。捐赠人、社会其他人士也可对捐赠给大学的经费的使用情况进行跟踪了解，用人单位也能对人才培养质量

---

① 柯武刚，史漫飞. 新制度经济学 [M]. 北京：商务印书馆，2000：65.

等进行反馈监督。因此,这些由社会主导或政府主导、社会参与的监督,就是一种社会问责。

第二,有效性理论。近年来,在公司治理研究领域和公共管理领域,有效治理的研究成为一个新的学术增长点。研究者认为,"有效治理乃是中国民主政治建设合乎逻辑的现实目标和基本准则"[①]。大学作为一种公共性极强的学术组织,既要追求公共利益,也要追求学术真理。大学治理的有效性评估,必须基于大学组织的根本属性来开展。有效性理论认为,大学治理是否有效,既要考察其合法性,更要注重其合理性。前者是形式上的规范性评估,后者是实质上的有效性评估。在我国社会和大学都在迅速转型的历史阶段,评估大学治理结构的功能,就是指大学治理结构在实现大学自身使命方面带来的效益,即大学通过培养人才、发现知识、直接服务社会等在多大程度上满足了社会经济和政治发展的需求。

3. 主要特点

大学治理中的问责主义研究范式,来源于美国等国家在财政危机和质量诉求等多重压力下的策略选择,目的是提高资源的使用效率和提高教育质量。然而,迄今为止,大学问责的范围、问责主体、问责机制、问责程序、问责方法等一系列问题仍未形成统一标准,因而导致大家对问责的理解各不相同。可以认为,问责主义研究范式有如下四个特点:

第一,行政责任优先。只要有管理,只要追求好的管理,就一定会产生形态各异、效力不同的问责制度。在此意义上讲,问责从未缺席。然而,问责主义研究范式源自当代问责制的实施,而问责制的盛行则是新公共管理思潮的产物,是政府追求成本最小化、利益最大化的结果。但研究者对责任的概念并未厘清,将形形色色的责任都置于问责的篮子里,如道德责任、法律责任、经济责任、领导责任等。其实,法律责任有自己独立的司法系统追究,而道德责任严格来讲不属于问责的范畴,只是教育转变的事务。剩下的主要是行政责任或者是管理责任。在大学治理中,教师的责任追究也主要基于专业职务责任履行的角度来确定,

---

① 何显明. 基于有效治理的复合民主:中国民主成长的可能方式 [J]. 浙江社会科学,2011 (8):19-24.

不能使责任的范围泛化，否则，问责会适得其反。

第二，责任法（约）定。研究者应该有一个起码的信念，就是责任是预先明确的，而不是后来随时增加的。这是现代文明社会中的社会成员必须有的理念，也是契约精神的彰显。然而，一些研究者并未明确需要追究且可以追究的责任，仅仅对事前或岗位职责上已经明确规定的而没有得到履行的责任或者义务进行问责，这种法律政策没有明确规定或者事先未经过签约的责任与义务不应属于追责的范围。

第三，内外结合，以内为主。大学是一个特别需要自治或自主的社会组织。尽管国家法律规定明确了大学的法定权利与责任，由于大学事务本身的高度不确定性，创新又需要担负较大失败风险，因此，过度追责会打击学校和师生的信心。研究者应该厘清大学责任的性质和追责的边界与限度，建立一种以内为主、内外结合的追责体系，从而使问责既有利于改进大学的绩效、质量和对社会的回应，同时又能够保持大学创新所需的自主与自由。

第四，责罚对等。问责作为一种在管理目标实现过程中目标偏离应有轨迹而采取的弥补矫治机制，是现代管理对专业化、精准化、高效化要求的应有之义，但其必须防止两种情况：一是问责不足，二是问责过度。在责罚制度设计时可将责任回答范式（answer ability paradigm）与期望管理范式（management of expectations paradigm）[①] 结合起来保证精准问责、责罚相当。

4. 具体运用

20世纪90年代开始，结构主义范式的局限性逐步暴露，为提高大学治理的有效性，回应社会对研究者的期待，一些研究者开始关注问责主义研究范式。柳亮、刘小平[②]先后发表《系统扩张与结构紧张：美国

[①] 周湘林. 从管理到治理：中国高校问责制的范式转型 [J]. 华中师范大学学报（人文社会科学版），2010（5）：144-149.

[②] 柳亮，刘小平. 系统扩张与结构紧张：美国公立大学问责的动力机制 [J]. 清华大学教育研究，2017（4）：65-72；柳亮，刘小平. 高等教育问责制的发生逻辑：美国经验的考察 [J]. 黑龙江高教研究，2017（5）：53-56；刘小平，柳亮. 大学问责的知识解读 [J]. 黑龙江高教研究，2017（9）：24-26.

公立大学问责的动力机制》、《高等教育问责的发生逻辑：美国经验的考察》、《大学问责的知识解读》，针对"学术界偏重于探讨美国大学问责的方式、机制或效果，对于问责的发生过程却欠缺细致深入的历史梳理与学理分析，由此导致学术研究的某种断裂化，难以对问责发展中遭遇的现实困境进行深刻反思"的实际，解读了大学问责的相关知识，探讨了美国高等教育问责的发生逻辑和公立大学问责的动力机制，提出了系统扩张和结构紧张是公立大学问责的动力所在。王淑娟[1]比较了中美大学问责的异同；王喜娟[2]分析了新加坡的高等教育问责制；眭依凡、高耀丽[3]提出，规范管理必须加强大学问责；陈大兴[4]认为，只有深化自治才能推动大学问责。完善治理结构我们不仅要满足校内外利益相关者的民主需求，还要提高决策效率和资源配置效率，更好地发挥大学的功能以满足社会经济发展的需求。问责主义范式在欧美国家已经相对成熟，无论在研究方法上还是研究内容上均出现一些有影响力的成果，但我国学者目前在治理研究中则更多采用结构主义范式，只有少数学者开始意识到问责主义范式的重要性，与国外研究相比，表现出明显的滞后性，因此，今后可从问责主义范式着手研究高校治理问题，将其发展成为大学治理研究的一个新的学术增长点。

五、多中心主义范式

多中心主义范式是在奥斯特罗姆夫妇的多中心治理理论的影响下对大学治理采用的一种研究取向，这种研究范式在我国高等教育学术界也得到广泛运用。

1. 概念界定

顾名思义，"多中心"和"单一中心"是一组相对概念。传统社会秩

---

[1] 王淑娟.中美大学问责制异同分析[J].清华大学教育研究，2010（5）：78-81.

[2] 王喜娟.新加坡高等教育问责制研究[J].高教探索，2013（6）：84-87.

[3] 眭依凡，高耀丽.规范管理：大学需要问责[J].江苏高教，2013（6）：4-7.

[4] 陈大兴.深化自治才能切实推动大学问责[N].中国教育报，2013-03-04.

序的特点主要是单一中心，即集权式的治理模式。20世纪90年代以来，多中心治理理论应运而生，"多中心"是以美国印第安纳大学的奥斯特罗姆为代表的制度分析学派提出的概念，同时也表明了一种新的理念和制度安排，在二战后不断发展成为一套系统的理论。该理论强调公共服务的多元化，强调公共部门、私人部门、社区组织都可提供公共服务，从而把多元竞争机制引入公共管理过程中。该理论认为以往的单一中心治理模式将政府作为唯一的权力中心，这样既不能保证工作的高质高效，还易滋生政府机关的腐败；而多中心治理模式倡导权力分散，管辖交叠，并重建政府、市场、社会间的关系，将自上而下的单一管理转变为扁平化、多元化的模式，所以在社会公共事务的管理过程中，并非只有政府一个主体，而是存在着包括中央国家机关、各级地方政府单位、各种政府派生实体、各种非政府组织、各种私人机构及公民个人在内的许多决策中心，它们在一定的规则约束下，以多种形式共同行使主体性权力。这种主体多元、方式多样的公共事务管理体制就是多中心体制①。

在多中心治理实践与理论的碰撞下，高等教育领域逐步产生一种以"去中心"为基础的治理范式。它的主要特征是非国营化、去中心、自治与市场化②。具体表现为以下几个方面：

一是政府职能非核化。多中心治理模式下，政府变成一种监督机构，一种"非核心政府"。政府不再是高等教育产品的唯一供给源，其主要责任亦非直接生产和提供教育服务，而是制定和执行市场规则，维护市场秩序，监督和评估大学的办学行为和产品质量。

二是大学自治加强化。就大学而言，"多中心治理"意味着强调大学自治，遵循大学自身运作的逻辑。美国一些州政府逐步对多所校园大学实施系统的集权化管理，这一趋势对如何影响大学的权力分配尚不明确，但对教师集体谈判制度和学生参与大学委员会制度方面的规定却很清晰。美国大学自治有悠久传统，虽然近年来一些州政府有集权化倾

---

① 奥斯特罗姆，帕克斯，惠特克. 公共服务的制度建构 [M]. 毛寿龙，译. 上海：上海三联书店，1999：11-12.
② 盛冰. 高等教育治理：重构政府、高校、社会的关系 [J]. 高等教育研究，2003，24（2）：47-48.

向，但大学自治的核心结构即法人—董事会制度并没有改变，政府干预一般集中于行政区域，而学术权力日益得到有效维护。

三是外部关系伙伴化。外部关系主要是指大学与政府、社会的关系。经济全球化和需求多元化，都对大学的培养目标、课程设置、学科建设、资源分配等提出了严峻挑战。如何推动大学治理的改革，促进其持续发展，都需要政府、高校与社会通过协商来达成目标。

四是中介机构强势化。通过中介组织来缓冲与协调国家管制和大学自治之间的关系，已经成为许多国家的普遍做法。美国和英国是教育中介组织比较发达的国家，都形成了较为理想的政府、社会与大学间的关系。德国、瑞典、澳大利亚等国深受美国和英国的影响，也逐步将大量的服务职能下放给中介机构来承担，从而使中介组织作为"缓冲器"的功能大为加强。

五是大学治理法治化。实行法治，弘扬法治精神、强化法治思维和提高法治能力，是开展大学多中心治理的基础和必须坚持的首要原则。大学的健康有效运行和科学规范决策，不仅需要通过校长、董事会和相关监督机构发挥内部控制的作用，而且需要政府、市场和社会组织、媒体等发挥外部治理的作用。外部治理与内部治理的并行不悖、相得益彰，倚赖于一个健全的法制环境如各种教育法律及其实施机制的建立。

总之，大学多中心治理的基本逻辑是协商与合作，旨在建立一个以相互依存为基础、以彼此协作为特征，纵横协调、多元统一的大学治理结构：一方面，市场竞争规则为合作共赢机制所替代，"看不见的手"与"看得见的手"紧握；另一方面，政府还权于民、还权于市、还权于校，不再是高高在上的"设局者"，而蜕变为复杂博弈系统中诸多"棋手"之一，为协商谈判、民主对话贡献自己独特的资源和智慧。多中心治理提倡政府、社会和大学"分享权力、共担责任"，但分享不等于均分，共担不等于等同。从本质上看，政府、社会和大学的大学治理权获得，是一个多元、多层、多重、非零和的复杂博弈契约过程。正如有学者指出的，在大学治理主体的权力的配置上，大学治理逻辑提倡参与大学治理主体之间的"合作控制"，但"合作控制"完全不同于无政府主义的纯粹的民主控制，各治理主体所能拥有的大学控制权的程度也是由其谈判实力来决定的,也是一个动态调整的状态,多中心治理逻辑下的高等教育治理是一种共治模式,奠基在协商与合作的基础之上①。

多中心理论最初是从政府变革和治理的角度提出的,但对现代大学治理研究同样适用,大学治理现代化与多中心主义范式的思想基础非常契合,所以,多中心治理理论会逐步成为大学治理研究的主流范式之一②。

2. 主要特点

从运用多中心治理理论来探讨大学多中心治理的研究范式,主要有如下四个特点:

第一,治理空间多中心。研究者主张要打破传统政府和市场二分法的局面,大力培育社会第三部门力量,形成政府、市场和社会第三部门的三维空间来共同治理高等教育事务,并使第三部门力量成为不可忽视的一维③。

第二,治理主体多中心。研究者认为,以往政府作为统治主体是唯一的公共权力中心。亨利·罗索夫斯基曾说,"人们拥有大学就像人们拥有国家一样,大学属于多个'拥有者'。所谓大学'拥有者',实际指与大学有利害关系的人或群体,亦即大学的利益相关者"。治理主体可以是公共部门,也可以是私人部门,各种公共的和私人的机构只要使其行使的权力得到公众的认可,都可能成为在各个共同层面上的管理中心④。

第三,治理手段多中心。研究者非常关注大学多中心治理中的手段多元化。这里既包括政府管制色彩的减少,由以行政手段为主转变为以法律与规划等间接手段为主,又包括拓展许多新的治理手段,如服务承

---

① 甘永涛. 从新公共管理到多中心治理:兼容与超越——西方国家高等教育管理改革的路径、模式与启示 [J]. 中国高教研究, 2007 (5): 34-36.

② 张新亚. "多中心"视野中的现代大学治理 [J]. 苏州科技学院学报(社会科学版), 2010 (5): 78-81.

③ 龙献忠. 高等教育的多中心治理:内涵、必要性与意义 [J]. 江苏高教, 2006 (6): 19-21.

④ 龙献忠, 胡颖. 论高等教育多中心治理视野下的政府责任 [J]. 现代大学教育, 2007 (1): 35-38.

包、特许经营、政府补贴、积极培育社会团体和鼓励志愿者服务、发展中介服务机构等，还包括在大学内部治理中改变学校与学院的上传下达的单一行政控制，发展一些新的治理手段，如制订和实施章程，有偿使用资源，建立内部会商机制、仲裁机制与救济机制等来完善治理，提高治理绩效。

第四，权力向度多中心。研究者认为，实现大学的多中心治理还必须克服传统的政府—大学—院系的权力单纯下行的垂直控制的弊端，构建上下互动和左右联动的多层多向度的权力运行机制与整合制衡机制。在传统集权化的大学治理模式下，政府是大学的规则制定者和秩序的维护者，政府以其行政权威对大学实施严管，逐步形成了上下等级森严、不能"翻转"的垂直单向的权力运行向度。而当代治理本身的新颖之处在于多元合作共治，它是一个上下互动、左右联动的共同管理过程。尽管参与大学治理的多元主体的地位与权力并非等价，但它们都有参与治理权、共同决策权和相互监督权，从而主体间以往的垂直单向等级化依附关系变成了平行多向平等化合作关系。各个治理主体处在一个合作共同体中，他们互相依存、彼此制约、相互监督。

3. 具体应用

我国有相当多的作者运用多中心主义研究范式开展大学治理研究，其触角已经涉及从外部治理到内部治理的诸多领域。

龙献忠是较早运用多中心治理范式研究大学治理的学者。他先后发表了多篇文章来介绍高等教育多中心治理的含义、必要性和政府责任，对其进行了广泛深入的研究；李响[①]利用多中心治理范式讨论了高校思想政治教育管理主体的解构与培育问题；余琼等[②]通过对 J 省高校硕士研究生学术失范原因进行实证研究，认为学术失范的主要原因是研究生学术行为中的他律失效与自律不足，提出构建由学生、导师、学校

---

① 李响. 多中心治理：高校思想政治教育管理主体的解构与培育［J］. 学校党建与思想政治教育，2016（1）：64-66.

② 余琼，陈蛟，冯亮. 多中心治理理论视角下研究生学术失范治理——基于对 J 省高校的调研［J］. 学理论，2015（9）：152-155.

和学术规范监督组织等多主体共同参与且高效互动的研究生学术失范行为治理模式；徐大量①等学者的研究利用多中心治理理论框架构建医药高等院校的质量评价指标体系构建问题；王嶂等②研究了高校贫困大学生帮扶模式的创新问题，提出了多主体联动、全方位帮扶、多手段参与的新型帮扶模式；方剑③研究了如何运用多中心治理改进高校后勤廉政建设。此外，还有唐巍华④、谢治菊⑤、李振华⑥、莫勇明⑦、马华⑧分别就大学章程建设、研究生教育质量保障机制、区域孵化网络特征与动态能力建设、高职人文素质课程体系建设、高校应急管理体系构建等主题进行探讨。可见，多中心主义研究范式已经得到一定程度认可与推广。不过，多中心并非一剂包治百病的"奇药"，应避免理想化和形式化。

六、新制度主义范式

新制度主义是20世纪后半期逐步兴起的一种方法论，它在政治学、经济学、社会学、法学和管理学等学科领域都产生了深刻的影响，刮起了一股新制度主义的旋风，成为一个有自身特点的研究范式。这个范式也用于大学治理研究过程之中，并形成了自己的一些特点。

---

① 徐大量，林辉，梁沛华. 基于多中心治理理论对多元化高等中医药教育质量评价指标体系构建的理论探讨 [J]. 西北医学教育，2016（2）：214-216.

② 王嶂，王辉. 多中心治理视阈下高校贫困大学生帮扶模式的创新 [J]. 中国成人教育，2013（24）：39-41.

③ 方剑. "多中心治理理论"对高校后勤廉政建设的启示 [J]. 继续教育研究，2013（9）：116-117.

④ 唐巍华，李自茂. 多中心治理理论视野下的大学章程研究 [J]. 赣南师范学院学报，2010（2）：51-53.

⑤ 谢治菊，朱绍豪. 多中心治理理论视角下研究生教育质量探讨 [J]. 现代教育管理，2017（4）：102-107.

⑥ 李振华，赵黎明. 多中心治理区域孵化网络特征与动态能力建设 [J]. 科研管理，2014（6）：77-83.

⑦ 莫勇明. 多中心治理视角下高职人文素质课程体系的构建与管理 [J]. 广西教育，2014（2）：41-42.

⑧ 马华. 多中心治理视阈下的高校应急管理体系构建 [J]. 科技信息，2012（23）：204.

1. 概念界定

人类对于制度的思考和探究具有悠久的传统。政治学有关制度的研究，最早可追溯至公元300多年前古希腊思想家亚里士多德的城邦制度研究。现代学术话语体系中的制度研究，则兴起于19世纪末20世纪初，主要集中于经济学领域。随后，向政治学和社会学领域扩散。旧制度主义的显著特征是研究对象主要局限于欧美发达国家，研究内容的重点是考察社会生活中的法律、章程、规定等的功能及其变化机制，研究的方法则主要是静态描述和直观比较分析。

第二次世界大战结束后，随着世界殖民体系的彻底瓦解，一些过去依附宗主国的殖民地通过各种各样的方式获得独立，成为有独立主权的民族国家，它们建立有自身特色的国家制度。于是，欧美学术界开始扩展研究视野，改进研究方法，从而开辟了新制度主义研究时期。新制度主义并非源自特定学科，而是一个跨学科思潮，内部多样性是新制度主义的重要特征。在新制度主义标签下，存在着许多不同的理论流派。霍尔和泰罗认为，新制度主义主要包括理性选择制度主义、历史学制度主义和社会学制度主义三大流派。各个流派在许多重要问题上持不同看法，甚至同一流派里的不同学者也看法各异。

新制度主义的所谓"新"有两种不同解释。其一是从时间维度上区分。制度主义有着很长历史，但由于行为主义盛行，制度主义便落入长达几十年的发展低谷。直到20世纪80年代前后，人们才发现单一行为主义在解释社会结构方面存在许多难以逾越的鸿沟，于是人们开始寻求各种结构化解释的新理论，制度主义趁机重新崛起。为了区别于以往的制度主义，马奇（1928— ）和奥尔森（1939— ）在1984年的一篇文章中创造了一个新的词汇——"新制度主义"。于是，就有了新旧两种制度主义[①]。其二是与旧制度主义在内容和观点方面区分。朗慈从六个分析维度来描述新旧制度主义的发展变化：从关注组织到关注规则；从只关注正式制度到同时关注非正式制度；从静态看制度到动态看制度；从价值无涉到价值批判；从关注制度系统

---

① 柯政. 学校变革困难的新制度主义解释[J]. 北京大学教育评论, 2007 (1): 42-54.

到关注制度内在成分;从制度独立于环境的观点到制度嵌入特定背景的观点[①]。不过,就我们看来,新制度主义与旧制度主义并非泾渭分明,有时也彼此交集。

2. 主要特点

新制度主义是一种经验研究方法。它同时关注个体行为和社会政治生活的制度基础,强调制度的解释力。经济学新制度主义继承了学科传统,关注个体在面临集体行动时的选择;社会学新制度主义聚焦于制度特质;历史制度主义则以政治学中的权力与国家等传统论题作为其重新诠释的基础。各学科新制度主义及新制度主义各流派的共同兴趣是通过制度分析解释社会现实。

新制度主义虽然有如丛林,但是也可看出其中的一些特点:

第一,制度概念广义化。制度是新制度主义的核心概念,也是制度分析方法的理论基石和逻辑起点。新制度主义将旧制度主义只关注正式组织的正式制度拓展到非正式制度的广泛领域,如观念、价值、意识形态、资本、规制、习惯和组织本身。制度是一种均衡、规范和规则。它既是人类行为的产物,又是对人类行为起约束作用的力量。

第二,制度分析重心化。三大流派都以制度分析作为重点,希望弄清楚制度的作用及其演化机制。历史制度主义和理性选择制度主义都关注正式制度,而社会学制度主义则关注非正式制度。历史制度主义的两大显著特点是强调制度对行为者偏好的形成有重大影响,而作为被解释的对象以及组织成员权力关系呈现不均衡状态。理性选择制度主义以集体行动困境(个体追求私利的理性化与可能导致集体后果的非理性化的矛盾)为逻辑起点,认为制度是解决集体行动困境的组织机制。它强调两个核心概念:制度的有意识设计(conscious design of institutions)和均衡(equilibrium),因而制度是有意识设计的结果,同时又是维持均衡的稳定剂,它们将偏好作为外生的因素排除在分析之外。社会学制度主义关注制度在提高组织外部合法性中的作用,特别关注制度的规范、文化、象征体系、意义等非正式制度因素,尤其

[①] Lowndnes V, Institutionalism D March, Stoker G. Theory and methods in political science [M]. 2nd ed. New York: Palgarve Macmillan, 2002: 91-108.

是信念和认知图示（cognitive schema），强调制度变迁的逻辑是适当性逻辑（logic of appropriateness）而不是结果性逻辑（logic of consequentiality）。社会学制度主义与理性选择制度主义的最大区别是，前者认为个体的利益和偏好是社会建构（socially constructed）的产物，而后者将其视为既定的外生变量。

第三，制度变迁差异化。历史制度主义认为，制度变迁是基于断裂均衡和外部冲击，即历史的偶然性与路径依赖；理性选择制度主义则认为，制度变迁是源自成本收益比较和策略选择，即新制度之所以能够替代旧制度是其收益大于成本；而社会学制度主义把制度变迁视为趋同化（isomorphism）和寻找合法性的结果，并给出了强制趋同、模仿趋同和规范趋同三种机制，认为人的行为是一种习惯，是个体根据环境需要进行诠释的结果。

第四，技术路线差异化。历史制度主义采用的是案例分析、比较方法和系统的过程分析等研究方法，而理性选择制度主义则较多地运用演绎法和一般化理论，社会学制度主义则重视经验研究和诠释法（如表3-1）。

表3-1 新制度主义三大流派的特征

流派	制度	偏好形成	侧重点	制度变迁	方法论
历史制度主义	正式制度	内生	权力不均衡	断裂均衡 外部冲击	案例研究 比较研究
理性选择制度主义	正式制度	外生	策略行为均衡	成本收益比较策略选择	演绎法 一般化理论
社会学制度主义	非正式制度	内生	认知层面	趋同化 正当性逻辑	经验研究 诠释学

资料来源：何连燮. 制度分析：理论与争议［M］. 2版. 李秀峰，荣宝勇，译. 北京：中国人民大学出版社，2014.

3. 具体应用

尹晓敏的《利益相关者参与逻辑下的大学治理研究》① 站在利益相关者的理论视角下，立足于我国大学管理的现实，侧重于在实践运作层面对利益相关者参与大学治理进行分析，以期构建合作参与逻辑下的大学治理完整运作体系；刘爱生的《美国大学治理：结构、过程和人际关系》②，以新制度主义理论和霍夫斯泰德的文化维度理论为观照，对美国大学治理的结构、过程与人际关系特征进行了探索，得出如下结论：美国大学以共享性、制衡性、松散性和法治性为特征的治理结构，与美国低力距离文化和短期导向文化紧密相连；美国大学以模糊性和政治性为特色的治理过程，与美国的不确定性规避文化和个体主义文化紧密相关；美国大学教师与行政人员之间"七分信任、三分冲突"的人际关系，与美国的低力距离文化和个体主义文化紧密相连。陈文娇从组织社会学的视角系统研究了中国大学在目标、结构、行为三方面的趋同表现，并从管理体制、政策导向、外部评价、文化观念四个方面分析了趋同的机制，在对中美大学组织趋同比较研究的基础上，对趋同的积极作用和消极影响及应用策略做了进一步阐释③。高等教育领域中的组织趋同现象成为我国学者研究的热点之一，许多学者从新制度主义的视角来展开自己的研究，如汤晓蒙的《高等教育趋同现象探析：新制度学派理论的视角》④、张清的《高校趋同化发展缘由的组织社会学透视》⑤、吴慧萍的《大学组织变革趋同的社会学思考》⑥、李斌琴的《寻求合法性：我

---

① 尹晓敏. 利益相关者参与逻辑下的大学治理研究 [M]. 杭州：浙江大学出版社，2010.

② 刘爱生. 美国大学治理：结构、过程和人际关系 [M]. 北京：中国社会科学出版社，2018.

③ 陈文娇. 制度与竞争：组织社会学视角下的大学趋同现象研究 [M]. 武汉：华中师范大学出版社，2017.

④ 汤晓蒙. 高等教育趋同现象探析：新制度学派理论的视角 [J]. 教育发展研究，2009 (3)：18-22.

⑤ 张清. 高校趋同化发展缘由的组织社会学透视 [J]. 教育评论，2006 (5)：7-10.

⑥ 吴慧萍. 大学组织变革趋同的社会学思考 [J]. 高教探索，2007 (2)：28-30.

国大学趋同化机制解析——从重点大学政策说起》① 等。

第三节 寻找一个合适的分析框架

戈夫曼将框架定义为人们用来感知和解释社会生活经验的一种认知结构，意指帮助人们解释并了解周围世界的大体方案，也就是将个人生活经验转变为进行认知时所依据的一套规则②。框架对后续研究至关重要，作者在这里讨论三种理论，择善而从。

一、利益相关者理论

利益相关者理论（stakeholder theory）是20世纪60年代从西方国家发展起来的一种公司治理（corporate governance）理念。进入80年代后开始影响美、英等国公司治理模式选择，用以促进企业经营模式转型。利益相关者理论之所以能够大行其道，最深刻的原因在于物质资本在企业生产组织中的作用下降，而知识劳动者或者企业战略性人力资源的重要性在上升，这就迫切需要一种更为开阔的视野去整合更多的生产相关性要素，于是，利益相关者（stakeholder）就逐步取代股东（stockholder）成为企业管理乃至其他社会管理的一个核心概念。

1. 思想溯源

19世纪以前，人们通常认为，企业是以获取利润为主要目标的社会组织，没有权力去做其他的事，因而不承担其他的社会责任。到了20世纪30年代，人们开始关注除股东以外的与企业生产经营相关的利益者，如企业员工、供销商、消费者等。1929年，美国爆发经济危机，经济萧条，使人们开始反思：企业是否应该对其他利益主体负责。在此背景下，多德在1932年提出了这样的观点：董事不仅要为股东利益负责，也应对企业相关的其他利益主体负责。因为企业管理人员的权力来自所

---

① 李斌琴. 寻求合法性：我国大学趋同化机制解析——从重点大学政策说起[J]. 高教探索，2012（1）：14-17.

② Erving G. Frame analysis: an essay on the organization of experience [J]. Contemporary sociology, 1981, 4 (6): 1093-1094.

有企业利益相关者,这种权力是各利益主体对自我权力的部分让渡,构成了企业内部的公共权力由部分管理人员所代替。多德的这一观点打破了企业董事只为股东负责的传统观念,因而成为利益相关者理论的萌芽。1963年,斯坦福研究院的一些学者提出,将所有与企业有密切关系的人都称为利益相关者,并第一次提出了利益相关者的理论概念。这一概念给传统的股东至上观念以剧烈的思想冲击。1965年,安索夫(1918—2002)将"利益相关者"一词首次引入企业管理和经济学研究中,并开始对利益相关者理论进行深入研究。1984年,弗里曼(1951—)将利益相关者理论引入管理学中,并进一步指出企业的利益相关者不仅包含推动企业发展的群体和个体,而且包含在企业目标实现过程中受企业行为影响的个人和群体。到20世纪90年代初,利益相关者理论体系愈益成熟,成为一个完备的思想体系。

2. 主要观点

20世纪60年代以来的企业管理理论研究中,围绕剩余价值归属问题,分化为两大理论:股东至上理论和利益相关者理论。股东至上理论(亦可称为现代企业理论)认为,股东是企业的最高领导者和决策者,对企业的一切事务具有最高决策权,对企业内物质资本和人力资本有权力、有能力进行安排和调动,并承担着内部财务运营的风险。因而,企业股东应成为企业所有者,享有对企业剩余控制权和索取权的最终决定权。而利益相关者理论则认为,人力资本所有者是构成企业的重要部分,有权分享剩余权。相应地,作为企业所有权的成员,各利益相关主体也承担着剩余风险。

弗里曼从对企业目标影响的角度出发,认为利益相关者是"那些能够影响企业目标实现,或者能够被企业实现目标过程影响的任何个人和群体"[1]。该定义扩大了利益主体的内涵,将社区、政府部门等受企业行为影响的主体也纳入利益相关者的范畴之中。1995年,克拉克森从企业承担的风险维度提出:"利益相关者是指那些在企业的活动中投入了物

---

[1] Freeman. Strategic management: a stakeholder approach [M]. Boston: MA Pitman, 1984.

质资本、人力资本、财务资本以及在企业的经营活动中承担了一定风险的群体。"① 2002年，我国学者陈宏辉提出"利益相关者是指那些在企业中进行了一定专用性投资，并承担了一定风险的个体和群体，其活动能够影响企业目标的实现，或者受到企业实现目标过程的影响"②，该观点在我国利益相关者理论中具有代表性。

3. 利益相关者的不同类型

利益相关者的不同分类，对各利益主体的权力分配产生重要影响。以下是有代表性的利益相关者分类方法。

查克汉姆按照与企业是否有交易合同关系，将利益相关者分为契约型利益相关者（contractual shareholders）和公众型利益相关者（community shareholders）。前者包括股东、雇员、顾客、分销商、供应商、贷款人等，后者包括消费者、监管者、政府、媒体、社区等。

克拉克森依据能否在企业运营中主动承担风险，将利益相关者分为主动型相关者（positive stakeholders）和被动型相关者（passive stakeholders）。这一方式具有将大多数利益相关者划为被动型相关者的倾向，因为面对风险这一具有挑战性的活动，除了企业直接负责的投资者及无法避免的某些相关者可能会积极面对风险，其余多数相关者可能都属于形势所迫下的无奈之举，且对如何判断积极型和被动型的方式是有待考虑的。

另外，他还根据对企业发展的重要程度，将利益相关者分为首要利益相关者（primary stakeholders）和次要利益相关者（secondary stakeholders）。这是以企业发展为参照标准，主要方法是衡量其对企业发展施加影响的多寡。如股东、员工、投资者、消费者等为首要的利益相关者，因为离开这些群体，企业将无法生存。而对于受到企业在运营过程中影响的群体，如社区、政府和媒体等，则被划分为次要利益相关者，其对企业也会施加相应影响，但一般不会涉及企业最根本的生存问题。

斯塔里克则从动态角度，将利益相关者分为现实利益相关者和潜在

---

① Clarkson M B E. A stakeholder framework for analyzing and evaluating corporate social performance [J]. Academy of management review, 1995, 20 (1): 92-117.

② 陈宏辉. 利益相关者理论与企业伦理管理的新发展 [J]. 社会科学, 2002 (6): 53-57.

利益相关者。潜在利益相关者是指可能对企业目标实现产生影响或反过来可能被其影响的个人和群体，只有当潜在利益相关者向企业投入专用性资产时，才可以转化为现实利益相关者。这一分类将利益相关者放在企业动态运营过程中，潜在利益相关者在企业发展的某个阶段就会转化为现实利益相关者。

米切尔认为，作为利益相关者须具备三个方面的条件：①合法性，即某一群体是否被赋有法律和道义上的或者特定的对于企业的剩余索取权；②影响力，即某一群体是否拥有影响企业决策的地位、能力和相应手段；③紧急性，即某一群体的要求能否立即引起企业管理层的关注。基于对利益相关者这三方面的要求，可对不同利益主体进行不同组合，其结果将产生不同类型的利益相关者。这一规定可赋予不同利益相关者不同权重，以对他们的重要性加以区分，有利于企业对不同利益相关者采取更为细致贴切的策略手段[1]。

通过加权评估后，米切尔将利益相关者分为三类：①确定型利益相关者（definitive stakeholders），他们同时拥有对企业问题的合法性、权力性和紧急性。为了企业的生存和发展，企业管理层必须十分关注他们的愿望和要求，并设法加以满足。典型的确定型利益相关者包括股东、雇员和顾客。②预期型利益相关者（expectant stakeholders），他们与企业保持较密切的联系，拥有上述三项属性中的两项。③潜在利益相关者（latent stakeholders），是指只拥有合法性、权力性、紧急性三项属性中一项的群体。

4. 大学治理中的利益相关者

最早将利益相关者理论引入高等教育领域的，是美国著名学者罗索夫斯基。他借鉴经济学家的研究视角，打破了传统教育理念，将学生看作市场的消费者。随着市场经济体制的快速发展，学生的教育费用并不全部由政府支付，而是由学生本人分担一定比例。

---

[1] Mitchell R K, Agle B R, Wood D J. Toward a theory of stakeholder identification and salience: defining the principle of who and what really counts [J]. Academy of management review, 1997, 22 (4): 853-886.

大学是一种典型的利益相关者组织。作为一种非营利组织，大学的主要目标在于使学生获得相应的知识储备和技能提升，同时完成一定的科研和社会服务工作来为社会发展提供动力。与大学相关的利益主体主要包括学生、教师、教育行政人员、家长、政府、社区、用人部门等。按照利益相关者的分类，可将大学中的利益相关者按照与其目标的相关程度进行由近至远的划分，使各相关主体能够在这个利益共同体中分清各自的角色。第一层为核心利益层，包括学生、教师和学校行政人员。这三者作为大学中人数最多、范围最广的利益主体，大学中的任何决策与计划都与其利益休戚相关。学生作为接受大学教育服务的消费者，同时又是向社会输送的教育产品，学校对其承担着极其重大的教育责任，是大学存在的合法前提。学生的核心利益在于，学校应为其提供有利于身心健康、和谐发展以及人文科学素养提升所需要的基础设施及相应的制度安排等。教师肩负着教书育人、发展知识和直接服务社会的复杂社会使命，其根本利益在于，学校应为其提供科研和教学上的鼎力支持以及与其付出相匹配的物质和精神上的回报等。学校行政人员是大学运行的组织者和协调者，其利益在于，学校应为其提供相应的职业发展所需要的资源保障、制度安排以及物质报酬、精神激励等。第二层为重要利益层，包括校友和财政拨款者。这一层主要是从能够为大学发展提供财力支持为主要出发点，校友对母校的捐款及政府的财政拨款都是学校赖以生存和发展的物质条件，因而，学校有责任将其资金充分合理利用，以发挥其最大的经济和社会效益。同时，大学发展的好坏，大学的社会声誉，将在一定程度上影响校友捐款及财政拨款等未来的支持力度。第三层为中间利益层，主要包括与学校有契约关系的当事人，如科研经费提供者、贷款提供者等。他们可被看作与学校有合作关系的资金投资单位，为学校提供科研资金及贷款等服务，一方面是基于其应该承担的一定社会责任，另一方面也是满足其正常经营需求的教育投资行为。因而，大学运营的好坏，与他们的利益直接相关。大学经营得好，他们皆大欢喜；大学经营得差，也会令其蒙受经济损失或非经济损失，阻碍其经营目标的实现。第四层为边缘利益层，包括当地社区和社会公众等，大学的发展会给当地社区带来各种利益，包括经济的和非经济的利益，例如大学的建立拉动当地消费，并带动当地社会服务网络不断完善，另外，大学的发展能够促进社会发展和进步，进而保护社会公众的权益。

确定了大学中的各相关利益者类型，这将使学校对其进行不同的定位，采取不同方面的制度措施，以使各利益相关主体之间彼此协作，达到共赢①。

应该看到，利益相关者理论源自企业治理理论，是对企业将经济利益最大化作为唯一目标的一种修正，本质是希望企业能承担更多的社会责任。利益相关者种类繁多、利益诉求差异颇大，整合并非易事。尤其是普通利益相关者参与受阻，因而真正实现了超越股东利益至上的企业并不多。

将利益相关者理论引入大学场域中，有积极意义。它让大学领导者看到其服务对象的复杂性，从而促使其站在更高层次思考办学问题。但将利益相关者理论作为框架，有用经济利益替代或遮蔽大学文化价值追求之嫌。与企业一样，各种利益相关者如何纳入治理总框架中，是摆在大学领导者面前的严峻现实问题。可用分层分类办法，让核心利益相关者扩充并以不同方式通过不同机制纳入治理体系中，这将考验大学领导者的智慧，如图 3-1 所示。

二、委托—代理理论

委托—代理理论（Principal-agent Theory）的思想渊源是美国经济学家伯利和米恩斯在 20 世纪 30 年代因洞悉企业所有者与经营者合体的做法存在着极大弊端，因而倡导所有权和经营权适度分离。企业所有者保留剩余索取权，而将经营权利让渡给经营者。20 世纪 50 年代，随着职业经理人的出现，一些发达国家的企业完成了以所有权与经营权分离为主要特征的现代企业制度改造。然而，在实践过程中，很快发现了企业所有者与职业经理人之间内在的利益矛盾与行为倾向的冲突，代理问题应时而生。20 世纪 70 年代以后，委托—代理理论成为现代公司治理的逻辑起点。

---

① 李福华. 大学治理的理论基础与组织架构 [M]. 青岛：教育科学出版社，2008：85.

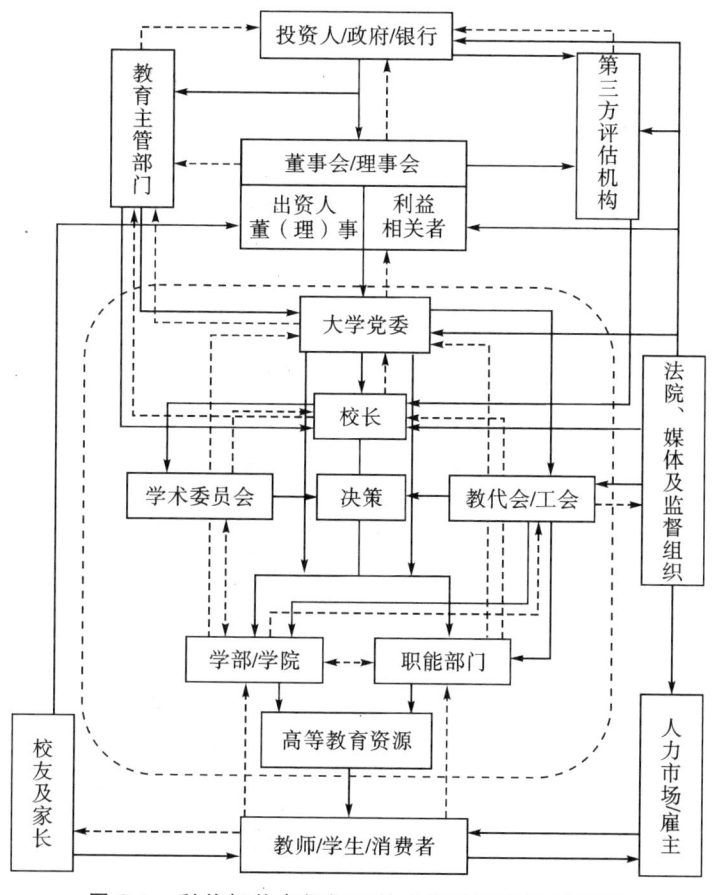

图 3-1 利益相关者视阈下的大学治理结构示意图

1. 理论缘起

资本主义发展对人类社会的最大贡献是促进了社会分工朝精细化、专业化的方向发展。伴随着专业化程度的提高，劳动生产率得以快速提升，进而实现了生产力的不断发展，而生产力的发展又加速了社会分工的进一步细化。于是，代理人具有了委托人无法掌握的信息资源及专业知识能力，他们可以依靠自己的脑力或智慧输出，实现与体力劳动者个人完全不同的劳动价值。委托—代理理论另外一个重要的思想源泉是市场竞争与完全信息之间的关系。市场竞争的成败往往取决于比对手掌握更加充分、可靠的信息。然而，由于人的理性是有限的，收集信息的成本是很高的。因此，任何人都无法拥有完全的信息，并且个体之间掌握的信息是不对等的，从而信息共享是必需的。为了完成这一目标，便产生了委托代理信息交换和共享的方式（市场中介）。该理论的代表人物是美国代理经济学家的迈克尔·詹森和威廉·梅克林，他们在《企业理论：管理行为、代理成本与所有权结构》[①]中，将委托代理关系看作代理人在接受委托人授予决策权利后，按照契约完成某个目标的一种契约关系。这种契约关系在法律意义层面则是指代理人在接受委托人的委托后，并以委托人的名义在其授权范围内代替其办理某些事务，事务的结果则全部由委托人直接承担的制度。

委托—代理理论本质上是一种基于规则意识下形成的一种契约关系。该关系形成建立在如下假设的基础上：①理性经济人假设。委托—代理关系中的委托者和代理者是两个相互独立的个体，都是以追求利益最大化为目标，是在约束条件下的效用最大化者。②目标函数不一致假设。委托人与代理人都是独立的理性经济人，都有追求各自利益最大化的倾向。在委托代理合作关系中，由于作为独立的理性经济人，委托人与代理人都有着追求自己利益最大化的倾向，因而两者之间不可避免地存在利益冲突。③信息不对称假设。该假设认为委托人和代理人在信息占有中的地位是不对等的，代理人比委托人更能直观地了解所委托事宜的信息，而委托人则处于信息的劣势地位，这给委托人的监督和控制带来很大困难，增大了交易和谈判成本。④不确定性假设。代理结果除了受代理人努力程度的影响外，事实上还受许多代理人难以把握的不确定性因素的影响，如外部环境变化、内部结构调整等。

2. 委托—代理问题

委托—代理问题是在委托—代理关系中存在的一个基本问题。问题的核心是委托人与代理人无法达到目标函数的完全一致性，则必然会受到信息不对称和不确定性因素的影响。委托人难以对代理人的行为做到实时实地、全方位、全过程监督，因而可能会产生代理人损害委托人利

---

① 迈克尔·詹森，威廉·梅克林. 企业理论：管理行为、代理成本与所有权结构[C]//陈郁. 所有权、控制权与激励——代理经济学文选. 上海：上海三联书店, 上海人民出版社, 1998: 1-84.

益的问题。作为委托人,自然期望个人所持资本能够得到充分利用,以获取最大的收益;而作为代理人,在接收到委托人所提供的资本后,更多的关注点在于如何使自身在地位、荣誉、报酬等方面得到更大的满足[①]。当两者在某些事项中产生利益冲突时,在缺乏委托人对代理人的有效激励和监督下,委托人的利益则会遭遇损害的风险。造成这一问题的原因,既有无法实时监督、无法对外界因素变化及时做出反应等客观因素,也有代理人个人对事件不重视、松懈偷懒等主观故意。在契约关系中,委托—代理问题主要表现在两个方面:一是由于受到信息不对称和不确定因素的影响,代理人为追求个人利益最大化而产生的机会主义行为,进而损害委托人利益的道德风险问题;二是在建立委托—代理关系时,代理人利用自身所具有的信息优势签订有利于自己的契约,从而将委托人置于不利选择的位置。为弥补由信息不对等和缺乏监督带来的代理人道德风险等问题,委托人不得不在委托—代理过程中增加代理成本,以减少代理人损害其利益的情况发生。这些成本主要包括签订契约成本,监督代理人所花费的时间、精力以及技术上的成本和代理人的过失行为所导致的利益受损等。委托—代理关系实质上是建立在相互信任的基础上的一种契约关系,代理人用手中所掌握的信息和委托人所拥有的资本进行资源互置,来实现双方的共同利益。在契约关系中,代理人与委托人之间既有基于契约合同下的共同目标,也有出于自身考虑的个人利益。这两者之间不可避免地存在着程度不同的矛盾与冲突。如何解决这种矛盾与冲突,是解决委托—代理问题的重要突破口。

3. 代理问题解决模型

在探索解决委托—代理问题的过程中,学者们建构了许多模型来解释和解决此类问题,如动态博弈模型、代理模型、棘轮效应模型、退休模型、任务模型、多个模型、预算模型、选择模型、合作模型、评估模型、风险模型等等。在此只涉及以下模型。

多阶段动态博弈模型。委托—代理问题的解决,需要依靠有效的监

---

① 任勇,李晓光. 委托代理理论:模型、对策及评析[J]. 经济问题,2007(7):13-14.

督机制和相应的激励措施来对代理人的行为进行一定控制,以使其行为符合委托人的要求。委托—代理关系所产生的委托—代理问题,实质上是委托人与代理人相互博弈的过程。在静态博弈中,由于委托人不能直接观测到代理人的行动,无法从过程来判断其行为是否符合契约要求,因此,可通过间接观测到的行为结果来奖惩代理人,这被称为显性激励机制。而在长期稳定的委托—代理关系中,其委托—代理行为不是一次性或暂时性行为,而是持续发生的行为。所以,在长期稳定的委托—代理关系中,即使无法直接观测到代理人的行动,也不用直接增加监督的成本。代理人的行为结果,可随着时间显现出来。这就像中国古话说的:路遥知马力,日久见人心。

在动态博弈中,委托人和代理人之间是一种相互影响、相互作用的关系。伦德纳和罗宾斯塔建立的动态博弈模型认为,如果委托人和代理人能够建立长期稳定的委托—代理关系,双方并对这一段关系充满信心,那么就能够达到双方利益的最大化,即实现帕累托最优。1980年,法玛提出对代理人的激励问题可通过隐性激励机制实现,即利用代理人市场对代理人行为实施监督。这主要是通过代理人在代理人市场中的竞争来实现的。代理人需要维持其市场声誉,则必须对自己的行为负完全责任,激励自己努力工作,以获取更多的未来收益。借用消费习惯中的棘轮效应,建立的委托—代理棘轮效应模型认为,对代理人的行为评价标准来源于对该代理人过去的行为表现与现在的行为表现的对比。它是建立在过去对代理人行为表现进行评价的基础之上的,因而存在代理人为"不增加"下次的工作量,则可能减少这次对工作的付出的问题。长此以往,代理人的积极性则无法得到提高,并产生懈怠、应付情绪。因此,单纯利用棘轮效应对代理人的行为进行奖惩,难以起到提高代理人的工作积极性,增加其工作产出的作用。另外,对代理人的工作表现进行评价,需要有一个标准。这个标准最好是可量化的,如果这个员工过去和现在所从事的不是同一性质的工作,就无法进行评价①。

---

① 李福华. 高等学校资源利用效率研究[M]. 北京:北京师范大学出版社, 2002:151.

锦标制度（rank-order tournaments）。1991年，范里安提出，利用潜在代理人竞争以形成代理人之间相互制约的机制，可以达到对代理人行为进行监督的目的。该方法的关注点在于：代理人的工作表现来源于其在代理人队伍中的相对位置，而与其个人的绝对表现无关。锦标制度的实施，需要注意以下几个问题：①对代理人的个人评价，要结合与之表现程度相当的其他代理人进行评价。换言之，选择一个科学合理的参照范围，将被评价的代理人置于其中进行对照，才能从相对客观的评价结果中反映其真实的工作水平。②在评价中，由于代理人无法判断其他代理人的行为表现，因而，他能够在竞争心理下激励其不断增加工作付出，但也存在漏洞，即如果代理人之间形成"小团体"，对评价结果进行预判并采取同时降低工作效率的行为，则会造成代理人群体工作表现普遍下降。这并不利于代理人整体素质的提高，间接地使得委托人陷入被动的局面。③仅采用相对表现来评价代理人的行为，并不能直接增加有关代理人个人努力水平的信息量。它仅仅是增加了由竞争所带来的不确定性，增加了代理人的不安和紧迫感，因为代理人仅看重于次序排列问题，而忽略了代理人的绝对表现，因此，反而会挫伤代理人工作的积极性。

团队理论。在委托—代理关系中，往往存在着不止一对委托—代理关系，一个委托人可能对应着两个及两个以上的代理人。将这些代理人组成一个团队，由他们独立地选择努力水平，创造出一个共同的产出，每个代理人对产出的边际贡献，依赖于其他代理人的努力，不可独立观测①，这些代理人之间形成一种竞争又合作的关系。多个代理人参与将使原本存在的道德风险和逆向选择更为复杂化，因而，很多经济学家从激励和监督两个层面提出了建设性意见：在激励方面，通过建立合理的报酬模式对代理人产生吸引，使其主动自愿地为委托人服务；在监督方面，通过加强机构顶层设计，设立层级机构，形成相对科学规范的层级结构，健全监督机制，形成对代理人行为的有效规范。代理人团队的形成，能促进团队成员交换思想，交换和共享信息，进而提升个人信息储

---

① 李福华. 大学治理的理论基础与组织架构［M］. 北京：教育科学出版社，2008：104.

量，提高共同应对外界不确定性风险的能力。但由于团队属于风险与责任共担的类型，可能会产生个别代理人"搭便车"的行为。为解决此问题，委托人不但要对代理人团队整体提出要求，如在契约形成时约定好双方的权利及职责，在契约实施中加强过程监督，在契约执行后期进行一定的效果评估，对代理人团体整体做出结果评价，更要在注重整体协作的基础上，规定团体内各个代理人的具体行为要求，分配好各代理人在团体内不同的任务关系，按其任务大小、重要程度不同，采取不同的监督机制，实行不同的报酬标准，有针对性地对团体成员的行为实施监督和激励。

4. 大学治理中的委托—代理关系

大学担负着为国家培养优秀人才的重任，其内部治理结构的建立和优化、激励机制的形成与改进是提升高等教育质量的重要保障。委托—代理理论已成为认识事物的一种认知框架，完全超越了经济学中的信息不对称、竞争不完全、契约不完备条件下委托人与代理人之间围绕剩余索取权和剩余控制权的分配、防范道德风险与逆向选择等机会主义行为而进行的激励机制设计问题。大学在办学过程中，形成了以隐性非完备契约为总体特征的多重委托—代理关系，包含以下八方面：①人民与大学的关系；②政府与大学的关系；③社会（中介、社区）与大学的关系；④家庭与学校的关系；⑤党委与校长的关系；⑥学校与院系的关系；⑦院系与教师的关系；⑧教师与学生的关系。如图3-2所示。

从图3-2中可以看出，我国公立大学的委托—代理关系非常复杂，而且不同的委托—代理关系的性质和特点很不相同。例如党的组织系统其实也存在委托—代理关系，即目标函数差异、信息不对称等委托—代理关系的构成要件基本具备。但是，由于党组织是一个政党组织，党员的先进性与组织纪律的严密性使得激励相对简单有效。而在政府、社会与大学的关系中，政府与大学的科层关系被打破，政府、大学、中介、媒体各自的目标函数差异很大，信息不对称情况加剧，导致产生委托—代理问题的概率大幅增加。因此，在管办评分离、放管服结合的总体框架下，如何激发外部治理主体的积极性，防范道德风险和逆向选择等机会主义，如何防止政府失灵、市场失灵、志愿失灵将是大学治理现代化

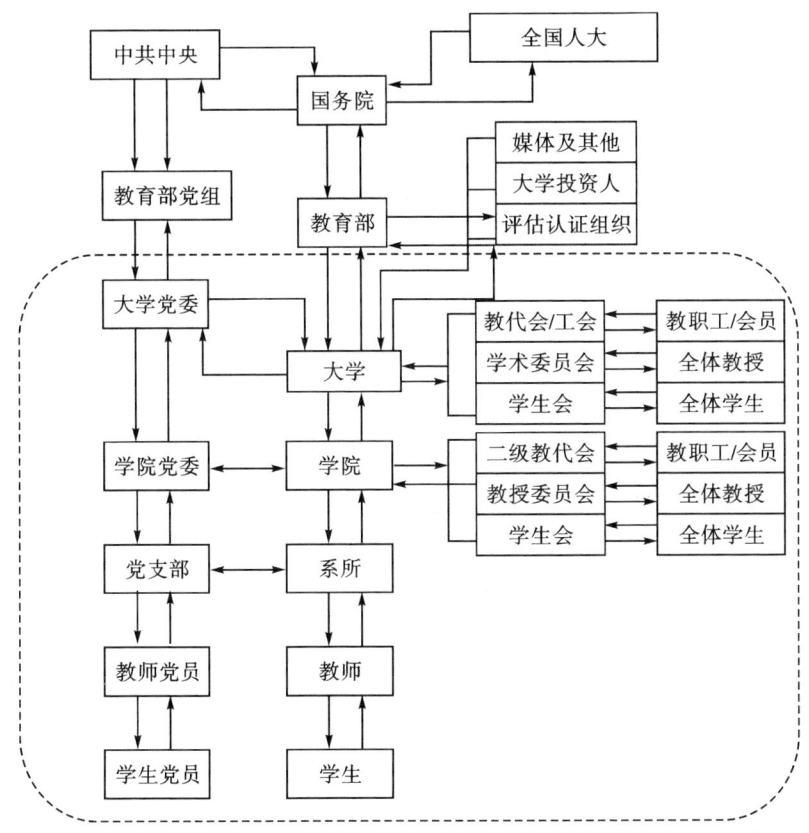

图 3-2 大学内外委托—代理关系结构示意图

进程中一个重大课题。就大学内部而言，实行党委领导下的校长负责制，导致委托层次增加，加上学校党委与学院党委角色不同，导致以往的学术权力与行政权力、社团权力之间的委托—代理关系变得层次过多、契约更加不完备和信息更加不对称。因而，根据我国大学的现实情况，通过优化治理结构，增加民主参与度与决策透明度，消解信息不对称与契约不完备造成的隐性歧义难以评估等多种不利因素，就能完善激励机制，激活创造力与责任心，从而为大学治理现代化的发展铺平道路。

三、善治理论

善治的概念非常古老，但是善治理论却非常年轻。也因为年轻，所以无论从国际到国内,对于何为善治,有什么标准,如何测度,谁去测度等一系列问题,还都没有标准答案。也许永远没有大家都同意的答案。从这个意义上讲,善治并不是一个好的科学概念,因为它既无明确的内涵,也无可以测度的共识性边界。不过,既然能够引发学界的关注,并逐渐成为未来发展愿景的一种廓描①,就一定有其合理的一面。

1. 进化历程

善治,从字面上理解,即为"良好的治理",是由源于20世纪80年代末期的治理概念发展而来,是加快由管理型政府向服务型政府的转变、构建和谐社会的重要体制保障②。善治还不能算一个成熟的理论,而只是一个理念。这一理念的提出,有经济、文化和理论等多种原因。首先,从经济看,改革开放以后,市场经济蓬勃发展,为我国社会注入了巨大活力,也导致一些新问题,如社会贫富差距不断加大、地区发展失衡;生态环境破坏严重、市场恶意竞争盛行;社会流动加速、城市病开始蔓延等。这些问题的解决,迫切需要依靠一个强大而又充满公平正义的政府,以实现人们对美好社会生活的期待。可是,传统的政府管理模式已难以适应新的发展需求:一方面,政府科层制的弊端逐渐显现,机构臃肿、职责不清、相互推诿、工作效率低下等成为常态,根本无法满足人们的政治愿望;另一方面,集权的管制型政府对弥补市场失灵所起的作用有限,甚至已经出现了政府失灵,因而迫切需要政府转变职能、机制和方式。其次,从文化看,改革开放促进了人们思想的解放,人们的自我认知和社会认知发生了极大改变,人们看待事物的角

---

① 苏君阳. 走向善治:大学治理权力结构的重构[J]. 浙江社会科学,2007(3):103-106;侯蔚,陈艳秋,姚春雷. 学生社团的发展和大学善治[J]. 高教探索,2008(6):126-134;褚宏启. 教育治理:以共治求善治[J]. 教育研究,2014(10):4-11;眭依凡. 论大学的善治[J]. 江苏高教,2014(6):15-26;刘献君. 自治·共治·善治——大学治理的特征、方式和目标[J]. 探索与争鸣,2015(7):45-47.

② 张晓霞. 善治视阈下我国服务型政府的路径选择[J]. 重庆职业技术学院学报,2008,17(3):54-56.

度更加多元，对政府的认知更为全面，对公共服务的要求更高。这也迫使政府千方百计地加快改革，使公民能在参与民主政治生活等方面扮演更为重要的角色。再次，就理论看，善治理论是建立在治理理论的基础之上的。治理理论的勃兴，是为了克服市场失灵、政府失灵和志愿失灵。其出发点是以政府为主体，由政府提供公共产品和公共服务。它忽略了其他社会主体参与的积极性、主动性和创造性，因而，存在着明显的局限性。善治理论的提出，在一定程度上弥补了治理理论的缺陷。

善治理论提倡多元主体共同参与治理。按照治理主体的构成，可以把善治理论分为三个阶段：一是以政府治理为核心的善政阶段，被称为善治理论1.0版。其特征是，强调政府是公共管理主体，将政府视为提供优质公共产品和服务的第一责任人，以加强政府自身建设、调整政府内部结构为重点，尤其强调政府作用的发挥。善治被视为善政的代名词。因而，建造良心政府，有效管理社会并提供优质公共服务，是政府善治的主要标志。二是以社会治理为核心的共治阶段，被称为善治理论2.0版。这一阶段强调实行善治应以社会治理为重心，社会组织乃至公民个人才是公共管理的核心主体。所以，此阶段更强调社会组织及个人在国家政治、经济生活中的作用，尤其是在地方、区域或基层公共事务方面，必须强调以市民社会及公民的利益为根本出发点，社会治理应成为政府治理改革的主要目标。在此背景下，善治被视为一种社会自我管理状态。最好的治理，就是实现社会自治。因此，发展市民社会，实现社会自治，尤其是基层的社区自治或村落自治，是善治理论2.0版的核心思想。三是以公共治理为核心多元主体共治阶段，被称为善治理论3.0版。此阶段倡导多元主体共同治理。这一阶段善治的主体是多元的，强调政府、社会组织、企业、个人等相关主体共同参与治理过程，采取对话协商、共同决策的方式，因地制宜、一事一议地决定具体公共事务的处理策略。它被视为善治理论的高级版，因为它兼顾到各目标主体的利益诉求与均衡，保持了公共权力与个人权力的彼此协调，实现了国家、社会和公民的良性互动。因此，善治的根本目标在于：建立一种共同参与和集体决策的制度，分配和协调好所有相关主体的职责与权力，使公共选择与个人追求相互一致、相得益彰，通过适当引入合作竞争机制，实现责任共担、权力共享与利益共沾。

2. 主要观点

善治的本质特征，在于政府与公民对公共生活的合作管理，是政治国家与公民社会的一种新颖关系①。善治实际上是国家的权力向社会回归的过程，行政权力逐渐还给公民，实现政府与公民的良好协同合作②。俞可平提出了善治的十大原则或十大特征，包括合法性、透明性、责任感、法治、回应、有效性、参与性、稳定性、廉洁性和公正性等。也有学者对此提出质疑。其实，我们认为，联合国的标准要优于上述分类，因此，在这里常用的是联合国的标准，包括以下八个主要方面：第一，参与。实现善治的基础在于治理主体与客体的参与，包含政治生活和社会生活两个方面，也包括男性和女性有平等参与的机会。第二，共识。政府、社会组织和公民能够就国家或社会发展的愿景与路径、核心价值与利益冲突充分讨论，协调不同的价值立场，形成共识，以便更好行动。第三，法治。每个治理主体的行为都应符合国家法律及社会秩序的要求，必须建立一定的规则，使每个治理主体都能够在其职责范围内活动。第四，透明。善治视阈下的社会，是一个社会优良合作系统，需要充分优质的信息交换，彻底消灭信息鸿沟和信息孤岛，才能有效避免道德风险和逆向选择，确保各个治理主体的权益。第五，负责。每一个个体或群体都是社会共同治理过程中的一员。善治实施的过程需要各个相关主体协调合作并承担各自责任，才能提高共同治理的效率。第六，回应。及时回应既是各个相关主体之间有效沟通的保证，也是对其他相关主体的重视与尊重，还是对主体自身权力的维护与彰显。因此，接收他人信息并输出相应的反馈意见，是善治的一个重要标志。第七，有效。提高治理效率是促进社会发展和治理满意度的前提条件。没有效率，就没有公平。为此，一方面是要设置合理的管理机构和科学的管理程序，使管理效率提高；另一方面是要不断加强机构内部人员之间的联

---

① 俞可平. 全球化时代的善治 [J]. 新视野，2002 (6)：38-39.
② 俞可平. 治理与善治 [M]. 北京：社会科学文献出版社，2010：8-11.

系，最大限度地降低管理成本。第八，公正。公正主要指在政治、经济、社会等领域要实现公平正义，消灭财富差距太大和制度性羞辱现象。如图3-3 所示。

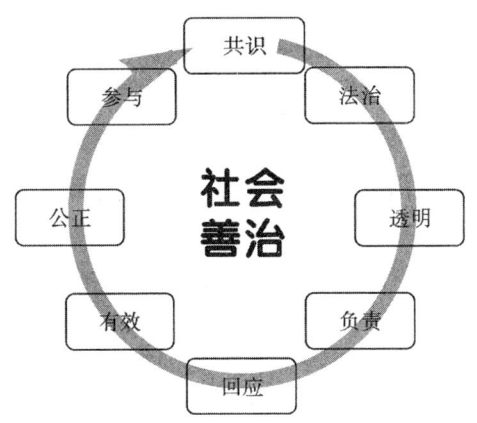

图3-3　社会善治的八个特征

除上面八个特征外，社会的稳定、官员的廉洁以及决策过程中利益诉求表达的通畅也是善治的重要方面。

3. 大学镜鉴

大学职能的不断拓展，投入规模的增加，使得政府对大学的干预和管控强化。如何防范政府干预过度引发政府失灵，以免使大学无路可退、无底可守，这是世界性的话题。大学自治的传统被恣意破坏，大学之道究竟何在？这是第二次世界大战结束以后大学治理面临的现实困境。1974 年，英国学者葛瑞梅·莫迪和艾斯坦斯首次将善治理论应用到大学管理中，提出大学善治理论。他们认为，高校教学人员最应该拥有大学的权力与权威，最有资格处理高校各类日常事务[1]。此理论用来指导英国大学管理模式改革，促成了英国大学由传统大学向现代大学转型。英国学者迈克尔·夏托克进一步发展了大学善治理论，他提出了大学善治的概念："高校管理的核心是董事会，在协调相关利权管理部门，

---

[1] Eustace M. Power and authority in British universities [M]. Oxford：Oxford University Press，1974：32-34.

并在有效的沟通基础上共同协商制定高校的教育目标,同时应有效协助完成这一目标。"①

由此可见,大学善治的过程就是大学行政权力向着学术权力和教育权力回归的过程,是还政于学、还政于教的过程。大学善治作为大学治理的一种应然状态,强调的是大学各利益相关者按照一定的心理契约与权责分配共同治理高校。大学善治的本质强调政府与市民社会合作管理大学。与传统抑或现实的大学管理模式相比,它更注重协调大学的内部关系,尽量使大学校园内各相关主体(大学治理的各类主体如图3-4所示)的利益实现最大化,达到帕累托佳境。在我们看来,大学善治既要有社会善治的基本向度,又应有自己的善治符码。它是以法治为主题、以自治为主调、以共治为主路、以德治为主导、以自由为鹄的的一种现代化大学治理状态。如图3-5所示。

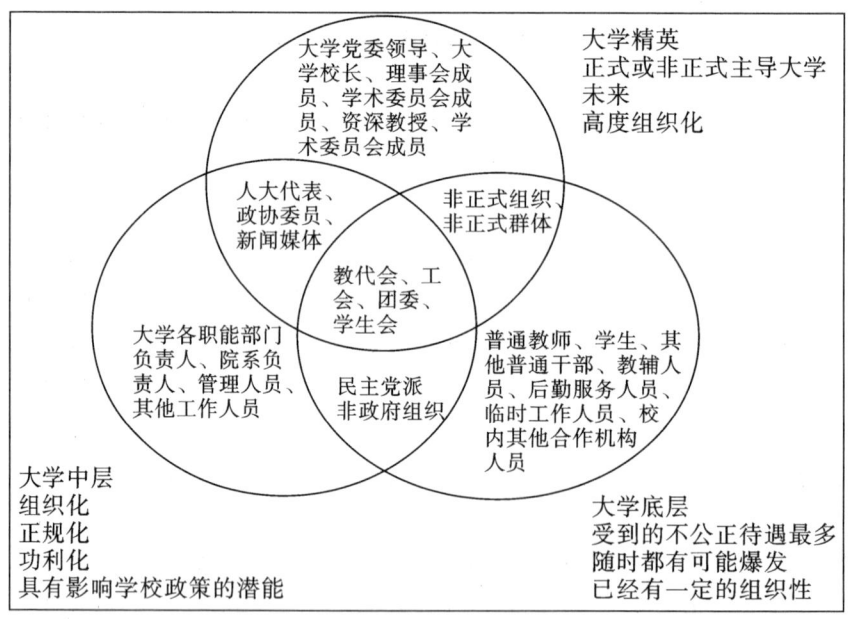

图 3-4　大学治理的各类主体

---

① Shattock M. Good governance in Higher Education [M]. Maidenhead: Open University Press, 2003: 4-8.

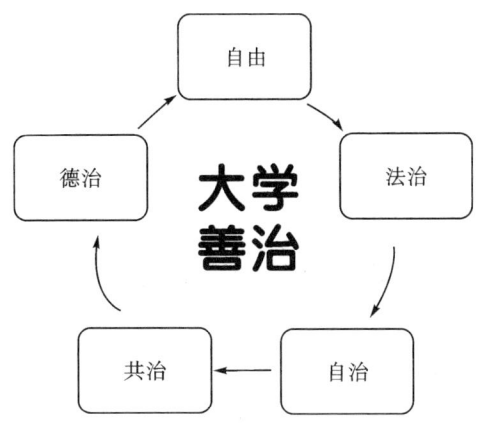

图 3-5　大学善治的五个向度

综上所述，善治的核心意涵是与坏的治理相对的一种好的治理。坏的治理被当作一切邪恶、贫困和停滞的根源。善治具有广泛参与、高度共识、全面法治、及时回应、各负其责、公开透明、公正包容、表达畅通、高效运转、安全稳定、消除腐败等各式各样的好的方面。就此意义讲，善治是一种很难整体实现的社会理想。不过，只要人类要实现可持续发展，就必须持之以恒地朝着善治的方向或理想努力。

走向善治是中国大学治理现代化的理想追求，是大学教育现代化的根本保障。它是在不断消解或克服一切不利于大学教育及其治理的不利因素的过程中逐步达到的一种美好的、理想的大学治理状态。它是以法治为基础、以德治为引领、以自治为常态、以共治为机制、以师生全面自由为价值旨归的具有深厚中华文化底蕴和民族民主治理特色的和谐完美的大学治理体系。

第四章 中国大学内部治理体系的现代化

中国大学内部体系的现代化是中国大学治理现代化的逻辑起点和核心主题，其目标是建设有中国特色的现代大学制度。中国特色现代大学制度是根植于中华传统文化，汲取西方现代大学制度之精华并凸显中国特色社会主义政治制度、国家制度、政府制度和社会制度品性的一种大学制度，是坚持党的领导、民主治校与依法治校高度一体，以确保师生公民权、教育权和受教育权能充分有效实现为价值目标追求的一种中国现代大学治理体系。没有对中国特色现代大学制度的完整建构，就不可能实现中国大学内部治理体系的现代化。

第一节 建设法治大学

教育部《全面推进依法治校实施纲要》（教政法〔2012〕9号）提出了全面推进依法治校的总要求："学校要牢固树立依法办事、尊重章程、法律规则面前人人平等的理念，建立公正合法、系统完善的制度与程序，保证学校的办学宗旨、教育活动与制度规范符合民主法治、自由平等、公平正义的社会主义法治理念要求；要以建设现代学校制度为目标，落实和规范学校办学自主权，形成政府依法管理学校，学校依法办学、自主管理，教师依法执教，社会依法支持和参与学校管理的格局；要以提高学校章程及制度建设质量、规范和制约管理权力运行、推动基层民主建设、健全权利保障和救济机制为着力点，增强运用法治思维和法律手段解决学校改革发展中突出矛盾和问题的能力，全面提高学校依法管理的能力和水平；要切实落实师生主体地位，大力提高自律意识、服务意识，依法落实和保障师生的知情权、参与权、表达权和监督权，积极建设民主校园、和谐校园、平安校园。"① 这无疑给大学实现依法治校指明了方向。2014年《中共中央关于全面推进依法治国若干重大问题的决定》指出："全面推进依法治国，总目标是建设中国特色社会主义法治体系，建设社会主义法治国家。这就是，在中国共产党领导下，坚持中国特色社会主义制度，贯彻中国特色社会主义法治理论，形成完备的法律规范体系、高效的法治实施体系、严密的法治监督体系、有力的法治保障体系，形成完善的党内法规体系，坚持依法治国、依法执政、依法行政共同推进，坚持法治国家、法治政府、法治社会一体建设，实现科学立法、严格执法、公正司法、全民守法，促进国家治理体系和治理能力现代化。"② 法律是治国之重器，良法是善治的前提。因此，立足于中国国情来建设社会主义法治国家、法治政府、法治社会，就要求建设社会主义法治大学，这也是中国大学治理现代化的内在价值追求。

一、法治大学的含义特点

法治大学这个概念在高等教育学术界使用还并不广泛，只有为数不多的作者将法治大学作为自己讨论的主题，且缺乏对法治大学概念的清晰界定。因此，为了进一步厘清法治大学与依法治校的联系与区别，首先必须对法治大学及其特征进行必要的阐释。

1. 法治大学概念的缘起与内涵

法治大学作为一个区别于依法治校的概念，它来源于我国法治政府建设的推进。从依法行政到法治政府的概念嬗变，意味着我国社会对法治的认同，也意味着政府治理模式的革命性变化。

法治政府，相对于我国长期积淀而形成的人治政府或者一般意义上的依法行政而言，是一个新型的政府管理模式和管理生态。法治政府

---

① 中华人民共和国教育部. 全面推进依法治校实施纲要［EB/OL］.［2012-12-03］. http://www.moe.gov.cn/srcsite/A02/s5913/s5933/201212/t20121203_146831.html.

② 中共中央. 中共中央关于全面推进依法治国若干重大问题的决定［EB/OL］.［2014-10-28］. http://www.gov.cn/zhengce/2014-10-28/content_2771946.htm.

(government ruled by law)的基本内涵就是政府受到法的支配,即"政府由法律产生,政府由法律控制,政府依法管理,政府对法律负责"①,是指"政府在一切行为中都受到事前规定并宣布的规则的约束,以使人们能够准确预测政府在某一情况下使用强制权力,并据此来安排个人事务"②。从外延上看,法治政府是"法律人"之治,是具有政治权力合法性、政治行为规则性和政治关系稳定性的政府治理模式③。美国行政法学者威廉·韦德认为,"法治……的基本含义是,任何事件都必须依法而行。将此原则适用于政府时,它要求每个政府当局必须能够证实自己所做的事是有法律授权的","政府必须根据公认的、限制自由裁量权的一整套规则和原则办事","对政府行为是否合法的争议应当由完全独立于行政之外的法官裁决","法律必须平等地对待政府和公民,政府不应在普通法律上享有不必要的特权和豁免权"④。狭义的法治政府的基本内涵是指作为行使国家行政权力的各级政府及其组成单位根据宪法和法律产生和建立,其职权和职责由法律来规定,其行使权力的方式和程序由法律来确定,其是否越权和滥用权力由法律来评价,其权力的行使过程及其结果受到法律的监督和控制⑤。名副其实的法治政府的本质要求是:一切行政活动只能在法律的规范和制约下进行,从而保证行政权力的运用符合法律所集中体现的意志和利益并防止行政权力的扩张和滥用,实现和保障公民、法人和其他组织的合法权益⑥。因此,法治政府的本质是明晰政府与法律、政府与公民、政府与社会的关系,即在政府与法律的关系上,坚持法律至上;在政府与公民的关系上,坚持以公民为本;

---

① 杨延坤. 市场经济·民主政府和法治政府 [M]. 北京:中国人事出版社,1997:13.
② 边沁. 政府片论 [M]. 沈叔平,等译. 北京:商务印书馆,1995:182.
③ 肖北庚. 论法治政府之外的规定性 [J]. 河北法学,2007(2):14-17.
④ 威廉·韦德. 行政法 [M]. 徐炳,等译. 北京:大百科全书出版社,1997:23.
⑤ 刘旺洪. 法治政府的基本概念 [J]. 南京师范大学学报(社会科学版),2006(4):24-29.
⑥ 马凯. 关于建设中国特色社会主义法治政府的几个问题 [J]. 国家行政学院学报,2011(5):4-11.

在政府与社会的关系上，坚持以社会为重。为实现这种转变，法治政府遵循组织法定、职权法定、程序法定、行为法定和责任法定五大原则，具备"职能科学、权责法定、执法严明、公开公正、廉洁高效、守法诚信六个特征"①。

建设中国特色社会主义法治大学，是全面推进依法治国，建设社会主义法治国家的必然产物，也是全面深化政府管理改革、职能转变和加强法治政府建设，推进依法执政、依法行政的客观需要，还是政府还权于民，实现与社会合作治理，追求公共利益最大化的价值追求的深度彰显。随着办学治校内外部环境的重要变化，大学迫切需要按照建设社会主义法治国家、法治政府和法治社会的总体要求，更新治理理念，大力推进依法建章立制、依法治校理学、依法执教治学、依法民主管理、依法参与监督，努力构建中国特色的社会主义法治大学。建设中国特色法治大学，核心是坚持和完善党委领导下的校长负责制，基础是提升高校各级干部的法律素质，关键是加强学校管理制度体系建设，重点是巩固和提高民主管理与民主监督的成效②。

由此可见，中国特色社会主义法治大学与依法治校是既有内在联系又有本质区别的一个新概念，是依法治校在社会主义新时代的一个更高追求，是依法治校的升级版。

依法治校从本义上看是指根据国家法律来管理或治理学校。虽然法在这里有大法与小法之分、外法与内法之别，即既包括国家立法机关制定的法律，政府机关的行政法规、部门规章和政策指令以及司法机关的司法解释、建议、文书等，也包括大学自身建立的章程与内部规章制度，但是，依法治校很难抵抗政府行政权力过度干预对学校办学自主权的挤压，从而导致依法治校不能实现其正确的教育理想与正义自由的价值追求。换言之，依法治校可能依良法而治，也可能依恶法而治。而中国特色社会主义法治大学则与一般意义上的依法治校有本质区别：一是

---

① 黄学贤. 法治政府的内在特征及其实现——《中共中央关于全面推进依法治国重大问题的决定》解读[J]. 江苏社会科学，2015（1）：1-8.

② 史华楠. 论构建中国特色法治大学[J]. 扬州大学学报（高教研究版），2005（4）：15-18.

在建设社会主义法治国家的新阶段，国家的法治理念已经更新，坚持依法治国、依法执政、依法行政同时推进，坚持法治国家、法治政府、法治社会一体建设，实现了法律规范体系、法治实施体系、法治监督体系、法治保障体系和党内法规体系的有机统一，达到了科学立法、严格执法、公正司法、全民守法四位一体。在此背景下，大学的依法治校不再是良法恶法同治，而是良法善治。这种外部制度环境的改变，是建设中国特色社会主义法治大学的根本前提。没有这个前提，即便依法治校，也难以成为法治大学。二是中国特色社会主义法治大学是法治精神、法治思维、法治方式与法治效果相统一的大学。三是法治大学是使党的领导得以科学坚持、师生权益得以充分保障、治校权力得以严格规范、公平正义自由得以全面实现的大学。因此，如果依法治校是一种教育组织的治理方式或手段，那么法治大学则是一种治理追求的目标与结果。

综上所述，法治大学是中国特色社会主义法治大学的简称，意指以良法为基础、以善治为目标的大学，是真正实现了党的科学领导、政府依法监管、学校依法办学和依章治校、教师依法执教治学、学生依法学习维权、师生依法民主管理、社会依法参与监督的中国大学的新型样态，是大学治理现代化孜孜追求之目标。

2. 法治大学的基本特征

作为中国特色社会主义大学未来的基本范式——法治大学，应该具备以下六个基本特征：

（1）依法监管

中国特色社会主义法治大学首先表现为政府与大学关系的根本性变化。长期以来，我国政府与大学的关系是一种主体与客体之间的被动应付关系，政府习惯于用行政方式与行政手段处理与大学的关系，政府是一种无所不能的全能政府。在全能主义政府模式下，中国的行政管理具有党政一体性、行政权力无限性、行政动员广泛性、行政权力高效性等特征，因此，政府与大学之间的关系必须通过法律制度规制约束政府的行政权力，从而避免社会主义"行政国家"现象对大学造成过度干预，使大学偏离教育规律所要求的正确方向。尤其是在我国政府改革逐步进入深水区与暗礁区的过程中，随着国家治理现代化进程的推进，如中国特色社会主义宪政改革、执政党执政能力建设、民主政治制度建设、法治政府建设和市民社会的发展等，意味着国家和政府对社会的无限干预已经不再持久，要自觉认识到多元利益主体的组织化是难以抗拒的一股新生力量。政府通过启蒙实现对行政权力的自我节制和主动与市民社会合作共治，这将是一种必然的发展趋势和理性的行动抉择。当然，这还得依赖于执政者的法律素养的整体提升。就像美国比较法学家罗科斯·庞德（1870—1964）所指出的那样："所有这些行政官员，必须好好地受一番本国法律的全盘训练，俾能领会其工作在整个法律系统中所占有的地位。"[①] 可见，政府依法监管是中国特色社会主义法治大学的首要前提，也是其首要特征。

（2）依法办学

依法办学是指大学始终坚持全面贯彻教育方针，坚定不移地坚持党的领导，严格遵循国家宪法和法律的有关规定，行使学校权利，履行学校义务，在法律允许的框架内面向社会、自主办学、自我约束、独立发展。具体而言，包括以下四层含义：一是学校依法设立。《中华人民共和国高等教育法》对高等学校的设置有明确的规定。设置高等学校，必须遵从设置高等学校的有关规定。二是学校依法行使办学自主权。办学自主权是实现大学能够面向社会自主办学的根本保障，是大学法定权利的集中体现。办学自主权的实现一方面需要政府不越权干预，不使大学办学自主权徒有虚名；另一方面也要防范大学自主权被滥用，造成社会危害。为此，大学应该按照"法未授权不可为"而非"法无禁止即可为"的原则来行使办学自主权。三是学校依法履行法定义务。我国相关法律、行政法规、部门规章具体规定了大学的法定义务，这为大学办学行为提供了合法性空间。大学不能以法定义务的合理性逻辑去抵抗其合法性逻辑，在法律修订前，大学办学应继续按照其职责要求履行其义务，这是建立法治大学的基础思维。四是依法维护师生的法定权益。除了大学作为一个组织享有法人相关权利和履行相应法定义务外，大学教

[①] 庞德. 中国法律教育的问题及其变革路径［M］//王健. 法律教育. 中国政法大学出版社，1997：310.

师和学生同样享有作为公民个体、教育者和受教育者所具有的法定权利。这就要求大学本身不能肆意践踏大学师生的公民权、教育权和受教育权，同时还要以其"守护者"的身份，与一切损害大学师生公民权、教育权和受教育权的行为作斗争，切实维护好他们的法定权益，保证他们权益不受损害。

（3）依章治校

依章治校是依法治校的延伸与具体化，意指大学按照经法定程序建立和核准的本大学章程处理内部事务，而不受外部环境侵扰。与国家具有强制力保证的硬法不同，它属于软法的范畴。然而，它对大学的发展及师生行为的规范作用有时候可能比硬法还更大。因为硬法作为普遍法适用于所有主体，这就使其原则性更强而操作性降低，即逻辑学上内涵与外延的反比关系：内涵越多，外延越小，反之亦然。既然大学章程是大学独有的软法，那么，它对大学的规范显然比国家法律的统一规范更为恰切、内容更加丰富并具有操作性。因此，它是国家相关法律规定在大学层面的集成与具象化，也是学校建章立制、行为处事的根本依据。是否依章治校，可视为法治大学与人治大学的根本区别。依章治校的具体向度包括依章设置内部机构、依章制订和修订内部制度、依章履行职责、依章使用职权、依章设置正义程序、依章处理彼此关系、依章维护各自权益、依章承担责任。总之，学校的一切行为均在大学章程的统帅与规制之下。

（4）依法执教

大学教师按照《中华人民共和国国家教师法》等相关法律，以及教育部、中国教育工会联合颁发的《高等学校教师职业道德规范》、《教育部关于建立健全高校师德建设长效机制的意见》等要求，还有大学章程和大学内部教师职业行为准则，开展教书育人、科学研究、社会服务和国际交流等活动，依法处理好个人与组织、公民与国家、教师与学生、个体与社会之间的利益关系，认真履行法定准则，恪守法治，严守法律底线，依法维护学术自由与个人权益，使自己成为学生遵纪守法的楷模与生活和学习的示范。当下面临的问题是德法不分、内外无别、软硬难施，导致教师该依法履行的义务没有全面履行，同时教师的法定权益也没有得到切实保证。法治大学的建立，必须在法与德、内修与外塑之间寻找分界线，虽然可以德行兼修，但是路径迥异。作为法治大学，必须守住底线，同时在具体事务处理中做到权责法定、程序法定、赏罚法定，避免用处理道德修养的方法处理法律纠纷，或用处理法律纠纷的方法处理道德修养。

（5）依法学习

在中国特色社会主义法治大学中，所有受教育者作为大学最广泛也是最为核心的法律关系主体应该依法学习和维权。长期以来，人们对待学生常常只是从接受教育的角度将其视为一个受教育对象或者教育活动主体，较少将其视为一群已经具有全部公民权和特别受教育权的法律关系主体，从而导致教育影响与法律规范出现双重不足，尤其是法律规范不足，以至于出现了一系列的以大学生为当事人的社会问题，例如学术性骚扰、考试舞弊、学术不端、学生性犯罪等。由于当代学生对个性化的追求与个人主义价值观的流行，许多大学生在校外独居，由于失去了家庭和学校的监管，少数大学生走上了犯罪道路。这些都需要在法治大学建设中针对学生加强必要的法治教育，使其自觉地学法、知法、懂法、用法和护法，而不是法盲。这是法治大学的重要特征，也是法治大学建设的重点努力方向。大学生的法治素养不仅影响到学生自身，更会给社会的法治文明进程起到"宣传队"和"催化剂"作用。

（6）依法参与

依法参与是治理理念框架下针对多元主体纳入大学治理的全过程引发的新问题。民主参与带来了治理模式的重大变革，无论是程序正义还是实体正义，都离不开大学从统治走向自治、从共治走向善治的模式改变。这就要求参与者在参与过程中了解和善于运用手中的知情权、参与权、表达权。无论是师生民主参与学校内部管理，还是相关社区、社会团体、媒体、董事会成员以及公民个人，都应按照法定的权利和程序参与到大学治理过程之中，有理、有利、有节地表达自己的利益诉求与合法主张，不能非理性、非法地利用群众情绪来实现个人目的。民主永远依靠有民主精神的人去呵护，否则，民主就长不大，就难以成为对社会有用的治理机制。

(7) 依法监督

大学归根到底是一个公益组织。虽然它拥有的公权力甚少，然而，它耗费的公共资源颇多，因而社会对它的期望很高、要求很严。这是大学不同于私人部门而成为公众监督对象的重要原因。如果从大学运营阳光化的视角来看，怎样增加大学治理的公开性与透明性都不过分，然而，如今一些外部、内部复杂因素的影响造成了大学发展的许多新的危机。如果任由这种过度监督或者渗透去无端干预大学的自主运营，就会使民主监督、大众监督与媒体监督忘记初心，走向负面。因此，在建设中国特色社会主义法治大学的过程中，根据权利与义务对等和法无例外的原则，依法行使监督权和依法维护自主权二者不可偏废。

二、章程与法治大学建设

大学章程制定的质量以及遵从的程度，是人治大学与法治大学相区别的主要标志。通过章程实施大学治理，是推进大学治理现代化的客观要求和必然趋势。我国大学已经按照国家的统一要求制定了各大学的章程，然而，这些章程还没有发挥出对大学治理的统帅作用。

1. 大学章程的含义及进化

大学章程是指为保证学校正常运行，主要就办学宗旨、内部管理体制及财务活动等重大的基本的问题，做出的全面规范的自律性基本文件。它是大学办学的纲领性文件，是大学成为法人组织的必备条件，是政府、社会及大学自身依法治校的重要依据[①]。

现代大学是从西方中世纪大学逐步演化而来。从原初的学者行会到现代的一个公益法人组织，其中很重要的机制就是通过特许的方式明确其权利和义务。因此，特许状是早期西方大学获取开门收徒、颁发毕业文凭资格的行政许可。特许状的获得，不仅从根本上厘清了教权、王权或政权与大学教育权之间的边界，还为大学自治提供了有效的制度保障［欧洲中世纪后期大学获得教皇（或王权）特许建立章程的有关情况见表4-1］。

---

① 陈立鹏. 关于我国大学章程几个重要问题的探讨［J］. 中国高教研究，2008（7）：19-22.

表 4-1 欧洲中世纪后期大学获得教皇（或王权）特许建立章程的年份表

大学名称	获特许年份	大学名称	获特许年份
巴黎大学	1208 年	萨拉曼卡大学	1254 年
博洛尼亚大学	1158 年	里斯本大学	1290 年
蒙彼利埃大学	1220 年	帕多瓦大学	1222 年
萨拉尔诺大学	1231 年	格拉斯哥大学	1451 年
奥尔良大学	1306 年	那不勒斯大学	1224 年
安格斯大学	1364 年	海德堡大学	1386 年
牛津大学	1214 年	图卢兹大学	1229 年
剑桥大学	1318 年	维也纳大学	1365 年

资料来源：H. 料里德-西蒙斯. 欧洲大学史：第一卷［M］. 张斌贤，程玉红，等译. 保定：河北大学出版社，2008：47-55；哈斯金斯. 大学的兴起［M］. 王建妮，译. 上海：上海新世纪出版集团，2007：10，13，17；雅克·维尔热. 中世纪大学［M］. 王晓辉，译. 上海：上海新世纪出版集团，2007：25，34；柯文进，刘业进. 大学章程的起源与演进的考察［J］. 清华大学教育研究，2012（5）：74-81.

大学特许状特别是教皇颁布的特许状赋予大学的权利甚至是超世俗的，其享有独立的特别司法权、自我管理权、豁免权以及一些特别的保护措施，独立于地方法律。彼时的大学被认为是国中之国，具有罗马帝国式的治外法权。特许状其实就像今天的执照或政府批文，是界定大学与政府之间权利、义务关系框架的法律性文件[1]。特许状的出现使得欧洲大学在 1485 年以后的百年间，迎来了发展的黄金期。

1650 年，马萨诸塞州议会为哈佛学院颁发了特许状，规定哈佛学院实行两院制（Dual Board System）管理体制。1693 年，威廉·玛丽学院获得英国王室特许得以成立，也开始实行两院制管理体制，但是董事会权力大于教授会权力。耶鲁学院也在 1701 年获得康尼狄格州颁发的特许状。鉴于两院制的弱点，耶鲁学院实行单院制（Single Board System）管理体制，董事会成员全部由公理会的 10 名牧师担任，其章程规定世俗

---

[1] 柯文进，刘业进. 大学章程的起源即演进的考察［J］. 清华大学教育研究，2012（5）：74-81.

政府官员不得插手大学管理。新泽西学院（普林斯顿大学前身）在1746年获得英国皇室颁发的特许状，并被当地立法机关认可。1740年建立的费城学院（宾夕法尼亚大学前身）由捐赠者建立，由董事会制定章程，并宣称不需要得到任何外界政府的许可。

整个西方大学章程的演进历史，实质上是大学治权从教权（无论是罗马教皇特许还是本国宗教机构特许），到王权（王室特许），到法权（立法机构立法许可），再到政权（行政部门颁发许可证），直到民权（由董事会依法自主契约订立章程）的不断下移过程。但是，从总体上看，西方大学自诞生以来，其自主权均得到了充分保障。这是西方大学健康发展的力量源泉。

盛宣怀在1895年创办天津中西学堂（今天津大学）时向清政府呈递的《拟设天津中西学堂章程禀》被认为是中国人在借鉴西方大学经验的基础上制定的第一个近代大学章程[①]。1898年，梁启超草拟了《总理衙门奏拟京师大学堂章程》，成为中国第一个正式的近代大学章程。民国时期，各大学基本上都有章程，而且依章治校，只是不同的大学称谓不同。绝大部分章程都称为大纲或组织大纲，如《国立北京高等师范学校组织大纲》（1920）、《厦门大学大纲》（1921）、《国立北京大学组织大纲》（1932）、《清华大学组织大纲》（1926）、《国立清华大学规程》（1929年订，1932年修订）、《国立北平师范大学组织大纲》（1933）等；也有称为规章的，如《北京交通大学规章》（1926）；还有称为简章的，如《北京民国大学创办简章》（1916）、《私立北平协和医学院简章》（时间不详）。纵观新中国成立以前的大学章程发展情形，多数都行政化色彩比较浓。就北京大学而言，蔡元培时期比较重视教授治校，而蒋梦麟则将之改为"教授治学，学生求学，职员治事，校长治校"，从而强化了行政权力在整个大学管理事务中的核心地位。

新中国成立以后，经过1952年的院系调整，我国大学已经没有章程，而是进入了按照党和国家教育指示政策办学的新阶段。1961年9月，通过对1958年以来三年高等教育发展过程中经验教训的总结，中

---

① 陈敏. 我国现代大学章程的缘起与困境分析［J］. 现代教育科学，2007（4）.

共中央原则批准了《中华人民共和国教育部直属高等学校暂行工作条例》（俗称"高校六十条"），成为当时高等学校办学治校的总章程，有利于高等学校的秩序稳定、事业发展和质量提高。无奈好景不长，"文化大革命"的爆发破坏了整个中国的高等教育秩序，从而造成了事业停滞、质量降低。

改革开放以后，高等教育秩序得以逐步恢复。伴随着改革开放的进程，高等教育事业进入一个加速发展的新时期。1998年《中华人民共和国高等教育法》颁布实施，作为设置高等学校的法律要件之一，章程再次进入人们的视线，成为政府、大学领导者和学界关注的共同焦点。吉林大学等大学在21世纪初就探索订立了章程，但是，由于大学领导者认识不足，章程建设处于曲高和寡的尴尬处境。2010年《国家中长期教育改革和发展规划纲要（2010—2020年）》颁布实施。以此为新的起点，随着教育部《高等学校章程制定暂行办法》（2011）、《全面推进依法治校实施纲要》（2012）、《中央部委所属高等学校章程建设行动计划》（2013）、《大学学术委员会规程》（2014）、《关于加快推进大学章程制定、核准与实施工作的通知》（2014）以及《高校理事会规程（征求意见稿）》（2014）等一系列政策和部门规章的密集出台，全国大学章程的制定与核准进入了一个新阶段。截至2015年底，部委所属大学都相继完成了章程制定与核准工作。新中国成立以来我国大学章程从有到无而又从无到有的过程，体现了我国高等教育管理体制变迁的政府推动或行政主导特征。

2. 大学章程在法治大学建设中的作用

不同国家的大学章程或者同一国家不同历史时期的章程从形式、内容到实际效用都有所不同。在中国大学章程的制定与实施过程中，既要汲取国际上章程建设的好的经验，又要立足于中国的传统与当下的现实。在中国特色社会主义法治大学建设中，应该充分发挥大学章程在大学治理中的重要作用，促进大学法治水平的稳步提高。具体而言，大学章程在法治大学建设中的重要作用表现在如下四个方面：

（1）整合法律明确关系

大学章程的核心目标是大学自治、学术本位和教授治学。大学章程不仅仅是一个科层组织内部的管理规章，也是用来保障实现大学使命、落实大学功能的社会性制度安排。大学章程在法治大学建设中的首要作用是明确政府、市场、社会与大学的关系，法律是整合的适切机制。作为现代大学制度建设的重要标志，大学章程不仅要在内容上体现多元利益主体的内在需求，更要在制定程序上体现国家和地方政府的宏观管理，实现多元利益主体的参与，使之真正成为调整政府、市场、社会与大学之间彼此权利与义务的制度规范，从而达到大学以法治为基础的善治目标。大学作为一个非营利性法人组织，必须遵守国家法律，履行法定义务，享有法定权利。但是，如何将国家各种法律中规定的大学权责集中于一体，使之更加明确，同时将大学章程作为政府、市场、社会与大学间的一种契约，以此约束和规范彼此的行为，这都需要在大学章程中充分体现。因此，经过核准的大学章程，不仅明确了大学与大学外部各种法律关系主体之间行为处事的基本方式，而且明晰了彼此的行为边界，充分考虑到了大学治理现代化过程中不同主体在大学改革、发展中所扮演的不同角色，为大学实现外部治理的合法化、合理化、高效化提供了坚实的制度保障。

（2）确定结构理顺关系

大学章程为学校选择了既有中国特色又有自身特点的内部治理结构。实施党委领导下的校长负责制，是新中国大学发展过程中对领导体制不断探索和进行历史总结的结果，是基于中国共产党执政规律认识的必然要求，是中国特色社会主义法治大学区别于西方发达资本主义国家大学治理结构的本质特征，是保障社会主义办学方向、全面贯彻落实党的教育方针的根本制度安排。党委领导下的校长负责制是一个不可分割的整体，是党委领导、校长治校、教授治学、民主管理的高度统一与有机结合。党委领导就是党的高等学校委员会依照党章和《中华人民共和国高等教育法》等相关政策规定或法律要求居于核心领导地位，把握中国特色社会主义办学方向，全面贯彻党的教育方针政策，决定学校的重大制度与重大事务，是大学的政治核心、思想核心、组织核心和重大决策核心；校长治校就是在学校党委的统一领导下，校长按照法律的授权，负责学校的教育教学、科学研究、社会服务等大学使命的实现，作为大学的法定代表人，履行学校法定义务，享有学校法定权利，决定学校办学的具体行政决策事务，是学校的行政决策中心、事务运营中心、资源配置中心和绩效评价中心；教授治学就是充分发挥以学术委员会为代表的学术组织在学者共同体建设、学科建设、学术评价等方面的决策权、审议权、评价权和监督权，让学术委员会成为学校党委和校长领导学校的得力助手，也为尊重学术权力、推进学者自治、维护学术自由、整饬学术秩序、优化学术环境、净化学术风气提供可视化制度安排与嵌入化信念支撑；民主管理就是要充分调动学校党员代表大会、学校党委全体委员会议、教职工代表大会、工会会员代表大会、团员代表大会、学生代表大会等各种学校党团组织、群众组织和学生自治组织参与学校民主管理的积极性、主动性和创造性，群策群力，自治互治，形成良好的多元共治、法治善治的大学治理生态。只有人和、心和、力和、气和，才能达到理想的治理状态。应该正确认识党委领导下的校长负责制中党委领导是核心，校长负责是关键，教授治学是根本，制度建设是保证，并处理好各方面的关系[①]。

（3）构建机制协调关系

大学是一个复杂的协作系统。良好的分工和科学的组织架构只是为实现大学社会使命奠定了基础。体制再好、结构再优，如果不被激活、不能稳定高效地指向目标，就难以达到预期目的。大学章程所确立的核心治理结构，无论是党委会—校长—学术委员会的内部治理结构，还是董事会—校长—党委会—学术委员会的内部治理结构，或者是党委会—理事会—校长—学术委员会的内部治理结构，都面临着共同的问题：其一是如何扩大决策的信息基础，保证决策质量赖以依靠的信息具有充分性和真实性；其二是代表学者共同体诉求的学术自由与学术本位能够构成治理结构中三足鼎立或者三足鼎立中之一足，使其能够顺畅表达立场和治理学术共同体本身事务；其三是能够有效形成决策、执行、反馈、

---

① 顾海良. 关于加强和改进党委领导下校长负责制的思考［J］. 中国高等教育，2003（18）：9-11.

监督四种权力相互支持、彼此制衡的机制,实现大于四者简单相加的整体效果。

大学内部的协作机制是比监督制衡机制更好的一种表达,协作的前提是权责对等、权力分享、责任分担、相互尊重、互通有无。针对过去决策权过度集中、执行权明显不足、监督权名存实亡、奖惩权规范不够的情况,要通过章程科学分解包括学校党委和校长在内的决策权力,强化学术组织的决策权以及院系部门的决策权,使得学院与职能部门具有一定决策权,让他们想干事也能干成事,这样就能够使学校党委和校长集中精力保方向、谋大局、议大事,抓好战略规划、制度建设、队伍建设和文化建设,避免集权专断、用人失察、监督不力、绩效不优。要通过章程固化信息共享、程序公开、有效沟通机制,从制度上消除信息不对称、目标不统一、认同不一致带来的治理困局与障碍。还要通过章程明确基本的诊断预警机制、共同参与机制、绩效评估机制、行为奖惩机制与反思矫治机制,形成立体化、扁平化、智能化、法治化的自我组织、自我完善、自我创新的大学治理体系。只有激发强烈的合作意愿、聚合共同的目标方位、形成完善的信息沟通,大学治理现代化才可以有效推进。

(4) 坚守传统改善关系

大学章程是大学文化的核心载体,它续写大学历史,塑造大学传统,规划大学未来。大学文化乃是大学在其历史沧桑中逐步沉淀形成的价值信念、理想追求和德行操守,是对全校师生进行思想导航、人格塑造和人生引领的精神财富。通过大学章程,使得凝聚大学价值、蕴含大学精神和叙写大学历史的大学文化得以传承、弘扬与发展。同时,大学自身作为社会的一种核心文化机构,本质上应该承担传承人文精神、崇尚人文价值、延续民族血脉的责任。一所好大学长期累积的精神文化,具有经久不衰的吸引力、影响力、自洁力、自新力和适应力,而大学中的每一个学生和教师都是其受洗者、受益者、守护者。每个生活于大学的人都可以接受大学文化的陶冶,都在大学文化的海洋中徜徉。此为教育的最高之境,谓不言之教。以文化作为人与人之间、个体与组织之间、部门与部门之间的黏合剂、催化剂,将极大改善彼此关系的认知与重构,进而有利于合作关系与价值共识的形成。当然，非常令人遗憾的是，大学人文精神的缺失和稀薄，已经成为当代中国大学的软肋。

三、建章立制与依章治校

多元利益主体组织化是市场经济改革发展的必然结果。市场经济让市场主体之间为了获取单靠自身所无法达到的效果而结盟，他们以组织的方式参与各种竞争和博弈，以争取话语权、规制权而获益。这些组织一方面在市场规律作用下逐步自我强化，生成了特有权利意识和自我意识；另一方面他们对内部成员的自治权利契约化所生成的新兴社会权力也逐渐获得了政府的认可，成为一种市场经济环境中的互治力量。各种源自经济、扩散于社会的新型"社会权力"的登场，无异于宣告政府权力无法继续通过行政管制方式获取与往常一样的对整个社会的全面控制，而需在一定程度上降格为市场经济中与其他权力几乎平行的一种权力。因此，大学走向章程治理时代是市场经济发展的必然趋势，是社会权力多元化背景下政府权力走向分化以后大学与政府间相互博弈的必然产物，也是市场经济条件下我国大学面向社会依法办学、自主管理的客观要求。但是，章程并不能解决大学运营的所有问题，因而必须在章程的指引下进一步完善大学的内部制度规范，并在大学办学治校实践中严格实施，才能切实产生预期的效力。

1. 依章治校的前提是制度完善

大学内部的规章制度是大学章程的延伸与细化，是针对大学内部各项重要事务、重要机构依照正式程序而订立的各个利益相关者行为处事的规则，是保障大学运转有条不紊的一揽子制度安排。由于大学内部涉及的校务种类繁多、层级复杂，如果没有完善的制度安排及其实施机制以便让各个利益主体形成稳定预期，就难以对其行为产生以自律为基础、以他律为保障的规约机制，就会增加交易成本，降低运行效率，影响办学质量与效益。因此，在大学章程制订并经过政府教育主管部门核准后，就必须在章程的导引下，通过存、立、改、废等多种途径，分门别类地完善大学内部的规章制度体系，从而使大学的所有事务都有法可依、有章可循。

近年来，我国大学在教育部的统一部署下，推进了章程建设与以章程为基础的清理改进、完善工作。有的大学清理的制度性文件有上千件之多。然而，我们应该清醒地意识到，大学内部的建章立制工作远未达到完备状态，其表现在：一是大学制度的清理虽然剔除了一些与章程有明显冲突的制度规范，通过或改或立的方式，实现了制度的形式"自恰"及与章程要求的对接。但是，由于我国大学长期采取的是以部门为主的制度供给方式，导致章程以下的制度之间的"互恰"问题日积月累，并没有因制度清理而完全理顺。二是大学缺乏制度出台的前置"合法性审查程序"与制度实施中的及时"合法性监督程序"以及制度实施后的"合法性评估与补救矫治程序"，导致我国大学中许多制度以实用主义为导向，忽略了制度的正义性价值追求和规范性文体表达，从而使大学制度从形式到内容都离制度应有的质量差距颇大，经不起专业质疑，运行中也诟病颇多。尤其是有的部门规章朝令夕改，变化无常，导致权威性大打折扣。三是随着大学实行大学与院系两级管理、以院系为主的内部管理体制改革，大学权力会逐步向院系分权。那么，院系作为单纯制度执行者的角色会发生较大变化，他们会成为院系制度的创制者与维护者。如何基于这种改革趋势的变化而完善大学制度的创制程序、审查机制，使同一所大学既具有统一的制度体系又有各院系自身的制度特色，这将是建立中国特色社会主义法治大学必然面临的新矛盾和新问题。因此，学校内部如何在学校与院系之间分配制度的创制权与修改权，就会成为未来大学领导者面对的主要挑战之一。

为此，可以在如下方面加以改进，以提高建章立制的科学性与规范性。

首先，应该及时成立大学内部的法务机构，提升大学治理法治化的专业水平。从近年来我国大学出现的一系列涉法事件的不利后果看，大学治理的法治化水平与大学的社会地位有较大差距。大学甚至会犯许多在专业法律人士看来非常低级的错误，例如出现了送达程序、重大处分前当事人申辩程序、听证程序以及处置权边界不清等问题，使大学在一些日常法务处理中处于不利地位，极大影响了大学的社会公信力。大学的法务机构可以出席其认为必要的各种会议，独立和共同调查一切涉法事件，独立审查所有制度的合法性，没有经过法务机构审查的制度文本，不能提交至校长办公会或者党委常委会等决策机构进行审议表决，学校作为法人与外面订立的一切契约必须有法务机构负责人全程参与并独立完成合法性审查，等等。通过这种专业化水平极高的法务机构的全程全面介入，一方面能防范和化解涉法风险，另一方面能提高学校内部规章制度的专业化质量。

其次，应该进一步做好制度清理工作，提升制度本身的完备性、科学性与互恰性。大学制度规范性不足问题，一直是大学治理的软肋，也是推进法治大学建设的最大拦路虎。应该以大学法务室为核心，采取逐一深度审查的方式，对已经实施的学校内部制度进行持续清理、修订与完善，把不合法和不规范的制度完全排除在学校制度体系之外。大学要以章程为统领，理顺和完善规章制度，制定并完善教学、科研、学生、人事、资产与财务、后勤、安全、对外合作、学生组织、学生社团等方面的管理制度，建立健全各种办事程序、内部机构组织规则、议事规则等，形成健全、规范、统一的制度体系。与此同时，根据大学内部改革以及大学与社会交往的发展趋势，及时建立新形势下的各种制度规范，改善制度供给，主动化解法律与制度风险。

最后，做好顶层设计，优化学校的法治体系，合理分配校园制度的创制权、修订权和废止权。要建立制度的定期审查与清理制度，完善审查机制，保障制度的完整性、合法性、科学性与规范性，从而为大学内部规章制度的执行创造环境与条件。

2．依章治校的关键是制度生效

我国大学法治化进程已经由章程制订核准时代进入章程全面实施时代。但是，从目前的实施状况看，绝大多数大学的章程被束之高阁，没有得到严格有效的实施。导致大学章程实施难的原因很多，既有上级党委和政府简政放权不够或"管办评分离、放管服结合"的各项政策措施落实不到位甚至"明减暗增"，导致大学办学自主权极大缩水的因素，也有大学内部"灯下黑"、"中梗阻"与"尾麻木"现象的多重阻抑。因此，依章治校永远在路上。为了有效推进中国大学的法治化进程，就必须改变当下这种有法不依、有章不循、执法不严、守法不够的状况。具体应该做好如下五个方面的改进工作：

首先,遏制"明减暗增"。为了转变政府职能,为大学提供一个面向社会依法自主办学的外部制度环境,教育部于2015年出台了《关于深入推进教育管办评分离,促进政府职能转变的若干意见》,2017年又联合中央编办、国家发改委、财政部、人力资源社会保障部四部门出台了《教育部等五部委关于高等教育领域简政放权放管结合优化服务改革的若干意见》,其根本宗旨是消除政府在教育管理中的越位、缺位和错位现象,破除束缚高等教育改革发展的体制机制障碍,进一步向地方和高校放权,给高校松绑减负、简除烦苛,让学校拥有更大办学自主权,激发广大教学科研人员教书育人、干事创业的积极性和主动性,培养符合社会主义现代化建设需要的各类创新人才,培育国际竞争新优势。然而,在实践过程中,由于受"计划没有变化快"的传统思维定势影响以及政府分权的法律强制力有限,导致一方面大学处于消极观望的状态,另一方面则是政府随放随收、放这收那。由于没有稳定的政策和可预期的环境变化,导致政府简政放权落地收效甚微。

其次,消除"灯下黑"。"灯下黑"原指在传统油灯照明时被灯具自身遮挡,在灯下产生阴暗区域,原因是离光源很近。现引申为人们对发生在身边很近的事物和事件反而不能察觉,或者领导干部本身地位重要而监督困难,容易造成更加严重的消极后果。这里借以指大学领导者本身缺乏对章程重要性的认识而导致认知与行为偏差。章程首先是对权力的约束,因此,从人的惰性看,人们不愿意依章办事、有意识地削减自己的自由裁量权。这就成了推进大学章程产生实际效力的最大障碍。要消除这一拦路虎,就必须在提高大学领导班子本身对章程的重要性认识之外,建立科学的考核评价机制与责任追究机制。

再次,预防"中梗阻"。政策执行中的"中梗阻"现象是指组织中的中层干部不认真履行自身职责而导致现有的方针政策不能得到有效贯彻落实的情况①。这里用来描述大学中各职能部门、院系,尤其是控制着这些职能部门和院系的大学中层干部由于对制度疏于学习、错误理解以及基于自

---

① 周颖. 公共政策执行中的"中梗阻"难题及破解对策[J]. 领导科学,2015(1上):16-17.

身利益考虑而有意无意地抵制制度的执行,成为制度变异、弱化乃至完全阻抗的根本因素。作为个体的教师、学生,由于其所处的天然弱势地位,他们根本不会构成对制度执行的威胁,而相反,中层干部及其代表的职能部门、院系由于在各种治理事务中经常面对面,就会逐步形成其彼此间密切而复杂的人际关系。他们既可以会上会下、会前会后因为利益结盟,又可以以正式与非正式、公开与隐蔽等方式因产生分歧而斗争。这些无处不在、无时不有的"中层干部"现象或者"处长院长"现象,导致大学中出现许多下情上不达、上情下不达和"令不行禁不止"现象,进而对学校的制度实施产生巨大的消极阻碍作用,导致制度执行无助、无奈和无效。

最后,根治"尾麻木"。依章治校困难重重,制度化进程慢、制度效力与效率差,也与章程与制度制定过程中的程序正义不够高度相关。主要源于这些章程的制定过程很多情况下都是闭门造车、领导形象工程,从程序上没有保障师生的知情权、参与权、建言权与审议权。一些制度师生根本不知道出台的意义何在,尤其是一些职能部门的规章制度往往站在师生的对立面来对师生行为进行规范,不仅引起师生的反感,也会引起其倦怠与制度疲劳。由于参与性低、认同性差,虽然师生不可能像中层干部那样可以通过结成利益同盟来抵抗,但是他们却可以采取"事不关己,高高挂起"的姿态而导致制度的主动遵从意愿不足、自觉传播与监督的动机缺失。如果这种"尾麻木"局面不能得到根治,势必造成大学制度如海市蜃楼,悬浮于半空,长期落不了地。可见,要增强大学制度的执行力,还必须以提高认同度与主动遵从度为重点,将主动守法与被动适用有机结合,使大学制度执行的群众基础夯实,务求制度落地生根。

四、先定承诺与章程敬畏

中国特色社会主义法治大学建设就本质而言是一种大学制度文化的革新与重建过程。"学校制度文化包含学校制度安排、组织结构设计及其背后的管理理念支撑,以实践和落实学校核心价值观为终极关怀。现代社会要求学校制度文化管理突出通过做事达到发展人的目的"[①],是

---

① 张东娇. 探寻学校组织结构设计的文化意义——来自平衡计分卡与维可牢结构的启示[J]. 中国教育学刊,2012(3):41-45.

"学校师生对学校某种制度或学校整个制度体系的价值判断和行为方式"①。在建设中国特色社会主义法治大学、实现大学治理现代化的历史进程中,必须从大学制度承载的核心价值、制度伦理、制度认同与制度信用四个方面来重构或营造更卓越的大学制度文化。

1. 凸显核心价值

制度不是躯壳化的条例文本,而是一种意蕴深刻的文化现象。不同的大学制度,承载着不同的文化属性与文化价值,体现着不同的文化品位。制度的本性是为了解放主体,便于在满足个体社会交往与分工合作需要过程中形成稳定合理的预期,减少交易成本,提高交易效率。大学组织中存在领导者、管理者、教育者与学习者多类利益主体,大学发展必然要体现在各类主体的共同协调发展上。然而,谁处于大学组织使命的核心以及如何理解主体的发展,就体现出不同的大学核心价值。例如政府本位还是大学本位、校长本位还是书记本位、领导本位还是群众本位、教师本位还是学生本位,等等。营造新的大学制度文化,就是要回归大学之本。大学之本在学生,没有学生就无所谓大学。因此,学生是整个大学制度的轴心,是大学存在的本义与逻辑前提。大学制度的价值,体现在保障学生得以主动、和谐、充分和自由地发展,保障学生的人权、公民权与受教育权能够充分实现。大学不是现实社会关系复制的工具,而是培育未来美好社会关系的摇篮。可是,学生常常被排除在制度创制、演化的过程之外,仅作为制度制约甚至羞辱、奴役之对象。许多关于学生的规约事实上是政府、大学、教师乃至全社会强加于学生头上的,他们是彻头彻尾地"被制度",在此制度文化中,手段与目的、形式与内容的逻辑错位便在所难免。新的大学制度文化必须彻底改变大学制度化进程中学生被边缘化的状态,让学生成为大学生活的主人和制度变迁的主体。一言以蔽之,就是大学的一切制度都是直接或间接地为了学生学习这条主线,以及为了学生发展这一主题。与此同时,教师是学生智慧的灯塔、德行的楷模和生活的示范。为了每个学生的健康成

---

① 张军凤,张武生. 基于师生本位的学校制度文化建设 [J]. 中国教育学刊,2011 (5): 18-20.

长，必须把大学教师置于仅次于学生的核心地带。因此，现代大学制度文化中必须彰显的另一核心价值，是教师在大学制度的生成与执行中的主体位置。只有解放了每个教师，让他们充满创造的激情，拓展育人的智慧和释放议政的意愿，才能提升大学的全部价值，才能改进大学的制度。从政府本位、学校本位向学生本位、教师本位的切实转变，是现代大学制度文化与传统大学制度文化的根本分野。

2. 坚持制度伦理

罗尔斯指出："正义是社会制度的首要价值，正像真理是思想体系的首要价值一样。一种理论，无论它多么精致和简洁，只要它不真实，就必须加以拒绝或修正；同样，某些法律制度，不管它们如何有效率和有条理，只要它们不正义，就必须加以改造或者废除。"[①] 制度作为人类行为的异化物，在保障人的行为自由的同时也会限制人的行为自由。因此，制度伦理的本质意涵就是善对每件事，善待每个人。在中国特色社会主义法治现代大学建设中，必须秉持"制度面前人人平等"和"制度不能羞辱人"等制度伦理原则，拒绝一切凌驾于法律和大学内部章程制度之上的特权思想，每个人都把维护规则、维持秩序作为自己的神圣使命，从而重构大学制度文化。

3. 增强章程敬畏

制度是人际互动、组织互动过程中必需的共同知识、信息与价值取向，它是建立合作的基础，也是处理纠纷的凭据。在现代大学制度文化重构过程中，必须把利益相关者对制度的认同作为重要的突破口。我国大学中的各种规章制度早已汗牛充栋，政策、法规与行为守则也比比皆是。然而，有多少制度得到了大学师生的主动遵守与维护呢？应该说是十分罕见的。原因是那些形形色色的制度中，极少数是师生共同参与制定的，大多数制度都只体现了领导者的意志，有利于领导者的控制，自然难以与制度参与者产生认识、情感与行为上的共振效应。因此，新型大学制度文化的营造，必须提高制度的内生性，即注重开放制度变迁过

---

① 罗尔斯. 正义论［M］. 何怀宏，等译. 北京：中国社会科学出版社，1988：3.

程,提供参与机会,确保每个制度参与人的话语权,让制度真正成为共同意志,从而增强其对制度的认同感、敬畏感并提高执行制度的意志力。"法律的权威源自人民内心拥护和真诚信仰。人民权益要靠法律保障,法律权威要靠人民维护。必须弘扬社会主义法治精神,建设社会主义法治文化,增强全社会厉行法治的积极性和主动性,形成守法光荣、违法可耻的社会氛围,使全体人民都成为社会主义法治忠实崇尚者、自觉遵守者、坚定捍卫者。"① 只有大学领导者与其他利益相关者充满对章程的敬畏,才能依章治校、立德树人。

4. 恪守先定承诺

先定承诺是基于弗里德里希·道格拉斯（1817—1895）的"制宪者已逝,但宪法长存"而提出的一种宪政理念。我国学者田雷认为:"一个共同体应当到哪里去发现它的高级法规范,这实际上是当下有关宪政争议的根本所在。在时间性的维度内,宪法规范就是共同体在历史上经由政治斗争、妥协和决断所形成的'先定承诺'（pre-commitment）。往昔的制宪者为子孙后世订立下不可为常规政治改变的高级法规范。宪法规范就是每一代人继承而来、既定有效的根本法,也就是我们常说的不可变的'祖宗成法',而宪政的要义就是要遵守先定承诺。"② 法国学者西耶斯（1748—1836）则指出:"政府只有合于宪法,才能行使实际的权力,只有忠实于它必须实施的法律,它才是合法的。国民意志则相反,仅凭其实际存在便永远合法,它是一切合法性的本原。"③ 从西方大学发展的历史进程中,也可以看到保持章程的稳定性是何等重要。因为大学章程特许状的契约性质,限制了政府任意改变大学的权利义务范围和性质的能力。"根据英国高等教育法专家法灵顿的研究,英国政府只有在三种情况下才能修改特许状:在原特许状中明确地保留了修改特

---

① 中共中央. 中共中央关于全面推进依法治国若干重大问题的决定 [EB/OL]. [2014-10-29]. http://cpc.people.com.cn/n/2014/1029/c64387-25927606-3.html.

② 田雷. 先定承诺与历史叙事 [J]. 读书, 2014 (1): 37-45.

③ 西耶斯. 论特权第三等级是什么? [M]. 冯棠, 译. 北京: 商务印书馆, 1984: 60.

许状的权力，该法人已经处于瘫痪或半瘫痪状态，法人同意修改特许状。"① 既然大学章程是一部大学内部治理的宪章，它就应该遵循先定承诺。这是使大学章程的本体价值得以维护，大学精神得以弘扬，大学章程的权威得以尊重，大学秩序得以稳定的根本力量。它避免了大学章程朝立夕废、任意修改的尴尬。

第二节 坚持党委领导

《中华人民共和国高等教育法》第39条规定：国家举办的高等学校实行中国共产党高等学校基层委员会领导下的校长负责制。中国共产党高等学校基层委员会按照中国共产党章程和有关规定，统一领导学校工作，支持校长独立负责地行使职权。这是公立大学实行党委领导的法律依据。《中国共产党高等学校基层组织工作条例》（以下简称《组织工作条例》）第三条规定：高等学校实行党委领导下的校长负责制。高等学校党的委员会统一领导学校工作，支持校长按照《中华人民共和国高等教育法》的规定积极主动、独立负责地开展工作，保证教学、科研、行政管理等各项任务的完成。这是公立大学实行党委领导的党规依据。因此，坚持党委领导下的校长负责制是一个非常明确、无须讨论的制度前提，这是中国特色社会主义大学区别于西方大学的本质特征。在大学治理现代化进程中，留给人们的探索空间是如何改善和加强党的领导，确保党委工作方式与其承担的领导使命相一致。在这一方面，确有非常多的议题可以探索。

一、新时代高校党委的治理使命

高等学校党的委员会是学校的领导核心，履行党章等规定的各项职责，把握学校发展方向，决定学校重大问题，监督重大决议执行，支持校长依法独立负责地行使职权，保证以人才培养为中心的各项任务完成。2010年颁布的《组织工作条例》规定，大学党委要承担"宣传和执

---

① Farrington D J. The law of Higher Education [M]. Boston: Butterworths, 1994: 35-70.

行党的路线方针政策"等 8 项职责；2015 年中共中央办公厅颁布的《关于坚持和完善普通高等学校党委领导下的校长负责制的实施意见》（中办发〔2015〕55 号）将高校党委的主要职责扩展为"全面贯彻党的路线方针政策"等 10 条。这是指导新时代大学党委工作的行动指南。有学者将其总结为"管方向、管全局、管大事、管干部、管人才、管党建和全面贯彻党的教育方针"①。

将大学党委新时代的主要职责加以归纳，可以认为，新时代大学党委的使命包括如下四个方面：

1. 把握方向谋划大局

这是大学党委的首要使命，既是中国共产党执政的客观要求，也是中国共产党执政规律在大学党委工作实践中的集中体现。大学党委，一是应该毫不含糊地全面贯彻执行党的路线方针政策，贯彻执行党和国家的教育方针，牢固坚持社会主义办学方向，牢固坚持立德树人和依法治校，紧紧依靠全校师生员工，推动学校事业科学快速、持续、优质发展，培养德智体美全面发展的中国特色社会主义事业的合格建设者和可靠接班人；二是为大学这艘巨轮把好脉、掌好舵，要利用党委在学校理事会中的核心地位和大学内部治理中的最高领导地位，充分利用好党内党外两个平台、校内校外两种资源、干部群众两个渠道，充分掌握各种科学决策所倚赖的信息，认真研究与审慎讨论并决定事关学校重大改革、长远发展和整体稳定及学校人才培养、学科建设、社会服务、行政管理中的重大事项和基本管理制度，从而为大学的发展布好局、定好调、掌好舵。

2. 带好队伍用好人才

这是大学党委的第二大使命。大学党委要按照党管干部和党管人才的原则，发挥党委在三支队伍中的领导作用。一是干部队伍。纵览古今多少事，成败得失皆因人。建设一支信仰坚定、热爱教育、为师生服务、求真务实、敢于担当、清正廉洁、作风顽强的干部队伍，是党委的首要任务，也是贯彻党的路线方针政策和全面贯彻教育方针的根本保

---

① 管培俊. 党委领导下的校长负责制与现代大学制度[J]. 中国高等教育, 2015(15/16): 20-26.

障。因此，大学党委要严格按照干部管理权限认真负责地做好学校干部的选拔、教育、培养、考核和监督，提高政治与教育双重站位来讨论决定学校内部组织机构的设置及其负责人的人选。要依照组织部门的有关程序推荐校级领导干部和后备干部人选，同时还应真情实意地做好老干部工作，发挥他们在学校改革和发展中的咨政建言作用。二是人才队伍。人才是大学的生命源泉。大学的发展要依靠大师，大师就是各个学科领域德艺双馨的拔尖领军人才。一所大学中战略性人力资源的存量、增量、活性与质量，直接决定了学校事业发展的空间、速度与品位。因此，大学党委应该坚持党管人才原则，及时讨论决定学校人才工作规划和重大人才政策，创新人才工作体制机制，优化人才成长环境，统筹推进学校各类人才队伍建设。三是党员队伍。大学与其他社会组织一样，党在群众中的威望和影响力取决于党员在群众中的表现。因此，大学党委必须采取得力措施来充分调动每一位党员的积极性与创造性，发挥其在人民群众中的模范带头作用。通过党员的先进性来引领群众的先进性，通过党员的纯洁性来促进社会整体的纯洁性。这些年来，由于党的基层组织建设不力，导致人民群众对党员干部和普通党员的信任度下降。尤其是一段时间内我们过度强化了党员的群众性基础而忽视了党员的阶级性基础，导致在发展大学生与大学教师党员过程中要求偏松的情况，造成了许多消极影响。在新时代，必须扭转这种随意放松党员标准来发展党员的做法，从而确保党员队伍的先进性和纯洁性。

3. 思想组织作风建设

这是大学党委的第三大使命。具体包括：一是加强思想建设。大学党委要亲自领导学校师生的思想政治工作和道德教育工作，要坚持不懈地用新时代中国特色社会主义思想体系武装师生员工头脑，培育和践行社会主义核心价值观，牢牢把握学校意识形态工作的领导权、管理权、话语权，维护学校的安全稳定，促进和谐校园建设。二是加强组织建设。大学党委要始终加强对学校院（系）等基层党组织的领导，抓好各分党委的班子选配与能力建设，做好发展党员和党员的教育、管理、服务工作，发扬党内基层民主，充分发挥基层党组织的战斗堡垒作用和党员的先锋模范作用。三是加强班子建设。大学党委要切实加强党委自身建设,尤其是班子建设,使之成为大学真正的政治中心、思想中心、决策中心、战略中心与指挥中心。四是加强作风建设。大学党委领导学校党的纪律检查工作,落实全面从严治党主体责任,推进惩治和预防腐败体系建设。要切实管好领导班子和干部队伍的思想作风、工作作风、学习作风、生活作风,密切联系民主党派与广大师生员工,坚决遏制个人主义、拜金主义、享乐主义、形式主义、本本主义、主观主义和官僚主义思想与行为。

4. 弘扬民主培育文化

这是新时代大学党委的第四大使命。大学治理现代化的最高境界是大学文化现代化,关键是人的现代化。作为大学的领导核心,必须切实加强大学文化建设,最大限度发挥文化育人作用,通过培育优良党风、学风、教风和校风,提升大学文化的软实力。与此同时,大学党委还应该充分发扬党的密切联系群众的优良作风,通过领导学校工会、共青团、学生会等群众组织和教职工代表大会等工作来促进校园民主管理,培育民主氛围。通过做好统一战线工作和讨论决定其他事关师生员工切身利益的重要事项等机会,将全校师生员工紧密地团结起来,为实现大学的近期、中期和远期目标奠定坚实的群众基础。

二、提升大学党委的整体领导力

大学党委的领导力决定了它的影响力、动员力和凝聚力。因此,伴随着大学党委历史使命的不断拓展,党委的整体领导力就变得尤为关键。为了全面履行大学党委的职责,大学党委必须致力于提升自身的政治领导力、思想领导力、战略领导力、组织领导力和文化领导力。

1. 政治领导力

政治领导力是政党对各种政治力量、政治现象的积极影响力。大学党委的政治领导力突出表现为政治立场、政治观点和政治发展方向的引导力与掌控力。政治领导力要依靠积极宣传、耐心说服、正确引导、示范带动等多种手段来凝聚与整合。而党的政治建设是增强党的政治领导力的基础。为此,大学党委应该着力从三个方面来提高自身的政治领导力:一要围绕党的核心领导地位全面提升政治领导力。大学中的党员领导干部首先要有坚定正确的政治信仰,带动全校师生员工确立道路自信、理论自信、制度自信和文化自信。在确立"四个自信"的具体实践中,应该根据大学自身的组织性质与特点,因地制宜地选择有效的方法路径,让"四个自信"能够发自内心、注入灵魂;党委成员要坚定"四个意识",带动全校师生员工拥护中央权威;党委还要坚定责任担当,带动全校基层党组织发挥政治功能,凝聚师生员工。二要围绕巩固党的长期执政地位提升政治领导力。大学的党员领导干部要深化角色认知,强化角色意识,秉持党性原则;同时要强化大学党委成员的法纪意识,自觉遵守党纪党规、国法校规;还要不断强化党委班子成员的廉洁意识,带头防腐拒腐反腐,保持干部队伍的先进性与纯洁性。三要落实师生主体地位切实提升政治领导力。大学的党员领导干部要始终坚持以师生为中心的发展理念,注重多渠道吸纳师生参与校园民主管理,关注并积极满足师生的合理需求,回应师生的群体呼声。

2. 思想领导力

苏联著名教育家苏霍姆林斯基明确指出:"领导学校,首先是教育思想的领导,其次才是行政上的领导。""我们总是力求做到使全体工作人员(从校长到看门工人)都来实现教育思想,使全体工作人员都全神贯注这些思想。"习近平同志在党的十九大报告中也明确指出:全党要更加自觉地坚定党性原则,勇于直面问题,敢于刮骨疗毒,消除一切损害党的先进性和纯洁性的因素,清除一切侵蚀党的健康肌体的病毒,不断增强党的政治领导力、思想引领力、群众组织力、社会号召力,确保我们党永葆旺盛生命力和强大战斗力①。大学是社会的思想库,也是各种不同世界观、价值观以及不同学术思潮、理论观点之间相互博弈、相互斗争最激烈的地方。大学党委要想在大学这样一个群英荟萃、"大师"云集的地方实施思想引领,就必须坚持思想建设重于山、革命理想高于天的指导思想,"究天人之际,通古今之变",把坚定理想信念作为大学党的思想建设的首要任务,教育引导学校全体党员用真正的马克思主义武

---

① 习近平. 决胜全面建成小康社会,夺取新时代中国特色社会主义伟大胜利——在中国共产党第十九次全国代表大会上的报告[M]//本书编写组. 党的十九大报告学习辅导百问. 北京:党建读物出版社,学习出版社,2017:13.

装头脑，牢记党的宗旨，挺起共产党人的精神脊梁，解决好世界观、人生观、价值观这个"总开关"问题，要做革命理想的坚定信仰者和忠实实践者。要允许非党员师生员工有一个比较、鉴别、认同、信仰的过程，不能一刀切、流于思想工作的形式主义。因为思想斗争与转变本身是一个极其复杂、容易反复的灵魂重塑工程，我们不能冀望"齐步走"。这就需要党委一班人既要有紧迫感，又要有科学精神。只要充分发扬我党长期形成的密切联系群众的工作作风，保持思想定力，就一定能够发挥在全校师生员工中的思想引领作用。

3. 战略领导力

党委领导下的校长负责制的实行，本质是把领导权或者决策权移交给了大学党委。事实上，作为大学发展的最高决策中心和统一指挥中心，绝不仅仅是权力的接受者，也是责任的转移者。实践证明，一个大学的党委是否具有战略领导力，直接决定了大学发展的速度与质量。战略领导力迄今并无一个清晰定义。这里所指的战略领导力是指大学党委基于大学发展的内在需求与外部环境约束所做的战略探究、战略决断与战略实施的一种复合型领导力。应该看到，当代的大学面临更为多元的社会使命与更为复杂的内外环境，这无疑极大地增添了大学治理的难度，考验着大学领导者的集体智慧。战略领导力首先是战略的探究力，即根据国内外形势发生的变化以及本校所具有的优势和存在的短板，审时度势，提出多种可供选择的发展战略预案，这种预案并不是国内其他大学发展战略的复制品，也不是西方大学的舶来品，而是经过千辛万苦的调查研究，综合利用现代战略管理的理论知识与规划方法而形成的具有战略可选价值的多种备选方案。这与当下许多大学在决策过程中只有一个备选方案甚至没有备选方案是截然不同的。没有多个备选战略方案，就根本谈不上战略决策。其次是战略决断力。这是指党委对提交讨论的各种备选方案基于实践经验与科学素养而进行价值判断、方案选择的能力。要做出正确的战略决断或者战略选择，就必须提高站位，将中长期发展目标与学校的优势与劣势进行严谨科学、认真负责的比较分析，找出不同方案的共同点与差异性，从而寻找到满意的战略方案。最后是战略执行力。马克思在《哥达纲领批判》一文中曾经明确指出：

"一个行动比一打纲领更重要。"① 战略如果不能得到有效执行,就变得一无是处。因此,大学党委的战略领导力并不仅仅是战略决断力,还是战略执行力。只有战略得到有效执行,才能步步为营,实现大学的发展愿景。

4. 组织领导力

组织领导力是指大学党委根据不同时期的发展战略与重点工作任务,对学校的各种重大资源进行科学分配,同时有效控制、科学激励和全面协调学校各种教育教学和管理活动过程,使之相互融合、共同促进,从而实现大学预期战略目标的能力。大学党委的组织领导力具体包括:组织设计与动员能力,科学分权与授权能力,冲突处理与矛盾转化能力,激励下属与动员资源能力。

组织设计与动员能力是指大学党委依据事业发展的需要对内部机构的设置、调整与调控能力。伴随着我国大学的事业发展,大学内部各种机构如雨后春笋般涌现,导致出现了职能交叉、机构重叠、人浮于事和管理成本增加等不良现象。因此,大学党委必须既要满足需要,保持内部组织机构具有一定弹性,同时又要从严管控,避免因人设事、因人设岗的情况发生;既要发挥各个组织的主观能动性,又要全校一盘棋,懂得从整体去认识局部利益。大学党委为了集中精力管方向、谋大局、议大事,就必须学会分权与授权。要主动把校长的权力还给校长,把学术权力授予学术委员会。还要将本来属于自己的权力分配和授予院系分党委,让其成为自身的得力助手,也要把民主权利还给广大师生员工和群团组织。大学党委保留少数事关全局的重大事项、重大制度的决定权以及保留对例外事项的处置权和对下属的监督权。大学党委不能陷于具体繁重的行政事务中让自己无法抬头看路,增加偏航与失控的风险。大学在运营中一定会产生各种各样的矛盾与问题,大学党委成员应该学会抓主要矛盾和矛盾的主要方面,更关键的是抓住矛盾转化的时机与转化方式,使矛盾能够从源头防范、冲突在合作中化解、矛盾在友好气氛中化

---

① 马克思.哥达纲领批判[M]//马克思恩格斯选集(第三卷).中央编译局,译.北京:人民出版社,1995:294.

解。无论是管理还是治理，本质都是激励。通过激励来调动一切积极因素，通过激励来动员一切可供利用的资源，为学校的发展服务，为师生的安教乐学服务。

5. 文化领导力

文化领导力是指大学党委在大学文化维护与创新方面的影响力，是使大学党委一班人带领全校师生员工走出造就了大学领导者自己的旧有文化，同时开始一场适应性更强、影响范围更广、触及思想更深刻的文化发展性变革的领导力提升工程。这种洞察大学旧有文化的局限性及通过持续变革来发展这种文化以使其更具适应性的能力，是大学党委领导力的本质和最大挑战。大学文化的广泛存在，从根本上包含了一所大学各个组织要考虑和必须处理的一切事物。除了这些外部和内部的大学治理现实问题外，大学文化还更集中地反映了有关真理、时间、空间、人性和人际关系等方面的更为本质、深层次的观点。作为一群优秀的大学领导者，他们之所以能够清晰区分政治管理、学术管理、行政管理和制度管理，其特别的智慧在于他们对大学文化深入、持久的关注。管理学界流行着这样的说法：三流的领导做事，二流的领导做市，一流的领导作势。作势的本质对于大学而言，就是在批判继承大学传统文化的基础上，致力于创建一种与时俱进的新型大学文化，使大学能够在文化扬弃中保存传统，在传统保存中创新文化，这是大学党委领导力的最高境界。因为唯有文化才是大学生生不息的源头活水与推陈出新的内部动力。

三、明晰不同权力主体的责权阈

大学党委成为学校的领导核心之后，比较容易出现权力泛化与滥用的现象，导致大学回到党委一元化领导的老路上去。这与国家法律、党的规章和现实需要相悖，也与历史经验教训的昭示相左。因此，大学实行党委领导下的校长负责制的宗旨是既要发挥党委的统一领导指挥职能，又要积极支持校长在其法定职权范围内独立行使其行政治理权，还要根据法律的授权支持学术委员会在学术管理方面的管理自治，将学术自主、学术自由、学术自治和学术自律有机统一，也要支持教职工代表大会、工会委员会、共青团、学生会以及人大代表、政协委员、民主党派人士等参与学校民主管理，发挥调查研究、提案征求、利益表达与民主监督等方面的功能。

1. 支持校长独立自主地决策

党委领导下的校长负责制在实施过程中的最大困难是党委与校长的责权分配问题，既存在党委特别是党委书记率性扩大行为边界和权力作用空间导致校长完全可用的问题，也存在校长希望有更多自由裁量权而造成行政权力向上生长和向外蔓延的问题，即侵犯学术权力问题。客观地说，国家的法律、党委的工作条例以及中央关于党委领导下校长负责制的实施意见等多个文件对党、政、学、群之间的关系提供了非常好的行为规范，而且教育部等五部门关于高等学校简政放权、优化管理、改进服务的若干意见也明确了中央及各部门不在法定管理权力之外增加权责，因而，保障了党委与校长各有其权、各负其责，必须明确具体地划分党委与校长的各自权力。由于决策的主导权也在党委，因此，支持校长独立行使职权的主导权也在党委。这就需要大学党委应该主动向校长分权，让校长真正充分享有大学行政治理的权力，当然也要督促校长认真履行治理学校的职责。可以根据党和国家的有关法律和政策精神，立足学校的校情，通过党政的合理分工、重新确权，实现党政互信与和谐。具体来讲，就是党委行使政治领导权、重大决策权、干部人才管理权、思想政治教育权、文化变革创新权等，而校长应该具有行政指挥权、对外契约权、专业建设权、教学科研组织权和一般财务审批权。

2. 尊重学术自由与教授治学

新时代的大学党委不能用党性原则来对抗学术自由的常识常规，而要始终坚持学术自由和学术规范相统一，矢志不渝地培育优良学风，净化学术环境；通过完善学术评价体系和评价标准，切实推动学术事务去行政化；通过提高学术委员会建设水平，充分发挥其在学术共同体形成与发展中的独特作用；通过对学术委员会成员的科学遴选与教育规范，避免学术霸权给学术共同体带来消极影响。

3. 营造氛围以扩大民主管理

大学党委应该充分发扬校内民主，主动将民主权利还给师生员工和学校群团组织。要通过一年一度的教职工代表大会、学生代表大会、研究生代表大会、团员代表大会等会议广泛动员师生员工建言献策，以主人翁的积极态度参与学校各项民主管理，通过畅通各种传统有效渠道与现代信息技术来广开言路、广纳良言，使大学每一个师生员工都能够以正式或非正式渠道反映自己的诉求，把大学治理真正推向法治共治善治的轨道。

四、再造大学议事流程及其规则

一所大学的党委缺乏科学规范的议事流程和议事规则，不仅反映出大学党委领导班子的法治化意识淡薄，也体现出学校治理规范化程度较低，将直接影响决策和执行的效率与质量。因此，在大学治理现代化发展过程中，作为直接领导一所大学的学校党委，必须把推进党委议事流程和规则的科学化、规范化作为重要任务完成好，以便更好地履行其职责，实现大学目标，促进大学发展。

1. 议事流程的再造

大学涉及的部门很多，事务繁杂，因此，党委应该针对不同性质的议题设置不同的议事程序。针对当下大学的一些实际情况，流程的再造主要考虑如下四个方面：

学校党代会、全委会、常委会、校长办公会的议事流程的再造。学校党代会是学校党的建设的最高权力机构，主要职能是听取和审议学校党委会的报告，审议学校纪律委员会的报告，讨论本校重大问题并做出决议，选举学校党委会和纪律检查委员会等，这是学校党委会的有效监督机构。为了进一步发挥党代会代表的作用，可以探索代表常任制，建立年会制度，进行调查研究和提出议案等。党委会是党代会闭会期间的最高决策机构，负责对全校事务与重大决策进行统一领导，负责履行党章与党规赋予的各项职责。党委常委会是党委全委会闭会期间代行其职责的组织机构。由于党委常委会人数较少，容易造成权力过于集中，因而导致学校党委出现各种风险的可能性增大。这些年来大学党委书记出现的腐败问题，与常委会权力太大、监督落实不够有关。流程再造要考虑强化全委会权能，使决策更加透明，更具有代表性和科学性。特别是要处理好党委会与校长办公会之间的关系，要坚持从流程上防止党委职权向校长职权的不合法、不合理延伸，导致校长无事可干、无权可用。因此，需要提交到党委会议决定的行政事项应该经过校长办公会充分讨论并按照法定权限决定是否向党委提出讨论。

学校党委书记与校长、班子成员之间的沟通程序再造。一些学校采用党政联席会议的方式来替代党会、行政会议，表面上简化了决策程序，提高了决策效率，但本质上却混淆了它们是两种性质不同的会议，导致二者相互牵制的合法性、合理性与长效性都令人生疑。为此，应该在党委书记与校长之间、党委常委会与校长办公会之间设置一种好的程序来保障二者各行其是、各治其事、共谋其是。具体来说，有关学校"三重一大"等涉及学校事业发展的重要决策事项在校长办公会没有讨论前不适宜提交党委常委会或全委会讨论，一些直接由党委会决策的事项，也要在决定后与校长办公会保持良好沟通。因而流程再造中的信息传递与正式沟通制度的建设也显得至关重要。

行政决策与学术决策、民主决策之间的议事流程再造。学术委员会、教代会、工代会、学代会、团代会、研代会等除了参与、报告、审议、提案、监督等民主管理常态化职能与传统流程之外，应该致力于转变学校行政主导一切的状况，在校内进一步去行政化。流程再造的重点是从提案提交到提案办理流程与绩效监督，都要从以审议评价为重点过渡到执行以监督与绩效审计为重点，使民主管理权利得到实实在在的落实。总之，如果多一份民主权利，少一份行政权力，就能往大学治理现代化方向前进一步；多一份行政权力，少一份民主权利，就会往大学治理现代化的方向后退一步。

重大决策议事程序的再造。重大决策往往更加具有全局性与长远性的特点，因而，大学重大决策的质量对大学发展的影响也更加巨大而深刻。为保障大学党委决策的科学性与合法合理性，提高大学重大决策的质量，必须将重大决策议事程序进行再造，重点解决"前虚"、"中乱"、"后空"等突出问题。所谓"前虚"是指重大决策进入实质性决策阶段前（党委常委会或全委会会议召开前）没有进行认真缜密的调查研究，虽然提出了可供常委会或者全委会表决的详细方案，但没有进行专业性很强（由法务室的法律顾问或组织相关法律专家进行）的合法性审查，为后续的议决与实施留下隐患；所谓"中乱"是指开会议决阶段缺乏相应的会议流程与会议控制，导致民主有余而集中不足。会议秩序混乱，议而不决、决而不议的情况时有发生。为解决这个问题，可以创新会议流程与主持安排。国家法定、党章规定书记是会议主持的唯一合法人选，而在实践中，书记或者一把手主持的会议经常闹得民主氛围不够浓厚，与会人员比较被动，长期下来将形成不良的会风和一般领导干部的怠惰之风。研究表明，时常更换会议主持人，设置会议观察员，有利于转变会议风气，提高会议绩效。这是因为书记不再是重要信息的唯一发出者，因而有利于书记掌控会议生态，分析与会者的会议表现，进而形成更为长远的治理策略。通过更换会议主持也能够激发其他党委常委会组成人员的与会积极性、讨论积极性与决策严肃性，提升了他们作为领导的责任意识。所谓"后空"主要是指会议决策后落实不力，缺乏督办机制或政策跟进策略的决策，难以达到预期目标。为了保障党委会决议的有效执行，有必要重新设置督办程序，例如选择一位责任感强的校领导来保障以办公室为主要落实机构的督办机制的运行。为提高督办的权威性与时效性，有必要在办公室设置独立的督办机构来完成具体督办工作，进一步提高决策的实际效果。

2. 议事规则的完善

为了全面贯彻大学党委议事决策的民主集中制原则，健全大学党员代表大会、党委全委会、党委常委会的议事制度，提高党委各种会议的议事决策科学化和民主化，根据《中国共产党普通高等学校基层组织工作条例》和《关于坚持和完善普通高等学校党委领导下的校长负责制的实施意见》、《大学章程》、《大学党委领导下的校长负责制实施办法》等有关规定，结合各大学实际情况，制订出党员代表大会、党委全委会、党委常委会的具体明确的议事规则。以党委常委会为例，议事规则要对议事原则、议事范围、议题确定、会议召开、落实督办以及纪律要求等方面做出详尽规定，以此作为规范领导班子议事行为的基本依据。规则具体内容一般包括：

（1）明确议事原则

根据不同会议的性质确定议事的规则。坚持全面贯彻上级指示与创造性开展工作相结合、集体领导与个人分工负责相结合、民主与集中相结合、职权法定与程序正义相结合等原则。

（2）严格会议召集

学校党委常委会由党委书记召集和主持，党委书记不能主持时可委托副书记主持；一般每月召开两次，遇有特殊情况和工作需要时可随时召开。会议应当有半数以上党委常委会成员到会方可召开，讨论决定重要人事任免事项必须有三分之二以上党委成员到会，并严格实行回避制度。

（3）明确议事范围

大学党委常委会主要对学校改革发展稳定和教学、科研、行政管理及党的建设等方面的重要事项做出决定，并按照干部管理权限和有关程序推荐、提名、决定任免干部。

（4）严肃议事程序

党委常委会采取一题一议方式进行。议题涉及的相关职能部门可以列席会议，在开始讨论该议题时入场，讨论完毕即刻离开。做出重大决策时，一般应当在调查研究的基础上提出方案，充分听取各方意见，进行风险评估和合法合规性审查，经过集体讨论决定。在会议讨论和决定问题时，要充分发表意见，表明个人态度。会议表决可以采用口头、举手、无记名投票或者记名投票等方式进行，赞成票数应超过到会党委常委会成员的半数视为通过。表决人事任免事项时，必须达到或超过到会党委常委的三分之二方可视为通过。表决实行主持人末位表态制。

党委会决策一经做出则应坚决全面执行。党委办公室可指派专人对会议决议的执行情况进行监督和检查，以确保党委会决策的落实。对于因故未到会的，由党委办公室负责转达会议要点，也可通过会议纪要的方式进行送阅。

（5）组织纪律要求

严格按照党内政治生活准则严守政治纪律和政治规矩，坚持集体领导，少数服从多数，任何人不能更改党委集体决定。党委常委会成员对党委决策有不同意见，可以保留或向上级党组织反映，但在党委决策改变前应坚决执行。会议决定公开前党委常委会成员不得泄露秘密。

五、切实促进党委书记的专业化

古希腊哲学家、政治思想家柏拉图曾经这样说过:"如果在一个秩序良好的国家安置一个不称职的官吏去执行那些制定得很好的法律,那么这些法律的价值便被掠夺了,并使得荒谬的事情大大增多,而且最严重的政治破坏和恶行也会从中滋长。"① 这足以说明领导者的素质对一个国家或者一个组织的影响是多么巨大。虽然大学实行党委领导而非党委书记领导,然而,党委书记作为大学党委领导班子的"班长",在学校领导班子建设和大学事业发展中起到的引领示范作用不容小觑。随着我国对大学治理现代化的要求日益提高,大学党委书记的专业化问题必须引起党和国家尤其是组织部门的高度重视。

中共中央《关于坚持和完善普通高等学校党委领导下的校长负责制的实施意见》(以下简称《实施意见》)中明确指出:按照社会主义政治家、教育家的目标要求,选好配强高等学校领导班子特别是党委书记和校长。这是大学党委书记专业化孜孜以求的奋斗目标。无论是即将被选拔的党委书记还是已经在岗的党委书记,都必须按照"双家"的目标严格要求自己,成为名副其实的"懂教育"的"政治家"。

1. "政治家"是大学党委书记的底色

政治家是指一定的历史时期,代表特定阶级利益,以政治为职业,担任国家或政党一级领导职务,具有杰出的组织和领导才能,对社会发展起过促进或阻碍作用的人物②。作为社会主义政治家应该具备什么样的素质呢?杨兴林认为,应该有五个素质:①坚定的政治方向;②强烈的政治责任感;③敏锐的政治洞察力;④顽强的政治毅力;⑤善于借力的政治策略③。徐银山、余新民则认为,马克思主义政治家的政治素质是:①正确的政治方向;②坚定的政治立场;③鲜明的政治观点;④严

---

① 柏拉图. 法律篇 [M] //法学教材编辑部《西方法律思想史》编写组. 西方法律思想史资料选编. 北京:北京大学出版社,1983:24-26.
② 马玉娟. 政治家概念探讨 [J]. 宁波师院学报(社会科学版),1992(4):58-61.
③ 杨兴林. 社会主义政治家素质探析 [J]. 理论探讨,1996(2):33-36.

格的政治纪律；⑤出色的政治鉴别力；⑥较强的政治敏锐性①。习近平同志虽然没有直接谈论政治家的素养问题，但是，他对于领导干部的素养问题反复进行了强调。2015年2月2日，他在省部级主要领导干部"学习贯彻党的十八届四中全会精神 全面推进依法治国"专题研讨班开班式上的讲话中提出的领导干部具有的四种角色，可谓是中国特色社会主义政治家的四条标准：一是要做政治上的明白人，对党绝对忠诚，始终同党中央在思想上、政治上、行动上保持高度一致，坚定理想信念，坚守共产党人的精神家园，自觉践行社会主义核心价值观，自觉执行党的纪律和规矩，真正做到头脑始终清醒、立场始终坚定；二是要做发展的开路人，勇于担当、奋发有为，适应和引领经济发展新常态，把握和顺应深化改革新进程，回应人民群众新期待，坚持从实际出发，带领群众一起做好经济社会发展工作，特别是要打好扶贫开发攻坚战，让老百姓的生活越来越好，真正做到为官一任、造福一方；三是要做群众的贴心人，坚持全心全意为人民服务的根本宗旨，自觉贯彻党的群众路线，心系群众、为民造福，心中始终装着老百姓，先天下之忧而忧，后天下之乐而乐，真正做到心系群众、热爱群众、服务群众；四是要做班子的带头人，带头讲党性、重品行、做表率，带头搞好"三严三实"专题教育，带头抓班子带队伍，带头依法办事，带头廉洁自律，带头接受党和人民监督，带头清清白白做人、干干净净做事、堂堂正正做官，真正做到率先垂范、以上率下②。大学党委书记如果真正做到了以上这些，就不愧为一个合格的大学政治家。政治家是大学党委书记的底色。

2."懂教育"是大学党委书记的特色

教育部对大学党委书记和校长都提出了政治家和教育家的双重素质要求。我们认为，要成为教育家并非易事。大学党委书记不一定要成为教育家，但是必须懂教育特别是懂得如何按教育规律办学。2007年，时任国务院总理温家宝在《政府工作报告》中提出："在教育部直属师范

---

① 徐银山，余新民. 试论马克思主义政治家的政治素质 [J]. 社会科学论坛，1996 (4)：60-62.

② 习近平论领导干部修养——十八大以来重要论述摘编 [J]. 党建，2016 (4)：5-9.

大学实行师范生免费教育，建立相应的制度。这个具有示范性的举措……就是要提倡教育家办学，鼓励更多的优秀青年终身做教育工作者。"① 所谓教育家办学，其本质是让热爱教育、有教育理想、懂得教育规律的教师当校长，让他们来运营和管理学校，从而使学校回归教育、回归学生、回归学习，回归对生命价值的敬畏、对人文精神的崇尚和对教育价值的捍卫，简而言之，回到学校教育的应有生态。针对我国当下的现实而言，就是把高等教育从政府附庸、市场奴隶的境遇中彻底解放出来，从而让大学领导放开手脚、教师开动头脑、学生张扬个性、学校充满活力。这里倡导大学党委书记"懂教育"，实际上包括两层意涵：一要"真懂"教育；二要懂"真教育"。归根到底就是要求大学党委书记按照教育规律办学，而不是违背教育规律办学，不是按照长官意志、市场法则办学。只有理解了教育规律、敬畏教育价值，才能真正把大学办好。这是大学党委书记的职业属性。为此，他必须协调好政治规律与教育规律之间的关系，既要按政治规律办事，也要按教育规律办事。保持二者之间的张力，才能彰显大学党委书记的政治智慧和教育智慧。

第三节 保证校长治校

校长是大学的法定代表人，在大学发展史上具有重要作用，这一点毋庸置疑。我国大学实行党委领导下的校长负责制给大学校长套上了一个紧箍咒，一方面它成了校长潜心办学的保护伞，另一方面也可能成为大学校长办学的绊脚石。大学能够实现党政合一的增益效应，一方面需要大学党委的科学领导，另一方面也需要校长适应新的形势，找准定位，主动争取党委的鼎力支持。针对中国特色社会主义大学而言，党政和而校兴，党政争而校衰。这已经成为一个不争的事实。大学校长并不仅仅指大学校长个人，而是指以大学校长为总负责人的学校行政团队。

---

① 温家宝. 2007 国务院政府工作报告 [EB/OL]. [2009-03-16]. http://www.gov.cn/test/2009-03/16/content_1260188.htm.

一、保持学术治理核心地位

与大学党委书记不同,中国大学校长的理想角色定位应该是"懂政治"的"教育家"。具体而言,就是大学校长应该以"教育家"为本色,以"懂政治"为特色。大学校长必须以教育家的理想、教育家的精神、教育家的姿态、教育家的行动、教育家的担当来办大学、治学校。这是大学校长的历史使命所在,也是其本源角色期待所指。这也是世界高等教育发展历史上经无数事实确认的一条常识。然而,"如今的大学校长很难专心致志地履行教育家使命,很难真正根据教育理想、真正按照教育的规律和常识去办大学、培养人才。一个重要原因便在于外部社会对大学校长还有一个成为'政治家'的要求。而从培养人才,尤其是培养创新人才的角度来看,政治家要求与教育家使命有时会有矛盾与冲突。就我国大学校长的办学实践来看,一旦政治家要求与教育家使命出现矛盾与冲突,最终作出妥协和让步的,几无例外地都是教育家使命"①。这是大学治理现代化过程中必须审视的一个重大课题。只有使大学校长的本色与特色相得益彰,充分发挥其在大学学术治理中的核心领导作用,才能实现中国大学走向世界一流。

1. 用"教育家"本色引领大学走向卓越

顾明远认为,教育家必须具备三个条件:①热爱教育,热爱学生,长期从事教育工作,一辈子献身教育事业;②勤于思考,善于实践,有自己独立的教育思想和观点,而不是上面怎么说就怎么做;③工作业绩出色,经验丰富,有自己的教育风格,在教育界有一定影响力,被广大教师所认可。陶行知先生认为:"我们常见的教育家有三种:一种是政客的教育家,他只会运动,把持,说官话;一种是书生的教育家,他只会读书,教书,做文章;一种是经验的教育家,他只会盲行,盲动,闷起头来,办……办……办。第一种不必说了,第二第三种也都不是最高尚的,依我看来,今日的教育家,必定要在下列两种要素当中得了一种,方才可以算为第一流的人物。一是敢探未发明之新理;二是敢入未

---

① 席酉民,吴康宁. 在中国做大学校长,为什么常常备受煎熬? [EB/OL]. [2018-05-06]. http://www.sohu.com/a/230605256_100150511.

开化之边疆。"① 因此，就我们看来，教育家必须具有以下几个特质：一是具有远大的教育理想；二是具有独特的教育思想；三是具有温暖的教育情怀；四是具有丰富的教育实践；五是具有强烈的教育担当；六是具有高尚的教育人格。

教育家总是理想主义者，因为他们有一个共同的社会使命——托起明天的太阳。大学校长不是普通的教育家，他们不仅仅要托起明天的太阳，还要挺起民族未来的脊梁。因此，大学校长如果没有鸿鹄之志——不能立足于人类、民族和学生的未来去审思自己的作为，而是围绕自己的荣辱得失去精心算计，那就很难成为真正意义上的教育家。

教育家以其独树一帜的教育理念或者教育思想立于时代、福泽后代。无论历史上还是现实中，无论是西方还是东方，无论是教育理论家还是教育活动家，教育家都必须形成自己的教育思想。民国时期产生了许多优秀的大学校长，蔡元培、梅贻琦、蒋梦麟、张伯苓、郭秉文、竺可桢等都是其中的代表。程斯辉总结了我国近代著名大学校长的八大特征：把握大学使命，彰显大学精神，办理想、境界高远的大学；尊重学术研究规律，维护学术尊严，办兼容并蓄、思想自由的大学；重视学校管理的建章立制，办法制化大学；注重教授治校与学生自治，构建富有活力、民主的大学；严格教育过程管理，努力办高质量的大学；既重视开源，又重视节流，办节约型大学；集中精力，形成优势，办有特色大学；通盘规划学校发展，创建环境优美、风气纯正的大学②。所有这八个特征归结为一点：他们对大学如何办和如何管大体上都有自己的想法，是真正有思想、有头脑的大学校长。当下的大学校长已经很少有自己比较鲜明的教育思想了，具有独立思想者往往也因不合群、不入流而命运多舛，成为空有理想的教育思想家。

大学校长作为教育家还必须有温暖的教育情怀，这体现在他们爱生如子、惜才如命等方面。新中国成立前的一些优秀的大学校长，经常在

---

① 陶行知. 第一流的教育家 [M] //陶行知全集（第一卷）. 长沙：湖南教育出版社，1985：113.
② 程斯辉. 中国近代著名大学校长办学的八大特色 [J]. 高等教育研究，2008（2）：83-89.

学生中扶贫济困。当某些学生因家庭经济困难而陷入辍学或继续求学的两难选择时，他们都往往不遗余力地予以资助；当学生因参与游行示威遭到逮捕时，他们总是不惜牺牲个人的身家性命奔走呼号、担保营救；当学生稍有松懈、不求进取时，他们就苦口婆心劝学，鼓励学生不能只顾眼前，不看长远。与此同时，作为校长，他们非常尊重教师，千方百计为教师创造优越的生活条件和宽松的学术环境。相比之下，当下的不少大学校长官味浓了很多，网上也红了很多，风度也增添了很多，但是，亲和度则少了许多，温度也下降了许多。

作为教育家的大学校长还应该热爱教育事业，具有高尚的教育情操与忘我的教育境界。他们不怕困难，勇于改革创新；不怕丢官帽，也不怕丢金钱，而是真正与理想为伍、与真理为伴，将教育家的历史使命看得比自己的生命更加宝贵。为了坚持真理，坚持按教育规律办事，能够克服千难万险，直至自己粉身碎骨，也要保证大学朝正确的方向航行。

2. 以懂政治特色铸就大学校长品格

懂政治，做政治上的明白人，是我国大学校长特有的职业要求。所谓懂政治，就是大学校长能够坚持用马克思主义和新时代中国特色社会主义的政治观点去分析政治现象、参与政治活动、恪守政治规则、把握政治方向并积极主动地化解政治与教育之间存在的冲突，为大学发展创造一个良好的政治环境。从马克思主义的政治理论观点看，政治就是建立在经济基础之上的上层建筑，是经济的集中表现，是以政治权力和社会价值分配为核心开展的各种社会活动和社会关系的总和。政治有宏观与微观之分。宏观上讲，主要是指一个国家或者地区的政治生活环境、政治系统形态、政治权力配置、政治运行过程、政治变革发展与国际社会政治等要素所构成的一个复杂政治生态系统；微观上讲，主要是指一个社会组织内部的政治现象，核心是人与人之间围绕权力与利益分配而进行的各种活动，包括政治合作与政治斗争，集中表现为组织中的人际关系形态，尤其是领导者内部的权力分配过程中的各种冲突与斗争等现象。

大学校长懂政治包括两个方面，一是懂得国际、国内的宏观政治，即能够主动了解国家政治改革与发展的要求，有坚定的政治信念和正确的政治立场，能够有很高的政治站位，始终与党中央保持一致，懂得政治规矩与政治纪律，保持良好的政治操守；二是懂得大学内部的微观政治，善于处理好与党委之间的关系，主动接受党委的统一领导，保持与党委书记的良好沟通和协调，能够有比较好的人际关系，能够有效动员一切积极因素为实现自己的教育理想服务，为实现学校事业的持续健康稳定发展服务。

二、贯彻落实党委重大决策

大学校长的正确角色是作为大学党委决策的忠实执行者。长期以来，人们普遍存在着一种模糊甚至错误的认识：党委领导，校长负责；领导不负责，负责不领导。尤其是在一些大学的办学实践中，由于党委与校长所持立场不同，以及传统的干部体制的弊端——党委一班人只懂政治不懂学科、只讲政治不讲规律，从而造成了党委决策与校长治校过程中深层的价值冲突，因而，很多学者特别是一些在大学办学实践中有真情实感和切肤之痛的在职或卸任校长中，否定体制、否定党委领导合理性的看法或立场较为普遍。这很容易成为校长抵制党委决策合法性的最佳理由，也成为大学内部党政冲突的根源所在。在上节中我们已经探讨了通过促进党委书记的专业化来缓解因立场不同、知识局限造成的决策偏颇乃至失误，这里则重点探讨校长如何转换角色和思路来保证学校党政和谐，进而共同促进大学事业的持续快速发展。

1. 执行党委决议是校长的法定义务

在计划经济体制下，人们把上级与下级之间的关系比喻成婆媳，把上级对下级的控制比喻为婆婆管得太严，使媳妇失去了本应有的自由。现在一些大学校长也认为党委就是一个婆婆，如果婆婆善解人意还罢了，如果婆婆不尽人意就是"哑巴吃黄连，有苦说不出"。究竟应该如何看待党委在大学办学中的作用，又如何找准自己的职能定位呢？

西方大学校长享有充分自由？崇尚西方大学管理模式的学者和校长都认为，西方大学没有党委，因此，校长可以充分发挥作为教育家在办学治校中的核心领导作用,从而使大学更具有信仰,更显出个性,更有利于学术自由和大学自治,更符合大学的学术发展规律与人才培养规律。实际上,西方虽然没有党委,但他们有董事会、评议会、教授会等一系列能够牵制大学校长滥用职权的力量。因此,客观地讲,大学校长在任何环境中都不是绝对自由的。暂不提欧洲大学,仅以所谓理想的美国大学模式为例。在美国,董事会是美国大学的最高决策机构和权力机构,其成员多半由校外的外行人士组成,少数则是退休的大学校长。美国学者纳森列举了公立大学董事会的任务:①确定大学的发展任务与目标;②遴选大学校长;③支持大学校长贯彻施政方针;④监督校长的施政表现;⑤坚持大学的长期发展规划;⑥检讨大学的教学与公共服务方案;⑦确保足够的财源;⑧确保校务运作顺畅而具绩效;⑨维持机构的独立自主;⑩促使学府与社区有良好关系;⑪充任校内诉愿的裁决单位;⑫评鉴董事会本身的业务表现[①]。从以上内容可以看出,董事会主要负责研究并决定大学办学的大政方针、对外关系以及学校的投资、财务与资产,负责大学校长的聘任与解聘,但是,其行为的边界是不干预或较少过问学校的学术事务。可见,美国大学校长接受董事会的领导与规约,这是美国大学治理结构的本质。大学校长在董事会领导下,主持学校的日常事务,独立自主地就学术事务作出决定。"校长的责任是让董事会清楚地了解他正在执行董事会的政策并执行董事会授予他的权力,告知董事会他所预料到的将来可能影响大学发展的困难和问题,向董事会提供观察他们工作效果的机会,同时他也有义务倾听董事会的意见,从而使他的工作更好地满足大学的要求。"[②] 虽然美国大学评议会的成员构成以及所发挥的作用有所不同,但他们一般都扎根于学科专业并在课程、教师晋升、终身任期制以及学术标准等方面拥有权力。评议会权力的价值追求是,保证学术标准得以贯彻,保证学者所

---

① 郭为藩. 转变中的大学——传统、议题与前景[M]. 北京:北京大学出版社,2006:84.

② Olscamp P J. Moral leadership: ethics and the college presidency [M]. Lanham, Md.: Rowman & Littlefield Publishers, Inc, 2003:22.

研究与传授的学科得以发展，保证教师、科研人员的学术权力得以落实①。

私立大学校长比公立大学校长更自由？也许有人以为，一些私立大学的校长拥有更多的办学自主权，可以随性地依据自己的教育思想办学治校，并且列举出施一公离开清华大学去接手创建西湖大学的例子。然而，在多数情形中，职业性的民办大学校长则更多受到董事会的控制，除非校长本人既是投资者又是运营者。因为在理性经济人的普遍假设之下，投资者为了获得更多的利益回报或降低自己的投资成本，都会对经营者提出更为苛刻的成本控制要求与绩效考核目标。当然，不排除一些私立大学董事会会给予大学校长更为宽松的运营环境和更大办学自主权的特殊情形。因而，在私立大学中，大学校长并非能够随心所欲，也会受到董事会的严密监督。

公立大学校长接受党委领导是法定义务。基于大学在社会发展与民族复兴中的重要地位，作为唯一执政党的中国共产党，为确保大学的办学方向与执政理念、执政目标相一致，必须通过在大学中建立组织来形成坚强有力的保障，并且这种制度安排已经转化为反映公共意志的教育法律加以实施。这说明，大学党委的存在与履职，不仅具有政治上的合理性授权，还获得了国家制度的合法性授权。在这种情形中，公立大学校长接受党委领导，已经不是要不要、能不能、合不合理的问题，而是必须要、肯定能、合理合法的问题。这是一个制度前提，不是议价空间。大学校长自从其接受这个职务开始，就必须清晰地意识到这一点。对于大学校长而言，接下来的问题是如何处理好与党委之间的关系，争取与党委多一些共识，少一些分歧；多一份合作，少一份纷争。和则双赢，斗则双亏。这是大学校长起码的教育智慧。

2. 转换角色可更好地实现办学目标

为了更好地落实党委决定，大学校长应该适时转换自己的角色，换一种思路，则可以多一条出路。

---

① 李巧针. 美国大学董事会、校长、评议会的权力解析及启示 [J]. 国家教育行政学院学报，2007（1）：91-95.

(1) 从决策者向执行者的职能转化

党委领导下的校长负责制已经明确，学校党委是大学办学的最高权力中心和最高决策中心。大学校长是中共党员的，可以任命为党委副书记参与其中，按照集体领导与分工负责相结合的原则，行使自己的权力，履行自己的职责，接受党内监督。不是中共党员的大学校长可以列席有关学校重大规划、重要人事安排、根本制度审议决定以及大额资金使用等关系学校事业发展的各种重要事务决策的党代会、党委会和常委会，不出席纯党内事务的议题讨论与决定会议。大学校长的智慧在于利用参加党委会等各种机会来表明、解释和宣传自己的办学治校理念，争取得到不仅包括党委会成员而且包括所有大学师生员工在内的大学共同体成员的认同，形成价值认同与行动一致，进而将自己的个人教育智慧转变为全校的教育智慧和教育行动，推进大学教育智慧化。

(2) 从竞争者到合作者的心态转变

大学校长与学校党委书记之间的关系是学校党政关系的晴雨表。这些年来被学界诟病颇多的是大学党政一把手之间的不团结、不信任、不合作的现象，造成学校秩序混乱，影响事业发展。应该说，领导班子成员之间存在意见分歧，是很平常之事。但是，由于大学党委书记与校长作为党政一把手，他们之间的微妙关系不仅影响他们自己，也影响他们代表的不同权力主体，甚至影响整个大学的微观政治生态，影响领导班子的公信力与战斗力，故而十分要紧。如果大学校长能够主动转变心态，从竞争者心态到合作者心态，能够主动积极、真心实意地接受党委书记的意见，维护其在领导班子中"班长"的权威，相互信任，肝胆相照，荣辱与共，就能够在正式制度安排之外获得更多的社会资本与深情厚谊，就能将其转化为一种共向性的治校能量，为实现自己的办学抱负服务。

(3) 从管理者到服务者的身份转换

大学校长还需要转换自己的治校角色。随着我国大学校长的行政序列化与等级化，大学校长具有了更浓的官味。副厅级、正厅级、副部级等等，这些大学校长任职通知的明示，让大学师生员工感觉他们的校长更趋同于政府机构的官僚，或使那些有往仕途发展者敬之若神，趋之若鹜；或使那些羞于与官为伍者事之若虎，避而远之。这与民国时期的大学校长与教授之间的密切关系有天壤之别。这里隐含着一个浅显道理：事之以君，待之以臣；事之以友，待之以诚。隔断了校长与师生之间的坦诚相待，大学校长的教育价值选择就失去了深入推广之土壤。因此，学会处理与大学教授、学生之间的关系，使之成为大学校长教育思想、教育价值追求或办学愿景的共同分享者、忠实追随者与积极行动者，是当代中国大学校长的一门必修课。而从管理者到服务者的身份转变，是其中的奥秘所在。将"主仆"身份进行转换，就会收获一份不可估量的潜在能量。

三、依法保障校长工作职权

《中华人民共和国高等教育法》明确规定，高等学校的校长全面负责本学校的教学、科学研究和其他行政管理工作，行使下列职权：第一，拟订发展规划，制定具体规章制度和年度工作计划并组织实施；第二，组织教学活动、科学研究和思想品德教育；第三，拟订内部组织机构的设置方案，推荐副校长人选，任免内部组织机构的负责人；第四，聘任与解聘教师以及内部其他工作人员，对学生进行学籍管理并实施奖励或者处分；第五，拟订和执行年度经费预算方案，保护和管理校产，维护学校的合法权益；第六，章程规定的其他职权。高等学校的校长主持校长办公会议或者校务会议，处理前款规定的有关事项。《实施意见》进一步明确了大学校长的十大职责和权力。概括起来，包括如下六大职权：

1. 战略规制权

大学校长依法负责组织拟订和实施学校的发展规划、基本管理制度、重要行政规章制度、重大教学科研改革措施、重要办学资源配置方案。组织制定和实施具体规章制度、年度工作计划。

2. 人事管理权

大学校长负责组织拟订和实施学校内部组织机构的设置方案。按照国家法律和干部选拔任用工作有关规定，推荐副校长人选，任免内部组织机构的负责人。组织拟订和实施学校人才发展规划、重要人才政策和重大人才工程计划。负责建设高素质教师队伍及其他内部工作人员队伍，依据国家相关法律、行政法规、部门规章、专门政策和学校章程等内部有关规定聘任、处分与解聘教师以及内部其他工作人员。

3. 活动组织权

大学校长依法负责组织开展教学活动和科学研究，改革创新人才培养机制，不断提高人才培养质量，有力推进文化传承创新，积极主动服务国家发展战略和地方经济社会发展需要，努力把学校办出个性、办出特色、办出水平。依法依规负责组织开展对学生的思想品德教育与法治教育，依法依规负责学生学籍管理并实施奖励或处分，开展本科生研究生招生和毕业生就业工作。

4. 财务管理权

大学校长依法依规组织拟订和实施学校重大基本建设、年度经费预算等方案。加强财务管理和审计监督，管理和保护学校资产。

5. 对外契约权

大学校长作为学校的法人代表，依法负责组织开展学校对外交流与合作，依法代表学校与各级政府、社会各界和境外机构等签署合作协议，接受社会捐赠。依法行使公益事业法人所享有的各种法定权利，也依法承担法人必须承担的法定职责。

6. 其他管理权

大学校长依法依规代表行政团队向学校党委报告重大决议执行情况，向教职工代表大会报告工作，组织处理教职工代表大会、学生代表大会、工会会员代表大会和团员代表大会有关行政工作的提案。大学校长积极支持学校各级党组织、民主党派基层组织、群众组织和学术组织开展工作。大学校长负责做好学校安全稳定和后勤保障工作并履行国家法律法规和学校章程规定的其他职权。

四、充分凝练校长教育智慧

季羡林先生曾经批评北大说过："一所大学或其中某一个系，倘若有一个在全国或全世界都著名的大学者，则这一所大学或者这一个系就成为全国或全世界的重点和'圣地'。全国和全世界学者都以与之有联系为光荣，问学者趋之若鹜，一时门庭鼎盛，车马盈门。倘若这一个学者去世或去职，而又没有找到地位相同的继承人，则这所大学或这个系身份立即下跌，几乎门可罗雀了。这是一个众所周知的事实，是无法否认掉的。"① 这说明新中国成立以来的北京大学校长已经远不如蔡元培等那一辈校长具有教育智慧。也许就如前面席酉民、吴康宁两位都担任过大学校长所指出的那样,当下的大学校长确实备受煎熬,而大家一致认为内忧外患的民国时期才是中国教育发展史上少有的两个教育可以自由生长的时期之一。但是,在我们看来,今天并非没有好的供大学校长办学的舞台,而确实是大学校长少了一份历史责任担当,也少了一份让大学更好发展的教育智慧。

1. 何谓教育智慧

教育是一种极其需要智慧的事业,大学教育更是如此。在一个真正的教育场域中,不仅校长需要有办学智慧,教师要有教学智慧,而且学生还需要有学习智慧、其他人需要有工作智慧。总之,一所好的学校就是一座智慧之城。

什么是智慧?什么是教育智慧?关于这两个紧密关联的问题,学术界的定义五花八门。针对智慧,英国教育哲学家怀特海认为,"智慧是掌握知识的方式。它涉及知识的处理,确定有关问题时知识的选择,以及运用知识使我们的直觉经验更有价值。这种对知识的掌握便是智慧,是可以获得的最本质的自由"②;美国教育家杜威则认为,"智慧于知识不同,智慧是应用已知的去明智地指导人生事务的能力"③;靖国平认为,"智慧是人们运用知识、经验、能力、技巧等解决实际问题和困难的本领,同时它更是人们对于历史和现实中个人生存、发展状态的积极审视、观照和洞见,以及对于当下和未来存在着的、事物发展的多种可能性进行明智、果断、勇敢地判断与选择的综合素养和生存方式"④。针

---

① 季羡林. 巍巍上庠 百年星辰——《名人与北大》序 [J]. 北京大学学报 (社会科学版), 1997 (6): 74-76.

② 怀特海. 教育的目的 [M]. 徐汝舟, 译. 北京: 生活·读书·新知三联书店, 2002: 52.

③ 杜威. 人的问题 [M]. 傅统先, 等译. 上海: 上海人民出版社, 1965: 4.

④ 靖国平. 论教育的知识性格和智慧性格 [J]. 教育理论与实践, 2003 (10): 1-4.

对教育智慧，叶澜教授认为，"教师的教育智慧集中表现在教育、教学实践中：它具有敏锐感受、准确判断生成和变动过程中可能出现的新形势和新问题的能力；具有把握教育时机、转化教育矛盾和冲突的机智；具有根据对象实际和面临的情境及时做出决策和选择、调节教育行为的魄力"①；刘文霞以为，"教育智慧是教育主体的教育境界，它包括教育理智、教育意识、教育能力、教育艺术、教育机智等诸要素，是教育感性与教育知性、教育理性与教育悟性的统一"②；李巧、梁保国指出，教育智慧是实践证明了的行之有效、先进的教育思想、理念、方法和模式，是教师具有的教育理念、教育意识、教学能力、教学艺术等能达到的教育境界③；王枬则认为，教育学语境中的教育智慧具有双重含义：在过程的维度上，它表现为教师在教育活动中具有解决教育问题、处理偶发事故、创造生命价值的卓越能力，它是出乎意料的、动态生成的，是一种教育机智；在结果的维度上，它表现为教师对美好生活及存在意义这一"畅神境界"的执着追求，它是矢志不渝、坚定不移的，是永无止境的终极鹄的④。

我们在这里用以指称大学校长的教育智慧，不是指教师职业生涯实践中生成的、用以解决具体教育教学情境下的各种问题的集成化教育本领，而是指校长作为大学教育的核心思想者与初级行动者所应该具有的一种教育洞见。这是基于其长期办学实践经验与教育理论素养经过自动创造性合成的一种对教育的远见卓识，是非常态处理大学复杂教育情境中的不确定性、两难或多难问题的一种教育领导艺术，是大学校长人格化的教育境界与独创性的教育问题解决机制。

2. 大学校长的教育智慧

大学校长的教育智慧至少包括三个组成部分，即教育理性智慧、教

---

① 叶澜. 新世纪教育专业素养初探 [J]. 教育研究与实验，1998（1）：41-46.

② 刘文霞. 从"爱智慧"理解教育哲学及其事业 [J]. 教育研究，2002（12）：33-34.

③ 李巧，梁保国. 论教师的教育智慧 [J]. 合肥工业大学学报（社会科学版），2004（3）：12-15.

④ 王枬. 教育智慧：教师的诗意栖居 [J]. 社会科学家，2002（2）：5-9.

育价值智慧和教育实践智慧。

(1) 教育理性智慧

这是指大学校长具有认识、理解和掌握大学教育本质和规律的科学方式，是大学校长在长期的教育实践中形成的个性化认知方式，包含理性认识大学教育现象、大学教育活动、大学教育关系、大学教育问题、大学教育矛盾等，集中体现在高等教育意识、高等教育思维和高等教育理智等方面。高等教育意识是大学校长教育理性智慧的基础，表现为大学校长认识外部高等教育世界的客体性知识和认识自身内部高等教育世界的主体化知识。客体化高等教育知识主要通过教育思维来实现，主体化高等教育知识主要通过教育理智来认识。有效认识高等教育世界的知识，就需要通过高等教育理智对高等教育思维进行引导、选择和调控，使大学校长能够认识到大学教育的真谛与本质。高等教育认识、高等教育思维和高等教育理智三者之间相互作用，辩证统一。可见，教育理性智慧的最终目的是帮助大学校长揭示大学教育的真谛和本质，使大学校长掌握大学教育的本质和规律。

(2) 教育价值智慧

这是指大学校长对大学教育的属性——满足其自身需要、受教育者需要、社会需要以及人类共同体需要的关系的个体化价值判断。教育价值是大学校长的一种主体体验或者主观感受，彰显出大学校长对大学教育的情感、意志和信仰。大学教育情感是大学校长教育价值智慧的基础，大学教育意志是大学校长教育价值智慧的内在动机，而大学教育信仰是其教育价值智慧的最高追求。三者彼此关联，互相统一。正是由于高等教育情感和高等教育意志的参与，大学校长的大学教育信仰才得以充分实现，大学校长的教育情感和教育意志的圭臬就是其大学教育信仰。大学校长的教育价值智慧不同于教育理性智慧，它是以大学校长自身的感受和体验为主要内容的，这种个体体验和感受是向着正能量方向努力的，因而大学校长的教育价值智慧是追求大学教育的"好"或"好的大学教育"。大学校长作为大学教育智慧的主体，是既充满教育理性思维又富有教育情怀或信仰的，因而，大学校长认识大学教育世界的过程，就不单是一个理性过程，而是包括情感在内的多因素共同作用的过程。在大学校长对大学教育的认识过程中,他本身的教育情感、教育意志、教育信仰作为一种不同于理性认识的一种动力因素参与、渗透到大学教育认识和实践中,对大学校长的教育认识和实践活动进程起着积极推动作用。由此可见,大学校长的教育价值智慧,是教师教育智慧的动力源泉,它的最大作用是使大学校长的教育智慧充满活力和温度。

(3) 教育实践智慧

这是指大学校长在其教育领导实践中,面对各种复杂的教育情境、多难的教育问题、剧烈的教育价值冲突、扑朔迷离的教育关系和形形色色的偶然性教育事件时,所采取的各种创造性的问题解决方法。教育实践智慧是大学校长教育理性智慧和教育价值智慧在现实活动中的积极转化,它是大学校长教育理性智慧和教育价值智慧在大学教育实践中的个性化应用,并在此过程中得以进一步积淀和生成。教育实践智慧指向的对象具有不确定性、主体间性和复杂性等特点,客观要求大学校长在教育领导实践过程中对各种教育问题、教育矛盾和复杂教育关系做出远见卓识的判断和理性明智的处理,这将集中体现为大学校长的复合教育领导能力和机智处理精准教育问题,如其发挥至极致,则表现为大学校长的教育领导艺术。大学校长的教育智慧集中表现在面对各种各样复杂的意外情况时,能够冷静理智地控制自己的感情,极力抑制情绪激动,冷静地对待滋生事端者,保持心理平衡、临危不乱、处变不惊,从而主动积极地找到解决问题的方法,非常态、高效、创造性地解决问题,化解矛盾,消除冲突。大学校长的教育领导能力是其教育实践智慧的基础,它连接着大学校长本身建构的大学教育理论和他所面对的大学教育实践,在大学校长的教育领导实践中转化为其教育领导技能和技巧。没有这种教育领导能力,大学校长就无法履行教育领导职责。教育机智是大学校长面对学校中一些突发的教育教学管理事件所做出的应急反应,是大学校长对各种教育领导知识、经验和能力的一种创造性运用,因而成为教育实践智慧的一种标志。大学校长的教育领导艺术是其创造性整合和应用各种教育领导知识、教育领导技能、教育领导技巧和教育管理机智的高级复合能力,它融入了大学校长的教育情感与教育信念,构建了和谐而充满活力生机的大学教育氛围和大学教育生活,让大学的全体教师和学生在放飞梦想、燃烧激情和享受愉悦的学校氛围中感受大学教育的真、善、美。可见，大学校长的教育实践智慧的目的是求真、求善、求美。因此，大学校长的教育智慧是一种富有诗意的栖居，是大学教育真善美的高度集成品，是一种难以精准描绘的精神唯美之境。

我国著名比较教育研究专家王英杰教授通过比较美国芝加哥大学发展过程中的两位校长后提出的一些观点，对于我国当代大学领导者和大学校长都颇有启发意义："哈珀校长和赫钦斯校长迥然不同，前者热情洋溢，温良敦厚，干劲十足，锲而不舍；后者冷峻严厉，思想敏锐，特立独行，不善妥协。但是，他们所共同的是都具有大智慧。他们都审时度势，准确地把握美国社会的脉搏，洞察美国社会对大学的期望，引领大学适应社会的发展，同时又能超越时代的局限，捍卫大学的基本职能，守望社会精神文明，关注人类终极命运。他们都对大学的本质特征有深刻的认识，站在哲学的高度上为芝加哥大学制定长远的目标，为芝加哥大学营造独特的学术文化传统。他们身为学者，理解学者，信任学者，捍卫学者探索的自由，构建学者参与的民主管理制度和大学的基础结构。他们都有雄才大略、气魄和勇气，敢于冒险，敢于打破传统，坚定地推进改革。"[①] 对比哈、赫两位校长，我国大学校长所缺的素质已经非常清楚了。

第四节　推动教授治学

学术性是大学的本质属性，它根植于大学——一个知识创造、加工、传播、应用的社会机构。虽然大学的社会职能伴随着其与社会文明的互动而改变，但是，以知识为媒介、以学科为轴心的特点从未更改。大学的发展，实际上主要是以学科发展为标志的。学生的成长、学术职业的发展，都离不开学科的发展。失去了学科，就失去了学生与学者成长的纽带与平台，从某种意义上讲，也失去了师生共同生活其间的精神家

---

① 王英杰. 大学校长要有大智慧——美国芝加哥大学建立与发展的经验[J]. 清华大学教育研究，2005（1）：10-20.

园。学术自由作为学者应有的社会特权，是学术和学科发展的逻辑前提。而教授治校成为西方大学治理的一个悠久传统，这期间则包括大学学者为争取学术自由而坚持不懈地斗争，也包括宗教、王权和现代政权为发展学术、大学教育和国家繁荣而积极主动地给予各种支持。学术权力作为对学者学术自由的一种保护机制，应在大学发展过程中对其充满敬畏，它们是大学治理中一股巨大的力量，制约着大学内部治理结构的选择与权力分配。就大学教育发展的趋势来看，学术权力不能独立治校，但也不能完全被漠视乃至被彻底挤压。教授治学实质上是大学学者的学术权力与政治权力、行政权力与民主权力在中国特色社会主义新型大学制度建构中重新建立契约的过程。它在大学、学院与系所层面具有不同的表现形式与运行机制。就学校层面而言，它是作为与以党委为代表的政治权力、以校长为代表的行政权力、以教代会为代表的民主管理权力并列的一种非常重要的大学内部治校权力，是以学术委员会为代言人的学术管理权力，是一种处于发展初期的学术自治权力。如何准确定位这种新型的权力以及如何有效发挥其在治校治学中的特殊价值，将直接决定中国大学治理现代化的方向与进程。正如韩水法先生所言，"大学作为一种学术制度，一种学术机构，它必然有一些内在的东西，正是这些东西决定了大学之所以是大学，而不是其他什么机构。而中国大学之所以水平低下就是因为这些基本因素被遮蔽了，被排斥了"[1]。若由这种情况长久存在下去，中国大学治理现代化就难以实现。因此，新修订的《高等教育法》第42条规定：高等学校设立学术委员会，履行下列职责：审议学科建设、专业设置，教学、科学研究计划方案；评定教学、科学研究成果；调查、处理学术纠纷；调查、认定学术不端行为；按照章程审议、决定有关学术发展、学术评价、学术规范的其他事项。这说明政府在这个问题上已经有许多共识。这是一种好的迹象。但是，如何真正形成以尊重学术权力、弘扬学术自由、倡导学术自治为核心的大学学术发展环境，仍然是大学治理现代化过程中面临的最大问题。

---

[1] 韩水法. 大学与学术［M］. 北京：北京大学出版社，2008：33.

一、教授治学或教授治校

究竟是教授治校还是教授治学,目前学术界有三种不同的看法:一是坚持教授治校,认为教授治学仅仅是教授治校的一个枝节,以教授治学代替教授治校是大学管理体制民主化改革的倒退。这种观点以孔垂谦、王长乐与赵蒙成等为代表。二是认为大学应该倡导教授治学,因为它是教授治校的历史延伸,是中国语境下教授治校的一种特殊话语及表达形式,教授治学是大学去行政化的希望所在,这种观点以史宁中[①]、孙晓华[②]和别敦荣等为代表。三是认为教授既要治学也要治校,这是主导治学和参与治校的统一,此种观点以杨兴林、杨克瑞、朱守信、杨颉为代表。

1. 教授治校是治学的前提

主张教授治校,是在《国家中长期教育改革和发展规划纲要(2010—2020年)》明确将我国现代大学制度定调为"党委领导、校长治校、教授治学、民主管理"四位一体的体制之前,学术界在汲取国外自中世纪大学诞生以来的教授治校传统以及我国民国时期由蔡元培、梅贻琦、郭秉文等著名大学校长的办学实践经验的基础上,在我国计划经济体制导致的政府对大学管得过死、大学缺乏起码自主权、学者无法保障起码的学术自由的背景下而提出的一种主流观点。

别敦荣在比较中美大学学术管理的各自特点基础上指出:欧洲大学传统的教授治校是一种学者行会自治权力的体现。而美国大学实行的教授治校,在本质上只是一种民主参与权力的实现。教师的民主参与权力主要体现在对一些学术领域如课程设置、教学计划、招生政策、学位要求、教师聘任、晋级和解聘等的控制上,在部分大学,教师还拥有对学校主要学术行政领导的选择权。与欧洲大学的教授治校传统相比,美国大学的教授治校并不是反映在少数讲座教授对大学学术事务的强有力的

---

① 史宁中. 实行教授委员会制 凸显教授治学[J]. 中国高等教育,2005(3-4):27-28.

② 孙晓华. 教授治学的历史源流和实现路径[J]. 现代教育管理,2010(12):58-60.

控制权力上，而是体现了一种相对平等主义的特征①。

孔垂谦则认为，现代大学的教授治校制度，不仅表现为以教授为主体的学术人员组成的学校各层次的教授会或学术委员会拥有大学学术领域，诸如课程设置、教学计划、招生政策、学位标准、学术人员聘任与晋级等的学术评价以及事关学术发展的激励政策等的决策权，而且表现在以教授为主体的高级学术人员作为大学最高权力机构——大学校务会（如德国、英国）或大学理事会（如法国）的主体之一，参与事关大学发展的重大方针政策的制订，如大学财务政策、大学发展战略、大学学术领导人选举等，发挥大学内部管理的主体作用；同时，由教授为主体组成的各种临时的专门委员会，作为大学内部专门事务决策的咨询机构，直接以决策建议等影响大学发展②。

韩骅③、欧阳光华④、高田钦⑤、眭依凡⑥及其他一些学者等也有类似观点。而且当时的普遍观点是教授应该发挥在治校中的主体作用，全面参与学校事务，包括学术事务和非学术事务。可是，当国家明确提出教授治学的概念后，坚持教授治校观点者不断锐减，其中王长乐、赵蒙成、李献斌、陈金圣则是坚守者中的四个典型代表。

赵蒙成发表了数文来坚持教授治校的立场。他认为，教授治校就是通过大学宪章或规程以及一定的组织形式，由教授执掌大学内部全部事务，尤其是学术事务，并对外维护学校的自主与自治。教授治学仅是教授治校的一个枝节，是教授治校的倒退。教授治校的实质是推进大学内部管理的民主化进程，祛除大学行政化的理念和操作模式，重新设计和

---

① 别敦荣. 中美大学学术管理［M］. 武汉：华中理工大学出版社，2000：217.
② 孔垂谦. 论大学学术自由的制度根基［J］. 江苏高教，2003（2）：15-18.
③ 韩骅. 论教授治校［J］. 高等教育研究，1995（6）：36-40.
④ 欧阳光华. 教授治校源流、模式与评析［J］. 高教发展与评估，2005（7）：12-15.
⑤ 高田钦. 西方大学教授治校的内涵及其合法性分析［J］. 高校教育管理，2007（1）：31-34.
⑥ 眭依凡. 教授"治校"：大学校长民主管理学校的理念与意义［J］. 比较教育研究，2002（3）：1-6.

构建大学内部的组织结构与权力架构①。无论从理论的逻辑上考察，还是从现实操作的可能性上看，教授治校都应理解为大学教师群体作为一支独立的、核心的力量参与大学重大事务的决策与管理，并切实发挥影响作用。教授治校的具体含义应是赋予教师群体在学校重大事务上制度性的参与权、话语权，即教师群体应拥有选举权、决策权、监察权、知情权，而绝非要求由教授执掌大学内部的全部事务。教授治校所表达的是大学教师群体的民主诉求，是对改革现有大学管理体制，构建民主的大学管理制度的呼唤，民主是教授治校的根本内核②。王长乐则认为："'教授治学'是个非常巧妙的概念，它一方面安抚了教授要求参与大学管理的意愿，另一方面又不破坏大学中的基本领导结构，保护了现有权力者的既得利益。"③从大学的学术机构属性及管理制度需求出发，"教授治校"应成为中国大学的价值选择和制度安排。西方大学史上"教授治校"理念与管理模式的长期延续和中国大学"教授治校"的本土案例，均表明这一大学理念与制度安排具有强大的生命力，而这种生命力恰恰源于该制度的价值合法性与现实可行性④。

2. 教授治学是治校的延伸

教授治学的提法虽然并非缘起于《国家中长期教育改革和发展规划纲要（2010—2020年）》，但在先前的高等教育体制改革的相关探索中尤其是被作为现代大学制度建设的愿景时，就已被部分学者所认同。然而，国家制度层面的确认，还是加速了用"教授治学"概念取代"教授治校"概念的进程。

杨兴林认为，教授治学是教授本质内涵的合理延伸，教授治校超越了教授的本质规定；"教授治校"是特殊历史条件下的产物，现实中不宜机械照搬。教育家治校、教授委员会治学、行政管理者精于治事，是

---

① 赵蒙成．"教授治校"与"教授治学"辨［J］．江苏高教，2011（6）：1-5．
② 赵蒙成．"教授治校"的实质与边界［J］．江苏高教，2013（2）：1-5．
③ 王长乐．"教授治学"到底是什么意思？［J］．民主与科学，2011（4）：17-20．
④ 李献斌，陈金圣．"教授治校"与"教授治学"之辨析——兼与杨兴林教授商榷［J］．四川师范大学学报（社会科学版），2013（4）：85-91．

我国高校有效建立教授治学制度的内部条件，同时，还需要政府简政放权，为教授治学创造适宜的外部条件①。由于"教授治学"是一个具有中国特色的提法，国家相关制度中并未对教授治学给予权威解释，因此，学术界对教授治学的理解也是见仁见智。韩延明认为，"教授治学"是指以教授为代表的教师群体积极参与高校的人才培养、学科发展、学术研究与学风建设等活动，具体内容包括治教学、治学科、治学术和治学风②。而王菊、厉以贤认为，从广义上说，"教授治学"指的是教授从事具有研究属性的学术活动，它包括教授的教书育人、科学研究、参与学术事务的决策三方面内容。狭义的"教授治学"指的是教授参与大学教学、人才培养和学术研究等学术事务管理，也就是教授在学术领域行使其决定权力。从高校治理的角度看，多数研究者和实践工作者把"教授治学"界定在狭义概念上，认为其实质是学者治学，是一种学术内行对大学实行民主管理的制度，强调的是学术内行的自我管理③。别敦荣、唐世刚则认为，教授治校和教授治学虽然只有一字之差，但其所包含的意蕴却存在显著差别。教授治校是西方中世纪以来大学作为学者共同体传统的重要标志，但中国现代意义的大学从一开始就不是学者共同体组织，而且由于现代大学的高度复杂性和大学功能的高度社会化，即便西方大学也发生了深刻的变革，教授治校已经不再是其唯一的治校理念，国家干预、市场调节和学校行政管理都发挥了重要作用④。综合以上，不难看出：不同学者对教授治学的理解也各不相同。

3. 教授既要治学也要治校

针对教授治学还是治校之间的激烈争论，越来越多的学者认为其根本没有任何意义，只是一种"口水战"。因为二者之间并无不可逾越之

---

① 杨兴林. 关于教授治校与教授治学的再思考 [J]. 高等教育研究，2012 (4)：45-51.
② 韩延明. 论教授治学 [J]. 教育研究，2011 (12)：41-45.
③ 王菊，厉以贤. 国内高校"教授治学"制度设计述评（2000—2008）[J]. 现代教育管理，2009 (10)：45-48.
④ 别敦荣，唐世刚. 论教授治学的理念与实现路径 [J]. 教育研究，2013 (1)：91-95.

鸿沟。换言之，教授既要治学，也要治校；先要治学，后要治校；主导治学，参与治校。毕宪顺、赵凤娟、甘金球认为，"治学和治校是统一的，统一于高校的本质和功能，推进教授治校是高校管理体制改革的目标，由教授治学到教授治校是一个渐进的过程，二者没有根本矛盾，并不互相排斥"①，朱守信、杨颉则认为，治学是治校的重要组成，学校事务是大集合，学术事务是相对的小集合。作为大集合，治校直接决定了治学能否有效实现，治校权的缺位导致治学权的缺失。正是由于学术群体在学校事务治理中的弱势、缺席和失语，才导致学术事务管理中行政权力大行其道，学术权力不断遭到挤压和被边缘化②。可见，大学教授如果仅仅拘泥于治学，便难以保证安心治学。

4. 教授治学就是教授治校

从当代治理理论的视角看，大学治理已经不再是也不可能是某一种权力独霸校园的状态，无论是以往以校长为代表的行政权力还是以党委为代表的政治权力，都必须调动以教授为代表的学术权力，以教代会、工代会、团代会、研代会和学代会为代表的民主管理权力的作用，否则，一定会事与愿违、事倍功半。学会分享权力是现代权力主体的共同必修课。

教授替代其他的权力主体成为执掌大学牛耳、决定大学命运的新主宰，如果不是痴人说梦，也只能是一厢情愿。但是，将大学教授禁锢于教学科研等狭小的学术活动中进行自娱自乐或自我规约，也是非常困难的。而且有的学者将教授治学等同于教授做好教学科研工作，就更是对作为现代大学内部治理结构"三足鼎立"之一足的"教授治学"的误读。这与蒋梦麟所倡导的"校长治校、教授治学、学生求学、职员治事"的办学理念也不尽相同。其本义是为改进我国现行大学体制集权过度、行政化色彩明显的弊端而主动或被动地向教授及其他治理主体让渡权力，从而实现"多权共治"之理想，而它的本质就是为学术创新所必

---

① 毕宪顺，赵凤娟，甘金球. 教授委员会：学术权力主导的高校内部管理体制[J]. 教育研究，2011（9）：45-50.

② 朱守信，杨颉. 教授治学与教授治校：一个似是而非的争论[J]. 大学教育科学，2015（1）：64-68.

需的学术自由留下一定空间。正如孔垂谦所言，学术自由是大学教师从事学术活动的一种必备权利，赋予大学教师以学术自由既是学术发展之必需，更是社会进步的保证。不论是社会（包括政治组织和宗教机构等），还是大学组织本身，都有维护和促进大学学术自由之义务和责任①。王英杰教授也指出："多年来，人们一直习惯于从行政与学术的二元分立来研究大学的权力结构。这反映人们大多依然将大学视为一个'自我封闭系统'的思维定势，依旧尚未走出'内部人控制'的窠臼。"②可见，将学术权力与行政权力绝对对立，不仅是狭隘的，也是愚蠢的，还是根本不可能的。所以，教授治校是指在"党委领导、校长治校、教授治学、民主管理"的内部治理结构中，充分发挥其对学术事务的深刻理解与天然纽带作用，为这种中国特色社会主义大学制度的结构完善做出自己的贡献。

之所以认为教授治学也就是教授治校，也是因为学与校本身在事实上的无法分割性。大学作为一个专门研究社会高等学问的学术机构，教学、研究是其核心技术，学术制度是其最根本的制度安排。这也决定了学术事务管理是学校的首要事务，严谨治学是科学治校的核心，科学治校是严谨治学的保障。两者之间的关系就恰似两个不可分离的同心圆，严谨治学是内圆，科学治校是外圆，圆心就是整个大学的学术事业发展。可见，不论是在中国还是其他国家，大学都不是孤立存在的符码。将大学从具体的民族文化与制度环境中孤立出来，抽象理解教授治学与治校的关系，是毫无意义的。它充其量只是一种文字游戏或话语转换。我们应当从中国大学治理的现实入手，坚持问题导向，而不是从概念到概念，抽象地探讨教授究竟该治学还是该治校。如果一味主张教授治校，就只能加深行政权力与学术权力之间的冲突而无益于多元权力之间深层次矛盾的化解。

之所以认为教授治学就是教授治校，还因为教授的主要使命是学术

---

① 孔垂谦. 论大学学术自由的制度根基 [J]. 江苏高教, 2003（2）：15-18.
② 王英杰. 治理结构：现代大学制度的基石——评《董事、校长与教授：美国大学治理结构研究》[J]. 比较教育研究, 2012（2）：85-87.

和学生，即探索未知和培养英才。他们熟悉的是学术，陌生的是行政。应该让他们扬长补短，发挥其在学术事务和学者共同体建设方面的优长而避免其在行政事务、政治事务方面的不足，恰好是大学善治的表现。如哈佛大学前校长德里克·博克所指出的那样，教师就应该广泛控制学术活动，因为他们最清楚高深学问的内容，他们最有资格决定应该开设哪些科目以及如何讲授。此外，教师还应该判定谁最有资格学习高深学问（招生），谁已经掌握了知识（考试）并应该获得学位（毕业要求）。显而易见的是，教师比其他人更清楚地知道谁最有资格成为教授。最重要的是，他们必须是他们的学术自由是否受到侵犯的公证人[1]。简而言之，就是教授当以治学为本，不是仅仅做好个人的学问，而是需要治理整个校园的学术事务，让学风回归纯正、学术回归自由、学者回归诚信、学科回归本位、学生回归学习、学校回归本原。就如哲学家贺麟先生说的那样："学术之独立自由，不唯使学术成为学术，亦且使政治成为政治。因为没有独立自由的学术来支持政治，则政治亦必陷于衰乱枯朽，不成其为政治了。所以，争取学术的独立与自由，不唯是学者的责任，而尊重学术的独立与自由，亦即是政治家的责任了。"[2]

二、明确学术委员会的使命

学术委员会是大学教授参与治校、主导治学的重要平台，也是维护学术自由、实现学术自治的治理前提。因此，学术委员会的使命决定了它的赋权方式与权能性质，也反映出学术权力的境遇。依据《高等教育法》、《高等学校学术委员会规程》和相关大学的章程，大学学术委员会的主要使命是：

1. 审议学术规划

大学的学术委员会作为代表教授群体参与学校共治的主要力量，首先要发挥其在学校学科发展规划、专业建设、机构设置等涉及学校事业

---

[1] 约翰·布鲁贝克. 高等教育哲学 [M]. 王承绪，等译. 杭州：浙江教育出版社，2001：31-32.

[2] 贺麟. 学术与政治 [M] // 杨东平. 大学精神. 沈阳：辽海出版社，2000：146.

长远发展的重大学术事务方面的作用。《高等学校学术委员会规程》第十五条规定,学校下列事务决策前,应当提交学术委员会审议或者交由学术委员会审议并直接做出决定:①学科、专业及教师队伍建设规划,以及科学研究、对外学术交流合作等重大学术规划;②自主设置或者申请设置学科专业;③学术机构设置方案,交叉学科、跨学科协同创新机制的建设方案、学科资源的配置方案等;④学校认为需要提交审议的其他学术事务。通过充分发表专业性强、前瞻性好的专家意见,为学校校长和党委的科学决策提供坚实保障,为学校学科专业建设把脉导航。

2. 制定学术标准

学术委员会的第二大使命是为学术共同体的健康发展提供有效的制度供给,以彻底改变行政主导背景下各种因"外行领导内行"而制定的有悖于学术发展、人才成长、教育发展规律的制度的状况。这些标准汲取了学者共同体成员的智慧,广泛地得到了广大学术共同体成员的认同,有助于提高其对各种学术规范的主动遵从度。这些标准主要包括:①学校教学科研成果、人才培养质量的评价标准及考核办法;②学校学位授予标准及细则,学历教育的培养标准、教学计划方案、招生的标准与办法;③学校教师职务聘任的学术标准与办法;④学校学术评价、争议处理规则、学术道德规范;⑤学术委员会专门委员会组织规程、学术分委员会章程;

3. 评审学术成果

同行评议是确保学术成果评价专业性的重要机制,因此,由学校各学科顶级专家组成的学校学术委员会,担任对学术成果水平的鉴定工作应该再合适不过。因此,《高等学校学术委员会规程》第十六条规定:学校实施以下事项,涉及对学术水平做出评价的,应当由学术委员会或者其授权的学术组织进行评定:①学校教学、科学研究成果和奖励,对外推荐教学、科学研究成果奖;②高层次人才引进岗位人选、名誉(客座)教授聘任人选,推荐国内外重要学术组织的任职人选、人才选拔培养计划人选;③自主设立各类学术、科研基金、科研项目以及教学、科研奖项等;④需要评价学术水平的其他事项。这里需要指出的是,由于大学涉及的学科非常多,每个学者研究的领域各不相同。学校学术委员会除了少数必须有学校学术委员会做出评定意见的以外，大多数应该由学院的教授会提出相关意见，或者由学校学术委员会聘请同行专家给予公正科学的评议，而学术委员会将更多关注点放在程序正义审查而非实质审查，有利于提升学术委员会的公信力或权威性，避免专家本身闹笑话。

4. 提供学术咨询

教授治学不影响教授参与治校。虽然一些事关学校全局、涉及学校长远发展的重大决策权不能完全交给教授们，但是，他们可以用专家的视野去针砭这些重大决策的漏洞或薄弱环节。因此，认真听取学术委员会的意见，成为学校党委重大决策前的一种把关机制。正如法律专家要提供重大规划、重大制度安排以及重大对外契约、重大资金使用的合法合规性审查一样，这些学校顶级专家组成的学术委员会作为学校的专家智库，可以为这些学校决策提供专业性的咨询意见。如果说，前者的审查可以避免法律风险，那么后者的咨询则可以避免科学风险。正因为这样，《高等学校学术委员会规程》第十七条规定，学校做出下列决策前，应当通报学术委员会，由学术委员会提出咨询意见：①制订与学术事务相关的全局性、重大发展规划和发展战略；②学校预算决算中教学、科研经费的安排和分配及使用；③教学、科研重大项目的申报及资金的分配使用；④开展中外合作办学、赴境外办学，对外开展重大项目合作；⑤学校认为需要听取学术委员会意见的其他事项。学术委员会对上述事项提出明确不同意见的，学校应当做出说明、重新协商研究或者暂缓执行。这说明国家对学术委员会的专家意见给予了制度上的支持。

5. 整饬学术不端

学术不端就像一颗毒瘤侵蚀着学术共同体的肌体，致使大学的学术空气污浊不堪，更使学者共同体的社会声誉、国际声誉和学者的个人尊严荡然无存。"上梁不正下梁歪"，不良教师的学术不端又像瘟疫一样，在学生中传播扩散，让学生染上"绝症"，难以治愈。因此，严肃整饬学术不端、净化学术环境，已经到了不能不为之的地步。从历史和现实经验看，依靠行政权力与外部约束通常效果有限，而将学者之事交给学者来治更为有效。《高等学校学术委员会规程》第十八条规定，学术委员会按照有关规定及学校委托，受理有关学术不端行为的举报并进行调查，裁决学术纠纷。通过学术委员会卓有成效的调查处理，既能打击害群之马，又可还给学者一个公道。

6. 维护学术自由

学术自由是思想自由的另一种表达。它是大学学者在从事教学和研究等学术工作时不受学术共同体自律性规范以外的政治、经济、宗教等外部势力的钳制或恣意干预，借以保障其可以自由探索各种知识，即保证研究成果的中立性及可信性的一种社会特权。正是因为有了这种国际国内已有共识的、由大学教师享有的、独立发表学术观点（非政治主张）而免于被开除或降职的自由，才能在各种不同的社会环境中，保持大学学术的繁荣和事业的兴旺。

这里要特别引起重视的是，行政权力主导不一定完全使学者丧失学术自由，而学术共同体自治、把学术权力交给学者也不必然能够扩大或保证学术自由。其关键在于人们对学术自由价值的真正理解与共同维护。如果学术委员会被"学霸"把控，它兴许会做出比外行控制更有损学术自由的行为。这就需要在选拔聘用学术委员会成员尤其是学术委员会主任、副主任委员时予以特别关注。只有将人品置于学品之前，才可能真正选出那些具有奉献精神、公道意识、治学严谨、有良好学术信誉与造诣的杰出学术掌门人。

三、保障教授治学职权落实

相比校长治校权的式微，教授的治学权更像襁褓中的婴儿一样，需要政府、大学领导者乃至全社会予以精心呵护。虽然民国时期有过短暂的教授治学或者教授治校的幸福阶段，但是，在中国五千年的历史进程中学术权力鲜有得到切实尊重的。从孔子失意开门收徒到秦始皇时期焚书坑儒、汉武帝时期司马迁被宫、明神宗时期的顾宪成东林党事件、清乾隆时期的文字狱等等，都说明我国历史上知识分子被不公正对待乃至虐待摧残的事例比比皆是。相比之下，现在的大学教授进入了一个很幸福的发展时期。但是，我们也必须看到，目前的教授治学的生态环境仍然需要培育、维护，大学权力分配不合理，政治权力、行政权力过于强大，而学术权力、社团权力过于微弱，使得教授不仅参与治校艰难，而且主导治学同样困难。

1. 强化执法检查

长期以来,我国大学形成了一种行政权力主导的治理模式。在党委领导下的校长负责制的总体框架下,虽然从国家法律制度与政策层面已经做了好的顶层设计,形成了"党委领导、校长治校、教授治学、民主管理"的内部治理合理结构。由于面临着政府本身的职能转换与治理方式的变化,很多制度设计仍停留在文本上。在实践中,一些大学的校长权力也被挤压,学术委员会的职能究竟应该如何发挥,完全取决于各个大学主要领导者对这种新治理框架的理解以及其在学校运行中的智慧。由于教授治学本身存在歧义,是让教授安于现状、安心治学而不问校事,还是鼓励教授既主导治学又参与治校,尚未达成基本共识,因此,大学学术委员会的运行效果参差不一。正如赵蒙成所说,"教授治学在许多方面被架空,一个不容忽视的原因是教授不具有参与学校重大事务管理的权力与机会,即教授治校这个前提缺失"[①],导致大学中的教授治学的行为可能性空间十分有限。也由于大学学术委员会的职权不够清晰,权责边界比较模糊,职权被弱化,在学校治理结构中的定位和作用亟待进一步明确和加强;在大学学术委员会的构成中,委员往往是各学院的院长或副院长,带有浓厚的行政化色彩,导致其代表性、开放性、民主性明显不足,组成主体和程序规则都亟待完善;学术委员会的会议制度与规则不健全,运行机制也亟待完善;学术组织缺乏自己的独立运作机构,往往依附于行政职能部门,并且在许多大学中被学位、教学、研究生、学术等多个委员会替代,造成学术委员会的碎片化,学术委员会的独立性亟待加强;学术委员会还缺乏人财物的必要支撑和保障条件,导致学术委员会成为一个临时性的会议议事组织。针对学术委员会权能实现与履职环境的困窘,政府的教育主管部门应该加强执法检查,不能以转换职能、转变方式为由,放弃执法检查。倘若如此,大学学术委员会充其量就是一个极佳的陪衬而已,难以发挥多元善治所要求的治

---

① 赵蒙成. "蒙教授治校"的实质与边界——与杨兴林教授再商榷[J]. 江苏高教, 2013 (2): 1-5.

理功效。

2. 加速"去行政化"

近年来，大学"去行政化"的呼声此起彼伏、不绝于耳。前中国科技大学校长朱清时院士是首倡大学"去行政化"理念的学者，他所指的"去行政化"，其实就是恢复大学本来的面目，主张大学要由学术主导，追求学术卓越，不能谁的官大谁就说了算。他认为，大学本是一个从事教学和科研的学术机构，管理体制应该"学术优先，学者主导"。如果不切实际地赋予它许多其他功能，由一些"官员"用行政权力来主导，它就会失去活力。潘懋元先生也说："'去行政化'不是不要行政管理，而是不要将行政权力凌驾于学术权力之上，或以行政权力代替学术权力，以行政命令干预学术自由。"[1] 加速大学"去行政化"，首先就是要取消大学行政级别，切断大学中把书记、校长、院长、处长完全当作做官的后路，按照大学组织的特性和办学规律，赋予不同的职衔、职责、职权；其次要转变大学职能部门的职能，包括书记和校长在内，要从过去的指挥变为服务、从忙于行政事务到善于调查研究、谋划根本和长远；再次要精简行政机构和人员，消除机构臃肿、人浮于事、效率低下的现象；最后是重新配置校院职、责、权、利，建立以学院为重心、学术为主导的内部纵向分级治理结构，最大限度地实现学校向政府要权、向学术分权、向院系放权，从而真正达到多层多中心民主治理的现代化治理目标。

3. 培育学术共同体

学术权力的运行和对学术自由的尊重，都离不开学术共同体自身的成熟。没有成熟的学术共同体，学术权力就会被滥用，学术自由就会被误读，就不能达到教授治学的鹄的。因此，教授治学的落实既要有发展比较成熟的大学学科专业、形成以学术为志业的教授群体、树立基于科学理性的共享治理精神等内在条件，又离不开宽松的大学文化环境、合理的大学资源配置以及制度化的学术权利保障等外在条件[2]。学术共同

---

[1] 潘懋元. 教育规划纲要的创新与解读[N]. 厦门大学报，2010-09-08.
[2] 别敦荣，唐世刚. 论教授治学的理念与实现路径[J]. 教育研究，2013(1)：91-95.

体治理的最高境界是良善自治，即自主契约、主动遵从。换句话说，就是学者时常省思自己的价值立场与行为表现，能够从一个自在的行动主体转变为自为的行动主体。与此同时，还需要互治，即学术共同体内部有一种对事不对人、胸怀坦荡的学术批评精神。应该说，我们进入了历史上最缺乏学术批评精神的时代。很多人都染上了好人主义的毛病，不但自己不敢实事求是地批评别人的学术观点，而且害怕别人指出自己的学术瑕疵。这种没有批评的学术共同体，很难产生一种相互扶持、相互学习、相互批评、相互监督的学术文化，进而阻碍整个共同体的发展，也影响学术创新、学术进步的步伐。因此，培育学术共同体，就是孕育一种良好的共同体文化，一种竞争与合作并行、鼓励与批评并举、自律与他律并重、传承与创新并用的组织文化。

四、改进教授治学机制方式

正确处理好政治权力、行政权力、学术权力与民主权力的关系，是教授治学的前提和基础。现代大学是一个由学科专业和行政单位多层多重交叉形成的复杂球状生态系统。政治权力、行政权力、学术权力和民主管理权力是大学管理中性质不同的几种权力：政治权力的主体是党务工作者，行政权力的主体是行政人员，学术权力的主体是教授，民主管理权力的主体是处于相对弱势的广大师生员工；政治权力重党性，行政权力重权威，学术权力重理性，民主管理权力重感情；政治权力是集中型，学术权力是分散型，行政权力是科层型，而民主权力是团队型；政治权力的行使自内而外，行政权力的行使是自上而下，学术权力的行使是自下而上，民主管理权力是由外而内；政治权力的决策重心在顶层，行政权力的决策重心在高层，学术权力的决策重心在基层，民主管理权力的决策重心在外层。因此，处理四个权力主体之间的关系，其核心就在于厘清高校各种事务属性和决策主体，让各种权力各安其位、各行其道，从而形成一种和谐共治、良法善治的治理格局，使大学的学术事务管理能够完全按照学术活动本身的运行规律有效进行。

1. 搭好教授治学平台

为了使学术委员会名副其实，则必须在学校章程的引领下健全以学术委员会为核心的学术管理体系与组织架构。要以学术委员会作为大学校内的最高学术权力机构，统筹行使学术事务的决策、审议、评定和咨询等职权；大学党委和校长要转变办学治校理念，转换办学治校思路，重构管理职能和管理模式，切实充分发挥学术委员会在学科建设、学术评价、学术发展和学风建设等有关学术管理事项上的重要作用，完善学术管理的制度规范，真正尊重并全力支持学术委员会独立行使职权，为学术委员会正常开展工作提供必要的条件保障，免除学术委员会全面开展工作的后顾之忧。大学学术委员会组织内部，要始终遵循学术发展规律，尊重并带头维护学术自由、学术平等，鼓励学术创新与学者自律，积极推动学术发展和人才培养，提高学术研究和人才培养质量；大学学术委员会成员应积极主动、独立中立、严谨理性、公平公正公开地履行职责，敬畏职位，不得经常缺席委员会各种活动，不得结党营私、损人利己，做出有悖于学术良知和学术操守的行为，切实保障教师、科研人员和学生在教学、科研和学术事务管理中的主体地位，积极发挥其主体作用，促进学校事业持续发展。

2. 优化教授治学机制

真正将教授治学落实到位，大学还需要优化教授治学的机制。由于每一所大学的校情不同，保障教授治学的组织机制也不可能完全相同。不同层次、不同发展阶段和办学水平的大学，教授治学可以有不同的组织机制。有的学校将成立教授会等同于教授治学，有的学校将党政领导退出学术委员会看作教授治学，还有的学校将教学和科研的有关问题交给教师委员会研究讨论看成教授治学，也有的学校将教（职）工代表大会发挥审议监督职能作为教授治学的方式。所有这些，都是对教授治学的简单化理解甚至是一种误解。教授治学首先是一种大学管理思想，实现教授治学需要对整个大学内部治理结构及运行机制、运行方式进行重新设计和重新建构。根据党委领导、校长治校、教授治学和民主管理一体化的总要求，建构多主体、多层次、多向度、多中心共同治理的大学治理新格局。具体到教授治学本身，应该着重改进以下四种机制：

（1）委员遴选机制

学术委员会能否全面发挥职能，与学术委员会的影响力和领导力关系密切。因此，必须采取良好的委员选拔机制来保证委员会组成人员的素质优良。可以采取自荐和推荐相结合的方式获取提名，经过各学院教授会不记名的投票方式、按照超过与会人员的三分之二（含三分之二）的绝大多数票的规则决定当选人。为了保障整个学术委员会运作的公正性，防止"大鱼吃小鱼"和拉帮结派现象，确定委员名额分配时，同一学科或者同一学院的人数原则上不超过一人。

（2）行政回避机制

行政回避机制是指为了保证委员会履行职能时保持中立性和公正性，排除各种行政权力对学术权力的过度干预，学术委员会成员应不包括学校党政领导班子的任何成员，也不包括在任职能部门和院系负责人。

（3）绩效评价机制

为了解学术委员会委员每年的履职情况，应该建立健全学术委员会履职情况年度绩效考核制度、向所代表的院校报告履职情况的制度以及履职情况公示制度。通过绩效评价机制，提高委员会的责任感、使命感和正义感，以确保学术委员会成为教师利益诉求表达的忠实代表，也是学术自由、学术权力和学术自治的保护伞。

（4）渎职追究机制

针对不积极履职或履职过程中出现各种机会主义败德行为的委员采取多种方式追究责任，确保学术委员会是尽职尽责、风清气正的学术权力机构，保障学术共同体"肌体"健康。

（5）利益补偿机制

针对以往学术委员会履职多数为义务而降低履职积极性、主动性与创造性的情况，按照尽职有补偿、付出有回报的原则，必须给予学术委员会委员必要的经济待遇。经济待遇不是委员付出的等价交换，而是一种必要的行为激励与劳动报酬。因此，除了物质刺激外，教育与精神鼓励也是必要的。

3. 改进教授治学方式

学术委员会能够得到学术共同体内部的尊敬爱戴与大学政治权力、行政权力与民主管理权力的认可支持，就必须以有为换有位、以贡献求发展、以公正争声誉。具体而言，教授治学除了常规履行《学术委员会章程》及具体实施细则所规定的事项以外，还可以通过提供专业服务、扶持薄弱学科发展、鼓励学科跨界、促进学科群建设以及扶持青年教师等多种方式来扩展教授治学的范围。

(1) 提供专业服务

提供专业服务就是指学校学术委员会通过为全校有需要的教师提供定期的专题讲座、学术沙龙等多种方式，交流科研项目申报与探讨论文质量提升的经验，必要时也可以在申报项目的密集期提供项目评审专业服务支持，提高委员会在教师中的凝聚力。

(2) 扶持薄弱学科

通过学术委员会的定期定向帮扶，使薄弱学科能够寻找自强策略。遵循"缺什么补什么、弱什么强什么"的一般原则和"错峰出行、弯道超车"的特色化发展策略，利用学术委员会的人才优势与社会资本优势相结合，帮助学校消除短板学科和"短命"学科。

(3) 鼓励学科跨界

当今世界科学发展的一个重要趋势是多学科协同攻关。这就需要鼓励学者摆脱传统的思维束缚，积极跨界寻找合作研究机会，通过不同学科的理论、方法、范式的碰撞，寻找学术的新生长点，为学术突破、学科发展及学术生涯发展提供新的典型经验。

(4) 促进学群建设

学群即学科群，是指若干具有相同级次的学科点的集合。新学科群则指某个学科领域经过相关不同学科领域的彼此渗透，在该学科领域集成化过程中产生的一系列新的交叉学科、集成学科、边缘学科或全新学科，共同构成了这个研究领域内新的学科群。以学科群成长方式来推动大学学科建设已经成为许多"双一流"大学建设的基本战略。学术委员会应该站在学校学生整体发展的战略高度，规划学科群的发展，突出自身的优势，以产生聚合效应与示范引领作用，为学校的发展提供不竭动力。

(5) 扶持青年教师

在高等教育趋近普及化的当下，青年教师的成长是每一所中国大学都面临的共同问题。在传统的计划经济体制下，青年教师还形成了一定的传帮带扶持模式。在改革开放以后，尤其是高等教育大众化的快速推进，使得青年教师补充的速度加快。由于这些教师大多已具有博士研究生学历与博士学位，他们常常被误解为已经具备了当好大学教师的良好素养。其实不然。不说当下博士学位获得者的知识与学术研究能力已经日渐下滑，就拿当教师应该具备的教育理论素养和教学方法训练来说，大多数青年教师的表现都不禁令人唏嘘。因此，学术委员会可以通过培训、竞赛或实施师徒制的方法，来改进青年教师不善于教学的状况，为学校的人才培养奠定坚实的师资基础。

第五章　中国大学学院治理现代化

学院是大学中按学科或专业性质所设置的，具体承担人才培养、学术研究、社会服务和国际合作等大学社会使命的内部学术性生产组织，是集育、学、研、产、服、管于一体的大学中层治理中心，属于实体性内部机构。学院制是关于大学与学院以及学院内部职能分工、责权利分配及彼此关系处理的一种制度安排，在现代大学制度中处于核心地位。如果说，大学内部治理结构包括横、纵两个向度，那么学院制就是垂直向度（纵向层级关系）的根本制度规范。它不仅直接影响了大学的效率、质量与声誉，而且决定了学院自身发展的方向、模式与绩效。因此，学院制改革不仅是推进我国大学治理改革的重要环节，而且是大学治理现代化进程的决定因素。学院制改革的成败，直接影响到大学治理现代化的实现与否。

第一节　学院制的滥觞与发展

学院制的历史几乎与现代大学的历史同样漫长。学院制历经近千年的沧桑岁月，如今早已面目全非。今天的学院制不仅种类繁多、体制各异，在市场经济、功利主义和外部侵扰等多重因素的影响下，学院几乎成为一个大学的附庸、逐利的机器和功名角斗场，忘记了立德树人、教书育人的初心。"夫以铜为镜，可以正衣冠；以史为鉴，可以知兴替。"回眸学院制化蝶成茧的历史过程，也许可以给大学学院治理现代化找到一条正确前行之路。

一、学院制的嚆矢

学院制最早产生于欧洲中世纪,它是大学诞生后自然形成的产物。随着大学的日益发展,学院制度也日益完善。

1. 中世纪大学与学院制初创

欧洲中世纪大学是仿照当时的行会组织而建立起来的。公元11世纪,许多学者和求学者聚集在欧洲各个城市研究学问或者学习某些专门知识和技能。为了维护他们的共同利益,形成了一些学习与学术的团体,即"学者行会"。为了保障他们的学习和研究,他们还以集体迁徙为要挟,与城邦统治者进行对话和谈判,争取统治者给予他们更多的权利。作为一个以消费为主的社会群体,在当时城市还不够发达的历史阶段里,留下他们对于城邦的发展与繁荣都是极为有利的。因而,城邦统治者给予了他们更多的特权。这是大学自治权的原初形态。在学者和求学者们的交流与沟通中,现代大学这种特定的社会组织形式逐步形成。从11世纪到17世纪期间,欧洲大陆和美国陆续诞生了如法国巴黎大学、英国牛津大学、剑桥大学和美国哈佛大学等诸多如今还风骚不减当年的世界顶级大学。

当时的求学者多学习神学、医学或法律,为他们之后从事牧师、医生或律师等相应职业做准备。明确的职业目的,让他们对各学科领域的专业知识充满强烈的渴望。学者围绕着学生的职业目标特征,教授或研究各个职业的相关知识,从而形成了大学的学科和学院制度。

在中世纪,大学大多是单科性大学,例如波隆纳大学(又译博洛尼亚大学)以法学为主,巴黎大学是神学大学。13世纪后,大学逐渐往多学科发展。多数大学相继设置了神学院、医学院和法学院,并增设了文学院和"七艺"学院。例如巴黎大学当时已设立了神学院、文学院、法学院与医学院四大学院,这些学院根据学科与专业而划分,虽共同发展,但地位各不相同。在中世纪占据主流的神学院位于所有学院的最顶端[1]。巴黎大学的组织管理制度是校院共管。各学院对其下属专业负责,

---

[1] 阎光才. 识读大学——组织文化的视角 [M]. 北京:教育科学出版社,2002.

大学则只是这些学院的集合。因此，大学里面真正的负责人是各学院院长。教学的组织、学位的授予、教师的选拔和任命等各大重要事项，都由各学院自主决定。

2. 牛津、剑桥的学院制定型

作为欧洲中世纪最具特色、最富代表性的大学，牛津大学和剑桥大学有其独特而悠久的历史。1167年，英国国王亨利二世与法国国王菲利普二世发生冲突，愤怒之下将英国学者从巴黎全部召回，并在一定时期内禁止英国学者去法国教学或进修。这些学者在回到英国后聚集在牛津镇开展教学活动，由此按照巴黎大学的模式建立了英国的第一所大学——牛津大学[①]。1209年，一部分学者和僧侣从牛津迁至剑桥，从而建立了剑桥大学。牛津大学、剑桥大学的学院不同于巴黎大学。它们并不完全是按照学科知识划分的，而是以学生的住所为标准划分的。它们大多是由学校以外的人士（如主教、国王或一些富人捐赠）创办的，是附属于大学的教育组织。其职责从最开始的仅供学生住宿之地，逐渐发展为既提供住宿又承担教学任务的人才培养机构。然而，在这一历史时期，学院所拥有的权力并不多，很多学术权力，如组织考试与授予学位等，都掌握在学校手中。在课程上，自13世纪起，文科是大学学习的主要内容。文科之上，设有神学、法学和医学等高级学科。每个学院有院长、舍监、教务主任等，他们都是从教师中选举产生。师生住在一起，共同学习、生活和祈祷[②]。这种独特的传统学院建制，在英国一直沿用至今。

在这一时期，欧洲国家经济和社会发展在全世界居于前列，他们不甘仅在本土发展势力，而是在世界各地进行殖民行为，并把大学模式带到了殖民地。至此，大学模式在美洲、亚洲、非洲以及拉丁美洲等地逐渐兴起，对当地的教育发展产生了巨大影响，大学模式和学院制度成为世界上共同的财富。

二、学院制的演进

随着世界各地社会政治、经济、文化、科技和大学自身的不断发展，

---

① 周常明. 牛津大学史 [M]. 上海：上海交通大学出版社，2012.
② 陈德斌. 我国大学学院制的现状及理论分析 [D]. 苏州：苏州大学，2003.

学院制千篇一律的原初形态逐渐与本国教育实情相适应，内涵和外延都得到了不断的发展与丰富，形成了各自特色。因而，总体看来，进入20世纪以后，西方发达国家的大学学院制进入了多元化发展时期。

1. 法国大学学院制的发展

法国作为大学学院制的诞生地，学院制在其高等教育管理中占据十分重要的地位。1806年颁布实施的《帝国大学组织法》明确规定：大学设立神、法、医、理、文五大学院。各学院负责各自的教学和科研，之间无横向学术、财政、人事的关联。此时大学尚不是一个法人实体单位，学院才是实施高等教育的基本单位。在各个学院中，包含两个重要治理机构——理事会和评议会，前者掌握财政权和人事权，而后者负责掌管课程事务。学院院长通常由教授担任，任期三年，权力非常大，可以看作中央集权制行政系统中不可分割的一部分①。在相当长的一段时间内，法国大学都延续着神、法、医、理、文五院的结构。法国这种学院制传统，在制度趋于明晰的同时，弊端也相当明显。

1968年11月，法国通过了《高等教育指导法》——《埃德加·富尔教育法》。此法确定了法国公立大学"自治"、"参与"、"多学科性"三条根本办学原则。为实现大学多学科、跨学科的教学与研究目标，打破原有学院间各自为政的格局，法国政府决定取消原有五大学院编制，组建大学新的基层单位——教育与研究单位。这种教研单位是大学新的基层组织架构，具有管理、行政以及教学的职权。同时，法国教育部门还加强了大学及校长权力，大力推行理事会领导下的校长负责制。随后在1984年《高等教育法》的指导下，将"教育与研究单位"改称为"教学及研究单位"，并进一步加强校级与校长权力②。新的大学基层单位形式不完全等同于学院制，属于一种介于学院与系之间的基层管理单位，但是与过去的学院起着类似的作用。

近年来，经过一系列管理体制改革，法国大学又重新采用了学院制

---

① 约翰·范德格拉夫，等. 学术权力——七国高等教育管理体制比较［M］. 王承绪，译. 杭州：浙江教育出版社，2001.
② 晨光. 法国高等教育概况［M］. 武汉：武汉大学出版社，1983：2.

管理模式。只不过，即使在那些固守原有的学院制模式的大学中，现在的学院制也已经多半不具有传统的内涵。如现在的巴黎大学，学院制在该校中已经得到新的发展。目前，它拥有 13 所分校，其中的巴黎北方大学由人文社会学院、法律政治学院、经济管理学院、信息传播学院、健康医学和生物学院、加利雷理工学院、体育运动与生理运动学系等组成。运行模式实质转变成为总校—分校—院/系—系①。

2. 英国大学学院制的变迁

英国大学的学院制与其他国家相比，各个学院内部设置的学科更加齐全。大学对所属学院的管理，主要是宏观发展方向上的把握与引导，学院日常事务则一般由学院自己全权处理。学院是英国大学管理的重心。

16 世纪时，英国的牛津大学、剑桥大学实施了一种完全不同于巴黎大学的学院制。在其学院得到王室、贵族和教会的大量馈赠后，学院开始向大学要求分享权力，导致 16 世纪以后，大学几乎被学院架空。绝大部分教学、科研方面的权力，都集中在各个学院中，大学只保留了颁发学位的权力。直到 19 世纪末 20 世纪初，大学才在皇室委员会的帮助下重掌大权，最终形成现在的学院制。目前，剑桥大学的大学与学院之间是隶属与自治的双重关系。各个学院虽然都属于剑桥大学，但不由大学管理，而是一个独立自治的法人团体，有自己的领导机构与章程、自己的财产和收入。它们在剑桥大学总章程的约束下，按自己的章程行事。学院对大学的正式义务，仅限于按照学院的财富比例交一部分给大学，以及在学院内为大学教授和高级教学人员保留一定的院士名额。而牛津大学则与之有些许差别。牛津大学的学院自主程度更高，大学与学院在财政上和招生上是独立的。大学由国家拨款，而学院则为私有，自负盈亏。大学主要负责研究生的招生工作，而学院则在大学统一制定的招生数量指导下自主招生。同时，绝大部分学院都有大学里的所有学科，整个科研和教学活动又以学部的形式和各学院相互交叉进行。泰德·塔玻等学者指出："牛桥（Oxbridge）信念体系中最持久、最有影响力的信念

---

① 严燕，耿华萍. 学院制在西方大学中的发展脉络及其共性研究［J］. 苏州大学学报（哲学社会科学版），2005（9）：112-115.

是,大学是自我管理的学者社团。"① 管理理论认为,大学从本质上是一个围绕教育与科学研究和行政单位组成的矩形组织,是学科与教育活动把学者们组织在一起,而不是单位把人们组织在一起,这也是高等学校管理机制的本质规律②。正是因为牛津大学、剑桥大学的组织设计符合这一本质规律,所以若干年来,这两所大学一直处于世界一流大学行列。

由于经济原因,牛津大学在吸引优秀师资和学生方面的竞争力日渐式微。不仅远远落后于哈佛大学、斯坦福大学这些大洋彼岸的竞争者,也落后于英国国内的剑桥大学。因此,彭定康担任牛津大学校监后声称,他将用商业运作模式来管理牛津大学。一向以保守稳健著称的牛津大学,迫于囊中羞涩,不得不屈尊纡贵,向市场或捐赠者低下了它那英国贵族的头颅。

牛津大学共有39个学院和7个永久私立学院(Permanent Private Halls)。学院是师生生活、学习和交流的基本场所,是核心部门。学院和大学的"联邦体制",使得牛津大学师生更忠诚于学院,而非大学。这种学院制的核心地位和高度自治,使牛津大学难以适应外部日新月异发展的挑战。大学内部采取委员会的决策模式,导致各种委员会林立,机构重叠,职责不清。由于治理成本居高不下,大学运营效率日渐走低,改革之声日盛。在此背景下,2004年英国牛津大学开始了声势浩大的大学治理结构改革。改革的具体内容或导向体现于《牛津大学治理结构绿皮书》(Oxford's Governance Structure:a Green Paper)和《牛津大学治理讨论书》(Oxford's Governance Discussion Paper)两个文件讨论稿,以及《牛津大学治理白皮书》(White Paper on Oxford's Governance)(正式文件)中。改革的基调是强化整合、加强大学一级的治理权限。由于此次改革对实施了八百余载的牛津大学学院制构成了极大威胁,因而颇有争议。

---

① Tapper T,Salter B. Oxford,Cambridge and the changing idea of the university [M]. New York:The Society for Research into Higher Education & Open University Press,1992.
② 陈玉现,戚业国. 论我国高校内部管理的权力机制[J]. 高等教育研究,1999(3):39-41.

学院制不仅是牛津大学内部的一种治理结构安排，还是其独特的教学组织方式。这种一对一的导师制教学方式，是牛津大学得以保持学术卓越的奥秘之一。学院和大学之间的"联邦体制"历史悠久，是牛津大学最著名的传统。其独特之处还在于，它不像其他欧美国家以知识领域为基础设置学院，而是以人才成长需要为导向设置。牛津大学在学院制之外，还有学部和系科。因此，学院主要是一种价值共同体，成为牛津大学独特的文化基础与靓丽名片。学院是学者主张学术自由和自治的精神家园，也是师生联系的桥梁与纽带，是真正的凝聚力和向心力之所在，还是牛津大学保持学术卓越的制度机制与智慧源泉。因此，牛津大学学院制改革触碰到了学校文化的内核，动摇了它的整个历史和传统，受到抵制不难理解。然而，它终究是世界大学绿茵场上的一名跑手，是维护传统还是赢得荣誉，确实像不可兼得的鱼和熊掌。牛津大学的学院制正处于历史的十字路口，走向何方，都很艰难。

3. 美国大学学院制的演化

由于历史与社会的多种原因，美国曾经在较长的一段时间里成了英国的殖民地。这段时间正好是高等教育的起步发展阶段。于是，英国人顺理成章地将在当时看来就很先进的高等教育管理体制带到了美国。美国大学的学院制也因此经历了一个从完全模仿到自主创新的发展过程。1636年10月28日，马萨诸塞海湾殖民地议会通过决议，决定仿照英国剑桥大学，筹建一所高等学府，每年拨款400英镑；学校初名"新学院（New College）"或"新市民学院（College at New Town）"，成为全美第一所高等教育机构[①]。为了纪念在建校初期为学校发展做出重要贡献的约翰·哈佛牧师，经马萨诸塞州海湾殖民地议会批准，将该学院于1639年改名为哈佛学院，1780年正式改称哈佛大学。在哈佛学院阶段，美国基本上是效仿英国剑桥大学办学。1701年以英国爱丁堡大学为模板，美国又建立了耶鲁大学。

---

① 360百科. 哈佛大学［EB/OL］.（2013-03-05）［2018-07-02］. https：//baike.so.com/doc/5331729-5566967.html.

1862年，极具创新精神的美国人颁布了《莫里尔法案》，学院制管理模式逐渐形成自己的特色。该法案以实用主义为指导思想，让美国大学的学院设置在结合本国社会经济发展需要的前提下以学科为主要依据。美国大学的学院设置与科学研究及人才培养紧密结合，拥有学术自由和学院自治的特点，但美国大学中学院的独立性却远不及英国。

美国当前的大学学院制形式多样，一所学校中可能同时存在大学—分校—学院—学部—系/项目、大学—学院—系、大学—学院—项目、大学—学院—学部等多种组织形式。例如加利福尼亚大学伯克利分校，共有3个法学院，5个医学院，14个其他学院，14个其他学院中最重要的是文理学院。文理学院共有6个学部，每个学部按学科群划分，容量较大，如人文科学部和生命科学部（见表5-1）。有的学部虽然从名称上看是一级学科，如物理科学部，但是实际上也是一个学科群。同时，加利福尼亚大学伯克利分校还设有一个由项目组成的跨学科和本科生教育部。这样的设置，不仅有利于跨学科的科研活动开展，也对各学科之间的融合发展大有裨益。

表 5-1　加利福尼亚大学伯克利分校文理学院的组织结构

学部名称	学系设置
生命科学部	生物学系、分子和细胞生物学系等8个系
人文科学部	艺术史系、艺术实践系、法语系等20个系
物理科学部	天文学系、地质地理系、数学系和统计学系
社会科学部	美洲黑人研究系、人类学系、语言学系等12个系
跨学科和本科生教育部	美国研究项目、认知研究项目等19个项目
本科生服务学部	

4. 日本大学学院制的进化

从明治初年大力发展高等教育事业开始，日本的大学创办者们纷纷从其他国家移植办学模式。如果将牛津大学、剑桥大学比作"纯种"，那么日本的大学则是实实在在的"混血"了。虽然它的经验大多是借鉴别国，但是在其实际发展过程中，日本会根据不同时期的经济、社会和文化发展需要，创造出一些自身的特色。在日本大学里，学部就相当于欧美大学里的学院。但其学部的设置，有着严格的学科规范性，会更多强调学科发展的内在逻辑。1956年10月，日本文部省令第二十八号对大学设置基准作了严格的规范，对大学学部的设置有了统一的标准，在不同大学的实践中，逐渐形成了两种不同的教育管理模式：学部—学科（系）模式和学群—学系（类）模式。

东京大学是日本历史最悠久的国立大学，在日本高等教育中具有独特地位。它实行"学部—学科—讲座"制，学部下设若干学科，而研究所和研究中心只设相当于讲座的部门。在成立初期，东京大学没有统一管理大学事务的校长及行政机构，各学部分散并独立管理各自事务。东京大学被帝国大学取代后，这种学部自治依然得以保留。二战以后，占领军总司令部试图以美国制度为模板对日本高等教育进行改革，建立"董事会领导下的校长负责制"遂成为当时最主要的改革措施。但由于德国传统的教授治校深入人心，改革的做法遭到来自多方的批评和抵制。1948年，教育革新委员会提出制定大学法的设想，并阐述教授会、评议会等的权责[1]。"学部自治"的基层制度形式得以保留下来，并发展完善。目前，东京大学共有法学部、理学部、文学部等10个学部，每个学部都依规设立学习、学科或其他单元机构，同时还设立与学部学科相近的大学院以协同进行教学与研究工作。每个学部均设有教授会，在大学章程和组织规程的授权下，学部教授会负责有关课程设置、学生招录、毕业、授予学位等，以及有关学部教学与科研等事务。学部的每个系从系内所有教授中任选一位系主任以负责系内事务，学部则在系主任选拔等重大事项中发挥最终决策作用[2]。

三、学院制的特征

在学院制的形成与发展过程中，学院制的运行模式得以不断调整与完善。虽然不同历史传统造就世界各地大学学院制的差异性，但从总体来说学院制逐渐形成了自身的特点。杨如安将学院制的特点归纳为三个，即主

---

[1] 王世权. 日本国立大学治理制度的源流考查及创新发展[J]. 日本学刊, 2013(2): 143.

[2] 东京大学基本组织规则[EB/OL]. [2017-01-03]. http://www.u-tokyo.ac.jp/gen01/reiku-int/reiki_honbun/au07405931.html.

体性、自主性和实体性①。而我们认为,学院制有如下 6 个基本特征。

1. 学科包容性

学科包容性是指大学的学院并非是单一学科的学术共同体,而是由多个学科的学者组成的复合性学术共同体。不论是建立时间较早的巴黎大学、牛津大学还是建立时间较晚却发展迅速的哈佛大学,每个大学的学院下属学科的包容性都非常强。例如哈佛大学文理研究生院设立了 26 个系,50 多个学科专业,方便培养全面发展型人才(见表 5-2)。巴黎第七大学更是以多学科而闻名,共有 18 个教学与科研单位,3 个学院,却有接近 50 个专业,共开设了 200 多门课程,课程涵盖范围广,数量多,为大学培养复合型人才打下了坚实的基础。剑桥大学虽然一直以自然科学闻名,但它的人文科学也取得了相当大的成就,其培养出来的很多著名大家,如培根、罗素、斯宾塞都是全才,在不同的领域绽放不一样的光彩。

表 5-2 哈佛大学学院制结构②

哈佛大学	文理学院	本科生学院:哈佛学院、拉德克利夫高级研究学院
		继续教育部:扩展学院、暑期学院
		研究生院:生物学、化学、经济学、历史等 26 个系
	专业学院	设计、教育、管理、商业管理、行政管理、法、神、医、牙医、公共卫生学院 10 所

说明:文理学院是西方教育体制中一种传统的分学科综合教育组织,以系为主干。

2. 办学主体性

学院的主体性是指学院是学校办学的真正主体,是大学各组织机构发挥职能的整体和依靠。现代大学已经演化成为一个使命多元、结构复杂、追求多样的社会知识机构。在大学使命实现的过程中,学院是具体组织单元,是真正承载人才培养、科学研究、社会服务、国际合作和大学自治职能的内部机构。在一定意义上,学院就是一所"小大学",是

---

① 杨如安. 学院制的内涵及其特性分析 [J]. 教育研究,2011 (3):41-44.
② 国务院学位委员会办公室. 透视与借鉴——国外著名高等学校调研报告 [M]. 北京:高等教育出版社,2004.

"校中校",它们是承上启下、继往开来的中心与枢纽。因此,大学的各个行政职能部门应该紧紧围绕着学院的建设与发展服务。没有学院,大学的人才培养、科学研究、社会服务等职能就无法完成;没有学院的运筹帷幄和呕心沥血,学院的教师和学生就无法成长、无法成才,学科就无法发展,科研就难以取得重大突破,学校的学术声誉就无法维护与提高。因此,就办学主体性而言,没有哪个大学组织能够与之匹敌、与之媲美。

3. 管理自主性

管理自主性是指学院要实现其使命、完成其目标,就必须具有较大的管理自主权,这是学院发展的客观需要。不同大学的学院所拥有的权力大小不一,有完全将大学权力架空的学院制度,也有和大学各司其职、合作共赢的学院制度,当然还有被大学完全控制的学院制度。不过从世界大多数国家的大学学院来看,它们在教学、科研和管理方面还是有着很大的自主性。这些学院不仅可以在开办专业、招生、组织教学、开展研究和社会服务上自主决定,而且部分享有单独与其他国外大学合作办学与学术、人员交流的权力。剑桥大学的学院是典型自主性强的学院制度,它们在行政、教学、科研、财务、招生等方面都具有很大的自主权,在经济上是完全独立的实体。哈佛大学的学院也同样具有很大的管理自主权。剑桥大学和哈佛大学不但独自处理学术事务,还独立接受社会资助,院长拥有聘用或解聘教授的权力。

4. 文化特色性

学院是大学特色的体现,不同大学的学院拥有其独特的生命力和活力。学院的设置在尊重传统的基础上,重视发展自身特色,从而形成自身的品牌。康奈尔大学创办的全美第一个旅游管理学院和工业与劳资关系学院,就是追求特色、追求品牌的突出体现,后来这两个学院也被发展为康奈尔大学的特色学院。据刘少雪对世界30所名牌大学的特色学院的调查显示,80%的名牌大学都设有特色学院,包括哈佛大学的政府学院、耶鲁大学的戏剧学院等[1]。这些特色学院的学科优势明显、综合实

---

[1] 刘少雪,程莹,刘念才.创新学科布局规范院系设置[J].清华大学教育研究,2003(5):66-75.

力强大，往往能在大学中得到优先发展，从而逐渐成长为世界范围内的权威，与其所在大学在全世界的知名度相辅相成。可以看出，学科优势形成的大学品牌，是影响大学设立特色学院的最重要的因素。

发展特色学院，更多的是体现学科发展的战略与策略。我国在这些年也逐渐开始重视特色学院的建设。武汉大学在对医学院的设置进行调整时，考虑到口腔医学是原湖北医科大学的特色专业，参照国外大学医学院的成功做法，成立独立的口腔医学院，以避免将口腔医学专业笼统放入医学院中而丧失其专业特色。山东大学利用地理与人文优势，在威海校区设立韩国学院，后吸纳日语专业并更名为东北亚学院；在青岛校区筹备建设海洋学院，也是学校学科与地域匹配发展战略的体现。

5. 历史发展性

历史发展性是指学院并不是一成不变的，而是随着经济的发展、社会的进步和大学自身的治理改革而不断发展变化的。历史与现实都表明，在学院制保持传统和原则的同时，几乎所有大学的学院制度都处于不断发展和完善的过程中。这种历史发展性，造就了目前世界各国大学学院模式的多样性。

学院制在发展中不断增加新的内涵和外延。为了追求学科与学术发展的目标，为了交叉学科教学与科研的发展，学院之间的沟通和联系越来越受到重视。在牛津大学与剑桥大学，学院与学部、学院与学院间相互交融，形成一种矩阵结构。这种矩阵把原来规模较大的系统转变为若干个相互联系的交叉点[①]。以牛津大学为例，除学院以外，其教学、科研活动主要由目前的16个学部来组织，学部不是大学内的治理单位，而是一种跨学院的机构，它不附属于任何一个学院。不过，各学部的教师与学生首先应该是牛津大学内某一个学院的一员，其次才是学部的一员。由于教师与学生所研究的是跨领域、跨学科的课题，学部的存在让不同学科的师生得到融合和交流，其资源得到有效配置，从而经济、高效、优质地完成研究任务，促进社会的发展与经济的繁荣。

---

① 吴志功. 国外大学组织结构设计理论研究概述 [J]. 比较教育研究，1995 (4)：44-47.

6. 组织实体性

综观这些大学的管理模式，学院制的核心在于学院具有实体性的管理层。无论是牛津大学、剑桥大学，还是哈佛大学、巴黎大学、伦敦大学，它们的学院在各个方面都有很强的实体性。不论在财政上还是行政上，都是独立于大学的。这与系统科学理论相符合：一个学校要在市场中自主高效运行，有赖于整体稳定的自组织能力。构成学校系统的各学院子系统必须有在学校宏观调控下的自主运行能力，在学校中相对独立，才能充满活力和生命力，才可能主动适应社会、经济各行业的发展[1]。相比较而言，我国大学的学院实体性相对较弱，究其原因，除其与国外的宏观教育管理体制不同以外，也和学院的发展历史有关。这些西方国家大多是先有学院，后有大学，大学是在学院发展的基础上集合而成的。这就便于大学中的学院保持其原有的传统。所以，整个大学一般呈现出"底盘重心稳"的特点。而在我国，现有的大学大多是通过合并、联合、共建等方式形成现有规模。大学中的学院，大多是将原来调整前的各学院、系科拆散后，按照一定的组织设置标准重组而成的。所以，整个大学中的权力，一般集中在上部，即大学层面，从而形成"上重下轻"的不稳定特征。与此相应，学院的实体性与其他国家大学的学院相比，就弱了许多。

四、学院的使命

学院在发展、完善的过程中形成了其独特的使命。

1. 学院是人才培养基地

学院是大学围绕人才培养而进行生产要素整合的中心，在大学的日常运营、组织发展方面起重要作用。不论是贯彻党的教育方针与办学方向，培养合格的高级人才、发展科学技术并达到为社会服务的目的，还是教学质量、科研水平、学科建设、师资力量等各方面的提高，都离不开学院的工作和努力。可以说，学院管理效能发挥的好坏直接影响着一所大学的水平和发展[2]。在美国，"学院控制仍然占主要地位……大学系

---

[1] 史秋衡. 大学学院制的设置标准 [J]. 现代大学教育，1995 (1)：64-69.
[2] 彭世模. 高校学院制实体化运作探讨 [J]. 教育理论与实践，2004 (2)：47-49.

统的这些基层结构基础深厚、牢固,顽强地抵制外部强加的变革"①。雅斯贝尔斯指出:大学有四项任务——第一是研究、教学专业知识课程;第二是教育和培养;第三是生命的精神交往;第四是学术。就科学的意义而言,大学的四项任务是一个整体,构成了大学的理想——大学是研究和传播科学的殿堂,是教育新人成长的世界,是个体之间富有生命的交往,是学术勃发的世界。每一任务借助参与其他任务而变得更有意义和更加清晰。按大学的理想,这四项任务缺一不可,否则大学的质量就会降低②。大学的这些使命实现,全系于学院一身。就此而论,学院是人才培养、新人成长的基地。

2. 学院是学术决策中心

在实行学院制的大学中,无论是以通识教育为主的文理学院,还是以专业教育为主的专业学院,其主要的工作都是进行教学和科研。"高等学校是一种以学科、专业为基础的'底部沉重'的学术组织,教育教学、科学研究和为社会服务等职能活动都是由广大教职员工在学校基层组织中进行的,基层的自主权是职能活动健康发展、兴旺发达的重要前提。"③ 可见,学院除了行政管理体系以外,还有完善的学术管理体系。这种学术管理体系主要是由教授组成的一个或多个机构构成,称为教授治理(faculty governance)。其中主要包括各个学院的教授会以及由教师、学生代表共同组成的各种常务委员会(standing committees),主要包括课程委员会、改革委员会以及评估委员会等。这些机构相互协调、相互制约,以不定期的会议为主要治理形式,通过集体商议、投票等民主方式对有关学术问题进行决策。在美国研究型大学中,大学内部治理的责任主要由学院教授会和大学行政管理一起承担,这是大学学术评议会组织活动扩展到学院层面的标志。各个学科的学术决策权在学院,使学院

---

① 约翰·范德格拉夫,等. 学术权力——七国高等教育管理体制比较 [M]. 王承绪,译. 杭州:浙江教育出版社,2001.

② 雅斯贝尔斯. 什么是教育 [M]. 邹进,译. 北京:生活·读书·新知三联书店,1991:149-150.

③ 潘懋元. 多学科观点的高等教育研究 [M]. 上海:上海教育出版社,2001:342.

逐渐成为学科的学术决策中心。

3. 学院是管理服务枢纽

综合性大学的院系越来越多、总体发展战略目标定位较高等大学发展的新形势，让大学领导的负荷越来越重，管理幅度越来越宽。根据洛克希德的研究，影响管理幅度大小的变量主要有六个，即职能的相似性、地区的相似性、职能的复杂性、指导与控制的工作量、协调工作量、计划工作量①。从管理学的管理原理和组织行为科学的角度来看，尽管校领导具有很高的行政权威和高效的工作能力，其直接管理的幅度也是有限的，基本不可能有足够的精力和时间对每个学院实行有效具体的领导与管理。赫钦斯曾说过，"如果我们将教育和研究的管理教给那些懂行的人，我们将收获最好的结果"②。降低管理重心，减少管理幅度，以"院"为办学实体，能更大效度地保证大学管理的效率和管理效果。欧洲的大学近年来不断加强中层管理，强化系主任领导，强化学院负责人和院长办公室的权力，同时削弱讲座教授和中央部门官员的权力③；澳大利亚则将决策权下放到学院一级成为高校系统的普遍趋势，让学院成为大学管理的中心④。

五、学院制的评价

学院制起源于欧洲大学并深深扎根其中，对欧洲大学的发展，乃至整个欧洲的教育发展，都起到了至关重要的作用。从学院制确立之日起，它的发展与完善过程一直伴随着两种完全对立的声音。

1. 学院制的积极作用

推崇它的人认为，学院制有利于学院的内部管理，有利于大学治理过程中学术权力和行政权力的高效分权管理，各学院在交流与竞争中形

---

① 薛天祥. 高等教育管理学 [M]. 上海：华东师范大学出版社，1997：202.
② 罗伯特·赫钦斯. 美国高等教育 [M]. 汪利兵，译. 杭州：浙江教育出版社，2001：12.
③ 约翰·范德格拉夫，等. 学术权力——七国高等教育管理体制比较 [M]. 王承绪，译. 杭州：浙江教育出版社，2001.
④ 弗兰斯·F. 范富格特. 国际高等教育政策比较研究 [M]. 王承绪，译. 杭州：浙江教育出版社，2001：35.

成的学院精神是推动大学发展的一种重要内在动力。具体包括两个方面：

第一，促进学科发展，保障学术自由。大学作为学术机构，以学科、专业为基本单位而培养高级专门人才。这一本质特征和根本宗旨决定了"大学建制的编制对象不是人，也不是物，更不是权力关系和等级关系，而是大学中的学科与专业"[①]。在社会经济飞速发展的外部大环境作用下，科学发展与人才培养均呈现综合化的发展趋势。在传统的系所制管理模式下，大学内部组织机构的条块分割，极易造成学系与学系之间学科壁垒森严，以及学科专业之间亲者不近、疏者不远[②]。因此，改革者力图通过学院制改革，让相近、相关或培养人才目标一致的系科、专业有效地合作与结合，以促进相近、相邻学科与专业之间的交叉、渗透、融合、重组、嫁接与改造，为学科的综合发展、通识人才的成长以及科学研究的合作，创造优良的组织环境与文化氛围。

学院制保证了学院是自治的独立机构，教师有独立自主从事教学活动和进行科学研究的自由，不受外部因素的控制和干扰；学生学习不受行政管理强制，自主选择课程、导师。师生在这种自由的学术环境中互相交流、共同学习，学生的积极性和主动性不断增强，问题意识和学习能力不断提高。学院中汇集了不同地区、不同文化背景、不同政治立场、不同宗教信仰的学生和教师，在这种兼容并包的环境中，思想的火花在丰富多彩的学院生活中激烈碰撞，让学院中的学生开阔眼界，获得源源不断的灵感和动力。同时，学院制还有利于形成各学科的独特文化魅力，对学院内学生的精神气质塑造，有着无法替代、不可比拟的作用。

第二，管理中心下移，管理模式优化。在传统的系所制管理模式中，校部居于大学的中心地位，而系所作为校部的次级行政组织，始终处于被动服从地位。在大学管理运营的过程中，学系由于缺乏敏感的反应机制，面对复杂多变的外部环境，难以及时做出适当的反应。与此同时，

[①] 周川. 高等学校建制的组织学诠释 [J]. 教育研究，2002 (6)：68-71.
[②] 刘国艳. 我国大学学院制改革：理论·问题·思考 [J]. 国家教育行政学院学报，2008 (8)：81-84.

这种被动从属地位还削弱了学系内部的竞争意识，阻碍了学术发展的生机与活力。反观学院制管理模式，原属校部的行政权力下放，让学院成为维持大学内部行政权力和学术权力动态平衡的有效平台。各学院基于其不同的实际情况进行具体化、个性化管理，有助于提升基层组织的办学积极性，从而使大学在多元、开放、竞争的内外部环境中，不断进行自我调适，实现自我发展。

现代管理理论认为，高效率的有序管理是以特定、合适的管理幅度为前提条件的。相比于校—系两级管理模式拥有校部直接管理的下属机构过多、管理幅度过大等问题，学院制整合了各个学系的行政、党务权力，统一管理，缩减校级领导层的管理幅度，降低管理重心，继而有利于管理效率的提高。从人员优化配置方面考虑，学院制还可以把原先几套系所行政班子变为一套，撤销了重复冗杂的管理服务机构，统一设置学院行政办公室，进而达到精简内部机构和提高管理效率的目的。

2. 学院制的消极影响

反对者则认为，学院制在管理上有无力、松散的一面。在决策过程中，学院通常只考虑自己学院的利益，而忽视大学的整体利益。学院制的核心内涵是学院自治，即学院根据大学章程的授权许可，结合本院的实际情况进行自我管理。这样的管理在创造自由、宽松的学术环境的同时，也凸显出发展不平衡、管理失效等问题。学院制的消极影响也包括两个具体方面：

第一，发展失衡，各自为政。在学院式结构中，"权力集中分布在一定层次的不同组成单位中"[①]，学院虽属于大学，但由学院自行管理，享有独立自治权。在管理过程中，学院自治使学院发展更具灵活性和能动性，有利于学院的学术发展和实力提升。但学院作为独立于大学的自治实体，自然会追求本院利益的最大化，难免会忽视大学的整体利益，使大学整体发展失衡、失序、失效。不同学院在资金储备、学术力量、教学设施等方面均存在较大差异，学院之间实力参差不齐，极易造成学院

---

① 约翰·范德格拉夫，等. 学术权力——七国高等教育管理体制比较 [M]. 王承绪，张维平，徐辉，等译. 杭州：浙江教育出版社，2001.

发展的不平衡，甚至阻碍那些社会需要但又投入不足、发展不良的学院的发展。同时，学院的管理者们大多是学院教授，容易以学者的视角进行学院管理，更加关注学院的学术发展和教学成果，忽视学院的整体发展，使学院发展与现实脱节。"就像战争意义太重大，不能完全交给将军们决定一样，高等教育也相当重要，不能完全留给教授们决定。"[1]

第二，机构繁杂，管理失效。学院制管理理念的核心价值在于民主管理、精英管理。随着大学的发展，大学中设置的学院开始增多，与之相应大学和学院的管理机构也日益繁多杂乱。虽然大学和学院的管理机构都有各自的职能分工，但在管理中仍存在职能的交叉和重叠。在管理体制上，大学和学院都是独立和有法人资质的机构，各自都有一套管理体系。然而，大学各管理层的职位大多由学院的院长、导师或教授担任。因而，学院在很大程度上控制着大学。这使得在大学各种委员会的会议上，学院的利益总是超越学校的利益，摆在了第一位。这虽然有助于民主管理，但会因各个管理人员利益不均，造成决策滞缓或搁浅等问题，使大学管理失效、发展受阻。此外，大学和学院在管理上的交叉与重叠，容易出现教职工办事效率低下、人浮于事等问题，使学院和大学发展缺乏动力、竞争力受损。

综上所述，可以看出：学院制到底是有利于学科发展的制度，还是需要用更科学的组织形式来取代它，一直都是学术界辩论不休的主题之一。然而，放开学院制的利弊不谈，一个不争的事实是，最早实行学院制的几所大学，如牛津大学、剑桥大学和巴黎大学等，现在都已发展成为世界知名一流大学。虽然不敢断言其成功的唯一原因是学院制，但不可否认，学院制在这些学校发展的历史中，起了非常重要的作用，是其成功的主要原因之一。正如著名学者金耀基先生所言："学院制是牛津、剑桥两校的特殊与灵魂，讲牛津和剑桥而不谈学院就像莎翁的《哈姆雷特》中没有了丹麦王子。"[2]

---

[1] 约翰·布鲁贝克. 高等教育哲学 [M]. 王承绪，等译. 杭州：浙江教育出版社，2001：32，52.

[2] 金耀基. 大学之理念 [M]. 北京：生活·读书·新知三联书店，2001.

第二节 学院制的中国化进程

中国有尊师重教、崇德尚学的悠久历史和优良传统。一部绵延上下五千年的浩浩汤汤、博大精深的中华文明史，无不与这一传统紧密关联。从西周大学、汉代太学再到隋唐以后的国子学，无不彰显了中国古代高等教育的恢宏气势。可以发现，古代高等教育自汉代定型后，虽历经嬗变，但其基本构架高度稳定：内容以学习儒家经学和实施道德教育为主体，体制以政府办学为主导，教育与选士高度结合，以培养统治阶级治国人才为目的，从而构成了积淀深厚的古代教育传统。然而，中国古代太学与源于西方中世纪的现代大学几无相同之处。尽管为了实现修身齐家治国平天下的"内圣外王"培养目标，中国古代统治者和教育者发明创造了许多制度规范，但是，与西方现代大学学院制意涵相同的学院制度则出现得非常迟，且命运多舛。学系制在相当长的一段时期内主导着中国大学内部的人才培养、科学研究、社会服务与自我管理。新中国成立以后的大学学院制双轨运行：一轨是综合大学在院校调整后实行"校—系"两级管理体制，直到20世纪90年代学院制的复兴；另一轨是独立建制的单科或多科学院朝着独立高等教育机构方向发展，成为大学的代名词，其内部依然实行"院—系"两级管理体制，直到20世纪90年代的二级学院制的再造。

一、中国大学学院制的缘起

学院制诞生于中世纪欧洲大学。作为一种大学内部管理模式，至今仍有强大的生命力。中国近代大学学制的形成，是在不断吸收西方高等教育经验的基础上实现的，大学学院制也兴起于中国近现代高等教育的逐步发展过程中。

1. 中国大学学院制之滥觞

19世纪中后期，在欧洲列强对我国展开殖民竞争角逐的同时，西方大学模式也逐渐落户于古老的中华大地。1895年，天津北洋西学学堂成立，设科5门，为"工程学、电学、矿物学、机器学、律例学"，是我国最早的"普通分科大学"①。1897 年，通艺学堂设立。除一般功课外，将其余课程分为文学门和艺术门两门②。1898 年，京师大学堂的创办，标志着我国近代大学的真正开始。由此，进步的知识精英们对有关大学分科的进一步讨论产生了极大兴趣。虽然这一时期的大学并没有明确的分院、分系结构，但已经开始分科、分门。刘兴汉的研究指出，清末大学的分科"实为今日大学分院、分系之滥觞"③。京师大学堂有关"八科之学"的尝试，是基于时局变化和社会发展而对日本高等教育制度的一种经验学习。它奠定了民国初年大学分科教育制度和学术制度的基本格局。

  民国之初，蔡元培被任命为教育总长。当时的中华民国临时政府十分看重教育，为全面改革旧的封建教育体制，制定了新的学校教育制度（学制），颁布了一系列教育改革措施。1912 年 10 月，教育部颁布《大学令》，规定大学以"教授高深学问、养成硕学闳才、应国家需要"④ 为宗旨，"大学分为文科、理科、法科、商科、医科、农科、工科，以文、理二科为主；需合于下列各款之一，方得名为大学：文、理二科并设者；文科兼法、商二科者；理科兼医、农、工三科或二科、一科者"。1913 年颁布的《大学规程》中再次强调，将大学分为七科，各科设立学门及科目。1924 年，教育部公布《国立大学校条例》，规定国立大学校"得设数科或单设一科"，"各科分设各学系"；私立大学也应该参照本条例办理⑤，此时已改变了晚清以来的大学分科、分门体制，将大学设科、科下设系的大学体制予以制度化。这一科系改制率先在北京大学进行了

---

  ① 陈学恂. 中国近代教育史教学参考资料（上）[M]. 北京：人民教育出版社，1986：291.
  ② 汤志钧. 中国近代教育史资料汇编戊戌时期教育 [M]. 上海：上海教育出版社，2007：255.
  ③ 行政院研究发展考核委员会. 大学各学院划分问题之研究 [M]. 台北：率真印制厂，1990：71.
  ④ 潘懋元，刘海峰. 中国近代教育史资料汇编：高等教育 [M]. 上海：上海教育出版社，2007：375.
  ⑤ 中国第二历史档案馆. 中华民国史档案资料汇编（第 3 辑）·教育 [M]. 南京：江苏古籍出版社，1991：173-175.

实践。这段时期的北京大学虽然没有完整的校、院、系三级建制，但已经废门改系，由系主任负责各系系务，在管理上已经与后来形成的大学学院制度有很多类似①。

2. 旧中国大学学院制的形成

1929年，民国政府颁布了《大学组织法》。该法规定：大学可以设置文、理、法、教育、农、工、商、医8学院，或合系为学院，设立了3个学院以上的方可成为大学。所有希望升成大学的学校，必须具备法律规定的标准。此中的学院已经很接近当今大学学院的定义。当时的金陵女子大学只有文、理两大学院，不符合法律规定办大学的条件，于是该校改称为金陵女子文理学院。《大学组织法》还依照重视应用科学的原则，规定3个学院中必须包括理、农、工、商、医中的任意一个，不具有这3个学院之一的高等教育机构则为独立的专门学院。在该法的影响与指导下，未设学院的大学改造了校内的组织结构，或将系科升成学院，或合并各系成为学院。前者涉及的大学有北京大学、同济大学等，后者的代表学校则是清华大学。自此，大学内部的体制大多由原来的校—系两级转变为校—院—系三级。之后的民国大学，大多实行的也都是这样的学院制度。但由于当时大学规模很小，从本质来看其管理体制仍然是两级管理制度。学校的权力较小，学院是高等教育管理的实体，拥有较大的自主权。

二、院系调整

20世纪50年代，正值新中国成立初期，面临着社会经济恢复和发展的巨大人才需求，周恩来总理在第一次全国高等教育会议讲话中指出："现在我们国家的经济正处在恢复阶段，需要人'急'，需要才'专'。"② 这种新社会发展对人才需求的态势，迫切需要对旧的高等教育体系实施改造。

---

① 刘公永. 民国大学之学院制研究（1928—1949）[D]. 济南：山东大学，2012.

② 中央教育科学研究所. 周恩来教育文选[M]. 北京：教育科学出版社，1984：9.

1. 院系调整的主要原因

民国时期，高等教育虽然有一定基础，但战争等社会原因极大地破坏了高等教育赖以生存和发展的经济基础。高等教育科类结构不合理，人文学科所占比例过高，工科培养能力过低，学校规模偏小。无论在数量上还是培养质量规格上，旧的高等教育体制都难以适应和满足大规模的工农业建设对人才的需求[1]。同时，在复杂的国际、国内形势下，中国在进行社会主义建设时提出"以俄为师"，高等教育借鉴学习苏联的教育经验，以苏联的大学模式为蓝本进行教育体制改革，成为一种历史的必然抉择。

1951年11月，在中央教育部召开的全国工学院院长会议上，国家确定了以苏联的大学体制为模板、以建设单科性学院为核心的院系调整方针，要求大量削减综合性大学，大力发展工科和师范教育，取消原有的学院建制，采用"校—系"两级管理模式。该方案的制定，正式揭开了我国高等教育系统实施院系调整的序幕。

2. 新中国大学学院制的消逝

1952年5月，中央人民政府教育部公布了《关于全国高等学校1952年的调整设置方案》，将院系调整方案推向了实践。全国各地相继成立院系调整委员会，形成"大区—省、市—院校—系"的四级垂直行政机构。在组织架构上，为迅速实施院系调整方案确定行政主导框架[2]，到1953年年底，全国高校基本完成院系调整任务，结束了院系庞杂、设置分布不合理的状况，走上了适应国家建设需要培养专业人才的轨道。

这一时期，我国大学的格局发生了巨大的变化。具体表现在：宏观上确立了中央集权式的高等教育管理体制，大学基层学术组织发展相关事项均须报教育部批示、决策；而在微观层面，这一时期颁布的《高等学校暂行规程》中规定，"大学及专门学院的系，为教学行政的基层组织，各设主任一人……其职责如下：计划并主持本系的教学行政工作；

---

[1] 董宝良. 中国近现代高等教育史 [M]. 武汉：华中科技大学出版社，2007.

[2] 胡建华. 现代中国大学制度的原点：50年代初期的大学改革 [M]. 南京：南京师范大学出版社，2001：86.

督导执行本系的教学计划；领导并检查本系学生的自习、实验及实习；考核本系学生成绩；总结本系教学经验；提出有关本系教职员任命的建议"。可见，我国在这一时期由于大学的学科涵盖面缩小，学校只能按照较小的学科范围划分学系，于是仿照苏联的高等教育模式，废除了学院制，将学系作为大学基层单位，实行"校—系"两级管理，但学系的权力更多地在于政策和规程的执行上，在人事、财务、日常教学等方面均无自治权。

在1961年颁布的《中华人民共和国教育部直属高等学校暂行工作条例（草案）》（俗称"高校六十条"）中规定：系是按照专业性质设置的教学行政组织，教学研究室是按照一门或几门课程设置的教学组织。但从条例中的系主任和教学研究室主任的职责来看，仍然仅限于执行上一级行政组织和行政领导的决议和指示，完成组织教学、生产劳动、实验室和资料室的管理等工作。这次院系调整，弱化了学科在大学中的基础性地位。学术机构行政化使大学学院制在其后近三十年中消亡在我国大学的治理结构中，也消逝于普通大众的视野里。

三、中国大学学院制的复兴

1978年12月18日至22日，党的十一届三中全会召开。这是一次与五四运动具有同等重要意义的里程碑式的重要时刻。它不仅通过拨乱反正极大地促进了思想解放和实事求是。更重要的是，它确定了以经济建设为中心的工作重点转移思路，开启了改革开放与现代化建设的新时代。

1. 学院制复兴的背景

20世纪80年代后，我国经济、政治、文化和思想等外部环境与精神领域发生了巨大而深刻的变化。高等教育界逐渐意识到，以单一的学科教育为特征的系级教育实体，难以形成较强的教育竞争力，难以担当为改革开放和现代化建设培养数以万计的高级专门人才、提供先进科研成果和优质专业服务的历史重任。当时的高校管理体制，既不能适应现代科学技术在高度分化的基础上高度综合的趋势，也无法满足在社会主义市场经济体制下提高专门人才综合素质的要求。若要不断提高我国大学在国内市场和国际舞台上的整体竞争力，就必须进行内部管理体制改革，扩大基层的办学自主权和学术自治权,以增强基层活力、能力与实力。

另外,国家"211"工程的提出与推动、校际综合实力竞争的加剧等原因,也加速了新一轮院系调整的实施。一些单科性或文理性的综合大学开始通过各种方式进行重组兼并,重新组建了一批学科门类比较齐全、专业覆盖面较广的综合性大学。1993 年以后,学校合并大潮来临:原江西大学和江西工学院合并为南昌大学;原四川大学和成都科技大学合并为四川联合大学;原江苏农学院、扬州师范学院等 6 所学校合并为扬州大学等等。据统计,到 2003 年 2 月,全国已有 703 所普通高校及成人高校合并重组为 292 所普通高校。随着合并以后大学规模倍速扩大,大学的管理跨度增大。为了便于控制,让大学内部的管理跨度处于一个合理的波动区间,内部机构改革势在必行。因此,在大学内部,性质相近、口径较小的一些专业,也合并重组为口径较宽的大专业,并逐渐淡化专业之间的界限。这次院系合并与调整,让许多大学重新开始组建学院,从而促进了学院制的再度兴起。

2. 学院制发展的态势

随着高等教育改革的不断深入,越来越多的高校将学院作为高校内部管理体制基本单位,兼具党政功能与权力。在复兴过程中,由于各个学校有着不同的历史和发展,我国大学学院制在不同学校展现了不同的特点与活力。

从学院的职能与职权分,我国大学学院制可分为虚体型学院和实体型学院。虚体型学院即"虚院实系",由相关学科的系、所联合而成,各系、所是校内二级管理机构,负责教学、科研、行政管理等具体工作,学院只承担统筹、协调与指导功能,例如联合开展课题申报、相互开设课程等,并无实际作用。而实体型学院也称为"虚系实院",学院作为校内的二级管理机构拥有相对独立的办学自主权,在职称指标、经费分配、人员定编等方面都有话语权,系所仅为学校教学、科研的基层单位,行政上无权力。

从学院的来源分,包括由单系直接升级成院的学院,若干个相关学科或学系组并的学院,以及合并大学中的过渡性学院。由单系直接升级的学院,包括跟风型和拓展型两种,前者名为学院,实者仍为之前单一的学科；而后者则随着外延的扩大而积极发展相关的新学科和新专业，逐渐形成体系。在由若干个相关学科或学系组并的学院中，有以一种学科为核心的，将相同、相近或相关的二级学科有机组合起来的学院；也有以骨干学科为龙头建设学科群，构建自身特色的跨学科性的、小型综合性学院。而合并大学中的过渡性学院则是我国社会发展过程中特有产生的一种学院类型。总体看来，在20个世纪90年代以后，随着新一轮院校调整的持续展开，我国参与组并的高校高达数百所。在合并过程中，一些高校的地位由原来具有法人资格的大学变成了新大学中的二级学院。这与其他几类分类都不相同。这类学院规模大、学科设置全面。不过，它本质上是过渡性的，是合并初期为协调人力资源矛盾的权宜之计。在最终调整完成后，它会逐渐融合成普通学院类型。

从学院与社会的联系分，有按产业或行业的集合而设置的学院以及与政府、企业单位联合共建的学院。这类学院的组建，突出以满足社会需要为导向，充分考虑办学的社会适用性。按产业或行业集合设置的学院，突破了单纯按学科组建学院的思路。它们通过产业或行业的集合，综合利用大学内部各学科的资源，发挥跨学科人才优势，培养更加专业性的人才。而与政府、企业单位联合共建的学院，一般而言是由地方政府或企事业单位出资，学校提供相关专业的师资力量进行联合办学。这种模式有利于学校与社会（企业）实现双赢。社会和企业利用学校学科发展和人才优势，提升组织竞争力；学校通过资金来源渠道多样化，可以极大缓解学校办学经费的不足。

从学院的公私性质分，可以分为公办学院和民办学院。现阶段，由于公办高等教育无法完全满足人们的需要，在国家财力有限的情况下，我国允许民间资本参与高等教育事业，通过共建、合作等手段，组建民办学院。这类学院一般作为高校独立的二级学院，简称独立学院。它是指实施本科及以上学历教育的高等学校与国家机构以外的社会组织或者个人合作，利用国家非财政性经费举办的实施本科学历教育的高等学校。独立学院采用董事会领导下的院长负责制，学院独立性相对较高。

独立学院也是我国高等教育体制改革的一种特定历史阶段的产物。尽管教育部连续发文以期对独立学院的发展与运营收到扶持与规范并举之高效，然而，独立学院因其非官非民、似内似外、亦学亦商等说不清、道不明的特点，成为一个真正的灰色地带，有的甚至被看成学商勾结、寻租牟利、藏污纳垢之地。某著名大学的常务副书记和常务副校长相继落马，虽然原因复杂，但是私人老板在独立学院办学中的不清不楚、假公济私和行贿受贿是其中重要一条。只不过在当时的环境下，人们并未对之产生重视。随着党和国家治国治党策略的转变，独立学院的寄生特性被诟病，亦成为监控重点，进而导致大学办学主体的办学理念转变，从过去热衷或对此事的津津乐道，到当下视合作办独立学院为鸡肋，本质上是因寻租过程中的利益链条被斩断，从而失去了谋取私利的空间。另一方面，在经过了办学初期的摸爬滚打之后，兴办较早的独立学院已经积累了一定的物力资本、人力资本和社会资本优势，它们也不再愿意向合作的大学显性或隐性输送经济利益。争取独立，成为大多数独立学院的共同追求。尽管相比而言，某些独立学院仍然是"伪劣"教育的另称，然而在当前我国高等教育仍然处于供不应求状态的背景下，它们也暂无生存之忧。但是相比于独立学院组建初期而言，其性质与大学二级学院已经有本质变化：它们不再是一个学院，而是包括若干学院在内的大学。

四、从学院制到学部制

在中国社会快速变革和高等教育现代化、全球化的时代背景下，中国高校以学院制为主要学术组织结构和管理模式的管理体制，暴露出很多管理问题和不足。现有院系机制使高校内部的学术权力和行政权力失衡，极大地制约着大学的发展。由此，在更深层次的学术自由和科学治理的价值理念与办学理想的指引下，我国高等教育管理体制改革不断深入、不断拓展。部分研究型或综合性大学，借鉴世界先进大学的经验，先后启动了学部制改革，推动高校内部学术和治理向科学化、集约化、人本化方向发展。

学部，最早起源于欧洲中世纪，是致力于教授某个特定主题的学术群体。"学部"一词，最初是指某一学科领域。至13世纪中期，其外延扩大为某一学科领域的专家和大师聚集在一起，实施教学与研究的专门机构①。19世纪德国柏林大学在洪堡的改革完成之后，科学研究便成了大学的主要职能之一。教学与研究相结合，使德国大学形成了"大学—学部—研究所（讲座）"的三级学术组织架构。学部作为学术管理层级，承担教育教学职能和认定学位等事务。

在我国第二次院系调整后的高校中，绝大多数都采用学院制这一组织形式为内部治理结构，实现了中国大学学院制的飞速发展。但随着内部治理与外部环境的发展与变化，学院制逐渐暴露其弊端：体制僵化、学科单一、人力资源集约化程度较低、学院的自主权和自制力不足等。从学科建设和学术组织发展的角度看，这极不利于新兴学科和交叉学科的发展。在一定程度上，它导致人才培养和资源配置不科学、效率低等现象。于是，国内一些高水平研究型大学例如北京大学、武汉大学、吉林大学等先后试点，进行了学部制改革。之后又有更多的大学加入进来。根据韩强的研究②以及媒体报道的不完全统计，截至2018年5月23日，共有44所大学设置了学部，还有一部分大学正在积极进行或探索学部制改革（如表5-3所示）。

从表5-3可以看出，在44所设置了学部的高校中，有综合性大学23所，多科性大学21所；从学校水平来看，44所高校中，"985"工程高校有18所，"211"工程高校9所，省属重点高校9所，省属普通高校5所，另有1所教育部直属高校和2所省部共建高校。可以看出，进行学部制改革的高校综合实力都比较强，学校类型以研究型大学为主；从进行学部制改革的时间来看，2007年以前，仅有3所高校进行了改革，而在2007年至今12年中，有41所高校相继进行了改革；从改革范围看，全校性改革的有17所高校，而其余27所仅是局部性改革，其中17所高校只设置了1个学部。可以看出，许多高校在学部制改革过程中，没有选择一步到位，而是采取局部试点方式稳妥进行，希望观其成效再决定是否继续。

中国的高校不仅仅作为单纯的学术性组织而存在，还存在着另两种

---

① 赖云云. 研究性大学学部制探微［J］. 知识经济，2009（16）：137.
② 韩强. 中国大学学部制改革及其思考［D］. 南京：南京师范大学，2015.

权力——政治权力和行政权力。因此，从学院制向学部制的改革，必然涉及对大学内三种主要权力的重新组合或调整。合理协调政治权力、行政权力和学术权力三者之间的关系，让学术权力得到进一步的重视，是学部制改革的重中之重。根据这三种权力的存在与否以及不同配置，将学部分为三种主要类型，即实体型、虚体型和实虚结合型。

1. 实体型学部

实体型学部是指按照学校内其他实体性组织机构模式建立起来的一类学部。它不仅对所属各学院和研究机构具有学术方面的管理权，而且对所属各学院和研究机构同时具有行政和党务方面的管理权力。而学部下属各学院与机构则不再拥有行政和党务权力。这类学部的典型代表是北京师范大学整合成立的教育学部。

表 5-3 全国 43 所大学学部制改革试点情况统计表

序号	大学名称	学校层次	改革时间	改革范围	学部数量
1	北京大学	"985"工程高校	2000 年	全校	5
2	武汉大学	"985"工程高校	2001 年	全校	6
3	吉林大学	"985"工程高校	2006 年	全校	9
4	大连理工大学	"985"工程高校	2007 年	全校	7
5	厦门大学	"985"工程高校	2007 年	全校	6
6	海南大学	"211"工程高校	2007 年	全校	5
7	河北大学	省属重点	2007 年	全校	4
8	大连大学	省属普通	2007 年	局部（人文学部）	1
9	北华大学	省属重点	2007 年	局部（医学部）	1
10	浙江大学	"985"工程高校	2008 年	全校	7
11	苏州大学	"211"工程高校	2008 年	局部（医学、材料与化学化工、物理与光电能源）	3
12	北京师范大学	"985"工程高校	2009 年	局部（教育学部）	1
13	北京理工大学	"985"工程高校	2009 年	全校	4
14	湖南大学	"985"工程高校	2009 年	全校	7

续表

序号	大学名称	学校层次	改革时间	改革范围	学部数量
15	陕西师范大学	"211"工程高校	2009年	全校	5
16	天津大学	"985"工程高校	2010—2018年	局部（管理与经济、医学、智能与计算）	3
17	东南大学	"985"工程高校	2010年	全校	7
18	杭州师范大学	省属普通	2010年	局部（教育学、医学）	2
19	沈阳师范大学	省属普通	2010年	局部（教育学）	1
20	重庆大学	"985"工程高校	2011—2014年	全校	6
21	国防科技大学	"985"工程高校	2011年	全校	4
22	西南大学	"211"工程高校	2011—2013年	局部（教育、心理、农学、材料与能源）	4
23	重庆工商大学	省属重点	2011年	全校	4
24	山西大学	省属重点	2011年	局部（管理学部）	1
25	中国人民大学	"985"工程高校	2011年	全校	5
26	江苏师范大学	省属重点	2012年	局部	3
27	湖北工业大学	省属重点	2012年	局部（轻工学部）	1
28	东北师范大学	"211"工程高校	2012年	局部（教育学部、马克思主义学部）	2
29	辽宁石油化大学	省属普通	2012年	局部（化学化工与环境学部）	1
30	山东大学	"985"工程高校	2012年	局部（齐鲁医学部）	1

续表

序号	大学名称	学校层次	改革时间	改革范围	学部数量
31	西安交通大学	"985"工程高校	2012年	局部（医学部）	1
32	深圳大学	省属普通	2013年	局部（医学部）	1
33	中国传媒大学	"211"工程高校	2013年	局部（新闻传播、艺术、理工、文法）	4
34	华东师范大学	"985"工程高校	2014年	局部（地学、教育学）	2
35	北京语言大学	教育部属	2014年	局部（汉语国际教育、外国语、人文社会科学）	3
36	天津师范大学	省属重点	2014年	局部（教育学）	1
37	广东外语外贸大学	省属重点	2014年	局部（经管、文学）	2
38	广西师范大学	省部共建	2015年	局部（教育学）	1
39	长江大学	省部共建	2016年	局部（医学部）	1
40	西安电子科技大学	"211"工程高校	2016年	局部（人文社会科学部）	1
41	北京体育大学	"211"工程高校	2017年	全校	3
42	江苏大学	省属重点	2017年	局部（农业装备学部）	1
43	中国科技大学	"985"工程高校	2017年	局部（生命科学与医学部）	1
44	西北大学	"211"工程高校	2018年	局部（生命科学与医学部）	1

2009年6月28日，北京师范大学整合原教育学院、教育管理学院等6个院系、8个研究所以及1个综合交叉平台，成立教育学部，引发教育界热议。

第五章 中国大学学院治理现代化

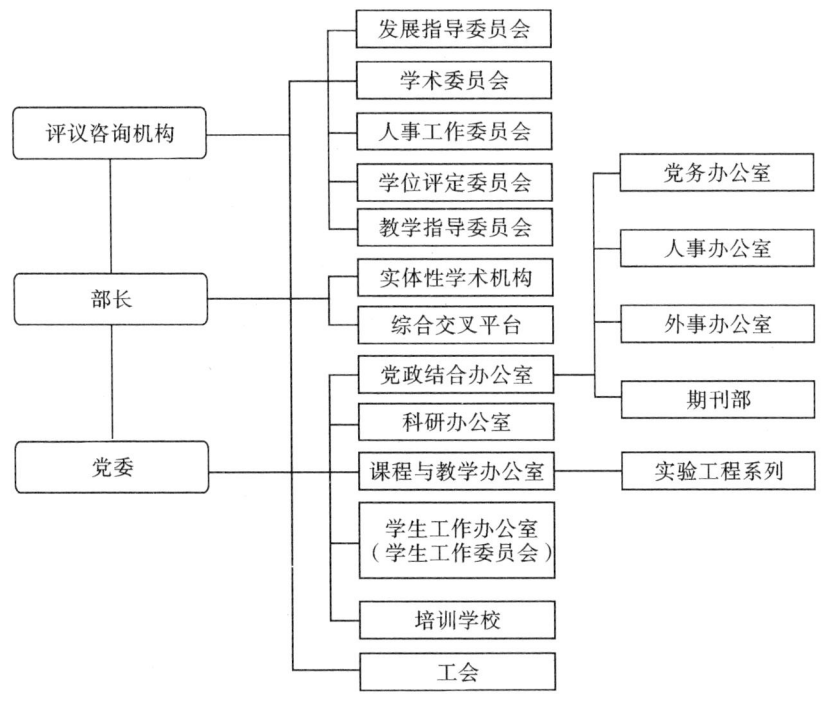

图 5-1 北京师范大学教育学部组织架构图①

根据图 5-1 可以看出，北京师范大学教育学部通过评议咨询机构行使学术权力，包括发展指导委员会、学术委员会、人事工作委员会、学位评定委员会和教学指导委员会。学部作为一级实体性机构直接对学校负责，除了行使学术权力以外，党委、行政办公机构一应俱全，负责学部层面的党建和行政工作，独立行使政治、行政权力。而学部内院系和教学科研机构主要作为学术组织存在，直接对学部负责。

2. 虚体型学部

虚体型学部不按照校内其他实体性组织机构模式建立，仅具有对所属各学院和研究机构的学术工作进行整体性统筹、协调、咨询等方面的权力，不具有对所属各学院和研究机构的行政权力和政治权力。目前中

---

① 周作宇，赵美蓉. 高校校院权力配置研究 [J]. 国家教育行政学院学报，2011（1）：14-19.

国大学学部制改革后成立虚体型学部的略占多数，如北京大学、武汉大学、海南大学等大学成立的学部均属于虚体型学部。

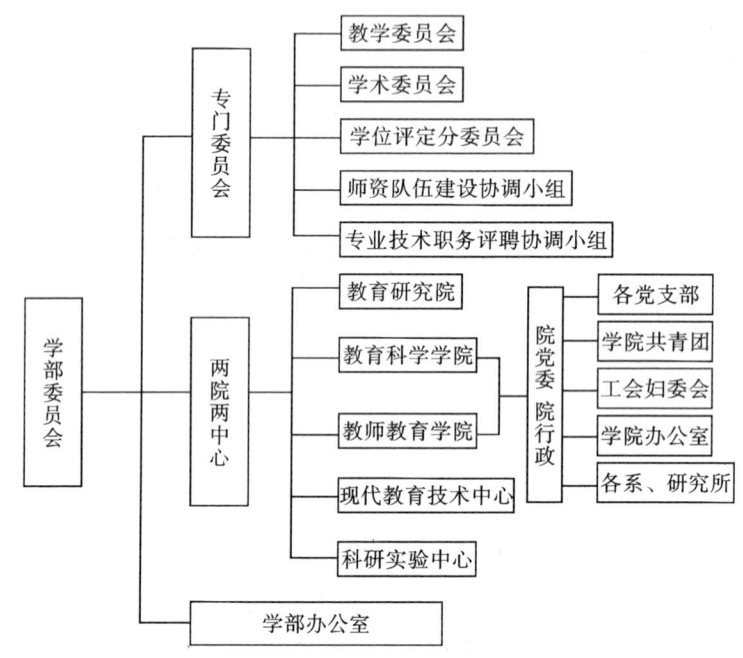

图 5-2　江苏师范大学教育学部组织架构图①

江苏师范大学所成立学部的基本组织架构（见图 5-2）是"一部两院两中心"，其中"一部"指学部，"两院"即学部所属的教学学院和教育研究院，而"两中心"指学部下设教育和科研两个实验中心。学部负责组织、协调、指导一个教育研究院和若干个教学学院，并把各学院原有的只为本院服务的教学和科研机构整合成两大中心和平台，为所有学部下属学院提供教学和科研的支撑与服务。不同于实体型学部，江苏师范大学教育学部没有政治权力和行政权力，而其下属各学院才是教学和行政的基本单位，仅仅在学术层面接受学部的统筹和领导。由于学部不是一级行政组织，因此，学部除办公室外，没有设置其他党政办公机构。学部内各教学学院设立党委或党总支，学部所属教育研究院和实验中心

---

① 韩强．中国大学学部制改革及其思考［D］．南京：南京师范大学，2015．

的成员组织关系直接隶属于学校研究生院党委和直属业务单位党委。

3. 实虚结合型学部

实虚结合型学部是指没有完全按照校内其他实体性组织机构模式建立的一类学部。这类学部既有权力对所属各学院和研究机构的整体性学术工作进行统筹、协调和咨询，也有部分行政、党务工作的管理和领导权力。但各学院和研究机构的行政权力和政治权力，大部分还是集中在学院层面。这类学校包括吉林大学、厦门大学、重庆大学以及西南大学、浙江大学等。

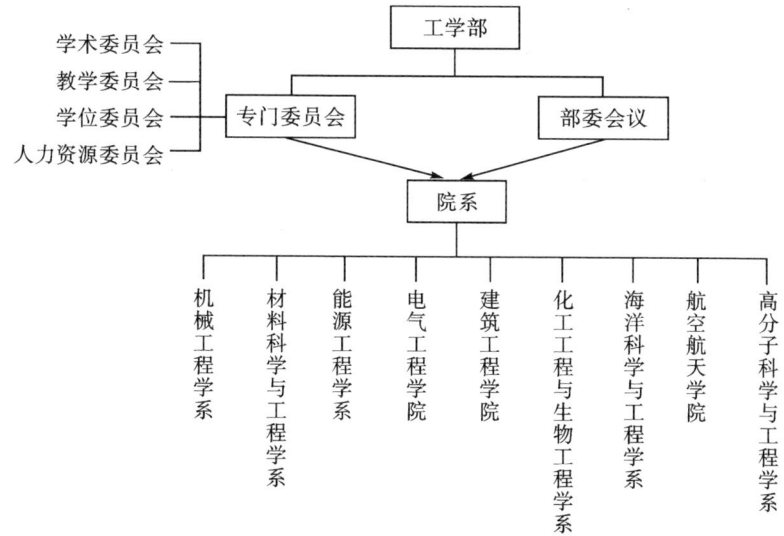

图 5-3 浙江大学工学部组织架构图①

浙江大学的工学部和信息学部是典型的实虚结合型学部（其中，浙江大学工学部组织架构图见 5-3）。学部机构只设有办公室，主要负责有关会议的协调安排和通知传达等。学部领导仅由 1 名学部主任和 1～2 名副主任组成，主要负责学部层面的人事、学术科研、研究生和本科生的教育等工作，其余党政权力主要由所属院系拥有和行使。

---

① 周作宇，赵美蓉. 高校校院权力配置研究［J］. 国家教育行政学院学报，2011（1）：14-19.

第三节　中国学院制面临的治理难题

总体来讲，中国大学治理还是陷于高度行政化的铁笼之中。这对于实行历史不长的中国大学学院制而言，很难说究竟是喜是忧。离开上级部门的层层节制，释放的是自由与权力，扩大的却是义务与责任。对于一个并不成熟的学术共同体而言，自由有可能意味着放荡不羁，权力有可能沦为"害人害己"的"屠刀"，而针对扩大的义务与责任，也不知道高校是否练就了一双堪当大任的坚强臂膀？想象可以随意，争议仍将继续，但现实的校—院矛盾急需处理："一方面学校难以对院系需求做出及时回应，实施有效管理，带来了自身管理的巨大压力；另一方面，院系对学校职能部门管得太多太死、过度介入院系具体工作心怀不满。"① 大学迫切需要优化学院治理。为什么我国大学学院制与欧美以及心中的"学院制"有如此大的差距？为什么学院治理被移出视野，想改却又乏力？学院治理现代化的难题为什么此伏彼起？为什么学院制的积弊不能连根拔起？如此等等的疑问，回答其实很容易。那是因为：高度行政化的学院管理模式仍在持续，从而导致学院办学自主权难以落地；市场化裹挟着功利化模糊了学者的双眼和学术的本义；四分五裂的学者共同体已使"同袍之谊"难以维系，学术竞争力难以为继；"缺文少化""缺情少意"的学院氛围，几乎耗尽了学院各种主体的气力、活力、智力与耐力。

一、手戴镣铐难治"任性"

中国当代的大学学院制，是西洋大学学院制与高度集权化传统政治在利益最大化的市场经济环境中"婚配"的结晶。从学院外部治理环境看，大学习惯于在科层体制中自上而下地操控学院，学院虽然是"亲生子女"，但只是大学实现人才培养、科学研究与社会服务等目标的工具，是大学这个传统大家庭的附属品；从学院内部治理机制看，个别学院院

---

① 王战军，肖红樱. 大数据背景下院校治理现代化研究 [J]. 高等教育研究，2016（3）：21-38.

长与书记习惯于精英决策、少数人控制,广大师生的民主参与权就自然而然地被忽略了。

1. 科层制壁垒

中国大学学院制被置身于高度行政化的大学管理体制中。时时有监督,处处有指示,事事有规矩。置身于非理性化的科层制中,有窒息之感在所难免(精于此道、安于此状者除外)。就像戴着镣铐的舞者,要舞出精彩,确实不易。学院的科层制壁垒反映在如下三个主要方面:

(1) 学院设置行政化

主要是指大学领导者及职能部门以行政权力为主导、以行政决定或命令为方式行使学院设置与调整权,而忽视相关学术人员的主体性及其合法权益。

回顾当代中国大学学院制的发展历程,1952年全国院系调整,取消学院制而实行学系制是"全国一盘棋",统一计划、统一推进。这在新中国成立之初的背景下并不难理解。比较难以理解的是,在20世纪90年代,改革开放已经开展了十多年以后,大学是否实行以及如何实行学院制,也不是由学系说了算,依然还是大学领导者及相关职能部门决定。一方面,改革开放和市场经济的发展要求大学从学系制向学院制转变;另一方面,大学学院制改革的内生性不足,即由基层的学科专家根据学术发展的趋势主动要求进行学院制改革的情况不多。更有甚者,有的学院的设置完全是一个系所经过植物分蘖式的变革。例如一个政治系分化出来经济学院、管理学院、社会学院、政法学院、基础课部、政治学研究院等6个学院。在学院成立的初期,一个学院连10个专职教师都没有。因此,这种学院发展的过程,完全是大学领导者依据个人的主观意志做出的决策。虽然调整学院与学科建制是大学办学自主权的应有之义,但学院设置应该有正式的程序和设置的基准,要尽可能摒弃人为随意性,尤其是在运行过程中又出现分化后的学院在领导的授意下重新合院。正是在学院的"一合一分"之中,大学行政领导与行政权力的影响力暴露无遗。行政权力的过度干预,结果必然是或揠苗助长,或极力压抑。学院设置的行政化倾向由此逐渐显现。

（2）管理方式行政化

管理方式行政化是大学学院管理行政化的又一集中表现，主要是指相对于法治的方式或者制度治理而言，院长习惯于凭自己的经验来管理学院的相关事务，侧重于行政化的手段来解决问题。

在学院的相关事务管理中，学院院长是该学科领域的学者，是学养深厚的专家。可惜，他或她并不是管理专家。由于学院院长的专家身份，使得其上岗以后鲜有系统化的入职培训，基本上是八仙过海——各显神通。由于许多院长主要忙于自己的学术事务，行政工作通常被其作为副业。因而，学院院长在处理学院的事务时能力与投入差距很大。有的比较尽职，能够将学校的相关文件仔细阅读，吃透精神，把握尺度；有的则敷衍了事，得过且过；有的甚至完全将当院长一职变成其谋取个人利益的平台。不管是哪种类型，都有一个共同特点：习惯于看上级领导脸色、听领导语调、猜领导心思、懂领导暗示。总之，就是能够不折不扣地按照领导指示办事。不精此道者，很难有发展空间。在移情效应的作用下，他们也习惯于下属按照他或她自己对待学校领导或其他领导的方式来对待自己。因此，学院院长能建章立制、依章办事、以理服人、以文化人、立德树人者，不是少有，而是鲜见。很多学院缺乏基本的管理规范，完全是浑水摸鱼，这样的管理不乱才怪。所以，虽然看到文件满天飞，但是，落实有几成，却是没底。

（3）学术管理行政化

学院的发展倚赖学科建设，而学科建设在于有一套学术管理的制度。学术事务不同于行政事务，学术事务的治理应该遵循学术发展、学者发展的规律。所谓学术管理行政化[1]，指的是原本建立在平等地位基础之上、以教授为主体"自主""自治"的学术管理活动，逐渐被处在等级化的科层组织结构中的专门行政管理人员所干预而趋同于行政管理的过程。当前我国大学学院内部学术管理行政化的集中表现，是学术权力行政化、管理主体行政级别化。

---

[1] 钱颖一. 学院治理现代化：以清华大学经济管理学院为例 [J]. 清华大学教育研究，2015（2）：6-11.

当学术权力行政化程度远高于行政权力学术化程度时，必将导致学院权力整体呈现行政化色彩。权力作为一种对他人行为产生影响力的因素，是任何一种组织管理有效的根本手段，是实现组织发展目标的基本保障。对于学院，尤其是"巨型化"的学院来说，要在复杂决策中协调各个利益相关者，就不得不依赖于权力和管理。约翰·范德格拉夫等学者在《学术权力——七国高等教育管理体制比较》①一书中分国探讨高等教育管理体制时，将运行于其间的权力归为学术权力。究竟什么是学术权力，不同的学者有不同的认识。别敦荣认为，就学理而言，学术权力指管理学术事务的权力。其主体，即权力的掌握者或行使者，可以是教师民主管理机构或教师，也可以是学校行政管理机构或行政管理人员，还可以是政府及其高等教育管理部门等；其客体，即权力的作用对象，必定是学术事务；其作用方式，可以是行政命令式的，也可以是民主协商式的。学术权力包括学术民主管理权力和学术行政管理权力②。我们认为，对学术权力不能做过于宽泛的理解。如果说，学术权力涵盖了国家学术机构、大学行政机构的管理权力，那么，尊重学术权力，处理好行政权力和学术权力之间的关系，就变成了自己尊重自己，行政权力也就与学术权力混为一谈了。因此，在中国语境下，学术权力显然是与西方学者所指的学术权力有所差别的。国外大学普遍形成了一种尊重学术权力的传统，凸显一种学术权力至上的理念。而与之形成鲜明对比的是，我国大学是唯行政权力马首是瞻，学术权力充其量仅具有象征意义或陪衬作用。

很显然，从学院内部来说，学术性事务和行政性事务都要管理，且必须管好。否则，学院就难以持续稳定发展。但由于两者分属于不同性质的管理事务，因而，各自所倚仗的管理权力的性质与运行机制，也是有着根本区别的，学术权力与行政权力也被配置到同一学院的不同系统之上。由于任何一种权力的边界都是在与其他形式权力的长期博弈中形

---

① 约翰·范德格拉夫，等. 学术权力——七国高等教育管理体制比较［M］. 王承绪，译. 杭州：浙江教育出版社，2001：162-168.
② 别敦荣. 学术管理、学术权力等概念释义［J］. 清华大学教育研究，2000（2）：44-47.

成的,所以,学术权力和行政权力之间的边界,并不总是数理意义上的"相切"状态,大多数时候是"相交"状态,当然也有时候是"相离"状态。

学院治理中的学术权力与行政权力之间,存在着专业边界以及基于专业边界的价值边界。专业边界是针对权力指向之物而言的,即学术权力通常指向于高深学问的生产、传播和运用,以及学者共同体的制度规范、运行机制;而围绕高深学问所展开的组织、决策、协调、监督等活动则成为行政权力的指向。价值边界则是人们寄予权力的一种期许和理想,是对权力的规范,如此,行政权力的价值边界就是指不介入、不干预、不冒犯学术权力而具有最大权力容量时所形成的边界。

事实上,学院内部学术权力与行政权力之边界愈发模糊,行政权力裹挟着较有声望的学术人员而学术化。行政权力学术化使富含官僚化、官本位思想的行政管理活动与方式蒙上了一层"学术的面纱"。正是在这层"面纱"之下,"越界"的行政管理具有了合法性,并在学术土壤中生根发芽。正如易希平所言:"大学作为一种学术制度,一种学术机构,它必然有一些内在的东西,正是这些东西决定了大学之所以是大学,而不是其他什么机构,而中国大学之所以水平低下就是因为这些基本因素被遮蔽了,被排斥了。"[①] 在整个国家社会体制下,大学及其学院行政权力长期以直接或间接形式介入专业设置、学科建设、教学改革、专业职务晋升、新教师遴选与考评等学术工作中,学术权力逐渐从教授学者移转到学院管理者手中。软弱的或被动的学术组织(有的甚至没有健全的学术组织和完善的运行规范),在学术发展规划、学术团队建设、学术事务处理、学术规范建设、学术职称评审、学术质量审核、人才培养方案修订、课程体系与教学改革等方面没能发挥其应有作用。学院之内本就脆弱的学术环境被人为地破坏,学术权力的天然学术本性浸染上了日渐厚重的行政色彩。

(4)学术管理职衔行政化

所谓学术管理职衔行政化,指的是政府或大学将以学院院长等为代

---

① 韩水法. 大学与学术[M]. 北京:北京大学出版社,2008:33.

表的学术管理人员纳入行政序列进行管理的一种制度安排及其运行机制。学术管理主体的行政序列化，很容易使行政权威架空学术权威，进一步加深学院管理行政化程度。

在数千年的中华文明进化中，我国有政学不分、吏师合一的悠久传统；在现实的社会生活中，也有从政为要、以官为尊的肥沃土壤。正是受到中国数千年的"官本位"文化传统和我国政府人事管理制度的双重影响，新中国成立以后，我国高等学校的管理与政府管理并无二致。在改革开放以前，所有的社会组织及其组成人员都有不同的行政级别。在教育系统中，有所谓部级、厅级的大学，处级、科级的中学，科级、股级的小学、幼儿园等，教师也相应地有了教授对应厅局级、副教授和高级教师对应处级、讲师对应科级等行政级别。统一的组织行政序列和一体的人员行政序列，无疑对简化管理、方便流动、提升效率等有积极作用，但是不利于不同性质的社会组织和从业人员的分类管理，违背了社会分工原理与分类管理的精神。基于这样的历史渊源可以认为：学院的行政级别是大学行政级别的纵向延伸，大学行政级别是政府行政级别的横向扩展。

颇为诡异的是，20世纪90年代就已经存在取消大学行政级别的强烈呼声，但是，当"985"工程铺开的时候，为了凸显这些大学的重要性以及调动这些学校的办学积极性，政府给予了这些劳苦功高的"985"工程大学的主要负责人"副部级"的特殊待遇。当时的合法性依据在于方便政府直接管理与协调大学资源配置、人事安排、信息传递与沟通。虽然绝大多数的大学领导和学院领导并没有从中获得实惠，但是它却起到了非常严重的负面作用——强化了大学的官僚色彩，为大学的去行政化设置了新的障碍。

同理，学院是一个大学内部的核心学术组织，学术性的本质要求，决定了作为学术共同体中最重要的一员——院长，必须由拥有较高学术威望与优良学术声誉的教授担任。学院的治理主要应该按照学术发展规律和学术管理原则进行。然而，我国现行的学院院长选拔和任用程序，与学校职能部门的行政领导的选拔和任用并无不同。虽然也在形式上设置有民主推荐考核或全球公开招聘的程序，但是，按照干部管理的权限与组织原则任免,仍然是基本范式。因而,这些经学校任命以领导职务、授权以管理权力、晋升以行政职务的院长们,不得不"向上看",而很少"向下看"或"左右看"。这样一来,大学领导与院长之间的上下级依附关系日益严重,院长便会日益脱离学术群体,使行政权威超越学术威望。

2. 集权化"任性"

看似规制十分严格的科层制度,在中国的土壤上又有了自己的特色,即行政集权化体制下的当权者表现出极大的个体随意性,造成了学术管理职权的缺位与滥用。从权力缺位的角度看,有些院长以自身的学术事务繁忙为理由,放弃了作为院长应该履行的职责或必须承担的合法性义务,造成学院秩序的混乱、松散,使学院的发展停滞或低效,尤其是在长远的学科发展规划、学术团队建设等方面缺少运筹帷幄的领导力和绩效导向的执行力。而从权力滥用的维度看,一是违背法定宗旨与大学学术发展的本质要求,有些学院院长因受不当动机和目的支配,其学术事务的管理行为背离法定目的和公共利益。这其中存在主观和客观两个要素:主观上,有些学院的院长有不正当的动机和目的,或虽无恶意,但因疏忽、过于自信等导致行为目的与法定目的不一致;客观上,有些学院院长的管理行为造成了背离法定目的和利益的结果。二是不一致的解释和反复无常。所谓不一致的解释,是指有些学院院长对不确定的管理理念的解释不符合该大学精神和学院的价值理性追求,不符合社会公认的核心价值观念与一般行为准则。三是指有些学院院长在履行学术公共义务过程中随意变更学术管理权力的边界,扩大其权力范围,导致其对学术权力与民主权力的侵扰与剥夺。依我国相关法律的规定,如果法律没有明文规定行政行为期限,或规定了一定的行为幅度,致使行政主体享有一定的自由裁量权,但在这种自由裁量范围内,权力主体有不正当作为,就属于滥用学术管理职权。四是不正当的程序。由于学术领域属于一个自由裁量权大的社会领域,有些学院院长很难有违反法定程序的违法行政行为。然而,作为一个在程序上也享有较多自由裁量权的领域,很容易产生不正当的程序,例如,对教师的处理本来应该有一个前置程序,即需要经过学院的学术委员会或者学术道德整饬委员会讨论决定，可有些院长却直接用党政联席会议的方式，省去了学术权力的审查程序，此即为不正当的程序。五是比例失衡。无论是道德上的公平正义原则还是法律上的权益对等原则，都需要针对学术事务自由裁量过程中的各种利益、价值进行科学的权量与平衡，例如教师职务晋升、评奖、经费资助及绩效工资分配等。比例失衡具体表现为行政行为显失公正。

由于民主管理力量的弱化乃至缺位，在高校下属各学院中愈发突出。据《人民论坛》杂志2010年刊发的一份调查显示：认为学院（部门）二级教代会"发挥了应有作用"的仅占33.52%，选择"发挥的作用不大"的却占53.98%，另有10.8%的人选择了"基本上没有发挥作用"[1]。正如有学者所指出的："在我国，体制的因素导致学术的依附身份，表现为'学政不分'、'学术泛政治化'、'学术官气'等，直接导致学术与其他方面的关系没有理顺，致使学术权力放大，潜规则滋生。"[2]因此可以看出：在我国当下大学学院制的实施过程中，一方面，行政权力对学术权力的过度干预导致学术权力向行政权力趋同，即行政权力"学术化"和学术权力"行政化"，其结果是让本应民主共治的学院成了科层独裁的"二行政"，各式各样的规训纪律让学院的主要领导者——学院院长犹如戴上了沉重无比的镣铐一样，一种坏的制度让好院长干不了事、干不成事；另一方面，又因为学术与政治、行政"联姻"后，有些学院院长从"局外人"变成了"局内人"，有了共同的利益与价值取向，消解了相互制衡的机制与力量，导致自我监督机制的失语与失效。从客观上讲，管理跨度的增加难以实施有效监督；从主观上讲，也不愿意监督。这种形势下，又为有些学院院长的"任性"铺平了道路，减轻了压力，甚至创造或提供了机会。一种坏的制度让坏院长做尽了坏事，也做成了坏事。可见，在与国外有些学术制度完备的著名大学比较下无疑可以得出这样的结论：自由未必自在，自治未必自主。

---

[1] 何爱华. 大学精神与高校民主管理路径探析 [J]. 人民论坛旬刊, 2010 (6): 292-293.

[2] 郑君榕. 完善治学规则，制约学术权力 [J]. 福州大学学报（哲学社会科学版），2007 (3): 99-103.

二、功利膜拜难逃"庸俗"

天下熙熙，皆为利来；天下攘攘，皆为利往。司马迁在《史记·货殖列传》①中的这两句话，道出了人性趋利之特质。近年来，在大力推动科技产业化、技术市场化的形势下，原来"重义轻利"的学者，开始把目光集中在市场上，把精力投在产业上，把重点放在效益上。这原本也无可厚非，可谓人各有志，不能强求。但是，学术研究是一种完全个性化的精神劳动，需要心无旁骛，激情投入；需要潜心钻研，深思熟虑；需要深入其中，忘记自我；需要精心测算，反复求证。所以，学术的问题，必须按照学术自身规律去发展，否则，不是揠苗助长、急功近利，就是事与愿违、背道而驰。马克斯·韦伯1917年为德国大学生所做的一次演讲的题目是：《学术作为一种志业》。他劝告有志于以学术为伴的年轻人，要深知通往真正学术之路的艰难。但如果为知识本身而非其他，他就可以勇往直前。他认为，一个教师所应当做的，不是去充当学生的精神领袖，不是立场鲜明的信仰灌输，而是尽力做到"知识上的诚实"，去"确定事实、确定逻辑关系和数字关系或文化价值的内在结构"，因为没有对手和不允许辩论的讲台，不是先知和煽动家应待的地方②。学术研究领域摒弃功利化膜拜，需要学者发扬淡泊名利、脚踏实地、耐得住寂寞的学术精神。只有按照学术自身的规律运行，才能推动学术研究的开展，以避免学术"庸俗化"。

网易的"猛虎文化"公众平台曾经发表过关于《〈马克斯·韦伯：学术作为一种志业〉导读》的文章。其发表的编者按中，有这样一段文字："学术职业化和知识专业化，是现代社会的特征之一，也是社会高度分工的必然产物。学术界从此成为堂皇殿堂，却也成了一个大染缸和江湖，学者们沦为各种体系或圈子的'专业人士'，也必然导致知识体系的割裂和分化。传统上作为智慧象征的渊博学者已逐渐被形形色色的各类专家所取代，浩瀚的知识累叠和科层制式的模式，也榨尽了学者们

---

① 司马迁. 史记·货殖列传 [M]. 北京：中华书局，1982：3265-3269.
② 马克斯·韦伯. 学术与政治：韦伯的两篇演说 [M]. 冯克利，译. 北京：生活·读书·新知三联书店，1998：17-53.

的精力，能够驾驭系统知识的里程碑式大学者已寥若晨星。"① 学术专业化与知识专业化的结果之一，就是知识商品化、学术功利化。

学术功利化，主要指的是学者将学术研究和个人的物质利益所得相关联，把学术研究当作谋取利益、沽名钓誉的手段，极力追求个人所得利益最大化。学术研究功利化导致学术腐败现象屡见不鲜，学术不端行为时有发生，学术阵地沦落愈发明显；学风浮躁、学术造假、学术炒作、虚假繁荣充斥；学术研究水平不高，难以产出里程碑式的重大创新成果。可见，学术功利化直接毒害了学者的学术虔诚，影响了学术的发展方向和学术成果的价值。学院的学术功利化主要表现在以下方面：

1. 学术期刊商业化

学术期刊的存在，本义是为了传播新知识、新理论、新观点、新方法、新技术，是发展先进文化以及好的价值理念，使学者间进行思想碰撞，产生学术的火花，促进学术交流与进步。而目前我国部分学术期刊却以经济效益为导向，渐渐失去学术期刊存在的意义与合法性。更加令人唏嘘的是，学术期刊的营利化现象日趋严重，引起了学术界的学术浮躁、学术不端甚至学术腐败等问题。尤其是在"学术 GDP"之风劲吹的时下中国，学术期刊的主编权、责编权和采编权，竟然成为多少文人墨客竞相追逐的权力。由于我国高等教育规模的日益庞大，大学教师队伍和研究生队伍扩容迅速，在现行的学术评价制度下，对期刊版面的要求日趋增加，僧多粥少的局面短期内很难改变，因此，虽然早年学院办期刊的确动机纯正，时至今日，不少人办刊已然动机不纯。他们不再以文章质量论高下，而是以是不是 C 刊或三大文摘转载量来拼长短。这种赤裸裸的功利化之心、营利性目标，极大助长了各式各样的学术不端行为。目前，我国高校学院里的学术期刊商业化，集中体现在：学术期刊通过费用、协作费等方式，从需要发表论文的人手中收取远高于实际成本的费用；与从事论文买卖的中介机构勾结，从中牟取巨大的商业利益；刊发与学术期刊关联性不强的广告，收取广告费；不同期刊相互之

---

① 猛虎文化.《马克斯·韦伯：学术作为一种志业》导读［EB/OL］.［2016-10-28］. http://www.sohu.com/a/117558366_508674.

间利益输送，期刊与学会相互利用，通过办会等方式来收取费用；利用形成的潜规则谋取隐性收益。这些现象的出现，使得学术期刊的运营与办刊宗旨南辕北辙，不得不说是一种文化倒退和本末倒置。

2. 学术评价交易化

尽管无论是从国家还是从大学层面都开始意识到我国学术评价体系的弊端并采取相应的措施予以克服，如研究生论文要进行盲审、教师评职称需要外审，学术评价越来越多地通过通信评审与匿名评审等方式，以保证过程和结果的公正性。然而，冰冻三尺非一日之寒。中国有两句俗话：道高一尺，魔高一丈；上有政策，下有对策。因此，在实际的运作中，不论所谓的保密措施多么严密，仍然会有人善用自己的社会关系网络，把匿名变成了署名、将回避变成了公关。

从教师的角度看。现在要拿项目、获奖，都必须做足功课。学校的相关部门甚至在以往很长一段时间内都为了上博士点，为了拿大奖、大项目，公开鼓励并参与公关，很多时候还是学校主要领导带队，学院院长亲自准备、表达谢意。现在由于党风政风趋于纯洁，因此，情况稍有好转；但并没有彻底扭转。因此，能够成为各种委员会的评审专家，就成为获得交易权的重要前提。身份越多，交易的机会越多；地位越高，交易的收益越大。这是许多学院院长趋之若鹜的根本原因。没有"金刚钻"，就揽不到"瓷器活"。

再从学生的角度看。学生各式各样的论文发表、答辩、获奖也成为导师之间的交易。由于导师和学生的双重原因，即学生基础差又不努力学和教师水平差也未精心教，导致学生论文发表困难、毕业论文通过困难。但是，由于现行学制的弊端，学生在规定的修业年限内必须完成学业，因而，这些困难就直接导致学生在客观上无法按时毕业。为了让学生如期毕业，不给自己带来各种麻烦（如以死抗拒或污名教师），许多导师会利用自己的一切社会资本来确保论文发表和答辩通过。于是，请谁评阅、请谁主持答辩、找谁发表论文，都成了老师必须仔细掂量的问题。有的导师为了扩展自己的人脉，也通过"请来主持答辩"的方式输送利益，为自己将来课题申报、发表论文、评奖等方面创造空间。所以，那些手中拥有各式各样杀手锏的学者，就有了有意无意寻租的机会。这就让本来高尚纯洁的学术评价逐渐沦落为心照不宣的利益交换。

三、文人相轻难得"合作"

大学不单是作为一所学校而存在，就其根本而言，它是一个由学者和学生组成的学术共同体。学术共同体是大学学院赖以存在和运行的物质主体、治理主体和责任主体[①]。"共同体"（community）概念最早由德国学者斐迪南·滕尼斯提出，他认为共同体根源于情感、习惯等自然意志，是基于血缘、地缘关系形成的一种社会有机体，常常被译成"团体"或"社群"。

1. 学术合作的典范与困局

马克思和恩格斯不仅是革命思想的先锋，同时也是世界范围学术合作的楷模。在马克思和恩格斯长期合作的过程中，基于共同的崇高目的，两人共同或单独写下了大量文章。然而，在他们对待共同获得的科学成就方面同在其他任何方面一样，都是相互谦让和支持。可以毫不夸张地说，他们两人的理论和实践，都当之无愧地为当代以协作为特征的科学研究工作树立了职业道德或革命道德的光辉榜样[②]。谢恩泽曾经撰文探讨了日本学者岩崎允胤和宫原将平之间的学术合作，称之为"哲学家与自然科学家联盟的范例"[③]。他们能够成为范例的秘诀是坚持不懈。正如他们自己所说："我们合作的道路，是不平坦的。因为如果不一一解决不断产生的问题，就不可能前进。我们这部著作连续工作十年之久，今天大体到此结束。如有充裕时间，我们甚至想以最后达到的结论，再回头重新思考一遍，加以重写。"[④] 当然，也有十分不好的典范。例如杨振宁与李政道两位诺贝尔奖获得者之间长达半个世纪的恩怨。据

---

① 张文江. 大学治理中学术共同体与行政共同体的协同作用[J]. 高校教育管理，2015（6）：65-69.

② 马临堂. 马克思和恩格斯的学术合作——纪念马克思逝世100周年[J]. 社会科学辑刊，1983（5）：14-19.

③ 解恩泽. 哲学家与自然科学家联盟的范例——评岩崎允胤与宫原将平的学术合作[J]. 哲学研究，1991（7）：57-63.

④ 岩崎允胤，宫原将平. 科学认识论[M]. 于书亭，等译. 哈尔滨：黑龙江人民出版社，1984：627-628.

季羡林先生的儿子季成（曾经给李政道当了12年助手）披露：名字排序之争是造成李杨决裂的根本原因。当代中国大学学者中也有一些合作成功的案例，但是，更多的则是相互拆台、难以合作。有师生反目的，也有同门为敌的，还有同事结仇的。某大学的一个团队，因团队负责人自身的问题，其团队中多名很有前途的中青年学者另择良木而栖，极大地阻碍了学科的进一步发展。2018年6月29日发生的广州大学计算机学院院长谋杀科研处长的事件，也从一定程度上反映出大学学者合作存在的问题。他们本来出于同一师门，并无深仇大恨，何必挥刀相向呢？

2. 学术合作困难的原因

目前，由于学者之间学术职业特性和研究领域及专业方向的不交叉性，使得同一学院学者间少有交流与合作。相对合作好些的，是近亲繁殖的产物。这种"文人相轻难合作"的局面，成为学院教师学术合作、学科和学院发展的巨大障碍。分析其中原因，主要表现在以下方面：

（1）制度供给的滞后性

管理学上有一说法：门往哪开，人往哪走。这说明制度安排会对人们的行为产生激励与约束作用。学院内部同事之间或者学界不同学者之间学术合作难以持续的一个重要原因，是国家和大学内部的相关制度相对滞后，例如，单位人事制度、学术成果认定制度等。现在许多大学表面倡导跨学科、跨界、跨境搞学术合作，实际在合作的过程中又对合作成果采取了压抑合作的态度。很多学院的科研成果只认第一作者，科研项目只认负责人，成果获奖只关注国家前三、省部级前二等。这种学术评价制度导致许多合作失去了基本的公正立场，很多学者在科研项目、科研成果方面所付出的劳动收益为零。如果不从根本上改变这种状况，用新的学术评价制度来引领教师开展学术合作，则学院内部的学术合作在今后相当长时期内仍然不会有明显好转的局面出现。

（2）学术训练的差异性

学院学者因所受学科训练不同，掌握不同的学科研究规范，形成不同的学科价值观。价值观不同使学术人往往对其他学科产生偏见，认为学科间、专业间存在着不可逾越的鸿沟，从而使得学术合作鲜少在不同学科间实现。再者，学术人专心于学术研究，人际交往及人际关系的处理上多少有所疏忽,缺乏恰当处理这类事情的应变能力,这常导致学术人间的"文人相轻",进而阻碍了平等学术合作关系的建立。因为学科价值观不同,在跨学科研究合作中,有可能发生某个学科主导其他学科的情况,使处于弱势地位的合作者感觉受到了轻视,不利于不同学科教师间的合作。韩启德曾经指出:"在政府科研经费资助和项目管理上,官员的权力过大,往往直接指定和左右评审专家,使评审的科学性、公正性得不到保证;在人才评价和科技成果、资助项目评定上,缺少严格意义上的同行评议,常常简单地把论文发表数量、引用率等量化指标作为唯一标准,形成被大家戏称为'学术工分'式的评价方法等等。"①

(3) 研究领域的特殊性

学术是学院的核心,是大学教师工作的主要内容。高深知识的专门化、精细化与学术工作自主化、个体化,导致学科与学科、专业与专业之间的距离不断扩大;越来越多的专门知识领域表现出内在深奥性和固有自主性,从而使学院处于一种相对割裂的状态,学者间的研究领域、研究兴趣、研究范式的差距越来越大,使得同一学科不同研究领域间的学术对话较为困难,思想缺乏交集,行为缺少动力,进而使学术合作越来越趋于浅表化、形式化与被迫化,跨领域合作存在着结构性问题。同时,专业化加深、智力破碎使原处于同一学术共同体之内的各种学科之间的联系逐步弱化,"大学不再是知识的共同体,而是那些碎片化的知识所共享的一个'保护伞'"②。学院教师在学术信念和价值追求方面的不同,造成了学术共同体内部的自然分裂。学院作为一个共同体出现信念迷失与信任危机,那么学术共同体成员集体行动的依据就随之丧失。如果长期难以形成较为一致的组织信念和集体行动,则学院共同体成员便会一盘散沙,导致学院走向分崩离析,成为孤独者孤寂生活的巢穴。

学者修养的劣根性——合作能否成功,有外在的制度、组织文化与知识发展本身的原因,但是从根本上说还在于当今大多数学者以自我为

---

① 任荃. 教育时评:大师不应由媒体来加封 [EB/OL]. [2009-09-09]. http://edu.sina.com.cn/l/2009-09-09/1126177191.shtml.

② 王建华. 现代大学的危机与超越 [J]. 高教探索, 2008 (5): 28-33.

中心，损人利己、自私自利。在市场经济大潮中，学者作为社会成员中的一部分，其逐利的行为偏好被充分激发，使越来越多的人只看到自己的利益，千方百计使自己的利益最大化。由于不能处理好合作中的利益分配，尤其是在发生利益冲突时不能以高尚的道德修养来节制自己的利己之心和图利之行，使本就十分薄弱的合作基础垮塌，进而阻碍学术合作向更高更深的方向发展。

第四节　学院制的未来发展

推进大学治理体系和治理能力现代化的重点在于构建大学内部治理体系，而其关键的组成部分则是学院治理体系[①]。因此，大学治理现代化的关键是重建学院制，让其在中国这片拥有五千年文明的古老土地上能够真正中西合璧、另辟蹊径，形成一个既流淌着中华文化血液又汲取西方大学精华的新型现代化学院治理体系。这就需要有一个立足当前、面向未来的卓越制度设计。正如有学者说的那样："制度设计是个精细活，既要有顶层设计，统筹全局、高屋建瓴，又要有底层设计，抽丝剥茧、脚踏实地；既要关注历史大势，也不可忽略政治或者经济发展中那些看起来没有分析价值的小事。"[②]

一、学院是大学治理的轴心

学院是任何一所大学中的轴心机构，学院治理的质量是大学治理水平的集中体现。在大学治理改革不断深化的大背景下，学院治理的改革或学院制的完善，就是构建现代大学制度的最佳切入口，是大学以基层变革促整体变革的有效行动策略。长期以来，我国现代大学制度建设的基本思路非常注重政府自上而下的"顶层设计"，关注的是大学作为一个整体的内外关系调适，有意或无意地忽略了源自大学基层内生的变革

---

① 郭书剑，王建华. 论学院的治理及其意义［J］. 江苏高教，2016（5）：36-40.

② 仲伟民. 源于体制：社科期刊十个被颠倒的关系［J］. 南京大学学报（哲学·人文科学·社会科学），2013（2）：23-40.

力量的激发。如果学院的变革没有推进，现代大学制度建设就会变成一个"半拉子工程"，上难顶于天，下难立于地。由此可见，学院制改革是整个大学治理现代化的控制性工程。学院制改革的成败，决定了大学治理现代化的胜负。

1. 重新定位校院关系

当下的大多数研究都把大学治理的重点放在学校层面的权力配置，以及大学与外部环境尤其是与政府的关系。大学领导者必须清楚地意识到，学院才是大学最根本的生产单元。学院的学术与人才生产效率，决定了大学的整体生产效率；学院的学术声誉，决定了大学的学术声誉。因此，必须十分审慎地思考大学与学院之间的关系，摆正彼此的位置，重新确定它们各自的行为边界与行为方式，建立一种重心下沉、向下赋权、上下合作、向上负责的治理结构。这就需要，一方面，通过校—院之间责、权、事、利的合理配置，重新构建新型的校—院关系。目前而言，特别需要大学领导者实现大学内部的简政放权，切实增强学院的实体性和自主性，做到"放水养鱼"而非"杀鸡取卵"，使学院能够实现职责、权力、资源、绩效的匹配对等；另一方面，学院领导者要以校院权责重新分配为契机，更新治院理念，做好顶层设计，立足现实，谋划长远，为学院的学科建设、人才培养与教师专业发展奠定坚实的思想与制度基础。

在学校与学院的重新确权过程中，必须充分考虑到学院作为一个"微大学"所应该拥有的治院自主权。这些自主权包括但不限于招生自主权、专业设置与调整自主权、内部机构设置与调整权、科研活动与教学活动组织权、合作办学与合作研究实施权、师生奖励与处分权、内部综合改革权、经费与财务管理自主权等。如果学院缺乏基本的独立自主运作的权力，学院的改革就会难以深入。

2. 重建学院治理结构

治理结构是关于学院内部不同权利主体在学院治理活动中的权利义务关系及其在处理彼此关系中的行为规范。简单地说，就是学院所有的利益相关者围绕治理过程中的权利义务关系所做的制度安排，其核心是领导体制。

一个学院的核心权力主体包括学生、教师、院长、分党委、教授会、二级教代会、系所、团分委、学生会及其他群体。因此，学院的治理结构就内部而言，包括这些核心主体在治理中的"组织生态位"的配置。学院是学生学习成长的地方，也是学者、学术和学科发展的平台。一个先进的学院治理结构，首先应该保证学生、学者、学术、学科发展的目标能够圆满实现。因此，现代化的学院治理结构是以师生法定权益的充分实现为基础的。没有了这个基础，学院的发展就没有了方向，也失去了意义。

如何保证师生的权益能够充分实现？学院的制度应该激励学生专心学习、教师潜心学术。通过激发他们的生命潜能来实现其生命价值。就此意义上讲，一个合适的学院治理结构并不是一成不变的，而是动态发展的。判断学院治理结构的合理与否，在于能否促进学生的有效学习和人格的科学养成，即让他们成为可以实现民族复兴大业的时代新人。学生的变化不是学生自由率性发展的结果。无论是现在或是将来，教师在学生成长中都具有任何技术进步所无法替代的独特作用。因此，好的学院治理结构应该有效地激发教师的工作潜能，无论是在教学、科研、服务与参与管理等各个方面，都能够实现自身的预期目标与价值理想。在保证师生共同权益的前提下，进一步设计好学院权力主体的合理架构。

相比之下，《中华人民共和国高等教育法》中已经明确了公立大学实行党委领导下的校长负责制。这为大学完善学校的治理结构指明了努力方向；也让党委与校长的关系，以及政治权力、行政权力、学术权力和民主权力之间的关系，有了一个基本共识。然而，学院的治理结构，即学院党委、院长、教授会和教代会之间既缺乏官方的统一制度安排，又缺乏合法的自主性契约，从而无法确保二者有利于师生权益的充分实现。

作为一个基础的学术组织，学院必须按照学术组织的性质及其发展规律来确定其治理结构。为了有利于保障学院的学术本性和教育本性，必须实行院长负责制，即学院的院长是学院的象征，类似于法人代表。学院院长并非指院长一个人，而是以院长为首的行政团队。他们从整体上负责学院的规划与日常管理。

实施院长负责制并不等于否定学院党委或分党委的作用。与大学实行党委领导下的校长负责制不同，学院党委无法对学院的学科发展、队伍建设进行长远规划，不利于学院的长远发展。因此，学院的层次和学院的组织特性，决定了学院党委的辅助、保证、监督与思想教育的功能定位。学院的书记在配合院长治院的过程中具有非常重要的地位。与院长们肝胆相照、荣辱与共地共同治院，是中国政治体制下的一个特色，也是一种缘分。然而，在实践中，学院的书记与院长的合作比较艰难。因为没有明确的制度导向，二者的关系是合作关系还是领导与被领导关系，说不清楚，只能靠各自的修养或者觉悟。由于大家的立场不同，导致各种各样的矛盾冲突，甚至成了大学领导者调解的主要矛盾源之一。

中国大学学院治理结构现代化的关键在于教授会或者其他以教师为主体的委员会在学院运行中处于什么地位、发挥何种作用。现在不少大学已经在学院成立了教授会。但是，总体上讲，没有达到合力治院的目标。具体表现在：大多数教授会停留在一些具体事务性方面的处理，例如新教师招聘的形式性审查、教师专业技术职务晋升的投票、学术不端行为的调查、学院发展规划的形式化讨论、科研项目的评审论证等。现在有的学院在教授会的基础上又借鉴学校学术委员会的组成及职能分工建立了学院的学术委员会。这样一来，就出现了新的问题：教授会与学术委员会是什么关系？如果成立了学术委员会还要教授会干什么？另外，教授会或学术委员会究竟是一个决策机构、咨询机构还是执行机构？所有这些，都说明学院的治理结构仍然需要进一步优化。可以肯定的一点是，在学院制走向现代化的过程中，无论是教授会还是学术委员会都应该能够有权参与到学院的重大决策过程中，为学院的健康持续发展做出贡献。

3. 畅通学院运行机制

学院的治理结构能够产生效力，必须有好的运行机制与之匹配。就学院而言，包括沟通机制、合作机制、激励机制、制衡机制与救济机制。

沟通机制是指学院应该保持有效沟通，防止信息堵塞、信息变异与信息变质。从信息加工的理论视角看，沟通本质上是一个信息流动的过程，涉及编码、传输和解码三个基本环节。确保有效沟通，就是编码正确、传输正确和解码正确。学院应该首先利用好信息公开，让每个成员都能够从源头上得到信息，一方面缩短了信息传递时间，同时也确保了信息质量。与此同时，也要充分认识到，信息传导者与接受者都是"人"，决定了学院共同体成员之间的沟通不会像电子信息系统那样没有主体非理性因素的影响。人既是一个生命主体，又是一个价值主体。因此，人际沟通总是难以拒斥人的情感、社会关系网络等因素的干扰。这就决定了只有速度没有温度的正式沟通无法满足所有成员的非理性诉求，也就注定了非正式渠道的沟通存在的必然性和合理性。当然，也要特别记住：有温度的非正式沟通是一把双刃剑：它既是弥补正式沟通不足的利器，又是滋生谣言、制造矛盾的温床。

合作是现代治理的本质特征，更是学院治理的客观要求。无论是学生的学习与公民性的成长，还是教师的教学、研究与服务，都依赖合作的质量。一个良好的合作机制包括合作意愿、共同目标与良好沟通。沟通在信息机制构建时就解决了，剩下的就是合作愿意与共同目标。而这两者都取决于良好的激励机制。

良好的激励机制是让人人想干事、个个能干事、事事能干成的。传统的激励机制以鼓励竞争为基调；新型的激励机制则应该是鼓励合作或合作与竞争兼顾的。为此，要消除一切不利于合作的制度及其实施机制，让合作能够真正有效地开展起来。

制衡机制是要在学院的党、政、教、工、团、学等不同权力主体之间形成一种相互支持、相互促进、相互监督、相互制约的机制。很多学院的兴衰历程，都说明没有制衡，就会出现集权、腐败与为所欲为。只有制衡良好的学院，才能和而不同、止于至善。

为了防止学院"一管就死，一放就乱"，应考虑实施以教授会为主，发挥教授会在学术决策与行政监督中的核心作用，以学术权力来引领、规范和监督学术权力，以学术权力制约院长和书记的行政权力。同时，为了避免教授会的权力过大或权力行使不当，而做出明显有失公正的决策、二级教代会、学生会、团委、师生个人均可以对教授会的工作程序与具体结果进行监督；同时院长和分党委作为行政权力主体，要压实主体责任和监督责任，并把监督融入或体现于各个环节。同时，对于监督中发现的问题，要采取倒逼日期的办法及时彻底解决，对于涉及要素较多的事情也要通过微信群、布告栏和会议等多种途径反映进展，避免事情混乱、久拖不决。

救济机制是充分实现学院师生权益的补偿机制。再好的制度设计、再完备的程序，也难以保证学院所有的事情都毫无差错。这就决定了救济机制存在的必要性。救济机制本质上是一个不利的事件产生以后，有一种事后机制能够对受到伤害的一方给予物质和精神上的补救或补偿，同时也有一种主动矫治的机制在处理后续事务的过程中不犯或少犯同类错误。由此可见，救济机制实际上是管理自组织机制的构成要件。

二、院长是荣辱之源头

院长是学院治理中的关键人物，其道德修为、学术涵养、组织能力与沟通艺术等都与学院的荣辱有密切关系。他们就像开关一样，掌握能量的方向、速度、强度与命运。什么是开关？简单来讲，就是拐点。生活中，大家很容易发现：开关一开，灯亮了，水也出来了。反之亦然。学院的院长，就像开关一样，直接决定了能不能以及何时能把师生心中的灯点亮，以使点点心灯汇聚成灯的海洋、光的世界，照亮师生前行的道路；也直接决定了能不能以及何时能将师生生命中隐含的智慧活水导出，让其源源不断地浇灌学院这个富贵华丽、奇葩绽放的精神花园。当师生们认同你的看法，接受你的思维，就会形成共同的价值观、信仰、规范，就一定能成为他们自我激励、自主发展、自动控制的根本力量。当然，如果院长开了坏头，成为不好的榜样，就会成为一种丑陋甚至罪恶的力量，成为动摇学院根基、损毁学院荣誉、阻碍学院发展的万恶之源。无数的历史与现实证实，学院成于院长也败于院长。

2015年10月，美国全国教育管理政策委员会（National Policy Board for Educational Administration）发布了新的《教育领导者专业标准》，涵盖使命、愿景、核心价值观；道德准则和专业规范；公平正义和文化响应；课程、教学、评价；充满关爱和支持的校园；专业的教职员工团队等10大类。而相比较之下，迄今为止，我们既缺乏国家标准，也缺少自律规范。

孔子说，君子应"知者不惑，仁者不忧，勇者不惧"。意思是说，作为君子，应该不断求取知识，以减少对世界万事万物产生的困惑；要真诚待人如己，不再为个人名利得失忧愁；要勇敢地实践前行，不畏惧任何困难。对于院长的个人修养而言，起码应该包括但不限于仁爱、智慧和勇敢这些好的品质。追随先圣思想，结合时代要求，作为当代的学院院长，必须具备但不限于以下三个方面素质：

1. 道德领导力

道德领导力是萨乔万尼提出的一个概念。在《道德领导：抵及学校改善的核心》一书中，他提出了拓展理解领导和实施领导的方式背后的价值基础和拓展领导实践的权威基础的主张①。他认为，学校本质上是一个学习共同体。在学校中，传统领导者所重视的科层权威（bureaucratic authority）、心理权威（psychological authority）和技术—理性权威（technical-rational authority）虽然合理，但远远不够。现在的校长应该重视专业权威（professional authority）和道德权威（moral authority）。在专业权威下，教师依据共同的社会化、专业价值观认可的实践原则以及内化了的专业精神对环境召唤做出回应，专业权威需要道德权威的支撑，而道德权威来自学习共同体所共享的价值观、信仰、理念、承诺和理想的力量②。他认为，传统的领导仅仅停留在领导之手层面，较少提升到领导之脑和领导之心层面。因此，校长的第一要务不是制定目标（goal setting），不是监督，而是建构目的（purposing）。他提出了4种领导替身，即共同体规范、专业理想、对工作本身的回应和团队精神。因此，作为一个学院的院长，首先是要抢占道德的制高点。通过学院共同体的价值建构、共同规范，通过实践体验来实现对师生的积极影响。让师生们不是惧怕院长的职位权力，而是成为一个忠实的追随者、一个粉丝。并且在这个过程中，要逐渐地实现从对领导人的追随过渡到对价值、信仰与理想的皈依。

由此看出，学院院长的道德领导力主要体现在他的道德修为、价值理想对被领导者产生的吸引力、凝聚力、感召力以及由此而产生的来自

---

① 托马斯·J. 萨乔万尼. 道德领导：抵及学校改善的核心 [M]. 冯大鸣，译. 上海：上海教育出版社，2001：Ⅷ.

② 吴志宏，冯大鸣，魏志春. 新编教育管理学 [M]. 2版. 上海：华东师范大学出版社，2008：140.

被领导者自愿的愉悦的心理支持与行动追随,从而实现学院领导的目标,是院长道德理想、道德认知、道德行为、道德意志和道德信念等的综合表现。其内涵主要包括以下四个基本要素:以德感人、以德服人、以德化人、以德树人。

2. 学术影响力

学术影响力是指校长的学术造诣在学术界与学院内部所产生的影响,它决定了院长的学术威望与专业领导力。

德鲁克说过,没有人为你负责,除了你自己,而你唯一的资本就是知识,你唯一的能力是应用知识创造价值的能力[①]。在互联网时代,如何面对海量信息?而将其转化为智慧尤其重要,因而出现了一种"PKM理念",即个人知识管理,其目的是使个人所拥有的知识集中化、系统化、有序化,便于提取、利用和共享。这种知识管理的理念已经发展到组织层面。作为院长,其知识管理已经不限于建立起自己完备的专业知识管理体系,而是作为学院的CKO(首席知识管理官),需要不断深化学院的知识结构,扩充学院的知识储备,加强学院的知识管理,使学院的显性知识和隐性知识能够更好地发挥在学院治理中的建设性作用。

3. 制度执行力

执行力的本义是不折不扣地完成任务、实现目标。因此,作为学院第一负责人的院长,必须通过制度的执行来实现有效领导。在现实的学院管理实践中,有的学院没有制度,有的学院有制度却没有有效执行。制度被放在了档案柜或办公桌的抽屉里,就是没有落实到流程中和行动上,从而导致制度是一回事,执行制度是另一回事。久而久之,制度就失去了效力。

院长的执行力能够提升取决于意识、习惯与流程再造。意识在于消除中国人不重视、不了解与不追求这三种有害执行的思想倾向;习惯是指要把执行作为一种思维方法与行为定势来养成,使自己与学院师生养

---

① 章鱼怕黑. 互联网运营知识体系 [OB/OL]. [2016-07-02]. https://wenku.baidu.com/view/346378b068dc5022aaea998fcc22bcd126ff42c8.html.

成善于提出问题、分析问题和解决问题的习惯;流程再造就是围绕执行再造管理流程,将战略、人员与运营三大核心治理流程按照选人为首、战略居中、运营断后的思路制定。首先将人选好用好,这是战略流程的前提;然后将运营流程与战略流程结合,确保战略、运营与人员相互匹配、相得益彰。

三、参与是激活的机制

广泛参与才会增进认同,才能形成合力,也才能激发活力。鼓励教师参与学院治理,并非要使教师职业行政化,让教师被无休无止、琐碎无比的行政事务干扰其潜心学术、专注育人。教师参与学院治理,主要体现在学术共同体规则制定与学术秩序的维护上,以期实现学术独立、精神独立,坚守学术底线,维护学术正义,真正地实现教育"去行政化"、"去功利化"的目的。教师参与学院治理的途径主要表现在以下方面:

1. 参与制定学术标准

按照萨乔万尼的说法,学术标准是学术领导的替身。一个成熟的学术共同体,严格而又受到主动遵从的学术规范有多么重要,是不言而喻的。它既有利于对教师的学术品质、规范与伦理等方面的公正科学鉴定,维护学术的尊严与学风的清正,又有利于对学生培养、教学实验、教学改革和教学成果的引领与认定。学术标准只能靠教师社团自己来制定、维护和修订,不能靠任何其他力量,过度的行政干预只能适得其反,要么阉割了学术,要么伤害了学者。

在学术标准制定上,目前中国大学中有一种明显倾向,就是学术标准的"重量轻质"。很多大学和学院将论文、著作、项目、获奖的数量与级别等外部性征作为学术标准的唯一内容,而非常欠缺对精品的敬畏与激励,因此,各种学术不端就由此而生,并迅速蔓延,而后日积月累、积重难返。要根治这种外生性学术规范像毒瘤一样腐化败坏学术共同体的健康肌体的状况,就必须有一种更加优秀、更加科学的内生性学术标准来替代,而这种学术标准一定是共同体成员共同参与制定、有广泛共识与认同基础、能得到自觉遵守的学术规范。

2. 分担学术和公共事务

《管子·形势解》说:"明主不用其智而任众人之智,不用其力而任众人之力。故以众人之智思虑者,无不知也;以众人之力起事者,无不成也。"《淮南子·主术训》也说:"夫乘众人之智,则无不任也;用众人之力,则无不胜也。"可见,先贤们早就谙熟"乘众人之智,用众人之力,成众人之事"的道理。西方如今流行于教育实践中的分布式领导理论与我国古代思想家的主张,有异曲同工之妙。分布式领导是分布于学校组织中的领导者、追随者和特定情境交互作用网络中的一种领导实践理论,它强调领导的实现是领导者与其他因素交互作用的结果,而不是领导个人行为的产物。因此,学院的领导者应该更新理念,为师生参与学院治理广开门路、打通言路,形成勠力同心、众志成城之氛围。

3. 维护学术秩序

学术标准或学术规范只有得到遵守,才有意义。当今中国的大学,规矩已然不少,但是执行力度不足。为数不多的执行中,又以行政主导者众,导致当下的学风问题凸显。由于行政权力过分强大,本就少语或失语的学术共同体内部治理更显沉寂。由于学者自身事不关己高高挂起,甚至依附行政权力,形成歪风邪气,助长了行政权力学术化扩张。要改良学术秩序,必须重构学术秩序,整饬不良学术风气。而实现这一目标,要靠所有共同体成员的意志努力。

四、文化是青春的法门

善治是中国大学学院治理现代化的目标。善治不是建构以控制为目的的一种正式制度,而是需要以"自由·自治·自新·自强"为特征的学院文化的持久涵养。这是确保学院生生不息的核心秘诀所在。为此,学院需要培育一种以崇尚学术自由为核心的精神文化,以实现学者自治为重点的制度文化,以鼓励自主为方向的行为文化和以激活自觉参与共治的技术文化。

1. 自由是学院文化之魂

自由作为人类的普世价值,是人类孜孜以求的目的。究竟什么是自由,它包括哪些要素或者形态,不同学者自然有不同的见解。邓晓芒认为:"做一个自由人,为此而建立一个自由的社会,这是人类的最高理想。一般自由有三个层次,即自在的自由,自为的自由,自在自为的自由。"① 在马克思的著作中,人的自由呈现出三种形态:自由精神、自主活动和自由个性②。而在法学领域,私法中的"法不禁止皆自由"的精准含义是只要行为人不实施侵犯他人合法的私人领域这一为法所禁止的不正义行为,他就享有充分的自由③。如此等等,莫衷一是。这里所提及的自由,是学术自由。这也是一个颇有争议的话题,不同学者对学术自由的理解也各不相同,甚至彼此对立。例如,冒荣认为,可以将"学术自由解释为学术组织及其成员免于某些强制而从事学术活动的自由。从事学术活动的自由,主要是进行学术探讨和发表学术见解的自由,其实质是思想自由和表达自由"④。而刘亚敏则认为,学术自由是学者从事学术活动享有的自由,学者是学术自由的享有主体,学术活动是学术自由的载体,学术自由归根结底是为了学者的自我完善和自我发展,是学者从学术的"必然王国"迈向"自由王国"的根本保障。人是目的,其他一切都是手段,"人是人的最高本质"⑤。孙绵涛、康翠萍则提出反对意见,认为"大学的本质不是学术自由,大学只有相对的学术自由而非绝对的学术自由,大学的本质是学术自由性和受控性双重属性的对立统一"⑥。王德志从宪法权利的视角,对学术自由给予了正确解释。他认为,科学研究自由或者学术自由是一项独立的权利或自由,不需要"从属于"文化权利,也不需要"依附于"思想或者精神自由⑦。在我们看

---

① 邓晓芒. 什么是自由?[J]. 哲学研究, 2012 (7): 64-71.
② 张三元. 论马克思关于自由的三种形态——马克思主义自由观研究之一 [J]. 学术界, 2012 (1): 56-68.
③ 易军. 法不禁止皆自由的私法精义 [J]. 中国社会科学, 2014 (4): 121-142.
④ 冒荣, 赵群. 学术自由的内涵与边界 [J]. 高等教育研究, 2007 (7): 8-16.
⑤ 刘亚敏. 论学术自由的人本价值 [J]. 教育研究, 2014 (2): 48-54.
⑥ 孙绵涛, 康翠萍. 学术自由性与受控性的对立统一——学术自由大学本质观的重新审视 [J]. 教育研究, 2011 (6): 52-59.
⑦ 王德志. 论我国学术自由的宪法基础 [J]. 中国法学, 2012 (5): 5-23.

来，学术自由不仅是师生活动自由的前提，也是其创新不受干扰，从必然王国走向自由王国的保障，还是学院和大学实现自主持续发展的法理基础与文化氛围。教育的本质是自由，是解放学生的身体与心灵，是德性与智慧的自由和谐发展。无论是作为个体还是作为人类集体的一员来说，学生在大学期间的发展都是极其重要的，是其从必然王国走向自由王国的重要一步。学习自由是实现其个性自由而全面发展的重要路径。因此，"学习自由不仅是大学生的基本权利，也是大学培养创新人才的基本制度环境。当务之急是重构大学生学习的权利与责任体系、整合教学资源、创新学习管理体系，为学习自由的实现创设和谐的制度环境"①。大学是帮助学生通过学习自由实现自由发展的地方，因此，必须通过学术自由促进教学自由，又通过教学自由来促进学习自由。

可见，"学术自由"作为学习、科学研究和探索真理的自由，理应成为学院治理理念的核心，是学院活力的活水和生命力的真谛。学术自由应该包括研究自由、教学自由和学习自由。教师有独立自主从事教学活动的教学自由和探索未知世界的研究自由；学生则有自主选择课程、选择导师、听课等方面的自由。虽然还不是所有的人都理解自由不是绝对的，它也有边界、有限度、有约束；但是，就学院本性而言，建立一种崇尚自由的文化，是大家的当务之急。

2. 自治是学院文化之基

经典的观点认为，学术自由必须要大学自治，大学自治是学术自由的制度保障或权利延伸。"要拂去学术自由的遮蔽物，必然要构建学术自由域，即要探索学术能够自由进行的有效区域界限以便在这样的空间中使学术活动能遵循它的本性而发展，也就是说，学术自由必须在实施了学术自治的条件下才有可能性。"② 然而，组织的自治并不必然带来组织成员的自由，大学自治同样不必然带来教师的学术自由。行使大

---

① 马廷奇，张应强. 学习自由的实现及其制度建构——兼论创新人才的培养[J]. 教育研究，2011 (8)：50-54.

② 舒志定. 大学学术自治与学术自由的比较阐释[J]. 宁波职业技术学院学报，2002 (4)：60-62.

学自治权利的教授组织，依然可能压制个别教授和其他教师的学术自由。事实上，保障学术自由，不仅要对抗政府为学术自由设置的障碍，也要对抗大学机构为学术自由设置的障碍。所以，大学不仅是学术自由基本权利主体（学术自由的团体性权利），同时也是保护学术自由基本权利的义务人。对于大学成员来说，在其参与自治时，也是具有基本权利主体与保护基本权利的义务人的双重身份①。从这个意义上讲，教师参与学院自治既是学术自由权利的体现，也是维护学术自由义务的反映。

因此，自治不仅是一种治理的方式或者制度安排，还是一种文化氛围。并且这种自治并不是一种对抗政府宏观管理、大学整体规范的辩护词，而是作为学术自由高级保护力量的理念。自治不等于封闭，自主不等于放纵。自治不仅需要学校还权于学院，也同样需要学院还权于学者和学生。同时我们还要牢记：把自主权和自治权交给教授会，未必比大学控制时更有利于教师和学生的学术学习自由权的实现。必须创造一种新型的学院文化为他们启蒙：他们不仅是权利的享有者，同时也是义务人。

学院自治是自治和自律的统一体，是多元主体共治生成的一种帕累托状态。就如没有绝对自由一样，绝对自治、彻底自治也是没有的。因为任何一个学院不可能存在于与外部世界完全隔绝的环境中，它总是受到来自环境中方方面面的因素影响。因此，自治是相对的。但是，基于我国当前是他治过度而自治不足的现状，在相当长的历史时期内，倡导大学和学院自治，是极为有益的。

3. 自新是学院文化之根

大学之道，在明明德，在亲民，在止于至善。亲民，根据朱熹的解释，为新民，即改过自新、弃旧图新之义。虽然存在争议，但也可以有迹可循：苟日新，日日新，又日新，也是及时反省、不断革新之义。可见，古人已经非常重视创新，包括温故知新、吐故纳新、推陈出新、弃旧开新、涤故更新等成语，均体现出对新生事物的不懈追求。

---

① 马凤岐. 大学自治与学术自由 [J]. 高教探索，2004（4）：14-16.

学院作为研究高深学问、培养高级人才之地，自我超越、自主更新就显得非常重要。无论是培养具有创新意识和创新能力的学生，还是不断超越自我、开辟新领域、发现新知识的教师，都是学院持续发展的重要支柱。因此，在走向大学学院治理现代化的过程中，培育一种自新文化就成为学院文化创新的重要时代使命。我们需要提高自新在学院发展中"基础之基"的地位，将其作为整个学院文化的根系。根系越深，文化之树就会枝繁叶茂、果实累累；根系不深，则抗击不利环境的能力有限，学院的发展受阻；而根系腐烂，就会给学院发展带来灭顶之灾，成为失败之源。

自新文化是指在一定的社会历史条件下，在自我突破、自我创新、自我超越及自我扬弃的各种活动中所创造和形成的具有特色的自新精神财富以及自新物质形态的总和，包括崇尚自新的价值观、鼓励自新的制度和规范、包容失败的物质文化环境等。因此，自新文化是一种培育创新、超越自我的文化，这种文化能够激扬起一种不可估量的热情、主动性和责任感，来帮助学院达到一种常人不敢相信的超高目标。

自新文化的本质是破除思维定势，鼓励批判性思维、求异性思维和破坏性思维，倡导质疑精神、批判精神、标新立异精神和敢为人先精神。特别是在同心聚力实施世界双一流大学和高等教育强国建设，走向高等教育现代化和大学治理现代化的过程中，固然要借鉴国内外大学学院创新发展的有益经验，但绝不能亦步亦趋，照抄照搬，吃人家的剩饭，步人家的后尘。要从国情和校情、院情出发，敢于自我突破和自我超越，这样才能走出一条专属于自己的自新发展的成功之路。为此，在学院发展中，必须养成一种尊重、善待而不轻易怀疑和武断否定新生事物的文化，热情鼓励和积极支持全院师生涌现出新想法、新尝试、新发现、新进步。

自新文化是一种超越创新文化的温情薄利文化。在创新文化背景下，除了价值理想，还可以有功利目的。就像许多企业投入巨大的人财物资源进行技术创新与新产品研发，确实激励着企业员工乃至社会其他成员投身于它们的创新活动中。这是因为企业的新产品能够带来新的垄断利润，能够促进企业在市场竞争中获得更大的优势，而科研人员潜心科研除了功名之外，还有知识产权、股权等物质利益。然而，自新文化是自己对自己激励，自己对自己超越，很多时候不仅不能带来精神上的愉悦和物质上的满足，还是一种痛苦的经历。因为创新的"敌人"是别人，而自新的"敌人"是自己。自己革自己的命，不断地批判和否定自己，就只有以痛为伴、以苦为乐、苦尽甘来，这一定需要一种深蕴其中的价值观或精神动力支撑着自新者蹒跚前行、化蛹成蝶。

自新文化必须包含着宽容失败的气度与精神。失败是成功之母。不允许失败、不宽容失误，没有包容心、宽容度和承受力，不敢承担创新的风险和责任，不营造出一种不怕失败、允许一败再败的宽松文化氛围，就难以激励大家永不止步、一往无前。因此，应该树立兼容并蓄、海纳百川的价值取向，修炼虚怀若谷、厚德载物的博大胸怀，消除狭隘封闭、故步自封、因循守旧、画地为牢、盲目排外的意识。要坚持人本主义价值导向，在尊重个人主体意识和张扬个性的同时，要鼓励学术交流、学术合作，建设自新型团队，彻底克服小团体主义和极端个人主义。

4. 自强是学院文化之本

《周易·乾》曰："天行健，君子以自强不息。"自强或自强不息成为我国大学的基本办学理念之一。清华大学、厦门大学、武汉大学、兰州大学、电子科技大学、东北大学、上海大学等知名高校都将自强不息或自强写入了校训，哈尔滨工业大学将之写入了大学精神，复旦大学的校名"日月光华，旦复旦兮"也寓意自强不息。张之洞在决定开办自强学堂（武汉大学前身）时就认为，"该文经国以自强为本"，"自强之道，以教育人才为先"。可见，自强不息，是兴院之源、强院之本。

自强是一种生命不止、自强不息的精神，是一种发愤图强、精忠报国的美德，是一种自力更生、艰苦奋斗的作风，是一种坚持不懈、勇往直前的习惯，是一种现代人必备的品质，也是教育者期待在学生身上能够表现出来的核心素养。

自强是一种文化，是一种学院"行为不得，反求诸己"的文化，也是一种身体力行、攻坚克难的文化。有了这样一种文化，就会永远不把自己的命运寄托于外在的任何力量上。自强的源泉是自信，自信的发展是自尊，自信的目标是自立。只有形成自信、自尊、自立的良性循环，才能够审时度势、因势利导、顺势而为、乘势而上，直至光辉的顶点也不停歇。

总之，以自强为学院文化之本，就需要自我激活内在的全部力量，实现内涵式发展。这种内生动力是一种不可战胜的力量，是学院发展的文化源泉，是学院治理现代化的重中之重。

第六章　中国学生参与大学治理现代化

学生是大学共同体成员中人数最多、层次最复杂、结构最多元、个性最多样、诉求最富差异的一个群体。长期以来，我们仅仅把他们当学生或者受教育者看待。因此，虽然在长期的大学办学实践中，大学生群体都不同程度地受到党和政府的关注，受到大学办学者的重视，但是，基本上是从如何教育好、培养好他们的角度出发的。只有在比较特殊的时期内（如革命战争年代、"大跃进"和大革命时期），学生才被作为一种管理视阈中的主体。应该说，大学学生参与是现代大学内部"共同治理"的应有之义，其合法性在于它能够为大学内部"善治"的实现提供积极的输入，也是法律赋予他们的基本权利。因为绝大多数大学生在入校之初就接近或超过法定的成年标准，享有公民一切权利，同时也承担公民义务。历史经验告诉我们：学生观和制度安排是影响学生参与大学内部"共同治理"的主要因素，而学生参与也是一种有限的参与。当前，虽然许多高校已出台不少举措，使学生在一定程度上参与到大学内部"共同治理"中，但总体而言仍处于初步探索和呼吁阶段，许多观念更新还跟不上节奏，制度规范还不够完善，范畴路径还不够宽阔，学生参与治理的深度和广度也还远远不够。很显然，这不能很好地适应我国大学治理体系和治理能力现代化的要求。一个国家的高等教育能力，归根究底，都将转化为毕业生的综合素养。这个素养，将不仅蕴含在毕业生的德性、知性、理性与个性发展水平上，还包括作为新时代公民所需要的政治敏感、参与意识、责任意识、法治意识与政治价值追求等方面的发展状况。专门将学生参与大学治理拿出来作为专门论题，其初衷在于重新站在大学生已然是完全享有公民权的社会主体的视角下，思考在大学治理现代化过程中，如何正视学生的权利，将他们恰切地纳入大学治理体系的整体框架中，以走向大学善治为目标，切实发挥大学学生群体在大学治理中的特殊作用，从而为早日实现大学治理现代化服务。

第一节　大学生参与大学治理的可行性

无论是"以生为本"的教育观念还是利益相关者等相关理论，都证明了学生参与大学治理将成为大学治理发展的必然趋势。那么，大学生究竟有没有能力参加大学内部治理呢？换句话说，大学生参与大学治理是否可行呢？答案是肯定的。大学生不但已经具备参与治理的能力，且高校也具备保障学生参与权的环境。正如克拉克·克尔所指出的："未来的公民，今天的学生，应该能够识别在学校、地方、省、国家和全球层次影响他们的公共政策问题，并参与问题的解决。为了进行文明的和建设性的辩论的目的，重要的是要了解一个多元化社会内部大部分的可供选择的观点。了解'另外的方面'是重要的。"[①] 大学中的学生包括研究生、本科生、专科生三个层次，研究生还区分为硕士研究生和博士研究生两个层次。与此同时，随着大学国际化程度的日益提高，留学生成为大学中一支不可小觑的力量。但是，由于不同层次、不同类型、不同年龄的大学学生具有不同的利益诉求与价值立场，因而，造成了将其笼统讨论之困难。基于这个缘故，本章将以本科生为主要论述对象，集中讨论其参与大学治理的相关问题。以下首先将从大学生的身心发展水平、参与动机、自我管理实践和社团规范约束四个方面，来探讨大学学生参与大学内部治理的可行性问题。

一、身心发展水平

由于我国绝大多数地方实行 6 岁入学和基础教育 12 年学制，因此，大学中本科生年龄绝大部分在 18～23 岁，属于发展心理学中的青年期。

---

① 克拉克·克尔. 高等教育不能回避历史——21 世纪的问题 [M]. 王承绪，译. 杭州：浙江教育出版社，2001：42.

但他们又属于一个特殊的青年群体,这种特殊性集中表现在大学生作为知识传承与创新的传递者,对社会政治、经济、文化等各个领域将产生可预见的重要影响。也正因为如此,大学生的公民素质对整个社会的未来具有导向性作用。作为大学的领导者和教育者,必须深刻地意识到这一点。据发展心理学的研究表明,大学生的身心发展已达到相当成熟的水平。生理机能趋近成熟、自我意识高度发展、价值观念初步确立、自治需求逐渐显现等,是处于这个发展阶段学生的共同特点。而这些特点,为大学在校学生利用各种渠道、采取不同的方式和机制参与大学内部治理打下了坚实的基础。

1. 生理机能趋近成熟

大学本科生从人的发展阶段看,处于青年中期。此时期人的各方面生理机能的发展,相比于青春期而言,虽然依然呈现向前发展的趋势,但是总体趋于平缓并走向成熟。身体各个系统的生理机能,包括心肺功能、体力和速度、免疫力和性机能等都达到较佳状态,疾病的发生率较低,进入身体健康的顶峰时期。此阶段的学生经历了青春发育期间脑垂体、甲状腺和肾上腺大量分泌激素,全身组织迅速发育,脑和神经系统兴奋性增加,多数身体功能已达到高峰[①]。大学生的身体形态、生理机能、身体素质、青春期发育以及脑的发育都处于高位发展的阶段,在他们毕业即 22 岁左右的时候,他们的生理发展完全成熟。大学生生理机能方面的成熟和身体素质的稳定,使大学生有足够的精力来适应新的环境,处理学校中与自己相关的事。

2. 自我意识高度发展

自我意识(self-awareness),也称自我认知(self-cognition)或自我,是一个多学科的概念。从心理学角度看,它是一种多元多维多层的复杂心理过程与个性心理特征。彭运石认为,自我意识乃是作为主格我的自我(I)对作为宾格我的自我(Me,包括人格、自我、意识、自我意识)的存在、活动及其过程的有意识的反映,是自觉的自我认识与自我的自

---

① 张婷,刘新民. 发展心理学[M]. 合肥:中国科学技术大学出版社,2016:77-78.

我对待的统一①，分为生理自我、社会自我和心理自我或现实自我、投射自我和理想自我等不同形式。它由自我认识、自我体验和自我监控三种成分构成。三种成分相互联系、相互制约，统一于个体的自我意识之中。自我认识表现为自我感觉、自我观察、自我分析和自我批评等；自我体验表现为自我感受、自爱、自尊、自恃、自卑、责任感、义务感和优越感等；自我监控表现为自立、自主、自制、自强、自卫、自律等。从哲学层面看，自我意识是人之所以为人的内在标志，它使人扬弃了单纯的被给予性即自然规定性，也扬弃了自己作为对象的外在独立性，从而自己规定自己、自己扬弃自己，在推动人成为自在自为的存在时，实现普遍的自由②。康德将自我区分为可以现象的自我、自在的自我和先验的自我③。自我意识的发展与成熟是个体心理成熟的重要标志。

　　大学生经过高考进入大学以后，伴随着升学压力的消失，他们在新的学习环境里逐渐意识到自己是一个独立的人，希望摆脱对成人的依附，按照自己意志行事的意向大大加强，心理学称之为"心理断乳期"。他们要求独立地处理自己的一些问题，如经济开支、朋友交往、作息时间等等④。大学生的自我意识发展呈现五个特点：第一，自我意识中独立意向发展。与少年期不同，该时期的独立性要求是建立在与成人和睦相处基础上的；第二，意识成分的分化，学生在心理上把自我分成了"理想的自我"和"现实的自我"，他们能够按照"理想自我"的要求去调控"现实自我"，但有时也会出现矛盾；第三，这个阶段的学生强烈关心着自己的个性成长，十分关心自己在个性方面的优缺点，对别人或自己进行评价时特别重视个性方面的特点；第四，有很强的自尊心，包括要求独立、自由、自信、被人认可、对成就和名誉的向往等，他们会以各种方式表现自己，争强好胜，以求获得赞赏和满足；第五，道德意识高度发展，在道德情感中直觉式情感减少，伦理道德式情感体验开始占

---

　　① 彭运石. 关于自我意识的概念［J］. 教育研究与实验，1989（4）：22-26.
　　② 张曙光. 自我意识与自由［J］. 学术界，2013（4）：1-10.
　　③ 余天放. 论康德的第三种自我［J］. 人文杂志，2017（1）：51-57.
　　④ 屠鹤云，凌苏心，讲小琼，等. 试论大学生的自我教育和自我管理［J］. 高教探索，1989（2）：35-37.

优势。许多学者在研究中指出，此阶段学生的道德评价能力有以下几个特点：开始能够通过现象揭露道德行为的本质；开始注意比较全面地考虑问题；能够分清问题的主次；开始形成对具体问题进行具体分析的习惯①。

大学生的自我意识在学生参与治理的过程中起着基础性作用。只有当他们有了一定深度的自我意识，才能逐步找准自己的角色定位，才会开始就学校的相关事务，形成有一定独立见解的初步认识，并逐渐明白自己"要什么"，接下来才能形成正确和符合实际的价值判断。这是学生参与学校治理过程的第一步，也是非常关键的一步。

3. 价值观念初步确立

价值观是个体对自然、社会、人生所持有的根本性的观点。它"不是关于某一个别的、具体的事物具有什么价值的看法，而是人们基于生存、享受和发展的需要对某类事物的价值以及普遍价值的根本看法，是人们所持有的关于如何区分好与坏、对与错、符合与违背意愿的总体观念，是关于应该做什么和不应该做什么的基本见解"②。价值观念是自我价值与社会价值的对立统一，是普世价值与民族文化价值的高度融合，包括价值原则、价值规范与价值理想三大要素。它的形成是由人的知识水平、生活环境等因素决定的，同时受人的情感意志、理想动机、立场态度等个性因素所制约，是自我意识发展的结果。此阶段的大学生个体常体验到广泛的内心冲突和压力，面对多方面的价值取向，这些价值取向往往来自父母、来自同龄团体等，在内心冲突的情况下，他们会强迫自己确立某种属于自己的价值观。大学生的价值观反映了大学生的需要、利益、情感、愿望和追求，反映了大学生实现自己利益和需要的能力特点、活动方式和主观特征③。随着社会生活的进步，大学生价值观从整体上呈现出了积极进取的态势，在变革中逐步走向更理想的状态。大学生们不仅强调自我价值的实现，同时也关注社会价值；不仅汲取西

---

① 张向葵，刘秀丽. 发展心理学 [M]. 长春：东北师范大学出版社，2002：286-288.
② 吴向东. 论价值观的形成与选择 [J]. 哲学研究，2008（5）：22-28.
③ 朱孔军，等. 大学生管理理论与方法 [M]. 北京：人民出版社，2010：50.

方价值文化中的精华，且注重吸收我国传统价值文化中的先进精神。在政治价值观方面，大学生对中国特色社会主义共同价值由怀疑、观望到逐渐认定，对邓小平理论、"三个代表"重要思想、科学发展观以及新时期中国特色社会主义理论逐步坚定。在社会发展方式上对社会主义市场经济体制由冷眼旁观、试探接触到积极肯定。随着我国社会发展对高层次人才需求的增加，努力成才成为大学生的主流追求，积极要求入党的大学生比例持续增长。我国2009年发表的由多机构学者联合做的研究表明，"当代大学生政治信念坚定，民族自豪感和国家认同感强，理性认同党的执政能力，关注民生，参政议政热情高，行为务实，但政治理想与行为选择之间存在明显的差异性；环保理念、公德意识正确，但道德践履缺乏自我约束力；知法、守法、护法认知明确，但日常生活中违反校纪校规的行为时有发生；专业选择与职业理想，个人职业兴趣与职业发展空间，职业能力与职业品质错位现象突出；生活理想与生存选择之间的层次性和同质落差性明显；婚恋观上是一个传统和现代的矛盾体；学习动机上的工具主义倾向与学习方法、意志力匹配度低造成程度不同的心理困扰；生理自我意识强烈、心理自我认知发展不平衡、社会自我认知模糊。政治面貌、年级、性别等因素对各价值观维度均有影响，其中，政治面貌具有统摄性影响"①。

在我国社会整体进入中国特色社会主义新时代的背景下，面对公立高校实行党委领导下校长负责制的客观现实，大学生是否拥有科学、全面、正确的价值观，对于能否及如何参与大学内部治理就变得尤为重要。当大学生的自我意识不断成熟，对周围的事物及整个社会的发展方向及共同愿景逐渐有了自己的价值判断与价值追求，并且在高校思想政治教育工作的正确引导与参与治理实践体悟的双重作用下，大学生能够逐渐做出有利于个人、群体、学校与社会发展价值高度整合的价值判断与价值抉择。基于这样的角度，大学生在参与学校治理的过程中就能够发出自己的声音，并且能够有独到的见解，也容易产生价值认同，促进

---

① 课题组. 当代大学生价值观的特征及现状分析 [J]. 教学与研究，2009 (3)：28-37.

共治目标的实现。

4. 自治需求逐渐显现

大学生的自治需求主要体现在行为、情感及道德评价等方面。在行为上，他们要求能够有独立体验和自主选择权；在道德上，他们希望能以自己的评价标准为依据，独立评价自己及他人的行为和社会事件。该时期的大学生处于理想主义阶段，一方面对现实中存在的问题极为敏感，易产生不满情绪；另一方面，由于他们看待问题带有片面性和表面性，在思想认识上容易出现偏颇或绝对化。在此阶段，学生群体之间容易相互影响，有共同志向和观点的学生极易形成团体，即所谓的"自组织"。由普利高津的耗散结构理论、哈肯的协同理论和托姆的突变理论共同组成的自组织理论解释了这一现象，自组织是指组织不需要外界具体的强制指令，系统内各要素通过自我管理、自我发展或者相互影响，促使组织进入到自我维系的有序状态或有序结构[①]。大学生中自组织的形成，使他们有了可以发出自己声音的平台。通过它，可以在促进相互交流和沟通的基础上，将众多智慧汇聚到一起，有组织、有条理地完善组织内部结构，并发挥组织的作用。

我国晚清的南洋公学初见学生自治的端倪，最著名的是1902年发生的"墨水瓶风波"，教习郭镇瀛上课时在课桌上发现一个墨水瓶，误认为是学生伍正均故意所为，遂将伍正均开除，还将全班其他学生以"匿不告发"之罪名集体记大过，结果招致全班学生强烈反对，要求学校辞退郭镇瀛，恢复伍正均学籍，蔡元培想要保护学生，出面调停，但事与愿违，学生最终没有取得想要的结果，后来200多人集体退学。"墨水瓶风波"是近代中国教育史上学生反抗学校专制管理的重要事件[②]。从这个事件可以明显看出学生对于专制管理的抵触。从此，民主的风气渐渐弥散开来。学生的自我管理、自我教育、自我服务，也就成为当今大学管理的重要方向。

---

① 马俊卿，朱惠香. 自组织理论对创新高校学生社团管理工作的启示 [J]. 教育探索，2014（7）：89-91.

② 金国. 中国近代高校学生管理中的"自治"与"他治"述评 [J]. 高校教育管理，2013（2）：115-123.

二、强烈参与动机

在心理学中,动机是指引起和维持个体的活动,并使活动朝向某一目标的内部心理过程或内部动力①。动机由需要激发转化而来,但不是所有的需要都能激发出动机,当需要有某种特定的目标对象时才转化为动机②。重庆大学刘卫红、冉瑞林对重庆市 6 所高校大学生进行了需要现状调查,调查发现大学生的需要呈现三个新特点:一是就业需要为最强烈的需要,二是学生参与公共管理的需要凸显,三是网络已经成为满足大学生各种需要的第二空间。其中大学生参与公共管理的需要又呈现三个特点:其一,大学生的个人权益保障意识和社会监督意识增强;其二,大学生参与政党和社团的积极性较高;其三,大学生积极利用网络满足参与公共管理监督的需要③。根据马斯洛(1908—1970)的需要层次理论(Maslow's Hierarchy of Needs),低级别的需要在当代大学生身上已普遍被满足,因此,自我实现便成了当代大学生的主要需要。参与大学内部治理,是体现大学生自我意识、维权意识和民主意识的主要途径,故当代大学生具有强烈的参与学校治理的动机。以下将从大学生行为特点、政治参与和当前网络环境来说明大学生的参与动机。

1. 大学生行为特点

当代大学生行为的基本特点呈现出开拓性和超现实性。大学生知识丰富,思想解放,思维敏捷,且好奇心强,善于接受新事物,不愿墨守成规,喜欢标新立异,勇于探索,有较强的开拓性。但又因他们自我评价的准确性不足和社会实践经验的有限性,其行为往往又具有超现实性的特征。这个阶段的大学生体现出对国家主流意识形态认同度高,社会责任感和公民参与意识显著增强的特点。人民论坛《千人问卷》调查组进行过一项以大学生为主体的青年群体调查,其中 90.88% 的受调查者认为国家的未来与自己休戚相关(2 341 票),仅有 9.12% 的受调查者认

---

① 彭聃龄. 普通心理学 [M]. 北京:北京师范大学出版社,1988.
② 时蓉华. 社会心理学词典 [M]. 成都:四川人民出版社,1988.
③ 刘卫红,冉瑞琳. 大学生需要现状的新特点——对重庆市 6 所高校 1 139 名大学生的调查 [J]. 重庆大学学报(社会科学版),2010(2):163-168.

为没有关系（235票）；80.16%的受调查者认为"鸟巢一代"能承担起国家的未来（2 065票），4.81%的受调查者选择不能（124票），15.02%的受调查者选择现在还不好说（387票）。高旺（2006年）的调查研究显示，目前，我国大学生仍然具有比较浓厚的社会责任感和公民参与意识，这尤其体现在青年志愿服务、对社会公共话题的高度关注等方面。此外，大学生还体现出主体意识强、人际交往愿望强烈的特点。市场经济的客观影响、网络社会的来临和青年期成长的特点，使大学生的主体意识空前增强，不仅关注外表、行为的外在因素，而且更关注自己的性格、智力、人际交往能力、组织能力等内在因素。在个性上要求独立、要求摆脱对他人的依附、挣脱规则的束缚，要求独立表达自己的见解，对事务的评价倾向于批评和怀疑的态度；参与意识显著增强，对校园政治文化活动参与热情高，对涉及效率与公平、大学生切身利益的问题关注度高[①]。

2. 大学生的政治参与

政治参与可以理解为公民通过合法途径自愿参与政治活动，并且在活动中依照程序，以影响政府决策为目的，对政策表达自己观点和主张的行为。学生参与高校治理的过程从某种程度上来说也属于政治参与，这个时期的大学生对于政治参与的心理需求明显。赵志毅、唐湘宁对南京五所高校学生进行政治参与方面的调查发现，在对大学生"你所推崇的人物"统计中，政治家、文学家、科学家、经济界人士、文体明星表现出了相当集中的趋势，其中最受推崇的是古今中外政坛上的风云人物，有91.9%的男生、87.9%的女生，93.5%的理科学生、89.4%的工科学生、90.2%的文科学生将政治家列为自己最推崇的人物，选择频率最高的人物是周恩来、毛泽东、邓小平[②]。大学生内心的权利动机和荣誉动机激发了大学生参与学校治理的行为，英国哲学家勃兰特·罗素认为："在人类无限的欲望中，居首位的是权力欲和荣誉欲。……荣誉欲所引起的行为和权力欲所引起的行为完全相同。实际上，这两种动机

---

① 朱孔军，等. 大学生管理理论与方法 [M]. 北京：人民出版社，2010：52-56.

② 赵志毅、唐湘宁. 论大学生政治参与——基于南京五所高校的调查分析 [J]. 教育研究与实验，2008（6）：37-41.

可以视为同一的东西。"① 在这种强烈的权力欲与荣誉欲的驱动下，就产生了大学生参与大学内部治理的强烈愿望与行为动机。所以，为大学生参与治理学校提供更多途径和机会，是目前和未来大学领导者不可忽视的重要课题，也是大学治理走向现代化的客观需要。

3. 网络时代大环境

随着信息技术的飞速发展，网络政治参与作为新型的政治参与形式及渠道，已经成为我国公民政治参与的重要手段。青年作为互联网时代的原住民，必然成为我国网络政治参与的中坚力量。网络社会的兴起，不仅拓展了人类生存与发展的空间，也迅速彻底地改变了人类的生活方式和思维方式，甚至动摇了传统社会的许多价值标准与行为规范。基于互联网所具有的便捷性、隐匿性、开放性、独立性等特征，人们对网络社会的依赖越来越强，越来越多的人加入网络大军。近年来，随着我国政治民主的发展和公民参与意识的提高，越来越多的人通过网络表达自己的政治诉求，参与政治实践和议题的讨论，社会也越来越多地利用广大网民的力量来维护公众的权益。在这些网民中，以青年人最为活跃。相对于以往传统的政治参与，现在的80后、90后、00后更热衷于网络政治参与。网络为他们提供了参与和宣泄的平台，尤其是当有重大政治事件发生或重大政策出台时，他们的参与热情就会空前高涨，形成一种强劲的民意②。作为大学生，在拥有强大互联网平台的时代背景下，他们可以通过互联网发布自己的各种想法和意见，并且由于互联网的隐匿性，使得青年可以规避责任，发表意见更加大胆，更加敢说实话，甚至乱说话。许多大学目前也早已打入学生的网络阵地，建立了许多在学校监管之下的网络平台，如微博、BBS、QQ群、微信群、微信公众号及其他的互联网社交工具。这样做，不仅可以为学生与学生、学生与教师、学生与学校之间提供方便快捷的信息服务与交流沟通，也能够及时准确地掌握大学生的思想动态与整体舆情。网络平台为学生参与学校治理提

---

① 勃兰特·罗素. 权力论——一种新的社会分析 [M]. 靳建国，译. 北京：东方出版社，1988：3.

② 陆士桢，郑玲，王丽英. 对当代青年网络政治参与的理论分析 [J]. 中国青年研究，2012（7）：29-33.

供了很好的现代化渠道，越来越多的大学生更愿意通过网络来表达自己的利益诉求与价值立场。

三、自我管理实践

随着时代的发展，大学生的独立自主意识逐渐增强，无视学生的能动作用和主体性活动而仅仅靠学校强制管理已经无法适应新形势的要求。现代高校更多地以学生为主体，大学生自律自教管理将成为当今大学生管理的趋势。大学生的自我管理包括两个层面：一是学生管学生，即群体的自我管理；二是学生自管，即个体的自我管理。所谓学生管学生，就是大学生在正式群体（党团组织、学生会、班集体等）和非正式群体（如科技小组、书画协会、文体组织等）中发挥骨干学生的主体作用和导向作用，协调群体内外部各种关系，运用权变理论，结合制度与人本管理方式，发挥群体的积极因素，克服消极因素，使群体正常运行，成员在其中得到发展。所谓学生自管，就是大学生通过个体的自我管理，使自己的生理、心理、品德、气质得以健康、和谐地发展，最大限度地提高和实现自己的人生价值。同时，也为其他管理者提供客体，使处在一定管理系统中的人更好地奉献自己的精力和智能，增强管理功能。学生自管强调个体主观能动性的发挥，强调管理中由他律到自律的内化和转变①。

1. 自我管理的历史渊源

大学生自主管理可以追溯到中世纪的"学生大学"。在西方，"大学"一词，源于拉丁语 universitas，本意为"行会、团体"，后引申为"为学习和研究某种学问而自愿结合起来的师生共同体"。最早出现于意大利、法国和英国的中世纪大学就都具有行会性质，教师和学生为了学习和教授某项专业的共同目的，以组合的形式组织起来，在人才培养中既保持专业的优良目标，又保持专业的利益。中世纪大学提供了两种不同的大学办学模式：学生大学和教师大学。学生大学由学生出任校长，校务、教授的选聘、学费的数额、学期的时限和授课的时数，全部都由学生决

---

① 周志荣. 高校学生自我管理体系创新初探［J］. 社会科学研究，2006（6）：188-190.

定；教师大学则由教师出任校长，掌管校务。学生大学是最早的大学办学模式，其本质就是学生学习的一个行会性组织，它以学生为中心并以满足受教育者需要为目标。在这种模式中，学生组织——同乡会和行会，成为办学治校的领导者，学生手握重权，全面负责主管校务、选聘教授、规定学费、决定授课时数等事宜。意大利的博洛尼亚（Bologna，又译波伦亚或波隆那）大学可以称得上是学生大学的一个典型。总之，在这个历史时期，意大利、西班牙、葡萄牙、法国（巴黎大学除外）等欧洲南部地区的大学，一般都是学生大学。学生大学在市政当局争取了许多权力，一旦学校自律受到控制或干涉，学生行会便以举校迁移捍卫自己的权力。此外还有一些其他特权，如免纳捐税、平时免服兵役、不受普通司法机关管辖等[①]。

2. 西方学生自我管理实践

虽然以意大利博洛尼亚大学为代表的学生管理大学模式后来被以法国巴黎大学为代表的教授管理大学模式所取代，但是，在现代的西方大学办学模式中，学生自我管理自己的事务却是非常普遍的事情。这里仅举三例以示明证。

（1）美国大学荣誉制度

美国大学管理者对校园活动的观念是，既然大学已不再充当代理父母的角色，那么，通过颁布大量限制大学生校园生活的规章来实行严格管理的做法就已不合时宜。给学生更多的自由和机会，让学生自己管理自己，才是更为合理的做法。

美国大学中有一种被称为"荣誉制度"的学生自我管理的特殊方式。"荣誉制度"开始是指在一些学院中实行的无人监考制度，后来演变为学生自我管理作业和大学生生活。以美国伊利诺伊大学的学生社团为例，学生社团是以增进相互间的理解和交流为宗旨的。学生成立伊立妮社团的主要目的，是为大学生提供一个交流的中心。该中心主要设施有休息室、食品坊、餐厅、计算机房、银行服务设施、康乐场所，有74间

---

① 朱孔军，等. 大学生管理理论与方法 [M]. 北京：人民出版社，2010：201-202.

普通房和两个套房的旅馆、阅览室以及艺术展览厅等，每天接待16 410位顾客。

伊立妮社团的董事会共有23位成员，其中有15名学生。该董事会由大学董事会管理，具有双重职能：一是组织各种活动；二是就校园的规划建设向董事长提出政策制定建议。学生董事会已经影响了两项重要的改修方案：①学生活动楼群的建造，其中包括学生组织的办公与集会场所；②为室外的活动厅加筑围栏，修建较受欢迎的夜间娱乐场所"庭院酒吧"。伊立妮学生社团从财政上说是自力更生的，其经济来源包括建筑收入、娱乐收费、租金等。美国大学的非学术社团中，最能使学生兴奋的是那些学生们自发搞起来的各种社团①。

与荣誉制度同时产生的还有学生自治会或称为学生政府。哈佛大学的本科生学生政府是1982年春天成立的哈佛—拉德克利夫本科生理事会（Harvard-radcliffe Undergraduate Council），它是哈佛学院历史上第一个以集权的方式得到资助的学生管理机构，主要宗旨是尽力解决学生关心的问题，组织校园范围的社会活动，而且为学生社团提供资金。该委员会包括51个选举产生的成员：主席、副主席，每幢住宅楼3位代表，Dudley House 1位代表，4个新生区域分别有3位代表。除了每周的委员会会议，全部51个成员一周聚会一次回顾委员会一个星期的工作，通过决议，批准开支申请，讨论校内的活动。理事会每年在全校范围内通过大众选举主席、副主席，在每个学期初选举秘书和财务人员，理事会章程中规定了所有学生干部的职责。哈佛—拉德克利夫本科生理事会年度预算大约210 000美元，所有本科生每学期缴纳35美元作为活动基金，用来支援学生社团、行动计划和学院范围的社会活动②。

厄内斯特·博耶指出："美国大学生们的活动状况，如同大学生经验

---

① 马超. 西方大学学生自治的嬗变及启示 [J]. 比较教育研究，2006（8）：20-24.

② 张家勇. 美国大学的学生社团活动 [J]. 比较教育研究，2004（4）：80-84.

的其他方面一样，是混杂的。一方面，正规的学生生活机构——学生会、集会制度之类——似乎并未很好地发挥作用，只有一小部分的学生参与，而且这些人往往看起来是由他们自己的特殊兴趣所驱使。另一方面，许多非正式的、不太有组织的活动却正在蓬勃开展。"[1]

（2）德国大学学生委员会

由于受理性主义哲学思想影响，德国大学在大学校园中教育教学的措施和实践都旨在培养学生的智力。理性主义认为，教育的精髓在于开发受教育者的智力。整个学术团队的核心任务，就是要让学生秉承团体的学术理念以获得自身的长足发展。20世纪60年代，德国官方的大学生社团有德国大学生联合会和社会主义德国大学生同盟。它们要求改革科研、教学和决策过程，对德国高等教育民主化进程，起到了一定的推动作用。1967年以后，大多数德国非官方大学生社团都提出要求，主张所有决策机构中，学生代表的席位应占三分之一，助教占三分之一，教授等高级教学人员代表占三分之一。德国大学生参加系一级的学生委员会，对学习条例、考试条例、课程设置等学业组织问题展开讨论。大部分大学的已注册学生是学生委员会的当然成员，只需缴纳一定的会费。由各学生委员会选举产生的全国大学生联合会，可以表达学生的利益。学生们一般认为，该联合会有以下职能：学业咨询和学业指导；参与制定考试条件和确定教学内容；协助解决住房和促进交流等；参与学校内的政策制定。

（3）英国牛津大学学生联盟

英国任何大学的学生都有权组织学生社团，若要获得经费支持，社团的章程必须经过学生代表委员会的批准。学生社团为英国大学生参加院校生活和负责处理各种事务提供了良好的机会。OUSU（Oxford University Student Union）是英国牛津大学的学生社团，成立于1975年，牛津大学的每个学生自动成为其会员，主要为学生谋取利益和代表牛津大学参与本地和国家的社会活动。OUSU制定了许多章程和制度，各项

---

[1] 厄内斯特·博耶. 大学：美国大学生的就读经验[M]. 徐芃，等译. 北京：北京师范大学出版社，1993：171.

活动必须在规章制度允许的范围内展开，还对学生提供咨询服务和开展一些商业活动为社团筹措经费。学生社团为了学生而存在，所有的活动需要学生参与，所以学生管理社团的一切事务①。

综上可见，西方大学的学生自我管理涉及大学教育的理念与目标、管理制度与管理实践体验等多层次内容。从最初的荣誉制度到学生政府、学生社团联盟，再到后来的学生董事会等，都是现代西方大学生自我教育、自我服务和自我管理的有益尝试。通过这些各式各样的学生自我管理实践，历练了学生的自律意识、志愿服务精神和自我管理能力，从而使得大学生在涉及学生的相关事务中更有话语权，彰显了我的青春我做主、我的大学我做主的独立性。

3. 我国学生自我管理实践

中国现代大学是在半殖民地半封建、外侮内乱的大的历史背景下产生的。1898年京师大学堂诞生，成为我国第一所现代意义上的高等学校。也正是在这种特定的历史背景下，中国大学生在五四新文化运动的影响下，开始发挥其特殊职能。以学生为主体的各类组织、团体在抵御外侮和反对内战的过程中彰显了其进步而充满战斗力的一方面。据史料记载，1903年4月30日，京师大学堂师生为了反对沙俄企图侵吞我国东北三省的阴谋而开展拒俄运动，上书政府，并致电各地联合开展运动，成为我国近代史上学生爱国运动和北京大学学生运动的开端。1913年（民国二年）4月，中华民国学生会正式成立，宣布以"联络感情，交换学识，发达教育，开通社会"为宗旨。1918年5月4日，为了反对签订丧权辱国的"二十一条"，北京13所高校的3 000多名学生在天安门举行集会，结果被镇压。次日，为了声援被捕学生，也为了方便统一的罢课等行动，北京学生联合会即北京学联成立。1925年1月，中共四大召开，通过了11件决议案，其中《对于青年运动议决案》中指出：在学生运动中，学生须参加群众的学生运动。学生运动的主要目的，是怎样使学生能与工人、农民运动结合起来，使他们到工人、农民群众中去

---

① 马超. 西方大学学生自治的嬗变及启示[J]. 比较教育研究，2006（8）：20-24.

宣传并帮助他们组织①。总之，在新中国成立前，我国大学生面对当时极其复杂的斗争形势，充分发挥了学生组织的作用，尤其是在进步的教师和共产党的引领下，进行了艰苦卓绝的反帝反封建、反侵略、反内战的斗争，为抗日战争与人民解放事业的胜利做出了不朽的历史贡献。

(1) 陶行知学生自治思想

1919年，我国近现代史上著名的教育家、思想家陶行知撰写了《学生自治问题之研究》一文，主张在学校里实行学生自治。他所讨论的学生自治，是全校同学通过自己管理自己来"练习自治"，"有自己立法、执法、司法的意思"。可见，民国初年的陶行知，就有让学生通过自治来体验和学习国家民主政治的思想②。陶行知认为，学生自治从内涵上讲应包含三层意思："学生"是指全体学生；"自治"是指自己管理自己；"学生自治"是一种学习自治的过程。因而学生自治从本质上讲并不仅仅是学校内部管理改革的举措，也不仅仅是提升学生地位之需，而是为民主共和社会培养具有自治能力的公民奠定基础，是为未来社会自治作预备③。陶行知于1925年就开始倡导乡村教育运动，践行以乡村教育作为改良乡村生活的中心，于1927年3月开办晓庄实验乡村师范学校。晓庄一带地处偏僻，乃盗匪出没之地，社会治安不靖。陶行知将学生组织起来，加强训练，继之发动周边村民组成联村自卫团④。晓庄学校最后虽因各种原因以失败收场，但其所体现出的学生自我管理、教师与学生共同治理的思想却影响至今，其所蕴含的民主精神和民主思想给了当代学生许多启发和思考。另外，陶行知还创立了"小先生制"，即由学生教学生。二三十年代的中国，正是贫穷落后的时期。为了普及教育，陶行知提出以小孩做教师，"穷社会除了重用小先生之外，是没有

---

① 吴惠龄，李壑. 北京高等教育史料：第一集 [M]. 北京：北京师范大学出版社，1992：346-396.

② 陈韶峰. 陶行知治校实践中的民主与法治思想论略 [J]. 南京师范大学学报（社会科学版），2006 (3)：83-87.

③ 胡金平. 陶行知的学生自治观及其现实意义 [J]. 江西教育科研，2007 (10)：30-32.

④ 吴擎华. 陶行知与民国社会改造 [M]. 合肥：安徽教育出版社，2011：53.

别的办法可以使教育普及"①。在学生参与学校治理的过程中，民主精神是主心骨。没有好的民主，就没有好的治理。

（2）蔡元培的北大学生自治

1916年12月26日，北京政府教育部奉大总统令正式任命蔡元培为北京大学校长。蔡元培就任北京大学校长以后，参照近代西方大学制度，根据自己的教育理念，对北京大学进行了一系列改革。正如加拿大学者许美德所说："直到1917年蔡元培再次从欧洲回国以后，大学自治权和学术自由的思想才开始在北京大学和大学院里初露端倪。"②蔡元培就任后，针对学生的一些不良风气和对研究学问没有丝毫兴趣的问题，开始整顿学生课外生活秩序，提倡组织社团、创办刊物，以丰富学生的课余生活。1917年6月，蔡元培曾这样描述当时北大学生的课外生活，"北京大学学生，颇为社会所菲薄。……讲堂以外，又无高尚之娱乐与学生自动之组织。故学生不得不于学校以外，竞为不正当之消遣。此人格所由堕落也"③。他认为，只有丰富学生的课外生活，组织各种形式的社团，创办刊物，学生才能"以正当之娱乐，易不正当之娱乐，庶于道德无亏，则于身体有益"④。他积极倡导并推动建立了包括学术研究、文体活动、道德自律、社会活动等形式的各种社团，开办报纸、杂志，"推广进德会，以挽奔竞及游荡之习，并延积学之教授，提倡研究学问之兴会；助成体育会、音乐会、画法研究会、书法研究会等，以供正当消遣。助成消费公社、学生银行、校役夜班、平民演讲团等，及《新潮》等杂志，以发扬学生自动之精神，而引起其服务社会之习惯"⑤。这些社团的成立，既使学生养成了"研究学问的兴趣"，又使学生养成了"学问家之人格"。经过蔡元培的整顿和努力，北京大学的面貌焕然一

---

① 邓敏. 中国的"导生制"探微[J]. 上海教育科研, 1999 (1): 28-30.
② 李江源. 略论蔡元培的大学制度思想[J]. 高教探索, 2002 (4): 79-82.
③ 中国蔡元培研究会编. 蔡元培全集：第三卷[M]. 杭州：浙江教育出版社, 1997: 9.
④ 高平叔. 蔡元培全集：第三卷[M]. 北京：中华书局, 1984: 6.
⑤ 中国蔡元培研究会. 蔡元培全集：第三卷[M]. 杭州：浙江教育出版社, 1997: 671.

新,"北大从一个官僚养成所变成名副其实的最高学府,把死气沉沉的北大变成一个生动活泼的战斗堡垒"①。1917—1923年,北大先后成立学生社团40多个②。

除了陶行知和蔡元培以外,郭秉文在东南大学也推行学者治校、学术自由和学生自治。所谓学生自治,是指学生在学习上自学和自力研究,生活上自立与自理以及各种学术活动、文体活动的自行组织和自办。可见,新中国成立前一些有远见卓识、受欧美大学办学理念影响较大的大学校长多秉持学生自治或自我管理的指导思想,给中国大学的民主治校、师生共同治校提供了思想引领、制度保障和实践路径。

进入21世纪,大学生在校接受高等教育的过程中,应该有更多平台帮助他们学会自我管理、自我教育和自我服务,从而实现自立自理、自治自律、自我完善。大学生能够有更多机会、更多渠道来推行自我管理实践,在很大程度上可以帮助其正确认识自我、认识他人、认识集体和认识社会,能够正确协调好自己与他人、自己与集体、自己与社会的关系,从而能自觉认识和抵制来自学校、社会各方面消极因素的影响,促使自我意识从消极方面向积极方面统一、转化,形成正确的世界观、人生观和价值观,以全面发挥其在参与大学内部治理进程中的重大作用,培养现代社会公民的核心素养,成为将自我实现与社会需要高度统一的时代新人。

四、社团规范约束

根据《关于加强和改进大学生社团工作的意见》(中青联发〔2005〕5号)文件,大学生社团是由高校学生依据兴趣爱好自愿组成,按照章程自主开展活动的学生组织。高校学生社团活动是实施素质教育的重要途径和有效方式,在加强校园文化建设、提高学生综合素质、引导学生适应社会、促进学生成才就业等方面发挥着重要作用,是新形势下有效凝聚学生、开展思想政治教育的重要组织动员方式,是以班级或年级为

---

① 李江源. 略论蔡元培的大学制度思想[J]. 高教探索, 2002(4): 79-82.
② 霍益萍. 近代中国的高等教育[M]. 上海: 华东师范大学出版社, 1999: 124.

主开展学生思想政治教育的重要补充①。基于社团的性质和特点,学生可通过社团这个平台参与到学校治理中,其优点有三:其一,对社团组织的正确指导便于开展学生思想政治教育工作,保证学生参与学校治理的方向性;其二,在同辈影响下,社团组织有利于学生自律意识的形成,保障学生参与学校治理的秩序性;其三,学生社团有利于校园文化的更新,体现文化育人的作用,加深了学生参与学校治理的程度。

1. 思想觉悟的提升

高校学生社团组织有利于开展理想信念教育,使大学生树立正确的世界观、人生观和价值观。与高校的党团组织相比,社团组织开展理想信念教育的活动内容趣味性强,活动形式丰富多样,对学生的吸引力更强。社团可通过开展爱国、爱校实践活动,提升学生思想觉悟;通过开展社会调查、学校实地调研,发现学校治理过程中存在的问题,以发展的眼光看待问题。社团还可开展公民道德教育,学生社团组织因其内部成员之间本身的平等和民主氛围,在培育公民道德水平,提高公民参与水平等方面具有独特的作用。通过同辈交往、集体活动、共同决策等环节,成员可培养良好的公民意识,在学生中发挥广泛的影响力。此外,社团组织还有利于培养学生的意志品质,不同于学校的"第一课堂教育",社团作为"第二课堂教育"对学生的评价机制更为柔性,学生可在社团中培养自己的抗压力,勇于接受失败并且能够坚持下去,这对学生良好的意志品质的培养起到很大作用②。

除此之外,集体主义精神是当前情况下进行大学生社团建设的一个基本原则。在这个原则下,学生在充分发挥主观能动性的同时也培养了团队精神。在大学生参与大学内部治理的过程中,集体意识非常重要。社团组织的集体主义精神,强调集体利益高于个人利益,提倡在集体利益和个人利益发生矛盾时,个人要能够顾全大局,以集体利

---

① 共青团中央,教育部. 关于加强和改进大学生社团工作的意见(中青联发〔2005〕5号)[EB/OL]. [2007-03-21]. http://www.ccyl.org.cn/documents/zqlf/200703/t20070321_14553.htm.

② 张彦,韩流. 学生社团组织与学生成长成才研究[M]. 北京:北京大学出版社,2012:112.

益为重。在必要的时候，还必须有全局意识，学会放弃个人利益，以小我成就大我。

儒家文化是中国传统文化的精髓，对中国人厘清我你他、君臣师、父兄子、家族国等各种社会关系提供了基本依归。《管子·牧民》云："礼义廉耻，国之四维。四维不张，国乃灭亡。"孟子讲："羞恶之心，义也。"朱熹解释："义也者，心之制，事之宜也。"儒家思想中的义，是非常强调主体性和实践性的，即倡导将"义"内化为行为主体的内在修为或道德品质，在个体心灵深处播种下道德文明的基因；倡导将"义"外化为主体行为的操守，从而把义由抽象的伦理价值准则嵌入到个体的日常生活和社会行为之中，以拓展个体道德实践的空间。可见，在儒家的思想家看来，"义"首先是处理人际关系的基本价值规范，也是每个人修身养性的伦理价值取向，还是具有现实操作性的伦理道德范畴。因此，在大学生社团活动中，必须树立正确的义利观、义理观，因地制宜、因时制宜、因人制宜、因事制宜地处理好各种利益冲突与价值观念冲突。勿以恶小而为之，勿以善小而不为。只有在义利产生矛盾时能够以义取胜，舍利取义，才能彰显大学生应有的修养，在义与理的关系上，小义以理平衡，大义与理同一，即用大义（理）来节制与协调小义之间的纷扰。只有如此，才可能处理好各种关系，实现天、理、人、义、利之间的协调统一。

大学内部治理中最大的障碍之一就是"众口难调"，因为日益增多的治理主体必然处于不同的地位以不同的视角产生不同的利益诉求，造成利益与价值取向的纷争。在利益诉求充分表达以后，整合利益诉求，就需要以理义而非利益作为尺度。因此，大学生在参与治理的过程中，一定要有较高的思想觉悟与道德操守，关键时候能够发扬集体主义精神，有大局意识，在任何情况下都能够做出集体与个人、整体与局部利益兼顾的选择。

2. 自律意识的形成

社会团体一般是指具有某些共同兴趣、爱好、立场、观点和理想等特点的人所构成的非营利互益性组织。在现代社会中，社团日益成为人类生活所不可忽视的社会力量，在社会治理中发挥着越来越重要的作用。我国大学中的各种社团是指由在校大学生自愿组织的群众性团体。它们在大学党委、团委领导和学生会的指导下，组织开展各种对大学生身心发展有积极影响的课外活动，以丰富学生课余生活、发展学生特长、培养学生综合素质为宗旨。社团活动是专业学习的必要补充。通过参与各种社团活动，能够有效拓展大学生的视野，培养其创新精神、合作意识和实践能力，为实现大学生人生理想、适应未来社会生活奠定坚实基础。

没有规矩，不成方圆。任何一个大学社团除了主动遵守国家法律之外，还必须建立自己的章程与各种规章制度。这些规则可能是显性的、成文的，也可能是隐性的、不成文的。但是，没有规则的社团，注定是走不远的。为此，每个大学生社团都要在成员之间形成符合社团性质与宗旨的行为规范。而这些产生在年龄相近、兴趣相投的群体中的规范在一定程度上会制约其成员个体的社会化。它主要是通过各种形式的自我教育、互动交流、相互监督，使自我逐渐形成一种信念、习惯和传统，并以此来约束个体的社会行为，协调个体、群体及社会间的关系[①]。因此，处于各种社团生活中的大学生，在行为上必然会受到各种社团规范的约束。由于大学生参加社团是自愿甚至志愿的，因此，这种团队的规范本质上是内生的主动践诺型契约，与校规校纪那样的外在强制性契约的功能相同，但是内化机制与绩效则差异很大。久而久之，社团规范就逐步转化为一种自律意识或者心理契约。也由于社团作为一种志愿性组织，其建立、运行与法律授权的其他社会组织存在本质不同，社团权威更多是专业权威、人格权威或道德权威，这就增加了团队规范在生成构成中的民主性、平等性、对话性和内生性等特点，这些特点为规范的履行提供了更有力的精神支持和心理保障。为了能够在社团中拥有良好的人际关系、营造和谐的氛围，从社团的领导者到普通成员，都会根据社团的规章制度来约束自己的行为。

大学生在参与学校内部治理的过程中，必须遵循一定的秩序，通过

---

① 文君. 高校学生社团发展研究[J]. 中国青年研究，2006（5）：82-84.

合理、合法、合规的方式表达自己的利益诉求。首先，大学治理本质上是一种制度安排，它本身会有一套完整的规章制度来保障其秩序与效率。因此，无论是对制度作出制订、修订或废除，都有一定的程序和规范。学会循规蹈矩地表达自己的诉求，是大学生积极参与学校治理的逻辑前提与必备素质。其次，学校作为一个"小社会"，有自己已成形的内部组织结构和运作机制，有的甚至已经成为一种传统。作为学校这个小社会中的成员，每个人都必须各司其职、各尽其责、各守其规。学会自律，是保障大学整体正常运作的重要条件。最后，自律是学生群体之间和谐共处的必要前提之一。将自己的事情安排好同时又不给他人增添麻烦，这是大学生在学校学习和生活的必修课。由于没有更多的物质激励，也没有威力强大的行政处罚，社团组织的维系与发展完全取决于成员的合作意愿与共同追求，这就注定社团成员必须具备良好的自律意识。在社团活动中，自由和自律两者之间是一个相互制约、相互促进而同时又相互转化的过程。大学生通过参与社团，创造了新的网络关系，拓展了社会资本，给自己的成长打开了一个新的窗口和创建了一个新的平台。这不仅有益于大学生个性化的诉求表达，同时也有益于学校对大学生的意见分门别类地采纳与问题解决。

3. 文化育人的体现

大学是一种特殊的文化社区，必然会形成自己独特的学校文化。美国学者沃勒（1899—1945）对校园文化的解释是："学校文化包含两种对立的文化：一是教师所代表的成人社会的文化，一是学生所代表的同辈团体的文化。学生从儿童世界进入成人世界，教师为使这一过程顺利进行，必须在复杂的社会组织中，妥善安排适当的文化环境（如课程与教学活动），这又构成学校文化的一部分。"[①] 也有学者认为，校园文化是"学校的历史使命、物质环境、标准、传统、价值观、办学实践、信仰、假说等诸多因素综合起来的相互影响而形成的用来指导高校学生个体或团体行为以及为认识理解校园内外一些实践、行为提供参考框架的

---

① 郑金洲. 教育文化学［M］. 北京：人民教育出版社，2000：245.

一种模式"①。叶澜教授曾明确提出一个"学校大文化建设"的概念,认为真正面向未来的学校文化,恰恰是扎根于传统与现实的文化土壤中,能孕育出超越历史与现实的文化。学校文化本身也应体现指向未来和超越的本质。当今学校文化建设十分现实和重要的任务,不是回避或以精神否定财富的方式来形成学生积极的人生态度,而是要从财富与精神、幸福人生关系的意义上,帮助学生形成健康、积极的人生观和生活方式。通过学校教育实现对青少年一代文化方面的导引,是学校文化建设中关乎民族文化兴旺的大事,是任何独立国家都会关注,且不能依靠国外文化引进来解决的大事,是只能由我们自己来做的大事。学校要完成适应新时期发展所提出的新文化任务,唯一的出路是参与到社会新文化的构建中,按社会发展的要求和时代的精神,构建超越现实的新学校文化②。

因此,社团文化作为校园文化的一部分,具有很强的育人功能。首先,社团文化是以学生为主体进行培育和创造的校园文化形式,社团文化主体本身就受校园文化的熏陶和影响,因而学生很容易在社团中感受到学校长期以来形成的办学理念和治学精神,这使得学生不自觉地感受着校园文化的深邃内涵并增加认同感。其次,社团文化是校园民主思想的最佳体现,对于学生养成公民参与的意识、提升解决公共事务的能力、增强责任感和使命感有潜移默化的教育作用。最后,社团是校园文化创新和发展的重要贡献者,学生通过有组织的社团活动、社会实践了解学术以外的世界,并且随着时代和社会的进步不断更新观念,创新思维,拓展行动,保持着不断超越的生机和活力。

总之,大学治理需要不断创新。而学生在社团活动中可以不断地创新理念,更新文化,学习如何与人相处,如何维护自己的合法权益,如何为了学校更好地发展而贡献自己的力量。所有这些,对于大学生直接参与学校治理而言,都是一笔很好的精神财富。

---

① 张彦,韩流.学生社团组织与学生成长成才研究[M].北京:北京大学出版社,2012:114.

② 叶澜.试论当代学校文化建设[J].教育发展研究,2006(8):1-10.

第二节　学生参与治理的现实困境

从法理看，作为参与大学治理的民主权利主体，学生可包含两个外延不同的范畴：学生个体和学生群体。个体性的参与权主要体现在知情权、选择权、监督权、申诉权等，而群体性的参与权主要指学生通过学生会、社团等组织形式行使民主参与的权力。从治理看，治理理论强调的是民众自治组织的作用。一般意义上说，在高校内部治理的学生参与机制中，参与主体的范围原则上应该涉及所有注册在籍大学生。但由于高等教育规模的扩张，现有高校对学生全员参与很难实现。这就要求在高校内部治理过程中学生介入主体主要采用由学生的代言组织来代表学生群体的方式进行①，因此，大学生参与大学内部治理的过程主要通过学生组织来体现。教育部于2005年颁布的《普通高等学校学生管理规定》②中明确提到：学校应当建立和完善学生参与民主管理的组织形式，支持和保障学生依法参与学校民主管理。学生组织作为广大学生的群体性代表，在参与高校治理中具有了更多的话语权，也为我国大学治理模式和路径的创新提供了制度支持。然而，我国的大学仍处在行政色彩还异常浓厚的体制环境下，学生依旧以被管理者的角色存在于大学治理体系中，表面上看，似有一席之地，却难以发挥实际效用。

特别需要指出的是，现行的《中华人民共和国高等教育法》中，清楚地规定了教师参与学校民主管理与监督的权益，而对于学生仅仅以"高等学校学生的合法权益，受法律保护"带过。在其中列举的学生权益中，并没有明确地规定学生在高等学校治理过程中的具体角色、职责与实施机制，作为高等教育治理体系的重要主体之一的学生合法权益，

---

① 陈大兴. 自由与限度：论高校内部治理中学生主体介入的权能制约与边界划定[J]. 内蒙古社会科学（汉文版），2013（2）：160-164.
② 教育部. 普通高等学校学生管理规定（教育部令41号）[EB/OL]. [2017-02-16]. http://www.moe.edu.cn/srcsite/A02/s5911/moe_621/201702/t20170216_296385.html.

如何通过参与民主管理的方式来得到维护，法律条文中并没有具体体现。因此，大学生参与大学内部治理仍然任重而道远。

与此形成鲜明对比的是，在联合国教科文组织发布的《愿景与行动：面向二十一世纪高等教育宣言》中，明确提出："国家和高等教育机构的决策者应将学生以及他们的需要置于中心位置，应将他们看作高等教育革新的重要的伙伴和负责任的一方。"① 因此，如何依据我国大学教育发展与治理现代化的需要，为学生参与大学治理寻找制度支持和机制突破，是摆在我们面前的重要历史使命。当前我国大学生参与大学内部治理仍然存在许多障碍，学生自治组织的失语、学生规训组织的挑战、学生社团组织的疏离与学生参与治理的限度，就是其中非常突出的几个难题。

一、学生自治组织的失语

谈到学生自治组织，一般会让人联想起一系列与政府对立的局面。这里所说的学生自治组织并非是含有某些政治企图的人或组织利用学生意气风发、斗争精神有余但是容易冲动、理性精神不足的特点，为实现其目标服务而发起的学生临时组织，而是在大学校园中作为学生利益诉求的合法代表——学生会以及非社团性的微自治组织。1919年12月23日成立的清华大学学生会全称为"清华大学学生自治会"，然而，今天每所大学的学生会多数是自娱自乐的学生群体组织，从大学治理的角度看，几乎是处于一种失语状态。

1. 学生自治组织的内涵与边界

根据《中华人民共和国高等教育法》第五十七条规定：高等学校的学生，可以在校内组织学生团体。学生团体在法律、法规规定的范围内活动，服从学校的领导和管理。马克·汉森在教育管理学中提到"组织"的概念：高校学生组织是指主体由大学生组成，遵从共同的心理意识和学校规定，在统一的规章制度和纪律规范下，具有固定组织结构、

---

① World Declaration on Higher Education for the Twenty-first Century: Vision and Action [EB/OL]. [1998-10-09]. http://www.unesco.org/education/educprog/wche/declaration_eng.htm.

权责明确的相对独立的群众性团体①。借鉴这一概念，在我国大学教育实践中，大学里的学生组织大体上可分为三大类，即学生规训组织、学生自治组织和学生社团。从组织的性质来看，学生规训组织是在大学党委直接领导下的以学工部和校团委组成的校院两级学生工作组织。它们代表学校，对学生进行政治思想教育、道德教育、公民与法治教育、军事体育以及心理健康教育等。这些规训组织在目前的大学治理架构中成了学生事务的合法代表，它们的利益诉求似乎就等于学生的诉求。学生自治组织是各自治组织依章程开展自我管理、自我教育和自我服务的学生群众性组织，例如学生会等，其职责主要是代表学生参与学校治理，反映学生诉求，维护学生权益，是学校各部门、各学院与学生之间联系的桥梁与纽带。学生社团组织从性质上说也是一种学生自治组织，但是由于它们主要是以学生自身的兴趣与需要为基础，自发开展相应学术和各类文体活动的学生团体，例如书画协会、足球社等，因此，此类组织的宗旨、运行机制与学生会一类的自治组织差异很大。需要明确的是，我国此类学生社团组织也需要在学校进行登记注册，受学校相关部门（主要是共青团与学生会）管理和监督。从组织成立的宗旨来看，学生规训组织代表的是统治者或者国家利益，体现的是党和政府对大学生在政治、公民和道德方面的要求；而学生自治组织成立的初衷是反映学生对学校治理方面的建议和诉求，切实有效地维护学生的正当权益，服务大学生成长与成才。而学生社团组织设立的初心则主要是发展学生兴趣，拓宽学生视野，丰富课余生活，形成学生个性特长等。很显然，这些学生组织的价值函数各不相同，这是大学治理现代化过程中需要投入时间、精力和智慧解决的一个重要课题。

学生自治组织特指大学学生会一类的组织。北京大学学生会章程第一条明确规定："北京大学学生会是北京大学学生的自治组织，接受校党委的领导和校团委的指导帮助，遵守国家的法律和法规，在法律的允

---

① 朱皆笑，许伟通，陈芳. 高校学生组织治理研究：困境审视与进展启示[J]. 高校教育管理，2017（3）：112-118.

许范围内开展活动。"①武汉大学学生会官网主页宣称的该会主要的任务包括：①充分发挥桥梁和纽带作用。疏通学生与学校之间的正常民主渠道，倾听和反映学生的建议、意见和要求，参与涉及学生的学校事务的民主管理，代表和维护同学的正当权益。②倡导和组织同学进行自我服务、自我管理、自我教育。积极组织有益于同学们成长成才的学习、科研、文体、公益等活动，努力为全校同学服务。③加强与校内各有关单位的联系，争取最广泛的理解和支持，密切与各兄弟院校学生会的关系，增进友谊，交流经验，加强合作。④积极负责地完成上级组织布置的工作任务②。其他大学的学生会的性质与使命，虽然表述有些许差别，但实质内容大体相同。

2. 学生自治组织的角色障碍

作为大学教育的"消费者"和大学校园生活的主人，大学生的主体意识逐渐增强。于是，大学生对于通过其自己的组织——学生自治组织参与大学内部治理的诉求变得更为迫切。许多大学已经采取了一些措施来保障学生的参与权，特别是将参与学校民主管理的权利写入了各个大学的章程，例如《清华大学章程》第三十三条规定，学生代表大会、研究生代表大会是学校学生进行自我教育、自我管理、自我服务，参与学校民主管理和监督的重要组织形式，依照有关章程开展活动。学生可基于共同兴趣爱好、成长成才的需要组织学生社团，依照学校有关规章开展活动③。《武汉大学章程》第二章第一节第十二条第七款也明确规定，学生有权参与学校民主管理，对学校工作提出意见和建议。但从实践中的具体情况来看，大学生自治组织依旧是被边缘化的。因为截至目前，仍旧有两个关键的制度障碍并没有解决：其一，大学生参与大学内部治

---

① 北京大学. 北京大学学生会章程 [EB/OL]. [2011-06-26]. https://wenku.baidu.com/view/f8b8b60016fc700abb68fc80.htm.

② 武汉大学. 武汉大学学生会主页 [EB/OL]. [2014-06-02]. http://openday.whu.edu.cn/xywh/2014-06-02/9.html.

③ 清华大学. 清华大学章程 [EB/OL]. [2014-10-09]. http://news.tsinghua.edu.cn/publish/thunews/9649/2014/20141009180118517389394/20141009180118517389394_.html.

理的具体范围与方式仍未清晰划定；其二，大学生在涉及一些与其自身利益休戚相关的决策事项上是否具有表决权或决定权。由于这两个核心问题没有从制度或者源头上加以解决，因此，常常导致在参与治理的过程中大学生自始至终处于可有可无的地位。换言之，他们的意见可听可不听。他们看似大学领导者决策前的"顺风耳"和"千里眼"，然而，是否真正作为信息提供者和出谋划策者的角色存在，还要看大学领导者的心情。这就导致大学生在参与大学内部治理中的角色认知迷失，进而出现角色功能障碍。学生自治组织的失语状态，实际上就是学生诉求无法得到大学最高决策者的重视，导致大学生的权利（权益）难以得到根本维护与充分实现。

究其原因，主要有五：一是学生自治组织自身的定位不准确，存在着目标不清晰、方向不正确、内部管理不规范、资源投入不充足、考核机制不完善等问题；二是学生会等学生自治组织一般隶属于大学团委统一管理，学生组织内部权力逐级向上集中，学生自治组织独立开展活动的自主权严重缺乏，多半是遵循着上级组织的意愿而进行。这种学生自治组织与学生规训组织之间的实质依附关系，导致学生自治组织本身的自治色彩大打折扣；三是学生自治组织的核心干部选拔过程不透明，普通学生对组织的信任度不高，参与自治组织活动的积极性不高；四是学生自治组织的活动经费大部分来自学校专项经费拨款，少部分为学生自筹，财政大权掌握在学校相关指导老师的手中，行政力量的过分干涉使得给学生的资源配置自主权缺乏，活动的自由度与创造性明显不高；五是学生自治组织很少有规范的绩效考核制度。大部分社团组织不存在对学生干部和成员的考核。对于学生会、社团联合会等组织的绩效评价来说，基本上是以团委为主导，少有普通学生的参与。

总之，由于学生组织基本上成了大学行政权力的附庸，所以，学生自治组织内部虽然还有一点活力，但是，离代表学生参与学校治理的理想差距颇大。

二、学生规训组织面临的挑战

前文已经对学生规训组织的使命做了简单交代。这里进一步讨论当下大学学生规训组织在大学治理现代化进程中面临的重大挑战。这些问题如果不能有效地解决，大学生参与学校内部治理的现代化就只能是一句空话。

1. 大学学生规训组织的现行架构

"规训"是 20 世纪末期以来我国学术界使用非常广泛的一个术语。它是福柯在《规训与惩罚》一书中创造性使用的一个核心概念。在不同的语境中，不仅具有纪律、教育、训练、校正、惩戒多种意蕴，而且可以作为知识领域的规范引领权力。从福柯的本义来说，它被用来指称一种特殊形式的权力，即规训既是权力干预肉体的训练和监视手段，又是不断制造知识的手段。它本身还是"权力和知识混合的产物"。"在现代规训社会，权力已渗透到社会生活的毛细血管之中，它不是压制性的，而是生产性的，权力生产性话语、知识话语与道德话语。通过这些话语的生产，统治阶级从思想上驯化和奴化被统治阶级。"① 规训通常具有两方面的意义：一是能够给人以惩罚和强制行为的联想和威慑，使其成为一个驯服的人；二是能够教人以某种职业技能和知识体系，使其成为一个对社会有用或者能够为统治阶级服务的人②。因此，从福柯的视角看，我们可以把学校看成是与监狱、工厂、医院、兵营等具有同源性的社会机构，因为在这里，训练、惩戒与渗透性的权力等技巧被娴熟应用。正是在这种意义上，我们使用了"规训组织"这个概念。

我国大学行政主导型管理体制，存在着四个不同的规训实施体系：其一，由主管学生工作的党委副书记主抓，校学生工作部（工作处）、团委、组织部、宣传部、武装部、社科部、德育教研室等职能部门和各院系分管学生工作的分党委副书记、辅导员组成的学生政治思想教育与事务管理体系。其二，由主管教学工作的副校长负责，教务处、人事处、科研处、实验室与设备管理处、工会等职能部门和各院系负责人才培养、科学研究的副院长与全校专任教师为具体实施者的专业人才培养

---

① 胡颖峰. 规训权力与规训社会——福柯权力理论新探 [J]. 浙江社会科学, 2013 (1): 114-145.

② 张之沧. 论福柯的规训与惩罚 [J]. 江苏社会科学, 2004 (4): 25-30.

体系。其三,由主管后勤工作的副校长负责,总务处、公安处(保卫处)等职能部门和后勤职工、保卫干部等具体实施者的安全保卫与后勤服务育人体系。其四,学生自愿发起成立以学生自治组织和社团组织为主要依托的大学生自我教育、自我管理和自我服务体系①。这四个体系相互交织,涵盖了学生在校学习、生活等所有方面。学生规训组织,从广义上讲,包括所有的四个体系;但从狭义上讲,这里特指第一个体系,它处于规训学生的轴心层。

2. 学生规训组织的权责

每一所大学都已经形成一个非常庞大的学生工作网络,由党委领导。各个学校的内部机构及其职能分配有所差异,但总体保持高度一致。其中学生工作部主要负责本科生思想政治教育和管理工作;本科生党组织与班集体建设;本科生党员与骨干队伍的培养与管理;本科生招生工作;本科生奖(助)学金、助学贷款、勤工助学、困难补助工作;违纪处理;心理健康教育与咨询;课外艺术教育指导与组织;学生生活指导工作,宿舍管理与文化建设等;学生就业创业指导管理;学生档案管理;专兼职学生工作队伍建设;基层单位学生工作的指导和考核;本科生安全稳定工作。党委组织部负责学生党员发展;宣传部负责意识形态管理与舆情监控;校团委负责团员思想教育,了解团员思想动态,团员发展、退团与团组织建设,团组织内部处分与奖励,团费收取与管理,社团管理、社会实践与"挑战杯"工作;人民武装部负责新生军事训练与国防教育、国防生管理等;安全保卫部主要负责学生的安全保卫工作,维护学生的生活秩序等。总体上看,中国大学的学生得到了无微不至的关心、教育、管理和服务。

从福柯的视角看,这犹如一座"监狱",规训与惩罚着学生的一切!我们站在另外的角度看,过度的期望容易造成学生无望,过多的干涉容易造成学生无奈,过强的保护容易造成学生无能,过分的关心容易造成学生无情,过严的斥责容易导致学生无措。总之,包办越多,受益越少。这是一条不变的"法则"。

---

① 程同顺. 高校学生自治的政治学分析[J]. 江苏高教,2002(5):80-83.

3. 学生规训组织的困境

有学者认为,"当前,高校学生管理工作的瓶颈在于管理目标不明确、管理规范不完善、管理信息不通畅、管理队伍不健全。高校学生管理工作瓶颈存在的原因是新的时代特征的挑战、高校改革落后于社会发展的需要、高校辅导员职业定位的不准确"①。我们认为,我国大学学生规训组织面临的主要困境表现在:其一,"教书不育人,育人不教书"的过度分工,割裂了学生的德性养成与感性、知性、理性发展的关系,将大学生成长的整体系统碎片化,既阻碍了作为大学生专业成长的专业规训体系的绩效提升,也阻碍了作为德性养成和人格发展的学生公民教育与心理健康教育的深度融入。其二,发端于计划经济的全能保姆式与全程全场"人盯人"消极防御式学生工作指导思想与运行机制,已经不再适合高等教育大众化背景下的学生在规模和求学意愿等方面业已产生的重大结构性变化,造成了学生规训组织"捉襟见肘",1∶180或者1∶200的辅导员与学生比,使辅导员没有时间、没有精力也没有能力将学生管得了还管得好。其三,学生规训组织的专兼职工作队伍普遍存在专业化程度不高、发展通道有限、职业倦怠严重、职业稳定性差等突出问题,制约了学生规训组织育人、管理与服务各方面工作的提质增效。为了降低人力资源成本或弥补专职辅导员人数不足,部分高等学校采取了"2+3"模式,让本科毕业生留校做2年辅导员然后免试入学硕士研究生,这种未出校门实现"师兄师姐"向"心灵鸡汤使者"华丽蝶变的做法,显然难以使学生工作入心入行入魂;我国现有的人事管理体制,导致大学的初级行政岗位职员补充困难,而辅导员有一个观察期与后悔期,导致成为学校各职能部门选拔职员的最佳来源地,其结果是辅导员年年进,辅导员年年缺。长此以往,必然是学校与辅导员对这种"移花接木"式的人力资源供给模式产生严重的路径依赖,辅导员以此为跳板实现进大学工作的梦想,而大学职能部门以此为后备干部来源地实现了"知根知底"与"用得顺手"的用人目标。这样做的结果是,年轻辅导

---

① 林毓铭,陈壮艳,鲁力. 当前高校学生管理工作的瓶颈与突破 [J]. 黑龙江高教研究,2015 (4):57-59.

员人心不定,年龄偏大的专职辅导员自身可能就是"问题"员工,失去了先进性与示范性的起码素质要求。其四,不科学的绩效评价制度导致学生规训组织内部为评价过关或表现突出而不断强化本身的权力渗透范围与渗透方式,由于每个部门都为了刷自己的存在感,从学校到学院,从学工到团委、宣传、组织、心理健康、安全保卫等"各尽其能"、"各尽其才",无不到其极致,于是,学生苦不堪言、无心向学,辅导员忙于应付、顾此失彼。显然,如果不根据新时代大学教育和大学学生的新特点、新趋势去重建大学的学生规训大体系、新模式,就难以促进大学治理的现代化。

三、学生社团组织的疏离

高校学生社团是由高校学生以共同追求为基础而建立的学生组织,是具有明确发展目标和规范、符合所在学校社团管理条例的非正式群体[1]。社团组织是青年大学生自我教育、自我管理和自我服务的重要平台。与学生自治组织、学生规训组织相比,它具有天然的亲和性、包容性与自组织性,因而,它也具有团结学生、帮助学生、教育学生与成就学生的独特优势。然而,现实中的大学生社团发展是喜忧参半。

1. 学生社团组织的角色

共青团中央、教育部于2005年颁布的《关于加强和改进大学生社团工作的意见》中明确了学生社团的总体要求和主要任务:以邓小平理论和"三个代表"重要思想为指导,全面贯彻党的教育方针;以推动大学生全面发展为目标,坚持以人为本,全面推进素质教育,充分发挥学生自我教育、自我管理、自我服务的积极性;坚持建设和管理并重,积极扶持、规范运作,促进健康发展;推动学生社团在活跃校园文化、加强和改进大学生思想政治教育、服务学校改革发展稳定等方面发挥更大的作用[2]。

---

[1] 杨帆,李朝阳,许庆豫.高校学生社团的学生评价与影响因素[J].教育研究,2015(12):43-51.

[2] 共青团中央,教育部.关于加强和改进大学生社团工作的意见(中青联发〔2005〕5号)[EB/OL].[2005-01-13].http://www.gqt.org.cn/documents/zqlf/200703/t20070321_14553.htm.

学生社团组织在学生成长与学校发展中扮演着非常重要的角色。对于学生的成长而言，社团活动是大学生课堂学习的重要补充，称为第二课堂。在社团活动中，学生学到的主要不是专业知识与技能，而是与人交往、合作与理解，是对别人的尊重与对自己的信任。换句话说，通过社团活动，不仅实现了工具理性的发展，而且实现了交往理性与价值理性的发展。社会性是人性的更为本质的一面，而社团对人的社会性有着非常独到的作用。

对于学校而言，社团活动可以丰富校园文化生活，发挥其在社会核心价值观内化、意识形态的矫治、个性化和创新型人才的培养、学校民主管理改革与发展等多方面的自我组织、相互影响、主动内化与积极进化的功能，将大学教育的有形与无形有机结合，实现大学和学生的共同成长。

2. 学生社团组织的困境

虽然大学生参与社团的热情高涨，一些优质的社团脱颖而出，社团对学生的吸引力增强，一些学生社团对学生的教育功能明显，但是，我国大学的学生社团发展极不平衡，良莠不齐状态十分明显；大学领导对学生社团的功能认识不够，对其发展、价值引领与规范管理重视不足，定位不准，投入不够；社团组织指导力量严重不足，高水平的教师从事学生社团指导工作的意愿较差，导致学生社团低水平重复，品质提升受限等。具体可以从外部与内部两个方面来分析。

外部因素上，学生社团所需资源既包括资金、场地等实体资源，也包括指导老师等智力和专业资源。有调研显示，与学生社团的资源需求相比，学校实际给予的支持远远不足。在经费方面，根据对北京相关高校的走访调查，北京大部分高校人均社团工作经费不到10元，还有相当一部分社团得不到学校的经费支持[①]。与中国不同，美国大学从不同渠道给予大学生社团活动以支持。以哈佛大学为例，哈佛大学本科生社团至少可以从6个渠道获得资助：哈佛学院学生活动基金会、哈佛基金会、

---

① 张彦，韩流. 学生社团组织与学生成长成才研究［M］. 北京：北京大学出版社，2012：145.

大众服务资助、Weatherhead 中心基金会、Ann Radcliffe 基金会、政治学协会、本科生理事会。资助方式分为 4 类：团体资助、个人资助、实习机会、奖学金①。在教师指导方面，我国大部分大学指导老师只是挂名在社团，碍于个人本身科研和教学上的压力，根本无暇顾及对学生社团进行悉心辅导。说到底，大学生的社团发展很有点自生自灭的味道。

内部因素上，学生社团组织除了将有共同兴趣和需求的学生组织在一起，增进交流、丰富课余生活之外，在大学生思想政治教育、服务学校改革发展稳定等方面也要发挥其应有作用。而我国大学办学的具体实践中，许多学生社团组织出现了价值取向偏移的问题，许多社团活动出现了忽视甚至是淡化精神支柱的倾向，明显偏重娱乐性、消遣性乃至功利性。石中英认为，价值观教育（values education）与学术性教育（academic education）或技能性教育（technical education）在具体方式方法上有很大的区别，前者必须与具体的人的实际行动紧密地结合在一起，体现出鲜明的自主性和实践性②。因此，若能充分发挥学生社团组织及其活动在大学生社会主义核心价值观教育与生成中的重要功能，就能使大学生的价值观教育事半功倍，就能够走出当下过度依赖思想政治课说教式的价值观教育低效的困局。不过，现在的大学生社团也难以承担学生价值观教育的历史责任。因为有些大学生社团为了追求影响面或轰动效应，将本应以满足全体大学生的文化需求为宗旨的社团活动变成了迎合小部分大学生的个性化文化需求的社团活动，从而使某些大学生社团组织沦为低俗、不符合审美要求、毫无精神内涵的组织。当前许多高校的社团主要偏重于文体活动、兴趣爱好拓展以及学术成长等，很少关注广大学生类群体发展、权益保护以及政治参与等方面的社团组织发展。可以认为，学生社团组织与活动开展疏离于公民教育、公民成长与学校政治发展情况的产生，主要与现今学生的个体意识高于团体意识以及缺乏积极正面的引导有关。

---

① 张家勇. 美国大学的学生社团活动 [J]. 比较教育研究，2004（4）：80-84.
② 石中英. 社团活动与社会主义核心价值观教育 [J]. 中国教育学刊，2014（6）：22-25.

四、学生参与治理的限度

学生参与学校治理不能简单地被理解为需要学生参与学校的一切事务。有学者已经提出，20世纪70年代左右，因学生介入学校事务过多产生了许多负面效应。亨利·罗索夫斯基列举了那个年代学生权力泛滥带来的深刻教训，强调并非所有事物都可用民主的办法[①]。基于学生的智力、社会阅历、管理能力等不足，学生参与的广度与深度必然有一定限制。所谓广度，即为学生参与治理的内容；所谓深度，即为根据学生实际能力确定的学生参与层次。因此，界定学生参与治理的范围应以学校事务与学生的关联性为基本出发点，综合考虑学生的实际能力来判断。若给予学生参与学校治理的机会过多过泛，就容易导致学生因自身能力不足而参与失效；若给予学生参与学校治理的机会过少，又容易产生学生抱怨学校不够民主的负面情绪。如何从学生法定权益充分实现的角度限定，明确学生参与大学内部治理的具体事项，确定好学生参与大学治理的边界，是实现大学治理现代化的一项基础性工作。这既要能保障学以生为本，让学生的合法权益得以全面充分实现，又要能不影响学校发展决策的效率与质量。

1. 学生参与大学治理的广度

高校与学生相关的事务繁杂，总体而言可以分为教育教学和管理服务两大类，教育教学方面又包括学科教学、课程设置、教学实习等，管理服务方面则包含素质拓展、资助育人、后勤保障等，各方面制度规范的制订、政策的执行和监督都与学生息息相关。在限定学生参与治理的内容上，需要高校各部门协同合作，做好顶层设计，将与学生利益切实相关的各项事务均纳入其中，最大限度保障学生的参与权。陶行知先生对学生参与决策和自治的范围提出四个方面的标准："一是以学生应该负责的事体为限。学生愿意负责，又能够负责的事体，均可列入自治范围；不应该由学生负责的事体，就不应该列入自治范围。二是事体之愈要观察周到的，愈宜由学生共同负责，愈宜学生共同自治。三是事体参

---

① 马培培. 论美国大学治理中的学生参与[J]. 高等教育研究，2016（2）：104-109.

与的人愈普及的，愈宜学生共同负责，愈宜学生共同自治。四是依据上列三种标准而订学生参与的范围时，还须参考学生的年龄、程度、经验。"① 就我们看来，学生参与大学内部治理的广度，应该以直接事关学生权益的那些学校治理事项为主，包括直接涉及学生个体与整体利益的事项和间接关系学生权益的学校长远规划事项。

2. 学生参与的深度

概括地讲，大学生参与权的形式包含三个层次：以建议权为核心的初级层次、以行动权为核心的中级层次和以决策权为核心的高级层次②。从实践上看，"校长信箱"、"学生座谈会"、"行政办公室开放日"等举措从一定程度上体现了高校对学生参与权的重视，但这些举措仅仅处于以提建议为核心的初级层次。以"学生评教"等为主的举措主要体现了学生的行动权，但学生的决策权很少在学生参与治理中体现。因此，高校应当在涉及学生利益的重大问题上给予学生一定的决策权。美国管理学家霍尔指出："组织内权力的改变是在一个权力大小固定的框架下进行的。随着时间的推移而改变的是权力框架本身。"③ 这里所指的权力框架，就是组织内部的管理关系结构。根据霍尔的研究，学生介入组织的方式是一个随着权力改变而不断变化的过程，方式要与权力相适应。从目前我国高校的学生权能分析来看，介入方式主要表现在咨询与建议、对话与沟通以及测评与监督三大方面。首先，咨询与建议是学生介入高校治理的主要方式。就是学生向高校学生工作主管部门了解相关政策规定的参与活动，在这其中政策咨询是较为常见的介入方式。就其范围来看，应包括学生的奖惩规定、学生资助政策以及日常管理等。政策建议主要是指学生通过其代言组织对大学内部治理运行的相关制度与政策提出修改、调整或者完善的建议。其次，对话与沟通也是学生介入高校治

---

① 陶行知. 陶行知教育文集 [M]. 成都：四川教育出版社，2007（2013重印）：57-58.

② 夏民，庄倩如. 大学生参与权的法哲学思考——基于高等教育法治化的分析 [J]. 江苏高教，2012（4）：51-53.

③ 理查德·H. 霍尔. 组织：结构、过程及结果 [M]. 张友星，等译. 上海：上海财经大学出版社，2003：135.

理的重要方式。在这个过程中，介入往往是通过"部分人对话机制"进行的。学生以"部分人"的方式和高校的相关职能部门建立一种平等的对话关系，从而对高校治理的相关内容进行沟通，参与交流，有效地提高学生介入的效率①。第三，测评与监督。在测评与监督方面，学生主要体现在对教学、教务、后勤管理以及校园文化等方面是否满意所做的价值判断以及对其工作存在的薄弱环节进行批评、建议与监督等。这是学生介入大学治理最常见也最有效的方式。这种介入形式集中体现在评教、评管、学生后勤监督委员会等方面。学生参与测评与监督是基于学生自身的学习生活体验的，因而更能够反映出大学治理的薄弱环节与问题症结，是大学治理现代化过程中亟待加强的领域。

3. 学生参与的边界

从一般意义上说，在高校内部治理的学生参与机制中，参与主体的法定范围是所有注册在籍的大学生。但是，由于大学规模的扩张，导致所有事务都做到向所有学生开放已经不太可能，学生全员参与治理的理想很难实现。这就要求在大学推进治理现代化的历史过程中，将学生介入主体由个体层面提高到组织层面，即由学生的代言组织来代表学生群体参与到大学治理的相关议程中。这里引发的新问题是：学生代言组织是否真正能够替学生代言？为了提升学生代议制民主的绩效，首先应该保障学生代言组织的代言主体必须是以直接民主选举的形式从全体学生中产生的，即保障主体来源的代表性；其次，要极力推进学生代议制民主的规范化，使代议制民主有良好的制度来保障其面向学生、代表学生；最后，要尽可能利用当代信息技术特别是大数据平台提供的便捷性，能够在一些重大问题上利用大数据平台以实现全员直接民主。这种在传统社会中无法想象的事情，今天已经变得非常简单了。目前我们所面临的问题是，我国高校学生组织产生的民主度不同，代表性并未得到很好的保障，使得参与主体在具体管理中的价值出现偏向，出现了权利载体的"行政化"和"形式化"现象，从而很难代表最广泛的学生群体

---

① 夏小华，等. 青年学生参与机制的缺失与构建——基于高校学生工作的视角[J]. 中国青年研究，2011（12）：83-88.

的利益。所以，参与大学治理的主体边界划定，必须以公开公正公平的民主选举为基础，将真正能代表学生利益的人引入或组织纳入大学治理体系及相关议程中来。由此不难看出，在学生介入大学内部治理的过程中，无论是主体构成、层级内容还是介入方式都是以其权能为基础的。如果超范围、超能力地扩大大学生参与学校治理，就会事与愿违、适得其反。为此，探讨学生介入高校内部治理的同时，应该考虑到其边界问题，只有这样，才能从根本上推动现代大学制度建设[①]。

第三节 学生参与大学治理的路径转向

在大学治理现代化的背景下，行政主导、僵滞固化的大学管理模式与学生日益增长的民主参与需求之间的矛盾逐渐显现，阻碍了我国大学治理现代化的进程，影响了高等教育的发展，也不利于学生综合素质的提高，尤其是社会性、公民性的发展。校方集中掌握大学治理权、中层沟通机制不完备和不顺畅、学生缺乏民主参与的机会与能力等多种复杂因素，直接影响着大学从管制走向善治、从人治走向法治。转换学生身份观，切实把学生作为大学治理的重要权利主体与权力主体，让他们真正成为大学校园的主人，通过结构重建、议程重置和机制重组等组合措施，为学生参与提供理念支撑与制度保障，已然成为大学治理现代化进程中亟须解决的重要课题。要真正实现大学治理的现代化，就必须使学生的身份从"被管理者"、"受教育者"转变为"自治者"和"共治参与者"，就必须实现学生参与大学治理路径的实质性整体转向。具体而言，就是要千方百计地在学生参与决策、参与听证、参与监督和参与维权四个维度上，发掘学生参与大学治理的新路径与新策略。

一、参与决策

美国著名学者赫伯特·A. 西蒙（1916—2001）认为，"决策"一词

---

① 陈大兴. 自由与限度：论高校内部治理中学生主体介入的权能制约与边界划定 [J]. 内蒙古社会科学，2013（2）：160-164.

不应仅仅从狭义上去理解，而应该从更加广泛的意义上去理解。他认为决策过程包括四个阶段："情报活动"、"设计活动"、"抉择活动"、"审查活动"①。可见，现代科学意义上的决策，已经远远地超越了传统体制中领导者个人或者领导者集体做决定的意涵，它成了一个需要各种利益与权力主体参与的动态化管理过程。在这个过程中，"谁参与决策"和"如何做出决策"是两个具有根本性意义的重大问题。人才培养是大学一切工作的出发点和落脚点，大学的一切都要为学生的成长、为学生的社会性与个性的升值服务。学生不仅是接受教育或者接受规训的对象，而且是大学的共同行动者与"股权"持有人。从这个意义上看，推进学生参与决策，不仅是大学履行其核心使命的具体向度，而且也是大学存在的合法性大厦之根基。

1. 学生参与决策的价值

让大学生参与大学相关事项的决策对大学治理现代化具有重要价值。主要表现为两个方面：

第一，有利于实现决策的程序正义。正义是用来专门评价社会制度的一种道德标准。罗尔斯把正义分为实质正义、形式正义和作为规则的正义三大类。所谓实质正义，就是社会的实体目标和个体的实体性权利、义务的正义，包括政治正义、经济正义和个人正义。形式正义是指规则、中立、公平、公正的过程，一视同仁地办事，形式正义要求"法律和制度方面的管理平等地（即以同样的方式）适用于那些属于由它们规定的阶层的人们"，"形式的正义是对原则的坚持，或像一些人所说的，是对体系的服从"。作为规则的正义是指法律和政策公平地被执行，即程序正义。从法制和政策执行角度看，罗尔斯所说的形式正义与作为规则的正义两者具有一定的共同性，某种程度上都可视为程序正义②。

程序正义与实质正义最大的区别在于，程序正义不要求事实上平等，

---

① 西蒙. 管理决策新科学 [M]. 李桂流，等译. 北京：中国社会科学出版社，1982：33-36.

② 约翰·罗尔斯. 正义论 [M]. 何怀中，等译. 北京：中国社会科学出版社，1988：54.

只需要在形式上、法律上平等。在大学治理决策过程中，程序正义与实质正义同样重要。其原因有二：其一，当今大学生的自我维权意识普遍增强，他们会更加看重大学决策的合法化流程。他们期待，在大学决策过程中，应当注重群策群力、广纳众言的关键环节，通过广泛宣传来为广大学生创造条件，知晓、理解、参与学校决策，为今后执行决策和落实行动扫清各种可能出现的障碍。其二，大学决策的程序正义是实现实质正义必不可少的前提条件。程序正义为实质正义疏通了一个合法合规的渠道，学生与学校之间可以构建起一个平等交流的平台。至少在形式上，它保障了学生在决策过程中的共治主体地位，有了基本表达诉求的正式渠道，学生就可通过此渠道完整准确地表达出自己的诉求，从而激发出他们作为大学主人所特有的荣誉感、使命感与责任感；与此同时，学校可更加畅通地了解到学生的实际情况，从而使决策正确所赖以依靠的信息更加充分与准确，进而提升了大学决策的质量。由于在形式正义或程序正义上达成了高度共识，因此，它可以为实质正义的实现奠定基础。

第二，有利于减少学校决策的风险。大学决策是决策者进行主观价值选择和价值判断的过程。能够左右最终结果的，无非是个人利益或其代表的群体利益。其最终的目的就是利益的最优化。但大学决策的特点是，很多决策所涉及的事务并非是完全可以用具体明确的绩效或成本指标来加以计算的。充其量，只是一个对事件发展结果的综合预判。由于大学决策者的价值取向存在差异，因此，很难保证最终能有一致认同的结果。西蒙曾经驳斥了西方古典经济学理论中理性经济人具有客观理性或绝对理性并且能够使利益最大化的观点。在他看来，知识的不完备性、预见未来的困难性以及备选行为范围的有限性，决定了客观理性在实际行动中是不存在的。因此，西蒙用令人满意取代了"最优化"准则①。

为了能够尽量达到决策的"最优化"准则，减少争议、缩小分歧，

---

① 丁煌. 西方行政学说史 [M]. 修订版. 武汉：武汉大学出版社，2004：181.

吸纳学生参与到决策的过程中就显得非常必要。其一，学生可以为学校决策提供真实的一手资料。可以说，关乎学校发展的重要事项均与学生息息相关。学生提供的信息可作为决策的重要参考，并且学生参与决策能够避免决策者在使用和选择信息时基于自己的利益最大化准则做出局部有利而整体有害、当前有利而长远有害的决策。这从一定程度上减少了决策风险。其二，学校中各部门之间的职能犬牙交错，关系纷繁错杂。在决策过程中，各部门立于各自一方，就必然导致多方整合协调中滋生利益冲突，因此，大学内部决策通常会伴随决策进程的推进而呈现多变的特征，就说明了这种利益冲突的复杂性、尖锐性。尽管所有决策的初衷都是以学生为本，但由于参与部门的多元性，很有可能导致大学决策偏离初衷。由此可以看出，学生在大学决策过程中在场和发声的重要性。他们可以作为一种缓冲或平衡的力量，消解职能部门之间围绕决策事项产生的矛盾与冲突，提高决策的效率与质量。

2. 学生参与决策的有效途径

大学生参与决策的渠道与方法是很多的。是否接受大学生的参与，则取决于大学主要决策者对学生参与决策重要性的认识，也受到学生主动参与意识强弱与参与能力大小的影响。具体而言，可以通过以下多种形式参与学校决策。

（1）提交议案

提交议案是参与决策的有效方式。为此，中南财经政法大学专门成立了征求学生意见的"专题议案委员会"。委员会定期召开会议，现场收集学生的意见，部门领导者在规定的时限内对整理过的意见做出答复，并以工作简报和网上公示两种方式呈现给学生。但目前这种形式，往往是班干部、学生会干部才有机会，并没有实现真正意义上的民主参与。可以对此参与机制加以改进，比如在常规性的征求意见之外，可以在每个学年的固定时间设置"学生提案周"活动，充分发挥全校学生的主观能动性，要求在形成议案之前，必须有深入、细致、科学的前期调研作为基础，使议案真正成为代表广大学生诉求的议案。同时可以通过优秀提案与回应解决提案的优秀职能部门评选，推进提案提质增效与持续创新。

(2) 集体座谈

集体座谈是我党群众工作的优良传统，也是现代大学治理中行之有效的决策改进策略。清华大学的"校长接待日"制度，华东师范大学的"新生参议会"、"师生共进午餐"和"学生新闻发布会"三大主要活动形式，都大体上归于此类。在这类模式中，同学们可自主反映问题，从而在一定程度上增加了学生的参与面。此类模式在设计时，要特别关注意见处理的反馈机制。如每次座谈后由专人记录学生的主要意见，将意见归类分到学校各负责部门。要借鉴政府的有益经验，由学校每个部门有针对性地对问题解决情况进行解释、跟踪并通过网上公示等方法向广大学生进行反馈，做到件件有回复，事事有落实。

(3) 权益组织介入

针对学校学生规模大的客观现实，有的大学直接利用权益维护组织来参与相关问题的决策，如湖南工业大学成立的"学生维权委员会"就属此类。该委员会代表广大学生与学校的相关部门进行交涉，维护学生权利。这样的维权组织在国内高校已被普遍采用。但由于委员会大多由学校团委或党委直接管理，更多情况下是完成学校交代的任务，向同学们做些政策上的宣传解释工作。这种模式的弊端是容易产生委托—代理问题，使学生在心理上产生厌烦和排斥情绪，使权益组织不能发挥出应有的效用。针对这种模式，应该在维权委员会成立之初，就由广大学生共同选举产生其负责人和成员，使委员会成员具有广泛的学生认可度。同时，实行任期制、绩效评价制和弹劾制，保持委员会成员的纯洁性与负责性。此外，委员会还可建立月报制度，将每月所收集到的学生针对学校治理方面的意见以及处理结果以报告的形式定期发布在学校网站上，接受广大学生的监督。

(4) 学生专席

为了确保学生在大学共治中的作用能够更有效地发挥，使大学治理更注重以生为本，注意从学生权益而非管理成本或便捷性的角度思考问题，可以探索在学校党委或行政办公会中设置学生专席。学生专席不仅有知情权，也有投票权即共同决策权。其实这也不是新招。新中国成立以后，大学的党委中曾经就有学生担任党委委员。现在只是在团委组成人员中还有学生兼职团委副书记。但是，仅仅在团委这个范围内，参与治理的力度还是极其受限的。而进入党委或者学校行政办公会并且具有共治权，这就可以将学生意见制度化反馈。当然，实行这种制度必然阻力很大，因为很多大学领导会认为完全没有必要。但是，如果考虑到学生人数在整个大学中的人数、学生党员占学校党员总人数的比例，就应该明确一个道理：他们是一个不应该被抛弃的群体。而且大学的学生中本身包括本科生、硕士生和博士生，并且年龄上也从18岁跨到40～50岁。相比于现在30岁不到就当上处级干部而言，没有理由以大学生年轻为由，拒绝将他们纳入制度框架内。

二、参与听证

听证，在《当代汉语词典》中释义为"为了解真相而听取当事人的说明与证词"[①]。听证制度的法律依据，可溯自英国1215年的大宪章中有关公民的"法律保护权"的观念和制度。这种制度后来从英国传到美国。听证制度的精髓在于，以形式正义（程序正义）来保证实质正义，用程序公平来保证结果公平，从而彰显现代社会民主政治的基本价值。听证制度起源于西方，西方的自然公正原则、正当法律程序和依法治国理论是其法理基础。对于这种人类文明的共同成果，我国立法机关和政府已经借鉴过来。目前，我国已经在立法和行政领域实践听证制度，收到了很好的效果。当前，大学生的受教育权和公民权与大学管理自主权之间的关系问题，已经成为近年来我国社会与学术界十分关注的一个热点问题。随着一系列与大学有关的行政法律纠纷案件的出现，传统的大学教育管理模式和学生管理体制机制受到了严重的挑战。如何完善学生权利救济制度，已成为高教界和法学界研讨的热点问题[②]。理论与实践都已表明，如果决策是公共管理的核心，是影响公共管理水平高低的重要因素，那么，听证制度就是为提高公共决策质量而设计的前置程序。

---

① 莫衡，等. 当代汉语词典［M］. 上海：上海辞书出版社，2001.
② 王大纲. 试析高校听证制度的建立和完善［J］. 学校党建与思想教育，2012（7）：90-91.

1. 听证制度的定义

听证制度的理论渊源是法学的自然公正理念。作为法律制度的一种表现形式，听证制度起先仅适用于司法审判领域，主要用于体现司法公平和贯彻司法救济原则。传统法律理论认为，司法公正的基础必须建立在两个原理之上：第一，任何人不能成为审判自己的法官；第二，任何人的利益将要受到影响时，必须被告知其应有的权利和义务，并保证其观点和意见不受阻碍地被听取。第一个原理已经成为法庭审判的基本原则，而后一个原理逐步被相关管理学移植并得到引申，特别是在公共行政管理领域中，听证制度已经越来越成为一种获取决策信息、优化决策过程及提高决策质量的保障性程序①。

2. 大学听证制度的旨归

有学者认为，完全有必要也有可能把我国现有的《行政处罚法》等法律中已经建立的听证制度移植到高校管理中，在任何一项政策或措施出台之前，给学生发表意见的机会，为他们以有效维护自身合法权益提供强有力的法律武器②。那么，大学听证制度以什么为旨归呢？可以从三个方面来说明。

首先，确保决策科学。要想成功地解决问题，就必须找到解决真正问题的正确答案。人们以往经历的种种失败，更多的是因为解决了错误的问题，而不是为真正的问题寻找到了错误的解决方案。决策是为了实现既定的目标，而目标的制定源于需要解决的问题。因此，议题的确立是科学决策的第一步。大学治理过程中所涉及的管理问题是多方面的，其关系是错综复杂的。找准真正需要解决的问题，是科学决策的首要前提。如何准确界定学生管理方面存在的问题，听证所起的作用是非常明显的。大学生参与决策，意味着不同层次、不同年龄以及不同专业的学生，会以不同的立场、不同的表述论证不同的问题。如何帮助校方决策层真正知悉学生们迫切需要解决的问题，听证是一个非常合法、合

---

① 胡敏. 公立高等学校学生管理听证制度研究 [J]. 浙江学刊，2008（3）：203-206.

② 黄凤兰. 论高校管理应引入听证制度 [J]. 中国高教研究，2002（5）：47-48.

理而有效的方式。听证实际上是一个不同观点辩论或者不同利益诉求之间博弈的过程。俗话说，话不讲不清，理不辩不明。听证的作用就是通过一种民主的方式，使基于不同立场不同诉求得以充分、准确、规范地表达，并为最终的共识形成提供论辩、对话、协商和交流的平台和空间。

其次，确保执行顺畅。政策得以顺畅执行的前提有二，即主观上被执行者所认同，客观上具有良好的可执行性。听证制度的优势，在于为不同利益群体同时也是政策的被执行者在决策过程中提供了表达自由意志的平台，这就为参与者的意志融入政策提供了机会。由于在政策决定阶段已经将不同的诉求或者利益矛盾化解在源头上，即对政策本身已经具有了相当广泛的共识基础，这样制定出的政策在执行上就必然具有一种天然的主观认同感，被排斥、否定或者拒绝的风险会降至最低。另一方面，听证制度允许利益关系人或其代表对政策的科学性、合理性、可行性等畅所欲言、各抒己见，使决策所关涉的客观实际情况得以充分反映。这无疑有助于决策者对客观实际情况的了解和掌握，有助于其将决策建立在全面、准确的信息基础之上，有助于其按照大学生管理的客观规律做出更加符合办学实际的决策，因而，政策在执行过程中也更加具有亲民性和可执行性。

最后，确保评估准确。政策的生命力在于实施。任何一项决策倘若因不切合实际而缺乏可行性，就无异于一纸空文。然而，执行怎样，效果如何，有无改进与调整的空间，何时可以终止等一系列问题，都需要及时予以回答。而能够回答这一切的，就是政策评估。令人颇为遗憾的是，大学政策的一个最大缺陷，就是只关注政策制定，不关注政策执行，更不重视政策评估。换句话说，就是只做政策，不验政策。对于政策在执行中遇到了哪些问题，有什么样的变化，哪些地方无法有效执行，这些问题往往不为大学政策制定者所知悉。甚至到了执行不下去的时候，也不认真查找问题的症结所在。听证制度所具有的信息汇集优势，能够有效阻止这种"发文后不管"的现象，使高校管理层对现行政策的执行情况进行随时跟踪、准确评估和及时调整，进一步增加高校管理政策的可行性①。

3. 完善学生听证制度

听证制度在大学治理中实行的时间并不长,而且绝大多数大学还没有习惯用听证这种机制来改进大学治理,提高治理水平。因此,听证制度要全面发挥其功能还有待自身的完善。

第一,做好顶层设计。在建立校园听证制度之前,应该进行广泛深入的调查研究,将听证事项、听证主体、听证程序、听证效力等一系列与听证制度相关的方面纳入整体设计框架。听证制度设计提供了听证实施的制度保障,是校园听证活动开展的具体依据。听证制度必须明确:要求听证事项的具体范围,听证代表的遴选,听证程序的具体负责机构,听证主持人的选任和职权,听证会的参加对象,听证会的纪律,听证会的具体程序安排等。新制度经济学认为,只有当新制度实施带来的收益大于成本,才能使新制度有效推广。因此,在设计大学校园听证制度时,必须注意提高大家的认识,只有让领导者与多数学生切实体会到听证带来的实际优越性,才会支持听证、参与听证和坚持听证。

第二,设立听证委员会。大学要实施听证制度,就必须有听证的组织机构。建立有学生参与的听证委员会,并将这个委员会的常设机构与大学的法务部门或者政策研究机构合为一体。委员会是具体负责听证会工作事宜的机构,由师生代表和法律专业人员组成,实行任期制。听证委员会可以分为听证决策组、听证执行组和听证监督组。每个组都需有学生担任委员。其中听证决策组决定听证事项的发起,听证执行组决定听证的具体安排,听证监督组在听证会前、会中和会后进行全面监督,充分发挥民主治校的作用,通过监督和纠正手段规范校园听证会,切实保护学生的权利。

为了提高大学校园听证会的成效,防止校园听证会流于形式,必须做好两个方面工作:一方面是将正式听证和非正式听证相结合,在开展听证会的同时进行网上听证,加大学生参与面,这样能很好地解决时

---

① 胡敏. 公立高等学校学生管理听证制度研究 [J]. 浙江学刊, 2008 (3): 203-206.

间、空间和成本的问题,这种方式也比较适合高校学生的特点。另一方面,应该建立校园听证的及时反馈机制。正如有学者所言,听证会容易沦为一种"程序正义",强调听证程序的公开透明,但对执行性功能和后续的处理较为忽视,未能体现听证活动对于加强高校管理决策现实功效的促进作用。因此,加强对校园听证反馈机制的研究,有助于真正实现听证的价值[①]。

三、参与监督

失去监督和制约的权力最终将会走向腐败。监督机制既是大学权力赖以规范运行的制度基础,又是学生公民权与受教育权得以充分实现的重要条件。随着大学办学自主权的落实和扩大,以及大学内部管理体制改革的深入,我国大学内部监督机制的完善变得尤为重要。

1. 学生参与监督的含义

"监督"在《当代汉语词典》中的解释为"察看并督促",起源于社会生产和分配中的记事和契约活动。而现代意义的监督,主要是指人们为了达到政治、经济、军事、司法等方面的某种目的或目标,仰仗一定的权力,通过社会公共治理中若干事务的内部分工约束或外部民主性参与控制等途径,针对公共权力的资源、主体权责、运作效能等而相对独立地开展的检查、审核、评议、督促活动[②]。监督是一个极为宽泛的概念范畴,包括外部监督与内部监督,立法监督,司法监督,行政监督,舆论监督与群众监督等。作为学生参与的监督,本质上是一种大学内部的管理事务性监督与职权行使规范性监督,主要属于民主监督。监督的主要对象包括大学领导者及其职能部门履职尽责情况和民主作风情况,尤其是对涉及学生受教育权和公民权充分实现有关的那些事务。

2. 学生参与监督的作用

监督机制是现代大学制度的内在要素,学生参与监督是大学内部监督机制的有机构成要件。大学治理现代化的根本目标就是建立与新时代

---

① 王大纲. 试析高校听证制度的建立和完善 [J]. 学校党建与思想教育,2012 (7):90-91.

② 尤光付. 中外监督制度比较 [M]. 北京:商务印书馆,2003:1.

中国特色社会主义制度相适应的现代大学制度，核心是政府引领、社会参与、大学自治、民主管理。没有健全的内部监督体系，大学的自治就会误入歧途，民主管理就会成为空话。只有不断发展和完善大学内部监督机制，才能逐步实现大学自我发展、自我约束，大学的办学自主权才能不被滥用。

学生参与监督有利于发挥监督机制的效能，促进大学治理权能的合理配置与充分实现。学生是大学中最大的一个利益群体，也是最具活力与勇气的治理主体。学生参与监督，能够使学校各项政策与活动的决策和执行过程接受监督，这样既有利于决策的科学性和民主性，防止或减少决策失误，又有利于将决策转化为大学内部各机构与成员的意志和自觉行动，调动一切积极因素，促进大学内部决策的顺利执行，确保权力的规范运行，提升大学的执行力。

3. 学生参与监督的途径

学生参与监督的渠道与机制是多方面的，但是，最重要的有三条：

第一，完善学生代表大会制度。学生代表大会是学生会的最高权力机构，各校根据实际情况召开学生代表大会，通过大会依法行使民主权利，参与学校治理和监督。在实践中，学生代表大会积极向广大学生征集提案，对学校各方面工作提出建议。目前许多大学的学代会存在着严重的形式主义现象，突出表现为学生提案在学代会之后没有反馈、没有改进对策。这说明：一方面，学校领导与各职能部门对学生意见不够重视，缺乏具体的制度安排进行对接与落实；另一方面，由于学代会的"异化"，使学生对学代会的认同感不强。为了学代会真正成为学生的喉舌，发出学生的声音，全心全意为学生服务，有必要进一步完善学生代表大会制度。除了在每次学代会之前广泛征集学生的意见和建议，通过深入全面的调查研究提升各种学代会提案的质量以外，还需要在学代会闭幕之后，对各种议案进行归类整理对接各个职能部门。与此同时，要强化学代会常委会——学生会的监督职能，通过制度对接，形成良好的与学校各部门之间的沟通并提高学生会对学校各部门的影响力，进而实现对学校的整体工作进行有效监督。

第二，巧用学生媒体实施舆论监督。学生自治组织参与管理的一种重要途径,就是利用好学生媒体,通过报社和学生广播、学生网站、学生论坛等发挥监督作用。这些能直接或间接地对学校决策加以影响。除官方发布平台外,学生可以形成一个直接代表学生利益的民间主流媒体,由学生自办,其经费管理、内容编辑等都由学生独立负责,报道范围为任何发生在学生身边的实际问题。这需要有一大批具有强烈责任心和高尚新闻精神的学生记者,对发生的问题进行客观真实的报道,不捏造、不夸大、不妄加评论、不恣意煽情。其目的是最大限度满足学生的知情权、表达权、建议权,并且在形式上不断推陈出新,运用学生喜闻乐见的媒体形式,吸纳广大学生既成为忠实受众,也成为信息源泉。

第三,合法合理使用评价权实施监督。过去流传这样两句话:考,考,老师的法宝;分,分,学生的命根。其实这其中的奥秘就是评价权。在传统的教育体制下,教师掌握着评价权,因此,成为学生畏惧或者敬畏的对象。现在学生也可以利用手中的评价权。曾经有传说,一些教师害怕学生在评教过程中不留情面,打低分,令其在绩效评价中处于不利地位,而向学生低头示弱。这里不提倡学生滥用评价权,而是把手中的评价权作为一个可以参与监督并产生监督效力的法门。

四、参与维权

依法治校是依法治教、依法治国的重要组成部分。维护大学生的合法权益,是依法治校的重要内涵。维护大学生合法权益,是指大学生个人或相应的维权组织,依据法律法规及政策规定,按照一定的程序和方式,借助社会和民间力量,主动保护大学生的合法权益,及时消除对大学生已有的侵害,最大限度地实现大学生的合法权益①。大学生作为社会的一种特殊群体,对自己利益诉求的表达方式呈现一定的特点,而大学在学生维权方面普遍存在的问题,就是诉求表达不通畅,维权成本太高。根据"有权利,必有救济"的法理,完善大学生权利救济机制,是大学维护学生权利的最后防线,也是大学治理的底线,是弘扬大学精神的必然要求。我国大学对学生的权利救济意识和制度供给都还有很大的

---

① 曾贤贵,蒋志强,陈运遂,等.大学生维权与依法治校[J].西南民族大学学报,2003(10):254-258.

提升空间。

1. 大学生权益诉求表达的特点

当代大学生由于自中小学时期起就开始接受法律教育，逐步形成了他们的权益诉求表达特点。

首先，维权意识显著提高。经过改革开放30多年来的普法宣传与生活经历体悟，我国社会民众的权利意识明显增强，大学生的权利意识也随社会进步而不断增强。主要表现在他们对受教育过程中的公平问题，对学校设施、师资力量、教学质量、奖助学金等方面的公正合理分配普遍关注，特别是更加注重学校对学生品行表现及学业成绩评价的公平性问题；他们在自己就读期间参与社会实践、毕业实习和勤工俭学中遭受不法权利侵害时，不再选择忍受与沉默，而是积极寻求法律援助、切实维护自身权益。因此，他们参与治理的意愿更为强烈，对大学治理水平有更高期待。

其次，利益诉求多样化。主要表现在以下方面：一是对学校日常管理提出利益诉求，内容涵盖奖学金评比、评优评先的资格和程序，违规违纪的处理、食宿环境、学生活动经费的使用等。二是对受教育权的利益诉求。他们普遍对专业发展前景、课程设置、师资力量、教学设备、学术氛围、社会实践机会等给予高度关注，防止自身受教育权受到损害。他们普遍希望既能夯实专业知识基础，又能全面发展核心素养。希望学校能提供优质可行的生涯规划、就业技能培训和就业指导服务。三是对参与校园民主管理的利益诉求。他们希望在学校制定管理规章、出台管理规定之前能全面听取学生意见，不愿意"被规定"；希望通过成立社团组织丰富多彩的活动；希望获得学校学生事务、年级班级管理的知情权、参与权与建言权；希望提高大学治理的公开透明度，彻底改变信息不对称状况等。四是对学校后勤保障与生活服务方面的诉求[①]。由此可见，学生利益诉求涉及学校生活的方方面面，凡是与自身利益相关的问题都已经成为学生的诉求点。这种学生权益诉求多元化的发展趋

---

① 李易玲. 高校学生利益诉求表达机制探微[J]. 思想教育研究，2013（7）：83-85.

势,客观上要求大学在内部治理过程中全方位考虑学生利益。

最后,理性意识欠缺。大学生的年龄发展阶段与个体的个性特点,注定其在维权行为方面存在很大的随意性,以自我为中心,缺乏理性思考和必要克制。大学生的世界观、价值观虽然都已经基本形成,已经具备较强的分析与解决问题的能力,但是由于其社会生活阅历不足,经验累积不够,从而很容易导致其看待问题的片面性,喜欢钻牛角尖,偏执一端,在维权意识上过于"率性"、"奔放",一旦个人诉求得不到满足时,动辄打着"维权"旗号向学校"讨要说法"。还常常以尊重权利、尊重人格的名义,过分强调个人自由,只强调权利实现,忽视个人责任担当,学校要求稍严格就不遵从;在具体维权的方式上,表现出无组织无纪律,不按法定程序依法维权,而是直接通过互联网发帖等形式,让舆论绑架正义,让同情泯灭理性。就此而论,如何树立正确的维权意识,能够理智依法维权,现在还是不少大学学生应该补上的必修课。否则,我们就会造就一大批随意可提不正当诉求而无视自己应尽的法律义务的极端自私者。

2. 大学生维权存在的问题

目前我国的大学生维权仍然存在一些突出问题:

首先,权利保障机制不健全。目前我国大学在管理体制与运行机制方面还没有从以校为本转为以生为本,行政主导没有转为法治为基,因此,在学校的重大决策中学生基本上是离场的,他们的合理诉求难以通畅地反映至大学决策层,从而导致大学各种制度安排都是教育者优先或管理者优先,学生被制度、被规范的情形十分普遍。以北京大学处分学术不端的博士生于艳茹输掉官司为例。本来处分学术不端的学生,既是大学的基本权利,同时也是其应尽义务。早在1999年时北大就因为刘燕文的学位问题已经输掉了一次官司,而且这两次官司输掉的理由基本相同,就是程序失当或程序正义不能保证。说白点,就是北京大学缺乏法治思维和细致认真的工作态度。更重要的是,缺乏以生为本的办学理念。当前绝大多数大学还没有建立听证制度,以至于学生在存在利益诉求冲突时缺乏制度性的介入机制;大学普遍没有建立独立于行政权力的专门机构,负责受理、协调、处理学生的权益诉求,缺乏及时有效的引导,造成诉求无门或来回折腾,不利于矛盾的化解与对立情绪的舒缓。

其次,司法救济途径不明确。我国现存的教育法律法规和行政法律法规对大学生维权的司法救济途径并没有明确具体的界定,大学生与大学之间的法律关系的性质是行政法律关系还是民事法律关系学术界仍有争议。《中华人民共和国教育法》、《中华人民共和国高等教育法》、《中华人民共和国教师法》、《中华人民共和国学位条例》、《中华人民共和国普通高等学校学生管理规定》等教育法律法规和《中华人民共和国行政许可法》、《中华人民共和国行政处罚法》、《中华人民共和国行政监察法》、《中华人民共和国行政复议法》、《中华人民共和国行政诉讼法》、《中华人民共和国公务员法》等行政法规,共同构成了大学生维权的法律制度框架,但是这些法律并没有就大学生的司法救济具体路径给予明确规定,从而导致在实践中缺乏对大学生司法救济的路径保障。如若将大学生与学校之间的法律关系定位于行政法律关系,那么这就是一种非平等的行政法律关系主体与行政法律关系相对人的关系,在司法救济特别是行政诉讼中适用举证倒置原则,即大学生只提诉求,不用举证,举证责任由大学承担。这对于当前中国大学而言,可能困难重重。

再次,司法救济方式有"真空"。我国教育立法起步晚、配套不够,法律规范过于抽象,与道德规范无异,实操性差。这容易导致司法救济途径形同虚设,而申诉权在实践中也没有明确具体的程序规范,造成申诉权主张困难;司法机构在司法实践中对大学生诉讼态度比较消极,还有法院直接以"不属于受理范围"为由驳回大学生的诉讼请求,大学生依法维权活动举步维艰[①]。

从次,大学生维权渠道不畅通。除了到法院诉讼外,大学生的权益救济有多重渠道,例如内部申诉、上级教育主管部门申诉以及行政复议等。然而,内部申诉无助,主管部门申诉无门,行政复议无望,是当前大学生维权所面临的主要困难。由于大学生基数很大,而教育行政部门既缺乏专门部门受理学生申诉与复议,也缺乏足够的具有行政法和教育

---

① 李易玲.高校学生利益诉求表达机制探微[J].思想教育研究,2013(7):83-85.

法专业素养的公务人员精准高效地处理学生申诉与复议诉求。很多申请行政复议的个案，在没有媒体介入前，常常被忽略乃至搁置。

最后，大学生维权成本很高。由于以上多方面的原因，大学生维权并没有做到制度防范在前、协调纾解在中而及时救济在后的三位一体的维权体系，导致大学生维权就像无头苍蝇，四处碰壁。一次维权一次辛酸，一次维权一路眼泪，一次维权一次高消费。能够维权成功的是幸运，不能维权成功的是命运。这些都表明，维权难、维权贵仍然是大学生维权路上的两只拦路虎。

3. 完善学生维权途径

针对大学生维权途径有限，维权过程学生参与不足的问题，可以采取以下措施使大学生维权途径更加广泛、维权渠道更加通畅，维权成本大幅降低，维权效果更佳。

其一，拓宽参与渠道。针对传统方式参与维权的渠道有限，可以根据时代的发展趋势，以网络投诉为主要方式，将线上与线下有机结合，形成学生利益诉求表达的全时空、全覆盖，让大学生做到话有处讲、理有处说、惑有处解、疑有处释、诉有处投、冤有处申、怨有处诉、难有处帮，通过归口办理与部门联动，实现"投诉在线转"、"问题在线答"、"疑惑在线解"、"进度在线督"、"结果在线查"、"满意在线评"，做到维权多上网、少跑腿；参与多上线、少找人。主动适时发布信息，促进信息全面公开，减少灰色自由裁量与主观裁决，让重大核心利益诉求事项的处理过程公开透明，最大限度减少积怨，从源头上化解矛盾纠纷。完善走访、下访、互访、探访、回访、察访"六访"机制，搭起部门之间的联通桥和师生之间的"连心桥"。通过压实主体责任和监督责任、强化责任追究的办法来推进目标管理与绩效评估，让师生之间、部门之间形成命运共同体，消除对立，营造和谐氛围。

其二，重建参与秩序。参与维权，重在秩序。维权的过程是一个伴随着消极情绪的过程。因此，能否控制人情是能否控制舆情的前提。大学应该建立应急管理机制与重大舆情处置机制，避免重大公共事件给学生与学校造成"双亏"局面。可以通过开展"模拟联合国"、"模拟法庭"、法律知识竞赛、大学生维权周、大学生维权辩论赛等形式多样的活动，让学生了解维权的知识、流程与要求，让他们可以理性对待任何可能出现的情况；通过设置校园"12315"和"校园法庭"等形式，使学生懂得依法参与、依法维权、理性维权。

其三，优化参与体系。一是完善多元化维权体系。构建协调联动、高效运行的诉求解决机制。大学应该建立法律事务部，设置总法律顾问。由法律事务部承担制度合法性审查、合同管理、法律宣传、矛盾调处、纠纷化解、代理诉讼等各种涉法事项及专业法律服务性工作，使学生参与维权有门可进、有人可问、有章可循、有法可依、有路可走。加强学生自治组织的维权职能，发挥缓冲器作用。二是完善权利救济机制。构建校院两级诉求表达与争议解决体系，坚持预防为主，防治结合，把功夫用在平时，矛盾解决在源头，纠纷处理在基层。

第四节 学生参与大学治理的几种模式

国内外学术界对大学生参与学校民主管理的研究成果，为进一步探索多样化、有特色、有效果参与大学内部治理的模式，提供了理论指导与实践路径。虽然总体上讲，我国大学生参与大学治理的途径依然单一、程度依然有限、效果依然不佳，但是，也有一些高校敢为人先，创立了大学生参与学校内部治理的新模式、新机制与新办法，如吉林大学的专门委员会介入模式、华东师范大学首创的"校园建设参事"模式、湖南师范大学的"校长学生助理团"模式，以及有学者正在研究设立"校园议事厅"的可能性等。

一、专门委员会模式

近年来，吉林大学积极探索学生参与学校民主管理的有效策略，不断拓宽参与渠道，形成了有学校特色的学生参与学校治理的新模式。

1. 模式简介

吉林大学网上新闻中心 2011 年 1 月 4 日发布的新闻：

> 近年来，吉林大学一直积极探索学生参与学校民主管理的新模式，主要有四大举措：一是制定《吉林大学学生参与学校民主管理实施办法》，使学生参与有章可循；二是重新界定学生组织职责，组

建6个专门委员会,具体对接各主要职能部门;三是学校领导高度重视,率先垂范,按月开展"校长有约"活动;四是创新活动形式,丰富学生参与民主管理渠道。

2010年12月,吉林大学通过了《吉林大学学生参与学校民主管理实施办法》。依据该实施办法,该校首次将学生参与学校民主管理监督提升到整个学校发展的战略大局统筹规划。为了推进学生参与学校民主管理,该校学生会和研究生会联合成立了"吉林大学学生参与学校民主管理委员会",作为学生参与的总领导机构。

根据上述实施办法,吉林大学陆续建立了由学生代表组成的"学生听证委员会"、"学生提案委员会"、"教学质量监督与服务委员会"、"学生公寓管理与服务委员会"、"学生活动场馆监督与服务委员会"、"学生食堂监督与服务委员会"6个专门委员会,行使学生参与学校民主管理的权利①。为了确保学生民主参与学校管理取得实际效果,学校要求各相关职能部门必须给予全部提案以正面答复,部分生活热点问题需要在短时间内得到解决,一些较为复杂的问题也必须给出相对明确的解决方案和时间推进表。

为了彰显学校领导对学生参与民主管理的重视,自2011年11月起,吉林大学开展按月举行"校长有约"活动。面向全校青年师生征集对于学校发展改革的建议和意见,了解他们在工作、学习、生活当中遇到的现实困难。组织者还会根据"校长有约"的主题特别是会重点考量讨论问题的代表性和紧迫性,以确定到现场参加活动的学生代表的规模和结构。通过"校长有约"活动,由校长带领学校相关职能部门主要负责人与代表面对面交流,对于承诺解决的问题在会后限期督办。

该校从2004年开始就先后举办"3·15"维权日系列宣传活动、"3·15开心辞典"活动等丰富多彩的主题活动,以增强广大学生消费者自我保护意识,积极维护自己的合法利益。该校还连续举办了22届"先锋论坛"大学生辩论赛,在进入八强后的各轮比赛中,每年都面向全校

---

① 于珊珊. 吉大学生参与学校民主管理有了"尚方宝剑"[EB/OL]. [2014-01-04]. http://news.jlu.edu.cn/info/1211/40894.htm.

师生征集有关学校科学发展的辩论题目,希望通过辩论,提高学生的主人翁意识。

在2012年底,吉林大学学生会还组织了"我爱我校"——2012年吉林大学校园提案大赛,邀请相关职能部门的领导担任提案大赛的评委,让他们在评价提案的过程中深入了解学生的心声。由学生会发起的"我心中的毕业季"大调查活动,将毕业生对母校的要求及意见、建议反馈给学校相关职能部门,并通过"学生提案委员会"督促落实,得到了毕业生的一致好评[①]。

2. 模式简评

吉林大学能够在很多大学把学生参与民主管理"讲起来重要、做起来次要、忙起来不要"的大背景下,坚持出台了一系列举措以改善学生民主参与治校的环境,确实令人鼓舞。虽然没有亲临其境积累个人真情实感,也无科学严密的实证研究来验证其实施效果,但是总体上讲,有以下四点值得借鉴:

其一,学校领导高度重视,首次将学生参与学校治理加入学校整体发展规划中,并由专门的校领导督办,体现了学校对于此问题改革的决心,为后面一系列政策的制定和持续性实施提供了强大的支持力与推动力。

其二,重视顶层设计与制度供给。法治是大学治理现代化的重要标志。因此,最有效的学生参与保障是制度保障。吉林大学制定并实施了《吉林大学学生参与学校民主管理实施办法》,为学生参与民主的实践提供了制度规范。

其三,学生委员会与学校各部门对接清晰。为了能够做到学生真正的参与,吉林大学将学生组织重新分类,成立了整合研究生会和学生会的"吉林大学学生参与学校民主管理委员会",并下设六个专门委员会对接学校各个部门,这样做可以使学校的每个部门必须各司其职,很好

---

① 中华人民共和国教育部. 吉林大学积极探索学生参与学校民主管理[EB/OL]. [2012-12-14]. http://www.moe.gov.cn/jyb_xwfb/s5989/s6635/201212/t20121214_145611.html.

地解决了许多学生维权组织"投诉无门"以及各部门之间相互"踢皮球"的问题。

其四,制度设计的操作性强。从设立学生委员会到开展各式各样的民主参与管理的活动,吉林大学使学生参与学校治理不再是单兵作战、单线作战和单一方式作战,形成了一种全方位、全时空、全要素共同协作的良好氛围。这样做,极大地调动了学生民主参与治理的积极性、主动性和创造性,强化了法治精神与法治思维,提升了学生参与学校事务的能力与绩效。

当然,在我们看来,该模式也存在一些需要改进和完善的问题:

首先,专门委员会模式需要与个人责任制相结合。委员会模式基本上是一种会商制度,即开会议事、会议论事、各言其是、投票定事,但是很容易会上有事、会后没事、敷衍了事。如果委员会成员缺乏责任感与事业心,就会出现"开会委员"、"混点委员"。他们只享有建言权,而没有践言权和践行权,徒有虚名。

其次,专门委员会必须有具体的制度性对接机制与绩效评价制度。专门委员会并不是新鲜事物,几乎成了所有需要以民主的方式做出重大决策的组织及其领导者的首选办法。委员会的最大优点是集思广益,而最大的缺点是议而不决和虎头蛇尾。因此,必须有对接的具体程序、方式、时效要求、监督措施和效果标准。否则,就会拖沓扯皮,有近似无。

最后,专门委员会自身需要有内部的议事规则与投票规则。可以根据不同的议题或者事项确定不同的投票规则,如简单多数、绝对多数或一致同意。为了避免循环投票,提高决策效率与执行绩效,应该将投票程序与规则进一步具体化。为了让专门委员会能够履行自己的职责,委员会成员的选拔、培训与委员会的组成也变得非常重要。否则,委员会很可能成为一种披着民主参与外衣的"怪物"。

二、"校园建设参事"模式

为了使学生更有效、民主地加入和谐校园建设中,使学生利益得到更好的维护,华东师范大学校学生会首创了"校园建设参事"制度。学生参事向全校学生公开招募,经过自荐和民主推荐、院系学生会和校学生会协商,历时两个多月,产生了首批113名"校园建设参事"。

1. 模式简介

2008年6月4日，由来自各院系的学生代表组成的首批113名"校园建设参事"从校长手中接过聘书。学生参事们将在未来一年的任期中将反映同学们对学校建设和日常管理的意见及建议，为学校发展进言献策。

从拿到聘书当天，校园建设参事就与校领导就华东师范大学"大学竞争力"展开了对话。俞立中校长等学校领导和相关职能部门负责人，与来自各院系的首批学生参事、21世纪人才学院等共300余人参加了首次参事会。会议围绕华东师范大学的学校竞争力展开了热烈研讨。

在师生互动交流的环节中，华东师范大学在座的参事和学生代表们对学校的办学特色、师资队伍、硬件设施、交流生派遣等方面提出了自己的看法、建议和设想。俞立中校长热情回答了同学们的提问，并从解答同学们的疑问出发，全面介绍了学校的发展现况、发展思路，展现了学校的发展前景。

俞立中校长表示很高兴有此机会与同学们面对面交流。他强调加强学校管理层和学生的沟通，建立更多的沟通渠道非常重要，"没有沟通就像一条河中没有水流动一样，校园的和谐需要良好的各方沟通"[①]。

2. 模式简评

参事的本义是参核其事、参与其事。在中华人民共和国成立初期，根据毛泽东、周恩来等时任党和国家领导人提议，设置国务院参事室，作为国务院直属的带有明显统战与智库性质的一个机构，主要职责是调查研究、建言献策和咨询国事。后许多省市政府也设置参事机构。华东师范大学学生会希望通过设置校园参事来拓展学生参与民主管理，应该说有其独到之处。这种模式有以下优势：

其一，参事在广大学生中自发报名产生，涉及面非常广，使每位学生都有建言献策的机会。

---

① 中华人民共和国教育部. 华东师范大学首创"校园建设参事"制度［EB/OL］.［2008-06-12］. http://www.moe.gov.cn/jyb_xwfb/s6192/s133/s169/201004/t20100419_84187.html.

其二，参议内容分为主题提案和自主提案，当学校因发展需要有政策变化时，会给学生的提案拟定主题，让学生针对学校面临的问题提出自己的意见和看法，同时在日常生活中，若学生发现一些与自己切身利益相关的实际问题也可向学校递交提案，所有提案由学校参议办公室统一接收并上报。

其三，该模式通过贴吧、微博等学生喜闻乐见的方式来宣传学生参事的角色使命，让学生对参事制度有比较全面深入的理解，从而极大地调动了每位学生竞争当选参事的积极性，可以在学生中形成良好的民主价值导向，也无形中使参事制度受到广大学生的监督，能够使其更深入人心。

但有学者通过问卷调查和深度访谈的方式对该制度进行实证调研，指出该制度存在四个方面的问题[①]：

一是组织架构上存在缺失。参事办公室作为学生参议会的办事机构，隶属于学生会下设的学生事务服务中心，处于学生自治组织的最底层，且参议会办公室与参事之间无隶属关系，各参事小组缺乏上位领导，影响参事整体功能的发挥。

二是参事选拔合理但实施存在偏差。61.1%的受调查学生表示从未有参事收集过他们的意见和建议；36.4%的参事选择"通过同学主动反映"来完成意见和建议的收集工作，可见参事的主动性存在较大问题。

三是制度治校度不高且反馈机制存在漏洞。近50%的被调查者不知晓"学生参议会"，45.8%的被调查者"对反馈结果与问题解决的情况不了解"，26.9%的被调查者"收到校方的答复，但是问题没有得到解决"。

四是参议会议题内容与学生关注点相异。62%的学生表示最关注"与学生个人发展有关"的问题，但参议会议题多关注学校整体发展的宏观层面内容。

三、"校长学生助理团"模式

"校长学生助理团"是湖南师范大学在创新学生参与大学内部管理方面所实行的一种制度。2016年3月22日，该校举行了第一届校长学生

---

① 江泓，刘陈鑫. 学生参与高校民主管理的实践探索——对华东师范大学"学生参议会"制度的调查研究 [J]. 知识经济, 2009 (13): 28-29.

助理聘任仪式，校长蒋洪新给5名在校学生发放了校长学生助理聘书。这意味着，该校此后与学生相关的校级会议和活动以及涉及学生重大利益的制度、政策的起草与修订，都将有来自学生的声音。

1. 模式简介

根据此种模式的策划者、湖南师范大学校长蒋洪新的观点："大学是全体教职工、同学们的共同家园，学生是家园的主角。聘任校长学生助理，旨在让学生参与学校民主管理，共同建好我们的家园。"校长学生助理、教育科学学院2015级硕士研究生徐倩表示："担任校长学生助理对自己是一次很大的挑战，我将努力工作，当好信息员、调研员、监督员和宣传员，为学校建设贡献自己的力量。"从校长关于设置校长学生助理的初衷和校长学生助理对自身角色的认知，不难发现：校长学生助理是让学生参与校务有一个新的、更高的渠道，而学生助理的主要角色就是信息员、调研员、监督员和宣传员。

"校长学生助理团"采取公开选聘的方式，共有5名学生组成，其中2名是该校的硕士生、3名是该校的本科生。校长学生助理直接对校长负责。校长学生助理实行任期制，每届任期一年。

"校长学生助理团"的主要职责是，听取、收集广大同学对学校教学科研、人才培养、校园建设、后勤管理等各方面的意见和建议，让学校在第一时间了解学生的需求；结合事关学生利益的重点工作和学生关注的热点问题，在有关部门协同下做好调研，为学校决策提出意见；列席学校与学生相关的校级会议和活动；参加涉及学生重大利益的制度、政策的起草与修订，为校领导决策提供参考咨询；监督学校政策的落实及服务条件的改善等。每位校长学生助理在任期届满时，要撰写一份校长学生助理工作总结，并作述职报告[①]。

2. 模式简评

与传统的学生助理不同，校长学生助理主要负责收集学生对于学校各类工作的意见和建议，列席所有与学生相关的校级会议，协同学校各

---

① 左丹，粟用湘. 湖南师大有了"校长学生助理团" [EB/OL]. [2016-03-25]. http://www.hunnu.edu.cn/info/1011/17204.htm.

部门做好调研等，而不仅仅是帮助校长处理日常办公事务。其优势主要有以下三点：

其一，校长学生助理可以直接参加校级会议，从一定程度上提升了学生参与学校治理的地位，满足了学生的知情权、建言权、审议权和监督权的需要。通过校长助理将涉及学校行政决策事项的学生意见带到会上，可以使学校领导直接地了解学生诉求，有利于提高学校决策的绩效和质量，与此同时，学生助理又可以将学校决策过程与结果带回学生群体中，从而缩短信息反馈的时间，且增加学生对学校决策的认同度，有利于消除学校与学生之间的冲突。

其二，校长学生助理可在学校有关部门的协同下开展深入细致的调研工作，收集更多的学生意见和建议，可以获得关于学校一些问题的充分信息，理解其中的复杂性，这有利于学生以更加科学、理性的方式思考问题、提出问题、讨论问题和解决问题，对学校的治理或是对学生助理个人成长都具有积极作用。

其三，校长学生助理直接对校长负责，并且主要的用力点不是校长日常琐事，不是简单的处理公务的行政秘书，而是智慧型的谋士，一方面可以让学生以更高的站位来思考问题，同时也在一定程度上减少了以往通过各中间部门的内耗，使学生与学校最高领导层之间的沟通及信息传递更加顺畅。

但校长学生助理制度也存在着某些致命的缺陷，其中最重要的就是校长学生助理的代表性问题。具体表现为三点：

首先，校长学生助理人选虽然采取了公开选聘的方式，但是最终的决定权在于校长。这与由广大学生投票选举产生的学生专席有本质区别。校长学生助理更多地会看校长脸色行事，形成了校长与学生助理之间的依附关系，从而有可能背离替学生代言、为学生而参与的初衷。因此，这种模式不论是在学生参与民主管理的合理性逻辑还是在学生维权的合法性起点上，都很容易遭到学生质疑。

其次，若没有可操作性很强的具体规章制度来明确校长学生助理的工作程序和工作方法，那么，这些学生助理很容易沦为替校长或学校代言的下达工具，而无法充分实现上传职能，其结果有可能是：校长可以通过学生助理将已形成的学校决议传达下去,并由学生助理做进一步的解释工作,但是,学生助理却未能将学生的意见和建议上传到学校决策层,如此一来,就失去了为学生代言、为学生维权的基本立场。这就会造成下情上达与上情下达之间的割裂,与学生参与学校民主管理的初衷南辕北辙。

再次,校长学生助理的聘期只有一年,对于学生而言时间过短。如果不是素质超级优异,很难在一年之内能够提出非常专业而有附加值的议案。可以考虑改一年一聘为两年一聘。

最后,针对中国文化中官本位文化比较严重的实际,很难排除有学生会产生将此校长助理看成是彼校长助理的认识。如果带有这种错位思想的学生成了校长助理,那么,这些学生助理们可能会千方百计地达到自己的政治目的而仅将这一职位作为一个跳板,以便为自己今后的职业生涯发展增添砝码。如此一来,学生助理可能既不助校长,也不助学生,而是仅仅助其自己。落此结局,就会事与愿违、种瓜得豆。

四、校园议事厅制度

何涌等学者在其论文中提出一种全新的、独特的学生参与民主管理模式——校园议事厅。这是一个可供广大学生公平、公正、公开讨论校园事务的民主性沟通平台。在这种沟通模式下,学生的意见将被汇总,并根据反映问题的程度、影响面等因素分别排期公开议事,强化了学生对管理决策的影响力,有助于扩大参与民主管理的学生面。

1. 模式简介

校园议事厅在组织结构上独立于学生会,接受校团委的指导和监督,保证了维权组织机构的独立性,其组织结构如图6-1所示。很多大学虽设有维权部门,但大多是附属于学生会。这种体制往往会使学生维权组织受到学生会其他工作的干扰,严重影响其独立行使职权的能力。学生对学生会的不良印象,也会影响大学生对维权部门的信任。校园议事厅因组织结构上完全独立于学生会,因而可以很好地避免这种信任危机。

校园议事厅的议事流程分为三个阶段:准备阶段、审议阶段、制作提案书阶段。

在准备阶段,议事厅日常工作委员将收集和整理所有提案草案,并筛选出需要公开审议的提案草案。然后，他们负责通知校方辩护小组和学生维权小组的所有人员，各方人员及信息收集组人员在全校范围内取证、搜集资料和准备辩护词。与此同时，日常工作委员会的工作人员应安排好公开审议的具体时间及场所，随机抽取本次公开审议的审议委员会委员，并在审议前召集审议委员会议，交代议事厅工作流程及原则。

在审议阶段，整个过程双方辩护人员轮流发表辩护词并出示相关资料，在申辩过程结束后所有审议委员会委员将退庭商议，并对此次公议进行公开投票，整个商议过程中要做到维护所有委员独立提出意见的权利。

统计投票结果后，如果学生维权小组的票数高于校方辩护小组，则日常工作委员会将此次议事过程及其结果制作提案书提交学校相关部门。

议事厅的工作原则为公开、公平、公正，参与审议的委员会成员均以等比例从全校教师、学生、管理人员（包括宿管、保安等）中随机抽取产生，且允许全校所有人员预约听审[①]。

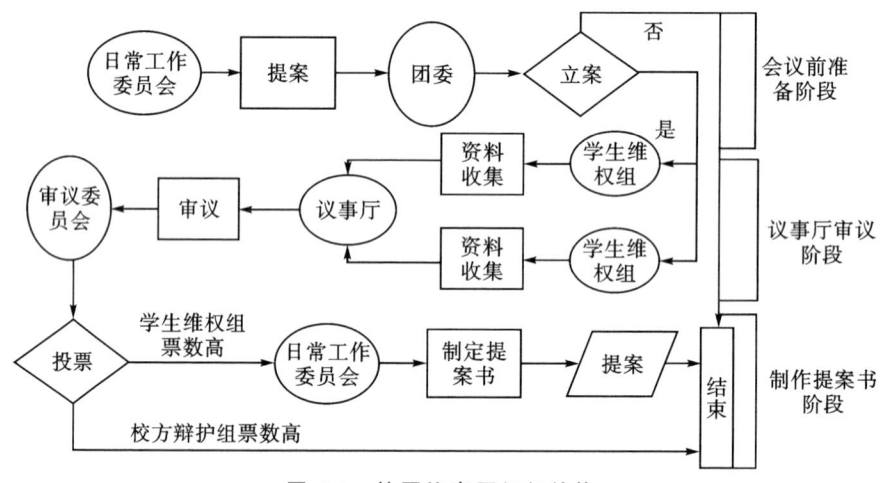

图6-1 校园议事厅组织结构

2. 模式简评

校园议事厅的模式因截至目前还未有学校进行实践，因而缺乏效力证据支持。从理论上来说，该制度相当于建立一个"校园法庭"，通过

---

① 何涌，彭文姣，许和纯，等. 学生参与高校民主管理的现状与新渠道［J］. 高校教育管理，2012（5）.

校方和学生的辩论来呈现问题,并由学校内部各层次人员担任审议委员,做到公正、公平、公开。但就学校治理的整个过程而言,校园议事厅的模式只做到了前半部分收集学生问题的阶段,对于后期学校解决问题的反馈机制没有进行实质上的规定,也没有形成学生共同监督的机制,在实践中很容易流于形式,最终达不到理想的效果。

五、未来展望

上述几种模式各有利弊,整体上与未来现代化社会对大学及公民的要求相去甚远。我们认为,大学生作为已经成年的学生,他们是未来社会的栋梁。大学是造就未来社会精英的核心机构,它们培养出来的毕业生将成为新的社会栋梁。因此,大学应该提高历史站位,将学生参与学校内部治理当作学生参与未来国家治理和未来社会治理的一种"实习"或者"预演"。在我们看来,当下还很少有中国大学领导者基于培养现代公民的关键能力去思考与设计学生参与大学治理的制度安排与行动策略,因而,缺乏内涵和缺乏境界是当下大学领导者在对待学生参与以及如何参与问题上的共同征候。为填平善治大学与人治大学、现代大学与传统大学之间存在的巨大沟壑,应该着力解决以下三个方面的突出问题:

其一,大学领导者应该放下身架,就像他们期待政府放下身架一样。学生虽然永远是大学的过客,四年、七年、十年抑或更长,他们总有一天会离大学而去,在更为广袤的世界展翅飞翔。但是,大学永远是他们的家,昨天、今天、明天,他们永远是大学的学生,就此而言,他们永远都是大学的主人。如果我们的大学领导者能够永远地站在时代的制高点上去思考学生即将远行的路,就一定会有办法让他们完全自由、随心所欲地去装扮这个家、成就这个家。有此执念,就像每对中国父母对待他们的孩子一样,孩子参与兴家还能算是问题吗?

其二,制度或者文化都是承载思想的一种工具。制度或文化的背后,一定是人们的思想观念。进还是退,往往都只是一念之差。我们对学生权利的漠视,虽然有复杂的历史背景与现实局限,但是,重视还权给他们,已经是燃眉之急。只有当每个公民都敬畏自身的权利而非他人所拥有的权力之时,权力才能真正被关进制度的铁笼里,也才能依照公意规范运行。大学是权利的运动场而非权力的角斗场,这是善治大学与恶治大学的分水岭。

其三，衡量一种学生参与大学管理模式的优劣不在于模式本身是否足够吸引人的眼球，而在于切实保障了最广大的学生拥有最广大的参与机会，并且通过这种参与让他们发生实际变化。其实，学生参与并不是一个万花筒，让人目不暇接、眼花缭乱。参与的精髓在于学生通过参与实现了生命的超越、灵魂的升华，品味公正与民主的真正味道。因此，参与实际上是通过众人之治达成众人之事。但是，每个参与者应该深刻体悟到己欲立而立人、己欲达而达人的道理。用公心维护公道，以责任成就梦想，才能真正成为一个成熟有为的参与者。

其四，信任是学生参与大学治理成败的关键所在。信任是一种力量，它可以让学生开掘出一个个智慧金矿，取之不尽、用之不竭；信任是一种溶剂，可以让学生融化所有的人际隔阂与消极情感；信任也是一种心态，可以使学生彻底放开手脚，不再唯唯诺诺、畏首畏尾。在充满信任的大学中成长，就会回报给社会百倍的信任。因此，信任是学生参与的动力源泉，是师生沟通的根本保障。

第七章　中国大学外部治理体系的现代化

随着现代社会知识生产模式的演进、现代大学的职能扩展以及大学社会角色从封闭的"学术黌宫"向开放的"社会轴心"的转变，大学逐渐与社会融为一体，边界日愈模糊。各类外部势力以各种不同的角色、方式与渠道汇聚大学校园，影响大学生活。它们在为大学提供资源的同时，也对大学提出不同的治理要求。

1998 年，在巴黎世界高等教育会议上，联合国教科文组织指出："高等教育正面临巨大的变革和挑战，为适应这一变化，不仅需要各国政府和高等院校的参与，而且需要学生及其家庭、教师、企业界和商业界、公共以及私营部门、社区以及大众传媒等在内的所有有关人士积极参与。"① 在此背景下，外部主体参与大学治理成为世界高等教育发展的重要趋势。为了应对这一趋势，不论是发达国家还是发展中国家的大学，都不得不做出相应的改革。尤其是一些高等教育发达的西方国家，迅速形成了一个比较完整、严密且富有层次的社会参与大学治理网络，建立了相对完善、适宜有效的多元参与机制。譬如，美国形成了以董事会为代表的决策咨询、评价评估和监督问责的参与机制；英国形成了自由办学、直接参与、社会诉求及时表达等参与机制；日本形成了外部评价、产学研结合等参与机制。这些机制的建立，既为利益相关者参与大学治理提供了路径策略选择的便利，也为外部利益相关者参与大学治理

---

① The UNESCO. World Declaration on Higher Education in the Twenty-first Century: Vision and Action. Adopted by the World Conference on Higher Education [EB/OL]. [1998-10-09]. http://www.unesco.org/education/educprog/wche/declarationeng.htm.

建立了权力保障机制。

伴随着我国改革开放和现代化进程，我国大学外部治理体系的现代化建设，早已被提上议事日程。1985年颁布的《中共中央关于教育体制改革的决定》中特别强调："当前高等教育体制改革的关键，就是改变政府对高等学校统得过多的管理体制，在国家统一的教育方针和计划的指导下，扩大高等学校的办学自主权，加强高等学校同生产、科研和社会其他各方面的联系，使高等学校具有主动适应经济和社会发展需要的积极性和能力。"虽然中国的大学已经呈现出向共同治理变迁的迹象，大学的筹资结构日益多元化，政府对大学的干预有所缓解，大学的所有权与管理权也渐趋分化，如大学外部社会和市场力量参与大学的势头明显、大学办学自主权趋于落实和巩固、大学内部学术权力有所提升，但是目前我国大学外部治理体系还不完善，具体表现在：大学还未真正实现从"面向政府被动办学"到"面向社会自主办学"的实质性转向；市场力量的过度渗入助长了大学办学过程中的功利主义倾向；政府亦未真正实现从"划桨"到"掌舵"的角色转换和职能转型；社会力量参与治理的平台缺乏、机制单一，难以有效介入大学的重大事务并发挥其对大学的沟通、监督、保障和鞭策功能，大学办学的整体质量、社会效益和对社会需求的有效回应深受公众质疑。

外部治理是内部治理得以实现的首要条件和基本机制，而大学外部治理的核心议题是大学多重利益和多元价值的冲突与融合问题，市场、政府和社会是大学所置身的复杂场域中的三种关键力量，它们对大学有着不尽相同的价值期待和利益诉求，这一方面会与大学自身以教育和学术为本的本体价值产生冲突，另一方面又会诱致大学因追逐利益、寻求资源与市场而与政府、社会交集颇多。因此，在大学治理现代化过程中，必须从现实国情出发来综合权衡，变革大学外部治理结构，构建大学与市场、政府、社会的新型关系，既要保证执政党与国家权力的有效介入，还要强化国家与社会的深度合作，同时防止市场力量的过度影响，借此推动大学治理结构和治理能力现代化，持续提升大学办学质量与效益，增强中国大学的核心竞争力，为成为真正的高等教育现代化强国而砥砺奋进。

第一节　打破市场神话

当前恐怕没有人能够否认也没有人能够阻挡市场介入大学的事实与趋势。大学既依赖于市场资金，也依赖于市场机制。当大学的各项建设需要越来越多的资金而政府又无能为力的时候，市场的触角总是以各种无限敏感的形式伸入到大学中来。20世纪80年代以来，国际高等教育市场化取向日益明显。大学对高等教育消费者意愿和需求的满足，已成为大学办学理念的一部分。大学企业化及营利性大学的观念，日益被社会所包容、认同与接受。同时，在市场主动介入的背景下，大学也不断地主动调整自身来适应市场需要，将大学的观念和意志带入市场，影响市场。可以说，两者是相互介入、彼此影响的关系。"知识就是财富"体现了市场背景下知识的特殊价值，"学术资本主义"、"创业型大学"、"高等教育市场化"等现象也说明了大学在急切地回应市场。市场的调节"可以不断地刺激学院和大学，使其适应不断变化的经济和社会状况"[1]。可见，在知识经济时代，市场必然会深度介入大学治理过程中，这是无法改变的客观现实。

与此同时，需要保持清醒的是，市场并不是包治百病的灵丹妙药，高等教育市场的成长与发育需要多层面的引导和规范，大学要正确对待和处理好市场化过程中的各种矛盾，有效地服务于社会的发展与进步。"在公立研究型大学内，越来越少的基金用在教学上，越来越多的基金用于研究和其他增加院校赢得外部资金能力的活动。教学科研人员面临无法摆脱的困境。即使在他们被要求集中精力于本科生教学时，大部分奖励仍取决于引进外部资金，而这些资金则要求他们进行可能使他们脱离课堂教学的研究。"[2]

---

[1] 伯顿·R. 克拉克. 高等教育新论 [M]. 王承绪，等译. 杭州：浙江教育出版社，2001：92-93.

[2] 希拉斯·劳特，拉里·莱斯利. 学术资本主义——政治、政策和创业型大学 [M]. 梁骁，黎丽，译. 北京：北京大学出版社，2008：11.

一、重新认识市场

大学与市场的关系是个充满质疑和混乱的问题。一方面，大学是否应该与市场扯上关系引起无数争论；另一方面，大学市场到底是个什么样的市场常常被人误解。解析大学市场化行为，揭示其内在矛盾，有助于正确认识新时期大学的使命，准确把握大学的定位，进而在促进大学治理现代化的过程中，审时度势、趋利避害，既利用市场机制在高效配置资源和活化发展动能上的优势，又主动规避市场失灵导致的各种风险与拜金主义的不足。

1. 高等教育市场的内涵

20世纪80年代以来，世界上许多国家的高等教育都呈现出不同程度的市场化。经济合作与发展组织（OECD）（1997）认为："把市场机制引入高等教育中，使高等教育运营至少具有如下一个显著的市场特征：竞争、选择、价格、分散决策、金钱刺激等；它排除绝对的传统公有化和绝对的私有化。"① 具体而言，即政府放松管制，将市场逻辑引入高等教育的过程，通过竞争与价格机制引导高等教育机构响应市场的需要，以增强弹性、提升效率。同时通过多种评价制度（政府评价、第三方评价和学校自我评价）的建立，给高等教育消费者提供更充分的信息，也形成高等教育必须关注质量及绩效责任的压力。可见，高等教育市场中的"市场"并非是以供需关系为基础、价格为中轴的含义（当然也不排斥在某些环节包含这种特征），而是取其更根本的含义：通过竞争，使得微观主体（大学、学院、学者、学生）在一只看不见的手的指引下，实现资源的合理配置，达成高等教育目标。

2. 高等教育市场的构成

通常情况下，大学闯入商业领域的主要形式为：申请专利、授予许可证、开发房地产或参股新企业。非营利大学参与市场时，往往是以投资的利润回报为基础的。于是，反对之声随之而来。尽管对大学渗透到商业事务中颇有争议，但它们只是大学所有活动中的极小部分。这里所指的高等教育市场，是大学核心功能涉及的市场，主要是指高等教育的

---

① 李盛兵. 高等教育市场化：欧洲观点 [J]. 高等教育研究，2000（4）.

内部市场——学生、教师和大学的关键资源市场。

（1）教师市场

教师市场是高等教育中最重要的人力资本市场。如果把大学比作一种生产机构，资本与劳动是参与大学生产的两种要素，那么，大学教师便是特殊的人力资本携带者。大学教师是任何社会中一种特殊的高级专门职业，对其人力资本存量、增量与活性的要求极高，而与此同时又因为人力资本与其所有者的不可分离性以及智慧劳动成果的价值难以评价性，导致教师的劳动很难通过薪酬等价格标尺来全面客观衡量，进而使大学教师市场往往与学术市场中的声誉关联起来。

（2）生源市场

随着社会的不断进步，大学里的本科生和研究生，对于是否上大学，在哪里上大学，读什么学校，选择什么专业等，已经越来越拥有消费自主权。而大学获取社会资源的能力，也在很大程度上同生源的数量和质量紧密地联系在一起。同时，社会资助也密切关注各个大学在生源市场的不同表现，并以此作为其对大学评价的风向标。由此，大学的声望与生源市场产生了非常微妙且十分紧密的联系。

（3）技术服务市场

当今社会，已经迈入了知识创新高速发展时期，采用新技术、发展新产品，已成为社会生产力发展与技术进步的迫切要求。以英特尔公司的创始人高登·摩尔（1929—　）命名的摩尔定律表明，信息技术进步的速度是每十八个月翻一番。尽管学界对摩尔定律的准确性存疑，但如果用以预测当今社会知识进步的趋势，仍然是非常有益的。大学中，教学、科研、生产的一体化，产学合作模式都是大学适应技术市场的表现。大学作为文化的集散地，是现代社会中重要的信息源。在当代社会活动中，政府决策、地方管理与规划、企业经营策略等涉及多学科的系统工程，都需要大学的参与和咨询。对大学而言，既可以密切与社会的联系，引导科学研究的方向，同时又是一种交叉资助，通过开展一些以营利为目的的活动，以弥补其非营利的科学研究和教学活动。

（4）资金市场

从经济学来看，大学是资本与劳动两种要素结合生产知识的场所。

劳动主要是教师们的智力活动，资本则是科研的装备、器材等。大学的资金筹措主要源于其汲取社会资源的能力。一是政府的教育经费投入；二是形形色色的学费与收费；三是民间资助，特别是校友捐赠、具有某种特殊理想的社会贤达及其他具有渗透大学校园意图的商业机构或企业的资助。

（5）学术市场

学术市场是一个典型的准市场。基础知识转化为现实生产力的滞后性，以及经济收益制度保护的不足而事实上成为免费品的状况，使得学术市场中的价格信号几乎不存在，而同行评价机制弥补了价格信号的缺失。学术市场主要发挥三种功能：其一是形成竞争机制，学者大都具有强烈的挑战意识，学术市场为学者提供了比拼的平台，客观上刺激了知识生产和学术繁荣。其二是形成统一的研究规范，塑造与重塑学者共同体。共同规范是科学发展的客观要求，学术方向可以是多向度、多类型、多层次、多地区的，但学术规范却应该是统一的。如果学术市场规模较小并且彼此分立，就会形成不同的规范，使得交流无法在统一范式中进行，而学术市场的发育则有助于学术规范的养成。其三是使学者关注共同主题。学术市场为研究者提供选题价值的相关信息，同行评价的取向体现了学科研究动态，避免了无效知识劳动，起到集聚研究方向，增大研究突破的可能的作用。

（6）校长市场

校长市场和教师市场一样，也是一种特殊的人力资本市场。从规模看，校长市场是高等教育市场的一个极小的组成部分，但从治理角色来看，又是极其重要的一个市场。大学校长是国家教育行政机关任命或确认的大学的行政首脑，作为学校的焦点人物、矛盾的指向者和协调者，在学校中居于特殊的地位。当然，中国目前的环境下，也许没有人会承认有一个哪怕是准市场意义的校长市场。而实际上，当一个国家的人力资源配置具有了以市场为导向的成分之后，哪怕这种市场成分还很小、其力量还很微弱，它已经很难拒斥市场对那些已经成为或者有可能成为校长的人产生思想与行为的影响。

高等教育市场在不同的高等教育结构中发挥的作用不尽相同。在市场力量为主导的情况下，高等教育市场主要发挥资源配置和竞争动力的功能，而在政府管治占主导的高等教育结构中，市场主要是为政府管治提供信号传递进而预测调节以及缓冲中介的功能。高等教育市场的成长与发育是现代社会全球化、高等教育大众化等外在因素共同作用所催生的产物，成为大学外部治理的重要结构，对大学的内部治理产生了重要的影响。

3. 大学市场化理念与"象牙塔精神"之间的矛盾

大学市场化必然导致大学目标的功利化，高等教育活动的成本核算，以及高等教育过程的非人文化。然而，大学并不是任人驱使的工具，大学具有悠久的历史，有着牢固的办学传统和精神。尽管中世纪的象牙塔传统早已为现代科学革命和工业革命所粉碎，但"象牙塔精神"依然存在，仍然是大学拒斥各种诱惑的最终信念。显然，大学市场化理念与以"象牙塔精神"为核心的传统高等教育理念之间存在尖锐的矛盾。

（1）精神价值与经济价值的矛盾

大学市场化的首要矛盾是大学的精神价值与经济价值的矛盾。纽曼在《大学的理想》中畅谈道：大学是传播普遍性知识的场所，其任务是提供博雅教育和从事智力训练；大学教育的目的是训练良好的社会成员，提升社会格调[1]。蔡元培对大学的理解曾在中国引发了一场深刻的大学"革命"，他说："大学者，研究高深学问者也。"因此，到大学来求学者，应当"抱定宗旨"、"砥砺德行"、"敬爱师友"[2]。克拉克·科尔在《大学的功用》中认为，现代多元化巨型大学如同一个五光十色、魅力无穷的大都市；它维持与传播真理，探索新知；服务社会，产生效益；保持稳定的自由，其成员为真理而献身；这种巨型大学是实现国家目标的主要工具，是一个"智力城"[3]。由此可见，大学具有某种亘古不

---

[1] 纽曼. 大学的理想 [M] //任钟印. 世界教育名著通览. 武汉：湖北教育出版社，1994：790-797.

[2] 蔡元培. 就任北京大学校长之演说 [M] //杨东平. 大学精神. 沈阳：辽海出版社，2000：324-326.

[3] Kerr C. The uses of the university [M]. London：Harvard University Press，1995.

变的"价值"。

千百年来,大学以探求真理、完善人格为宗旨,以教化社会、泽被人类为目标。这种追求学问、追求真理,不为外界功利所左右的文化传承、文化批判和文化创造精神,正是大学的精神价值所在。不过,现代大学已经不再只是社会的教育与文化机构,其社会职能已经超越了教育与文化本身。它们与社会经济、政治等发生了难以割裂的密切联系。接受大学教育不再是少数人闲暇的爱好,而成为社会大众生活的重要组成部分。

从经济学角度讲,教育(包括高等教育)已经成了一种"生产性"活动,成了开发人才资源、生产劳动能力的"产业",其"产品"具有广义的"价值"和"使用价值"。随着社会经济的科技化程度越来越高,大学的经济功能日益凸显。大学不但要为一个国家或者地区的经济发展,培养具有极强创造力、分工高度专业化的科学技术人才,而且通过科学研究、社会服务,甚至直接或间接地创办科技产业,在社会经济生活中发挥越来越重要的作用。在大学的短期、中期和远期目标中,经济价值的地位正在与日凸显。显然,大学的精神价值与经济价值是不可调和的,精神价值的非功利性要求大学远离社会经济的尘嚣,摒弃物质利益的诱惑;而经济价值不仅要求大学本身的教育与研究活动注重效率和效益,而且要求大学参与社会经济活动,把追求经济利益纳入大学的目标中。大学的精神价值与经济价值之间的矛盾决定了现代大学必将成为一个极其矛盾的统一体。

(2)教育理念与市场理念的矛盾

大学首先是教育机构,这是其存在的合理性与合法性前提。因此,大学的办学应遵循教育规律,大学的核心活动需要围绕教育教学活动来展开。作为教育对象或教育活动主体之一的人,是有思想、会选择、能创造的。人的受教育过程,即使是在极端专制的教育体系中,也不是一种完全被动、照单接受的过程,而是一种生命主体自我选择、自主适应的过程,其中必然包含受教育者的身心重构与再重构过程,即受教育者主体的自我成长过程。由此可见,大学所提供的任何教育,都只是一种外在的教育环境或条件,它是否能够产生教育者所期待的效果,并不取决于教育者的一厢情愿，而是取决于受教育者的转换意愿与转换能力。因此，在大学教育中，根本不存在市场经济意义上的"教育交换"，教育者与受教育者之间并不是遵循对等交换原则开展教育活动的。受教育者主体的成长，也不是单向发展的。在受教育过程中，受教育者的成长是全方位和整体发展的。尽管知识的传授带有很强的定向性，但知识本身是可迁移的。知识对人的价值并不在知识本身，而在于内化为人的素质，成为人的思想、价值、信念、能力、智慧、精神的有机组成部分。在很长一段历史时期，大学教育都是人生的一次性教育，也是最后的教育。虽然当代科技的迅猛发展已经导致知识更新速度加快，更新周期缩短，但教育的长效性并不因此而改变。在人的一生中，人们可能数次往返于大学，不断地"充电"，但这并不能说明大学教育的效用，只在大学毕业或一段时间内存在。大学教育的价值在于，它为受教育者创造了一个发展的平台。受教育者在这个平台上，可以实现进一步的多方面、多层次发展。在互联网环境下，大学教育已经不再只是一种局限于校园中的活动，而成了一种社会性、开放性和全时空的共享活动。也许大学教育对受教育者产生影响的方式、范围与程度会伴随着社会的进化而变迁，然而，大学对于受教育者的作用，永远不会消磨殆尽。大学教育有其自身的逻辑：大学在履行其教育职能时，不能不按照教育规律办事，也不能不遵循教育活动的客观要求办学。

不过，大学不是也不可能在真空中办学。大学教育自身的高成本与其不能自我提供充足资源之间的矛盾，决定了大学与社会之间总有着除培养受教育者之外的千丝万缕的联系。在社会主义计划经济体制下，政府成为大学与社会之间的过滤器和减震阀。社会对大学的要求和影响，都要通过政府的转换与整合然后再传达到大学，而政府的决策，也有其自身的逻辑。所以，在社会主义计划经济体制下，大学办学主要受到政府强制性指令的影响，社会的要求要通过政府这个中转站压缩、整理和打包后，才能对大学的办学产生影响。但是，在市场经济体制下，社会对大学的要求不再总需要通过政府这个中介，就能直接对大学的办学产生影响。高等教育市场的形成，更使得社会对大学教育的影响越来越规范化。这种规范化主要体现在两个方面：一方面，高等教育市场运行的规范化。高等教育的生源市场、学术市场和资源市场形成，大学只有进入这些市场，并有效地运用市场规则去参与市场竞争，才可能赢得优化的市场份额，为学校教育创造优良的条件；另一方面，大学也应遵循市场规则或者借鉴市场规则原理，在内部办学机制方面有所创新，如建立投入/产出分析机制、成本补偿机制、质量保证机制、资源优化配置机制等。大学的市场化所带来的后果之一，就是大学行为更富有主体选择性、竞争性和有效性。

教育理念和市场理念同时作用于大学及其办学行为，是当代大学所面临的特殊矛盾。教育理念的出发点在人，因而现代大学应当谋求人的充分自由和谐发展，形成人的个性；市场理念的出发点在利，意味着现代大学应当用最为经济的消耗，获取最优质的教育效果。表面上看，市场理念似乎与教育理念并没有本质上的矛盾或对立，实际上，由于市场理念的基点在市场交换法则，市场理念的核心是围绕市场等价交换形成的一系列价值观念与行为定势，所以，它与教育理念之间的根本矛盾是无法妥协、不可调和的。

（3）人文取向与职业取向的矛盾

大学教育的首要目的在于培养人。人性的张扬，个性的塑造，社会化的实现，无不需要通过教育才得以完成。自有大学历史以来，大学教育就矢志不渝地利用人类创造的精神财富，建构了一代又一代人的精神家园。哲学铸就理智，文学陶冶情怀，历史教人掌控命运，科学引领求真务实。大学生接受大学教育后"回归"社会，成为社会生活的一分子。大学期间所受到的教育便成为他们参与社会生活的"资本"。因此，大学不可忽视大学生作为社会的公民和自主的个人所应当接受的教育。大学教育的历史已经证明，人类优秀的文化智慧是公民和自主的个人教育的最好素材。大学教育何时偏离了人文教育，那么它就不是完整的教育。大学不但要培养心智健全的人，而且要培养社会职业的合格从业者。现代大学教育与社会职业分类之间的内在密切联系，极大地强化了高等教育的经济价值。如果现代大学教育不具有为大学生从事一定的社会职业做准备的作用，那么，高等教育的大众化和普及化也就不可能实现，高等教育将依然是社会特权阶层闲暇的"爱好"与显摆的"资本"。

为了培养从业者，大学教育加强了专业教育，融入了职业技能培训，并在教育内容和教育方法上进行了相应的改革，以实现"专业对口"、"学以致用"。

在中国大学教育市场化改革中，大学普遍加强了教学计划对市场需求的适应性。拓宽专业面，实行选课制，重视实践能力培养，打破统一学制，实行弹性学制等等，在很大程度上都是为了满足社会职业变化的需要。计划体制下形成的几十年一贯制的狭隘专业教育模式，在市场体制下完全丧失了生命力。市场需求的变化尤其是市场传导出来的价值信号，成为大学教育不可忽视的行为驱动力。大学教育的人文取向和职业取向之间，成了既对立又统一的矛盾统一体，它们既相互排斥，又相互补充。具体而言，一方面，二者之间在本质上是两种性质不同的教育，它们在大学教育大厦中常常互不相容，相互挤占对方的学时和学分，互相占领对方的领空与场所；另一方面，二者对于现代社会的人而言，都是不可缺少的。缺少人文教育的人，极有可能成为一个人格缺失、人性泯灭、人情冷淡和心智不健全的人；而一个缺乏优质职业素养的人，则很可能成为一个无事可做、无事想做和无事能做的缺乏生存能力之人，难以立足于社会。正是因为如此，大学教育就需要在人文取向和职业取向的持续矛盾运动过程中，寻找到恰如其分的平衡点。

（4）公益目标与经营目标的矛盾

教育产品（产出）的特殊性表现为公益性（即公共品或准公共品属性），其收益一方面被直接接受教育服务的人所享用——主要是通过个人劳动能力的提高而在未来获取相对较高的劳动报酬，另一方面为社会所共享——学校传播和创造的知识为社会服务，能产生长远的经济效益。相比之下，第三产业中的企业所提供的服务产品都属于私人产品性质，具有利益上的独占性和排他性。而大学则不然，大学教育产品（产出）具有公共品和准公共品的属性。其"产品"主要是育人服务和学术服务。大学的育人服务对全社会开放，供全社会享用，人人都有机会进入大学，这是大学教育产品的公共属性之体现。大学所提供的学术贡献，特别是大学的基础研究成果，则更具有典型的公共产品属性。除公共服务目标外，大学还有自身办学的经营目标。著名经济学家厉以宁教授认为：教育服务可分为公共产品、准公共产品、私人产品三种性质和形式，但即使在社会主义社会中，即使在人均国民生产总值和人均收入达到较高水平以后，也不可能使教育产品全部成为公共产品，准公共产品和私人产品性质的教育服务在社会主义社会广泛存在①。譬如，许多大学开展的各种高新技术培训、语言培训等教育服务，就多半属于私人产品性质的服务。可见，在市场化条件下，大学所从事的活动既有教育活动，又有经营活动；大学所追求的既有公益目标，又有经营目标。在市场化过程中，大学已不再是传统的纯粹公益事业单位，除从事基本的教学和科研活动外，还开展多样化的合同培训、研究、开发乃至生产项目，后者主要是教育开发或经营活动。凡·特威斯特和英特·威尔特把市场化条件下的大学称为"混合机构"，认为"它（大学）是这样一个实体，运作于公共和私有领域之间，履行着公共责任，从事各种商业市场活动"。他们对这种"混合机构"的目标冲突进行了具体的分析。"当高校专任教学和科研人员以谁出价高就为谁服务的原则工作时，学术自治和专业整体性就会受到损害。"② 如果大学抛弃公益目标，专注于经营目标的话，大学也就会丧失自我，而蜕变成为纯商业机构。因此，大学追求经营目标是有风险的。

总之，市场化是现代大学所必须面对的社会潮流。但这并不意味着大学就应当随波逐流，大学传统的理念、价值、目标与精神依然存在，依然对大学的办学发挥不容忽视的重要作用。大学只有确立多元价值体系，在"象牙之塔"与"无形之手"之间建立起一种平衡互动关系，才能实现其多元化使命。

二、界定市场边界

改革开放以来，中国社会主义市场经济体制从初步建立到逐步发展，给中国社会带来了无限的生机与活力，使社会生活的各个方面发生了翻天覆地的变化。被人们称为象牙塔的大学，在市场经济的潮流中，也发生了巨大的变化。面对强大的市场经济，传统的大学观念发生改变，大

---

① 厉以宁. 读《教育产业论》[J]. 教育研究，1998（9）.
② 李盛兵. 高等教育市场化：欧洲观点 [J]. 高等教育研究，2000（4）.

学更加贴近社会、贴近市场。市场在为大学提供各种资源的同时，也要求大学具有自主生存能力。在大学群体内部，市场机制的引入，还促使大学之间的进一步分层、分化，使大学更加多样化、个性化。但是，大学的一些根本性质和内涵与市场的盲目性、功利性和追求利益最大化的天然特性，存在较大的差异甚至冲突。同时，我国的市场经济发展还不充分，其市场机制以及市场意识还不能完全有效地影响大学治理的整个过程，且经济中适用的规律未必能完全适合于社会的其他方面。从当下的社会现实来看，市场机制并不能很好地解决复杂多样的社会问题，还会产生新的问题。中国有自己的特殊国情和条件，功利主义盛行，政府对于市场的调控手段尚不成熟，市场过度介入大学治理的过程会危害大学的肌体，给大学的治理和进一步发展造成诸多困难。因此，对于市场力量介入高等教育的负面作用，换言之，即大学日益市场化、企业化带来的不良后果，要给予足够的警觉和重视。

1. 利益至上与大学行为扭曲

大学的自主能力因盲目扩大市场行为而扭曲。

首先，观念改变而造成的行为扭曲。市场行为不同于教育行为，它以价值规律和等价交换为原则。大学过于市场化，大学在与市场上的其他主体发生关系时，会被人们理解为一种简单的"买卖关系"。正如伯顿克拉克所言："教师清楚地知道用于学生身上的时间和金钱价值，学生也知道他们拥有占用教师一定时间和精力的权利，如果学生们认为他们的钱花得不值得，他们就会诉诸法院要求赔偿。"[1]这种表面上的交换关系掩盖了教师与学生之间的教育者与受教育者的本质关系。

其次，市场行为还会导致大学的功利主义倾向。当今中国的大学，在有限的空间内追求着"极大"的自主，在课程和专业设置上越来越商业化、实用化，以市场需求为根本出发点，追逐经济效益，不考虑自身的师资力量、办学经验、学校传统等大学自身的情况。此外，在科研领域的功利化倾向也越来越明显。一些大学积极促进科研与企业的合作，在经济利益的引导下，科研活动越来越集中于企业需要的部分，而忽视对基础研究的开展。应用研究与基础研究的不协调发展，将可能使大学难以胜任开拓未来的重任。当大学面对市场时，不仅要促使大学主体性地位的获得,还要考虑到大学自律性的培养。

最后,从新中国成立以来到20世纪90年代初期,高等教育经费几乎全部来自政府的财政拨款。学生不仅免交学费,还享受各种助(奖)学金。随着我国高等教育规模的不断扩大,教育成本不断上升,由于政府财政能力有限,在大学领域内开始收取学费,实行"双轨制"。高等教育学费作为教育成本的分担或补偿,可以看作受教育者预期收益的一种代价,而非教育价格。原因在于学生在接受大学教育后,不仅自身获得直接效用,还为社会的和谐发展及经济增长等做出贡献。然而在这个过程中,一些大学扭曲市场机制在教育领域的发挥,盲目发挥自主性,实行简单的教育价格调节,不考虑我国民众的支付能力,使得学费大大升高,加剧了受教育机会的不平等性。因此,市场力量的介入应有其边界。

2. 市场逻辑与大学底线

一方面,发展大学必须尊重大学的内在逻辑。所谓大学的内在逻辑是指大学内的学者认为应该坚持的教育目标,或者说是他们的教育信条。正如阿什比(1904—1992)所说,大学的内在逻辑对大学的作用犹如基因对生物的作用,大学的本质特性是由其内在逻辑而不是由其他的任何东西决定的①。大学办学的功利性目的须受其公益性目的的限制,大学只能部分地、有条件地引入市场机制。如果说在新知识的生产、新科技成果的转化与转让方面可以适当让市场力量调节的话,在知识的传授领域则不宜由市场力量调节,因为教师对学生的影响往往是潜移默化的,其价值是无法估量的。另外,学生的成长受到多因素影响,大学教育只是其中的一个因素。大学中应用性专业的调整可主要由市场调节,基础性专业则不然;大学中继续教育部分可主要由市场调节,普通教育部分则不然。

另一方面,在赋予大学越来越多的自主权的同时,政府对于教育和教育市场的管理作用不应削弱,而应加强,实现在管理的内容、手段、角色上的根本性转换。首先,教育作为社会的文明和人类文化发展的基

---

① 阿什比. 科技发达时代的大学教育[M]. 滕大春,滕大生,译. 北京:人民教育出版社,1983:139.

石,仍然具有公益的性质,教育的主要经济支柱和经费来源首先是财政的支持。只有这样,教育尤其是高等教育才能保持人格上的独立性,追求真理和学术发展的自由性,不至沦落为市场力量的奴隶和附庸。其次,政府要担任起教育市场的监督员、裁判员、教练员的角色,制定合理的教育市场运作规则,考虑社会各阶层人们的利益公平,依据社会的发展方向和需求,对教育进行有效的调整、改革和管理。再次,政府要对市场力量的过度作用、教育市场的违规运作给以抑制和纠正,保证教育事业健康、有序、稳定地发展。

总之,政府、大学、市场之间要形成互相促进而又互相制约的动态平衡机制,才能使教育有效、健康、高速、持续地发展,实现教育对社会承诺的综合目标,而不是满足市场的单一目标。

三、培育市场主体

市场经济就如带刺的玫瑰,欲罢不能,欲进不行。尤其是针对中国这样一个市场经济发展时间不长、市场经济体制还很不完善的国度,政府失灵的可能性似乎比市场失灵的可能性更大。因为哪怕是在中国人的文化基因中,似乎都匮乏市场这种基因。因此,要实现党的十九大提出的着力构建市场机制有效、微观主体有活力、宏观调控有度的经济体制,就必须处理好政府与市场的关系。在当前这样的历史时期,培育市场主体并促进其成熟,就是当务之急。

市场主体是指市场经济条件下所有在市场上进行交易活动的参与者。在高等教育市场语境下,培育和壮大市场主体,就是将大学、教师和学生培养成为适应社会主义市场经济发展需要的、高等教育市场的成熟参与者、积极行动者和主动维护者。这是我国社会主义市场经济发展的内在需要,也是提升一个地区高等教育实力和核心竞争力的关键所在。没有高等教育市场主体的大发展、快成熟,就没有市场经济条件下高等教育的大改革和大繁荣。

1. 培育市场主体面临的挑战

伴随着我国市场经济的迅速发展,我国高等教育市场主体(大学、教师、学生)已经从计划经济体制下破茧而出,实现从非市场主体向准市场主体的转换。就高等教育系统的历史发展对比而言,可谓神速。中国高等教育市场化的总体水平已经不低。作为高等教育市场主体之一的学生，基本上已经完全市场化了。它们不再通过政府的力量来保证就业，更不可能保证都当干部。计划经济体制下的毕业生包分配、包当干部的做法已一去不返。即便是毕业生选择一个竞争并不充分但是竞争却十分激烈的公务员作为职业，也是逢进必考、胜者为王。而教师这一职业虽然仍旧存在非市场因素的阻碍，但是，也基本上是市场化了。尤其是新入职的年轻教师，从单位所有、身份管理过渡到社会所有、岗位管理的时代也为期不远了。从大学本身而言，市场化的程度也有较大程度的提高。以教育投入为例，无论是"双一流"大学还是地方的普通高等学校，来源于政府财政拨款的比例持续降低就足以说明：大学要获得良性发展，不按照市场规则主动出击，已经不行了。如此等等，说明我国高等教育市场化的脚步已然不小，但与世界高等教育发达国家或市场化程度更高的发达地区相比，我国高等教育市场主体发育程度依然差距明显。高等教育市场主体发育不充分，"散、小、弱、低"仍然是我国高等教育市场主体培育和发展的短板。

（1）观念落后和行为被动

与世界高等教育市场化较为成熟的国家或地区相比，我国政府和高等学校对高等教育与市场经济的认识有待进一步深化，培育高等教育市场主体的思想观念仍然相对落后，民间投资高等教育的活力有待释放，大学创新与大学生创业的热情有待激发，高等教育发展要素有待激活。具体表现在：

一是对培育市场主体的重要性认识不足。特别是在立足我国的人口资源禀赋和制度文化优势培育新型高等学校、大力发展民办高等教育与新型高等教育业态等方面的认识不到位，民办高等教育发展的优惠政策落实不到位，作为高等教育市场主体生力军的民办高校仍然具有十分广阔的发展空间。

二是由于受计划经济意识、保守思维定势、重官轻商、重公轻私、亦步亦趋等传统陈旧的思想观念影响，民间投资者和大学毕业生自主创业的意识淡化，走天下、闯市场、抗风险、战难题的勇气和魄力严重不足。

三是部分政府领导、大学领导者在新的形势下，畏首畏尾、作茧自缚、回避矛盾、怕担责任。他们不求有功但求无过，缺乏"敢字当头、干字在前"的责任意识和"功在当代、利在千秋"的担当精神。

（2）政策不善和落实不力

我国虽然出台了一系列培育高等教育市场主体的政策措施，包括《中华人民共和国民办教育促进法》和《中华人民共和国民办教育促进法实施条例》的制定与修订，规定了对大学生创新创业给予税收优惠、创业担保贷款与贴息、免收有关行政事业性收费、享受培训补贴、免费创业服务、取消高校毕业生落户限制、创新人才培养、开设创新创业教育课程、强化创新创业实践、改革教学制度、完善学籍管理规定和提供大学生创新创业指导服务等12个方面的政策。对高校教师实施鼓励其以多种方式兼职或创业的政策，如北京市于2017年7月底《关于支持和鼓励高校、科研机构等事业单位专业技术人员创新创业的实施意见》（京人社专技发〔2017〕117号），明确了大学教师创业兼职的六种具体模式，包括兼职、在职创办企业、在岗创业、到企业挂职、参与项目合作、离岗创业等，从而破除了大学教师流动壁垒，畅通了教师进出大学的通道，启动了专业技术人才"共享"新机制。但是，总体上讲，国家和地方、大学等在培育高等教育市场主体、促进其成熟等方面依然缺乏突破性的政策支撑，鼓励大学生和大学教师创新创业、鼓励兴办新型的民办高等教育机构、畅通融资渠道和强化金融保障、优化教育要素配置等方面，还需要进一步形成个性化、差异化与配套化的政策供给与制度保障。尤其是贯彻落实业已出台的政策措施力度不够，范围不广，执行政策打折扣现象时有发生。例如，大学生双创政策执行仍然处于"布点"阶段，离由点及面与全面落实差距颇远。

（3）总量不足和质量不高

一是数量不多。从全国看，2017年我国民办高等学校747所，占同年全国高等学校总数2 631所的28.29%。民办高校本专科招生175.37万人，占同年招生总数761.49万人的23.03%；在校生人数628.46万人，占总数2 753.59万人的22.82%。二是结构不优。我国民办高校与公立高校的比例为1∶2.52。虽然除了全日制民办普通高等学校以外，还有800所其他类型的民办高等教育机构，但是，从目前仍然有许多"野鸡大学"存在看,说明发展民办高校仍然有很大空间。三是质量不高。新中国成立以后的我国民办高等教育机构是在改革开放以后才发展起来的。因此,起步晚,规模小,质量差。虽然有少数民办高校经过不懈努力,办学质量有了很大程度改善,但是,与美国等高等教育发达的国家相比,我国民办高校的办学质量和水平实在不值一提。美国排名前十的高等学校基本上是私立高校,而在中国大学排行榜中,连排在民办高等学校全国第一的武昌首义学院也很难排在500名以内。

环境不优,氛围不浓。从高等教育的行政环境看,我国政府尤其是教育部等多个部门在深化体制改革方面出台了管办评分离、放管服结合的相关意见,但是在具体的高等教育市场主体培育过程中,证明"围城"、公章"旅行"和批文"难处"的现象依然非常突出。从兴办民办高校来看,一些地方积极性很高,但是涉及征地拆迁、居民安置、政府配套等具体事务时又往往扯皮拉筋、服务不足,导致项目落地困难、推进滞后。从科技人员和大学生创业环境看,创业门槛太高、要素保障不力、融资渠道有限等软环境障碍依然严重。负面清单管理、限时办结制度、社会公开监督、一站式办理等政府改革措施仍未形成常态。在具体工作机制上,政府主抓、部门协作、上下联动、彼此沟通的格局并未形成,制度供给急需改进,政策措施缺乏对接,政府服务配套困难,督办考核难以到位,高等教育市场主体培育仍然徒有虚名、务实性差。

(4) 支持不力和融资不畅

由于我国高等教育体系中完全以市场为导向的民办高等学校规模小、资金筹措能力差,资金来源主要靠向学生收费和向银行间接融资。近年来,由于受实体经济下行压力增大等多种复杂因素影响,银行贷款条件日趋苛刻,民办高等教育机构和双创人员的抵押能力不足,抽贷、压贷、断贷现象十分突出,融资难、融资贵等严重制约了高等教育市场主体的发展壮大,影响了高等教育服务市场与科技成果转化市场的持续扩展,从而导致我国高等教育市场主体的无"优"无"势"、有"市"无"强"、有"名"无"望"。

2. 培育市场主体的策略

我国高等教育发展正处于结构调整的阵痛期、内涵发展的关键期,与高等教育强国相比还有较大的差距。因此,我国政府应该把加快培育高等教育市场主体作为深化改革、促进高等教育跨越发展的重大战略措施,以扩大高等教育市场主体总量和提升市场主体品质为目标,以促进民办高等教育振兴、激发科技人员和大学生创新创业为主线,将重构大学—市场关系与促进教育法治紧密结合,将完善制度供给与改进过程服务同时推进,通过凝聚高等教育市场主体的数量和结构优势,激发民办高等教育发展活力,推动公办高等学校的动能转换,实现高等教育事业的整体发展。

(1) 提高认识聚合力

思想是行动的先导,决定着行动策略的取舍与步调。因此,实现高等教育市场主体的发展,首先是进一步解放思想、破除陈旧观念。要彻底改变高等教育与市场经济相互排斥的传统观念,正确认识民办高等教育的营利性与公益性之间的辩证关系,允许民办高等教育投资人在依法办学、规范经营、保障师生权益和教育质量的前提下,能够获得合理回报。特别是党和政府的各级领导要在思想上重点关注、行动上重点支持、精力上重点投入、政策上重点倾斜,使加快培育高等教育市场主体成为各地政府的自觉行动和共同责任,同万众之心、聚千方之力,抓好高等教育市场主体培育工作。广泛宣传,持续造势,引导更多的社会资源、民间资本为高等教育投资、科技人员做研究和大学毕业生创业投资,鼓励更多的科技人员、大学毕业生及相关社会组织成为高等教育市场主体与双创市场主体,要积极培育崇学尚教、崇尚双创、敢冒风险、自我否定、自强不息、宽容失败的创新创业文化,进一步优化有利于高等教育市场主体培育的社会环境。

(2) 精准发力换动能

要围绕国家高等教育发展的总体战略,从增强培育高等教育市场主体的内生动力入手,找准工作切入点、着力点和突破口,推动我国高等教育市场主体优存量、提增量和上质量。为此,一是通过改革深化推动。深化改革是加快我国高等教育事业发展的动力源泉,也是促进高等教育市场主体发展的定海神针。矢志不渝地坚持"法律非禁止即合法"的原则,以降低准入门槛和服务便利化,进一步唤醒民间资本进入高等教育市场的激情，激发科技人员和大学生创新创业的热情，努力构建方便快捷、公平公正的高等教育市场准入环境，激发市场主体快速增长。二是依托大学园区或者大学生创业园区促动。坚持把加强高等教育载体建设，提升高等教育平台的承载水平，作为培育高等教育市场主体的关键环节来抓紧、抓严、抓实、抓小、抓细。应该认真总结各地在发展大学园区过程中取得的成功经验与失败教训，注意引导民间高等教育投资和风险投资向高等教育发展相对薄弱的省份和土地成本、人力成本、生活成本相对低的中等及中等以下的城市乃至农村发展。大学园区或大学生创业园区的主要任务就是要通过夯实基础、优化环境、招商引资、改进服务，做大做强高等教育及大学生市场主体。要依托不同地区的资源和区位优势，围绕地方经济发展战略和产业结构提档升级的重大战略布局，进一步高起点谋划、高质量建设，借助产业转移，加速动能转换，带动高等教育市场主体的增量提质、储能优效。还要充分发挥园区人才汇聚、产业集聚、优势凝聚、信息会聚和资源齐聚等特点，进一步打造有利于高等教育市场主体成长的特殊平台，吸引更多高等教育机构或大学教师、大学生创办企业的集聚发展。三是学研产联动。牢牢抓住新型城镇化加速推进的重大机遇，加快以教立城、以研兴城、以产旺城、"学研产城"互动的新型城镇化发展步伐，增强城镇的集聚辐射能力，引导市场主体快速成长，提高新型城镇的持续发展能力。要通过民办高等教育走进城镇、走向农村，实现地方经济转型升级的新跨越，通过培养培训高素质的产业劳动者来推动市场主体的大发展、大提质。四是优质民办高等教育机构与龙头企业带动。要充分发挥优质民办高等教育机构和成长良好的相关行业的龙头企业的引领带动作用，紧紧围绕各地经济与社会发展规划的总目标，立足人力及其他资源禀赋，通过重点项目带动地方民办教育的提档升级，将民办教育发展的重点适时从学前教育、基础教育转向高等教育。通过招学招才、招商引资，谋划一批投资规模大、带动能力强的大教育、大创业项目。五是财税金融与风险投资驱动。要在国家法律、法规范围内，用活用足用好税收优惠政策和财政补贴政策，整合中小企业发展专项资金、大学生创新创业专项资金、农民工及其他培训专项经费等已有财政补贴，并因地制宜创设更多的支持高等教育市场主体发展的其他专门补贴或政策，并从增加信贷扶持、吸引风险投资等多方面入手，强化财税金融与风险投资保障，破解民办高等教育机构和新生中小微企业融资难、融资贵的顽症，支持以民办高等教育机构、大学生和科技人员为主创办的中小微企业健康发展。

（3）突破瓶颈布新局

按照"激活存量、发展增量、扩大总量、强化质量"的原则，坚持公办民办一起上、新建改制一起抓，外引和内扶并重、扩量与增效并举，整体谋划、协调推进，全力构建我国高等教育市场主体发展的新格局。结合我国高等教育发展的实际，可以实施"四个一批"战略：一是规划引导公办大学改制一批。中科院院士、复旦大学原校长杨福家受聘担任英国诺丁汉大学兼任宁波诺丁汉大学校长，中科院院士、中国科技大学原校长朱清时受聘担任南方科技大学校长和中科院院士，清华大学原校长施一公辞职担任刚刚组建的西湖大学校长等事例都说明，我国公立高等学校的潜能没有得到充分释放，体制弊端没有得到有效克服，政府失灵现象随处可见。如果能够思想再开放一点、胆子更大一些，那么就可以从包括我国排名前十的著名大学中选择2～3所大学进行混合所有制改革试点，通过思想观念更新和体制机制创新，进一步激发这些大学的潜力与活力，早日实现其建成"双一流"的梦想。与此同时，鼓励各省市尤其是经济不发达的省市自治区改制一批应用技术型本科院校，让他们能够利用从市场获得的资源来实现其结构改造和质量提升，成为当地乃至全国同类学校中的佼佼者，从而促进我国高等教育整体布局和结构的优化，提高我国高等教育特别是民办或者混合所有制高等学校的国际竞争力。二是中外合资合作引进一批。习近平总书记说：治国有常，而利民为本。要根据我国社会基本矛盾转变为人民群众对美好生活的向往与不平衡、不充分发展的矛盾这一新的国情，创造条件满足人民群众对优质高等教育的迫切需求。要通过进一步优化中外合资合作办学的制度环境，消除各种不利于高等教育市场主体成长的障碍，引进一批世界一流大学来中国合作办分校或独立办分校，让青少年不出国门就能够享受到世界一流的大学教育，切实减轻人民群众的受教育负担，满足人民群众从"有大学上"到"上好大学"的急迫愿望。三是通过招学引资新办一批。虽然我国高等教育已经实现了从精英化向大众化的嬗变，而且正朝着普及化方向迅跑。但是，总体上讲，我国高等教育的容量和质量都还不能有效满足人民群众接受高等教育的需求。与此同时，通过改革开放以来的发展，我国民间已经积聚了许多空闲待投的资本，并且他们也有投资高等教育的强烈愿望。如果能够有效地利用这种供需矛盾，新办一批科类与层次都符合产业发展和人民群众求学需要的民办高等学校，不仅可以增加高等教育的总量，而且可以促进地方经济的发展与社会进步。四是改造扶持增强一批。如前所述，我国民办高等学校总体上规模不大、实力不强，难以与公立高等学校同台竞技、各展风采。这种状况难以满足我国高等教育现代化的需求。因此，从现有的民办高等学校中选择一批有一定基础、有提升空间、有做强愿望的高等学校，采取特殊政策使其快速进步，缩短与同类公立高等学校之间的差距；同时通过对那些基础非常薄弱、运营困难的民办高等学校的帮扶与整改，扶持其自立自强，不能放任其自生自灭，损害学校受教育者的切实权益。

（4）全面落实破难题

良好的政策环境是高等教育市场主体生长必需的营养液。中央和省市政府及其下属的相关职能部门，必须把优化政策环境、改进制度供给作为培育高等教育市场主体的根本举措。重点在三个方面：一是抓政策完善配套落实。我国各级政府应该充分发挥"看得见的手"的力量，根据高等教育市场主体发展的需要，在落实现有对中小企业、科技人员兼职创办企业和鼓励大学毕业生创新创业等一系列优惠政策的基础上，有针对性地制定出台含金量更高的扶持民办高等教育发展的政策措施，建立有利于激发高等教育市场主体发展进步活力的体制机制。应该以新的《中华人民共和国民办教育促进法》和《中华人民共和国民办教育促进法实施条例》的落实为抓手，鼓励各省市自治区及地级市人民政府出台《〈中华人民共和国民办教育促进法〉实施细则》和《关于加快培育高等教育市场主体推动民办高等教育发展的实施意见》、《进一步落实鼓励科技人员和大学毕业生创新创业的若干实施意见》等新的政策措施，强化政策的成龙配套、无缝衔接，形成综合优势、整体效能。尤其要抓好各项政策的落地生根，形成齐心协力、合作共治的工作格局，最大限度地释放政策与制度红利,从根本上消除高等教育市场主体培育过程中的"镜中花"、"水中月"现象,让高等教育市场主体更为方便地领到"准生证",更加快捷地办理"出生证",更加顺畅地领到"身份证",从而实现高等教育市场主体的健康茁壮成长。二是全面深化"放管服"改革。各级政府及其职能部门要把为高等教育市场主体发展营造一流的法制、政务、市场、信用和人文等投资创业环境作为头等大事来抓,让各类高等教育市场主体能够轻装上阵、安心创业、放心投资、专心发展。要以"低成本、无缝隙、高效率、零干扰"为导向,夯实政府在培育高等教育市场主体中的主体责任与监督责任。在"低成本"方面,禁止一切"雁过拔毛"等微腐败和损害市场主体发展的行为;在"无缝隙"方面,要求政府相关部门与相关高等教育投资项目、大学教师与大学生双创项目实行机构与项目、人员与事项无缝对接,避免无理由推脱、有理由搁置等现象重复出现;在"高效率"方面,健全完善一站式、电子化公共服务网络,实行刚性、公开的服务标准和限时办理办结制度,做到急事快办、难事巧办、特事特办;在"无干扰"方面,除法定检查外,任何单位和个人都无权干扰民办高等教育机构正常的教育教学活动和企业的生产经营活动。让民办高校和双创企业得到政府"放水养鱼"的福泽,让市场得到"真金白银"的实惠。三是破解企业融资难题。融资难、融资贵是我国高等教育市场主体发展中存在的突出问题。为此,应该多渠道、多中心治理,实现银校合作、校企合作、银企多边合作、优质合作、共赢合作。要根据高等教育市场主体的实际情况,在准入门槛等方面适度降低或者弹性到位,加大对风险投资进入高等教育的鼓励,争取更多风险投资的注入,缓解高等教育市场主体的融资难、融资贵状况。

(5) 注重实效造气氛

首先要加强领导。要健全政府主导、部门联动的领导体制和工作机制,统筹协调和督促落实高等教育市场主体发展的各项政策措施。加强政府信息化能力建设,推动高等教育机构审批程序简洁化、规范化、公开化和信息化,促进高等教育投资和政府服务便利化,大幅提升政务效率。与此同时,进一步整顿和规范高等教育市场中介机构的行为,强化以行会自律为重点的中介自我管理,加强市场监管,打击教育与就业市场黑中介,为高等教育市场主体的健康发展彻底清障。其次要部门协调配合。要牢固树立教育和经济发展必须依靠市场主体发育成熟的理念,努力营造全社会关心高等教育市场主体、支持高等教育市场主体、服务高等教育市场主体的良好气氛。强化政府及其教育主管部门和相关职能部门的刚性责任与履职绩效。建立和完善政府部门的权力负面清单与履职负面清单制度,用科学的体制机制再造政府工作新格局,促进各级政府在培育高等教育市场和市场主体过程中的再启蒙。最后要改进政府绩效评价。要建立以高等教育市场主体发展的规模、质量、结构、效益和贡献率等为主要指标的高等教育市场主体发展绩效评价体系,强化考核评价的示范引领、自我反思和持续改进功能,从而促进政府、市场和高校之间理性互动、有效合作。

四、维护市场秩序

不管人们所持何种态度,市场环境正在影响着大学的行为,而良好的市场秩序是市场有效发挥资源配置决定性作用的前提条件。博克说:"大学的经济利益问题是迄今为止最令人深思的一个问题,而大学参与那些商业活动给学术研究所造成的危害也极其真实和严峻。"① 目前,在中国大学中也出现了许多商业性活动,比如说校办企业、科技成果转让、教师外出兼职、网络教育、学生创业活动等。与此同时,处于经济转型中的中国大学似乎对于高等教育市场化尚缺少深刻的认识和有效的应对机制,甚至存在着"市场万能"的倾向。我国正大力进行整顿和规范市场经济秩序问题,如何认真地、深入持久地搞好这项工程任重而道远。对于大学来说,重要的是要正视这种环境变化,制定有效的应对策略。

1. 弘扬大学精神

"大学精神是在大学发展过程中,长期积淀而成的稳定的共同追求、理想和信念,是为大学人所认同的价值观,是大学文化的核心,是大学

---

① 德里克·博克. 走出象牙塔:现代大学的社会责任 [M]. 徐小洲,陈军,译. 杭州:浙江教育出版社,2001:189.

的灵魂所在。"① "大学精神铸就大学形象,提升大学声誉;大学形象和声誉是对大学精神的传播和辐射。具有大学信仰的学人故事、传说和模范人物事迹渗透着大学精神,同时也对大学形象和声誉做出贡献。大学形象和声誉可以产生对全体成员的凝聚力和归属感,故事和传说可以产生强大的感召力。"② 虽然市场经济的发展使大学面临着前所未有的严峻挑战,但是,从根本意义上讲,大学的传统并未真正动摇,大学的核心理念和本体精神并没改变,其理想和追求也并未根本改变。大学仍然是当今社会探寻高深学问的主要场所,是人类赖以持续健康发展的精神家园。在当今中国,大学精神是化解大学过度地朝市场化方向发展,永葆大学所肩负的神圣社会使命永不变质的强大武器。所以,在大学不得不走向市场化的趋势之下,弘扬大学精神,坚守大学的优秀传统,发扬大学精神在导向规范、凝聚激励、熏陶感染等方面的重要职能,就显得更为重要。

(1) 导向规范

导向规范功能是指大学精神对于大学办学行为的发展方向引领与约束规范功能,它主要在学校的领导层起作用。它可以体现在学校的精神文化层面、制度规范层面和战略规划行为层面,如办学指导思想、目标定位、发展思路、规章制度、价值取向、学术规范、校园文化建设和教学质量保证体系的构建等方面。面临着同行间激烈竞争的局面,办学经费短缺的困境,改革、发展稳定的要求,以及社会上各种思潮的影响,如何办好大学,如何处理好各种关系,采取何种策略,都迫切需要大学领导层对大学本质、大学传统与大学办学规律的深刻领会和对大学精神的精心塑造。当大学精神被精心提炼与深度阐释之后,它便对全校师生员工的教学、科研、管理、服务等一切校园行为,具有根本导向引领和规范约束功能,并且通过校训等多种具体表现形式嵌入到师生的核心价值体系之中,目的在于提升全体师生员工的精神境界。

---

① 刘亚敏. 大学精神探论 [J]. 未来与发展,2000 (12).
② 王志刚. 大学精神是高校办学特色的灵魂 [J]. 中国高教研究,2003 (7).

（2）凝聚激励

大学精神以其深厚的文化传统积淀和理念的明晰性，已逐渐化为大学内部深层次的群体意识或群体认同。信念、故事、传说都记录着学校历史文化发展的轨迹，信念是自我形象，也是院校的声誉。大学精神造就学校形象，提升学校声誉，而学校形象和声誉可以产生对全体成员的凝聚力和归属感。故事和传说可以产生感召力，特别是学校各时期的专家学者、模范人物和杰出校友的成就与事迹，激励着师生员工为学校发展和壮大努力工作。犹如伯顿·克拉克所说："学术系统在象征方面是富有的，它的成员献身于特定的象征物，常常依附于更广泛而坚定的思想意识，同时异乎寻常地为爱所联系。"①

（3）熏陶感染

大学精神力量是富有渗透性的。这种渗透实质上是思想方法、道德意识、价值观念、行为方式的启迪、感化、陶冶过程。它通过形成一定的氛围，促使人与人相互影响，特别是群体对个人产生影响。这种影响，可以是集体意志对个人心理的积极影响，也可以是群体行为对个人行为的积极影响，也可以是个体行为对个体行为的积极影响。更为重要的是，承载着大学精神的教师的学术思想、学术方法、治学态度、严谨作风和模范言行对学生的影响。这种影响是潜移默化、耳濡目染的，其功能与效果也是潜在的和持久的。

2. 强化组织约束

面对市场利益的诱惑，一个健全的大学组织会从内部建立一些规章制度，抵御这些诱惑。大学组织之所以能够历经沧桑，长久地生存下来，就在于大学内部的自动调节机制在起作用。德里克·博克（Derek Bok，1930— ）曾言："管理者无论做什么，无论多么努力，如果同意加入教师们的行列，资助新企业，分享商业回报，都肯定会损害其信誉和道德权威，这绝对不是一件小事。如果说大学领导除了募集资金之外在大学中还有别的重要作用的话，那他们就要为阐明和维护大学的基本

---

① 伯顿·R. 克拉克. 高等教育系统［M］. 王承绪，等译. 杭州：杭州大学出版社，1994：85.

第七章 中国大学外部治理体系的现代化

价值观尽责任。"① 这位曾经担任过两任哈佛大学校长的睿智话语，点明了优秀大学管理者处理商业与学术关系的原则。学术组织存在的合法性在于其特殊的学术使命，这种合法性机制与市场机制是相容不悖的。所以，优秀大学在维护其合法性的同时，也可以赢得市场的欢迎。我们欣喜地看到大学可以长久地从事"利他行为"（altruism）。例如，哈佛大学采取了特殊的差异性收费政策，这种政策不是要求学生在学费面前人人平等，而是要求在成绩面前人人平等。具体地讲，哈佛大学在录取学生时，只看他们的学业成绩，而不看他们是否具有经济支付能力，如果他们没有支付能力，学校则为他们提供奖学金。目前，有60%以上的学生可以享受到某种程度的经济资助②。耶鲁大学制定了高等教育国际化的发展战略和相应的财政措施，不仅美国本科学生可以享受经济资助，而且来自其他国家的本科学生也可以享受经济资助。在博士学位获得者人数中，国际学生所占的比例达到30%；来自国外本科生的比例，从1998年的4%增加到2004年的8%③。在一些领域，大学教师参与营利机构活动的机会变多。因此，大学制定了管理制度以应对这种新情况。大学坚持的总原则是，校外活动不应该影响校内教学和研究活动。为此，很多大学禁止教师在外部机构中担任管理职务。作为一种折中措施，大学允许教师停薪留职1~2年时间，到校外参加企业或政府部门的工作。斯坦福大学在1987年制定了《无关业务活动》（Unrelated Business Activity）条例，它明确规定："斯坦福大学的资源只用于知识的创造、保留和传播，而不能用于其他个人或团体的非学术目的，大学的政策是不介入无关业务活动。无关业务对于履行大学的教学和研究使命具有潜在的负面影响。根据《内部收入法》（Internal Revenue Code），从这些活动中获取的收入是要被征税的。只有大学学术副校长有权批准经营无关

---

① 德里克·博克. 走出象牙塔：现代大学的社会责任［M］. 徐小洲，陈军，译. 杭州：浙江教育出版社，2001：187.

② Rudenstine N. Pointing our thoughts: reflections on Harvard and Higher Education 1991-2001 ［M］. Cambridge：Harvard University Press，2001：13.

③ 理查德·雷文. 大学工作［M］. 王芳，译. 北京：外文出版社，2004：116-117.

业务活动，只有当这些活动可以给学校带来益处时才可进行。"1988年，斯坦福大学科研委员会明确规定，反对教师自己开办的公司雇用本校的研究生。哈佛大学在与一家公司签订协议时，明确拒绝对方对公布和发表研究成果有任何限制性的条款。大学的性质决定了教师工作具有一定的自由度，但是教师的自由是有限制和约束的。多数大学规定，教师每周最多只能有一天时间从事校外商业咨询活动。美国多数大学对于教师的成果拥有全部或部分所有权，医学院教师在附属医院从事手术所获得的收入要全部交归学校①。很多学校还保留着对教师开展咨询工作的性质、目的和程度进行审查的权力。可以想象，如果没有这些契约关系的话，优秀大学岂不成了教师追逐个人利益的场所？

3. 完善制度约束

除了利用大学精神来积极引领和感染大学不误入过度市场化的歧途以外，大学还需要建立一整套制度来约束大学教师或学校的办学行为。第一，作为非营利机构的大学必须遵守"剩余约束"（residual constraints）。非营利性大学可以在税收、接受捐赠等方面享受优惠政策，但是从参与教学、科研和直接商业活动中获得的利润，只能用于学校的发展，不能用于个人分配。另外，非营利性组织是不能发行股票的，甚至通过银行贷款或借贷资金的行为也受到很大的限制②。这样在一定程度上保证了大学的公益特性。

第二，合理的税收制度起到调节社会资源分配的作用。如果大学参与和学术无关的业务活动，如出售印有学校标志的各种纪念品，就不能享受免税的优惠，必须照章纳税。对于个人来讲，累进个人所得税制度可以有效地控制过大的收入差距。

第三，有关科研成果转化和推广的法律制度，有效地促进了科研成果的转化。与教学活动相比，国家资助的研究活动具有更大的公共产品属性。如何解决公共科研成果的转化问题呢？它既不能由大学完全垄断

---

① 唐纳德·肯尼迪. 学术责任 [M]. 阎凤桥，等译. 北京：新华出版社，2002: 299-313.

② Hansmann H. The state and the market in Higher Education [J]. Higher Education policy, 1992, 5 (3).

科研成果，又不能不顾及科研活动主体的积极性。于是，1980年美国颁布法律，一方面要求大学推广发明成果，并且可以享受由此带来的收入；另一方面要求大学与企业合作时，在支付必要的成本后的剩余收入，必须用于科学研究和教育活动。

五、防控市场失灵

进入20世纪90年代后，全球化和分权化的社会趋势，极大地改变了公共管理的生态环境。社会关系日益复杂多变，其相互依存的程度不断加深，范围不断扩展，政府、工商界和市民社会之间的合作成为民族国家竞争力和国家繁荣的基本构成要素。在这种背景下，新公共管理理论片面依靠市场竞争机制来改造公共管理的做法更是捉襟见肘。新公共管理主张用市场来代替官僚，可以说只是一种一厢情愿、有失偏颇的观点。它忘记了市场与国家不同的工作目标和特点。新公共管理运动用"顾客"一词来取代公民的角色和地位，也被认为是一种错误的用法，因为公民所获得的权利并不像"顾客"那样，总是受其支付能力的限制；私有化在带来了活力的同时，也损害了公民的参与，并且有些公共服务项目是根本就不能私有化的；将企业文化注入行政文化中，事实上也在滋生着新的腐败。

治理理论的提出，打破了市场与计划、公共部门与私人部门之间的二分法，开始将合作的理念引入管理中，强调主体之间建立沟通、协商和互动的合作伙伴关系，合作已成为当今世界发展的潮流。正如Gilles Paquet所言："政府、工商界和市民社会之间的合作正成为民族国家竞争力和国家繁荣的基本构成要素。"①

1. 大学市场失灵的成因与表现

高等教育的市场调节尽管有多方面的优势，但市场调节不是尽善尽美的。高等教育市场调节有其内在的局限性，会出现失灵现象。而高等教育市场出现的失灵，是下述六个因素的存在及作用的结果。

---

① Paquet G. Governance through social learning [M]. Ottawa: University of Ottawa Press, 1999: 214.

（1）高等教育的准公共产品属性

要回答高等教育资源应当以什么方式分配这一问题，必须首先确定市场在高等教育领域的作用范围。公共产品、准公共产品、私人产品的资源配置方式各不相同。从纯粹的意义上讲，公共产品一般由政府通过政治程序或公共选择来分配，即采用政府提供与政府拨款的方式；私人产品通过市场提供；准公共产品或由政府提供，或政府资助由市场提供。

从根本性质看，高等教育属于准公共产品。第一，它具有消费上的有限排他性。高等教育是一种非义务教育。它不是同龄人都必须接受的一种教育。这是它与处于义务教育阶段的中小学教育的本质区别。义务教育是对所有适龄学生都开放并且为保证他们能够完全获得这种机会而实行免费的一种强制性教育。高等教育不是免费义务教育。在教育机会有限的条件下，一个人进入大学受教育，就可能会排除另一个人进大学受教育的机会。第二，它具有非竞争性。即受教育者并不能完全像在私人物品市场那样，按照出价高低来获得受教育机会。高等教育作为准公共产品的这种性质，决定了高等教育的提供方式，即它既可以由政府提供，又可以由市场提供。具体提供的方式有三：其一，高等教育机构由政府举办，并通过财政拨款提供费用；其二，高等教育机构由私人或民间举办，政府资助，同时向受教育者收取一定的学费；其三，高等教育完全由私人供给。由此可见，高等教育产品的供给，不能仅仅诉诸市场力量或政府行为。

（2）高等教育的外部效应（externalities）

外部效应最早是由英国著名的福利经济学家庇古（Arthur Cecil Pigou，1877—1959）发现并提出的。所谓外部效应，指的是私人边际成本和社会边际成本之间或私人边际效益和社会边际效益之间的非一致性。其关键是指某个人或产商的行为影响了他人或其他产商，却没有为之承担应有的成本费用或没有获得应有的报酬。外部效应的存在将使所谓帕累托的最佳条件不可能达到，除非外部效应的有利因素正好与不利因素相互抵消。这就决定了带有外部效应的产品和劳务的市场供给只能是过多或过少的，而不会达到最佳的资源配置状态。高等教育市场本身不具有自发机制，不会把考虑外部影响的打算提供给决策制定者。法国高等教育学家艾雪认为，高等教育的正向外部效应主要指高等教育通过知识的增进对经济增长的贡献、劳动力市场灵活性的提高、形成美学和文化价值、促进更有效的政治参与。由于高等教育存在正向外部效应，高等教育完全由市场来支配会产生一些不利影响。一般说来，个人决定购买任何产品只是取决于他们对私人利益的判断如何，别人的外部的积极的影响并不为人们所考虑。一般认为，人们不可能自愿地走到一起解决外部效应问题。如果第三者的人数很多，解决问题的交易成本就太高。因此，政府有必要在这一领域发挥自己的特殊作用，以非市场的方式去矫正或解决高等教育的外部效应问题。

(3) 高等教育中的垄断现象

高等教育垄断是高等学校规模不断扩大的必然结果。高等学校规模的巨大化，是由以下四个因素促成的：第一，科学技术进步；第二，市场扩大；第三，获得内部规模经济与外部规模经济；第四，范围经济。科学技术的发展提高了高等教育的集约程度。高校中的尖端科研要求有巨额的投入和大量的人力。市场的扩大驱使高等教育分工越来越细密。规模经济论认为，社会生产组织存在着适度规模问题。只有经济规模适当，资源才能有效地配置，并发挥最高的效能。学校规模太小肯定不会有高效益。范围经济是指因同时生产几种有关的产品或劳务而引起的节约。高等学校规模的扩大一方面为高等教育成本的节约提供了机会，另一方面也为高等教育垄断的滋生创造了条件。垄断虽有其经济上的必然性，但就其抑制竞争与降低社会经济福利而言，它同时又具有经济学上的不合理性。高等教育也存在十分明显的垄断现象。就院校市场而论，日本的少数帝国大学高踞所有其他大学之上，他们处于对消费者市场中最精选的部分或优秀学生接近垄断的地位。就知识市场而论，荷兰正式禁止他们的非大学高等教育机构从事基础研究。科研似乎是有助于支持大学在部门中的盟主地位的一个因素，但科研的差别也是一把双刃剑。尽管大学可能小心翼翼地保卫它们对科研的控制，但其他院校也许怀恨它们占有这个特权。所以，政府有责任通过法律和经济手段保护高等教育的有效竞争，排除垄断对资源配置的扭曲。

(4) 高等教育市场的信息不完全

从经济学角度看,信息可以当作商品在市场上交易。信息具有一些特殊的性质:一是生产信息的固定成本很高,边际成本却很低;二是信息具有公共产品的性质,即具有非排他性;三是信息具有不对称的性质;四是信息本身具有风险;五是信息具有非市场性。当市场不完备、信息不完全时,个人行为对于其他人来说会产生外部效应,而且这种效应是其他人所无法预料的。市场的不完备性可以通过交易费用得到解释,其中信息费用是交易费用的重要部分。可见,当信息不完全并伴有信息成本时,市场一般就不可能是完全竞争的。

高等教育市场存在形形色色的信息不完全现象。就消费者市场而论,学生缴费给大学,大学为学生提供学习机会。学生在选择大学、学科、专业时,会面临较严重的信息不完全问题。学生对自己的学习意愿和能力有较清晰的认识,但对选择适合自己意愿和能力的大学的情况却知之甚少,甚至全然无知。大学提供的招生宣传资料一般是笼统的、模糊的。更有甚者,一些大学拿出了听起来诱人,其实没有实际内容的、夸夸其谈的人才培养方案。还有一些大学过分吹嘘自己的人才培养方案而极力贬低其竞争对手。严格说来,即使是大学里的专业人士也很难对不同的大学做出有效甄别与恰切选择,更不用说社会阅历还很浅的高中毕业生了。当高等教育市场必须获得有关变化环境的新信息并对其进行加工时,市场的运作不尽如人意。高等教育市场的不完全信息会产生四个方面的后果:首先,会产生逆向选择问题。高等教育局部市场会变得稀薄,以至于有时候根本就不存在。信息传送受阻,不能传送高质量的信息。市场有可能不能出清,即使产品超额供给,生产者也不削减价格。其次,会产生激励问题,即弱的或误导的激励,使大学新的产品与服务质量不断下降。再次,会产生搜寻问题:一方面搜寻增多,导致价格分散;另一方面,因搜寻有成本,导致竞争不完全。最后,在广告上巨额投入,通过制造产品差别,形成不完全竞争。

(5) 高等教育市场的信息不对称

所谓高等教育市场的信息不对称,是指在高等教育市场交易中,交易双方对于交易对象或内容所拥有的信息(质量与数量)不对等的现象，即对于交易对象或内容而言，交易一方所拥有的信息要多于交易对方的现象。简言之，交易一方有权设定游戏规则，并希望通过另一方的努力来实现特定的目标，尽管游戏规则的设定需要一定条件的约束。高等教育市场之所以存在信息不对称，主要有以下三个原因：第一，高等教育市场中的交易者的知识是有限的。交易者知识的有限性是由其所拥有和能支配的资源的有限性所决定的。在市场交易中存在一个普遍的现象：生产者或卖方所拥有的信息要多于消费者或买方，也就是中国人常说的：只有买错的，没有卖错的。第二，搜寻信息要花费成本。要了解某一方面的信息或知识，是要花费成本的，有时甚至是高昂的成本。第三，信息的优势方对信息的垄断。信息的优势方为获取最大化的利益，就会隐藏信息或者向市场提供虚假的信息。这样，与其交易的另一方就无法获取影响其利益的有关信息。在现实中，很多信息是在交易达成之后，消费者或处于信息弱势的交易方才能了解，但此时交易已经完成。一般而言，使高等教育市场调节有效的条件是促成信息对称，因为信息不对称将导致一系列不良的后果：一是在高等教育消费者无力分辨真实的、优质的产品与服务的情况下，所谓价廉物美或价高质优者并不能赢得市场，增加盈利。二是它使高等教育市场缩小甚或不存在，由于买方担心买到假的劣等产品，会对所有相关商品采取拒买行为，结果使这类商品的市场减小或消失。三是影响生产效率的提高。在信息不对称的高等教育市场中，高等教育生产经营者可以不断扩大生产规模，并形成提高生产效率的正向激励。在信息不对称条件下，质优价廉并不能赢得更多的市场，获取更多的利润，这使得高等教育生产经营者不愿努力提高效率。四是造成一些种类的高等教育产品供应不足，一些需求得不到满足。五是造成高等教育中不公平交易和不公平竞争。信息优势方会利用其信息优势欺诈对方，施行不公平的交易行为，损害对方的利益，而信息的弱势方则会因信息弱势而做出不合理的决策。六是造成高等教育生产者行为和消费者行为扭曲。生产者在拓展市场、开发新产品等方面往往因为信息不对称而不能做出合理的决策。消费者的购买决策往往成了一种凭"勇气"的决策，并在很多情况下处于无所适从的状态。

高等教育机会与成果分配不公平。经验表明，即使在高等教育市场作用发挥得很好的地方，高等教育机会与成果的分配可能也不是按照社会所接受的公平标准去实现的，或者说不是按照社会上喜欢的那种调节机会和成果分配过分悬殊的方式实现的。新古典经济学倡导的市场的"自发秩序"无法保证受益者补偿受损者。如果没有制度上的重新分配机制，单纯的市场力量倾向于扩大某些人的机会与成果，而减少另一些人的机会与成果。不公平不仅在道义上应受谴责，而且可能引起严重的教育问题。随着不公平现象的扩大，教育方面甚至社会方面的冲突就会滋生和蔓延，市场秩序将受到严重的冲击。

2. 大学教育市场失灵的矫正

市场并不是一种包治百病的灵丹妙药。"在一个民主社会里，对民主价值观的关注在政府改革中应该居于首要位置。尽管诸如效率和生产积极性这样的价值观不应该被丢弃，但是它们却应该被置于由民主、社区和公共利益构成的更大的环境中。"① 在矫正高等教育市场失灵上，应以政府调节为主，社会力量调节为辅。为了矫正高等教育市场的失灵，有必要从以下六个方面采取切实有效的措施。

（1）弥补市场供应不足

在高等教育市场不足以有效供应高等教育准公共产品时，政府应积极加以干预。政府可以采取的举措，主要包括以下几条：首先，确定政府供应高等教育准公共产品的范围。可以认为，认定政府是高等教育准公共产品的唯一的负有相应责任的主体的看法，完全是一种错误的认识，或至少是一种误解。原因在于政府的能力特别是财政收入总是有限的。公共产品、准公共产品与私人产品在资源分配上存在竞争性关系。由政府提供所有的高等教育准公共产品，既会损害公平，也会损害效率。政府供应的高等教育准公共产品须符合下列条件：一是公共性程度高的准公共产品。准公共产品的受益人或消费者的人数越多，则其公共性程度越高。公共性程度越高，就越应由高层级的政府来提供。二是不应由非政府力量供应的高等教育公共产品，如高等教育的立法。三是非

---

① 珍妮特·A. 哈登特，罗伯特·A. 哈登特. 新公共服务 [M]. 丁煌，译. 北京：中国人民大学出版社，2004：74.

政府力量不能全力或无力提供外部性很大的产品，如基础科学研究。四是非政府力量没有能力提供，或虽然有能力提供但其不愿提供的非竞争性程度高的准公共产品，如高等教育基础设施。

其次，建立完善的高等教育准公共产品供应决策机制。主要的决策制度包括全体一致同意制度、过半数同意制度、特定多数同意制度及行政决策制度。每一种制度都有各自的优点，但也都有各自的缺陷。应该根据不同类型的高等教育准公共产品的特点，选择合适的供应决策制度。

最后，确定合理的供应方式。高等教育准公共产品的供应方式主要是指在以下三方面必须做出选择：一是在免费供应与有偿供应之间做出选择。免费供应是指政府通过征税筹资，通过生产或购买准公共产品，然后再无偿提供给消费者。有偿供应是指政府生产或购买准公共产品，或者采取委托经营方式，提供给消费者。二是在直接供应与间接供应之间做出选择。传统上高等教育的财政拨款主要采取直接供应法，即拨款给高校。当代高等教育改革的趋势之一是采取间接拨款制，即拨款给学生，然后让学生自己选择高校。高等教育券制度，就是高等教育拨款制度的一种创新。三是在直接经营与委托经营之间做出选择。高等教育经费必须获得公共财政资助，但不一定要由政府举办高校，尤其不能实行高等教育的完全国有化。

（2）防止负向外部效应

政府矫正高等教育市场所产生的外部效应方法主要有四种：政府税收和补贴，私人磋商和谈判，法律规则和程序，政府的直接调节。首先是税收和补贴。在传统上，人们主张使用边际税收和边际补贴作为迫使高等教育生产经营者考虑外部效应的一种直接方式。当一个高等教育生产形成一种外部社会成本时，应该对它增加一项税收：税收应恰好等于边际损害成本。众所周知，在高等教育领域存在一些营利性教育机构，它们在依法纳税的前提下营利或取得回报，政府依法对其办学条件和教育质量进行监测。如果这些营利性教育单位有意地或变相使用公共的高教设施牟利，那政府的高等教育职能部门就应依据国家的法律法规对这种行为征税。当前，我国一些大学无偿使用政府提供的公共资源来举办高收费的学历教育与非学历教育，以牟取利益是极不正当的。对于产权界定模糊的民办学校及民办二级学院，应全部将它们转制为完全独立的私立高校或学院，使其具有独立的场地、机构、制度、财务。大学中的经济实体，应完全从学校中剥离出来，实行社会化经营，并依法依章纳税。而对于企业和社会对高校的捐赠则应给予减免税的优惠。有时某些高等教育活动或决策产生的是外部利益而不是成本，这时，政府、社会、大学就需对这些活动或决策予以补助。最典型的例子是，学生上大学读书对整个社会具有正向的外部效应，从而政府应对大学生予以学费资助。当然，对大学生的普遍资助或实施免费的高等教育是不必要的。资助的对象宜锁定为目标群体。其次是私人磋商和谈判。科斯（1910—2013）在其《社会成本问题》一文中提出了著名的科斯定理（Coase Theorem）。在许多存在社会损害的情形中，无须政府干预，私人磋商和谈判很可能导致一个有效率的结果。为了使科斯的结论成立，必须存在三个条件：一是论题中的基本权利必须明确加以界定；二是一定不存在彼此磋商的障碍，各方必须自愿而且公开地讨论，以解决争端；三是只涉及几个人。在这种情况下磋商易于达成结果。我们注意到，当受损害各方的数目很大时，政府税收或调节也许是唯一的补救方法。众所周知，自治是高等教育的悠久传统，失去了自治，高等教育就失去了最为精华的部分。高等教育在"谁可以当教师、教什么、应该怎样教和谁可以被准许入学"等问题上，应更多地诉诸私人磋商和谈判，而不是完全诉诸政府的强制性干预。再次是法规和程序。这是指将法规适用于高等教育当事人的权利，与法律加以确定并且保护这些权利的某些机制也蕴含在法律之中的那些情形。例如，在存在损害的某些情形中，可能需要强制补偿。然而，当这种损害业已造成时，强制补偿是恰当的。当清华大学的一位学生用硫酸伤害了五只熊的事件发生后，再禁止学生或一般公众使用不正当手段伤害受保护的动物为时已晚。在这些情形中，权利必须有责任规则——要求该学生对其所造成的损害进行补偿的规则加以补充。最后是政府的直接调节。某些高等教育的外部效应十分显著，以至不能通过间接方式加以调节。当税收、补贴、法规等手段都无法生效时，就需要诉诸政府的直接调节。例如，政府可以组建高等教育鉴定机构，建立大学资格审定与专业认证等制度，或通过购买第三方教育评估监测服务等方式，对高等教育的质量予以监督和保证。

（3）打击市场垄断行为

对于高等教育市场中的垄断行为，政府也必须出手予以干预。这是国际上通行的反不正当竞争法所涉及的情形。政府干预高等教育市场垄断行为的举措主要有以下四条：一是高等教育行业的重组。所谓行业重组，是指高等院校的运行单位的重组与业务范围的调整。行业重组将导致高校的某些部分的分离，更多的高校经营相同或相近的业务，使原来的高校被迫进行改革以提高竞争力。高等教育行业的重组旨在保护高等教育的多样性。为此，要防止体制的垄断、院校类型的垄断、学校水平的垄断、资源配置的垄断。二是高等教育行业的调节。高等教育的行业垄断也可通过行政手段予以调节。政府可对大学的某些高等教育经营业务规定一个最高限价。最高限价的规则改变了边际收益的规则。高等教育生产经营者对所有产出索要的较低价格必须抵消它所获得的收益。例如，大学生购买高等教育服务，支付一定价格水平的学费。在垄断条件下，大学就极有可能利用其垄断地位收取不合理的高等教育学费，在卖方市场主导的情形中更是如此。政府对大学学费的最高限价，有利于维护大学求学者的利益。政府也必须通过高等教育市场化运作中的地方保护主义予以干预，建立高等教育生产要素与产出的自由、统一、开放的市场体系。三是对于高等教育中的买方垄断行为，政府可以规定一个最低工资，以维护博弈中居于弱势地位的教职工的权益。对大学单方面违规解除合格乃至优秀教师的行为，予以规制或惩戒。四是制定反垄断法，或者在反垄断法中增加有关防范高等教育市场垄断的条款。对于高等教育中的垄断行为，依据反垄断法，政府部门或私人都可以提起诉讼。法院可以采取如下措施予以矫治：禁止高等教育非法市场垄断行为的继续，强迫被告处理因自己实施垄断行为而造成的错误后果，恢复市场竞争条件。具有垄断行为的高等教育生产经营者，必须对受到损害的个人或团体予以损害赔偿。高等教育生产经营者也可以与政府签订由法院认可的正式协议，来维护自己的正当经济利益。

（4）促使信息公开对称

为了纠正高等教育市场信息不完全的弊病，解决高等教育市场的信息不对称问题,既要依靠市场本身的力量,又要发挥政府的作用。依靠高等教育市场解决信息不对称问题的方法主要有四种:高等教育的卖方向买方提供经济和质量担保;购买高等教育产品与服务的商业责任险;明确显示价格及价格形成机制,避免价格歧义和争议;高等教育市场的交易双方或多方订立规范有效的合同。

由于单纯依靠市场并不能完全解决高等教育交易中的信息不对称问题,因此,政府必须尽其所能参与和协调解决信息不对称问题。政府解决高等教育市场交易信息不对称问题的方法主要有四种:首先,政府通过制定法律法规与行政规章等方式,强制高等教育的卖方向买方提供充分而真实的信息。因为卖方为获得更多的经济利益,常常会隐藏信息甚至故意向买方提供虚假信息,所以,政府此举可使高等教育买方获取真实的、尽可能多的信息,从而有利于做出合理的消费决策。其次,政府对信息优势方利用其信息优势进行不公平交易和不公平竞争的行为实施足够的打击与处罚。所谓足够的处罚,是指投机行为人不能从施行不公平交易和不公平竞争的相关行为中得到任何利益,反而会遭受足以使其心痛的损失。再次,对高等教育市场交易主体的交易资格进行定期或不定期审查。政府实施这条措施的具体内容包括两方面:一是规定市场交易主体从事市场交易的资格标准,任何高等教育主体要进入市场交易,就必须达到政府所规定的相应标准;二是对已进入市场交易的主体进行定期或不定期的审查,从而使已进入市场交易的交易主体必须始终遵循政府所规定的相应标准。最后,政府搜寻并向市场提供某些方面的信息。政府是高等教育市场的重要供应主体和需求主体。有关政府高等教育的供应结构与需求结构及数量、质量等方面的信息应向社会发布。政府的示范作用,会对其他小规模的高等教育市场主体产生正面的激励作用,从而可以避免造成交易双方信息上的不对称。

(5)促进教育结果公平

为了矫正高等教育市场引致的高等教育机会与成果分配上的不公平,可以采取以下三大举措:首先,在政府宏观教育管理层面,应该制定和实施反高等教育歧视的法律。高等教育歧视包括性别歧视、种族歧视、宗教歧视、地域歧视、身份歧视等。政府制定和实施反高等教育歧视法，将对上述各种教育歧视进行严肃整饬。可以在一定范围和程度内实施逆向的教育机会分配制度。对于某些薄弱地区、薄弱学校和弱势群体，在高等教育机会分配上给予倾斜政策；也可以建立和完善高等教育的社会保障体系，将仅限于一定范围内的高等教育转入人人共享的福利范围；还可以对落后地区的教育实施强有力的援助与政策扶持，并完善国家高等教育奖学金、助学金、勤工俭学和助学贷款制度。

其次，在针对大学层面，主要可采取以下措施：一是施行教育券制度，使公、私立大学彼此展开公平竞争。二是加强对薄弱大学支持改进，尽力缩小大学的校际差距。三是使同一或不同大学中教师的社会地位更为平等，尤其是经济收入方面，差距不宜过大。四是在大学运行中，应该正确处理平等与效率的关系，在不同领域做出恰当的政策选择。政策选择的模式有五种：只追求效率，不顾平等；只追求平等，不顾效率；效率优先，兼顾公平；平等优先，兼顾效率；平等对待平等与效率。如何从中选择，决定于大学自身的运行状况。显然第一种和第二种从长期考察而言均有明显不妥。

最后，在高等教育接受者的层面，可采取的主要措施包括：对低收入家庭予以困难补助，减免或全部免除贫、特困学生的学费；对弱势群体实施补偿教育，增加高等教育中学生的勤工俭学机会；建立和完善国家贷款制度；建立师生、生生的匹配的教育辅导系统。这一点与前面第一点所表达的意义相同。

第二节　完善中央与地方合作治理

传统的"象牙塔精神"在无孔不入的市场力量面前显得有些脆弱，甚至有被市场力量彻底销蚀的危险。若不加以适度干预，市场力量的过度介入所带来的市场失灵，就会给高等教育带来恶劣影响，给大学带来灭顶之灾。市场经济不是"倾向于在宏观上自由放任"，不是"必须要求减少行政管理，而是要求实行不同的行政管理"，因为"没有国家管理的市场将导致二元的，甚至四分五裂的社会，它不仅会埋葬市场经济,使市场成为万恶之源,而且会使自由遭到毁灭"①。在建设富强民主文明和谐美丽的现代化强国的过程中,具有中国特色的社会主义市场经济制度,将与资本主义社会市场经济制度一样,发挥在社会资源配置中的基础性作用;而与资本主义市场经济制度具有本质区别的是,它将更好地利用社会主义国家制度的一切优越性来消解因市场失灵而出现的周期性经济危机和社会震荡。这种党和政府带领全国人民共同奋斗的社会理想,必然要求在给大学更多的办学自主权、适度引进市场机制的同时,政府不能推卸自身发展高等教育的责任。因此,在我国建设社会主义高等教育强国的过程中,政府应转变职能,通过立法、财政拨款等手段干预大学,使大学在政府宏观调控下按自身逻辑发展,以保证大学公共目标,即育人、创造和传播文化知识、为人类社会自身发展确定价值标准和归宿的实现。

在一个健康的社会里,凡是个体能做的事情,社会就不要做;凡社会能做到的事情,地方政府就不要做;凡地方政府能做的事情,中央政府就不要做。换言之,善治良序的社会,实质上是一个社会秩序和个人自由之间保持适当张力的社会。目前,我国的大学治理体系是由教育部和省级教育部门两级管理体制组成的。高等教育治理体系与治理能力现代化的任务主要体现在四个方面:首先是要解决部门办学体制问题,实质上是解决在办学体制构建过程中的"条条"和"块块"的关系问题。20世纪90年代以前,我国实行的是以部门办学即"条条"为主,20世纪90年代以后,经过政府体制改革,我国大学的办学已经从以"条条"为主转变为以"块块"为主,它调动了地方政府这个"块块"的积极性同时,也出现了新的问题,条块分割的问题并没有彻底解决。其次是要解决中央与地方的关系,就是如何扩大省级政府发展高等教育的自主权和决策权,同时又要发挥中央政府在实现高等教育发展的国家战略以及调控由于高等教育地区布局不合理、高等教育承载能力不同引发的各省市自治区高等教育发展不平衡、差异过大等方面的战略规划与宏观导向

---

① 李奇庆. 法国学者勒努阿谈市场与市场经济的效益与局限[J]. 国外理论动态, 1992(41): 1-4.

职能。再次是要理顺政府与大学的关系，即政府和学校双方的责任和权利究竟是什么，怎样将其规范化，总体而言是扩大和落实办学自主权，一个根本的趋势是彻底改变政府与大学的二元关系，通过管办评的分离尤其是发展承载评估社会职能的第三方评估机构，实现从二元关系向三元关系的转换。最后是深化大学内部治理的改革，包括治理理念、治理结构、治理机制、治理方式、治理模式改革等，目标是从外治到内治、从统治到善治。

众所周知，我国社会现在正处于深化改革开放、促进社会转型的关键期，从政治上看，我国将从威权主义的集权体制向平权主义的民主体制转型。从经济上看，中国特色社会主义市场经济体制已基本形成，但是政治转型远没有赶上经济转型带来的变化，尤其是与社会主义市场经济发展相应的文化氛围远没有形成，政府与大学关系的适切模式也在积极探索之中。治理理论重新定位了政府角色，提出了具有重要意义的新政府理念。一方面，任何国家的政府都不可能是万能的，必须通过简政放权、还权于民、大道至简，将之改革成为"有限政府"和"有效政府"，只担当公共事务管理的"掌舵者"而不是"划桨人"，成为与其他治理主体一起分享治理权利和分担治理义务的新型治理主体。另一方面，政府在多元参与、合作共治的新型治理结构中仍然发挥主要作用，依然由政府建立社会共同遵守的行为准则，并确保行为主体按照准则规定的方向行动。在治理框架下，政府不仅意味着向社会分权，同时还意味着在政府内部的不同层级之间重新分权与确权。

一、科学分配治理权限

在中华民族上下五千年的文明史上，处理中央与地方的关系都是历朝历代统治者面临的重大问题。中国共产党领导中国人民长期的革命斗争与国家建设实践中，也同样要面临如何处理中央与地方的关系问题。早在新中国成立之初，毛泽东主席就在《论十大关系》一文中明确指出："中央和地方的关系也是一个矛盾。解决这个矛盾，目前要注意的是，应当在巩固中央统一领导的前提下，扩大一点地方的权力，给地方更多的独立性，让地方办更多的事情。……我们要提倡同地方商量办事的作风。"① 在新时代中华民族伟大复兴的征程中，中央与地方的关系，依然是一个不容回避必须处理好的重大社会关系。因为中华民族发展的历史上抑或是新中国发展的历史上，中央与地方的关系处理有时候并不是太好，相得益彰的时代不是没有，但不是主流。我们常常居于两端，或中央集权过多，或地方分权过多。就现在高等教育治理而言，是从中央集权过多的局面走向了地方分权特别是地方担负的发展责任过多的局面。那些经济发展处于相对落后的省市自治区的高等教育，由于各种原因导致高等教育投入不足、发展不够和质量不高的问题。尤其是在地方高等教育治理过程中，一些落后的思想观念、治理方式已经成为地方大学发展中的严重障碍。这需要在反思我国高等教育发展历史、规划高等教育未来发展特别是走向大学治理现代化的过程中审慎对待与处理。

1. 政府干预的合理性及其限度

"中世纪大学诞生开始，在漫长的大学发展历史中，政府与大学之间的关系就处于一种异常复杂的状态之中，其间充斥着严密控制与相对自治，共生共栖与自由放任，彼此尊重与互相猜疑。"② 大学遵守自发秩序以及学术自由的内在逻辑，同时受到计划秩序的规制，因为政府具有公共管理职能，关涉大学的社会价值并要求其实现公共利益。事实上，"政府对高等教育的干涉是不可避免的，适当的干预是有益的，但是，一旦政府干预过多，这种干预就会具有不适当、功能紊乱、官僚化、意识形态倾向或政治化等特征"③。在遵循理智原则、依法治理的前提下，政府干预具有正当性，不是一种必然的"恶"，而是自由秩序成为可能的手段。另一方面，学术自由并非一项绝对权利，它并不必然结出"善"果。排斥任何形式社会干预的学术自由，既无存在的必要，也无存在的可能。

---

① 毛泽东. 论十大关系 [M] //毛泽东选集（第五卷）. 北京：人民出版社，1977：267-288.

② James E M. Reforms and change in Higher Education: international perspective [M]. New York: Garland Publishing, 1995.

③ 杨晓波. 责任与自治：美国公立高校和政府的关系 [J]. 高等教育研究，2003（3）：103.

政府对大学的适度干预在现代社会中似乎已成为共识。然而，如何保证政府不过度越界，又是一个常遇常新的课题。对于正在向世界高等教育强国迈进的中国来说，如何发挥政府的宏观管理优势而又确保大学自身能够按照大学的教育规律和学术规律所需要的方式运行，是一个十分现实且非常重要的治理问题。政府对大学的干预，显然不止于中央政府对部属高校的干预，更多的是地方政府对于它们所属高校的管理。相比于中央政府及其教育主管部门的管理而言，地方政府给其所属的高校所造成的纷扰更为严重。当然这里也分不同的地方，有的地方政府成就了地方高校的发展，而有的地方政府则明显地阻碍了当地高校系统的发展。改革开放这四十年的变化，已经充分地显示出了这一点。

2. 中央与地方合作治理的核心课题

过度的中央集权不仅已被历史证明管不了而且更被现实证明管不好。因此，中央与地方必须走合作的治理道路。我国大学的外部治理，不仅要处理政校关系问题，而且要妥善处理好中央与地方，政府、社会与大学的关系问题。而这些关系的处理中，核心就是责任分担、权力分配与管办评分工问题。

（1）责任分担

责任分担是我国大学治理体系与治理能力现代化过程中所要解决的首要问题。根据责任生成的基础，我们可以把责任划分为两种类型：一种是依据任务、目标而生成的基础性责任，它是权力配给与生成的重要依据；另一种是以权力为基础而生成的非基础性责任，它是更好地完成任务与目标的重要保障。前者在体制运行中是相对不变与稳定的，而后者则可能会随着权力的性质、运行方式的变化而发生不同的调整与改变。《国家中长期教育改革和发展规划纲要（2010—2020年）》对中央与地方政府的责任分担问题做出了以下规定："中央政府统一领导和管理国家教育事业，制定发展规划、方针政策和基本标准，优化学科专业、类型、层次结构和区域布局。整体部署教育改革试验，统筹区域协调发展。地方政府负责落实国家方针政策，开展教育改革试验，根据职责分工负责区域内教育改革、发展和稳定。"① 上述责任从其性质来分析都是属于基础性的，是相对稳定的。经过改革开放以后的持续改革，我国现在只有115所中央各部委办的大学，包括教育部75所、国务院侨办2所、工业和信息化部7所、中央军委2所、国家民委6所、公安部5所、国家民航局3所、中科院2所以及中央办公厅、交通运输部、外交部、司法部、国家体育总局、全国总工会、全国妇联、地震局、海关总署、国家林业与草原局、应急管理部、卫生健康委员会、中国社会科学院等各1所。相比于总量2 631所而言，这只是很小一部分。部属高校与地方高校之比为1∶22.88。当然，国家举办的大学起到了更为重要的社会作用。

（2）权力分配

权力是治理的工具，是承担责任的重要保障。因此，责任分担的背后逻辑是权力的科学分配。高等教育宏观管理权力的配置，主要有三种基本模式：一种是中央集权，即把权力主要分配给中央政府；另一种是地方分权，即把高等教育管理的权力授予地方；还有一种是中央与地方合作，即中央政府与地方政府按照不同的责任来分享治理权力。合作治理已经成为当代世界高等教育治理权力分配的共同趋势。绝对的集权与绝对的分权，情形已经较过去减少了许多。

集权与分权并不是一个抽象的、静态的概念，而应该是一个具体的、动态的行为过程。亦即说，权力的配给，必须考虑到任务、对象及其赖以依存环境的性质与特点。抽象地谈论集权与分权是否合理，已经没有太大的实际意义。衡量高等教育治理权力的配给是否科学有效，应以不同治理主体所承担任务的性质、责任的大小及其有效达成的难易为标准，而不应该简单地以组织层级的高低为依据。在对高等教育治理权力配置的过程中，必须首先考虑到这些权力怎样配置才对高等教育目标实现更为合理与有效的问题，而不仅仅是把权力配置给谁或谁可以更多地享有

---

① 国家中长期教育改革和发展规划纲要工作小组办公室.国家中长期教育改革和发展规划纲要（2010—2020年）[EB/OL].[2010-07-29].http://www.moe.edu.cn/srcsite/A01/s7048/201007/t20100729_171904.html.

权力的问题。《国家中长期教育改革和发展规划纲要（2010—2020年）》根据我国教育改革与发展任务、目标达成的需求，确定了今后权力配给的基本方向与原则，即有利于中央政府的宏观调控与管理，更好地保障与促进教育事业的顺利发展；有利于调动地方政府创办教育的积极性，为教育事业的发展提供更加充分的、多元的保障；有利于落实与扩大学校的办学自主权，促进教育的自主发展与创新发展。现在与未来的关键是，这三个"有利于"如何全面有效地落实到高等教育合作共治的实践当中。

（3）管办评分工

围绕高等教育发展而需要的权力不是一种权力，而是多种权力组成的一个权力束，决策权、执行权、评价权、监督权都是其中应有之分。各种权力在高等教育系统建构与变迁中的功能及其表现是多种多样的。建构一个科学、合理、现代化的高等教育治理体系，不仅要考虑高等教育治理权力在纵向的层级之间如何科学合理配置的问题，而且需要考虑如何协调横向的权力要素与纵向的权力等级之间的适切耦合以形成一个彼此节制、彼此促进的网络结构问题。针对我国当下的现实，就是管理权与办学权、评价权之间的相互关系问题。在新中国发展与社会主义计划经济相适应的国家治理思想与治理实践中，我国逐步建立起了高度集中、高度统一的高等教育发展与管理体制。在这种体制下，办学权、管理权与评价权皆归属于同一个主体——政府。尽管改革开放以后，我国党和政府就开始致力于改变这种集权过度的宏观管理体制，也取得了一些进展。但是，总体上讲，一方面，高等教育与社会其他公共事业一样，还缺乏法理与法治基础上的顶层设计，大学的法人地位、社会组织尤其是社会的智库和其他非政府组织的评估监督权都未得到法治体系的认可。大学的办学自主权风雨飘摇，似有却无，难以成为大学发展的坚强后盾。另一方面，随着我国现代公民社会的迅速发展，公民、媒体、社团组织以及其他企事业组织参与大学治理的积极性与可能性都不断加大，这就客观上要求将原本完全隶属于政府的评估监督权进一步分离出来，成为社会参与的有效砝码。因此，在中国大学治理走向现代化的道路上，不仅要彻底地解决高等教育权在政府与大学之间的合理分配问题，而且必须根本地解决评估监督权在政府与市民社会之间的合理分配问题，即形成一个政府管理有度、大学自主有力、社会评估监督有效的"金三角"，从而实现管办评适度分离、放管服密切结合，为大学治理现代化构建一个稳健的外部治理结构。正如《国家中长期教育改革和发展规划纲要（2010—2020年）》明确指出的那样，今后要进一步规范学校办学行为，促进管办评的分离。促进管办评分离，并不是要彻底取消国家或政府的评价权，而是要把一些评价权交由能够承载专业评估职能的第三方来行使，以期能保障与增强大学评价的客观性、专业性、公正性与有效性，避免政府同时担当教练员、运动员与裁判员而导致角色重叠、职责交叉、功能降低，更好地服务并促进大学教育事业的发展。事实证明，在促进大学教育事业发展的过程中，国家仍然有必要合理地行使对大学教育事业发展的监督权与评价权。《中华人民共和国高等教育法》第44条第2款明确规定：教育行政部门负责组织专家或者委托第三方专业机构对高等学校的办学水平、效益和教育质量进行评估。评估结果应当向社会公开。为了更好地促进大学各项事业的发展，国家在对教育事业的发展进行监督与评价的过程中，应积极地实现从鉴定性评估到改进性评估、由管制性职能向服务性职能的转变，公开、公正、公平、客观，切忌浮夸造假、其实难副，否则，就难以克服由政府行政主导型评价所带来的消极效应。

3. 中央与地方合作治理的重点目标

责任分担、权力分配和管办评分工（分离）为构建一个现代化的大学治理体系奠定了制度框架，但是，在现实的大学治理实践中，仍然会面临着许多实际的治理问题。其中，最重要的是，要正确处理好中央政府与地方政府的关系、中央政府与部属大学的关系以及教育部与中央各部门的关系。

（1）正确处理中央政府与地方政府的关系

中央直接管理少数关系国家经济、社会发展全局并在高等教育中起示范作用的骨干大学和少数行业性强、地方不便管理的大学。在中央大政方针和宏观规划指导下，对地方举办的高等教育的领导和管理，其责任和权力都交给省、自治区、直辖市。这需要继续扩大省、自治区、直辖市的高等教育决策权和包括对中央部门所属院校的统筹权。省、自治区、直辖市在充分论证、严格审议程序、自行解决办学经费以及统筹中央和地方所属高校毕业生就业去向的条件下，有权决定地方高等学校招生规模和专业设置。关于高等学校的设置，根据新修订的《中华人民共和国高等教育法》第29条规定，设立实施本科及以上教育的高等学校，由国务院教育行政部门审批；设立实施专科教育的高等学校，由省、自治区、直辖市人民政府审批，报国务院教育行政部门备案；设立其他高等教育机构，由省、自治区、直辖市人民政府教育行政部门审批。审批设立高等学校和其他高等教育机构应当遵守国家有关规定。现在和未来相当长的时期内，中央政府与地方政府在高等教育发展上的关系应本着促进各地高等教育均衡发展的圭臬来重新调整中央政府与地方政府的权力及其主要作用领域与作用方式。可以通过必要的政策扶持与投资扶持等方式，例如通过新型共建或者是高校转制的方式（在那些没有部属高等院校的省区通过转制实现部属高校的突破）来加强薄弱省区的高等教育，也可以采用部属院校整体搬迁的方式，将一部分部属高等院校从过度集中的省市搬迁至高等教育相对薄弱的地方，以实现高等教育在地区间发展的相对均衡。比较易于实现的是2018年业已启动的按照"一省一校"原则教育部重点支持的14所准部属高校，包括河北大学、山西大学、内蒙古大学、南昌大学、郑州大学、广西大学、海南大学、贵州大学、云南大学、西藏大学、青海大学、宁夏大学、新疆大学、石河子大学。希望这种模式能够通过持续的投入与政策优惠实现其在地方高等教育发展中的示范与引领作用。

（2）正确处理中央政府与部属大学的关系

中央政府和部属大学关系是我国政校关系的晴雨表，对地方政府如何处理与其辖属大学之间的关系具有导向与示范作用。针对我国高等教育实践的具体情况，中央政府与大学之间的关系，主导权仍然在政府。改进政校关系，关键还是中央政府特别是国务院教育主管部门需要进一步转变职能，表现在：对大学的管理方式上，要尽快从直接管理为主转向间接管理为主；在具体管理内容上，要从微观管理为主转向宏观管理为主。国家高等教育事业宏观管理的目标，主要是科学规划、建立规范、确保投入、有效监测、优质服务。主要的手段或者方式包括：第一，国家高等教育战略发展规划，确保高等教育的发展速度、结构、规模、质量和效益与我国经济和社会发展的总体需要动态适应，为国家重大战略实施提供稳健的人才与智慧支撑，也为部属大学提供发展方向的战略引领；第二，高等教育法律与核心制度、基本政策的制订与实施，主要指规定高等学校设置标准，学位授予制度、标准及管理，高等教师的资格、权利与义务，高等教育的办学、管理和投资体制等，为部属大学提供科学有效的制度供给；第三，高等教育财政投入政策及其实施机制，主要是对大学的直接拨款，对学生的资助，设立科学研究基金与其他专项基金等，以保证部属大学运行所需要的基本事业投资；第四，高等教育评估与质量监控，即对部属大学的发展、运行进行诊断、监测与矫治；第五，信息服务，通过建立统一开放的信息共享平台，为部属大学和地方政府、高校以及其他社会需要者提供全面权威的信息支持，消除信息壁垒和信息孤岛；第六，必要的行政手段，主要是指行政许可、行政执法与行政处罚，确保大学能够全面贯彻落实党和国家的教育方针政策，保障社会主义办学方向。在保留党委书记由中央与教育部党组依据干部管理权限选拔与任命的前提下，可以适度扩大部属大学校长的公开选拔与民主选举范围，确保校长治校有较好的群众基础，同时避免当前因教育部干部管理绩效低带来的大学校长出现长时间实际缺位的情况。为了促进国家高等教育宏观管理职能进一步转变，需要依据中国国情完善关涉大学发展的国家级咨询、审议、评估等中介机构，改变当前教育部各种委员会名不符实的情况，提高咨询、审议、评估的专业性、规范性、公正性和有效性。

（3）处理好教育部和中央各部门的关系

作为国务院教育行政管理部门的教育部，依据国务院授权主管全国高等教育工作，负责统筹规划、政策指导、组织协调、监督检查、提供服务，并管理由国务院确定的主要为全国培养人才的高等学校。中央业务部门在国务院规定的职责范围内，负责相关的高等教育工作。除继续办好少量行业特点明显、有特殊需要的高等学校外，应逐步把主要精力放到预测行业人力需求、制定行业岗位规范和岗位资格证书制度、设立奖学金和贷学金、引导培养本行业紧缺人才、组织和参与评估监督、协助国务院教育行政部门对本行业教育的发展与改革进行指导等方面上来。当下的突出问题是缺少一种有效的协同机制，将国务院教育部门统一管理与各部委发挥各自优势开展部门办学，促进行业特点有机结合，形成一个真正的统筹兼顾、共同发展的国家高等教育总体格局。可以考虑部校共建的方式，利用原来历史渊源与大学的人才和专业优势，形成新时代的大学发展新机制，将传统的部门办学优势发挥出来。

二、完善两级管理体制

20世纪90年代，随着改革开放尤其是市场经济体制改革目标的确立，在1992年全国高等教育工作会议和1993年《中国教育改革和发展纲要》共同指引下，我国高等教育体制尤其是管理体制进行了一系列重大而深刻的变革。这些改革基本解决了我国高等教育宏观管理中"条块分割，多头管理"等问题，破除了部门办学，形成了中央和省两级管理、以省为主统筹管理的新体制。通过这些改革，我国高等教育管理体制和布局结构发生了深刻变化，一个适应社会主义市场经济体制的高等教育宏观结构和新型高等教育管理体制的框架已初步建立[①]。

1. 两级管理体制的建立

两级管理体制改革始于20世纪90年代初期。改革的背景有三：一是市场经济体制的发展；二是地方政府管理权限的扩大；三是中央政府机构的精简。1993年1月，国务院批转的《国家教委关于加快改革和积极发展普通高等教育的意见》提出："高等教育管理体制的改革方向是逐步实行中央与省（自治区、直辖市）两级管理、两级负责为主的管理体制。"[②] 1993年2月中共中央、国务院颁发的《中国教育改革和发展纲要》（以下简称《发展纲要》）以及1994年《国务院关于〈中国教育改革和发展纲要〉的实施意见》（以下简称《实施意见》）进一步阐发了有关高等教育管理体制改革的政策目标。《发展纲要》指出："在中央与地

---

① 李岚清. 李岚清教育访谈录[M]. 北京：人民教育出版社，2004：96.
② 北京师范大学教育改革与发展研究中心. 中国教育发展报告——教育体制的变革与创新[M]. 北京：北京师范大学出版社，2000.

方的关系上,进一步确立中央与省(自治区、直辖市)分级管理、分级负责的教育管理体制。中央直接管理一部分关系国家经济、社会发展全局并在高等教育中起示范作用的骨干学校和少数行业性强、地方不便管理的学校。在中央大政方针和宏观规划指导下,对地方举办的高等教育的领导和管理,责任和权力都交给省(自治区、直辖市)。按照这个精神,中央要进一步简政放权,扩大省(自治区、直辖市)的教育决策权和包括对中央部门所属学校的统筹权。""随着中央业务部门职能的转变和政企分开,中央业务部门所属学校要面向社会,其办学体制和管理体制分别不同情况,采取继续由中央部门办、中央部门和地方政府联合办、交给地方政府办、企业集团参与和管理等不同办法。目前先进行改革试点,逐步到位。"《实施意见》提出了更加具体的改革措施:"为推进部门所属院校管理体制改革,加快探索部门所属院校由各省、自治区、直辖市政府领导或实行中央部委和省、自治区、直辖市政府之间多种形式的联合办学,拟成立部门院校体制改革协调小组,加强对这项工作的指导并协调解决改革中出现的各种实际问题。从1994年起,选择若干类型学校进行部属院校管理体制改革的试点,1997年条件成熟的学校进入新体制运行,争取到2000年或稍长一点时间基本形成以省级政府为主办学与管理的条块结合的新体制的框架。"①

上述文件为当时我国高等教育管理体制的改革确定了基本方向,改革的大规模展开则是伴随着国务院机构改革的实施。1998年初,党和国家决定实施国务院机构改革,其主要内容是将原有的国务院组成部门由40个减少到25个,在撤并的国务院部委中有9个部委下辖91所普通高等学校和72所成人高等学校。这些高校的隶属关系随着其原有管理部门的撤销而转变,在这91所普通高等学校中,东北大学、北京科技大学等10所院校实行日常管理以地方为主、重大事项以中央为主的管理方式,其余81所院校实行中央与地方共建、地方政府管理为主的方式。

1999年初,国防科学工业委员会所属的中国船舶工业总公司、兵器

---

① 国家教育委员会. 新的里程碑——全国教育工作会议文件汇编[M]. 北京:教育科学出版社,1994.

工业总公司、航空工业总公司、航天工业总公司、核工业总公司的25所普通高校、34所成人高校及98所中等专业学校、232所技工学校也进行了管理体制的调整。

1999年6月，具有重要历史意义的第三次全国教育工作会议在北京召开。会议印发了《中共中央国务院关于深化教育改革，全面推进素质教育的决定》（以下简称《决定》）。《决定》继续强调了高等教育管理体制改革中"以块为主"的基本方向。进一步简政放权，加大省级人民政府发展和管理本地区教育的权力以及统筹力度，促进教育与当地经济社会发展紧密结合。形成中央和省级人民政府两级管理、以省级人民政府管理为主的新体制，合理配置教育资源，提高教育质量和办学效益。经国务院授权，把发展高等职业教育和大部分高等专科教育的权力以及责任交给省级人民政府，省级人民政府依法管理职业技术学院（或职业学院）和高等专科学校。高等职业教育（包括高等专科学校）的招生计划改由省级人民政府制定，其招生考试事宜由省级人民政府自行确定。2000年初，国务院决定对高等教育管理体制做进一步的重大调整，共有153所普通高等学校改变了隶属关系。其中中国政法大学（原属司法部）、中央财经大学（原属财政部）、中国农业大学（原属农业农村部）、中央音乐学院（原属文化和旅游部）等55所高等学校划归教育部管理（其中28所分别并入教育部所属的高等学校），其余98所高等学校划转给省（自治区、直辖市）政府管理。至此，有400余所高等学校由中央部委所属改变为地方政府所属，从而形成了中央和地方政府两级管理、以地方政府为主的新高等教育管理体制。

2."越位"与"缺位"并存

高等教育管理体制改革中政府职能的"越位"，主要是指政府超越其职能与权限，过度干预高等教育发展与大学自主办学；而"缺位"则是指政府未能很好履行其职责，没有管好或没有管到位其应管的事情。中央政府与省级政府在高等教育管理中"越位"与"缺位"现象并存。

政府管理高等教育的职责，应界定于合理范围内，适度而有效干预，既不"越位"也不"缺位"。在两级政府共同管理体制的框架下，高等教育管理重心落在省级政府。新体制的运行，必然要求扩大省级政府在高等教育管理方面的职能权限，使之事权、人权和财权相一致，权力与责任相对等。

然而，我国现行的高等教育管理体制对中央政府和省级政府各自的高等教育管理职能并没有做出明确的规定或者限制。由于过去高度集中的高等教育管理体制的惯性，不少省级政府虽然获得了对地方高等教育的实质性统筹管理权，但却仍然对改革后省级政府承担的高等教育管理职能、省级政府高等教育统筹管理权的内涵及运用等关键问题缺乏深刻的认知。其结果就是省级政府在高等教育统筹管理的过程中出现了过度管制或者监管缺位等问题。同样，国务院教育主管部门也没有按照新的体制要求将下放给省级政府的权力下放充分，使省级政府具有真正意义上的统筹权，也存在越位与缺位现象。

3. 重塑政府角色职能

在大学发展过程中，政府没有对其角色和职能进行准确定位，从而导致政府角色与职能混乱。这是造成大学外部治理体系中政府主体混乱以及治理模式失败的最主要原因。

其一，"全能型"政府的恣意越位。"全能型"政府让自己管了很多不该管的事情，造成了职能上的越位。理念上的角色混乱，极易造成政府主体在行为上的过度与失常。"全能型"政府导致政府一枝独秀、一家独大，在管理高校过程中，它们既做掌舵者，又做划桨者；既在宏观领域统筹规划，也在微观领域直接运营。其后果就是让政府陷于繁重的具体事务中不可自拔，也使大学运营直接掌控在政府手中而缺乏效率，进而使大学丧失面向市场、面向社会依法自主办学的动力与能力。

其二，"守夜人"政府的随意缺位。"守夜人"政府本身是政府对自己的行为加以充分明确的限制，只保留为公民"守夜"保平安的职责。这种角色又会对很多应该管的事情没有管，造成缺位。毕竟白天比晚上更重要也更复杂。"守夜人"政府可能导致在大学发展一系列关键问题上，呈现避重就轻、含糊不清、语焉不详的倾向。由于政府奉行无为而治，极易发生在具体实际的管理工作中，政府责任未能落实，政策走向摇摆不定，尤其是对一些产权、法人地位、合理回报、政策资助等重大问题，政府采取敷衍塞责和消极回避态度。这是造成大学外部市场治理模式泛滥的最根本原因。

同时,"守夜人"的政府角色也让大学外部市场治理出现失灵。大学引入市场机制,并不必然会出现过度追求私益的结果。大学从是否营利这一点可以分为两类:一类为非营利性大学,另一类为营利性大学。理查德·鲁克《高等教育公司:营利性大学的崛起》将营利性大学界定为"得到地方认证的有学位授予权的高等教育机构,这些机构开设授予准学士、学士、硕士以及博士学位课程……这些营利性大学没有捐赠人,只有投资人;没有捐赠款,只有私人投资资本;不能免税,而要纳税"①。该书描述了以学生为中心、以营利为目标和以网络为传播方式的新型营利性大学在美国的发展盛况。尽管截至目前,对于营利性大学的合法性与合理性均有争议,有学者认为营利性大学主要依靠学生人数而生存,在招生和教学上存在着欺诈和违法行为,营利性大学招收了很多弱势群体学生,但并不代表营利性大学真正为学生提供服务②。可以认为,营利性大学的有限介入,既实现了自己的私益,同时又满足了社会成员对教育的多元化需求,因而实现了公益。这种类型的教育,尽管已经完全是私人物品,但仍然是一种市场化公益行为,而非纯私益行为。

另外,中央与地方政府的权力界限划分也不清晰。这就容易出现以下问题:在高等教育治理中,中央政府的宏观管理权与地方政府的决策权和统筹权究竟包括什么内容?以地方管理为主,这种主次权力如何进一步地细分?政府角色的混乱和权力的泛化,让政府没有能力将高校与市场、社会联合起来,承担起构建治理网络的责任与义务,其直接结果就是在构建高校外部治理过程中网络构建者的缺失。如何解开政府与市场、中央与地方、政府与社会和政府与大学之间的谜团,实现和谐共处、合作共赢?

网络治理理论摒弃以往市场、社会与国家三者对立、非此即彼的思维模式,认为市场必须管制,政府必须监督,社会必须协调。三者有机结合而非彼此分裂或三者的简单相加,才能解决公共危机。因政府角色

---

① 理查德·鲁克. 高等教育公司:营利性大学的崛起 [M]. 于培文,译. 北京:北京大学出版社,2006:2.
② 陈德泉,何阳勇. 被掩盖的事实——美国营利性大学的崛起与政治 [J]. 高教探索,2015 (12).

混乱和权力泛化,没有主动构建起各主体之间的合作网络,不仅导致外部治理主体混乱,而且使大学的外部治理模式一直在政府与市场之间左摇右摆,非此即彼,使大学饱受挫折。

因此,在走向大学治理现代化的过程中,必须重建大学的外部治理网络。首先,政府职能定位为有限型、服务型政府,其角色主要是掌舵而非划桨。其次,政府权力应适当缩小,要在必要时间和场合将公共事务交给社会和市场管理,并对市场失灵适时适度矫治。网络治理条件下,政府不再是公共事务的唯一管控主体,私营部门、非政府组织、公民个人等也是主体,他们一起承担公共事务治理责任。与多中心治理理论的不同点是,网络治理强调政府在网络中的主导作用,治理能否成功的关键在于,政府能否对其他主体进行有效整合。政府主导型的网络治理模式,不仅要求政府作为网络构建者出现,还要求政府能有效管理整个网络,不断提升网络治理水平。为此,政府要从促进广泛参与、进行充分交流、发展相互信任、有效管理冲突、建构有效组织结构、建立有效激励机制等策略提高其网络管理能力。因此,就大学外部的各个治理主体而言,政府力量最强大。无论在任何情况下,都只有政府才有能力担当构建外部治理网络的重任。然而,角色混乱和权力过度膨胀,使政府始终缺乏内在动力去明晰构建合作共治网络的远期目标和现实路径,自然难起到及时有效管理和调整网络的作用。

4. 权力清单的应用

在完善两级管理体制的过程中,可以引入责任清单、权力清单和负面责任清单以及启动问责机制来解决好中央政府与省市自治区政府在责任分担、权力分配和矛盾纠纷调方面,将权力与责任一道关进制度的笼子,也一道置于阳光的照射下。

(1) 权力清单的产生

权力清单制度本身就是把权力项目梳理成清单的模式,应用到政府就是把每个部门甚至每个岗位的权力和责任及行使规范都列举出来[①]。

---

① 冯春萍. 政府权力清单制度实证研究[J]. 海南师范大学学报(社会科学版), 2014 (10).

然后把清单公示出来，让社会公众知晓。不论中央政府还是地方政府，每一级政府的权力都被规范在权力清单之内，因为以政府权力有限性为基础，想要给其他社会主体更多发展的空间，所以需要限制政府的权力，那么清单里没有列出来的权责就不属于政府，政府也不能越界干涉①。所以，正面的权力清单制度可以对简政放权的目标有所帮助。但是，简政放权的实质是重新分配现有利益，打破固有的格局，在于重新划分政府、市场和社会的权力边界，所有以"简政"为借口的"减政"和以"放权"为理由的"弃权"都是不对的②。

规范和约束权力运行是权力清单的基本宗旨，暗含的逻辑是政府权力的有限性。因为有限，所以有界，也因为有界，方应约束与节制。其理论基础是有限政府理论。虽然有限政府理论源自西方，核心是以宪政制度来规范政府权力的范围和具体运作，从而保证政府权力运作的合法性。但是在社会主义现代化建设的新时代，要确保党的领导、人民当家做主与依法治国的有机统一，就必须自我革命，将权力关进制度的笼子，将权力与责任对等，并通过清单公之于众、受天下人监督。

（2）权力清单的演化

2013年11月，党的十八届三中全会审议通过《中共中央关于全面深化改革若干重大问题的决定》，要求进一步简政放权，深化行政审批制度改革，最大限度减少中央政府对微观事务的管理，市场机制能有效调节的经济活动，一律取消审批，对保留的行政审批事项要规范管理、提高效率；推行地方各级政府及其工作部门权力清单制度，依法公开权力运行流程；完善党务、政务和各领域办事公开制度，推进决策公开、管理公开、服务公开、结果公开。2014年3月，国务院所有部门集体公布权力清单，清单之外的事项将不在政府的行政审批之内。2015年3月，中共中央、国务院颁布《关于推行地方各级政府工作部门权力清单制度的指导意见》，要求将地方各级政府工作部门行使的各项行政职

---

① 李和中，刘孋毅. 加强建立和完善行政权力清单制度［J］. 广州大学学报（社会科学版），2014（9）.

② 郭人菡. 基于"权力清单"、"权利清单"和"负面清单"的简政放权模式分析［J］. 行政与法，2014（7）：23-28.

权及其依据、行使主体、运行流程、对应的责任等,以清单形式明确列示出来,向社会公布,接受社会监督。通过建立权力清单和相应责任清单制度,进一步明确地方各级政府工作部门职责权限,大力推动简政放权,加快形成边界清晰、分工合理、权责一致、运转高效、依法保障的政府职能体系和科学有效的权力监督、制约、协调机制,全面推进依法行政。自此,权力清单制度在全国各级政府实施。

需要注意的是,制定权力清单只是让权力在阳光下运行,有助于社会监督,不代表就一定能约束权力,教育行政部门还应当构建以责任清单为基础的权力运行内部审查机制以及滥用权力的法律追责机制,才能更好地形成对教育行政部门权力运行的法律威慑,确保其合法合理性。

(3) 负面清单的应用

负面清单是指将禁止或不允许做的事情以清单形式明晰列出,不在清单范围内的一切事项被推定为可做之事。它体现"法无禁止即可为"之法理。实行负面清单制度,是为了提供更为宽松自由的社会环境,激发全民的创造力。

负面清单早期见于双边贸易制度中,是在外资准入阶段汇总了那些不适用最惠国待遇或国民待遇的管理措施的清单。负面清单模式不仅仅是一种先进的外资准入管理制度,也是一种"法无禁止即可为"的全新思路,更是有助于转化政府职能和激发市场活力的催化剂,对推进我国高等教育治理体系和治理能力现代化有指导意义。"法无禁止即可为"的本质意涵是,假如法律没有禁止这项行为,人们就可以自由选择行为模式,而且人们不用为选择的行为模式负任何法律责任。

权力清单和负面清单制度的"放权"信号体现在两个方面:第一,对政府权力的限制,对于公权实行"法无授权不可为";第二,对公民主体权利的保障,指对于私权主张"法无禁止即可为"[1]。霍布斯曾说过:"不可能把人们所有的言行都以法律法规的形式规定出来,世界上没有一个国家能够做到;反过来看,这就会必然得出一个结论:在法律

---

[1] 汪习根,武小川. 权力与权利的界分方式新探——对"法不禁止即自由"的反思 [J]. 法制与社会发展,2013 (4).

规定的行为底线之上,人们有充足的理性与权力去自由地做利于自己的事情。"①

负面清单与正面清单是权力清单制度的一体两面,正面清单主要体现的是"法无授权即不可为",行政权力主体和相对方均需依照法律授权来行为;负面清单模式以"釜底抽薪"的方式预防政府对市场的过度干预,给政府和市场划出了明确的界限,清单内禁止事项由政府监管,清单外事项由市场自由支配,政府和市场各司其职,不再交叉。

三、改进省级政府统筹

实行"中央与省级政府两级管理、以省为主"的高等教育管理体制,意味着省级政府在整个高等教育治理体系中发挥着更为重要的主导作用。换句话说,就是省、自治区、直辖市人民政府将成为本地区高等教育改革与发展的规划中心、立法中心、投资中心和协调指挥中心。一句话概括就是,成为本地高等教育的统一指挥中心。

1. 高等教育统筹权的内涵

统筹既有统一安排、统一要求和统一谋划之意,又有合理配置资源以获最优绩效之旨。就系统内部而言,统筹就是要统一协调系统的各子系统、各个要素之间的相互关系及动态运行,以使系统进入功能耦合佳态,达到整体效益最优。实现这一目标有三个前提:第一,有对系统各要素和子系统的控制权;第二,清楚系统各要素和子系统的相互关系;第三,有能力对系统各要素和各子系统的运动进行统一调控,以使系统整体效益最优。就系统与环境的关系而言,统筹就是根据外界环境的变化,统一调控系统各要素和各子系统的运动,以使系统适应环境变化,实现能量交换,保持有序状态。

基于上述认识,省级政府高等教育统筹权就是以省级政府作为权力主体,对辖区内高等教育系统内各要素和各个子系统进行通盘考虑、统一筹划和全面安排,以使省级高等教育系统内部结构与外部

---

① 霍布斯. 利维坦[M]. 黎思复,黎廷弼,译. 北京:商务印书馆,2009:164.

环境之间的关系达到最佳状态，进而能使系统整体效益达到最佳的状态。

要深刻理解省级政府高等教育统筹权的内涵，必须从统筹对象、统筹权的实现方式及权责关系三方面加以全面认识。

首先，从统筹对象看。省级政府统筹高等教育，就是既要从内部统筹高等教育的规模、结构、速度与效益，使高等教育规模适中、结构合理，区域内各层次、各类型高等教育协调发展，达到整体效益最大化，又要从外部统筹好高等教育与其他各类各级教育之间的发展关系，使高等教育与其他各类各级教育在目标设计和规格要求等方面相互匹配，还要统筹好高等教育系统和经济、社会、文化的发展，使高等教育的人才培养、科学研究、社会服务和文化创新能满足本地发展的需求。

其次，从统筹权的实现方式看。统筹权必须以控制权为基础，统筹权的权能即是对统筹对象的控制权。省级政府高等教育统筹权的权能即省级政府对辖区内高等教育系统各种事务的控制权，它是省级政府实现其对区域高等教育统筹意志的方式和工具。但是，就治理的角度看，统筹权不是全面控制权而是合作共治权。因此，省级政府的高等教育统筹权实质上是在政府主导下，通过简政放权与多权力主体参与，充分发挥市场机制在资源配置中的基础性作用，进而达到善治共赢的现代化治理佳境。

再次，就权责关系而言，对辖区内高等教育进行统筹管理既是省级政府的一项权力，更是省级政府的一项责任。权力与责任是一对相伴而生、相辅相成的矛盾统一体。责任是行使权力的目的，权力是履行责任的保障；权力是责任的产物，责任蕴含着对权力的规约与限制。

综上可见，省级政府高等教育统筹权就是指省级人民政府"应该将本地区所有高等教育机构视为一个整体系统，根据本地区经济与社会发展的客观需求，对本地区高等教育事业的改革和发展进行统一规划和全面部署、政策导引与执法监督、资源配置与检查评估、协调关系与信息服务。一言以蔽之，就是充分发挥省级政府在高等教育领导与管理中的主导作用"①。

2. 省级政府统筹面临困境

新中国成立以后,我国实行的是中央集权的高等教育管理体制,中央政府及其教育行政管理部门对全国高等教育实行事无巨细的全方位管控,地方政府作为中央教育政策的执行者,长期以来适应了自上而下的行政式控制和管理。这一体制"基因",再加上配套制度的不完善,导致省级政府高等教育统筹权的行使面临诸多困境。

(1) 行政型分权导致不稳定和效力低下

中央和地方的分权模式是指在特定理念指导下,有关中央与地方政府职责权限划分的原则、内容和方式等一套准则。从世界范围看,单一制国家的中央政府与地方政府分权模式有两种类型：一是法律型分权,二是行政型分权。对法律型分权来说,地方政府的权力不是直接来源于中央政府的授予,而是来源于法律。而在行政型分权模式下,地方政府的实际权力,不是通过议会和法律,而是通过权力在行政体系内的流动和分配形成的②。两者的区别在于：首先,从分权逻辑看,行政型分权模式下的地方政府权力来自中央政府的授予,而法律型分权模式下的地方政府权力来自宪法和法律赋予。其次,从分权价值取向看,行政型分权注重效率,这是源于政府考核对政绩的偏好;而法律型分权则是公平和效率并重,这是因为立法机关的成员具有广泛的代表性,各有不同偏好,其价值诉求呈现出公平和效率并重的取向。再次,从分权主体看,行政型分权的主体是中央政府,即中央政府基于某种动机将部分权力分授给地方政府;而法律型分权的主体是立法机关,即立法机关根据国家治理需要将权力在中央政府和地方政府之间进行合理分配。再次,从分权内容看,行政型分权多是中央政府根据形势发展的需要将某些权力逐项下放,分权呈现碎片化、渐进性特征;而法律型分权是根据中央政府和地方政府应提供的公共物品或应履行的公共职责的范围来划分的,分

---

① 陈彬,袁祖望. 试论"加强省政府对高等教育统筹权"的基本内涵 [J]. 高教探索,2000 (3): 28-32.

② 林尚立. 国内政府间关系 [M]. 杭州：浙江人民出版社,1978: 79-81.

权过程体现出整体化与突变性特征。最后，从分权方式看，行政型分权主要通过中央政府制定政策或行政规章方式进行，而法律型分权主要通过立法机关颁布和修订法律来实现。

通过考察历史不难发现：我国省级政府高等教育统筹权主要来自中央政府的行政型分权。从分权逻辑来看，这是我国高度集权的高等教育管理体制在社会主义市场经济发展和政府改革深化背景下的一个必然选择，不实行分权就难以调动地方政府的积极性，就难以持续地促进国家各项事业的发展；从分权导向来看，无论是中央政府基于财政责任转移的目的将大部分中央部门所属院校下放地方管理，还是将专科层次院校设置等部分高等教育管理权下放省级政府，权力都只是在行政系统内流动；从分权主体、内容和方式来看，分权主要是通过国务院颁发相关政策和行政法规来进行，或者是通过国务院教育行政管理部门发布部门规章来进行，而非通过立法机关以法律形式对地方分权。

这种行政型分权使得省级政府高等教育统筹权的行使面临诸多困难：

首先，行政型分权会造成省级政府高等教育统筹权的不稳定性，并诱发省级政府行使高等教育统筹权时的机会主义行为。由于行政型分权的主体是上级政府，且为政策性分权，收或放的决定权在于中央政府及其教育行政部门，如2006年5月份教育部就突然收回了3个专业的硕士生入学考试专业课命题权。因此，尽管省级政府实际上行使不少具体权力，但由于这些权力没有法律保障，省级政府的领导者缺乏权力主体意识，由此产生"现权不用，过期作废"的机会主义思想和急功近利行为，进而产生高等教育分权过程中"放乱收死"的怪圈[①]。

其次，行政型分权决定了省级政府高等教育统筹权的效力较低，不利于省级政府统筹。

（2）权力不完整导致其行使困境

根据权力移交的程度，地方分权可分为四种类型：权力分散、权力委托、权力转移和私人化。权力分散是最弱的一种分权方式，指的是通

---

① 刘光大，莫勇波. 论我国政府间纵向职权划分模式的战略选择——从行政性分权模式向法治性分权模式的转型[J]. 改革与战略，2006（11）：27.

过非权力转移方式来扩散中央权力，仅把行政运作责任而不是决策权力交给下级部门，而中央部门还保有严格控制权。权力委托是一种更全面的分权方法。中央政府把权力委托给省级政府，但委托出去的权力可随时收回。权力转移是分权中最彻底的一种。权力转移后，行使权力的主体在法律上相对独立于中央部门，能根据自己的意志行事，不在中央政府的管控之下；权力一旦转移，不得随意收回。根据上述标准，我国中央政府对省级人民政府的高等教育分权模式都是一种"以权力分散和权力委托为主，以权力转移为辅"的分权模式。其主要表现在两方面：一是中央政府对很多下放出去的权力仍保留着严格控制，实质下放的只是管理责任，在类型上多属于权力分散。以高校招生权为例，虽然表面上我国中央政府已经逐步将招生权力下放到地方政府和高校，但实质上仍保留着对招生计划、招生方式的严格控制。二是我国行政型以分权为主的分权模式决定了中央政府可以随时将它下放的权力收回。这就决定了中央政府对省级政府的分权实质上是行政委托。严格意义上的权力转移是需要立法机关以立法的形式重新分配中央和地方的权力，而这一点恰恰是最为薄弱的一环。

这种以权力分散和权力委托为主、以权力转移为辅的分权模式，形成了省级政府高等教育统筹权的碎片化与渐进性特征，造成统筹权权能的非周延性和权力边界的不清晰。首先，这种分权结构使得省级高等教育统筹权权能碎片化，不利于省级政府进行统筹。回顾我国高等教育分权的历史，就不难发现：中央政府及其教育行政部门总是采取挤牙膏式的分权策略，即老是在地方要求简政放权呼声高涨之时，遂将少量权能下放，而并非根据省级政府提供的区域高等教育产品或服务所需的权能进行系统下放。2014年国家教育体制改革领导小组办公室印发《关于进一步扩大省级政府教育统筹权的意见》，是中央政府下放高等教育管理权限力度较大的一次分权设计。它下放了高等教育自学考试专科专业审批权、成人高等教育招生计划总量审核权、高职（专科）招生计划总量和地方高校高职（专科）招生计划审核权和学位授权点动态调整权等权力。但从权能特征看，下放的权能较为混乱，并不利于省级政府高等教育统筹权的行使。其次，这种分权模式使省级政府统筹权权能体现出非周延性特征,不利于省级政府进行统筹。非周延性是指统筹权的权能未覆盖到行使统筹权所需的管理权的全部范围。例如,一个省无法根据其经济社会发展的需要来确定有地方特色的高等教育管理体制、运行机制、总体规模、发展速度、实现策略等等。再次,权力边界的不清晰造成统筹权行使时的越位与缺位。权力分散、权力委托造成中央政府和省级政府在高等教育治理权力和责任的边界很不清晰,极易出现权力的行使越位与缺位,不利于区域高等教育的持续健康发展。

(3) 措施不配套致使难以真正落实

措施不配套体现在以下三方面:首先,缺少统筹机构使统筹难以实质启动。由于统筹机构缺失,统筹主体混乱。截至目前,人们很难明晰省、自治区、直辖市人民政府的高等教育统筹权直接归属政府还是一个专门机构。省级政府高等教育统筹权范围极其广泛,既需要从内部统筹高等教育的规模、结构、质量与效益等方面的协调发展,又需要从整个教育系统来统筹高等教育与其他各类教育协调发展,还需要从高等教育与地方经济、人口与科技等社会其他领域统筹整个地区的协调发展,这就要求财政、规划、科技、人力资源与社会保障等多部门参与,并产生协同共振效应。如果政府不直接统筹,而是由省级教育部门负责,那么,作为省级行政系统中相对弱势的部门,它就难以协调各方,许多跨部门问题也难以落实与解决。即便在教育行政部门内部,依然存在高等教育与其他层次和类型教育的协调,作为高等教育部门就几乎无法担负起统筹全省(自治区、直辖市)高等教育的职责,这必然极大影响省级政府高等教育统筹效应的扩散。其次,配套政策滞后导致统筹举步维艰。虽然中央向省级政府下放了一些高等教育管理权,也明确了省级政府对高等教育进行统筹的权力,但因如何统筹的具体体制机制不明确、不配套、不及时,加上缺乏制度规范的约束,容易造成省级政府统筹高等教育的随意性和差异性,如何统筹基本取决于主要领导人的价值立场与主观意志。制度供给不力,导致省级政府高等教育统筹实践中责任不清、权限不明、体制不顺、机制不畅,弱化了高等教育统筹效力,造成省级政府高等教育统筹形式大于内容,宣传优于效果。最后,因缺少法律保障，省级政府高等教育统筹极易成为一种阶段性行为，时过境迁，便难以保证这种体制的合法性、稳定性、持续性与长效性。

(4) 缺乏评价反馈监督与奖惩矫治机制

易造成省级政府高等教育统筹权的不用与滥用。一方面，由于缺乏绩效评价和责任追究机制，中央政府或其教育行政部门并没有定期或不定期地开展对省级政府高等教育统筹权运行状况及绩效的评估、诊断与督导，因此，不能以此为行动路径强化省级政府的统筹意识，推进省级政府有效履行高等教育统筹职责。另一方面，由于我国相关法律对省级政府高等教育统筹权的规定过于笼统，缺乏可执行、可监督的具体内容，而地方人民代表大会也没有就此进行专门立法，这就造成其对省级政府高等教育统筹权的监督于法无据，形成权力监督真空。加上目前我国高等教育第三方评价机构发育不全、发展不良，社会监督极其薄弱，因而也导致对省级政府高等教育统筹权的履行情况的评价监督缺失，难以保障省级政府高等教育统筹权的健康运行。

3. 完善省级政府高等教育统筹权的对策

基于我国国情，强化省级政府在高等教育中的统筹权并非权宜之计，而是高等教育治理体系和治理能力现代化的必然要求。以省级政府为轴心来推进行政区域内高等教育协调发展，有利于中央政府集中精力实施国家战略，早日实现从世界高等教育大国向世界高等教育强国的转变。因此，可以从以下三个方面进一步加强省级政府高等教育统筹权。

(1) 从行政性授权走向法律性授权

从国际趋势看，法律性分权正在逐步扩展成为主流，而行政型分权则日渐式微、走向末路。随着我国经济供给侧结构性改革扎实推进，国家治理体系和治理能力现代化建设正在逐步深化，社会治理模式处于重大转型时期。党的十八届四中全会提出：各级政府必须坚持在党的领导下、在法治轨道上开展工作，创新执法体制，完善执法程序，推进综合执法，严格执法责任，建立权责统一、权威高效的依法行政体制，加快建设职能科学、权责法定、执法严明、公开公正、廉洁高效、守法诚信的法治政府。在党的十九大报告中，习近平同志再次强调，坚持全面依法治国。坚持依法治国、依法执政、依法行政共同推进，坚持法治国家、法治政府、法治社会一体建设。这些都必然对我国高等教育的分权模式提出进一步要求：行政型分权应逐步向法律型分权转变。这一转变的本质是由政府主导型的政策分权模式向多方参与型的法治分权模式转变，由中央政府主导的自上而下型分权模式向由第三者（宪法和法律）界定中央与地方政府职权的模式转变①。以立法的形式对省级政府高等教育统筹权进行系统设计，有利于强化这种统筹权的稳定性、规范性与权威性，有利于切实完善并有效落实省级政府高等教育统筹权。根据2015年修订的《中华人民共和国地方各级人民代表大会和地方各级人民政府组织法》和《中华人民共和国高等教育法》，制定实施条例或者实施细则，以完善省级政府高等教育统筹权的法律制度安排。上述两部法律对省级政府的权限规定过于机械和笼统，缺乏操作性。因此，可以通过制定具体的实施条例或者地方法规来明确省级政府所承担的提供区域高等教育公共产品和公共服务的职责，确定省级政府相应的高等教育管理权限，并建立中央政府对省级政府高等教育统筹职责履行与权限运行规范情况的评价标准、监督机制和奖惩办法，使省级政府高等教育统筹权有名有实、名副其实。

（2）推进中央政府简政放权

中央政府应该站在完善社会主义制度，推进国家治理体系和治理能力现代化的战略高度，进一步简政放权，增强省级政府高等教育统筹权权能的完整性。比如在中央和地方的财政分权方面，1994年我国实行了分税制改革，该政策的初衷是理顺中央与地方的分配关系，调动中央与地方的积极性，保证财政收入和增强宏观调控能力。但在具体的财权和事权分配上，该制度将大量财权收归中央，却下放更多事权给地方政府，导致中央和地方纵向分权的不平衡以及地方政府财权与事权的不匹配，最终导致地方政府债务负担越来越重，不得不依靠大量举债和土地财政维持运转。在高等教育领域，中央政府和省级政府的管理权限如何划分一直是一个具有争议的问题。但有一点是明确的，自中央政府把大

---

① 刘光大，莫勇波. 论我国政府间纵向职权划分模式的战略选择——从行政性分权模式向法治性分权模式的转型 [J]. 改革与战略，2006（11）：27.

部分部属院校下放省级政府管理以后，省级政府承担了绝大部分省级高等教育投资责任，那么中央政府理应赋予省级政府相对完整的高等教育管理权限，加大省级政府高等教育统筹权，强化省级政府高等教育统筹权的完整性。具体而言，可以考虑在一个多级财政体系内，发挥中央与地方在各自擅长的公共服务领域的比较优势并提供相应的财政支出，中央政府主要承担稳定经济、实现公平的收入分配以及提供那些直接关系到全社会所有成员福利的公共产品或服务。作为对这些职能的补充，地方政府主要提供与其辖区居民利益相关的公共产品和服务①。把这一理论引入高等教育分权领域，可以将省级高等教育管理权力划分为中央政府的共有权力和省级政府的专有权力，中央政府的共有权力主要涉及对全国高等教育事业的统筹规划、标准制定、质量控制和促进公平等宏观事项，而省级政府的专有权力应该涵盖作为举办者所应享有的完整权能。据此，中央政府的主要任务是进行宏观决策和规划，保持高校均衡发展和合理布局；省级政府应是高校最主要的管理者，具有对本地区所有高校的统筹管理权限。如此安排，方能使地方根据实际情况发展高等教育，形成各具特色的地方院校，促进地方经济社会发展②。就目前而言，中央政府尤其国务院教育行政部门应进一步把权力清单明确，把省级政府统筹高等教育所需的相应权力逐步下放给省级政府，使其权责对等，例如地方高校本科及研究生招生计划应以省级政府为主进行统筹规划，地方高校的本科专业设置和学位点设置审批应由省级政府统筹管理，地方高校的评价监督应由省级政府主导实施等。

（3）改进统筹的制度供给

加强省级政府高等教育统筹权的配套制度建设，改进制度供给，提高制度绩效，建立健全中央政府对省级政府履行统筹职责的评价监督机制。首先，要加强配套制度建设。省级政府高等教育统筹涉及财政、发改、科技、人力资源与社会保障等多个部门以及其他各级各类教育，要

---

① 孔卫拿，张光. 功能性联邦主义的中国形态及其代价[J]. 公共教育评论，2013（5）：76.
② 王骥. 论加强省级政府统筹权与建设高教强省[J]. 江苏高教，2011（1）：36-38.

履行好统筹职责，需要建立一个跨部门机构来统筹高等教育事业发展。要健全高等教育统筹的制度体系，积极探索省级政府高等教育统筹体制机制和方式方法。其次，要建立健全中央政府对省级政府履行高等教育统筹职责的评价监督体系。积极培育、优化第三方评估机构，防止志愿失灵。要加强对省级政府履行统筹职责的监督，根据评价结果对省级政府进行相应奖惩，切实督促省级政府全面履行高等教育统筹职责。

四、发挥部门办学优势

为了克服中央各部门办学所造成的条块分割、重复设置、专业偏窄、规模过小、包得过多、管得过死等弊端，同时为了推动政府机构改革战略的实施，我国政府在 20 世纪 90 年代实施高等教育体制改革。作为这场声势浩大的改革运动的牺牲品，很多过去的部属高校因"母亲"不在，只好融入地方"大家庭"之中。两个重要的问题是：部门办学的优势是不是完全消失了？在走向大学治理现代化的未来征途上，是否可能有更好的方式，既能克服传统部门办学的沉疴，又能汲取部门办学之精华呢？

1. 深化部门办学改革的必要性

反思 20 世纪 90 年代的高教管理体制改革，不难发现：当时的改革亦存在着某些认识不全面、不到位以及部分工作带有盲目性和一刀切的问题。尤为突出的是，在部门办学体制几乎彻底破除之后，原部门管理的一大批高等学校与企业、行业的联系快速减弱。在部门办学体制下，原有行业主管部门投资和管理与自己业务对口的高等院校和相关专业，使部属院校和对口的科研单位、生产部门直接挂钩，教学与科研、生产相结合程度高、质量优，既有利于促进教学与生产实际相结合，也有利于安排学生的教学实训和实习。但这批部属高校统一划转地方后，虽然也采取了一些措施来维持传统的纽带关系，但事实上，这批高校与部委、行业、企业的联系还是受到了较大程度弱化。学生的实习难以安排，科研工作与企业需求较过去有较多脱节，许多科研工作不再是为了解决企业实际生产问题，而是单纯地为了发表学术论文。大学与社会的隔阂加剧，大学教授的主要关注点在于基金项目，导致我国科学研究论文总量很多，但是解决生产实际问题的却越来越少，以至于企业不得不另起炉灶，建设自己的研发体系，实质上影响了研发绩效，浪费了本来稀缺的财力资源。同时，颇为吊诡的是，我国大学趋同问题并没有因为摒弃部门办学体制而得到根治，相反，这一问题继续以新的条件、新的形式存在，甚至有的更为膨胀。由此可见，解决了"条块分割"的管理体制，并不意味着不能形成"块块分割"的管理体制。如何切实防止和解决好新时代新形式的"分割"，值得进一步关注和重视。而如何进一步发挥部门办学的优势，也是迫切需要深化认识的问题。

2. 行业特色高校发展现状

进入21世纪，以高等教育大众化为取向的高校扩招、以整合教育资源为取向的高校合并、以理顺隶属关系为取向的管理体制改革和以提高教学质量为取向的本科教学评估等一系列变革，极大地改变了我国高等教育的面貌，并开始引导高校重视办学定位，总结创建本校特色，走特色发展之路，并衍生出"行业特色高校"。2007年由北京邮电大学发起并主办的"高水平行业特色型大学发展"论坛，有22所具有行业背景的教育部直属高校的校长或党委书记参加，并提出了"高水平特色型大学"概念；2008年第二届主题为"高水平特色型大学与创新型国家建设"论坛上，在时任教育部副部长陈希同志的倡议下，将"高水平特色型大学"修改为"高水平行业特色型大学"，特指高等教育管理体制改革以前隶属于国务院某个部门或行业，在高等教育管理体制改革中划归教育部或地方管理的行业背景显著、学科特色突出、围绕行业需求、为特定行业培养高素质专门人才的大学或学院。在中国高等教育进入大众化发展阶段，教育部高度重视行业背景明显、学科优势突出的行业特色院校的发展，强调"分类管理、办出特色、提高水平"，通过两部共建、省部共建、"211工程"、"优势学科创新平台建设"等项目，加大支持力度，发挥行业特色院校办学优势，促进其科学发展。行业特色高校也开始重新审视自身的定位和发展战略，探索建立健全行业特色型高校的有效办学机制，发挥其在国家经济建设、人才培养以及地方经济、文化、社会发展中的战略地位和作用，行业特色院校开始进入崭新的历史发展阶段。

2009年，北京大学、清华大学等9所名校，为提高办学效益，提高综合实力，创建世界一流大学，按照优势互补、资源共享的原则签署了《一流大学人才培养合作与交流协议书》，同意学分互认、共同培养拔尖人才,被誉为中国"常春藤联盟",开启国内高校结盟发展先例。相比之下,尽管行业特色院校可以围绕传统优势学科逐步形成学科群体,但由于受行业所限,学科面较窄,整体实力和综合性不强,更有必要建立类似的联盟体制。为更好地服务创新型国家建设,推进我国经济发展方式转变和结构调整,在成功举办四届"高水平行业特色型大学发展论坛"和汲取国际先进经验的基础上,2011年2月由北京邮电大学、北京交通大学、北京科技大学、北京化工大学、华北电力大学、中国地质大学(北京)、中国矿业大学(北京)、中国石油大学(北京)、北京林业大学、西安电子科技大学、哈尔滨工程大学、对外经济贸易大学、合肥工业大学等13所高校共同成立了"高水平行业特色型大学战略合作联盟(筹)",并召开了联盟理事会会议,标志着我国高水平行业特色型大学的合作已由论坛研讨阶段进入全面实质性的战略联盟阶段。之后,陆续成立了13所教育部直属的部分原行业高校自愿组成校际合作组织"高水平行业特色大学优质资源共享联盟"、11所行业高校成立的"北京高科大学联盟"、由中国地质大学(武汉)与中国科学院9家科研院所签约成立的"C2科教战略联盟"[①] 等联盟组织。这些联盟的成立对以行业合作为基础,推进行业高校资源共享、行业与院校间的协同创新具有重要的示范作用。

3. 新形势下行业高校发展的困境

高等教育管理体制改革前的行业院校以服务部门行业需要为主要目的,在专业设置、课程体系、实践教学条件、培养模式等方面都具有较强的行业性特点,但学科设置比较单一、专业数量少、专业面较窄;过分强调专业对口的同时,必然导致办学视野的狭窄,在教学、科研等方面因为只针对本行业的需求,故很少考虑在社会上所应发挥的作用;办学管理过程中的行政色彩浓厚,管得过死;因隶属于行业主管部门,长期以来逐渐形成了"等、靠、要"的思想。在新的形势下,行业院校在发展中的一些新问题和困境日渐凸显,具体表现在:

---

① 李丹. 中国地质大学与中科院共建"科教战略联盟"[N]. 中国教育报,2012-04-13(2).

(1) 食之无味，弃之可惜

高等教育日趋激烈的同质化竞争，导致学科面偏窄和原创性不足，专业特色不断削弱，比较优势不再明显。我国高等教育规模快速扩张，但未能及时建立起科学规范的分类管理机制和质量评估标准，因而出现了同质化竞争的无序局面，高校在发展中出现了普遍趋同的倾向。有的行业特色高校盲目追求综合化发展，对传统的行业特色专业进行了不科学的调整，甚至有的专业被撤销，导致特色学科核心竞争力削弱。众多大学领导者缺乏教育理想与办学理念，在"办什么样的大学"、"培养什么样的人"、"怎样培养人"上缺乏清晰认识，在办学类型、办学层次上缺乏准确定位。有些新建本科院校更是不顾自身的主客观条件，盲目复制综合大学的发展模式，办学目标趋同，直接导致学科专业门类设置的同质化竞争，行业特色不再、学科优势不再、专业亮点不再，从而成了一块"食之无味，弃之可惜"的鸡肋。

(2) 亲戚不走，不如没有

大部分行业院校原有的行政隶属关系已被"断崖式"割裂，原有的资金链条无以为继，和原行业部门的联系变得松散稀少，与原行业部门的沟通渠道和沟通机制迅速弱化，行业服务意识和服务主动性降低；来自行业部门的政策、项目和经费支持呈下滑趋势。所有这一切，都足以证明一点：亲戚越走越亲，不走不如没有。

(3) 作茧自缚，优势不优

仍然保留部门办学院校的人才培养目标的行业性和专业性过强，培养的人才规格比较单一，适应面相对狭窄。大学招生就业制度的改革，推进了高等教育公平化，打破了原有部门办学的行业垄断，优势特色专业招生规模所占比例大幅度下降，呈现出去行业化和综合化的趋势。尤其是一些大学领导者片面贪大求全，导致对特色专业的支持与投入不足，行业特色鲜明的学科与专业优势被"稀释"，优势减少趋于平常。与此同时，只限于在本行业的招生或本行业的生源就业体制受到冲击，大量非本行业院校毕业生涌入本行业领域就业。由于行业与行业之间缺乏交流与互补，面对市场对人才的选择，原有行业院校毕业生的就业优势逐渐消失，并且在就业竞争中处于劣势。在新的条件下，如何调整学科、专业与课程结构，使之既满足专业人才培养要求，又能拓展学生的知识面，促进学生综合素质的培养，成为摆在行业院校面前一个很现实的问题。

(4) 皮之不存，毛将焉附

政府机构改革以后，中央业务或行业部门多数没有自己办的大学，因此缺乏专门教育管理机构和专业化管理能力。由于以管理本部门或行业业务为主，部门领导具有管理企业、行业的丰富经验，但大多对高等教育的理论和高等教育的办学规律不熟悉，因此，导致在管理行业院校时不能得心应手，甚至还会出现这样或那样的一些偏差。加上新时代干部交流频繁，也难以有领导对所属院校有长远规划，这在一定程度上影响了行业院校的发展。如过分强调行业教育的专业性，忽视人的个性发展和通识教育，使专业划分过细，专业面过窄，严重地影响了人才的培养质量，也影响了毕业生的就业面与适应性。

4. 改进部门办学的设想

纵观半个世纪以来的行业院校发展历程，特别是21世纪以来的行业特色发展情况，结合行业院校在发展过程中所面临的困境，未来应该采取有效措施发挥部门办学的优势，促进部属院校的持续健康发展。

(1) 走特色发展之路

部门办学主要是为行业培养人才。因此，部门办的大学，其根基在行业，社会影响力主要在行业，所培养人才的最大表演舞台在行业，科学研究和参与国家创新体系建设的最大平台也在行业。因此，我国政府在未来高等教育治理改革与现代化过程中，应该汲取废除部门办学体制过程中的经验教训，有意识地创新部门办学的模式与路径，让部门办学重新绽放异彩。特别要注意处理好综合性、多科性与单科性大学的关系，采取不同的评价标准与扶持政策，让大学错峰出行。实践证明，一些行业特色院校之所以能跻身国家高水平大学的行列，正是由于国家振兴行业的需求和学校自身的行业特色。如果盲目追求综合化发展，导致原有阵地、特色和品牌丢失，则会有生存之虞。因此，部门办学应以服务行业和国家特殊需要为己任，保持行业特色、走特色发展之路是其立足生存之本。

(2) 以行业学科专业为龙头

应该围绕《中国制造2025》提出的"创新驱动、质量为先、绿色发展、结构优化、人才为本"的基本方针和"市场主导、政府引导，立足当前、着眼长远，整体推进、重点突破，自主发展、开放合作"的基本原则，以及"三步走"实现制造强国的战略目标，行业特色较为鲜明的大学既要坚持业已形成的学科优势与学科特色，做到有所为、有所不为和有所多为、有所少为，又要突破已有学科门类单一、学科壁垒森严的局面，围绕着行业发展新战略、新职能、新业态、新趋势和新产业的需求，推进新兴交叉学科建设，逐步发展形成多科性、多动能、多平台、多体制、多模式并举的充满生机活力、产教融合、产学研合作的新型"双一流"大学。因此，在专业设置、重组和创新上，应牢固坚持行业未来发展急需学科和专业建设的龙头地位，并逐步建立起与行业发展紧密相关的互相承载、互相促进、互为补充的学科群与专业群，形成有别于其他大学、行业特色鲜明的学科专业生态。

(3) 以培养应用型人才为导向

伴随着我国高等教育日益走向普及化与现代化，社会对高等教育的需求日趋多层次、多规格、多样化，行业特色鲜明的大学应充分结合本校历史、传统与发展，围绕行业发展的重大战略机遇，发挥比较优势与核心竞争力，在人才规格定位与培养模式选择上，应该坚持以培养行业专用和社会适用并举的应用创新型人才为目标，探索个性化、人性化与现代化的人才培养模式。

(4) 以学业协同创新为路径

行业特色院校的核心使命是紧密结合行业发展的需要，与行业一道培养应用创新型人才、行业拔尖人才和开展前沿研究。为此，必须立足我国产业结构发展变化的新趋势和国家新战略，通过大学—政府—企业之间的学业协同创新，依托带有鲜明行业特征的人才、设备、信息等资源优势，培养适应行业和社会发展需要的应用型创新人才，为行业发展和社会整体进步提供优质化、综合化、多样化、个性化和智能化服务，围绕行业发展重大战略和解决关键性问题，提供持续稳健的智慧支持和方向引领。

可见，部门办学并非一无是处，行业院校也非穷途末路。历史与现实都证明，行业特色高校的发展离不开行业和政府主管部门的支持，行业发展需求是行业特色鲜明的大学发展的动力与活力，而行业发展同样也离不开行业特色鲜明的大学的支持，相较于综合大学协作的不确定性、不稳定性与难持续性，开展与行业特色鲜明大学的深度合作会更具优势。这里既有历史渊源的影响，也有现实协作的动力。因此，行业特色鲜明的高校要以行业依托为其发展优势，以行业需求为其发展动力，以行业支持为其发展支撑，促进学校事业欣欣向荣；行业及其主管部门应该以行业特色高校为新型智库，以行业特色高校培养的人才为生力军，以行业院校的学科专业优势与研究成果为新动能推进行业技改与高位发展，使行业特色鲜明的大学成为行业发展永不枯竭的人才资源地。

第三节　社会组织参与共同治理

高等教育担负着提高国民素质的职能，是"社会公器"的组成部分，必须符合社会公平的原则；高等教育的产品是教育服务，它必须遵循市场发展规律，满足市场发展需要。由于高等教育具有多元属性，所以，现代高等教育既不能片面强调大学自治，又不能成为政府的附属机构直接由政府管理，更不能在市场影响下失去自我。高等教育既要接受政府的引导、市场的调节，又要与它们保持和而不同的距离，就需要建立一种沟通协调的机构，这就是社会组织[1]。

美国领导了当今世界高等教育发展的潮流，其社会参与型大学治理模式成了大学治理结构的典范，并逐渐成为世界各国效仿的榜样[2]。社会参与型多元共治模式成为发达国家现代大学治理结构的现实选择，是

---

[1] 董云川. 现代大学制度中的政府、社会、学校 [J]. 高等教育研究，2002 (5)：28-32.

[2] 王洪才. 大学治理的内在逻辑与模式选择 [J]. 高等教育研究，2012 (9)：24-29.

各国高等教育普及化阶段大学治理模式选择的必然要求,也是我国大学治理结构改革的目标之一①。《国家中长期教育改革和发展规划纲要(2010—2020年)》明确指出,建立现代学校制度,推进政校分开、管办分离,"适应中国国情和时代要求,建设依法办学、自主管理、民主监督、社会参与的现代学校制度,构建政府、学校、社会之间新型关系",大学治理的社会参与成为我国现代大学制度建设的重要内容之一。

一、省思缓冲器

缓冲器是伯顿·克拉克在《高等教育系统——学术组织的跨国研究》一书中用以描述教育中介组织角色时的一个术语。他说:"20世纪高等教育最重要的发明就是它的组织形式,即通过中介组织来缓和中央集权控制的主要结构本身。"②"'社会参与'是教育的服务对象对教育运行的一种直接的、具体的控制形式。……是在政府和市场以外控制和影响教育发展的第三种力量。"③我国有学者认为,教育中介组织不仅扮演缓冲器这一种角色,还同时扮演服务器和交换器的角色④。

1. 社会参与大学治理的主体构成

国内外学者依据利益相关者理论,探讨了大学利益相关者的组成和类型。丹尼斯·盖尔等人认为,美国的大学利益相关者包括高等教育协会、基金会、教育部、相关议会委员会、认证机构、大学系统办公室、州长、州教育委员会、州立法机构、学生、校友、社区成员、董事、高级管理人员、教师和校长。亨利·罗索夫斯基依照利益相关者与大学之间的重要性程度,将利益相关者群体划分为:最重要群体、重要群体、部分拥有者和次要群体,分别对应于教师、行政主管、学生,董事、校

---

① 朱玉山,王运来. 法国大学外部治理权力的历史嬗变与价值追求[J]. 高教探索,2016(3):46-52.

② 伯顿·克拉克. 高等教育系统——学术组织的跨国研究[M]. 王承绪,译. 杭州:浙江教育出版社,1994:305.

③ 王一兵. 六十年代以来西方主要市场经济国家教育发展述评与比较[J]. 教育研究,1993(1):68.

④ 范履冰,曾龙. 论教育中介组织的角色和作用[J]. 国家教育行政学院学报,2011(8):15-19.

友、捐赠者、政府、银行家、市民、社区、媒体①。胡赤弟把大学的利益相关者按层次划分为：权威利益相关者、潜在的利益相关者和第三层利益相关者三类，分别对应于教师、学生、出资者、政府，校友、捐赠者、立法机构，市民、媒体、企业界、银行②。李福华将大学利益相关者划分为核心利益相关者、重要利益相关者、间接利益相关者和边缘利益相关者四个层次，分别对应于教师、学生、管理人员、校友、财政拨款者，科研经费提供者、产学研合作者、贷款提供者，当地社区、社会公众③。李平按与大学的亲疏关系将利益相关者划分为"亲人"、"熟人"、"生人"三个层次，分别对应于教师、学生、管理人员，政府、校友、学生家长、用人单位、办学和科研经费提供者、产学研合作者、贷款提供者，考生家长、当地市民、媒体、企业界、兄弟院校④。

聚类发现，大学利益相关者主要包括政府、教师、学生、高级管理人员、银行、企业、校友、捐赠者、市民、社区、媒体、学生家长、协会、基金会等。将所有这些利益相关者分别纳入政府—市场—大学—社会的相应范畴中，就极易明晰参与大学治理且属于社会范畴者，即校友、捐赠者、市民、社区、媒体、学生家长、协会、基金会等。还可以涵盖不以获利为目的而参与的银行、企业等。这些除政府、市场和大学之外的社会主体既包括公民个体，也包括社会组织。大学治理的社会参与，就是除政府、市场和大学以外的市民社会中的相关主体，通过个体或一定的组织形式，积极介入大学决策、咨询、监督、评价等事务，以使大学达到善治状态的行为。

2. 社会组织参与大学治理的特点

社会组织参与大学治理表现出自身的特点，主要包括两方面：

---

① Rosovsky H. The university—an owner's manual [M]. New York: W. W. Norton & Company, Inc., 1990: 21.
② 胡赤弟. 高等教育中的利益相关者分析 [J]. 教育研究, 2005 (3): 38-46.
③ 李福华. 利益相关者理论与大学管理体制创新 [J]. 教育研究, 2007 (7): 37-39.
④ 李平. 高等教育的多维质量观：利益相关者的视角 [J]. 国家教育行政学院学报, 2008 (6): 53-58.

(1) 形式多样

社会参与大学治理的形式多种多样，可以依照不同的标准进行划分：按照参与的自愿程度可以分为主动性参与和动员性参与。所谓主动性参与是指不需要任何外在力量影响而自觉自愿地参与到大学治理事务中，动员性参与则是指经过外部力量动员而决定参与到大学治理的相关事务中。按照参与的组织形式，可以分为组织化参与和个体化参与，前者是代表组织参与其中，后者则是仅代表个人参与其中。按照参与的合法性程度，可以分为制度化参与和非制度化或标准化参与。制度化参与作为一种常态参与，是指符合法律规范及法律、制度规定的有关程序和步骤的参与形式；非制度化参与作为一种非常态参与，是指不符合法律规范及法律、制度规定的有关程序和步骤的参与形式。按照参与的功能分，可以划分为目标性参与和手段性参与。目标性参与是指被参与者看作人生来就希望追求的一种特性，因此，参与自身就成了一个有价值的目标，参与者通过参与是为了在参与中实现理想、得到幸福。手段性参与则是指参与者参与大学治理并非其本身追求，而是作为一种合作治理工具参与其中，可能带有被动性或工具性特征。按照参与的意见表达方式，可以划分为支持性参与和非理性参与。前者是理性地表达自己对大学治理方面的正面意见，而后者则指参与主要为了表达自己的不满情绪。根据参与渠道还可以区分为直接参与和间接参与，线上参与和线下参与，书信参与、提案参与和会议参与等。尤其值得一提的是，现代信息技术的发展，已经为社会组织和公民个人参与大学治理提供了新的利益诉求途径，媒体网络的即时性、便捷性还可以使社会大众更容易参与到大学的各种事务之中。

(2) 内容多样

社会参与大学治理不仅局限于参与大学决策，还包括提供咨询、资金筹集、后勤服务、介入教学管理、评估等方面。在决策方面，大学重大决策事项可邀请校外人士参加，听取他们的建议，聚集他们的智慧，以使大学做出站位更高、更接地气的决策；在咨询方面，社会组织可以利用各自的优势联合组成大学咨询组，为大学事业发展提供智力支持；在资金筹集方面，一些企业、基金会、银行或者其他有资源的社会组织以及有财力的公民个人，不仅可以提供以本组织名称冠名的奖学金，还可以为大学的科研项目提供资金支持，以便日后转化为生产力；在评估方面，一些专业能力很强的教育评估中介组织可以利用自己的专业优势，在尊重大学意愿的基础上对大学的教学、科研、管理等进行定期或不定期评估。形形色色的各种大学排行，虽然科学性和公正性均颇有争议，但不容辩驳的是，其对大学的影响是越来越大了。除此以外，还有一些组织以非法与隐性的方式向大学渗透，这是大学领导者在治理过程中特别应该予以防范的，例如一些宗教组织或其他外部势力打着非政府组织的旗号组织活动，传播教义。这既与有些大学的世俗化本性相左，又与我国相关法律与政策相悖。

综合以上，不难看出：社会力量的触角已经延伸到大学治理的方方面面。社会组织的影响是一把双刃剑，既可促进大学良性发展，亦可使大学迷失方向。

3. 社会组织参与大学治理的职权

社会组织在政府与大学之间起到重要的缓冲与协调作用。与此同时，它通过研究、咨询、评价、指导等功能的发挥，起到沟通大学与政府、大学与社会之间联系的作用：它一方面可以有效传递政府与社会各个层面的意图和思想，另一方面能及时给政府和社会反馈大学的愿望与要求；既可以在一定程度上影响政府，使其不违背高等教育规律，进行脱离现实、一厢情愿的强制性干预，也可以在一定程度上对大学有悖于政府方针与社会意愿的盲目发展、自我封闭的倾向进行有效矫正。在大学外部治理体系和治理能力现代化过程中，社会组织可拥有如下职责和权能：

（1）督促大学坚持公平与效率并重

公平与效率是现代高等教育发展必须妥善协调的一对矛盾，也是我国当代高等教育政策始终关注的两个基本点。然而，无论是学术界还是实践界，都一直存在着是"效率优先，兼顾公平"，还是"公平优先，兼顾效率"，抑或"效率与公平同等重要"的争论。随着全球治理热潮的高涨，高等教育公平与效率问题越来越受到关注，政府也开始寻求各种途径以监督高等教育履行其责任。处于政府与大学之间的社会组织或社会团体,正是这一职责的最佳履行者,基于其独立于政府与大学之外的特殊地位,从而督促大学办学必须公平与效率兼顾,不得厚此薄彼。

(2)促进大学资源开放与配置合理

大学是现代社会中一个巨大的"老虎机",它在为社会源源不断地提供人才、成果与服务的同时,也从不间断地消耗着来自社会各个渠道的财富资源。清华大学2018年269亿元的年度预算收入,已经是一个相当惊人的数字,远远超过一般中等城市的年度财政总收入。对于大学这样一个消费大户,一方面需要国家与社会给予稳定有力的财政支持,以实现其追赶世界一流大学的理想,但另一方面大学也必须加强内部治理,向社会公开资金变动情况,发布内部财务分析报告,接受包括社会组织在内的全社会的监督。

(3)要求大学回应社会的利益诉求

社会组织参与大学治理,意味着参加大学治理的主体范围得到了扩大。社会组织代表的是来自社会的广泛的社会力量和社会利益,这些力量通过中介组织、第三部门等形式参与到大学的治理之中。这一方面改变了以往政府主导型的大学外部治理模式下的大学不关注社会群体的利益诉求与重要关切的弊端,从而切实增加了大学治理中的民主参与、平等协商与对话交流的机会。另一方面,社会组织参与大学治理机会的众多,也能够增进社会各界对大学内部运营情况的深入了解,进而充分调动社会上可资利用的一切资源投入到大学发展中,对丰富大学的资金来源渠道、缓解大学发展所面临的资源困境颇有益处,能有力推动大学的持续、稳定、健康发展。

(4)弥合大学与政府之间的认知差距

虽然在传统的政府和大学之间的二元关系中,政府与大学建立了非常亲密的关系,但是,正如一个家庭也会出现父子反目、母女成仇一样,政府与大学之间的关系时而是财富,时而是包袱。随着社会组织的进入,政府与大学之间具有了一定距离,也可以使双方将不同的利益诉求或价值立场得以充分表达。虽然会产生矛盾与冲突,但通过社会组织的缓冲、沟通与专业服务作用,不仅可以避免面对面的对峙,而且易于获得政府、大学和社会的共同认可。因此,通过发挥社会组织的最大功效,使之成为除政府和市场力量之外的另外一种重要力量,就能够在政府、市场与大学之间建立一种超稳态的合作网络结构。一句话概括,有了社会组织的参与,政府和市场将不能随意干预或恣意渗透大学的运作和管理,促使大学真正独立、正确、有效地完成其社会使命。

二、打造新智库

在深化大学综合改革、推进大学治理体系和治理能力现代化的过程中,专业智库将扮演着越来越重要的角色。2013年,《中共中央关于全面深化改革若干重大问题的决定》指出,要"加强中国特色新型智库建设,建立健全决策咨询制度"。2014年,为了推进中国特色新型高校智库建设,为国家科学决策提供高水平治理支撑,教育部印发了《中国特色新型高校智库建设推进计划》。该推进计划指出,高校智库要发挥战略研究、政策建言、人才培养、舆论引导、公共外交的重要功能,要瞄准国家急需,凝练出亟待解决的重大问题开展针对性研究[1]。在推进计划的激励下,各高校掀起了一股智库建设的新浪潮。2015年1月,中共中央办公厅、国务院办公厅联合印发《关于加强中国特色新型智库建设的意见》,该意见明确指出,中国特色新型智库,是党和政府科学民主依法决策的重要支撑,是中国治理体系和治理能力现代化的重要内容,是国家软实力的重要组成部分。这使得在我国从传统农业社会向新型工业社会和现代市民社会转变过程中,有了一种深刻影响我国政治发展、经济改革、文化创新和社会生活的重要力量。它将彻底改变传统的国家治理结构与治理方式,将国家治理、政府治理、社会治理有效整合,成为我国社会进步的一种新动能与新制衡。

1. 新型教育智库的钩沉

在全国各行各业都在刮起一阵智库热气旋的时候,作为智库云集的大学自然不会置身事外。为了进一步发挥智库的作用,我国教育界先后提出了许多概念,如新型教育智库、中国特色新型高校智库、新型高校教育智库等,令人目不暇接、难辨其是。这里先对三个概念做一厘清。

---

[1] 马海泉. 建设新型高校智库服务科学决策 [J]. 中国高校科技,2014 (4): 12-14.

所谓新型教育"智库",就是能够与时俱进,在全面深化教育改革的新时期,在经济社会发展的新常态下,把握新方向、新需求,确立新使命、新定位,拥有新思维、新机制,体现新内容、新方法,具有新观点、新作为,反映新的时代要求的教育智库[①]。中国特色新型高校智库是指坚持中国立场和视角,利用专业和智力优势,聚焦中国社会发展的重大理论和现实问题,通过向政府提交政策咨询报告和向社会发布研究成果,进而促进中国经济与社会发展的综合性科研机构[②]。新型高校教育智库是指依托高校人才丰富、专业学科齐全等优质资源,以研究教育战略、教育规划、教育法规等教育政策而设立起来的现代专业智库[③]。在这些概念中都冠以"新型"二字,那么新在何处呢?

我们认为,新型智库的"新型"二字,显然是针对新中国成立以来的旧的以政策研究室或者社会科学院为典型代表的传统智库。我们党一直强调调查研究,因此,在长期的革命斗争与社会主义建设的历史征程中,形成了我们有自身特色的政策研究体系,起到了很好的调查研究和咨政建言作用。但是,随着我国进入全面深化改革的新时期,传统的以政策研究室为代表的智库模式,已经很难适应我国政治、经济与社会发展的需要。破除传统体制给智库带来的消极作用,让智库发挥更加积极的作用,就成为当务之急。正是在这样的背景下,为了进一步完善社会主义制度,推进国家治理体系与治理能力的现代化,就必须重构我国的智库体系。这种经过重构的智库,应该具有与以往附属于党政机关或者事业单位的传统政策研究组织完全不同的新特点,主要反映在四个方面:

(1) 新定位

智库的根本使命是出思想、出智慧。智慧的源泉是自由,即具有一定的思想独立性。新型智库仍然必须坚持党的领导,坚持走中国特色的

---

① 庞丽娟. 我国新型教育智库若干重要问题的思考 [J]. 教育研究, 2005 (4): 4-8.

② 姜朝晖. 中国特色新型高校智库:内涵、特征及定位 [J]. 高校教育管理, 2016 (2): 55-60.

③ 杨再峰, 等. 新型高校教育智库助力高等教育综合改革研究 [J]. 湖北社会科学, 2016 (7): 166-171.

社会主义道路，坚持用中国眼光去审视世界变化，坚决用中国理论去解释中国和世界问题，坚持以解决中国改革开放和现代化建设中面临的重大问题为使命，在参与全球治理中贡献中国智慧、提供中国方案、扩大中国影响，为构建人类命运共同体作出中国应有的贡献。然而，所有这些任务的完成与原则的秉持，都不能离开一个逻辑前提，这就是智库必须能够发出自己的声音、表达自己的观点和贡献自己的智慧。这一切，都需要有组织的相对独立性和智库专家共同的相对独立性。否则，就只能给领导当传声筒或者解说员。当然，并不是说这些传统的智库功能完全消失，而是说针对我国进入中国特色社会主义新时代后面临的新挑战，智库就不再仅仅是为领导讲话写稿子、为领导思想找注解，而是从更高站位去思考更为本质和长远的问题，未雨绸缪，为改革与发展提供更具思想力和行动力的整体解决方案。这是新型智库的新的历史定位。

（2）新格局

新中国成立以后都是官方智库一家独大。这种根植于两千多年前的养仕制度的官方智库制度能够青春常驻，自然有其存在的合理性，尤其是中国这样长期集权的国家。一个强大的中央集权政权的稳定，必须有一个强大的谋士集团在出谋划策、运筹帷幄，为统治者提供政论策略。但是，这种制度有天然缺陷。它独立性差、依附性强。由于谋士没有脊梁，难免畏首畏尾、束手束脚。中共中央、国务院站在历史发展的制高点上，提出了发展中国特色新型智库建设的一整套思路与制度安排，其中最重要的是格局的变化，从一家独大到三足鼎立（官方智库、大学智库、民间智库），彼此辉映、各领风骚。这种新格局，必然带来新动能和新境界。

（3）新机制

新机制主要是指包括官方智库在内，都要淡化行政色彩。要引入市场竞争机制，增加智库发展的灵活性，提高其自我管理、自我发展、自我创新的能力，营造民主平等研究探讨、百花齐放、百舸争流的范围，能够吸引高端人才，使智库成为真正的智库——人才库、思想库、数据库。

(4) 新模式

所谓新模式是指坚持从实际出发、实事求是和理论联系实际的优良传统，坚持"我爱我师，我更爱真理"的科学精神，建立问题导向和协作攻关的研究模式，针对大学改革和发展的重大现实和长远问题开展战略与策略研究，做好扎扎实实、严谨科学的实证研究，搞好案例库、数据库和点子库建设，切实保证研究思路不错方向，研究程序不走过场，研究结果不走形式。要根据研究课题需要组织智库间、团队间进行联合调查研究，形成集团优势与研究合力；探讨多元化的合作研究模式和开放性的团队组织模式，切忌智库成了书库，研究室成了编辑部，书出了一本又一本，文章发了一篇又一篇，就是不见思想、没有金点子，智库就会变成"稚库"。

2. 新型教育智库的多元角色

大学的改革和发展是一个连续的过程，但在不同的发展阶段面临的挑战不同，改革的侧重点和发展的方向趋势也有所差异，新型教育智库的角色，不仅是大学决策咨询与参与者，更要在改革与发展的全过程中都充分发挥自身优势，贡献自己的智慧，为大学健康发展尽心出力。

(1) 目标瞭望者

德里克·博克在美国高等教育出现认识论及价值论危机之后，担任哈佛大学校长20年，在讨论当代高等教育改革时说到，按照大学教授们自己的说法，培养学生的批判性思维能力和解决问题的能力是本科教育最重要的目标[1]。大学是一个承载复杂价值目标的社会组织，因而，为它寻找一个恰当而且称职的守护人并非易事。大学本身大师云集，很难接受来自外界的非议或批判。只有集人才优势、专业优势和成果优势于一身的新型教育智库，才能充分利用自身专业知识和智慧来深层次认识与理解大学改革的本质问题。他们本身是大学战略研究者，在纷繁复杂的改革局势中，捕捉到大学的深层次问题，并基于对这些问题本质的认知，为大学指明前进方向。尤其是新型教育智库具有的信息优势、知识

---

[1] 曲铭峰，龚放. 哈佛大学与当代高等教育——德里克·博克访谈录[J]. 高等教育研究，2011 (10).

优势与交往网络优势，可以更好地顺应世界大学发展的未来大势，为我国大学把舵领航，破解大学发展难题。

（2）决策参与者

随着我国大学治理体系与治理能力现代化步伐的加快，大学的决策已不再是大学领导者的一种特权，而是包括所有大学利益相关者在内的治理主体共同享有的一种权力。市民社会的发展，人们参与国家公共事务变得更积极、更主动，因而大学的重大决策也不是大学党委就能够完全决定的，需要多方的共同参与。一个很好的例子是2010年颁布的《国家中长期教育改革和发展规划纲要（2010—2020年）》是经过一年零九个月的广泛实践调研、收集各方观点、听取各方意见、集体讨论之后才正式公布的[1]。后来在编制全国教育事业的"十三五"规划的过程中，为实现科学化、民主化，提高社会参与度，听民意、集民智、聚民心，准确反映民生诉求，教育部利用网络便利，举办以"我来参与共同编制"为主题的问计求策活动。这体现了我国教育决策民主化已成常态，对教育改革发展定有益处。显然，民主只是手段，不是目的，决策本身的质量才是目的。众人建议只是一种利益诉求的表达，个人所持立场不同，难免议案观点多样化、片面化、碎片化，这就需要对群众的不同诉求进行理性整合。新型教育智库利用自身知识及智慧能够把各种协商主体对不同问题的不同见解加以专门化和专业化的梳理，使"坚持协商于决策之前和决策实施之中"的各方意见趋于整体性、全面性，具有权威性和可行性[2]，进而为大学改革决策提供必要的整合化的方案。

（3）过程监控者

科学决策的最终目的是实现预期的政策目标，而大学决策实际上只是大学治理迈出了第一步。中国有句古话说：行百里者半九十。美国学者格雷厄姆·艾利森也曾经说过一段与之意思相同的话："在达到政策目标的过程中，（政策）方案确定的功能只占10%，而其余的90%则取

---

[1] 顾明远，石中英.《国家中长期教育改革和发展规划纲要（2010—2020年）》解读[M]. 北京：北京师范大学出版社，2010.
[2] 顾海良. 中国特色新型智库建设的高校作用与责任[J]. 中国高等教育，2015（7）.

决于有效的执行。"① 新型教育智库以其专业知识、独到视角与不凡智慧参与大学的改革过程之中，深刻剖析大学改革发展过程中各种障碍因素，监督大学领导者对改革的支持程度和作为力度。作为监控者，新型教育智库要通过把大学改革中出现的各种新矛盾、新问题及时反馈给政府及教育主管部门，以便其及时采取对策解决问题，改进工作，并通过追责等方式强化大学领导者的责任感与使命感。只有在过程中监督，在实践中改进，才能步步为营、日积月累，逐步实现大学的自我革新。

（4）理性批判者

"教育政策的制定与评估之间存在内在的关系，一项教育政策在颁布之后，是否被实施以及效果如何，是否达到了预期目标等，都需要对政策的利弊得失以及政策实施的有效程度进行评估，以便及时发现问题并提出政策调整的方案或政策终结的建议。"② 当前，我国大学人才评价模式存在评价目的趋于功利、评价方式过于简单、评价指标侧重数量比较等问题，对学科、人才、成果和价值之间的差异不够重视，使教师的可持续发展、学术的创新和繁荣都受到不同程度的制约③。新型教育智库作为社会参与大学治理的核心主体之一，应成为大学改革和办学成效的见证者和最好的评价者。通过利用云计算、大数据等现代技术对大学改革和发展的各种信息进行全面收集与深度分析，从第三方评估组织的角度，客观、公正、精准地评判大学改革和发展中各项指标与理想标准之差距，找出薄弱环节及其成因，并提出富有建设性的评估报告与改进策略。

三、开辟新渠道

开放和独立是现代大学的两大特征，也是现代大学治理需要追求的两种基本价值。然而，这二者存在内在冲突，以至于有时候表现出有你无我的对峙。因此，在大学治理现代化进程中，必须在开放性和独立性

---

① 袁振国. 教育政策学 [M]. 南京：江苏教育出版社，2001.
② 王建梁，郭万婷. 我国教育智库建设：问题与对策 [J]. 教育发展研究，2014（9）.
③ 韩旭，李久学. 评价不能求全责备 [J]. 中国高等教育，2016（2）.

之间保持必要张力,既要体现社会力量参与大学治理的合理合法,又要考虑到大学本体价值、内在稳定与适度保持与社会之间的距离确有必要。因此,审时度势,推陈出新,开辟社会参与大学治理的新渠道已成为当务之急。

1. 明确社会角色

社会组织参与大学治理并不是单向单维的。根据新时代大学的新使命,重新定位大学,是社会参与大学治理的新途径。

第一,大学的新使命。大学并不是在被动地接受外界影响或者自愿接受在绑架中实现现代化的。大学在被社会左右或改造的同时,也有改造社会的巨大力量。大学不仅要靠传统的核心职能——培养人才来发挥其在民主社会、市民社会构建中的巨大作用,而且更需要靠自身的人才优势、学科优势来发展中国特色的新型大学智库,并通过发挥这些大学新型的智库的影响力来参与全球治理、国家治理、政府治理和社会治理。正是在这种积极主动、奋发有为的参与中,大学获得了政府的支持、媒体的理解和公众的信任。因此,通过中国特色新型大学智库对社会产生积极影响,是当代中国大学的新社会使命,也是大学自保的有力机制。

第二,完善合作机制。大学拥有智慧与人才的优势,而社会拥有市场与市民的优势。大学智慧、人才资源通过市场参与而得到合理配置,市民只有充分参与到大学之中才能发挥各自的积极作用。因此,大学与市场、大学与社会必须创新合作机制,如通过建立大学社区共同体、大学媒体共同体、大学市民共同体、大学企业共同体、大学校友共同体等多种多样的合作机制与合作模式,开辟新型合作管道,使大学入世、入市、随俗,真正实现大学的社会功能。

2. 搭建适切平台

开辟新渠道必须有承载的平台。在走向大学治理现代化的过程中,以下两个方面尤显必要:

第一,完善大学董(理)事会制度。董(理)事会制度在大学改革和发展中起着积极作用,主要体现在:一是桥梁纽带作用。大学董(理)事会可使大学与社会之间的联系更加广泛、更加密切,突破了第二校友会的边界。二是指导咨询作用。通过一年一度或者一年两度的董（理）事会，可使大学决策更加合理和科学。他们对大学的发展方向、速度等重大问题能够提供有质量的咨询与指导。三是支持扶助作用。虽然筹资不是中国大学董（理）事会的主要使命，但是如果大学董（理）事会具有筹资功能也并非坏事。现在中国大学来源于政府直接拨款的比例日趋降低，就说明政府直接投资已经不是大学办学经费的主要来源，而董（理）事会的存在，或多或少可以为学校争取更多的财力资源提供一条新路。四是沟通协调作用。在舆情管控不当的情境中，通过董（理）事会成员的社会关系网络，能够有效进行相关的社会沟通，从而使大学顺利克服危机。

第二，发展教育中介组织。教育中介组织通过自身的力量可以对高校事务的管理施加影响，以促进高校适应社会的需要。如韩国的教师家长联合会，美国著名的卡内基教育基金会、大学教授学会等，都是比较典型的教育中介组织。早在1994年7月，国务院出台的《〈中国教育改革和发展纲要〉的实施意见》中就已经明确指出："为保证政府职能的转变，使重大决策经过科学的研究和论证，要建立健全社会中介组织……发挥社会各界参与教育决策和管理的作用。"但是，就目前来看，我国的教育中介组织还存在类型单一，性质不清楚，运作不规范，难以承担重任等问题。为了能够充分发挥教育中介组织的作用，反映社会各方面的需求和利益，有必要采取有效措施培育教育中介组织的健康发展：一要建立多种多样的中介机构，多层次、多角度反映社会的利益诉求；二要为教育中介组织参与大学治理提供法律保障，赋予其相关权力，使社会各方面的利益诉求不仅能够准确传达给大学，而且能保证大学对中介组织的预警不置若罔闻。

3. 构筑保障机制

社会参与高校治理是动态的过程，要保证高校治理的良性发展，就必须营造出有利于社会参与的大环境，因此，必须建立保障机制，实现社会各界积极主动参与高校治理，它主要包括以下方面：

（1）经费保障

虽然随着我国政府持续增加投资和大学努力争取外援，我国大学的财政状况有所好转，但不可否认的是，经费问题仍然是制约我国大学发展的主要障碍。大学"手长袖短"，导致大学在处理开放办学、吸纳社会参与方面举步维艰。因此，必须设法增加资源投入，让学校从总经费中单列预算，为社会参与大学治理提供坚实的财力保障。

（2）制度保障

法律、法规可以对大学与政府、社会之间的责任、权利及利益关系提供制度保障。因此，要使社会参与大学治理落到实处，还必须进一步完善我国的教育法治体系，使社会参与大学治理更加制度化和规范化。虽然20世纪90年代以来，我国已经相继颁布了一系列重要法律、法规与政策，但是很多法律、法规和政策由于缺乏有效的实施机制保障，只能悬在半空，很难落地。因此，有必要通过专门立法，就政府、市场、学校、社会与大学的关系及各自的行为边界、行为规范进行具体而可操作的规定，让社会参与有法可依、有法必依、违法必究。

（3）机制保障

伯顿·克拉克曾指出："长期生效的激励比短期生效的管束更加行之有效。"① 古人说："水不激不跃，人不激不奋。"由此可见，建立有效的激励机制，更能激发社会参与大学治理的积极性。一是要建立一种长效激励机制，包含两方面含义：一方面是对参与者利益需求的满足。大学要主动满足多方利益相关者的需求，调动他们参与大学治理的积极性、主动性和创造性。另一方面是对大学自身的激励。在制度与机制不健全的条件下，大学缺少让社会力量参与大学治理的强烈意愿，没有意识到社会力量对大学发展的巨大作用。因此，有必要建立激励机制来提高大学对社会参与的认同感。二是要完善社会评价机制。目前高校治理问题层出不穷，例如某些高校陷入债务危机，违规招生现象时有发生，严重影响了大学的公众形象。因此，除了强化高校自律和政府对高校的审计监督外，还必须建立更为广泛的信息公开、社会评价监督机制，要使大学信息向公众开放成为社会监督的核心内容。

---

① 伯顿·克拉克. 高等教育新论——多学科的研究［M］. 王承绪，译. 杭州：浙江教育出版社，2001：43.

四、规范"新权力"

正如美国报业大亨、普利策新闻奖奠基人约瑟夫·普利策的名言所指出的:"倘若一个国家是一条航行在大海上的船,新闻记者就是船头的瞭望者。他要在一望无际的海面上观察一切,审视海上的不测风云和浅滩暗礁,及时发出警告。"因此,在现代社会,新闻舆论被当作除了行政、立法、司法三大权力之外的"第四种权力"。当前,我们步入了互联网时代,多媒体技术、计算机技术、网络技术、通信技术等日益成熟发达,媒体、新媒体、自媒体等在社会生活中的影响越来越大、越来越深刻。作为从来不松懈地紧盯着大学的新闻媒体,对社会参与大学治理的方式起到了变革的作用。利用现代媒体与信息技术加强高校与社会的联系,是拓宽社会参与大学治理的重要方式。

1. "第四种权力"的挑战

数字技术、网络技术和通信技术的飞速发展使得全球融为一体,建立在新技术的基础上的新媒体,打破了传统媒体的时空限制,信息可在全球范围自由传播,扩大了人们信息的新来源,给人们带来了新体验,促成了媒体的新革命。同时,新媒体自约失范和管控失效,也使其像一个无拘无束的恶魔一样,对我们的社会,对人们的工作、生活和人际交往以及对青少年的学习与健康成长,都产生了极大的消极影响,当然也必然对大学治理现代化带来极大挑战。因此,实现大学治理现代化,既有必要充分发挥公共媒体的影响力和监督作用,把新媒体的交互性、即时性与大学治理的科学性、有效性相结合,发挥传统媒体和新媒体的多元混成优势,同时又要顺应新环境和新形势,加强对传统媒体与新媒体的有效应对,规避媒体过度介入造成的纷扰和新媒体无界无禁、无法无序带来的负效应。

一方面,公共媒体具有极强的参与力、渗透力、影响力、协调力和监督力,与此同时也会伴随媒体暴力。欧美发达国家的公共媒体通过自己的影响力对大学进行监督性评估,对大学治理行为产生了极为有效的引领与规范作用。如英国的《泰晤士报》和《卫报》,美国的《美国新闻与世界报道》和《普林斯顿评论》,德国的《经济周刊》公布的大学排名都具有较大的社会影响力,公共媒体作为高校利益相关者的身份尤为彰显。学生、家长选择高校时,很多人都会参考一些媒体对高校的权威评论,而媒体对高校的评鉴结果是否真实可靠是媒体未来声誉的基础①。又如,作为英国官方监督机构的英国教育督导对每所学校督查的结果和报告必须通过报刊、网络等媒体形式向全社会公布,这又加强了媒体的影响力②。媒体所具有的这种超级强大的传播影响力,也使得媒体暴力无处不在,导致一些应对危机事件和管控舆情能力不足的大学的小事被媒体放大、被舆情操控进而走向非理性的应对。以"沈阳事件"为例。一件 1998 年发生在北京大学、迄今已有 20 年之久的陈年旧事,被在美国的北京大学毕业生倒腾出来,进而采取了包括道德审判、行政处罚在内的多种方式对沈阳进行穷追猛打。在这里,我们不用对沈阳应该承担的道德责任与职位责任去做评判,20 年前北京大学已经做出了相应的处理,当时的公安部门也做出了具体的结论。现在我们应该关心的是,南京大学和上海师范大学在这件旧案被重提之后的反应方式。处在舆论的风口浪尖,南京大学和上海师范大学作为大学这种被称为"社会良心"、"文明灯塔"的社会机构,其反应应该于理有合、于法有据、于情有寄,让黎民百姓从中体悟到大学的神圣,沐浴理性之光辉。抛开上海师范大学不论,具有与北京大学同等历史地位的南京大学,在这件事上表现得名不副实。这说明大学在现代媒体的围攻时还处于思想缺位、制度缺失、行为缺损的状态。

另一方面,新媒体信息传播渠道的虚拟性、传播速度的即时性和传播方式的多媒体混成性,致使大量的垃圾信息、虚假信息、不良信息和非法信息在大学不同群体里得以迅速传播,甚至一些反动言论、邪教言论、不实言论非常易于在校园发酵扩散。跟传统纸质传播媒体相比,新型网络媒介的审查缺位,监管困难与行政不作为,从而使新媒体的正确舆论导向难以确保,加上大学生本身的不成熟性,使其难以从海量信息里甄别过滤,极易误导学校治理舆论。所有这些,都足以证明:大学正

---

① 张新科. 教育评估——德国高等教育界推崇的监督模式 [J]. 外国教育研究,2004 (7):41-44.
② 孙河川,刘颖,史丞芫. 英国教育督导评价指标体系解析 [J]. 教育发展研究,2009 (12):21-25.

经历着一场前所未有的媒体挑战。它需要大学重构治理结构，提升大学治理主体的舆情管控能力，也需要强化参与大学治理的各主体的法治意识和网络道德修养，对媒体舆论进行监督引导。

2. 大学治理新路

我们已经难以阻挡进入网络文明时代的步伐。因而，留给我们唯一的选择就是顺应时代、适应时代与引领时代。为此，必须正确认识网络新媒体监督的效力，重构新媒体时代的网络监督制度与行为规范，使网络新媒体监督成为扩大社会参与、实现大学民主、建设大学制度文明的有效途径。

第一，创建公共舆论平台。新兴信息媒介为大学师生提供了言论自由、思想交互的平台，让在校的师生更具有话语权，更好地参与公共讨论。大学师生参与公共讨论的积极性更强，新媒体平台刚好满足了大学师生表达诉求、表达观点的强烈愿望。在传统大学虽然也不乏自由表达意见的通道，但参与机会有限、传播方式单一、传播速度缓慢，从而使意见沟通大打折扣。在信息化的今天，我们可以充分利用新媒体平台参与对话与沟通交流的便利，保障治理民主、治理公开和治理高效。与此同时，通过实名认证，也可以通过正式的公共舆论平台将大学外部的利益相关者包括媒体及时引入到校内的相关问题的讨论中。这种情绪的释放和意见的充分表达，有利于形成相对一致的舆论导向，消解外部舆论绑架大学治理的风险。

第二，鼓励师生参与共治。新兴媒体不单提供了大学师生参与讨论、表达观点的渠道，也提供了大学师生参与学校事务的平台。如今，许多大学都建立了自己的微信公众号作为重要的信息发布与征求意见的平台，极大方便了大学师生参与学校公共事务的治理，使他们更快捷、更直接地接收学校公共信息。这种利用新兴媒体引导公共舆论，引领高校事务的发展方向的策略，既有利于提高师生的自我效能感，又有利于提高大学内部治理的科学性与民主性，增强大学治理的公开性与透明度，是应对媒体时代治理危机的可行策略。

第三，加强大学公信力建设。突发事件增多是当代大学治理不可避免的事情。主流媒体的及时反应，有利于形成正确的舆论导向，避免受众因信息不对称和从众偏好而偏听偏信、信谣传谣，造成大学治理工作被动与名誉受损。为此，必须关注大学自身的公信力建设。一方面，大学应该时刻爱护自己的"羽毛"。中国俗话讲：苍蝇不叮无缝的蛋。大学如果能够时常反思自己的办学行为，寻找短板，探明原因，防微杜渐，彻底消除思想缺位、制度缺失、行为缺损，就能够平顺地对待一切舆论危机。这是一个根本法则，也是大学公信力的源泉。另一方面，平时须注意大学管理部门与受众之间建立相互信赖的感情。从校内而言，如果学校自媒体能够及时关注师生诉求，督促相关职能部门切实改进，就能够与师生达成默契，消解积怨，化解矛盾，避免"好事不出门、坏事传千里"的不利局面；与此同时，学校宣传部门还需要建立与外部主流媒体之间的良好互动关系，通过主流媒体的一系列报道来引领公众舆情，化解舆情危机，消除不良影响，维护学校声誉。

第四，提升全员新媒介素养。"谣言止于智者"，新媒体传播的大量恶意错误信息往往都是经不起推敲或者明显荒谬的，但仍然会有许多学生选择相信，这既是权威信息缺失导致的信息不对称，也是因为大学生对于接收到的社会信息辨别能力不高。对高校学生工作管理者而言，平时采用警示教育、案例教育等方式，提高大学生应对复杂信息形势的敏感性是可行的方法。

3. 规约第四种权力

第四种权力的强大，也意味着第四种权力有被滥用的可能。因此，要有效发挥媒体参与大学治理带来的正能量，也需要加强对新、旧媒体这第四种权力的监督与自我规范。

第一，政府应该加强对媒体的规范与约束。媒体是社会的喉舌，政府的宣传队。但是，媒体有时也会像脱缰野马，缺乏节制。因此，国家应该完善立法，政府应该行政执法，督促媒体恪守新闻职业道德与行为规范，让媒体参与大学治理有理、有力、有节，为充分发挥媒体的正能量服务。

第二，充分发挥媒体组织的自律。媒体本身也是一个共同体。这个共同体是否成熟，不仅直接影响社会的稳定与进步，同时也影响媒体本身的公信力。因此，加强传统媒体和新媒体从业组织与从业人员建立自主性契约，规范自身的行为方式，有利于媒体自身的发展，也有利于其参与大学治理的作用发挥。

第三，通过大学媒体对抗外部媒体。严格来说，大学对传统媒体和新媒体的监督属于"权利监督"，而非"权力监督"，不具有政府那种"矫治弥补"功能。但是，大学有两个武器可用：一是通过"以毒攻毒"，即运用自媒体来抵消外部媒体舆论绑架；二是通过"法律诉讼"，维护自身的合法权益，让媒体还大学一身清白。

后　记

　　子曰："三十而立，四十而不惑，五十而知天命。"（《论语·为政》）眨眼间余已五十有五。按说已逾知天命之年的我，本应如庄子所言"举世誉之而不加劝，举世非之而不加沮"（《庄子·逍遥游》）了。然而，年华虚度的我，缘何依然参不透天命至道，看不破尘世因果，经不得似水流年，解不了如荼浮生，禁不下心有旁骛，止不住行存不端。瞧容颜足以入天命，观修炼恰似在少年。

　　作为"八十年代新一辈"的我，是改革开放以后中国大学改革发展的获益者、见证者、亲历者与观察者。很难想象，没有改革开放的政策，没有高考制度的恢复，没有对少数民族学生的额外眷顾，没有"包分配包当干部"的大学毕业生政策，没有当时那种"不拼爹、凭自己"的纯净社会环境等如此多利好的如影随形，今天的我会是个什么样子。就此而言，我为能够生活在这样一个美好的时代、改革的时代、腾飞的时代而感动、感慨、感激，理应如陆游诗云"位卑未敢忘忧国，事定犹须待阖棺"（《病起书怀》）。有幸见证这个伟大时代中国大学的日新月异、自强不息，一股强烈的自豪感油然在心中升腾；有幸亲历这个伟大时代中国大学的改过迁善、自新不已，一种强劲的自信力骤然在脑中迸发；有幸观察这个伟大时代中国大学的不思所由、不知所去，一份巨大的责任感渐然在心中凝聚。这一切，早已催使我用心体悟这个伟大时代的变迁理路，用情触摸这个伟大时代的发展脉动，用力记录自己对这个伟大时代的思想痕迹。但是，由于自己天生怠惰，几经提起，数度放下，十载未就。如今虽"木将成舟"、"树将成林"，但却诚惶诚恐，生怕毁人明目、污人心智。俗话说，丑媳妇迟早要见公婆。故尽管忐忑不安，也只好斗胆奉献给读者，一以兑现"受师之托、忠师之事"之承诺，二以了却"感恩时代、回馈时代"之夙愿。真诚冀望读者不吝赐教。

　　承蒙恩师董先生泽芳教授错爱，使我有幸参与国家出版基金资助的"高等教育与社会发展论丛"的集体创作之中。我深刻感受到了恩师的舐犊之情与如山之爱。其实，恩师于我，恩泽远非及此。三十六年前的金秋时节，我初上桂子山，这是我人生中首次与恩师相遇。西区学生四栋宿舍，是我初见恩师的地方。恩师那铿锵有力的殷殷嘱托，仿佛就在昨日。当恩师成为新生班主任之后，我们有了更多的交往，我也受到恩师更深的影响。我时常跑到东区学生九栋宿舍和西区教工单身三栋宿舍去向恩师求教，恩师总是言无不尽、至真至诚。当时恩师亦初到华中师范大学，师母尚在老家红安。恩师一个人带着年幼的海涛，为父、为师、为学，多种角色汇聚一身，其苦自知。我却从来未见他半分忧愁，总是显得乐观和泰然。这是恩师于我的知遇之恩。在大学四年级时，恩师终于正式走进我们的课堂，成了我们班的教育社会学的主讲教师。在恩师的课堂上，我开始熟悉孔德、迪尔凯姆（涂尔干）和马克斯·韦伯，也开始思考社会分工与教育分流的关系，为什么教育既是社会改造之重器又是阶级压迫之根源，逐步懂得了科举考试的社会选拔功能与学校教育的社会分层作用，等等。是恩师引领我们走进了另一个我们身处其间却又知之甚少的世界，开启了我们的智慧人生之旅。这是恩师于我的授业之恩。迫于生计，我于1994年离开了于我有培育之恩的母校——华中师范大学，去往李嘉诚先生投资的汕头大学高教所工作。1997年我又从那里考取了北京大学高教所的博士研究生。在博士毕业之时，我又于2000年回到了桂子山——这片让我魂牵梦萦的热土。我本来要回到教育科学学院，然而，在时任学校党委副书记翟天山教授的动员下，我来到了教育部中南教育管理干部培训中心、湖北省华中师范大学培训部和华中师范大学管理学院三位一体的管理学院工作。也许是命运注定，抑或是机缘巧合，我再一次成了恩师的下属。当时，恩师是管理学院的常务副院长。在我归来不久，恩师又服从组织安排，成了荆州师范学院（现为长江大学）的院长，而后是书记和院长一肩挑。此后的三四年间，恩师来去匆匆，不辞劬劳地往返于荆州与武汉之间。恩师在离开管理学院到荆州赴任前，还向组织推荐我担任教育部中南教育管理干部培训中心副主任、管理学院副院长之职，使我有了更优越的发展平台与更宽广的发展空间。这是恩师于我的提携之恩。如今恩师已年逾古稀，鬓发如霜，依然老骥伏枥、笔耕不辍、心怀天下、福泽后人。如此高山景行，不愧为吾辈仿效之楷模。特别是在获批了国家出版基金项目之后，恩师多次邀我写点文字，为我提供了如此一个绝佳的"蹭书"机会，让我免去了许多跑路联系的烦恼，使我可以专注于思考与探究。在拙著即将付梓之际，借此一角和只言片语，聊表对恩师的崇敬之意与感激之情。

感谢教育学院范先佐教授长期以来给予我的关心与帮助；感谢教育学院前任院长涂艳国教授为我从管理学院调入教育学院所做的努力以及多年来在各个方面给予我的照顾；感谢教育学院分党委卢志平书记、院长雷万鹏教授、副院长申国昌教授、蔡迎旗教授和副书记李静老师在工作上给予我的关心、帮助与宽容，让我能够有一个宽松自由的工作环境与学术氛围；感谢我们学科的徐虹副教授、余学锋副教授、刘欣副教授、唐斌副教授、郭清扬副教授、龚欣副教授、马红梅副教授、张建博士以及高教所凌云教授、王俊教授、欧阳光华教授、杨杏芳教授等在研究生论文开题、答辩与日常学术交流中给予我的启发与帮助。

由衷感谢华中师范大学出版社所有领导对丛书出版给予的大力支持，由衷感谢冯会平主任等各位编辑在丛书出版中的辛勤付出。特别要衷心感谢本书责任编辑向力女士在本书出版过程中所付出的一切：时间、智慧、汗水。她为了参加编辑与作者见面会，牺牲了休息日与幼子共享天伦之乐的机会，令我深深感动。在我书稿一再推迟递交的情况下，她给予了最大的宽容和理解，让我在匆忙中多了一份从容。尤其是书稿递交后，她不辞辛苦、字斟句酌、一丝不苟，体现了她的为人治学风范，值得我认真学习。

感谢我的夫人涂秋鸿女士。携子之手，与子同老。不经意间，我们即将在明年迎来珠婚之年。感谢一生有你的陪伴，也感谢一路有你的照顾。没有你承担起所有的家庭琐事，我将一事无成。看见你那俊俏的双颊已悄然纹布，望着你那飘逸的青丝已缕缕变白，我既感心痛又觉幸福，因为你脸上的皱纹和变白的青丝与我写在纸上的文字相比，总是少很多。这意味着你依然美丽如初、自信如故，也预示着我们会相爱如初、相知如故。也要感谢我的儿子陈晨，是因为你羽翼渐丰、自食其力，才能让我轻装上阵、策马扬鞭。我总算又可以毫无顾虑地出发了。

最后还要感谢我的学生蔡丽娟、李思瑶、宋杨萍、刘宇萱、高亚飞、黄金婷、陶梦欣、蔡佩凤和李小凡九位研究生，是她们担负了各个章节的资料收集与整理工作。刘宇萱、宋杨萍、李思瑶、蔡丽娟与高亚飞五位同学还帮助我校对了各章文稿。正是有了她们的付出，书稿才可以加快进度，使书稿在交稿截止的最后期限到来前得以完成。

感谢一切帮助过我的领导、师长、同事、朋友、家人和同学们！

陈　彬

2018 年 8 月 6 日谨记于田家炳教育书院